삼국사기

신라본기

도서출판 명진

머리말

우리의 역사는 어디서부터 시작되었는가?

삼국유사, 삼성기 등 고기에 따르면 옛날에 환국桓國이 있었고(昔有桓國) 처음에 환인桓仁[1]은 천산天山에 있었는데(BC 7198년), 하늘을 대신하여 교화를 베풀어 다툼이 없었고, 모두 힘을 다하니 기아와 추위가 없었다고 한다.

오랜 세월이 흘러 환웅桓雄이 무리 3천을 이끌고 태백산 정상 신단수神壇樹 아래에 내려와 신시神市를 열고(BC 3897년 10월 3일), 세상을 교화하여 널리 사람을 이롭게 하였으니, 이 나라가 신시배달神市倍達이며, 이날을 기념한 것이 오늘날 개천절開天節이다. 여기서 개천開天이란 하늘이 열린다는 것이 아니라 바로 건국建國이라는 의미이다.

그리고 그로부터 1500여년이 지나 환웅桓雄의 후손 단군왕검檀君王儉이 나타나 아사달阿斯達에 도읍을 정하여 조선朝鮮을 건국했다.(BC 2333년) 아사달阿斯達 역시 신시神市와 마찬가지로 태백산太白山 아래에 있었고, 주위에 흑산黑山이 있고 흑수黑水 또는 백수白水가 흐르며 멀시 않은 곳에 염지塩地가 있었다.

여러 고기古記들과 고지도古地圖 등을 통하여 이러한 지명들을 살펴보면 고대 한국인들은 천산天山으로부터 약수弱水 일대로 남하하고 오늘날 황하를 넘어 동천하며, 인류문명을 발전시키고 동북아를 밝혀왔던 것으로 보이며, 그 이동 경로는 동아시아 역사 자체이며 그들이 거쳐 간 곳마다 그 위대한 발자취가 남아있다.

한편, 중국의 역사는 그 거대한 흐름에서 떨어져 나온 파편破片으로 다름 아닌 한족의 역사이다. 오늘날 한족漢族의 기틀이 형성된 계기는 바로 탁록전투[涿鹿之戰]이다. 비옥한 중원에 헌원軒轅의 무리가 스멀스멀 늘어나 질서를 어지럽히자, 14대 환웅 치우蚩尤는 이들을 휘몰아치고 헌원軒轅을 사로잡았다. 치우蚩尤는 헌원軒轅을 죽이지 아니하고, 오늘날 섬서성 일대의 골짜기로 쫓아내 그 무리들이 자식을 낳고 키우게 하였는데, 그로부터 오랜 세월이 흘러 이들이 성장하여 한漢을 세우더니 나아가 진秦의 영토를 가로채 '지나(China)'가 되었다.

그리고 한漢의 사마천은 그의 역사서 사기史記에서 그들의 시조 헌원軒轅을 기술하며 '與蚩尤戰於涿鹿之野, 遂禽殺蚩尤. 而諸侯咸尊軒轅爲天子'라고 기록하였다. 치우와 탁록의 들판에서 싸워 마침내 치우를 잡아 죽이니 제후들이 모두 헌원을 천자로 받들었다는 것이다.

1) 환인桓仁; 仁은 과실의 씨에서 비롯된 말이다. 환인桓仁은 환국桓國의 핵심 지역을 말하며, 오늘날로 말하면 수도首都를 의미한다.

사마천에 앞서 공자는 춘추春秋라는 이름의 역사서를 저술하였는데, 대의명분大義名分이라는 미명하게 정통을 세우고 이를 높이기 위하여 치욕적인 것은 숨기고 조그만 영광은 부풀렸고, 심지어는 없는 것도 만들어냈다.(이를 춘추필법이라고 한다.) 예를 들어 춘추에는 진晉 임금이 조曹를 공격하고, 위衛를 정벌하였다는 기록이 있는데(晉侯侵曹, 晉侯伐衛)[2] 역사적으로 볼 때, 진晉이 조曹를 침범한 사실은 있지도 아니한 허구이다. 이에 대하여 춘추의 해설서인 춘추공양전春秋公羊傳은 불의한 조曹를 혼내주겠다고 마음먹은 순간, 조曹를 혼내준 것과 다름없다는 궤변을 늘어놓았다.[3]

사마천의 사기史記는 헌원軒轅을 정통으로 삼았기 때문에, 춘추春秋를 본받아 '擒殺蚩尤'와 같은 위사僞史를 만들어 냈고, 사기史記가 이른바 삼황오제三皇五帝 시대를 기록한 역사서로서 독보적인 위치를 점하다 보니, 후대에서 이를 무분별하게 인용하게 되었다. 그 결과 탁록전투[涿鹿之戰]에서 치우蚩尤가 패하여 죽은 것으로 인식되는 경우가 다반사가 되었다. 사마천의 사기史記가 사기詐欺를 친 것이다.

사기史記의 영향을 받은 전한서前漢書, 후한서後漢書, 남사南史, 북사北史 등도 사정은 마찬가지이다. 예를 들어 삼국사기 고구려본기 제2대 유리왕 31년 기사는 "엄우嚴尤가 우리 장수 연비延丕를 꾀어내어 목을 베어 新나라 수도 경사京師로 보냈다. 전한서[4] · 후한서後漢書[5]와 남사 · 북사에는 모두 '구려후 추騶를 유인하여 목을 베었다.'라고 되어 있다."고 기록한다. 여기서 구려후 추騶는 고구려의 시조 추모왕 주몽朱蒙을 말한다. 반고班固 등이 제대로 알지 못하면서 명분에만 집착하여 기왕이면 우두머리를 죽였다고 용감하게 기록한 것이다. 과연 삼국사기가 없었더라면, 고구려 시조 주몽朱蒙이 한낱 엄우의 손에 죽임을 당한 것이 오늘날 역사적 사실로 받아들여졌을 것이다.

탁록전투[涿鹿之戰] 이후 이른바 한족漢族들은 오늘날 섬서성陝西省 서안西安 일대에서 종족을 퍼뜨려오며, 황하의 북쪽과 동쪽으로부터 전해지는 선진문물을 설문해자說文解字를 통해 체화體化하고 사기史記를 통해 허위虛僞와 가식假飾을 기록해 나가고 있었던 것이다. 오늘날 중국의 역사는 끊임없는 번식과 쉼 없는 모방 그리고 사기적史記的인 기록의 집적集積인 것이다.

반면, 우리의 조상들은 오늘날 중국대륙과 몽고지방 그리고 한반도를 터전으로 문명을 발전시켜 나갔고 멀리 중앙아시아로 진출하고 있었다. 당시 옛 조선은 크게 흉노계와 부여계로 이루어졌으며, 민족의 정통성을 두고 때로는 경쟁하고 때로는 융합하면서 거대한 역사의 물줄기를 형성하여 왔고, 그들의 우월한 DNA는 오늘날 우리의 혈관 속에서 알알이 흐르고 있다.

---

2) 출처; '춘추' 노魯 희공僖公 二十有八年 기사

3) 출처 : 『한국 중국 일본, 그들의 교과서가 가르치지 않는 역사』(김종성, 위즈덤하우스, 2015년)

4) 전한서前漢書; 후한後漢의 반고가 AD 82년 무렵에 완성한 책으로, 한 고조 유방이 전한前漢을 창건한 기원전 206년부터 왕망의 신나라가 망한 24년까지 역사를 기록한 책이다.

5) 후한서後漢書; 남북조 시대 송나라의 범엽(398년 ~ 445년)이 440년경에 완성한 책으로, 적미赤眉의 난이 한창일 때 세워진 후한後漢이 황건黃巾의 난으로 멸망하기까지의 과정을 그렸다.

신라는 바로 흉노계의 적통이다.

신라인들은 스스로 소호少昊 금천金天의 후예이므로 성을 김씨라 하였다.(新羅人自以小昊金天氏之後 故姓金氏)[6]

소호少昊 금천金天의 후예들은 외몽골의 오르혼 지역 등지에 살고 있었는데, 秦이 성립될 당시 이미 감숙성을 통하여 섬서성 일대에 까지 진출하고 있었으며, 진란秦亂[7]을 계기로 동쪽으로 이동하여 산서성 남부와 하남성 일대에 먼저 자리를 잡았던 것으로 보인다.[8]

또, 신라인들은 그들의 조상을 투후秺侯 김일제金日磾[9]라고 밝히고 있다.(ㅁ侯祭天之胤 傳七葉以ㅁㅁㅁㅁ焉 十五代祖星漢王)[10] 김일제는 흉노 휴도왕의 태자로 BC 121년 한漢 무제武帝가 흉노를 토벌하자, 용정龍庭[11]에서 한漢으로 귀순하여 시중侍中 · 상시常侍를 거쳐 투정후秺亭侯에 봉해졌다. 김일제는 한무제의 유언에 따라 곽광霍光과 함께 한漢을 맡았는데, 곽광霍光은 실각하였지만, 신라김씨들은 7대를 내려오며 돈황燉煌[12]을 다스리고 이어 멀리 경조군京兆郡[13]에까지 세력이 미쳤다.[14]

그런데 김일제金日磾의 증손자 김당金當에 이르면 왕망이 역사에 전면 등장한다. 김당金當의 어머니는 남南인데, 곧 왕망王莽의 어머니라고 하니(當母南卽莽母)[15], 왕망은 김당과 형제지간이다. 마침내 왕망을 중심으로 한 신라김씨들은 한漢을 멸하고, 신新[16]나라를 세웠다. 그 후 신나라가 적미의 난으로 무너지고 소위 후한後漢이 들어서자, 광무제는 신라김씨에 대하여 무자비한 정치보복을 가했다. [한란漢亂] 이에 신라김씨들은 이름까지 바꿔가며 요동遼東으로 피난하였는데[17], 그 주역이 바로 성한왕星漢王[18] 김알지이다.

---

6) 출처; 삼국사기 백제본기 의자왕 편 마지막 김부식의 논평 기사

7) 란秦亂; BC 209년 진승陳勝이 오광과 함께 병사를 일으켜 연燕 · 제齊 · 조趙 사람들 수만명이 번조선番朝鮮으로 망명한 사건을 말한다.

8) 출처; 삼국사기 신라본기 박혁거세 편 38년 2월 기사

9) 김일제金日磾; BC 134.~BC 86. 8. 김일제金日磾의 무덤은 현재 中國 감숙성甘肅城 서안西安에서 서쪽으로 40km 떨어진 흥평현兴平县 남귀향 도상촌에 있다.

10) 출처; 문무왕릉 비문, 대당고금씨부인묘명大唐故金氏夫人墓銘

11) 용정龍庭; 흉노의 수도이다. 현재 외몽골의 오르혼 지역으로 추정된다.

12) 돈황燉煌; 돈황은 사막 한가운데 위치하여 "모래 마을", 즉 사주沙州로 불렸다. BC 111년 한무제는 최서부의 중요한 군사 요충지인 돈황에 하서사군의 하나인 돈황군을 설치하고, 외곽에 옥문관玉門關과 양관陽關의 두 관문을 만들었다.

13) 경조군京兆郡; 옹주雍州에 속한 군이다. 옹주雍州는 후한 13주 중 하나로 중심지는 장안長安이다. 후한시대 옹주에는 무위군武威郡 · 장액군張掖郡 · 주천군酒泉郡 · 돈황군敦煌郡 · 서해군西海郡 · 서평군西平郡 · 서군西郡 등 7개군이 속했다.

14) 출처; 김유신 비문碑文 삼랑사의 비문碑文, 대당고금씨부인묘명大唐故金氏夫人墓銘 및 전한서 등

15) 출처; 한서漢書 김일제전, 同書는 김일제의 가계를 소상히 밝히면서도 유독 김일제의 손자이자 감당의 아버지에 대하여는 침묵한다.

16) 신新; 왕망 등 신라 김씨들이 세운 나라이다.(8년~23년)

17) 출처; 대당고금씨부인묘명大唐故金氏夫人墓銘

18) 성한왕星漢王; 문무왕릉비의 문맥상 성한왕星漢王은 분명 문무왕과 그의 아우인 김인문金仁問의 15대조이고(출처; 문무왕릉비, 김인문묘비 비문碑文), 흥덕왕興德王의 24대 祖이다.(출처; 흥덕왕능비興德王陵碑) 김정희는 그를 김알지로 보았다.

결론적으로 신라인들은 진란, 흉노정벌, 한란 등 크게 세 차례에 걸쳐 이동하였는데, 외몽골의 오르혼 지역으로부터 감숙성甘肅城 무위武威를 통하여 섬서성 서안西安 일대로 유입되었고, 다시 산서성 남부 및 하남성일대로 퍼져 나갔으며, 산동성 일대까지 세력을 미쳤다. 그리고 마침내 파사왕 때에 이르러서는 강소성 일대에 자리를 잡았다.

신라 김씨들은 옛 조선의 정통성을 놓고 고구려, 백제 등 부여계와 경쟁하기도 하고 협력하기도 하면서, 황하 이남을 백제와 좌우로 나누어 강소성을 중심으로 산동성·안휘성·절강성·강서성 등지를 영토로 확보하였다.

그 후 진흥왕의 무리한 대외정책 탓에 그 이후로는 고구려는 물론 백제로부터도 지속적인 공격을 받았다. 결국 신라는 영토를 대부분을 백제에 빼앗기고 강소성 일대로 축소되었으며 세력이 기울어 멸망직전의 상태로 몰렸다.(高句麗百濟脣齒相依 竟擧干戈侵逼交至 大城重鎭並爲百濟所併 疆宇日蹙)[19] 이러한 위기 상황에서 신라는 같은 흉노계통의 선비족 당唐과 손을 잡고 오히려 백제와 고구려를 차례로 무너뜨리는 새 역사를 창조했다.

그리고 신라는 옛 고구려 영토를 두고 당唐과 운명의 결전을 벌였다. 본서는 마읍산, 호로하, 석성, 석문, 매소성 등 당군唐軍을 몰살시킨 주요 전쟁터가 모두 산서성과 하북성 일대의 옛 고구려 영토에 위치하였음을 확인하였다. 옛 고구려 땅에서 당唐을 축출한 신라는 광대한 영토를 9주로 편성했다. 9주를 두었다는 것은 천하를 모두 차지하였음을 의미하는 것이다. 한반도가 신라의 영토로 편입된 것은 바로 이때부터이다.

신라는 그 역사가 1천년이 넘는다. 메시아가 재림하면 만들어진다는 천년왕국의 꿈을 오래전 신라는 이미 이루었던 것이다. 당시 천년왕국의 주역들은 그 후로 우리 민족을 구성하는 근간이 되었다.

본서는 위대한 천년왕국의 발자취를 삼국사기 원문의 해석과 분석을 통하여 확인하였다.

환기 9213년
개천 5913년
단기 4349년
서기 2016년 11월 29일

저자 정 희 철 씀.

19) 출처; 삼국사기 백제본기 의자왕 11년 기사 등 참조

차례

三國史記 四卷

三國史記 五卷

三國史記 六卷

三國史記 七卷

三國史記 八卷

三國史記 九卷

三國史記 第一卷

新羅本紀 第一

❶ 赫居世居西干(혁거세거서간)

BC 57~5 재위기간 61년

시 조 성 박 씨 휘 혁 거 세 전 한 효 선 제 오 봉 원 년 갑 자 사 월 병 진 즉 위 일 왈 정
時調性朴氏諱赫居世 前漢孝宣帝五鳳元年甲子四月丙辰卽位 一曰正
월 십 오 일 호 거 서 간 시 년 십 삼 국 호 서 나 벌
月十五日 號居西干 時年十三國號徐那伐

박혁거세가 전한 효선제孝宣帝[1] 오봉五鳳[2] 원년 갑자 4월 병진에 즉위하였다. 정월 15일이라고도 한다. 왕호는 거서간居西干이었고, 이 때 나이 열세 살이요, 국호는 서라벌徐那伐이었다.

선 시 조 선 유 민 분 거 산 곡 지 간 위 육 촌 일 왈 알 천 양 산 촌 이 왈 돌 산 고 허 촌
先是 朝鮮遺民分居山谷之間 爲六村 一曰閼川楊山村 二曰突山高墟村
삼 왈 자 산 진 지 촌 혹 운 간 진 촌 사 왈 무 산 대 수 촌 오 왈 금 산 가 리 촌
三曰觜山珍支村 或云干珍村 四曰茂山大樹村 五曰金山加利村
육 왈 명 활 산 고 야 촌 시 위 진 한 육 부
六曰明活山高耶村 是爲辰韓六部
고 허 촌 장 소 벌 공 망 양 산 록 라 정 방 림 간 유 마 궤 이 시 칙 왕 관 지 홀 불 견
高墟村長蘇伐公望楊山麓 蘿井傍林間有馬蛫而嘶 則往觀之忽不見
마 지 유 대 란 부 지 유 영 아 출 언 칙 수 이 양 지 급 년 십 여 세 기 억 연 숙 성
馬只有大卵 部之有嬰兒出焉 則收而養之及年十餘歲岐嶷然夙成
육 부 인 이 기 생 신 이 추 존 지 지 시 입 위 군 언 진 인 위 호 위 박 이 초 대 란 여
六部人以基生神異推尊之 至是立爲君焉 辰人謂瓠爲朴以初大卵如
호 고 이 박 위 성 거 서 간 진 언 왕 혹 운 호 귀 인 지 칭
瓠故以朴爲性 居西干辰言王 或云呼貴人之偁

앞서 조선朝鮮의 유민들이 산골에 흩어져 살면서, 여섯 부락을 이루었다. 하나는 알천閼川의 양산촌楊山村이요, 둘은 돌산突山의 고허촌高墟村이요, 셋은 자산觜山의 진지촌珍支村이요, 혹은 간진촌干珍村이라고도 한다, 넷은 무산茂山의 대수촌大樹村이요, 다섯은 금산金山의 가리촌加利村이요, 여섯은 명활산明活山의 고야촌高耶村이라고 하였다. 이것이 진한辰韓 6부가 되었다.

1) 효선제; 전한의 제 10대 왕의 시호이다. 이름은 유순劉詢, 묘호는 중종이다(재위 : 기원전 73년~기원전 49년).
2) 오봉五鳳; 효선제의 5번째 연호이다(기원전 57년~기원전 54년). 오봉 원년은 BC 57년을 말한다.

고허촌장 소벌공이 양산楊山 기슭을 바라보니 나정蘿井 옆 숲속에 말이 꿇어 앉아 울고 있었다. 즉시 가서 보니 말은 돌연 보이지 않고 다만 큰 알이 있었다. 이것을 쪼개니 그 속에서 간난아이가 나왔다. 이에 아이를 거두어 기르니 10여 세가 되자 영리하고 조신하게 자라게 되었다.

6부 사람들이 그의 출생을 신비롭게 여기고 그를 높이 받들다가 이때에 이르러 임금으로 삼은 것이다. 진한 사람들은 표주박[瓠]을 박朴이라고 하였는데, 처음의 큰 알이 표주박과 비슷하다하여 그의 성을 박朴이라고 하였다. 거서간은 진한辰韓에서 왕을 일컫는다. 혹은 지체 높은 사람을 가리킨다.

사 년
四年

하 사 월 신 축 삭 일 유 식 지
夏四月辛丑朔日有食之

4년

여름 4월, 신축 초하루에 일식이 일어났다.

오 년
五年

춘 정 월 용 견 어 알 영 정 우 협 탄 생 여 아 노 구 견 이 이 지 수 양 지 이 정 명 명
春正月, 龍見於閼英井右脇誕生女兒 老嫗見而異之收養之 以井名名

지 급 장 유 덕 용 시 조 문 지 납 이 위 비 유 현 행 능 내 보 시 인 위 지 이 성
之及長有德容 始祖聞之納以爲妃 有賢行能內輔時人謂之二聖

5년

봄 정월, 용이 알영정에 나타났는데, 오른쪽 옆구리에서 여자아이가 태어났다. 한 노파가 이를 보고 기이하게 여겨 데려다 길렀다. 우물 이름으로 아이 이름을 지었는데 자라면서 덕스러운 용모를 갖추었다. 시조가 이를 듣더니 거두어 왕비로 삼으니 행실이 어질고 내조가 훌륭하여 당시 사람들은 두 사람의 성인聖人이라고 불렀다.

팔 년
八年

왜 인 행 병 욕 범 변 문 시 조 유 신 덕 내 환
倭人行兵欲犯邊 聞始祖有神德乃還

8년

왜인倭人이 병사를 보내어 변경을 침범하려다가, 시조에게 하늘이 내린 덕이 있다는 말을 듣고 이에 돌아갔다.

九年

春三月 有星孛于王良

9년

봄 3월, 왕량王良[3] 자리에 성패星孛[4]가 나타났다.

十四年

夏四月 有星孛于參

14년

여름 4월, 성패星孛가 삼성參星[5] 자리에 나타났다.

十七年

王巡撫六部妃閼英從焉 勸督農桑以盡地利

17년

왕이 6부를 순무巡撫[6]하였는데 왕비 알영이 수행하였다.

백성들에게 농사와 양잠을 권하고, 농지를 충분히 이용하도록 하였다.

十九年

春正月, 卞韓以國來降

19년

봄 정월, 변한卞韓이 나라를 바치며 항복해왔다.

---

3) 왕량王良; 이십팔수二十八宿의 열다섯째 별자리에 속한 별. 임금의 수레를 관리하는 별로 서양의 카시오페이아 자리에 있다.

4) 성패星孛; 꼬리가 없는 혜성을 말한다.

5) 삼성參星; 이십팔수二十八宿 중 스물한 번째 별자리의 별

6) 순무巡撫; 천하를 순행하고 군민을 위로하고 다스린다는 의미이다.(巡行天下, 撫治軍民)

이 십 일 년
二十一年

축 경 성 호 왈 금 성 시 세 고 구 려 시 조 동 명 립
築京城號曰金城 是歲高句麗始祖東明立

21년

경성京城에 성을 쌓고 금성金城이라고 불렀다. 이 해에 고구려 시조 동명이 왕위에 올랐다.

이 십 사 년
二十四年

하 육 월 임 신 회 일 유 식 지
夏六月壬申晦 日有食之

24년

여름 6월, 임신 그믐에 일식이 일어났다.

이 십 육 년
二十六年

춘 정 월 영 궁 실 어 금 성
春正月, 營宮室於金城

26년

봄 정월, 금성金城에 궁실을 지었다.

삼 십 년
三十年

하 사 월 기 해 회 일 유 식 지
夏四月 己亥晦 日有食之

락 랑 인 장 병 래 침 견 변 인 야 호 불 경 로 적 피 야 상 위 왈 차 방 민 불 상 도 가
樂浪人將兵來侵 見邊人夜戶不扃露積被野 相謂曰, 此方民不相盜可

위 유 도 지 국 오 제 잠 사 이 습 지 무 이 어 도 득 불 괴 호 내 인 환
謂有道之國 吾儕潛師而襲之無異於盜 得不愧乎 乃引還

30년

여름 4월, 기해일 그믐에 일식이 일어났다.

낙랑인들이 병사를 보내어 침략하려다가, 변방 사람들이 밤에도 집에 문을 잠그지 않으며, 곡식더미가 들에 가득 찬 것을 보고 서로 말했다.

"이 지방 사람들은 서로 도둑질을 하지 않으니, 도덕이 있는 나라라고 할만하다. 우리들이 군사를 이끌고 몰래 기습한다는 것은 도적과 다름없으니 부끄러운 일이 아닌가?"

이에 군사를 거두어 돌아갔다.

三十二年

秋八月乙卯晦 日有食之

32년

가을 8월, 을묘일 그믐에 일식이 일어났다.

三十八年

春二月, 遣瓠公聘於馬韓 馬韓王讓瓠公曰 辰卞二韓爲我屬國 比年不輸職貢 事大之禮其若是乎 對曰, 我國自二聖肇興 人事修天時和倉庾充實人民敬讓 自辰韓遺民以至卞韓樂浪倭人 無不畏懷 而吾王謙虛遣下臣修聘 可謂過於禮矣 而大王赫怒劫之以兵 是何意耶 王憤欲殺之 左右諫止乃許歸

38년

봄 2월, 호공을 보내 마한을 예방하니 미한왕이 호공을 꾸짖으며 말했다.

"진한과 변한은 우리나라의 속국인데, 최근에는 공물을 보내오지 않았소. 사대事大의 예禮가 그러할 수 있소?"

호공이 대답하였다.

"우리나라가 두 분의 성인으로부터 시작되어 일어나니 예절을 바로잡고 하늘과 조화를 이루고, 창고와 들판이 가득 차고 사람들이 공경하고 양보하니 진한의 유민들로부터 변한, 낙랑, 왜인에 이르기까지 두려움을 품지 않는 자가 없습니다. 그럼에도 불구하고 우리 왕이 겸허하여 신臣을 보내 방문하게 하였으니, 이는 가히 지나친 예절이라 할 수 있을 것입니다. 그런데 대왕께서 크게 성을 내고 힘으로 위협하시니, 이는 무슨 의도입니까?"

왕이 분노하여 그를 죽이려 하였으나, 신하들이 간하여 이를 말리자 그를 돌려보냈다.

前此中國之人苦秦亂 東來者衆 多處馬韓東與辰韓雜居 至是寖盛故馬韓忌之有責焉 瓠公者未詳其族姓 本倭人 初以瓠繫腰度海而來故稱瓠公

이전에 중국中國[7]에 살던 사람들이 진란秦亂[8]으로 말미암아 고통을 당하다가, 동쪽으로 온 사람들이 많았다. 많은 이들이 마한 동쪽에서 진한 사람들과 더불어 살았었는데, 이 시기에 이르러 점점 번성했다. 이에 마한이 이것을 싫어하여 책망했던 것이다.

호공瓠公이란 자는 그 집안과 성씨가 상세하게 알려져 있지 않다. 그는 본래 왜인이었는데, 처음에 박을 허리에 차고 바다를 건너 왔기 때문에 호공瓠公이라고 불렀다

三十九年

馬韓王薨 或說上曰, 西韓王前辱我使今當其喪征之 其國不足平也

上曰 幸人之災不仁也, 不從 乃遣使弔慰

39년

마한왕이 홍서薨逝하였다. 어떤 사람이 왕에게 말했다.

"서한왕西韓王이 이전에 우리 사신을 모욕했습니다. 이제 그 죽음을 이용하여 정벌한다면, 그 나라를 충분히 평정할 수 있지 않겠습니까?"

왕이 말했다.

"타인의 재앙을 행복으로 여기는 것은 어질지 못한 행위이다."

왕은 그 말을 따르지 않고, 곧 사신을 보내 조문하였다.

四十年

百濟始祖溫祚立

40년

백제 시조 온조溫祚가 왕위에 올랐다.

四十三年

春二月乙酉晦 日有食之

43년

봄 2월, 을유일 그믐에 일식이 일어났다.

7) 중국中國; 여기서 중국中國은 관중關中에 위치한 나라라는 의미이다.

8) 진란秦亂; BC 209년 진승陳勝이 오광과 함께 병사를 일으켜 진秦에 난리가 나니, 연燕·제齊·조趙 사람들 수만 명이 번조선番朝鮮으로 망명하는 일이 일어났다. 여기서는 이를 진란秦亂으로 표현했다.

五十三年

東沃沮使者來獻良馬二十匹曰, 寡君聞南韓有聖人出 故遣臣來享

53년

동옥저東沃沮 사신이 와서 좋은 말 20필을 바치며 말했다.

"저희 임금이 남한南韓에 성인이 났다는 말을 들었기에 신臣을 보내 예를 올립니다."

五十四年

春二月己酉 星孛于河鼓

54년

봄 2월 기유일에 성패星孛[9]가 하고河鼓[10] 자리에 나타났다.

五十六年

春正月辛丑朔 日有食之

56년

봄 정월 신축 초하루에 일식이 일어났다.

五十九年

秋九月戊申晦 日有食之

59년

가을 9월, 무신 그믐에 일식이 일어났다.

六十年

秋九月, 二龍見於金城井中 暴雷雨 震城南門

9) 성패星孛; 꼬리가 없는 혜성을 말한다.

10) 하고河鼓; 이십팔수二十八宿 중 아홉째 별자리 우수 자리에 있는 별로 견우牽牛라고도 한다.

60년

가을 9월, 두 마리의 용이 금성 우물에 나타났다. 우레와 비가 심하고 벼락이 성의 남문을 때렸다.

六十一年

春三月 居西干升遐 葬蛇陵在曇巖寺北

61년

봄 3월, 거서간이 승하升遐하였다. 사릉蛇陵에 장사지냈는데, 사릉은 담암사曇巖寺 북쪽에 있다.

분석 1 赫居世居西干(혁거세거서간) BC 57~5 재위기간 61년

○ 三國史記의 첫 문장은 '始祖姓朴氏諱赫居世 前漢孝宣帝五鳳元年甲子四月丙辰 卽位 號居西干'이다. 박혁거세가 BC 57년 즉위하였다는 것이다.

삼국사기 신라본기의 첫 문장은 신라의 시조가 朴赫居世라는 뜻으로 해석되지 않는다. 그런데 많은 사람들이 신라의 시조는 朴赫居世라고 알고 있다. 삼국사기 地理 편을 보면 김부식 역시 신라의 시조를 박혁거세로 이해하고 있었던 것 같다. 김부식은 신라의 시조를 박혁거세로 오해하면서도 자신도 모르게 고기古記의 기록을 있는 그대로 옮긴 것으로 보인다. 김부식의 손이 옳고 머리가 틀린 것이다. 그렇다면, 그대로 옮겨진 고기古記의 기록을 토대로 신라의 시조를 새로 규명함이 마땅하다.

그런데 국사편찬위원회는 위 문장을 '시조의 성은 박씨朴氏이고 이름은 혁거세赫居世이다. 전한前漢 효선제孝宣帝 오봉五鳳 원년 갑자甲子 4월 병진丙辰에 왕위에 오르니, 이를 거서간居西干이라 했다.'라고 번역하고 있다. 보물 제525호인 옥산서원본(1537년)과 보물 제723호인 정덕본(1512년)이 모두 띄어쓰기나 구두점 표기가 없다보니 문장 해석에 오류가 발생한 것으로 보인다.

그러나 위 기록은 하나의 문장으로 보아 '始祖姓朴氏諱赫居世 前漢孝宣帝五鳳元年甲子四月丙辰 卽位 號居西干'으로 분석하는 것이 옳다. 문장이 성립하기 위해서는 서술어가 있어야 하며, 한문에서 서술어가 없이 주어(명사)와 보어(명사)로만 문장을 이루는 경우는 날짜나 시간 나이 등에 한정되기 때문이다. 따라서 '始祖姓朴氏諱赫居世'라는 구절은 독립한 문장이 될 수 없다.

始祖姓朴氏諱赫居世	前漢孝宣帝五鳳元年甲子四月丙辰	卽位	號居西干
주어	부사어(시간)	서술어	보어

비교할 것에 삼국사기 고구려본기 태조왕 九十四年 기사에 '案海東古記 高句麗國祖王高宮 以後漢建武二十九年癸丑 卽位'라는 기록이 있다. 이 문장을 분석하면 다음과 같다.

案海東古記	高句麗國祖王高宮	以後漢建武二十九年癸丑	卽位
부사어	주어	부사어	서술어

위 문장을 '해동고기에 따르면, 고구려 국조왕 고궁高宮은 후한 건무 29년 계사에 즉위하였다'라고 해석하는데 이론이 없다. 국사편찬위원회 역시 마찬가지이다. "고구려의 국조는 고궁(태조왕)이다. 후한 건무 이십구년 계축일에 즉위하였다."라고 해석하지 않는다.

결론적으로 태조왕이 고구려 시조가 아니듯이 박혁거세는 신라의 시조가 아니다. 그렇다면 신라의 시조는 누구인가? 미추왕 편에서 규명하기로 한다.

○ 이어 삼국사기는 '時年十三 國號徐那伐'이라고 기록한다(사실은 여기까지가 첫 문장이다). 이때 나이 13세요, 국호는 서라벌이었다는 것이다. 이는 다음과 같은 내용을 含意한다.

첫째, '時年十三'에서 보듯이 박혁거세는 나라를 세우지 않았다. 13세 어린아이가 있는 나라를 물려받았다면 모를까 무슨 나라를 새로 세우겠는가?

둘째, '國號徐那伐'이라는 뜻은 '國號爲徐那伐'과는 다르다. '國號徐那伐'은 朴赫居世의 卽位 當時 신라의 국호가 徐那伐이었다는 의미일 뿐이고, 박혁거세가 서라벌로 정하였다는 의미가 아니다.

셋째, '國號徐那伐'이라는 말의 뜻은 박혁거세가 즉위할 당시에 나라의 이름이 서라벌이었다는 뜻으로, 徐那伐이 최초의 國號였다는 의미가 아니다. 여러 史書에는 박혁거세의 등장 이전에 이미 新羅라는 국호가 나타나는 바, 특히 삼국사기 기림왕 편에서는 '復國號新羅'라고 기록되어 있는데 이는 徐那伐 이전에 新羅라는 국호가 존재하였음을 의미한다.(이에 대하여는 해당 편에서 상술한다.)

그럼에도 불구하고 김부식은 삼국사기 地理 편에서 '國號日徐耶伐 或云斯羅 或云斯盧 或云新羅'라고 기록하고 있다. 국호를 서야벌이라 하였는데 혹은 사라 혹은 사로 혹은 신라라고 불렀다는 것이다. 徐耶伐과 新羅가 함께 쓰였다는 것으로 동의어처럼 해석한다. 전형적인 아전인수식 기술이다.

혁거세 이전	혁거세 당시	탈해왕 이후	기림왕 이후
신라	서라벌	계림	신라

또, 박혁거세 즉위 기사에는 '居西干辰言王或云呼貴人之稱'이라는 기록이 있다. 거서간은 진한辰韓에서 왕을 일컫거나 혹은 지체 높은 사람을 가리킨다는 것이다. 신라의 대문장가 최치원은 마한馬韓은 고구려, 변한卞韓은 백제, 진한辰韓은 신라라고 하였다.(新羅崔致遠日 馬韓則高麗 卞韓則百濟 辰韓則新羅也)[11] 그렇다면 박혁거세 이전에도 진한辰韓 즉, 신라의 실체가 존재하고 있었음을 알 수 있다.

○ 十九年 기사에는 '卞韓以國來降'이라는 기록이 있다. 변한卞韓이 나라를 바치며 항복했다는 것이다.

국사편찬위원회는 변한卞韓이 한반도 동남부에서 주로 낙동강 서쪽에 있던 여러 소국小國들을 통칭하는 말로 '변진弁辰'이라고도 불렀는데, 가야연맹의 전신으로 보는 것이 일반적이라고 한다. 과연 그럴까?

삼국유사를 살펴보자. 먼저 同書에는 '後漢書云 卞韓在南 馬韓在西 辰韓在東'이라는 기록이 있다. 후한서後漢書에 이르기를 "변한卞韓은 남쪽에 있고, 마한馬韓은 서쪽에 있고, 진한辰韓은 동쪽에 있다"는 것이다. 또, '新舊唐書云 卞韓苗裔 在樂浪之地'라는 기록이 있다. 신당서新唐書와 구당서舊唐書에 이르기를 "변한卞韓의 후손들이 낙랑樂浪 땅에 있었다"는 것이다. 그런데 그 연유에 대하여 同書는 '而唐書云 卞韓苗

11) 출처; 三國史記 三十四卷 雜志 第三 地理 一

裔在樂浪之地云者 謂溫祚之系出自東明 故云耳 或有人出樂浪之地 立國於卞韓 與馬韓等竝峙者 在溫祚之前爾'라고 기록한다. 당서唐書에 이르기를 변한卞韓의 후손들이 낙랑樂浪 땅에 살았다고 한 것은 온조왕溫祚王의 계통이 동명왕東明王에게서 나왔기 때문이거나 혹은 어떤 사람이 낙랑에서 나서 변한卞韓에 나라를 세우고, 마한馬韓 등과 대치한 일이 온조왕 이전에 있었던 까닭으로 그렇게 말했다는 것이다.

그렇다면 변한卞韓은 원래 낙랑樂浪 땅에 있다가, 그 주류가 남쪽으로 이동하였고 낙랑樂浪 땅에 남은 일부가 신라에 투항한 것으로 보인다.

○ 二十一年 기사에는 '是歲高句麗始祖東明立'라는 기록이 있다. 이 해에 고구려 시조 동명이 즉위했다는 것이다. 또한 四十年 기사에는 '百濟始祖溫祚立'이라는 기록이 있다. 百濟 시조始祖 溫祚가 왕위에 올랐다는 것이다.

'立'은 왕위에 오르는 것을 의미하는 것이지 건국하다는 뜻이 아니다. 따라서 박혁거세 二十一年 기사만 가지고 신라의 건국 이후에 고구려와 백제가 차례로 건국하였다라고 단정해서는 안 된다.

○ 二十一年 기사에 '築京城號曰金城'라는 기록이 있다. 국사편찬위원회는 '경성京城을 쌓고 금성金城이라 이름했다.'라고 해석한다. 어쨌든, 위 기록을 통하여 초기 신라의 수도 명칭이 금성金城임을 알 수 있다.

금성金城의 위치에 대해서는 월성의 서북쪽 내지 알천 부근으로 보는 견해와 박씨 세력의 활동 무대인 나정·알영정 근처, 즉 경주평야 남쪽 지금의 교동 일대로 비정하는 견해가 있다. 어쨌든 금성金城이 경상북도 경주에 있었다는 주장이다. 그러나 많은 논란에도 불구하고 금성金城이 경상북도 경주에 있었다는 문헌상의 증거는 없다.

그런데 중국中國 감숙성甘肅省 난주蘭州는 과거 금성金城이라 불렸었고[12], 또한 산동성山東省 하택시 성무현의 이른바 투성秺城 역시 금성金城이라 했다. 이처럼 신라 김씨의 중심지를 의미하는 금성金城은 여러 곳에 그 역사적 흔적을 남기고 있다. 미추왕 편에서 후술하는 바와 같이 신라 김씨의 주류가 감숙성甘肅城 무위武威로부터 서안西安으로 왔고 그 후 동쪽으로 이동한 것을 고려하면 금성金城의 위치는 감숙성甘肅城, 섬서성陝西省, 하남성河南省 등에 차례로 있었던 것으로 비정된다.

○ 五十三年 기사에서는 '東沃沮使者來獻良馬二十匹曰, 寡君聞南韓有聖人出 故遣臣來享'라고 기록하고 있다. 동옥저東沃沮 사신이 와서 좋은 말 20필을 바치며 "저희 임금이 남한南韓에 성인이 났다는 말을 들었기에 신臣을 보내 예를 올립니다."라고 말했다는 것이다. 이를 통하여 당시 신라新羅가 남한南韓에 있었고, 인근에 동옥저東沃沮가 있었음을 알 수 있다.

국사편찬위원회는 동옥저東沃沮의 위치에 대하여 지금의 함북 함흥 일대를 중심지로 하여 동해를 면하고 있었다고 하고, 남한南韓은 동옥저의 남쪽에 있는 韓이라는 뜻으로, 여기서는 사로국을 가리킨다는 입장이다.

그러나 삼국유사는 진한과 옥저의 위치에 관하여 '辰韓之北 有南北黑水'라고 하면서 소식蘇軾[13]의 지장도指掌圖를 인용하며, '黑水在長城北 沃沮在長城南'이라고 기록한

12) 출처; 중국고금지명대사전

다. 진한辰韓 북쪽에 남북의 흑수黑水가 있으며, 흑수黑水는 장성長城 북쪽에 있고, 옥저는 장성長城 남쪽에 있다는 것이다.

위 기록상 장성長城이 모택동이 완성한 오늘날 만리장성을 가리킨다면 옥저 또는 동옥저東沃沮는 하북성 동쪽에 있었을 법하지만, 고대 흑수黑水와 장성長城은 관중關中[14] 북쪽에 있었다고 할 것이므로 위 기록상의 장성長城이 진시황秦始皇이 쌓았던 소위 '진장성秦長城'을 의미하는 것으로 보인다. 그렇다면 옥저의 위치는 주로 섬서성 일대를 중심으로 동쪽으로 산서성 일부를 포함하는 것으로 추정할 수 있다.

이처럼 삼국유사의 기록을 근거로 동옥저東沃沮의 위치를 섬서성 일대를 중심으로 동쪽으로 산서성 일부로 비정한다면, 남한南韓 또는 신라의 위치가 경북 경주로 비정될 수는 없다. 사실 국사편찬위원회는 신라가 경북 경주에 있었다는 것을 부동의 진리로 박아놓고 이에 맞추어 동옥저의 위치를 함흥으로 잡아당긴 것에 불과하다.

여기서 '남한南韓'이 동옥저의 남쪽의 한韓을 의미한다면, 동옥저東沃沮가 산서성 일대에 있었건 하북성 일대에 있었건 간에, '남한南韓'은 하남성 이남을 가리키는 말이고 이 일대에 신라가 위치했었다고 볼 수밖에 없다.

○ 三十年 기사에는 '樂浪人將兵來侵'이라 기록하고 있다. 낙랑인樂浪人이 쳐들어 왔다는 것이다.

낙랑樂浪은 분명 漢에 속한 郡의 하나로 알려져 있다. 그런데 이 기사만으로는 漢代 이전부터 낙랑樂浪이 있었는지 아니면 漢이 이 지역을 점령하면서 비로소 낙랑樂浪이라 명한 것이지는 명확하지 아니하나 후술하는 여러 가지 역사적 기록들을 종합적으로 검토할 때, 전자일 것으로 보는 것이 합당할 것이다.

낙랑樂浪의 위치와 관련해서도 논란이 있다. 그러나 낙랑樂浪의 위치를 어디에 비정을 하든지, 낙랑樂浪이 경상북도 경주를 침공할 수 없는 위치에 있었던 것은 분명하다. 낙랑樂浪의 실체나 위치에 대하여는 남해왕 편 등에서 찬찬히 논증하기로 한다.

○ 三十八年 기사에는 마한馬韓의 王이 新羅 사신 호공瓠公을 향하여 '辰卞二韓爲我屬國 比年不輸職貢 事大之禮其若是乎'라고 하였다는 기록이 있다. 즉, "진한과 변한은 우리나라의 속국인데, 최근에는 공물을 보내오지 않았소. 사대事大의 예禮가 그러할 수 있소?"라고 한 것이다. 이어 마한馬韓의 왕이 호공을 이처럼 나무라게 된 배경과 관련하여 '前此中國之人苦秦亂 東來者衆 多處馬韓東與辰韓雜居 至是寖盛 故馬韓忌之有責焉'라는 기록이 있다. 이전에 중국에 살던 사람들 중에 진란秦亂으로 말미암아 고통을 당하다가, 동쪽으로 온 사람들이 많았는데 많은 이들이 마한馬韓 동쪽에서 진한辰韓 사람들과 더불어 살면서 이 시기에 이르러 점점 번성하므로 이에 마한이 이것을 싫어하여 책망하였다는 것이다.

三十八年 기사를 분석하기 위해서는 몇 가지 개념을 밝힐 필요가 있다.

---

13) 소식蘇軾; 중국 송나라 때의 문장가이다.

14) 관중關中; 중국 북부의 섬서성陝西省 위수渭水 일대의 분지를 이르는 말이다. 구체적으로는 북쪽의 소관蕭關, 동쪽의 함곡관函谷關, 남쪽의 무관武關, 서쪽의 대산관大散關 사이를 가리키는 지명이다. 관중지방은 중앙아시아로 향하는 관문으로 周 이래 한漢, 수隋・당唐을 포함해 12개 왕조의 수도였다.

첫째, 중국中國[15]의 의미이다. 여기서 중국中國은 중화인민공화국의 약자가 아니다. 그런데 김부식은 백제본기 의자왕 편의 마지막 논평 기사에서 '秦漢亂離之時 中國人多竄海東'이라고 기록한다. 진한秦漢의 난리 때에 중국中國에 살던 사람들이 많이 해동海東으로 숨어들었다는 것이다. 여기서 중국中國과 해동海東은 서로 대조적인 개념으로 사용되었으니 해海의 동쪽이 해동海東 서쪽이 중국中國이다. 그리고 고대의 바다는 황하를 말하는 것이니 결국 중국中國은 문맥상 관중 내지 한중지방을 차지한 나라를 의미하는 것으로 보인다.

둘째, 진란秦亂의 의미이다. 전국시대 7웅 중의 하나인 진秦은 본래 서이西夷족으로 흉노족 계열이었다. BC 209년 진승陳勝이 오광과 함께 병사를 일으켜 진秦에 난리가 나니, 연燕・제齊・조趙 사람들 수만 명이 조선朝鮮으로 망명하는 일이 일어났다. 여기서 이를 진란秦亂으로 표현했다. 참고로 북부여기北夫餘紀는 '임신년 (해모수 재위) 삼십일년 진승陳勝이 병사를 일으켜 진秦에 난리가 나니, 연燕・제齊・조趙 사람들이 번조선番朝鮮으로 망명하는 자가 수만이었다. (이에 준왕이) 상하 운장雲障에 구분하여 두고 장수를 보내 감독하였다.'라고 기록한다.(壬辰三十一年 陳勝起兵 秦人大亂 燕齊趙民亡歸番朝鮮者數萬口 分置於上下雲障遣將監之)

셋째, 마한馬韓의 의미이다. 국사편찬위원회는 한강 이남의 충청도와 전라도 지역에 자리 잡고 있던 여러 소국小國들을 통칭하는 말이라고 한다.

그러나 고조선 시대에 이미 마한馬韓, 변한卞韓, 진한辰韓 등 삼한三韓이 형성되어 있었는데, 기술한 바와 같이 신라의 최치원은 분명 마한馬韓은 고구려, 변한卞韓은 백제, 진한辰韓은 신라라고 하였다.(新羅崔致遠日 馬韓則高麗 卞韓則百濟 辰韓則新羅也)[16] 그렇다면 국사편찬위원회의 주장은 고구려가 한강 이남의 충청도와 전라도 지역에 있었다는 결론에 이르게 된다. 신라는 경주, 백제는 한강 이남의 충청도와 전라도 지역, 고구려는 한강 이북에 위치했다는 스스로의 견해와도 명백히 배치된다.

三十八年 기사를 좀 더 분석해보자. 三十八年 기사에 따르면, 진란秦亂 때문에 동쪽으로 온 사람들이 마한馬韓 동쪽에서 진한辰韓 사람들과 더불어 살게 되었다고 하였으니 이를 통하여 다음과 같은 추론을 할 수 있다.

첫째, 진란秦亂 당시 이미 마한馬韓, 진한辰韓, 변한卞韓이 있었고, 진한辰韓은 마한馬韓 즉, 고구려의 동쪽에 위치했을 것이다.

둘째, 진란秦亂 이전, 감숙성, 섬서성 일대에 옛 신라가 있었는데, 진란秦亂을 계기로 일부가 진한辰韓 일대로 옮겨갔을 것을 것이다.

셋째, 진秦은 서안西安으로부터 30km 떨어진 함양咸陽을 중심으로 하였으니, 감숙성, 섬서성 일대의 옛 신라와 함양咸陽을 중심으로 하는 진秦은 정치적으로 밀접한 관계에 있었을 것이다.

---

15) 중국中國; 국가로서 중국은 과거 대만정부를 지칭하다가 1992년 8월 24일 한중수교 이후 중화인민공화국을 말하는 것으로 정립되었다. 과거 중국은 중원中原 즉 황하의 중상류 평원 일대에 위치한 국가란 의미로 주로 사용되었는데, 원래는 관중 또는 한중지역의 국가를 가리키는 말이었다. 한편, 중국이란 단어는 본국本國이란 뜻으로 자기나라를 높여 부르는 개념으로 사용되기도 하였다.

16) 출처; 三國史記 三十四卷 雜志 第三 地理 一

❷ 南解次次雄(남해차차웅)

5~24 재위기간 19년

南解次次雄立 次雄或云慈充 金大問云 方言謂巫也 世人以巫事鬼神
尙祭祀 故畏敬之, 遂稱尊長者爲慈充 赫居世嫡子也 身長大性沉厚多
智略 母閼英夫人妃雲帝夫人 一云阿婁夫人 繼父卽位稱元

남해 차차웅이 왕위에 오르니, 차차웅은 자충이라고도 하는데, 김대문은 '자충은 방언으로는 무당이라는 뜻이다. 사람들이 무당을 통하여 귀신을 섬기고 제사를 모시기 때문에 무당을 경외하니, 결국 존경받는 어른을 자충이라고 부르게 된 것이다.'라고 말했다. 혁거세의 적자嫡子로 신체가 건장하고 성정性情이 후덕하였으며 지략이 풍부했다. 어머니는 알영부인이며, 왕비는 운제부인으로 아루부인이라고도 한다. 아버지 뒤를 이어 즉위하니 이 해를 원년으로 하였다.

論曰
人君卽位踰年稱元 其法詳於春秋 此先王不刊之典也
伊訓曰 成湯旣沒太甲元年 正義曰, 成湯旣沒 其歲卽太甲元年 然孟
子曰 湯崩 太丁未立外丙二年仲壬四年 則疑若尙書之脫簡 而正義之
誤說也
或曰 古者人君卽位 或踰月稱元年 或踰年而稱元年 踰月而稱元年者
成湯旣沒 太甲元年是也 孟子云太丁未立者 謂太丁未立而死也 外丙
二年仲壬四年者 皆謂太丁之子太甲二兄 或生二年或生四年而死 太
甲所以得繼湯耳 史記便謂 此仲壬外丙爲二君 誤也
由前則以先君終年卽位稱元非是 由後則可謂得商人之禮者矣

논하여 말한다.

임금이 즉위하고 해를 넘겨서 원년으로 지칭하는 것은 그 법도가 역사[春秋]에 상세하니, 이는 선왕의 불문율[不干之典]이었다. 상서尙書[17] 이훈伊訓 편에서는 '성탕成湯이 태갑太甲 원년에 죽었다'고 하였고, 정의正義[18]에는 '성탕成湯이 죽으니 그 해를

---

17) 상서尙書; 은殷의 성탕왕成湯王 때 이윤伊尹이 탕왕의 아들 태갑太甲을 경계하기 위해 지은 책으로 서경書經이라고도 한다.

18) 정의正義; 당唐의 공영달(孔穎達, 574~648) 등이 지은 상서정의尙書正義를 말한다.

곧 태갑太甲 원년이다'고 하였다.

그러나 맹자에는 '탕湯이 붕어하고, 태정太丁은 미립未立하니 외병外丙은 2년이고 중임仲壬은 4년이다'라고 하였다. 아마도 상서尙書에는 빠진 부분[脫簡]이 있고, 정의正義는 잘못 말한 것으로 보인다.

혹자는 말한다.

"옛날에는 임금이 즉위하면 혹은 달을 넘겨 원년으로 칭하고 혹은 해를 넘겨 원년으로 칭하였는데, 달을 넘겨 원년으로 칭한 것은 '성탕成湯이 태갑太甲 원년에 죽었다.'한 것이 바로 이것이다. 맹자에 '태정太丁은 미립未立하고'라고 한 것은 태정太丁이 왕위에 오르지 못하고 죽었다는 말이요, '외병外丙 2년' 또는 '중임仲壬 4년'이라는 것은 모두 태정太丁의 아들인 태갑太甲의 두 형이 혹은 2년 혹은 4년을 살다가 죽었으므로 태갑太甲이 탕의 뒤를 이어 왕위를 계승한 까닭이라 할 것이니, 사기史記가 멋대로 중임仲壬과 외병外丙을 2명의 임금으로 기록한 것은 잘못이다."

전자前者[19]는 전 임금이 돌아간 해로써 즉위 원년이라 정한 것이니 옳지 못한 것이고, 후자後者[20]가 가히 상商나라 사람들의 예禮에 합당한 것이라고 할 것이다.

元年

秋七月 樂浪兵至圍金城數重 王謂左右曰 二聖棄國 孤以國人推戴謬居於位 危懼若涉川水 今隣國來侵 是孤之不德也 爲之若何 左右對曰, 賊幸我有喪 妄以兵來 天必不祐 不足畏也 賊俄而退歸

원년.

가을 7월, 낙랑의 병력이 와서 금성金城을 겹겹이 포위하였다. 왕이 좌우 신하들에게 말하였다.

"두 분의 성인이 세상을 떠나시고 내가 백성들의 추대로 잘못 왕위에 오른 것이니 염려하고 두려운 마음이 마치 물을 건너는 것과 같았는데, 지금 이웃 나라가 침범해오니, 이는 내가 부덕한 탓이다. 이를 어찌 하면 좋겠는가?"

좌우 신하들이 답하여 말하였다.

"적은 우리나라에 국상이 난 것을 이용하여 망령되게도 병력을 보냈으니, 하늘이 결코 그들을 돕지 않을 것입니다. 두려워할 것이 전혀 없습니다."

적은 기세가 기울어지더니 물러나 돌아갔다

19) 전자前者; 여기서는 달을 넘겨 원년으로 칭하는 법을 말한다.(즉위년칭년법)

20) 후자後者; 여기서는 해를 넘겨 원년으로 정하는 법을 말한다.(유년칭년법)

3 년
三年

춘정월 립시조묘
春正月 立始祖廟

동시월병진삭 일유식지
冬十月丙辰朔 日有食之

3년,
봄 정월, 시조묘始祖廟를 건립하였다.
겨울 10월, 병진 초하루에 일식이 일어났다.

오 년
五年

춘정월 왕문탈해지현 이장녀처지
春正月, 王聞脫解之賢 以長女妻之

5년,
봄 정월, 왕이 탈해가 어질다는 말을 듣고 장녀를 그에게 시집보냈다.

칠 년
七年

추칠월 이탈해위대보 위이군국정사
秋七月, 以脫解爲大輔 委以軍國政事

7년
가을 7월, 탈해를 대보로 삼아, 군사와 정치에 대한 사무를 맡겼다.

팔 년
八年

춘하한
春夏旱

8년
봄과 여름, 가뭄이 들었다.

십일년
十一年

왜인견병선백여소 약해변민호 발육부경병이어지 락랑위내허래공
倭人遣兵船百餘艘 掠海邊民戶 發六部勁兵以禦之 樂浪謂內虛來攻

금성 심급 야유류성추어적영 중구이퇴 둔어알천지상조석퇴이십이
金城 甚急 夜有流星墜於賊營 衆懼而退 屯於閼川之上造石堆二十而

거 육부병일천인추지 자토함산동지알천 견석퇴지적중내지
去 六部兵一千人追之 自吐含山東至閼川 見石堆知賊衆乃止

11년

왜인이 병선 100여 척을 보내 해변의 민가를 약탈하니, 6부의 경병을 보내 이를 방어하였다.

낙랑이 내부에 빈틈이 있다고 생각하고, 금성을 공격하여 오니 상황이 위급하였으나 밤에 유성이 적의 진영에 떨어지자 적의 무리가 두려워 퇴각하다가, 알천가에 주둔하면서, 돌을 20개를 쌓아놓고 물러갔다. 6부 병사 1천 명이 그들을 추격하다가, 토함산吐含山 동쪽으로부터 알천에 이르러 돌무더기를 보고는 적이 많다고 생각하고 멈추었다.

십 삼 년
十三年

추 칠 월 무 자 회 일 유 식 지
秋七月戊子晦 日有食之

13년

가을 7월, 무자일 그믐에 일식이 일어났다.

십 오 년
十五年

경 성 한
京城旱

추 칠 월 황 민 기 발 창 름 구 지
秋七月, 蝗民饑 發倉廩救之

15년

경성京城에 가뭄이 들었다.

가을 7월, 메뚜기 떼가 기승을 부려 백성이 굶주리므로 곳간[倉廩]을 열어 구제하였다.

십 육 년
十六年

춘 이 월 북 명 인 경 전 득 예 왕 인 헌 지
春二月 北溟人耕田 得濊王印 獻之

16년

봄 2월, 북명北溟 사람이 밭을 갈다가 예왕濊王의 인장을 습득하여 왕에게 바쳤다.

십 구 년
十九年

대 역 인 다 사
大疫 人多死

동 십 일 월 무 빙
冬十一月, 無氷

19년,
전염병이 크게 돌아 사람이 많이 죽었다
겨울 11월, 얼음이 얼지 않았다.

이 십 년
二十年

추 태 백 입 태 미
秋, 太白入太微

20년
가을, 태백太白[21]이 태미太微[22] 자리에 들어갔다.

이 십 일 년
二十一年

추 구 월 황 왕 홍 장 사 릉 원 내
秋九月, 蝗王薨 葬蛇陵園內

21년
가을 9월, 메뚜기 떼가 기승을 부렸다.
왕이 홍서하니 사릉원蛇陵園 내에 장사를 지냈다.

---

21) 태백太白; 오늘날 금성을 말한다.

22) 태미太微; 자미원 남쪽에 위치하는 별자리이다. 고대에는 천체를 북극성을 하늘의 중심으로 보고 그 주변을 세 개 영역으로 구분하였다. 이에 따르면, 북극의 중앙 부분은 하늘의 왕이 사는 궁궐이라 하여 자미원紫微垣이라 하고 이를 중심으로, 그 옆으로 일반 백성들이 사는 천시원天市垣이 있고, 남쪽에 정부기관을 상징하는 태미원太微垣이 있다고 하였다. 그리고 그 바깥쪽 하늘을 28개의 영역으로 나누었다.

분석 2 南解次次雄(남해차차웅) 5~24 재위기간 19년

○ 南解王 때에는 왜인들의 약탈이 있었다. 즉, 十一年 기사에 '倭人遣兵船百餘艘掠海邊民戶 發六部勁兵以禦之'라는 기록이 있다. 왜인이 병선 100여 척을 보내 해변의 민가를 약탈하니, 6부의 경병을 보내 이를 방어하였다는 것이다.

그런데 同年 기사에 '樂浪謂內虛來攻金城 甚急'이라는 기록이 있다. 낙랑樂浪이 (우리) 내부에 빈틈이 있다고 생각하고, 금성金城을 공격하여 오니 상황이 위급하였다는 것이다. 서기로는 AD 15년의 일이다. 그런데 과연 낙랑樂浪이 경상북도 경주를 침공하였다는 말인가? 혹자는 낙랑樂浪이 평양 부근에 있었던 한사군의 하나라고 주장하기도 했지만 이는 반박할 가치조차도 없다.

원래 낙랑樂浪은 동이족이 살던 지역을 부르던 지명地名이었다. 그런데 한漢이 군郡을 설치하면서 행정구역 명칭으로서 의미도 가지게 되었는데, 군현제가 약화되어 독자적으로 세력화 하면서 정치적 실체로서 정치세력政治勢力을 가리키는 말로 진화하였다가 나라를 참칭하기도 하였는데, 후대에는 일부 하자들에 의하여 심지어 정식 국가國家로 대접받기도 하였다.

한漢은 BC 206년에 건국되어 AD 220년에 멸망했는데, AD 8년에서 AD 23년에는 왕망王莽의 新나라에 의하여 왕조가 단절되었다. 이를 전후하여 낙랑은 정치적 실체로 진화한 것으로 보인다. 낙랑樂浪이 신라新羅를 침공한 것은 바로 이 시기이다.

사기색은史記索隱[23]에는 '太康地理志云 樂浪遂城縣有碣石山 長城所起'라는 기록이 있다. 태강太康[24] 지리지地理志[25]에 이르기를 낙랑樂浪 수성현遂城縣에 갈석산碣石山이 있고 장성長城이 시작된 곳이라는 것이다. 이를 근거로 하북성河北省 북부에서 요녕성遼寧省 서남부 사이에 낙랑樂浪이 있었다는 견해가 일부에서 강력하게 제기되고 있다.[26]

그런데 한서지리지는 '樂浪郡, 武帝元封三年開. 莽曰樂鮮. 屬幽州. 戶六萬二千八百一十二, 口四十萬六千七百四十八. 有雲鄣. 縣二十五.'라고 기록한다. 이 기록은 '낙랑군樂浪郡은 한무제 원봉3년에 개설되었는데(왕망은 낙선樂鮮이라 하였다.) 유주幽州에 속한다. 가구 수가 62812호요, 인구가 406748명이다. 운장雲鄣이 있고 현縣이 25개이다.'라고 해석된다. 여기서 유주幽州는 오늘날 북경北京 연경延庆으로 보며 당대에는 하북성河北省 북부와 요녕성遼寧省 남부를 가리키는 말이었다고 하니 이러한 견지에서 위 견해는 일응 타당성이 있다.

---

23) 사기색은史記索隱; 당나라 때 사마천의 후손인 사마정(司馬貞)이 집필한 '사기'의 주석서이다. '사기집해'와 '사기정의'와 함께 대표적인 '사기'의 주석서로 꼽힌다.

24) 태강太康 ; 태강太康이란 진晋 무제(사마염)의 연호이다.(280년에서 289년)

25) 태강지리지太康地理志; 태강太康이 진晋 무제(사마염)의 연호이이므로 태강지리지는 280년에서 289년 사이에 나온 책이다.

26) 출처 ; 이덕일 등

한편, 이에 대하여는 낙랑군樂浪郡이 고구려에 의해 한반도에서 축출돼 요서로 옮긴 이후의 상황을 설명한 것이라는 주장이 있다. 그러나 이러한 주장은 이미 폐기된 낙랑평양설의 변형일 뿐이다. '한서지리지'에 분명 낙랑이 유주幽州에 속한다고 기록되어 있지 않은가? 후술하는 바와 같이 낙랑이 漢代 산서성山西省 남부와 하남성河南省에 있다가 唐代 하북성河北省 북부에서 요녕성遼寧省 서남부로 세력을 확대하였다면 모를까, 낙랑樂浪이 한반도에서 축출돼 요서로 옮겼다는 주장은 기록상 아무런 근거가 없다. 다만, 갈석산과 장성의 기점은 후한後漢 이후에 만들어졌을 가능성이 크므로 새로운 견해 역시 잘못이 있는 것처럼 보이지만, 어차피 태강지리지太康地理志나 사기색은史記索隱은 후한後漢 이후 또는 당대唐代에 나온 책이므로 조작되거나 잘못된 기점이라 하더라도 어쨌든 그 지역을 가리키는 의미로서 낙랑樂浪의 위치 비정만큼은 오류가 없어 보인다.

이어 한서지리지는 "县二十五 : 朝鲜, 論邯, 浿水, **水西至增地入海°** **莽曰乐鲜亭°** 含资, **带水西至带方入海°** 黏蝉, 遂成, 增地, **莽曰增土°** 带方, 驷望, 海冥, **莽曰海桓**, 列口, 长岑, 屯有, 昭明, **高部都尉治°** 镂方, 提奚, 浑弥, 吞列, **分黎山, 列水所出°** **西至黏蝉入海, 行八百二十里°** 东暆, 不而, **东部都尉治°** 蚕台, 华丽, 邪头昧, 前莫, 夫租° "라고 기록한다. 즉, (낙랑군의) 25개현으로는 조선, 논감, 패수(패수는 서쪽에서 흘러 증지를 통해 바다로 들어간다. 왕망은 악선정이라고 했다.), 함자(대수가 서쪽에서 흘러 대방에 이르러 바다로 들어간다.), 점선, 수성, 증지(왕망은 증토라고 했다.), 대방, 사망, 해명(왕망은 해환이라고 했다.), 렬구, 장잠, 둔유, 소명(고부도위가 다스렸다), 루방, 제해, 혼미, 탄렬(분려산에서 렬수가 나와 서쪽으로 흘러 점선을 통해 바다로 흘러들어가는데 팔백이십리이다.), 동이, 불이(동부도위가 다스렸다.), 천태, 화려, 사두매, 전막, 부조 등이있다는 것이다.

유주幽州 10군 중 하나인 낙랑군樂浪郡에 속하는 조선朝鲜, 논감論邯, 패수浿水, 함자含资, 점선黏蝉, 수성遂成, 증지增地, 대방带方, 사망驷望, 해명海冥, 렬구列口, 장잠长岑, 둔유屯有, 소명昭明, 루방镂方, 제해提奚, 혼미浑弥, 탄렬吞列, 동이东暆, 불이不而, 천태蚕台, 화려华丽, 사두매邪头昧, 전막前莫, 부조夫租 등 25개현은 산서성山西省 남부와 하남성河南省 일대에 있었던 옛 지명들이다.

한서漢書는 후한後漢의 반고가 AD 82년 무렵에 완성한 책으로, 한 고조 유방이 전한前漢을 창건한 기원전 206년부터 왕망의 신나라가 망한 24년까지 역사를 기록한다. 그렇다면 전한시대前漢時代의 낙랑樂浪은 산서성山西省 남부와 하남성河南省 일대에 있었던 것으로 보이고, 유주幽州는 산서성山西省 남부와 하남성河南省 일대를 널리 포괄하고 있었던 것으로 보인다.

남해왕 十一年 기사는 산서성山西省 남부 또는 하남성河南省 일대에 있었던 낙랑樂浪이라는 정치적 실체가 전한前漢 말 독자 세력화하여 신라를 침공하기에 이른 것으로 해석된다.

○ 남해왕 十六年 二月 기사에 '北溟人耕田 得濊王印 獻之'라는 기록이 있다. 북명北溟 사람이 밭을 갈다가 예왕의 인장을 습득하여 왕에게 바쳤다는 것이다. 그런데 삼

국유사는 '삼국사三國史'를 인용하며 '溟州古穢國 野人耕田 得穢王印 獻之'라고 기록하고 있다. 명주溟州는 옛 예국穢國이었는데 한 농부가 밭을 갈다가 예왕의 인장을 주워서 바쳤다는 것이다.

남해왕 十六年 二月 기사의 '北溟'은 '溟州'의 북쪽 지방임이 틀림이 없다. 그리고 과거 '溟州'에는 예국穢國이 있었음을 알 수 있다.

❸ 儒理尼師今(유리니사금)

24~57 재위기간 33년

儒理尼師今立 南解太子也 母雲帝夫人 妃日知葛文王之女也 或云妃姓朴許婁王之女

유리 이사금이 왕위에 오르니 남해의 태자로 어머니는 운제부인이며, 왕비는 일지日知갈문왕葛文王의 딸이다. 혹은 왕비의 성은 박씨이며, 허루왕許婁王의 딸이라고도 한다.

初南解薨儒理當立 以大輔脫解素有德望推讓其位 脫解曰 神器大寶非庸人所堪 吾聞聖智人多齒 試以餠噬之 儒理齒理多乃與左右奉立之 號尼師今 古傳如此 金大問則云 尼師今方言也 謂齒理 昔南解將死 謂男儒理壻脫解曰 吾死後 汝朴昔二姓以年長而嗣位焉 其後金姓亦興 三姓以齒長相嗣 故稱尼師今

처음에 남해가 홍서했을 때, 유리가 당연히 왕위에 올라야 하는데, 대보 탈해가 본래 덕망이 있었기에 그를 추천하여 그 왕위를 양보하니, 탈해가 말했다.

"왕의 자리는 평범한 사람이 감당할 수 있는 것이 아닙니다. 뛰어나고 지혜로운 사람은 이齒가 많다고 들었습니다."

그들은 떡을 깨물어 시험해 보았다. 유리의 이 자국이 많았으므로 이에 좌우 신하들과 함께 그를 받들어 왕위에 오르게 하고, 왕호를 이사금이라 하였다.

옛부터 전해오는 말이 이와 같으니, 즉 김대문이 말했다.

"이사금은 방언으로 '이의 자국'을 일컫는다. 옛날에 남해가 죽음을 앞두고, 아들 유리와 사위 탈해에게 '내가 죽은 뒤에는 너희들 박과 석 두 성을 가진 사람 중에 나이 많은 자가 왕위를 이어라"고 말했었다. 그 후에 김씨가 또한 흥하였으므로, 세 성씨들 중에 나이 많은 자가 왕위를 승계하니, 이러한 이유로 (왕을) 이사금이라고 칭했다."

二年

春二月, 親祀始祖廟 大赦

2년

봄 2월, 왕이 친히 시조묘始祖廟에 제사지내고 대규모 사면을 단행했다.

五年

冬十一月, 王巡行國內 見一老嫗飢凍將死曰 予以眇身居上 不能養民 使老幼至於此極 是予之罪也 解衣以覆之推食以食之 仍命有司在處存問鰥寡孤獨 老病不能自活者給養之 於是隣國百姓聞而來者衆矣

是年 民俗歡康 始製兜率歌 此歌樂之始也

5년

겨울 11월, 왕이 나라 안을 순행하다가 한 할머니가 굶주림과 추위로 죽어가는 것을 보고 말했다.

"내가 바로 보지 못하는 (어리석은) 몸으로 왕위에 올라 백성을 먹여 살릴 수 없으니 노인과 어린이로 하여금 이러한 지경에 이르게 하였다. 이는 나의 죄이다"

(왕은) 옷을 벗어 덮어 주고 이어 밥을 줘 먹게 하였다. 그리고 관리에게 명하여 홀아비, 과부, 고아, 늙어서 자식 없는 사람들을 직접 방문하게 하고, 늙고 병들어 혼자의 힘으로 살아 갈 수 없는 자들을 보살피게 하였다. 이에 이웃 나라의 백성들이 소식을 듣고 오는 자들이 많았다.

이 해에 백성들이 즐겁고 편안하여 처음으로 도솔가를 지었으니 이것이 노래 가락의 시작이다.

九年

春, 改六部之名仍賜姓 楊山部爲梁部姓李 高墟部爲沙梁部姓崔 大樹部爲漸梁部 一云牟梁 姓孫 干珍部爲本彼部姓鄭 加利部爲漢祇部姓裵 明活部爲習比部姓薛 又設官有十七等 一伊伐飡 二伊尺飡 三迊飡 四波珍飡 五大阿飡 六阿飡 七一吉飡 八沙飡 九級伐飡 十大奈麻 十一奈麻 十二大舍 十三小舍 十四吉士 十五大烏 十六小烏 十七造位 王旣定六部 中分爲二使王女二人各率部內女子 分朋造黨 自秋七月旣望 每日早集大部之庭 績麻乙夜而罷 至八月十五日 考其功之多小負者置酒食 以謝勝者 於是歌舞百戲皆作謂之嘉俳 是時 負家一女子起舞歎曰會蘇 其音哀雅後人因其聲而作歌 名會蘇曲

9년

봄, 6부의 이름을 고치고 이에 성을 하사하였다. 양산부는 양부梁部, 성은 이씨, 고허부는 사량부沙梁部, 성은 최씨, 대수부는 점량부漸梁部 모량이라고도 한다. 성은 손씨, 간진부는 본피부本彼部, 성은 정씨, 가리부는 한기부漢祇部, 성은 배씨, 명활부는 습비부習比部, 성은 설씨로 하였다.

또한 관등을 설치하여 17등급을 두었으니, 1급 이벌찬, 2급 이척찬[27], 3급 잡찬 4급 파진찬, 5급 대아찬, 6급 아찬, 7급 일길찬, 8급 사찬, 9급 급벌찬, 10급 대나마, 11급 나마, 12급 대사, 13급 소사, 14급 길사, 15 대오, 16급 소오, 17급 조위 등이다.

왕은 6부를 정하고 나서 무리를 둘로 나누어 두 왕녀로 하여금 각각 부내의 여자들을 거느려 편을 짜게 하고, 가을 7월 16일부터, 매일 이른 아침에 큰 부의 마당에 모여 길쌈을 시작하여, 을야(밤 9시-11시)에 마쳤다. 8월 15일에 이르러 그 양을 살펴, 승부에서 진 쪽에서 술과 음식을 차려 승자에게 사례하고 이에 노래를 부르고 춤을 추며 온갖 놀이를 하였는데 이를 '가배'라고 하였다. 이 때, 진 쪽에서 한 여자가 일어나 춤을 추면서 탄식하며 말하길 "회소"라고 하였다. 그 소리가 슬프고도 고와 훗날 사람들이 이 소리에 가사를 붙이니 '회소곡'이라고 불렀다.

십 일 년
十一年

경 도 지 렬 천 용
京都地裂泉湧

하 육 월 대 수
夏六月, 大水

11년,

경도京都에서 땅이 갈라지고 샘이 솟구쳤다.

여름 6월, 홍수가 났다.

십 삼 년
十三年

추 팔 월 락 랑 범 북 변 공 함 타 산 성
秋八月, 樂浪犯北邊 攻陷朶山城

13년

가을 8월, 낙랑樂浪이 북쪽 변경을 침범하여 타산성朶山城을 공격하여 함락하였다.

십 사 년
十四年

고 구 려 왕 무 휼 습 락 랑 멸 지 기 국 인 오 천 래 투 분 거 육 부
高句麗王無恤襲樂浪滅之 其國人五千來投 分居六部

---

27) 이척찬伊尺湌; 이찬伊湌이라고도 한다.

14년

고구려왕 무휼이 낙랑樂浪을 기습하여 멸망시키자, 낙랑 사람 5천 명이 투항해오니 그들을 6부에 나누어 살게 하였다.

십칠년
十七年

추구월 화려불내이현인연모 률기병범북경 맥국거수이병요곡하서
秋九月, 華麗不耐二縣人連謀 率騎兵犯北境 貊國渠帥以兵要曲河西

패지 왕희 여맥국결호
敗之 王喜 與貊國結好

17년

가을 9월, 화려華麗·불내不耐 두 곳이 공모하여 기병을 거느리고 북쪽 국경을 침범하였다. 맥국貊國의 왕[渠帥]이 병사를 동원하여 곡하曲河 서쪽에서 요격하여 이들을 물리쳤다.

(이에) 왕이 기뻐하여 맥국과 우호관계를 맺었다.

십구년
十九年

추팔월 맥수렵득금수헌지
秋八月, 貊帥獵得禽獸獻之

19년

가을 8월, 맥국貊國의 왕이 사냥을 하여 새와 짐승을 잡아 바쳤다.

삼십일년
三十一年

춘이월 성패우자궁
春二月, 星孛于紫宮

31년

봄 2월, 성패星孛[28]가 자궁紫宮[29] 자리에 나타났다.

---

28) 성패星孛; 꼬리가 없는 혜성을 말한다.

29) 자궁紫宮; 북극성을 아우르는 별자리 구역. 혹은 자미紫微라고도 한다. 천체를 북극성을 하늘의 중심으로 보고 그 주변을 세 개 영역으로 구분하였는데, 북극의 중앙 부분은 하늘의 왕이 사는 궁궐이라 하여 자미원紫微垣이라 하였다.

삼십삼년
三十三年

하사월 룡견금성정 유경폭우자서북래
夏四月, 龍見金城井 有頃暴雨自西北來

오월 대풍발목
五月, 大風拔木

33년

여름 4월, 용이 금성 우물에 나타났는데 잠시후[有頃][30] 폭우가 서북쪽에서 몰려왔다.

5월, 바람이 크게 불어 나무가 뽑혔다.

삼십사년
三十四年

추구월 왕불예위신료왈 탈해신련국척위처보신 루저공명 짐지이
秋九月, 王不豫謂臣寮曰 脫解身聯國戚位處輔臣 屢著功名 朕之二

자기재불급원의 오사지후 비즉대위이무망아유훈
子其才不及遠矣 吾死之後 俾卽大位以無忘我遺訓

동시월 왕홍장사릉원내
冬十月, 王薨葬蛇陵園內

34년

가을 9월, 왕이 죽음을 앞두고 신료들에게 말했다.

"탈해는 신분이 왕실의 인척이요, 지위가 보신輔臣[31]에 이르렀고, 누차屢次 공을 세웠다. (반면) 짐의 두 아들은 재주가 그에게 훨씬 미치지 못한다. 내가 죽은 후에는 탈해를 즉위하게 하라. 나의 유훈을 잊지 말라."

겨울 10월, 왕이 홍서하였다. 사릉원에 장사지냈다,

30) 유경[有頃(yǒuqǐng)]; 잠시 후

31) 보신輔臣; 장관, Secretary

분석 3 儒理尼師今(유리니사금)

24~57 재위기간 33년

○ 유리왕 十三年 八月 기사에 '樂浪犯北邊攻陷朶山城'이라는 기록이 있다. 낙랑樂浪이 북쪽 변경을 침범하여 타산성朶山城을 공격하여 함락하였다는 것이다. 그런데 十四年 기사에는 '高句麗王無恤襲樂浪滅之'라는 기록이 있다. 고구려 대무신제 무휼이 낙랑樂浪을 기습하여 멸망시켰다는 것이다.

유리왕 十四年 기사의 '高句麗王無恤襲樂浪滅之'라는 기록, 즉 고구려 대무신제 무휼이 낙랑을 기습하여 멸망시켰다는 것은 어떻게 해석하여야 할까? 유리왕 十四年은 AD 37년이므로 왕망의 新이 멸망하고 後漢이 들어선 시대에 해당한다. 그렇다면, 후한서後漢書[32]의 기록을 살펴보자. 후한서後漢書에는 '韓有三種 : 一日馬韓, 二日辰韓, 三日弁辰. 馬韓在西, 有五十四國, 其北與樂浪, 南與倭接'이라는 기록이 있다.[33] 한韓은 마한馬韓 · 진한辰韓 · 변진弁辰의 세 종류가 있는데, 마한馬韓은 서쪽에 위치하며 54개국이 있고 그 북쪽으로는 낙랑樂浪이 있고 남쪽으로는 왜倭와 접해있다는 것이다. 최치원은 마한馬韓이 고구려라고 하였다. 초기 고구려가 산서성山西省 일대에 있었으니, 후한서에 따라 그 북쪽으로 낙랑樂浪이 있었다면, 태강지리지太康地理志[34]를 근거로 낙랑樂浪이 하북성河北省 북부에서 요녕성遼寧省 서남부에 있었다는 견해는 제법 그럴듯한 것이다.

그렇다면 大武神帝 시절 高句麗가 오늘날 中國의 山西省은 물론 河北省 일대까지 아우르고 황하 이북의 하남성河南省까지 그 세력을 미치고 있었음을 알 수 있다.

그런데 十七年 九月 기사에는 '華麗不耐二縣人連謀 率騎兵犯北境'이라는 기록이 있다. 화려華麗 · 불내不耐 두 곳이 공모하여 기병을 거느리고 북쪽 국경을 침범하였다는 것이다. 華麗와 不耐는 '二縣'으로 표현되었지만 당시 漢으로부터 독립해 할거割據하고 있었던 지방정권 내지는 신라新羅 북쪽에 있었던 정치세력이었을 것으로 일단 추정할 수 있다.

이병도에 따르면 화려華麗의 위치는 현재의 함경남도 영흥군 順寧面 일대로 추정되며, 불내不耐의 위치는 현재의 함경남도 安邊 내지 通川 부근으로 비정된다고 한다. 특히 화려華麗의 위치를 현재의 함경남도 영흥군 일대로 추정하는 근거가 영흥군의 옛 이름이 화령和寧이라는 점이라고 한다. 그러나 화려華麗와 화령和寧은 아무런 음운학적인 관련성이 없다.

기술한 바와 같이 유주幽州 10군 중 하나인 낙랑군樂浪郡에 속하는 조선朝鮮, 논감論邯, 패수浿水, 함자含资, 점선黏蝉, 수성遂成, 증지增地, 대방带方, 사망驷望, 해명海冥, 렬구列口, 장잠长岑, 둔유屯有, 소명昭明, 루방镂方, 제해提奚, 혼미浑弥, 탄렬吞列, 동이

32) 후한서後漢書; 남북조 시대 송나라의 범엽(398년~445년)이 440년경에 완성한 책으로, 적미(赤眉)의 난이 한창일 때 세워진 후한後漢이 황건(黃巾)의 난으로 멸망하기까지의 과정을 그렸다.

33) 출처; 『後漢書』卷 85 東夷列傳 第75

34) 「태강지리지((太康地理志)」; 태강太康이 280년에서 289년 사이의 기간을 말하므로 「태강지리지」는 이 때 나온 책이다.

东虒, 불이不而, 천태蚕台, 화려华丽, 사두매邪头昧, 전막前莫, 부조夫租 등 25개 현은 산서성山西省 남부와 하남성河南省 일대에 있었던 옛 지명들인데, 여기서 화려华丽가 확인되고 불내不耐를 불이不而로 표기한 것으로 보이므로, 신라를 침공한 화려華麗와 불내不耐는 유주 낙랑군에 속하던 지방의 정치세력임은 의심할 여지가 없다.

그렇다면 전한前漢 말 이후에 하북성河北省 북부에서 요녕성遼寧省 서남부까지 세력을 미쳤던 낙랑이 고구려 대무신왕에게 정복당하고, 잔존세력들이 화려華麗・불내不耐 등 산서성山西省 남부 또는 하남성河南省 일대로 밀려나 신라를 침공한 것으로 이해된다.

○ 유리왕 十七年 九月 기사에는 '貊國渠帥以兵要曲河西敗之 王喜 與貊國結好'라는 기록이 있다. 맥국貊國의 왕[渠帥]이 병사를 동원하여 곡하曲河 서쪽에서 요격하여 화려華麗・불내不耐를 물리치니 왕이 기뻐하여 맥국貊國과 우호관계를 맺었다는 것이다.

국사편찬위원회에 따르면 맥국은 지금의 강원도 춘천시 일대에 있었던 소국小國이 유력하다고 한다.

그러나 맥국貊國이 新羅의 북쪽에 있었다는 점, 화려華麗와 불내不耐의 침략을 물리쳤다는 점 등을 종합적으로 검토하면 맥국貊國은 산서성山西省을 중심으로 하북성河北省 일대에 세력을 미쳤던 고구려의 부분국가로 보이므로 고구려가 낙랑의 잔존세력을 소탕한 것으로 해석된다.

그런데 삼국사기 고구려본기 유리왕 三十一年 기사에 '漢王莽發我兵伐胡 吾人不欲行 强迫遣之 皆亡出塞) 因犯法爲寇'라는 기록이 있다. 漢의 왕망王莽이 우리 군사를 동원하여 오랑캐를 치고자 하였으나 우리군사들이 가기를 원하지 않으므로 강제로 협박하여 보내려 하니, 모두 변방으로 도망하여 법을 위반하고 약탈을 하였다는 것이다. 이어 동년 기사 중 엄우嚴尤가 왕망王莽에게 아뢰어 말하길 '貊人犯法 宜令州郡 且慰安之'라고 하였다. 맥貊 사람들이 법을 위반하고 있으니, 마땅히 주군州郡에 영슈을 내려 그들을 위로하여 안정시키도록 해야 한다는 것이라는 것이다. 그렇다면 맥貊은 문맥상 고구려를 가리키는 것으로 보아야 한다.

	북쪽변경	비고
유리왕 儒理王	타산성朶山城 곡하曲河	화려華麗 불내不耐

④ 脫解尼師今(탈해니사금)

57~80 재위기간 23년

脫解尼師今立 一云吐解 時年六十二 姓昔 妃阿孝夫人

脫解本多婆那國所生也 其國在倭國東北一千里 初其國王娶女國王
女爲妻 有娠七年乃生大卵 王曰 人而生卵不祥也 宜棄之 其女不忍
以帛裹卵幷寶物 置於櫝中浮於海任其所往 初至金官國海邊 金官人
怪之不取 又至辰韓阿珍浦口 是始祖赫居世在位三十九年也
時海邊老母以繩引繫海岸 開櫝見之 有一小兒在焉 其母取養之 及壯
身長九尺 風神秀朗智識過人

或曰 此兒不知姓氏 初櫝來時 有一鵲飛鳴而隨之 宜省鵲字以昔爲氏
又解韞櫝而出宜名脫解

脫解始以漁釣爲業 供養其母未嘗有懈色 母謂曰 汝非常人骨相殊異
宜從學以立功名

於是 專精學問兼知地理 望楊山下瓠公宅 以爲吉地 設詭計以取而居
之 其地後爲月城

至南解王五年 聞其賢以其女妻之 至七年 登庸爲大輔委以政事

儒理將死曰 先王顧命曰 吾死後無論子壻 以年長且賢者繼位 是以寡
人先立 今也宜傳其位焉

탈해 이사금이 왕위에 오르니 토해라고도 불린다. 이 때 나이 62세로, 성은 석이며, 왕비는 아효부인이다.

탈해는 본래 다파나국에서 태어났다. 이 나라는 왜국의 동북쪽 천 리 에 위치한다. 처음 그 나라 왕은 '여국'의 왕녀를 얻어 아내로 삼았는데, 임신한 지 7년 만에 큰 알을 낳았다. (이에) 왕이 말했다.

"사람이 알을 낳은 것은 상서로운 일이 아니다. 그것을 버리는 것이 마땅하다."

그 여인이 견디지 못하고, 비단으로 알을 보물과 함께 싸서 함에 넣어 강에 띄우고 [浮於海] 흘러가는 대로 두었다. 처음에 그 함은 금관국 해변에 닿았다. 금관 사람은 이를 괴이하게 여겨 거두지 않았다. 다시 그 함은 진한 아진 포구에 닿았는데 이때가 시조 혁거세 39년이었다.

그 때 해변의 노파가 줄을 매어 해안으로 잡아당기고 함을 열어 살펴보니 한 아이가 있었다. 그 노파가 아이를 거두어 길렀는데 장성하자 신장이 9척이고, 기풍이 빼어났으며 지식이 남들보다 월등하였다.

혹자가 말했다.

"이 아이는 성씨를 알 수 없으므로, 처음 함이 왔을 때에 까치 한 마리가 울면서 날아 따라 왔으니, 마땅히 까치 작鵲에서 '석昔'을 빼어 성으로 삼고, 또한 포장된 함을 풀고 나왔으니, 마땅히 '벗을 탈脫'과 '풀 해解'로 이름을 지을 만하다."

탈해는 처음에 고기잡이를 업으로 하여 어머니를 봉양하였는데 일찍이 게으름을 피우거나 꾸미는 적이 없었으니, 그의 어머니가 말했다.

"너는 평범한 사람이 아니다. 생김새가 특이하니 마땅히 학문을 하여 공명을 세워야 한다."

이에 따라 그는 학문에 전념하였고 아울러 (풍수)지리도 익혔다. 그는 양산 아래에 있는 호공의 집을 보고 길지吉地로 여기고, 계책을 세워 그 터를 얻어 살았는데 그 땅이 후일 월성月城이 되었다.

남해왕 5년에 이르러 그가 어질다는 말을 듣고 딸을 처로 삼게 하고, 7년에 이르러서는 그를 등용하여 대보로 삼아 정사를 맡겼다.

유리왕이 죽음을 앞두고 말했다.

"선왕이 고명을 남겨 말하길 '내가 죽은 후에 아들과 사위를 막론하고 나이가 많고 또 현명한 자로 하여금 왕위를 승계하라'고 하여 과인이 먼저 왕위에 올랐다. 이제 마땅히 그에게 왕위를 전해야 할 것이다."

이 년
二年

춘 정 월 배 호 공 위 대 보
春正月, 拜瓠公爲大輔

이 월 친 사 시 조 묘
二月, 親祀始祖廟

2년

봄 정월, 호공에게 벼슬을 내려 대보로 삼았다.

2월에는 왕이 친히 시조묘始祖廟에 제사를 지냈다.

삼 년
三年

춘 삼 월 왕 등 토 함 산 유 현 운 여 개 부 왕 두 상 양 구 이 산
春三月, 王登吐含山 有玄雲如蓋 浮王頭上良久 而散

하 오 월 여 왜 국 결 호 교 빙
夏五月, 與倭國結好交聘

육 월 유 성 패 우 천 선
六月, 有星孛于天船

3년

봄 3월, 왕이 토함산吐含山에 오르니, 검은 구름이 일어 우산처럼 왕의 머리 위를 오랫동안 떠다니다가 한참 후에 흩어졌다

여름 5월, 왜국과 우호관계를 맺고 사신을 교환하였다.

6월, 성패星孛[35]가 천선天船[36]에 나타났다.

五年

秋八月, 馬韓將孟召以覆巖城降

5년

가을 8월, 마한 장수 맹소가 복암성覆巖城을 바치고 항복하였다.

七年

冬十月, 百濟王拓地至娘子谷城 遣使請會 王不行

7년

겨울 10월, 백제 다루왕이 영토를 개척하여 낭자곡성娘子谷城까지 이르렀는데, 사신을 보내 왕을 만나기를 요청했으나, 탈해왕은 가지 않았다.

八年

秋八月, 百濟遣兵攻蛙山城

冬十月, 又攻狗壤城 王遣騎二千擊走之

十二月, 地震無雪

8년

가을 8월, 백제가 군사를 보내 와산성蛙山城을 공격하였다.

겨울 10월, 백제가 다시 구양성狗壤城을 공격하였다. 이에 왕은 기병 2천 명을 보내 그들을 공격하여 물리쳤다.

12월, 지진이 일어나고, 눈이 내리지 않았다.

---

35) 성패星孛; 꼬리가 없는 혜성을 말한다.

36) 천선天船; 이십팔수二十八宿의 열일곱째 위胃 자리에 있는 별자리

九年

春三月, 王夜聞金城西始林樹間有鷄鳴聲 遲明遣瓠公視之 有金色小櫝掛樹枝 白鷄鳴於其下 瓠公還告 王使人取櫝開之 有小男兒在其中 姿容奇偉 上喜謂左右曰 此豈非天遺我以令胤乎 乃收養之 及長 聰明多智略乃名閼智 以其出於金櫝姓金氏 改始林名鷄林 因以爲國號

9년

봄 3월, 왕이 밤에 금성 서쪽 시림의 나무 사이에서 닭이 우는 소리를 듣고, 날이 밝기를 기다려 호공을 보내 살펴보도록 하였는데 그 곳에는 나무 가지에 작은 금빛 함이 걸려 있었고, 흰 닭이 그 아래에서 울고 있었다. 호공이 돌아와 고하니, 왕은 사람을 보내 그 함을 가져와 열게 하였다. 그 안에는 어린 사내아이가 있었는데, 자태와 용모가 장대했다. 왕이 기뻐하며 좌우 신하들에게 '이는 어찌 하늘이 내게 명을 내려 대를 잇게 함이 아니겠는가!'라고 말하고, 이에 아이를 거두어 길렀다. 아이가 자라면서 총명하고 지략이 많으니 이에 이름을 알지라고 하였고, 금빛 함에서 나왔기 때문에 성을 김씨로 하였다. 시림을 고쳐 계림鷄林이라 명명하고, 이를 국호로 하였다

十年

百濟攻取蛙山城 留二百人居守 尋取之

10년,

백제가 와산성蛙山城을 공격하여 빼앗고, 2백 명을 머물게 하여 거주시키고, (성을) 수비하였다. (그러나) 얼마 지나지 않아 우리가 그 성을 되찾았다.

十一年

春正月, 以朴氏貴戚 分理國內州郡 號爲州主郡主

二月, 以順貞爲伊伐飡 委以政事

11년

봄 정월, 박씨의 왕족으로 하여금 국내의 주군州郡을 나누어 다스리게 하니, 그 칭호를 각각 주주와 군주라고 불렀다.

2월, 순정을 이벌찬으로 임명하여 정사를 맡겼다.

十四年

百濟來侵

14년

백제가 침범하였다.

十七年

倭人侵木出島 王遣角干羽烏禦之 不克 羽烏死之

17년,

왜인이 목출도木出島를 침범하였다. 왕이 각간 우오를 보내 방어토록 하였으나, 승리하지 못하고 우오가 전사하였다.

十八年

秋八月, 百濟寇邊 遣兵拒之

18년

가을 8월, 백제가 변경을 약탈하므로 병사를 보내 이를 막게 하였다.

十九年

大旱民饑 發倉賑給

冬十月, 百濟攻西鄙蛙山城 拔之

19년

가뭄이 크게 들어 백성들이 굶주리니, 창고를 열어 진휼賑恤하였다.

겨울 10월, 백제가 서쪽 변경의 와산성蛙山城을 공격하여 빼앗았다.

二十年

秋九月, 遣兵伐百濟 復取蛙山城 自百濟來居者二百餘人 盡殺之

20년

가을 9월, 병사를 보내 백제를 정벌하여 와산성蛙山城을 다시 찾았다. 백제로부터 와서 살고 있던 2백여 명을 모두 죽였다.

二十一年

秋八月, 阿湌吉門與加耶兵戰於黃山津口 獲一千餘級 以吉門爲波珍湌 賞功也

21년

가을 8월, 아찬 길문이 가야 병사를 상대로 황산진 입구에서 싸워 1천여 명의 수급을 획득했다. 길문을 파진찬으로 임명하여 그 전공에 해당하는 상을 주었다.

二十三年

春二月, 慧星見東方又見北方 二十日乃滅

23년

봄 2월, 혜성이 동쪽에서 나타났다가 다시 북쪽에 나타나더니 20일만에 사라졌다.

二十四年

夏四月, 京都大風 金城東門自壞

秋八月, 王薨 葬城北壤井丘

24년

여름 4월, 경도京都에 큰 바람이 불어 금성金城 동문이 저절로 무너졌다.

가을 8월, 왕이 홍서하였다. 성의 북쪽 양정壤井 언덕에 장사지냈다.

분석 4 脫解尼師今(탈해니사금) 57~80 재위기간 23년

○ 三國史記는 탈해脫解의 出生에 관한 기사에서 '脫解本多婆那國所生也 其國在倭國東北一千里'라고 기록하고 있다. 탈해는 본래 다파나국多婆那國에서 태어났는데, 이 나라는 왜국의 동북쪽 천 리에 위치한다는 것이다. 신라의 수도가 경주라는 견해에 입각하면, 倭國은 큐슈·시코쿠 또는 혼슈 서남쪽 일대에 있었다고 비정시켜야 하고, 多婆那國은 홋카이도나 사할린에 있었다고 비정할 수밖에 없다. 이어, 위 기사는 '初其國王娶女國王女爲妻'라고 기록하고 있다. 처음 그 나라 왕은 여국女國의 왕녀를 얻어 아내로 삼았다는 것이다. 多婆那國 인근에 女國이 있었던 것으로 보아 홋카이도나 사할린에 적지 않은 小國들이 병존하였다고 볼 수밖에 없다. 이어, 탈해脫解의 出生에 관한 기사에 '置於櫝中浮於海任其所往 初至金官國海邊 金官人怪之不取 又至辰韓阿珍浦口'라는 기록이 있다. 여국女國의 왕녀가 큰 알을 낳자) 함에 넣어 바다에 띄웠는데[浮於海] 그 함이 금관국金官國을 거쳐 신라 즉 진한辰韓의 아진阿珍 포구에 닿았다는 것이다. 그렇다면 갓 태어난 탈해脫解가 홋카이도나 사할린으로부터 해류를 타고 낙동강 어구를 통해 신라로 흘러들어왔다는 결론에 이르게 된다. 그러나 이러한 해석은 너무나 무리하다.

위 기사에서 '浮於海'라는 기록은 망망대해에 버렸다는 의미가 아니라 황하나 장강과 같은 큰 강에 띄웠다는 의미이다.

전국시대 말기 진秦이 연燕, 제齊, 한韓, 위魏, 조趙, 초楚를 멸망시키고 마침내 중원을 통일하자(BC 221) 중원으로부터 많은 유민이 발생하였는데 이들이 사방으로 흩어지며 많은 국가들이 발생하였다. 특히, BC 243년 위魏가 진秦에 의해 멸망하자, 위魏의 유민들은 진秦을 피하여 사방으로 흩어졌다.

문자학적 관점에서 보자면 왜倭는 위魏의 변형이다. 또한 성음학적 관점에서도 '위'와 '왜'는 상통한다. 훈고학적 관점에서도 왜倭는 위魏의 잔존세력이라는 의미를 가지고 있다. 위魏의 유민을 낮잡아 왜倭라고 부른 것이다.

그렇다면 위魏 또는 왜倭의 주류세력은 어디로 향했을까?

『후한서』에서는 '韓有三種 : 一日馬韓, 二日辰韓, 三日弁辰. 馬韓在西, 有五十四國, 其北與樂浪, 南與倭接'이라는 기록이 있다.[37] 한韓은 마한馬韓·진한辰韓·변진弁辰의 세 종류가 있는데, 마한은 서쪽에 위치하며 54개국이 있고 그 북쪽으로는 낙랑이 있고 남쪽으로는 왜倭와 접해있다는 것이다. 이어 同書는 '辰韓在東, 十有二國, 其北與濊貊接. 弁辰在辰韓之南, 亦十有二國, 其南亦與倭接'라고 기록한다.[38] 진한辰韓은 동쪽에 있고 12개 정도의 나라가 있으며 그 북쪽은 예맥과 접하고 있으며, 변진弁辰은 진한의 남쪽인데 대략 12개국이 있고 그 남쪽은 왜倭와 접하고 있다는 것이다.

37) 출처; 『後漢書』卷 85 東夷列傳 第75

38) 출처; 『後漢書』卷 85 東夷列傳 第75

요컨대, 진한辰韓 즉 신라의 남쪽에 변진弁辰 즉 변한卞韓 12개국이 있었고, 그 남쪽에 왜倭가 접하고 있었다는 것이다.

또, 일본서기日本書紀 권10 응신기應神紀 25년 기사에는 목만치라는 인물을 소개하면서 다음과 같이 기록한다.

> 百濟記云 木滿致者 是木羅斤資討新羅時 娶其國婦而所生也 以其父功 專於任那 來入我國 往還貴國 承制天朝 執我國政 權重當世 然天皇聞其暴召之

이를 해석하면 다음과 같다.

> 백제기에 이르기를, 목만치라는 자는 목라근자가 신라를 토벌할 때에 그 나라의 부인을 취하여 출생한 자로 그 아비의 공으로 임나에서 권력을 휘둘렀는데 백제로 들어왔다가 귀국貴國으로 돌아가 조정의 권력을 승계하였는데, 백제의 국정까지 장악하여 당시 권력이 중첩되므로 천황이 그 광폭함을 듣고 소환한 것이다,

여기서 왜국을 가리켜 귀국貴國이라고 표현하고 있다.

그렇다면, 위魏가 진秦에 의해 멸망하자(BC 243) 진秦을 피하여 남쪽으로 도망한 위魏의 잔여 세력들은 귀주성貴州省[贵州省;Gizhōu Shěng] 일대에 왜국倭國을 세웠을 것으로 추정된다. 이에 왜국의 동북쪽 천 리에 위치한다는 다파나국多婆那國과 그 부근에 있었을 여국女國은 호북성湖北省 북쪽 일대에 있었을 것으로 비정할 수 있다.

왜倭는 赫居世王 때부터 기록에 등장하였고, 南解王 때에는 변경을 약탈한 것으로 기록되어 있다. 脫解王 때에도 왜구의 약탈이 이어져 十七年 기사에 '倭人侵木出島 王遣角干羽烏禦之 不克 羽烏死之'라는 기록이 있다. 왜인이 목출도木出島를 침범하여 왕이 각간 우오를 보내 방어토록 하였으나 승리하지 못하고, 우오가 전사하였다는 것이다.

○ 한편, 탈해왕 때에는 新羅가 加耶를 상대로 처음으로 교전을 벌인다. 즉, 탈해왕 二十一年 八月 기사에는 '阿飡吉門與加耶兵戰於黃山津口 獲一千餘級'이라는 기록이 있다. 아찬 길문이 가야 병사를 상대로 황산진 입구에서 싸워 1천여 명의 수급을 획득했다는 것이다.

국사편찬위원회는 위 기사의 황산黃山은 지금의 경남 양산시 일대에 해당한다고 한다고 하고, 또 일각에서는 중국 안휘성소재황산이 바로 이곳이라고도 한다.

그러나 '黃山津'이란 지명을 보건대 황산 아래에는 하천(삼국사기 다른 기록에서는 黃山河라고 표현되어 있다.)이 있어야 한다는 점, 황산黃山이라는 지명은 삼국사기 기록에 여러 차례 등장하는데 국사편찬위원회는 그때마다 위치를 각각 달리 해석하여 일관성을 결여하고 있다는 점, 지금의 경남 양산시 일대에 도대체 황산이란 것이 있었다는 아무런 근거가 없다는 점, 중국 안휘성의 황산은 당대 이후부터 비로소 황산이라 불리게 되었다는 점, 대청광여도 등 고지도를 검토하건대 중국 산동성 치박시淄博市 림

치구臨淄区 서쪽 및 치천구淄川区 북서쪽으로 원래 소청하小清河(Xiǎoqīng Hé)가 흘렀는데 그 건너편에 황산이 있었다는 것을 확인할 수 있는 점 등을 종합적으로 검토하건대, 위 기사의 황산黃山은 오늘날 중국 산동성 빈주시濱州市 추평현邹平县 학반산鶴伴山으로 비정된다.

○ 탈해왕 때에는 신라가 백제와 처음으로 맞닥뜨리게 된다.(AD 63)

탈해왕 七年 十月 기사에는 '百濟王拓地至娘子谷城 遣使請會 王不行'이라는 기록이 있다. 백제 다루왕이 영토를 개척하여 낭자곡성까지 이르렀는데, 사신을 보내 왕을 만나기를 요청했으나, 탈해왕은 가지 않았다는 것이다. 脫解王과 多婁王 사이에 이른바 '娘子谷城 會談'이 탈해왕의 거부로 성사되지 못함으로써 이후로 신라와 백제는 국경을 두고 계속하여 교전을 이어가게 된다.

八年 기사에는 新羅와 百濟가 처음으로 벌인 交戰을 기록하고 있다. 즉, AD 63년 백제가 와산성蛙山城과 구양성狗壤城을 차례로 공격한 것이다. 十九년 기사는 '百濟攻西鄙蛙山城'이라고 기록하고 있다. 그렇다면 와산성蛙山城은 신라의 서쪽 변경에 있었다고 할 것이다.

	서쪽변경	비고
탈해왕	낭자곡성娘子谷城 와산성蛙山城 구양성狗壤城	

생각건대, 탈해왕이 재위한 때에는 후한이 건국되어 팽창하던 시기이다. 이에 신라가 동쪽으로 이동을 하게 되므로 백제와 충돌이 일어나게 된 것으로 보인다.

○ 한편, 五年 八月 기사에는 마한 장수 맹소가 복암성覆嚴城을 바치고 항복하였다는 기록이 있다.

	북쪽변경	비고
탈해왕	복암성覆嚴城	

○ 탈해왕 九年 기사에 따르면 脫解는 국호를 徐那伐에서 鷄林으로 고쳤다. 基臨王 재위 10년에는 국호가 다시 新羅로 복귀하는데(復國號新羅) 그렇다면, 신라의 국호는 『신라→ 서라벌 → 계림 → 신라』로 변천되는 것이다. 이에 대하여는 기림왕 편에서 상술한다.

혁거세 이전	혁거세 이후	탈해왕	기림왕
신라	서라벌	계림	신라

❺ 婆娑尼師今(파사니사금)

80~112 재위기간 32년

婆娑尼師今立儒理王第二子也 或云儒理第奈老之子也 妃金氏史省夫人
許婁葛文王之女也

初脫解薨 臣僚欲立儒理太子逸聖 或謂 逸聖雖嫡嗣而威明不及婆娑
遂立之 婆娑節儉省用而愛民 國人嘉之

파사이사금이 왕위에 오르니 유리왕의 둘째 아들이다. 혹은 유리의 아우 나로의 아들이라고도 한다. 왕비는 김씨 사성부인으로, 허루許婁 갈문왕葛文王의 딸이다.

처음에 탈해가 훙서했었을 때 신료들은 유리의 태자 일성을 세우려 하였다. 그러나 누군가 "일성이 적자이기는 하지만 위엄과 명석함이 파사에 미치지 못한다."고 하여, 마침내 파사를 세운 것이다. 파사는 절도 있고 검소하며 성찰하는 생활을 하였고, 또한 백성을 사랑하니, 사람들이 그를 칭송하였다.

二年

春二月, 親祀始祖廟

三月, 巡撫州郡 發倉賑給 慮獄囚 非二罪悉原之

2년

봄 2월, 왕이 친히 시조묘始祖廟에 제사를 지냈다.

3월, 지방을 순무巡撫[39]하여 창고를 풀어 진휼해 주고, 옥에 갇힌 죄수를 심사하여 2죄二罪[40]에 해당하는 자가 아니면 모두 풀어주었다.

三年

春正月, 下令曰 今倉廩空匱戎器頑鈍 儻有水旱之災邊鄙之警 其何
以禦之 宜令有司 勸農桑練兵革 以備不虞

39) 순무巡撫; 천하를 순행하고 군민을 위로하고 다스린다는 의미이다.(巡行天下, 撫治軍民)

40) 2죄二罪; 일죄一罪인 사형死刑에 해당하는 죄와 다음가는 죄인 유형流刑에 해당하는 죄를 이르던 말

3년

봄 정월, 하명하여 말했다.

“지금 나라 곳간이 비었고 병기는 무디어 졌다. 만일 홍수나 가뭄 등 재앙이 생기거나 또는 변방에 위급상황이 발생한다면 이를 어떻게 방어하겠는가? 마땅히 해당부서로 하여금 농잠을 장려하고 병사를 훈련시켜야 할 것이니 방비를 잘하여 우환이 없도록 하라.”

五年

春二月, 以明宣爲伊湌允良爲波珍湌

夏五月, 古陀郡主獻靑牛 南新縣麥連歧大有年 行者不賫糧

5년

봄 2월, 명선을 이찬으로, 윤량을 파진찬으로 삼았다.

여름 5월, 고타古陀 군주가 푸른 소를 바쳤다. 남신현에서는 보리 이삭에 여러 가닥이 나고 크게 풍년이 들었기 때문에 사람들이 식량을 휴대하고 다니지 않았다.

六年

春正月, 百濟犯邊

二月, 以吉元爲阿湌

夏四月, 客星入紫微

6년

봄 정월, 백제가 변경을 침범하였다.

2월, 길원을 아찬으로 임명하였다.

여름 4월, 객성客星[41]이 자미紫微[42] 자리에 들어갔다.

八年

秋七月, 下令曰 朕以不德有此國家 西隣百濟南接加耶 德不能綏威 不足畏 宜繕葺城壘以待侵軼 是月 築加召馬頭二城

41) 객성客星; 혜성처럼 일시적으로 나타나는 별

42) 자미紫微; 북극성 중앙 부분에 위치하는 별자리이다. 고대에는 천체를 북극성을 하늘의 중심으로 보고 그 주변을 세 개 영역으로 구분하였다. 이에 따르면, 북극의 중앙 부분은 하늘의 왕이 사는 궁궐이라 하여 자미원紫微垣이라 하고, 그 옆으로 일반 백성들이 사는 천시원天市垣이 있고, 남쪽에 정부기관을 상징하는 태미원太微垣이 있다고 하였다. 그리고 그 바깥쪽 하늘을 28개의 영역으로 나누었다.

8년

가을 7월, 왕이 하명하여 말하였다.

“짐이 부덕함에도 불구하고 나라를 맡았다. 서쪽으로 백제와 이웃하고 남쪽으로 가야에 접하였으나, 부덕하여 백성들이 편안하지 못하고, 위엄이 모자라 (외국이) 두려워하지 않으니, 마땅히 성루를 수선하여 외적의 침범에 대비하라”

이 달에 가소성加召城과 마두성馬頭城을 쌓았다.

十一年

秋七月, 分遣使十人 廉察州郡主 不勤公事 致田野多荒者 貶黜之

11년

가을 7월, 열 명의 특사를 나누어 보내, 주주와 군주들을 감찰하고, 부지런하게 공무를 수행하지 않거나 농토를 많이 황폐하게 한 자를 파면하였다.

十四年

春正月, 拜允良爲伊湌啓其爲波珍湌

二月, 巡幸古所夫里郡 親問高年賜穀

冬十月, 京都地震

14년

봄 정월, 윤량에게 벼슬을 내려 이찬으로 삼고, 계기에게 벼슬을 내려 파진찬으로 삼았다.

2월, 옛 소부리군所夫里郡에 순행하여 노인들을 친히 위문하고 곡식을 하사했다.

겨울 10월, 경도京都에 지진이 발생했다.

十五年

春二月, 加耶賊圍馬頭城遣阿湌吉元將騎一千擊走之

秋八月, 閱兵於閼川

15년

봄 2월, 가야의 적군이 마두성馬頭城을 포위하므로 아찬 길원을 보내니 길원이 기병 1천을 이끌고 적을 격퇴하였다.

가을 8월, (왕이) 알천에서 군대를 사열하였다.

十七年

秋七月, 暴風自南 拔金城南大樹

九月, 加耶人襲南鄙 遣加城主長世拒之 爲賊所殺 王怒 率勇士五千 出戰敗之 虜獲甚多

17년

가을 7월, 남쪽에서 폭풍이 일더니 금성 남쪽에 있는 큰 나무가 뽑혔다.

9월, 가야인들이 남쪽 변경을 습격하였다. 가성 성주 장세를 보내 막도록 하였으나, 적에게 죽임을 당하였다.

(이에) 왕이 노하여 용사 5천을 거느리고 출전하여 그들을 물리치니 노획한 것이 매우 많았다.

十八年

春正月, 擧兵欲伐加耶 其國主遣使請罪乃止

18년

봄 정월, 군사를 동원하여 가야를 정벌하였으나, 그 임금이 사신을 보내 죄를 청하였으므로 이에 중지하였다.

十九年

夏四月, 京都旱

19년

여름 4월, 경도京都에 가뭄이 들었다.

二十一年

秋七月, 雨雹飛鳥死

冬十月, 京都地震 倒民室有死者

21년

가을 7월, 우박이 떨어져 날던 새가 죽었다.

겨울 10월, 경도京都에 지진이 발생하니, 집이 무너지고 사람들이 죽었다.

二十二年

春二月, 築城名月城

秋七月, 王移居月城

22년

봄 2월, 성을 쌓고, 그 이름을 월성月城이라 지었다.

가을 7월, 왕이 월성月城으로 이주하였다.

二十三年

秋八月, 音汁伐國與悉直谷國爭疆 詣王請決 王難之 謂金官國首露王年老多智識 召問之 首露立議 以所爭之地 屬音汁伐國

於是 王命六部 會饗首露王 五部皆以伊飡爲主 唯漢祇部以位卑者主之 首露怒命奴耽下里 殺漢祇部主保齊而歸 奴逃依音汁伐主陁鄒干家 王使人索其奴 陁鄒不送

王怒 以兵伐音汁伐國 其主與衆自降 悉直押督二國王來降

冬十月, 桃李華

23년

가을 8월, 음집벌국音汁伐國과 실직곡국悉直谷國이 영토를 다투다가 왕에게 나아가 결정해 줄 것을 요청하였다. 왕이 난처하여 금관국 수로왕이 나이가 많고 아는 것이 많을 것이라고 생각하여 그를 불러 물었다. 수로가 의안을 제시하니 이에 따라 계쟁토지를 음집벌국音汁伐國에 속하게 하였다.

이에 왕이 6부에 명하여 수로왕에게 연회를 베풀도록 하였다. 5부는 모두 이찬으로 주관토록 하였는데, 유독 한기부만은 직위가 낮은 자로 하여금 주관하게 하였다. 수로가 노하여 그의 종 탐하리를 시켜 한기부의 주무인 보제를 죽이고 돌아가니, (보제의) 종이 도망하여 음집벌국의 우두머리[干] 타추의 집에 의탁하였다. 왕이 사람을 보내 그 종을 찾았으나 타추가 보내지 않았다.

(이에) 왕이 노하여 군사를 동원하여 음집벌국音汁伐國을 정벌하니, 그 우두머리가 무리와 함께 스스로 항복하였다. (그러자) 실직국悉直國과 압독국押督國의 왕도 항복해왔다.

겨울 10월, 복숭아나무와 자두나무에 꽃이 피었다.

二十五年

春正月, 衆星隕如雨 不至地

秋七月, 悉直叛 發兵討平之 徙其餘衆於南鄙

25년

봄 정월, 유성들이 비가 오듯 떨어졌으나, 땅에 도달하지는 않았다.

가을 7월, 실직국悉直國이 배반하자 군사를 일으켜 토벌하여 평정하고, 남은 무리를 남쪽 변경으로 옮겨 살도록 하였다.

二十六年

春正月, 百濟遣使請和

二月, 京都雪三尺

26년

봄 정월, 백제가 사신을 보내 화해를 요청하였다.

2월, 경도京都에 눈이 석자[43]나 내렸다.

二十七年

春正月, 幸押督 賑貧窮

三月, 至自押督

秋八月, 命馬頭城主伐加耶

27년

봄 정월, (왕이) 압독에 행차하여 빈궁한 백성들을 진휼하였다.

3월에 (왕이) 압독에서 돌아왔다.

가을 8월, 마두성주에게 명하여 가야를 정벌토록 하였다.

43) 석자; 3×약 30.3cm = 90.9cm

二十九年

夏五月, 大水民飢 發使十道 開倉賑給

遣兵伐比只國多伐國草八國幷之

29년

여름 5월, 홍수가 나서 백성들이 굶주리므로 10도에 사신을 보내 창고를 열어 진휼하여 주었다.

또한, 군대를 보내 비지국·다벌국·초팔국을 정벌하여 병합하였다.

三十年

秋七月, 蝗害穀 王遍祭山川 以祈禳之 蝗滅有年

30년

가을 7월, 메뚜기 떼가 곡식을 먹어치웠다. 왕이 널리 산천에 제를 올리고 기도를 드리니, 메뚜기 떼가 없어지고 풍년이 들었다.

三十二年

夏四月, 城門自毁

自五月至秋七月 不雨

32년

여름 4월, 성문이 스스로 무너졌다.

5월부터 가을 7월까지 비가 내리지 않았다.

三十三年

冬十月, 王薨葬蛇陵園內

33년

겨울 10월, 왕이 홍서하였다. 사릉원 경내에 장사지냈다.

분석 5 婆娑尼師今(파사니사금) 80~112 재위기간 32년

○ 파사왕 八年 기사에는 '西隣百濟南接加耶'라는 기록이 있다. 신라가 서쪽으로 백제와 이웃하고 남쪽으로 가야加耶에 접하였다는 것이다.

생각건대, 신라는 파사왕 때에 이르면 산동성, 강소성 일대를 장악한 것으로 보인다. 그 과정에서 백제, 가야 등과 영토 분쟁을 벌였을 것으로 추정된다.

○ 남쪽의 가야加耶는 脫解王에 이어 婆娑王 때에도 신라를 침공하였다.

十五年 二月 기사에 '加耶賊圍馬頭城'라는 기록이 있다. 가야가 마두성馬頭城을 포위하였다는 것이다. 十七年 九月 기사에도 '加耶人襲南鄙'라는 기록이 있다. 가야인이 남쪽 변경을 기습하였다는 것이다. 十八年 正月 기사에는 '擧兵欲伐加耶 其國主遣使請罪乃止'라는 기록이 있다. 군사를 동원하여 가야를 정벌하였으나, 그 임금이 사신을 보내 죄를 청하였으므로 이에 중지하였다는 것이다. 二十七年 八月 기사에는 '命馬頭城主伐加耶'라는 기록이 있다. 마두성주에게 명하여 가야를 정벌토록 하였다는 것이다.

○ 파사왕 二十二年 二月 기사에는 '築城名月城'이라는 기록이 있다. 성을 쌓고, 그 이름을 월성月城이라 지었다는 것이다. 이어 七月 기사에는 '王移居月城'이라는 기록이 있다. 왕이 월성月城으로 이주하였다는 것이다.(101년) 월성月城은 진성왕 편에서 후술하는 바와 같이 강소성江蘇省 무진현武進縣에 있었던 것으로 비정된다.

그런데 파사왕 十四年 二月 기사에는 '巡幸古所夫里郡'이라는 기록이 있다. 옛 소부리군所夫里郡에 순행하였다는 것이다. 여기서 소부리군所夫里郡은 어디인가?

백제본기 성왕 十六年 봄 기사에 따르면 백제는 성왕 때 도읍을 사비泗沘로 옮겼는데, 사비泗沘은 일명 소부리所夫里라고도 한다고 하였다. 그런데 백제본기 전편의 해석을 통하여 AD 538년 당시 백제는 산동성 일대에 있었던 것으로 비정되므로 사비, 즉 소부리는 산동성 일대에 있었던 것으로 비정된다.

그렇다면 파사왕 때에는 신라가 강소성과 산동성 일대를 장악해 나가고 있었던 것으로 보인다. 또, 파사왕 때에는 음즙벌국音汁伐國, 실직곡국悉直谷國, 압독국押督國, 비지국比只國, 다벌국多伐國, 초팔국草八國 등 여러 나라를 병합하였다. 二十三年 기사에는 파사왕이 음즙벌국音汁伐國과 실직곡국悉直谷國의 분쟁을 조정하는 기록이 있다. 수로왕이 등장하여 의전문제가 발생하자 破娑王이 음즙벌국音汁伐國을 정벌하니 실직곡국悉直谷國은 물론 압독국押督國도 항복했다는 것이다. 나아가 二十九年 기사에는 '遣兵伐比只國多伐國草八國并之'라는 기록이 있다. 병사를 보내 비지국比只國, 다벌국多伐國, 초팔국草八國을 정벌하여 이들을 병합하였다는 것이다.

음즙벌국音汁伐國, 실직곡국悉直谷國, 압독국押督國, 비지국比只國, 다벌국多伐國, 초팔국草八國 등은 어디에 있었을까? 국사편찬위원회는 이들 6국의 위치를 다음과 같이 명확하게 비정한다.

6국	위치 비정	근거
음즙벌국(音汁伐國)	경북 경주시 안강읍	음즙화현(音汁火縣)이 안강현(安康縣)에 속하게 되었다.(삼국사기 지리)
실직곡국(悉直谷國)	강원도 삼척시	삼척군(三陟郡)은 본래 실직국悉直國이었는데 파사왕(婆娑王) 대에 항복해왔다.(삼국사기 지리)
압독국(押督國)	경북 경산시	지미왕(祇味王) 때에 압량소국(押梁小國)을 쳐서 취하고 장산군(獐山郡)을 두었다.(삼국사기 지리)
비지국(比只國)	경남 창녕군	신증동국여지승람 제27권에 '창녕군이 본래 신라新羅 비자화군(比自火郡) 또는 비사벌(比斯伐)이었다'는 기록이 있다. '비지(比自)' 또는 '비사(比斯)'의 음이 '비지(比只)'와 비슷하다.
다벌국(多伐國)	경북 대구시 경북 포항시	다벌(多伐)은 달구벌(達丘伐)의 약칭이다.(대구라는 견해) 포항시 흥해읍의 옛 이름이 '퇴화(退火)'인데 주목해서, 화(火)는 곧 벌(伐)과 같고 역시 음운상 비슷하다.(포항이라는 견해)
초팔국(草八國)	경남 합천군 초계면	신라 때 초계현이 초팔혜현(草八兮縣)이었다

그러나 국사편찬위원회의 견해는 여러 가지 모순이 있다.

첫째, 근대국가는 영토와 국민과 주권을 그 성립요소로 하지만, 고대국가는 지리적으로 반드시 큰 강을 끼고 넓은 평야를 배경으로 성립한다. 또 특정한 시기의 어느 장소에 하나의 고대국가가 성립했다는 것은 지정학적으로 필연적인 이유가 있기 때문이다. 그럼에도 불구하고 위 견해는 국가의 지정학적 성립요건을 도대체 구비할 수 없는 곳에다 초팔국草八國 등의 위치를 비정하고 있다.

둘째, 주류의 견해는 音汁伐國·悉直谷國·押督國 등이 정식국가로 보기 어려운 작은 부족집단 정도로 이해하는 전제에 서 있다. 이미 우리의 고대사를 얕잡아 보는 선입견으로부터 모든 역사학적 논의를 시작한 것이다. 김부식 역시 지리편에서 소국小國이라는 표현을 사용하기는 한다. 그렇지만 오늘날의 國家 概念으로 이들 나라를 裁斷하여 폄훼해서는 곤란하다. 그렇게 따지자면, 全國 7雄인 秦·楚·燕·齊·韓·魏·趙 역시 都市國家의 틀을 벗어나지 못하였으니 國家다운 國家로 볼 수 없음은 마찬가지이다. 일본이나 중국은 없는 것도 있다하고 보잘 것 없는 것도 그럴 듯하게 포장하는데, 우리는 있는 것도 없다하고 멀쩡한 것도 보잘 것 없다고 한다.

무릇 한 나라의 도읍이었던 지역은 그 나라가 소멸한 이후에도 최소한 지역의 대표성을 지니며 명맥을 유지하고 후대에 다른 나라의 도읍이 되기도 하는 등 중심지 기능을 수행하다 오늘날까지 이르는 것이 일반적이다. 위 견해가 비정한 장소는 큰 강을 끼고 있는 넓은 평야 지대가 아니며, 대구를 제외하고는 한 지방의 중심지도 아니다.

셋째, 위 견해는 주로 음운학적 근거에서 6국의 위치를 비정하였다. '비사比斯'의 음이 '비지比只'와 비슷하다거나 화火는 곧 벌伐과 같다고 하거나 다벌多伐 달구벌達丘伐의 약칭이라고 주장한다. 그러나 '비사比斯'는 원래 붉다는 뜻으로 '비지比只'와 무관하며, 벌伐은 마을이란 뜻으로 화火와는 무관하고, 다벌多伐은 큰 마을이란 뜻으로 달구벌達丘伐과는 아무런 관련이 없다. 설령 음운학적 근거가 있다고 하더라도 역사적 위치를 비정함에는 여러 가지 역사적 사실을 종합적으로 검토할 필요가 있다.

특히 위 견해는 음즙벌국音汁伐國의 위치를 경주시 안강읍으로 비정하는데 그렇다면 이 당시 경주에는 신라도 있고 음즙벌국音汁伐國도 있었다는 것이다. 경주라는 자그마한 도시에 2개의 국가가 존재한다는 것은 불가능한 일이다.

다만, 실직곡국悉直谷國이 삼척군이었다는 것은 삼국사기 지리편을 근거로 하므로 경청할 만한 가치가 있다. 그러나 이것만 가지고 삼국사기 지리편의 삼척군三陟郡을 오늘날 삼척시로 단정하는 것은 섣부르다.

파사왕 때 음즙벌국音汁伐國, 실직곡국悉直谷國, 압독국押督國, 비지국比只國, 다벌국多伐國, 초팔국草八國 등 여러 나라를 병합한 것은 월성月城으로 수도를 이전한 것과 무관하지 아니하다. 생각건대, 이 당시 신라는 월성을 중심으로 하북성, 산동성, 안휘성, 절강성 일대에서 큰 세력을 형성하고 있었던 것으로 보인다.

한편, 파사왕 二十三年 八月 기사에 '以兵伐音汁伐國 其主與衆自降 悉直押督二國王來降'이라는 기록 즉 왕이 노하여 군사를 동원하여 음집벌국音汁伐國을 성벌하니, 그 우두머리가 무리와 함께 스스로 항복하자 실직국悉直國과 압독국押督國 왕도 항복해왔다는 기록을 검토하건대, 음집벌국音汁伐國, 실직국悉直國, 압독국押督國은 실직悉直 인근에 있었을 것으로 보인다.

○ 한편, 二十六年 正月 기사에 '百濟遣使請和'라는 기록이 있다. 백제가 화친을 요청했다는 것이다. 이로써 양국 간에 우호관계가 성립된다.(105년) 신라의 강좌지역 공략과 백제의 중원지역 확보라는 각자의 이해관계가 맞아 떨어진 것으로 보인다.

연도	국왕	내용	계기
63년~105년	탈해왕-다루왕	충돌	백제의 남진으로 인한 충돌 -낭자곡성
105년~165년	파사왕-기루왕	우호	신라의 강좌지역 공략과 백제의 중원지역 확보

❻ 祇摩尼師今(지마니사금)

112~134 재위기간 22년

祇摩尼師今立 或云祇味 婆娑王嫡子 母史省夫人 妃金氏愛禮夫人葛文王摩帝之女也

初婆娑王獵於楡湌之澤 太子從焉 獵後過韓歧部 伊湌許婁饗之酒酣 許婁之妻携少女子出舞 摩帝伊湌之妻亦引出其女 太子見而悅之 許婁不悅

王謂許婁曰 此地名大庖 公於此置盛饌美醞以宴衎之 宜位酒多在伊湌之上以摩帝之女配太子焉 酒多後云角干

지마祇摩 이사금이 왕위에 오르니, 혹은 지미祇味라고도 한다. 파사왕破娑王의 적자로 어머니는 사성부인이며 왕비는 김씨 애례부인으로 갈문왕葛文王 마제摩帝의 딸이다.

파사왕破娑王이 유찬 습지에서 사냥할 때 태자도 동행하였다. 사냥을 마치고 한기부를 지날 때, 이찬 허루許婁가 음식을 차려 접대하였다. 술자리가 무르익자 허루許婁의 아내가 어린 딸을 데리고 나와 춤을 추었다. 그러자 이찬 마제의 부인도 역시 자기의 딸을 데리고 나왔다. 태자가 그녀를 보고 기뻐하였으나 허루許婁는 이를 좋아하지 않았다.

왕이 허루許婁에게 "이곳 지명이 대포大庖[44]인데, 공이 여기에서 좋은 음식과 술을 차리고, 주연을 베풀어 흥을 돋우니 마땅히 '주다酒多'에 봉하여 아찬의 위에 두겠노라."라고 말하고, 마제摩帝의 딸을 태자의 배필로 삼았다. '주다'는 후에 '각간角干'이라 불렀다.

二年

春二月, 親祀始祖廟 拜昌永爲伊湌以參政事 玉權爲波珍湌 申權爲一吉湌 順宣爲級湌

三月, 百濟遣使來聘

2년

봄 2월, 친히 시조묘始祖廟에 제사를 지냈다. 창영에게 벼슬을 내려 이찬으로 삼아 정사를 맡기고, 옥권을 파진찬으로, 신권을 일길찬으로, 순선을 급찬으로 삼았다.

3월, 백제가 사신을 보내 내빙했다.

44) 대포大庖; 큰 부엌이라는 뜻이다.

三年

春三月, 雨雹麥苗傷

夏四月, 大水 慮囚除死罪餘悉原之

3년

봄 3월, 우박이 떨어져 보리 싹이 상하였다.

여름 4월, 홍수가 났다. 죄수들을 심사하여 사형수를 제외하고 나머지는 모두 풀어 주었다.

四年

春二月, 加耶寇南邊

秋七月, 親征加耶 帥步騎度黃山河 加耶人伏兵林薄以待之 王不覺

直前伏發圍數重 王揮軍奮擊 決圍而退

4년

봄 2월, 가야가 남쪽 변경을 약탈하였다.

가을 7월, 친히 가야를 정벌하려고 보병과 기병을 이끌고 황산하黃山河를 건너는데 가야인들이 숲 속에 군사를 매복시키고 기다렸다. 왕은 이를 모르고 곧바로 전진하다가 마침내 복병이 쏟아져 나와 여러 겹으로 포위하였다. 왕은 군사를 지휘하여 맹렬히 싸워 포위를 뚫고 퇴각하였다.

五年

秋八九月, 遣將侵加耶 王帥精兵一萬以繼之 加耶嬰城固守 會久雨

乃還

5년

가을 8월, 장수를 보내 가야를 침략하고, 왕은 정병 1만을 이끌고 뒤따라갔다. 가야가 성을 닫고 굳게 수비하니, 때마침 비가 계속 내려 왕이 되돌아 왔다

九年

春二月, 大星墜月城西 聲如雷

三月, 京都大疫

9년

봄 2월, 큰 별이 월성月城 서쪽에 떨어졌다. 그 소리가 우레와 같았다.

3월, 경도京都에 전염병이 크게 돌았다.

十年

春正月, 以翌宗爲伊湌 昕連爲波珍湌 林權爲阿湌

二月, 築大甑山城

夏四月, 倭人侵東邊

10년

봄 정월, 익종을 이찬으로 임명하고, 흔련을 파진찬으로 임명하고, 임권을 아찬으로 임명하였다.

2월, 대증산성大甑山城을 쌓았다

여름 4월, 왜인이 동쪽 변경을 침범하였다.

十一年

夏四月, 大風東來折木飛瓦至夕而止 都人訛言倭兵大來爭遁山谷 王命伊湌翌宗等諭止之

秋七月, 飛蝗害穀 年饑多盜

11년

여름 4월, 큰 바람이 동쪽에서 불어와 나무가 부러지고 기와장이 날리더니 저녁이 되어서야 그쳤다. 도성 사람들이 왜병이 크게 몰려온다는 유언비어에 앞다투어 산골로 도망하였다. 왕이 이찬 익종 등에게 명하여 그들에게 사실을 알리고 그치게 하였다.

가을 7월, 메뚜기 떼가 날아다니며 기승을 부려 곡식을 해치니, 흉년이 들고 도둑이 많았다.

十二年

春三月, 與倭國講和

夏四月, 隕霜

五月, 金城東民屋陷爲池 芙蕖生

12년

봄 3월, 왜국과 강화하였다.

여름 4월, 서리가 내렸다.

5월, 금성 동쪽 민가가 내려 앉아 연못이 되었고, 연꽃이 피었다.

十三年

秋九月 庚申 晦 日有食之

13년

가을 9월, 경신 그믐에 일식이 일어났다.

十四年

春正月, 靺鞨大入北境 殺掠吏民

秋七月, 又襲大嶺柵 過於泥河 王移書百濟請救 百濟遣五將軍助之 賊聞而退

14년

봄 정월, 말갈靺鞨이 대거 북쪽 변경에 난입하여, 관리와 백성들을 죽이고 약탈했다.

가을 7월, 다시 대령大嶺 성책을 습격하고 니하泥河를 넘어왔다.

왕은 백제에 글을 보내 구원을 요청하였고, 백제는 다섯 명의 장군을 보내 돕게 하니, 적이 그 소식을 듣고 물러갔다.

十六年

秋七月 甲戌朔 日有食之

16년

가을 7월, 갑술 초하루에 일식이 일어났다.

十七年

秋八月, 長星竟天

冬十月, 國東地震

十一月, 雷

17년

가을 8월, 장성이 하늘에 두루 퍼졌다.

겨울 10월, 동쪽 지방에 지진이 발생했다.

11월, 우레가 일어났다.

十八年

秋, 伊湌昌永卒 以波珍湌玉權爲伊湌 以叅政事

18년

가을, 이찬 창영이 사망하자, 파진찬 옥권을 이찬으로 임명하여 정사에 참여시켰다

二十年

夏五月, 大雨 漂沒民戶

20년

여름 5월, 큰 비가 내려 사람과 집이 떠내려가고 물에 잠겼다.

二十一年

春二月, 宮南門災

21년

봄 2월, 궁궐 남문이 불탔다

二十三年

春夏, 旱

秋八月, 王薨無子

23년

봄과 여름, 가뭄이 들었다

가을 8월, 왕이 붕어하니 아들이 없었다.

분석 6 祗摩尼師今(지마니사금) 112~134 재위기간 22년

○ 지마왕 二年 기사에서 '百濟遣使來聘'이라는 기록을 볼 수 있다. 婆娑王에 이어 祗摩王때에도 백제와의 우호관계가 지속된 것이다.

○ 한편, 十年 四月 기사에는 '倭人侵東邊'이라는 기록이 있다. 왜구가 南解王과 脫解王에 이어 祗摩王 때에도 신라를 침략한 것이다. 그런데 十二年 三月 기사에는 '與倭國講和'라는 기록이 있다. 양국이 강화하였다는 것이다.

○ 가야와의 적대관계는 계속되었다.

지마왕 四年 二月 기사에는 '加耶寇南邊'라는 기록이 있다. 가야가 남쪽 변경을 약탈하였다는 것이다. 五年 기사에서도 '遣將侵加耶 王帥精兵一萬以繼之'라는 기록이 있다. 장수를 보내 가야를 공격하고 왕이 친히 정병 일만을 이끌고 뒤따랐다는 것이다. 신라는 脫解王 二十一年 加耶와 첫 교전을 하였는데(AD 77), 이후 破娑王을 거쳐 祗摩王 때도 交戰이 계속된 것이다.

나아가 지마왕 四年 七月 기사에는 '親征加耶 帥步騎度黃山河'라는 기록이 있다. (왕이) 친히 가야를 정벌하려고 보병과 기병을 이끌고 황산하黃山河를 건넜다는 것이다.

여기서 황산하黃山河는 중국 산동성 치박시淄博市 림치구臨淄区 서쪽 및 치천구淄川区 북서쪽으로 흘렀던 소청하小清河(Xiǎoqīng Hé)를 말한다.

○ 지마왕 十四年 七月 기사에 '又襲大嶺柵 過於泥河 王移書百濟請救 百濟遣五將軍助之'라는 기록이 있다. 말갈靺鞨이 다시 대령大嶺 성책을 습격하고 니하泥河를 넘어와 왕이 백제에 글을 보내 구원을 요청하였고, 백제가 다섯 명의 장군을 보내 돕게 하였다는 것이다.

신라의 니하泥河 북쪽에 말갈靺鞨이 있고 접경지역에 대령大嶺이 있었음을 알 수 있다. 그런데 위 기록상의 말갈靺鞨은 이른바 속말말갈粟末靺鞨로 하북성河北省과 요녕성 및 그 이북에 있었다. (말갈의 위치와 관련하여서는 헌강왕 편에서 상술한다.) 초기 신라가 오늘날 경주에 있었던 작은 나라였다면 말갈靺鞨이 어떻게 쳐들어 올 수 있었을까?

	북쪽변경	비고
지마왕	대령大嶺 니하泥河	

❼ 逸聖尼師今(일성니사금)

134~154 재위기간 20년

逸聖尼師今立 儒理王之長子 或云 日知葛文王之子 妃朴氏 支所禮王之女

일성逸聖 이사금이 왕위에 오르니 유리왕의 맏아들이며, 혹은 일지日知 갈문왕葛文王의 아들이라고도 한다. 왕비는 박씨로 지소례왕支所禮王의 딸이다.

元年

九月, 大赦

원년

9월, 대규모 사면을 단행했다.

二年

春正月, 親祀始祖廟

2년

봄 정월, 친히 시조묘始祖廟에 제사를 지냈다.

三年

春正月, 拜雄宣爲伊飡兼知內外兵馬事 近宗爲一吉飡

3년

봄 정월, 웅선에게 벼슬을 내려 이찬으로 삼아 내외병마사를 겸하게 하고, 근종을 일길찬으로 삼았다.

四年

春二月, 靺鞨入塞 燒長嶺五柵

4년

봄 2월, 말갈靺鞨이 국경에 난입하여, 장령長嶺 지방의 다섯 곳의 성책을 불태웠다.

五年

春二月, 置政事堂於金城

秋七月, 大閱閼川西

冬十月, 北巡親祀太白山

5년

봄 2월, 금성에 정사당을 설치하였다.

가을 7월, 알천閼川 서쪽에서 군대를 대대적으로 사열하였다

겨울 10월, 북쪽으로 가 태백산太白山에서 친히 제사를 지냈다.

六年

秋七月, 隕霜殺菽

八月, 靺鞨襲長嶺虜掠民口

冬十月, 又來雷甚乃退

6년

가을 7월, 서리가 내려 콩이 얼어 죽었다.

8월, 말갈靺鞨이 장령長嶺을 기습하여 민가를 노략질했다.

겨울 10월, 말갈靺鞨이 다시 왔으나, 우레가 심하게 울리자 퇴각했다.

七年

春二月, 立柵長嶺以防靺鞨

7년

봄 2월, 장령長嶺에 목책을 세워 말갈을 방어하였다.

八年

秋九月 辛亥晦 日有食之

8년

가을 9월, 신해 그믐에 일식이 일어났다.

九年

秋七月, 召群公議征靺鞨 伊飡雄宣上言不可 乃止

9년

가을 7월, (왕이) 대신들을 소집하여 말갈 정벌을 논의하였으나, 이찬 웅선이 불가함을 주청하자, 이에 중지하였다.

十年

春二月, 修葺宮室

夏六月, 乙丑 熒惑犯鎭星

冬十一月, 雷

10년

봄 2월, 궁실을 수리하였다.

여름 6월, 을축에 형혹熒惑[45]이 진성鎭星[46]을 가렸다.

겨울 11월, 우레가 일었다.

十一年

春二月, 下令, 農者政本 食惟民天 諸州郡修完堤防 廣闢田野

又下令, 禁民間用金銀珠玉

11년

봄 2월, 왕이 하명하였다.

"농사는 정치의 근본이요, 먹는 것이야말로 백성에게는 하늘이다. 모든 주군州郡은 제방을 수리하여 완비하고, 밭과 들을 넓히고 개간하라".

또 하명하였다.

"민간에서 금·은·진주·옥의 사용을 금하라".

45) 형혹熒惑; 오늘날 화성火星. 화성火星이 재화災禍나 병란兵亂의 징조를 보여 주는 별이라 하여 이르는 말.

46) 진성鎭星; 오늘날 토성을 일컫던 말.

十二年

春夏, 旱 南地最甚民飢 移其粟賑給之 徙其餘衆於南地

12년

봄·여름, 가뭄이 들었다. 남쪽 지방이 가장 심하여 백성들이 굶주렸으므로, 곡식을 운반하여 진휼하여 주었다.

十三年

冬十月, 押督叛 發兵討平之

13년

겨울 10월, 압독押督이 반란을 일으키자, 병사를 일으켜 토벌하여 평정하고, 잔여 무리들을 남쪽 지방으로 옮겨 살게 하였다.

十四年

秋七月, 命臣寮各擧智勇堪爲將帥者

14년

가을 7월, 신료들에게 명하여 지혜와 용맹이 장수의 자리를 감당할만한 자를 각각 천거하게 하였다.

十五年

封朴阿道爲葛文王 新羅追封王皆稱葛文王 其義未詳

15년

박아도를 갈문왕에 봉했다. 신라에서는 후에 봉한 왕을 모두 갈문왕이라고 부르는데, 그 의미는 확실하지 않다.

十六年

春正月, 以得訓爲沙飡 宣忠爲奈麻

秋八月, 有星孛于天市
冬十一月, 雷 京都大疫

16년
봄 정월, 득훈을 사찬, 선충을 내마로 삼았다.
가을 8월, 성패星孛[47]가 천시天市[48] 자리에 나타났다.
겨울 11월, 우레가 일었고, 경도京都에 크게 전염병이 돌았다.

十七年
自夏四月不雨 至秋七月乃雨

17년
여름 4월부터 비가 내리지 않다가, 가을 7월에 이르러서야 비로소 비가 내렸다.

十八年
春二月, 伊湌雄宣卒 以大宣爲伊湌兼知內外兵馬事
三月, 雨雹

18년
봄 2월, 이찬 웅선이 사망하자 대선을 이찬으로 삼고, 내외병마사를 겸임하게 하였다.
3월, 우박이 떨어졌다.

二十年
冬十月, 宮門災 彗星見東方 又見東北方

20년
겨울 10월, 궁궐 대문에 불이 났다. 혜성이 동쪽에 나타났다가 다시 동북쪽에 나타났다.

---

47) 성패星孛; 꼬리가 없는 혜성을 말한다.

48) 천시天市; 북극성을 중심으로 중앙 부분이 자미원 옆에 있는 별자리를 말한다. 고대에는 천체를 북극성을 하늘의 중심으로 보고 그 주변을 세 개 영역으로 구분하였다. 이에 따르면, 북극의 중앙 부분은 하늘의 왕이 사는 궁궐이라 하여 자미원紫微垣이라 하고, 그 옆으로 일반 백성들이 사는 천시원天市垣이 있고, 남쪽에 정부기관을 상징하는 태미원太微垣이 있다고 하였다. 그리고 그 바깥쪽 하늘을 28개의 영역으로 나누었다.

二十一年

春二月, 王薨

21년

봄 2월, 왕이 훙서하였다.

분석 7 逸聖尼師今(일성니사금) 134~154 재위기간 20년

○ 일성왕 즉위 기사에 '儒理王之長子 或云 日知葛文王之子'라는 기록이 있다. 일성왕이 유리왕의 맏아들 혹은 일지日知 갈문왕葛文王의 아들이라는 것이다. 한편, 逸聖王 十五年 기사에는 '封朴阿道爲葛文王'라는 기록이 있다. 박아도朴阿道를 봉하여 갈문왕으로 하였다는 것이다.

박아도朴阿道의 출신성분은 불분명하다. 다만, 김아도의 오기라는 견해가 있으니 아도는 알지의 손자이자 미추왕의 고조부이다.

알지 ⇨ 세한 ⇨ 아도 ⇨ 수류 ⇨ 욱보 ⇨ 구도 ⇨ 미추

이어 동년 기사는 '신라에서는 추후에 봉한 왕을 모두 갈문왕葛文王이라고 부르는데, 그 의미는 확실하지 않다.(新羅追封王皆稱葛文王, 其義未詳)'라고 했다.

여기서 갈문왕을 추봉왕追封王으로 표현하고 있지만 이는 추존왕追尊王의 의미로 선해하여야 한다. 그 이유는 다음과 같다.

첫째, 신라의 갈문왕葛文王들이 모두 죽은 후에 갈문왕으로 追尊된 것은 아니다. '封朴阿道爲葛文王'라는 기록이 그러하다 또 지증왕은 갈문왕이었다가 국왕으로 즉위하였는데, 최근에 이러한 사실이 확인되었나. 이러한 섬에서 갈분왕을 '추후'에 봉한 왕이라고 정의한 김부식의 견해는 잘못이다.

둘째, 일성왕 十五年 기사는 '봉封'이라는 단어를 사용했다. '봉封'이란 봉작封爵한다는 것인데, 봉작封爵한다는 것은 封地와 이에 대한 排他的 支配權을 수여하면서 이에 걸맞게 王이나 侯 등의 尊號를 부여한다는 뜻이다.

참고로 조선시대에도 왕의 父를 사후에 王으로 한 예가 있다. 이성계의 직계존속인 목조·익조·도조·환조를 제외하고는 성종의 父인 덕종, 선조의 父인 원종, 정조의 養父인 진종과 生父인 장조, 헌종의 父인 익종 등 5인이 전부이다. 반면, 왕의 父를 大院君으로 한 예가 있다. 인조의 父는 덕흥대원군으로, 철종의 父는 전계대원군全溪大院君으로, 고종의 父는 흥선대원군興宣大院君으로 하였다. 한편, 선조의 부는 정원대원군定遠大院君으로 하였다가 그 뒤 다시 원종元宗으로 한 경우이다. 그런데 조선시대의 사례는 흥선대원군을 제외하고는 모두 追尊으로, 사후死後에 그 존호尊號를 높여 부른 것이라는 특징이 있다.

신라가 갈문왕葛文王을 두었다는 것은 사전死前이건 사후死後이건 단순히 존호尊號만을 높였다는 의미는 아니다.

논리적으로 하나의 왕국에 동일한 권한을 가진 왕이 둘일 수는 없다는 점, 신라의 하대에는 갈문왕제도가 거의 사라진다는 점, 지증왕이 갈문왕 신분으로 국왕에 즉위하였다는 점, 기타 여러 가지 역사적 사실을 종합하건대, 갈문왕은 일종의 분왕分王 내지는 후왕侯王이었을 것으로 보인다. 그렇다면 신라의 영토가 갈문왕 제도를 두어야 할

만큼 급속도로 팽창하고 있었다고 추론할 수 있다. 갈문왕 제도에 대하여는 희강왕 편에서 다시 논하기로 한다.

한편, 일성왕의 즉위 기사에는 '妃朴氏 支所禮王之女'라는 기록이 있다. 왕비 박씨가 지소례왕의 딸이라는 것이다. 그런데 逸聖王의 장인 지소례왕支所禮王의 정체에 대하여는 갈문왕으로 추정하는 견해가 있을 뿐, 현재 아무도 이를 제대로 설명하지 못한다.

○ 일성왕 四年 기사에는 '靺鞨入塞 燒長嶺五柵'라는 기록이 있다.(六年에도 말갈靺鞨이 長嶺 지방을 노략질했다.) 祇摩王 때 처음 쳐들어왔던 말갈靺鞨이 일성왕 때 또 장령長嶺 지방을 침략한 것이다.

五年 기사에는 '北巡親祀太白山'라는 기록이 있다. 말갈靺鞨이 자주 괴롭히니 逸聖王이 친히 제사를 올렸다는 것이다. 기록대로라면 태백산太白山은 이 당시 신라 영토의 북쪽에 있었다. 그 장소인 太白山이 오늘날 강원도 태백시에 소재하는 그 太白山이 아님은 분명하다.

지마왕 편에서 설명한 바와 같이 말갈靺鞨은 하북성河北省과 요녕성 및 그 이북에 있었으므로, 초기 신라가 오늘날 경주에 있었던 작은 나라였다는 가설은 유지될 수 없다.(말갈의 위치와 관련하여서는 헌강왕 편에서 상술한다.)

	북쪽변경	비고
일성왕	장령長嶺	

三國史記 二卷
新羅本紀 第二

8 阿達羅尼師今(아달라니사금)

154~184 재위기간 30년

阿達羅尼師今立 逸聖長子也 身長七尺 豊準有奇相 母朴氏 支所禮王之女 妃朴氏內禮夫人 祇摩王之女也

아달라 이사금이 왕위에 오르니, 일성의 장자로 키가 일곱 자[1]였으며, 풍채가 준수하고 용모가 특출났다. 어머니는 박씨로, 지소례왕支所禮王의 딸이고, 왕비는 박씨 내례부인으로, 지마왕의 딸이다.

元年

三月, 以繼元爲伊飡 委軍國政事

원년

3월, 계원을 이찬으로 삼아 군무와 정사를 맡겼다.

二年

春正月, 親祀始祖廟 大赦 以興宣爲一吉飡

2년

봄 정월, 친히 시조묘始祖廟에 제사지내고, 대규모 사면을 단행했다. 흥선을 일길찬으로 삼았다.

三年

夏四月, 隕霜 開雞立嶺路

1) 일곱 자; 7×30.3cm≒ 2.1m

3년
여름 4월, 서리가 내렸다. 계립령雞立嶺에 길이 개통되었다.

사 년
四年
춘 이 월 시 치 감 물 마 산 이 현
春二月, 始置甘勿馬山二縣
삼 월 순 행 장 령 진 노 수 졸 각 사 정 포
三月, 巡幸長嶺鎭 勞戍卒 各賜征袍

4년
봄 2월, 감물현과 마산현을 처음으로 설치하였다.
3월, 장령진長嶺鎭에 순행하여 위병들을 격려하고, 군복을 각각 하사하였다.

오 년
五年
춘 삼 월 개 죽 령 왜 인 래 빙
春三月, 開竹嶺倭人來聘

5년
봄 3월, 죽령竹嶺을 개통하니 왜인이 내빙하였다.

칠 년
七年
하 사 월 폭 우 알 천 수 일 표 류 인 가 김 성 북 문 자 훼
夏四月, 暴雨 閼川水溢 漂流人家 金城北門自毁

7년
여름 4월, 폭우로 알천에 물이 넘쳐서 사람과 집이 떠내려가고, 금성金城 북문이 저절로 무너졌다.

팔 년
八年
추 칠 월 황 해 각 해 어 다 출 사
秋七月, 蝗害穀 海魚多出死

8년
가을 7월, 메뚜기 떼가 곡식을 해치고, 바다 고기가 육지로 올라와 죽었다.

九年

巡幸沙道城 勞戍卒

9년

왕이 사도성沙道城을 순행하고 위병을 격려하였다.

十一年

春二月, 龍見京都

11년

봄 2월, 용이 경도京都에 나타났다.

十二年

冬十月, 阿湌吉宣謀叛發覺 懼誅亡入百濟 王移書求之 百濟不許 王怒出師伐之 百濟嬰城守不出 我軍粮盡乃歸

12년

겨울 10월, 아찬 길선이 반역을 도모하다가 발각되자 처형을 두려워하여 백제로 도망갔다. 왕이 서신을 보내 그 신병을 요구했으나 개루왕이 응하지 않았다.(165년) 왕이 노하여 군사를 내보내 백제를 정벌하자, 백제 병사들이 성을 닫고 수비하며 나오지 아니하니, 아군이 식량이 떨어져 돌아왔다.

十三年

春正月 辛亥朔 日有食之

13년

봄 정월, 신해 초하루에 일식이 일어났다.

十四年

秋七月, 百濟襲破國西二城 虜獲民口一千而去

八月, 命一吉湌興宣領兵二萬伐之 王又率騎八千自漢水臨之 百濟大懼 還其所掠男女乞和

14년

가을 7월, 백제가 서쪽의 두 성을 격파하고, 주민 1천 명을 잡아 갔다.

8월, 명을 내려 일길찬 흥선으로 하여금 병력 2만을 거느리고 백제를 정벌하게 하고, 왕 또한 기병 8천을 거느리고 한수漢水로부터 그곳에 도착하니, 백제가 크게 두려워하여 잡아갔던 남녀를 돌려주고 화친을 구걸하였다.

十五年

夏四月, 伊湌繼元卒 以興宣爲伊湌

15년

여름 4월, 이찬 계원이 죽자 흥선을 이찬에 임명하였다.

十七年

春二月, 重修始祖廟

秋七月, 京師地震 霜雹害穀

冬十月, 百濟寇邊

17년

봄 2월, 시조묘始祖廟를 중수하였다.

가을 7월, 장안長安[2]에 지진이 일어나고, 서리와 우박이 내려 곡식을 해쳤다.

겨울 10월, 백제가 변경을 약탈하였다.

十八年

春, 穀貴民飢

---

2) 장안長安; 경사京師를 가리킨다. 오늘날 중국 섬서성 서안西安이다.

18년
봄, 곡식이 귀하여 백성들이 굶주렸다.

十九年

春正月, 以仇道爲波珍飡 仇須兮爲一吉飡

二月, 有事始祖廟 京都大疫

19년
봄 정월, 구도를 파진찬으로 삼고 구수혜를 일길찬으로 삼았다.
2월, 시조묘始祖廟에 제사를 지냈다. 경도京都에 크게 전염병이 돌았다.

二十年

夏五月, 倭女王卑彌乎遣使來聘

20년
여름 5월, 왜국 여왕 비미호卑彌乎가 사신을 보내 예방해왔다.

二十一年

春正月 雨土

二月, 旱 井泉竭

21년
봄 정월, 흙비가 내렸다.
2월, 가뭄이 들어 우물과 샘물이 말랐다.

三十一年

春三月, 王薨

31년
봄 3월, 왕이 훙서하였다.

분석 8 阿達羅尼師今(아달라니사금) 154~184 재위기간 30년

○ 2세기에 접어들면서 강좌지역을 석권한 신라와 중원 이남을 평정한 백제 사이에 산동성과 안휘성 일대의 접경에서 긴장과 갈등이 고조되었다. 특히 阿湌 吉宣의 謀叛事件으로 167년에는 신라 아달라왕과 백제 초고왕 사이에 격렬한 전투가 있었다.

연도	국왕	내용	계기
63년~105년	탈해왕-다루왕	충돌	백제의 남진으로 인한 충돌 -낭자곡성
105년~165년	파사왕-기루왕	우호	신라의 강좌지역 공략과 백제의 중원지역 확보
165년~337년	아달라왕-개루왕	충돌	신라의 강좌지역, 백제의 중원지역 평정으로 인한 접경분쟁 - 길선의 망명

十四年 七月 기사에는 '百濟襲破國西二城 虜獲民口一千而去'라는 기록이 있다. 백제가 서쪽의 두 성을 격파하고, 주민 1천 명을 잡아 갔다는 것이다. 신라의 서쪽 변경에 있는 두 성이란 바로 와산성蛙山城과 구양성狗壤城을 말하는 것이다. 이 기록을 통하여 백제가 서쪽에 있고, 신라가 동쪽에 있음을 알 수 있다. 그런데 八月 기사에는 '命一吉湌興宣領兵二萬伐之 王又率騎八千自漢水臨之'라는 기록이 있다. 阿達羅王이 명을 내려 일길찬 흥선으로 하여금 병력 2만을 거느리고 백제를 정벌하게 하고, 왕 또한 기병 8천을 거느리고 한수漢水로부터 그곳에 도착하였다는 것이다. 그런데 백제본기 초고왕 편에는 '掩至漢水', 즉 출발지가 아닌 도착지가 한수인 것으로 기록한다. 생각건대, 백제가 서쪽에 있고, 신라가 동쪽에 있었음에 비추어 백제본기의 기록이 신빙성이 있다.

	서쪽변경	비고
아달라왕	와산성蛙山城과 구양성狗壤城	한수漢水

여기서 한수漢水의 위치가 문제된다. 오늘날 중화인민공화국의 한수漢水는 섬서성陝西省 남부에서 발원해 동남쪽으로 흘러 호북성 양번襄樊에 이른 다음, 다시 남쪽으로 흘러 무한武漢에서 장강으로 흘러가는 양자강 서쪽 지류인데, 한수漢水 북쪽에는 바로 서안西安이 있다. 그러나 위 기록상의 한수는 황하의 지류를 가리키는 것으로 보인다. 한수에 대하여는 고구려본기와 백제본기에서 자세히 논하기로 한다.

○ 한편 阿達羅王 十七年 기사에는 '京師地震'이라는 기록이 있다. 경사京師에 지진이 발생했다는 것이다. 경사京師는 바로 고대 漢의 중심지이자 오늘날 중국인들이 聖地로 생각하는 서안西安[3]을 가리키는 말이다. 이에 대하여 국사편찬위원회는 경사京師는 나라의 首都를 미화하여 사용하는 말로, 크고[京] 많은[師] 사람들이 살고 있다는 뜻이라고 한다.

3) 서안西安; 오늘날 中國 섬서성陝西省의 성도省都이다. 서안西安은 중국어로 '시안[Xī'ān]'으로 발음하는데 唐代에는 長安[长安[Cháng'ān])이라 하였다.

그러나 적어도 삼국사기에서는 일반적인 수도를 지칭하고자 할 때에 일관하여 '京都'를 사용하고 필요에 따라 '京城'을 사용한다. 같은 아달라왕 十一年 二月 기사 '龍見京都'라는 기록만 보더라도, 용이 나타난 장소를 경도京都로 표현하고 있다. 같은 아달라왕 기사에서 김부식이 동일한 장소를 두고 京師와 京都를 혼용하였을 리 없다. 阿達羅王 十七年 기사의 경사京師는 김부식이 오기한 것이 아니라면, 서안西安으로 해석된다. 그렇다면, 新羅가 101년 파사왕 때 월성으로 천도한 것을 감안할 때, 아달라왕 때 신라는 월성이 있는 강소성 일대에 걸쳐 거대한 세력을 형성하고 있었지만, 금성金城이 있었던 경사京師에 대한 영향력도 유지하고 있었던 것으로 보인다.

❍ 아달라왕 五年 三月 기사에는 '開竹嶺倭人來聘'이라는 기록이 있다. 죽령竹嶺을 개통하니 왜인이 내빙하였다는 것이다. 또, 二十年 五月 기사에는 '倭女王卑彌乎遣使來聘'이라는 기록이 있다. 왜의 여왕 비미호卑彌乎가 내빙했다는 것이다. 죽령竹嶺의 개통으로 말미암아 육로를 통하여 신라와 왜국의 정상이 직접 만나게 된 것이다. 비미호卑彌乎의 방문이 있었던 아달라왕 때에는 南解王・脫解王・祗摩王 때에 반복적으로 침략해온 왜구들이 신라를 약탈했다는 기록을 찾을 수 없다. 두 정상이 만나는 목적과 회담 내용이 충분히 짐작된다. 그렇다면 여기서 죽령竹嶺은 어디인가?

국사편찬위원회는 죽령竹嶺이 현재의 경북 영주시 풍기읍과 충북 단양군 대강면 사이에 있는 고개라는 입장이다. 지금의 죽령竹嶺과 단어가 같다는 것이 그 근거일 것이다. 이를 위하여 五年 三月 기사 '開竹嶺倭人來聘'을 '開竹嶺'와 '倭人來聘'의 두 문장으로 해석한다. 즉 죽령을 열었다. 왜인이 내빙하였다. 죽령과 왜인의 내빙은 아무런 관련이 없다는 것이다.

그러나 보물 제525호인 옥산서원본(1537년)과 보물 제723호인 정덕본(1512년)은 모두 '開竹嶺倭人來聘'으로 기재되어 있는데, 이를 두 문장으로 분석할 아무런 이유가 없다. '開竹嶺倭人來聘'은 한 문장으로 보는 것이 타당하다. 그렇다면 위 기사는 죽령竹嶺을 개통함으로써 이를 통하여 왜인이 비로소 쉽게 내빙來聘할 수 있었다고 해석하는 것이 옳다. 그렇다면 죽령竹嶺은 신라와 왜의 육로를 가로막고 있는 고개이어야 한다. 본서는 위魏가 진秦에 의해 멸망하자(BC 243) 진秦을 피하여 남쪽으로 도망하였는데, 한 위魏의 잔여 세력들이 귀주성貴州省(贵州省; Gìzhōu Shěng) 일대에 세운 나라가 왜국倭國이라고 기술한 바 있다.

삼국사기 고구려본기 동천왕 二十年 기사에는 동천왕과 위의 관구검과의 치열한 접전이 기록되어 있는데, 그 과정에서 동천왕이 환도성丸都城을 빼앗기고 남옥저南沃沮로 달아나 결국 죽령竹嶺에 다다랐다고 한다. 죽령竹嶺은 고구려 세력의 남방한계선인 것이다.

생각건대 죽령은 대별산맥大别山脈의 준령峻嶺인 것으로 보인다. 대별산맥大別山脈(Dàbié Shān)은 오늘날 중화인민공화국 중부에 위치하며, 회수淮河(Huái Hé)와 장강(长江; 揚子江 Yangz)[4] 사이의 주요 분수계로, 북서쪽에서 남동쪽으로 뻗어있는데, 서쪽의 호북성湖北省(Húběi Shěng)과 북쪽의 하남성, 동쪽의 안휘성 사이의 경계를 이룬다. 죽령은 서로는 호북성을 통하여 왜국과 연결되고, 동으로는 신라로 이어지며, 북으로는 남옥저를 통하여 고구려로, 북서쪽으로는 백제로 직접 통하던 요충지였던 것이다.

아달라왕 五年 三月 기사와 二十年 五月 기사는 대별산맥大別山脈의 죽령竹嶺을 개통함으로 말미암아 육로를 통한 양국의 교류가 활성화되었음을 시사하는 것이다.

4) 양자강揚子江; 서장西藏에서 발원하여 사천성 호북성 등을 거치고 하류에서는 안휘성安徽省・강소성江蘇省 등을 지나는 거대한 강줄기를 말한다. 양자강은 고대 양주揚州를 통하여 황해로 빠져 나가므로 이름이 양자강揚子江강이다. 양자강揚子江은 8개의 주요지류를 가지고 있는데, 상류에서부터 순서대로 열거하면 먼저 왼쪽 편으로는 아롱강雅礱江 민강岷江, 가릉강嘉陵江, 한수漢水가 있고, 오른쪽으로는 무수武水, 원강沅江, 상강湘江, 공강贛江 등이 있다. 이 중 한수漢水가 본류인 양자강揚子江이 합류하는 지점에 성도成都(청두)가 있다.

9 伐休尼師今(벌휴니사금)

184~196 재위기간 12년

伐休尼師今立 一作發暉 姓昔 脫解王子仇鄒角干之子也 母姓金氏只珍內禮夫人 阿達羅薨無子 國人立之

王占風雲 預知水旱及年之豐儉 又知人邪正 人謂之聖

벌휴伐休 이사금이 왕위에 올랐다. 발휘發暉라고도 한다. 성은 석씨이며, 탈해왕의 아들 구추 각간의 아들이다. 어머니의 성은 김씨로, 지진내례부인이다. 아달라가 훙서하고 아들이 없었으므로, 백성들이 그를 왕으로 세운 것이다.

왕은 바람과 구름으로 점을 쳐서 홍수와 가뭄은 물론 한 해의 풍흉을 미리 알았으며, 또 사람이 나쁜지 좋은지도 알았으므로, 사람들이 그를 성인이라고 불렀다.

二年

春正月, 親祀始祖廟 大赦

二月, 拜波珍飡仇道一吉飡仇須兮爲左右軍主 伐召文國 軍主之名始於此

2년

봄 정월, 시조묘始祖廟에 친히 제사지내고, 대사면을 단행하였다.

2월, 파진찬 구도와 일길찬 구수혜를 각각 좌우 군주로 삼아 소문국召文國을 정벌하였다. 군주라는 직책이 이때부터 시작되었다.

三年

春正月, 巡幸州郡 觀察風俗

夏五月, 壬申晦 日有食之

秋七月, 南新縣進嘉禾

3년

봄 정월, 주군州郡을 순행하여 풍속을 관찰하였다.

여름 5월, 임신 그믐에 일식이 일어났다.

가을 7월, 남신현南新縣에서 (품종이) 좋은 벼를 진상하였다.

四年

春三月, 下令州郡 無作土木之事以奪農時

冬十月, 北地大雪 深一丈

4년

봄 3월, 주군州郡에 명을 내려 토목공사를 금지하여 농사철을 놓치지 않도록 했다.

겨울 10월, 북부 지방에 큰 눈이 내려 한 장[5]이나 쌓였다.

五年

春二月, 百濟來攻母山城 命波珍湌仇道出兵拒之

5년

봄 2월, 백제가 쳐들어와 모산성母山城을 공격하였다. 파진찬 구도에게 명하여, 병사를 이끌고 나아가 막게 하였다.

六年

秋七月, 仇道與百濟戰於狗壤 勝之 殺獲五百餘級

6년

가을 7월, 구도가 백제와 구양狗壤에서 싸워 승리하고, 5백여 명을 죽였다

七年

秋八月, 百濟襲西境圓山鄕 又進圍缶谷城 仇道率勁騎五百擊之 百濟兵佯走 仇道追及蛙山 爲百濟所敗 王以仇道失策貶爲缶谷城主 以薛支爲左軍主

7년

가을 8월, 백제가 서쪽 변경 원산향圓山鄕을 기습하고, 더 나아가 부곡성缶谷城을 포위하니, 구도가 경기병勁騎兵 5백 명을 거느리고 공격하였다. 백제 군사가 거짓으로 달아나는 체하니, 구도가 와산蛙山까지 추격하다가 백제에게 패하였다.

5) 한 장; 약 3m

왕은 구도의 실책으로 평가하여 부곡성주로 강등하고 설지를 좌군주로 삼았다.

팔 년
八年

추 구 월 　치 우 기 견 우 각 항
秋九月, 蚩尤旗見于角亢

8년

가을 9월, 치우기蚩尤旗[6]가 각角[7]과 항亢[8]에 나타났다.

구 년
九年

춘 정 월 　배 국 양 위 아 찬 　술 명 위 일 길 찬
春正月, 拜國良爲阿湌 述明爲一吉湌

사 월 　경 도 설 심 삼 척
四月, 京都雪深三尺

하 오 월 　대 수 　산 붕 십 여 소
夏五月, 大水 山崩十餘所

9년

봄 정월, 국량에게 벼슬을 내려 아찬으로 삼고, 술명을 일길찬으로 삼았다.

4월, 경도京都에 눈이 내려 석 자[9]나 쌓였다.

여름 5월, 홍수가 나서 산이 10여 군데나 무너졌다.

십 년
十年

춘 정 월 　갑 인 삭 　일 유 식 지
春正月, 甲寅朔 日有食之

삼 월 　한 기 부 여 　일 산 사 남 일 녀
三月, 漢祇部女 一産四男一女

육 월 　왜 인 대 기 　래 구 식 자 천 여 인
六月, 倭人大饑 來求食者千餘人

10년

봄 정월, 갑인 초하루에 일식이 일어났다.

3월, 한기부 여자가 한 번에 아들 넷과 딸 하나를 낳았다.

6월, 왜인들이 대기근으로 인하여 (신라에) 와서 식량을 구하니 그 수가 천여 명이나 되었다.

---

6) 치우기蚩尤旗; 긴 꼬리가 두 개로 갈라져 보이는 혜성

7) 각角; 이십팔수二十八宿의 첫 번째 별자리.

8) 항亢; 이십팔수二十八宿의 두 번째 별자리.

9) 석자; 약 1m

十一年

夏六月 乙巳晦 日有食之

11년

여름 6월, 을사 그믐에 일식이 발생했다.

十三年

春二月, 重修宮室

三月, 旱

夏四月, 震宮南大樹 又震金城東門 王薨

13년

봄 2월, 궁실을 다시 수리하였다.

3월, 가뭄이 들었다.

여름 4월, 궁궐 남쪽 큰 나무에 벼락이 떨어지고, 또한 금성金城 동문에도 벼락이 치더니 왕이 홍서하였다.

분석 9 伐休尼師今(벌휴니사금) 184~196 재위기간 12년

○ 벌휴왕 二年 二月 기사에 '拜波珍湌仇道一吉湌仇須兮爲左右軍主 伐召文國'이라는 기록이 있다. 파진찬 구도와 일길찬 구수혜를 각각 좌우 군주로 삼아 소문국召文國을 정벌하였다는 것이다. 소문국召文國의 위치에 대하여는 논란이 있다. 이에 대한 설명은 파사왕 때 분석한 것으로 갈음한다.

○ 벌휴왕 때 신라의 서쪽변경에 대하여 알아보자.

강소성을 중심으로 안휘성 일대를 장악한 신라와 중원의 패권을 차지한 백제 사이에 섭경분쟁의 계기가 된 것이 아달라왕 때 있었던 吉宣의 모반사건이었다. 이로 인한 신라와 백제 사이에 전쟁은 벌휴왕伐休王 때에도 계속되었다.

五年 二月 기사는 '百濟來攻母山城命波珍湌仇道出兵拒之'라고 기록하고 있다. 백제가 쳐들어와 모산성母山城을 공격하니 파진찬 구도에게 명하여 병사를 이끌고 나아가 막게 하였다는 것이다. 六年 七月 기사에는 '仇道與百濟戰於狗壤 勝之'라는 기록이 있다. 구도가 백제와 구양狗壤에서 싸워 승리하였다는 것이다. 七年 八月 기사에는 '百濟襲西境圓山鄕又進圍缶谷城 仇道率勁騎五百擊之'라는 기록이 있다. 백제가 서쪽 변경 원산향圓山鄕을 기습하고, 더 나아가 부곡성缶谷城을 포위하니, 구도仇道가 경기병 5백 명을 거느리고 공격하였다는 것이다. 이어 '百濟兵佯走 仇道追及蛙山 爲百濟所敗'라는 기록이 있다. 백제 군사가 거짓으로 달아나는 체하니 구도가 와산蛙山까지 추격하다가 백제에게 패하였다는 것이다.

정리하자면, 모산성母山城, 구양狗壤, 원산향圓山鄕, 부곡성缶谷城, 와산蛙山 등은 신라의 서쪽 경계에 있었던 지명임을 알 수 있다.

	서쪽변경	비고
벌휴왕	모산성母山城 구양狗壤 원산향圓山鄕 부곡성缶谷城 와산蛙山	한수漢水

○ 한편, 벌휴왕 十年 六月 기사에는 대기근으로 수많은 왜인들이 식량을 구하러 신라로 왔다고 한다.(倭人大饑 來求食者千餘人), 대규모 난민이 발생하였으니 왜국倭國에 정치적 격변이 일어났을 것이다.

왜국倭國은 위魏가 진秦에 의해 멸망하자(BC 243) 위魏의 잔여세력이 진秦을 피하여 남쪽으로 도망하여 귀주성貴州省(贵州省; Gùizhōu Shěng) 일대에 세운 나라임은 기술한 바와 같다. 벌휴왕 당시 왜인들은 아달라왕 五年 三月 개통된 죽령을 통해 대별산맥大别山脈을 넘어왔을 것으로 보인다.

⑩ 奈解尼師今(나해니사금)

196~240 재위기간 34년

柰解尼師今立 伐休王之孫也 母內禮夫人 妃昔氏 助賁王之妹容儀雄偉 有俊才 前王太子骨正及第二子伊買先死 大孫尙幼少 乃立伊買之子是爲柰解尼帥今 是年, 自正月至四月不雨 及王卽位之日大雨百姓歡慶

나해 이사금이 왕위에 오르니 벌휴왕의 손자요, 어머니는 내례부인이다. 왕비 석씨는 조분왕의 누이이다. 용모와 거동이 당당하고 훌륭하였으며, 재주가 뛰어났다. 전왕의 태자 골정과 둘째 아들 이매가 먼저 죽자, 장손이 아직 어렸으므로, 이에 이매의 아들을 세우니 이가 나해 이사금이다.

이 해에 봄 정월부터 4월까지 비가 오지 않다가, 왕의 즉위일에 큰 비가 내리므로 백성들이 기뻐하며 경축하였다.

二年

春正月, 謁始祖廟

2년

봄 정월, 왕이 시조묘始祖廟에 참배하였다.

三年

夏四月, 始祖廟前臥柳自起

五月, 國西大水 免遭水州縣一年租調

秋七月, 遣使撫問

3년

여름 4월, 시조묘始祖廟 앞에 쓰러져 누워있던 버드나무가 저절로 일어섰다.

5월, 서쪽 지방에 홍수가 나자 수재를 당한 주・현에 1년치 토지세와 공납을 면제하였다.

가을 7월에, 관리를 보내 위문하였다.

사 년
四年

추 칠 월 　백 제 침 경
秋七月, 百濟侵境

4년

가을 7월, 백제가 국경을 침범하였다.

오 년
五年

추 칠 월 　태 백 주 견 　운 상 살 초
秋七月, 太白晝見 隕霜殺草

구 월 　경 오 삭 　일 유 식 지 　대 열 어 알 천
九月, 庚午朔 日有食之 大閱於閼川

5년

가을 7월, 태백太白[10]이 낮에 나타났다. 서리가 내려 풀이 죽었다.

9월, 경오 초하루에 일식이 일어났다. 알천에서 군대를 크게 사열하였다.

육 년
六年

춘 이 월 　가 야 국 청 화
春二月, 加耶國請和

삼 월 　정 묘 삭 　일 유 식 지 　대 한 　록 내 외 계 수 　원 경 죄
三月, 丁卯朔 日有食之 大旱 錄內外繫囚 原輕罪

6년

봄 2월, 가야국加耶國이 화친을 청했다.

3월, 정묘 초하루에 일식이 일어났다. 가뭄이 들자, 내외의 죄수들을 살펴서 가벼운 죄는 사면하였다.

팔 년
八年

동 시 월 　말 갈 범 경 　도 이 화 　인 대 역
冬十月, 靺鞨犯境 桃李華 人大疫

8년

겨울 10월, 말갈靺鞨이 국경을 침범하였다. 복숭아나무와 자두나무에 꽃이 피더니, 백성들 사이에 전염병이 크게 돌았다.

---

10) 태백太白; 오늘날 금성을 말한다.

十年

春二月, 拜眞忠爲一伐湌以叅國政

秋七月, 霜雹殺穀 太白犯月

八月, 狐鳴金城及始祖廟庭

10년

봄 2월, 진충에게 벼슬을 내려 일벌찬으로 삼고, 국정에 참여시켰다.

가을 7월, 서리와 우박이 내려 곡식이 죽고, 태백太白[11]이 달을 가렸다.

8월, 여우가 금성과 시조묘의 정원에서 울었다.

十二年

春正月, 拜王子利音 或云奈音 爲伊伐湌兼知內外兵馬事

12년

봄 정월, 왕자 이음을 혹은 내음奈音이라고도 한다. 이벌찬으로 삼아, 내외병마사를 겸임하게 하였다.

十三年

春二月, 西巡郡邑 浹旬而返

夏四月, 倭人犯境 遣伊伐湌利音將兵拒之

13년

봄 2월, (왕이) 서쪽의 군·읍을 순행하고 열흘 만에 돌아왔다.

여름 4월, 왜인이 변경을 침범하므로, 이벌찬 이음을 보내어 병사를 이끌고 가서 막게 하였다.

十四年

秋七月, 浦上八國謀侵加羅 加羅王子來請救 王命太子于老與伊伐湌利音 將六部兵往救之 擊殺八國將軍 奪所虜六千人還之

---

11) 태백太白; 오늘날 금성을 말한다.

14년

가을 7월, 바닷가의 여덟 나라가 공모하여 가라加羅를 침범하자, 가라 왕자가 구원을 요청했다. 왕이 태자 우로于老[12]와 일벌찬 이음利音에게 명하여 6부 병사를 이끌고 가서 구원하게 하니, 여덟 나라 장군을 죽이고, 포로 6천 명을 잡아 돌아왔다.

十五年

春夏, 旱發使錄郡邑獄囚 除二死餘悉原之

15년

봄과 여름, 가뭄이 들자 사신을 보내 군·읍의 죄수들을 조사하여 2사二死[13]를 제외하고 나머지는 모두 풀어주었다.

十六年

春正月, 拜萱堅爲伊湌 允宗爲一吉湌

16년

봄 정월, 벼슬을 내려 훤견을 이찬으로 삼고, 윤종을 일길찬으로 삼았다.

十七年

春三月, 加耶送王子爲質

夏五月, 大雨漂毁民屋

17년

봄 3월, 가야가 왕자를 인질로 보내왔다.

여름 5월, 비가 많이 내려 민가가 떠내려가고 무너졌다.

12) 우로于老; 나해왕의 둘째 아들이자 흘해왕의 아버지이다. 나해왕 때는 태자로서 이음利音과 함께 포상 8국을 물리쳤다. 조분왕 때에는 대장군大將軍으로서 감문국甘文國을 토벌하고(231), 사도沙道에서 왜인倭人을 물리쳤으며(233) 이러한 공로로 서불한이 되었고(244) 그 후 고구려와의 전투도 펼쳤다.(245) 첨해왕 3년에 왜국의 사신을 접대하다가 갑작스럽게 왜군에게 살해당했다.(249)

13) 2사二死; 교형絞刑과 참형斬刑을 말한다.

십구년춘
十九年春

삼월 대풍절목
三月, 大風折木

추칠월 백제래공국서요거성 살성주설부 왕명이벌찬이음솔정병육
秋七月, 百濟來攻國西腰車城 殺城主薛夫 王命伊伐飡利音率精兵六

천벌백제 파사현성
千伐百濟 破沙峴城

동십이월 뢰
冬十二月, 雷

19년

봄 3월, 큰 바람이 불어 나무가 꺾였다.

가을 7월, 백제가 쳐들어와 서쪽 지방 요거성腰車城을 공격하여 성주 설부를 죽였다. 왕이 이벌찬 이음에게 명하여 정병 6천을 이끌고 가 백제를 정벌하게 하니, 사현성沙峴城을 격파하였다.

겨울 12월, 우레가 일었다.

이십삼년
二十三年

추칠월 무고병물자출 백제인래위장산성 왕친솔병출격주지
秋七月, 武庫兵物自出 百濟人來圍獐山城 王親率兵出擊走之

23년

가을 7월, 무기고의 병기가 저절로 밖으로 나왔다.

백제가 쳐들어와 장산성獐山城을 포위하니, 왕이 친히 군사를 거느리고 출격하여 그들을 패주시켰다.

이십오년
二十五年

춘삼월 이벌찬이음졸 이충훤위이벌찬겸지병마사
春三月, 伊伐飡利音卒 以忠萱爲伊伐飡兼知兵馬事

추칠월 대열양산서
秋七月, 大閱楊山西

25년

봄 3월, 이벌찬 이음이 죽자 충훤을 이벌찬으로 하고, 병마사를 겸하게 하였다.

가을 7월, (왕이) 양산 서쪽에서 크게 군대를 사열하였다.

二十七年

夏四月, 雹傷菽麥 南新縣人死歷月復活

冬十月, 百濟兵入牛頭州 伊伐湌忠萱將兵拒之 至熊谷爲賊所敗 單騎而返貶爲鎭主 以連珍爲伊伐湌兼知兵馬事

27년

여름 4월, 우박이 떨어져 콩과 보리가 상했다. 남신현에서는 사람이 죽었다가 다음 달에 다시 살아났다.

겨울 10월, 백제 병사가 우두주에 침입하니 이벌찬 충훤이 병사를 거느리고 가서 그들을 막으려 하였으나, 웅곡에 이르러 적에게 패하자 혼자 말을 타고 돌아왔다. (왕이) 책임을 물어 진주로 강등하고, 연진을 이벌찬으로 삼아 병마사를 겸하게 하였다.

二十九年

秋七月, 伊伐湌連珍與百濟戰烽山下破之 殺獲一千餘級

八月, 築烽山城

29년

가을 7월, 이벌찬 연진이 백세와 그는 봉산烽山 아래에서 교전하여 백제를 격파하고 1천여 명을 죽였다.

8월, 봉산성烽山城을 쌓았다.

三十一年

春, 不雨

秋七月, 至秋七月乃雨 民飢 發倉廩賑給

冬十月, 錄內外獄囚 原輕罪

31년

봄, 비가 내리지 않았다.

가을 7월, 7월에 이르러서야 비가 내렸다. 백성들이 굶주리므로 곳간을 풀어 진휼하여 주었다.

겨울 10월, 내외의 죄수를 조사하여 가벼운 죄는 사면하였다.

삼 십 이 년
三十二年

춘 이 월 순 수 서 남 군 읍
春二月, 巡狩西南郡邑

삼 월 환 배 파 진 찬 강 훤 위 이 찬
三月, 還 拜波珍飡康萱爲伊飡

32년

봄 2월, (왕이) 서남쪽 군·읍을 순행하였다.

3월, (왕이) 돌아왔다. (왕이) 파진찬 강훤을 이찬에 임명하였다.

삼 십 사 년
三十四年

하 사 월 사 명 남 고 삼 일
夏四月, 蛇鳴南庫三日

추 구 월 지 진
秋九月, 地震

동 시 월 대 설 심 오 척
冬十月, 大雪深五尺

34년

여름 4월, 뱀이 남쪽 창고에서 3일 동안 울었다.

가을 9월, 지진이 발생했다.

겨울 10월, 눈이 크게 내려 다섯 자[14]나 쌓였다.

삼 십 오 년
三十五年

춘 삼 월 왕 훙
春三月, 王薨

35년

봄 3월, 왕이 훙서하였다.

14) 다섯 자: 약 1.5m

○ 신라와 백제 사이의 접경 분쟁은 아달라왕을 시작으로 벌휴왕伐休王을 거쳐 나해왕奈解王 때에도 이어졌다.

四年 七月 기사에 '百濟侵境'이라고 기록이 있다. 十九年 七月기사는 '百濟來攻國西腰車城 殺城主薛夫, 王命伊伐飡利音 率精兵六千伐百濟) 破沙峴城'이라고 기록하고 있다. 二十三年 七月 기사는 '百濟人來圍獐山城 王親率兵出擊走之'라고 기록하고 있다. 二十七年 十月 기사에는 '百濟兵入牛頭州 伊伐飡忠萱將兵拒之 至熊谷爲賊所'라는 기록이 있다. 二十九年 七月 기사에는 '伊伐飡連珍與百濟戰烽山下破之殺獲一千餘級'라는 기록이 있다.

정리하면 나해왕奈解王때 신라는 腰車城・沙峴城・獐山城・牛頭州・熊谷・烽山 등지를 서쪽 경계로 하여 백제와 접경하고 있었던 것으로 보인다.

	서쪽변경	비고
나해왕	요거성腰車城 사현성沙峴城 장산성獐山城 우두주牛頭州 웅곡熊谷 봉산烽山	

한편, 나해왕 十三年 四月 기사에는 '倭人犯境 遣伊伐飡利音將兵拒之'라는 기록이 있다. 왜인이 변경을 침범하므로, 이벌찬 이음을 보내어 병사를 이끌고 가서 막게 하였다는 것이다.

○ 新羅의 남쪽 경계를 검토하여 보자

가야加耶는 脫解王 二十一年 즉 AD 77년 新羅와 첫 교전을 한 이후 破娑王에 이어 祇摩王 때에도 新羅와 交戰을 이어갔는데, 그 후 잠잠하다가 奈解王 때는 화친을 청하였다. 즉 나해왕 六年 二月 기사에 '加耶國請和'라고 기록되어 있다.

그런데, 나해왕 十四年 七月 기사는 다소 충격적이다. '浦上八國謀侵加羅 加羅王子來請救 王命太子于老與伊伐飡利音 將六部兵往救之 擊殺八國將軍 奪所虜六千人還'라고 기록되어 있는데, 바닷가 8개국이 가라加羅를 침범하였는데, 신라가 구원군을 보내 적을 공격하고 6천명을 사로잡았다는 것이다.

여기서 가야[15]와 가야를 침공한 포상팔국浦上八國,은 어디에 있던 나라일까?

국사편찬위원회는 나해왕 十四年 七月 기사의 가야를 김해의 금관가야金官加耶를 가리키는 것으로 추정하고,[16] 포상팔국浦上八國을 대체로 낙동강 하류 일대에 있었던 것으로 추정하는데, 포상팔국浦上八國에 관하여 삼국사기 권48, 열전8, 물계자전과 삼국유사 권5, 피은8, 물계자를 참고하면, 8국 중 골포국骨浦國, 칠포국柒浦國, 고사포국古史浦國, 보라국保羅國, 고자국古自國, 사물국史勿國이 확인된다면서 일연이 고자국은 경남 고성에, 사물국은 경남 사천시에 있었던 나라로 고증하였다는 것을 근거로 한다.

15) 가야; 원래 가야는 마을이라는 뜻에서 유래된 말로 음차하는 과정에서 가야伽倻・加耶・伽耶, 가라加羅・가락駕洛 등으로 구구하게 기록된 것이다.

16) 출처; 정구복 외, ≪역주 삼국사기≫ 3 주석편(상), 한국정신문화연구원, 63~64쪽

그러나 나해왕 十四年 七月 기사의 가야를 금관가야라고 추정하고 금관가야와 김해를 등치시키는 것은 근거가 빈약하다. 또한, 일연이 고자국은 경남 고성에, 사물국은 경남 사천시에 있었던 나라로 고증했다는 것은 사실과 다르다. 삼국유사는 고자국古自國에 관하여 '今固城', 사물국史勿國에 관하여 '今泗州', 골포국骨浦國에 관하여 '今合浦'라고 주석을 달았을 뿐이다. 이를 오늘날 고성, 사천, 마산으로 연결시킨 것은 동국여지승람이다.[17] 따라서 이를 근거로 고자국이 고성에 사물국이 사천에 골포국이 마산에 있었다고 단정할 수는 없는 것이다.

가야는 이전부터 오랫동안 신라의 남서부국경을 유린하여 왔고, 신라와 가야의 연합군과 여덟 나라의 연맹군이 결전을 벌였으며, 이로 인하여 사로잡은 자만 6천명이나 된다는 점 등을 검토해보면, 당시 전쟁의 규모가 어마어마했고 가야나 포상팔국 역시 그저 자그마한 도시국가의 규모를 넘어선다는 것을 알 수 있다. 그렇다면 낙동강 유역에 이미 가야라는 국가가 존재했다는 것도 문제거니와, 그 하류 포구에 또 국가가 여덟 개나 성립한다는 것은 상식적으로 받아들일 수 없다.

신라의 수도 월성月城이 진성왕 편에서 후술하는 바와 같이 강소성江蘇省 무진현武進縣으로 비정된다는 점, 초기 신라가 이를 중심으로 안휘성과 절강성은 물론 강서성과 복건성 일대에 세력을 떨쳤던 것으로 보이는 점, 가야는 신라의 남쪽에 있었다는 점 등을 종합하면, 加耶 또는 加羅는 오늘날 중국 호남성 일부와 광동성 일대에 있었을 것으로 보인다.

그렇다면, 나해왕 十四年 七月 기사의 기록상 포상팔국浦上八國은 남중국해 일대를 무대로 활동했던 왜 계열의 해상국가로 보는 것이 타당하다.

	남쪽변경	비고
나해왕	가야加耶 왜국倭國 포상팔국浦上八國	

○ 신라의 북쪽 변경을 살펴보자.

祇摩王과 逸聖王 때 長嶺 지방을 노략질했던 말갈靺鞨이 한동안 잠잠하더니 奈解王 八年 十月에 또 침공하였다(203년).

지마왕 편과 일성왕 편에서 설명한 바와 같이 말갈靺鞨은 하북성河北省과 요녕성 북쪽에 있었으므로, 초기 신라가 오늘날 경주에 있었던 작은 나라였다는 가설은 유지될 수 없다(말갈의 위치와 관련하여서는 헌강왕 편에서 상술한다) .

	북쪽변경	비고
나해왕	말갈靺鞨	

17) 동국여지승람 固城縣 편에는 '本加耶國 新羅取之 置古自郡 景德王改今名'라는 기록이 있다. 본래 가야국이었는데 신라가 이를 취하여 고자군을 설치하였다가 경덕왕때 지금 이름으로 개명했다는 것이다. 泗川縣 편에는 '本新羅史勿縣 景德王改泗水 屬固城郡 高麗初屬晋州 顯宗改泗州'라는 기록이 있다. 본래 신라의 사물현史勿縣이었는데 고성군에 속했다가 고려초에는 진주晋州에 속했다가 현종 때 사천泗州으로 고쳤다.

⑪ 助賁尼師今(조분니사금)

230~247 재위기간 17년

助賁尼師今立 一云諸貴 姓昔氏 伐休尼師今之孫也 父骨正葛文王 一作忽爭 母金氏玉帽夫人仇道葛文王之女 妃阿爾兮夫人奈解王之女也 前王將死 遺言以壻助賁繼位 王身長美儀采 臨事明斷國人畏敬之

조분 이사금이 왕위에 올랐다. 제귀諸貴이라고도 한다. 성은 석씨로 벌휴 이사금의 손자이다. 아버지는 골정骨正 갈문왕葛文王으고 일명 홀쟁忽爭이라고도 한다. 어머니는 김씨 옥모부인으로 구도仇道 갈문왕葛文王의 딸이다. 왕비는 아이혜부인阿爾兮夫人으로 나해왕의 딸이다.

전 임금이 죽음에 임박하여 사위 조분으로 하여금 왕위를 승계하라고 유언하였다.

왕은 키가 크고, 행동이 의젓하며 풍채가 훌륭하였다. 범사에 임하여 판단이 명확했으므로, 백성들이 그를 존경하고 두려워하였다.

元年

拜連忠爲伊湌 委軍國事

秋七月, 謁始祖廟

원년

연충에게 벼슬을 내려 이찬으로 삼고, 군무와 국사를 맡겼다.

가을 7월, 시조묘에 참배하였다.

二年

秋七月, 以伊湌于老爲大將軍 討破甘文國 以其地爲郡

2년

가을 7월, 이찬 우로于老[18]를 대장군으로 삼아 감문국甘文國을 토벌하여 무찌르고, 그 땅을 군으로 삼았다.

18) 우로于老; 나해왕의 둘째 아들이자 흘해왕의 아버지이다. 나해왕 때는 태자로서 이음利音과 함께 포상 8국을 물리쳤다. 조분왕 때에는 대장군大將軍으로서 감문국甘文國을 토벌하고(231), 사도沙道에서 왜인倭人을 물리쳤으며(233) 이러한 공로로 서불한이 되었고(244) 그 후 고구려와의 전투도 펼쳤다.(245) 첨해왕 3년에 왜국의 사신을 접대하다가 갑작스럽게 왜군에게 살해당했다.(249)

三年

夏四月, 倭人猝至圍金城 王親出戰 賊潰走 遣輕騎追擊之 殺獲一千餘級

3년

여름 4월, 왜인이 갑자기 쳐들어와 금성金城을 포위하였다. 왕이 친히 나아가 싸웠다. 적진이 무너져 도주하자 경기병을 보내 추격하여 죽이고, 수급首級 1천여 개를 획득했다.

四年

夏四月, 大風飛屋瓦

五月, 倭兵寇東邊

秋七月, 伊湌于老與倭人戰沙道 乘風縱火焚舟 賊赴水死盡

4년

여름 4월, 큰 바람이 불어와 기와가 날았다.

5월, 왜구가 동쪽 변경을 약탈하였다.

가을 7월, 이찬 우로于老[19]가 왜인과 사도沙道에서 싸웠다. (그는) 바람을 이용하여 불을 놓아 배를 불태우니, 적들이 모두 물에 빠져 죽었다.

六年

春正月, 東巡撫恤

6년

봄 정월, (왕이) 동쪽으로 순무巡撫[20]하여 백성을 진휼하였다.

---

19) 우로于老; 나해왕의 둘째 아들이자 흘해왕의 아버지이다. 나해왕 때는 태자로서 이음利音과 함께 포상 8국을 물리쳤다. 조분왕 때에는 대장군大將軍으로서 감문국甘文國을 토벌하고(231), 사도沙道에서 왜인倭人을 물리쳤으며(233) 이러한 공로로 서불한이 되었고(244) 그 후 고구려와의 전투도 펼쳤다.(245) 첨해왕 3년에 왜국의 사신을 접대하다가 갑작스럽게 왜군에게 살해당했다.(249)

20) 순무巡撫; 천하를 순행하고 군민을 위로하고 다스린다는 의미이다.(巡行天下, 撫治軍民)

七年

春二月, 骨伐國王阿音夫率衆來降 賜第宅田莊安之 以其地爲郡

7년

봄 2월, 골벌국骨伐國의 왕王 아음부가 무리를 거느리고 항복해오니 그들에게 집과 밭을 주어 편안히 살게 하고, 그 땅을 군郡으로 삼았다.

八年

秋八月, 蝗害穀

8년

가을 8월, 메뚜기 떼가 곡식을 해쳤다.

十一年

百濟侵西邊

11년

백제가 서쪽 변경을 침범하였다.

十三年

秋, 大有年 古陁郡進嘉禾

13년

가을, 큰 풍년이 들었다. 고타군古陁郡에서 (품종이) 좋은 벼이삭을 진상하였다.

十五年

春正月, 拜伊湌于老爲舒弗邯兼知兵馬事

15년

봄 정월, 이찬 우로于老[21]를 서불한舒弗邯[22]에 임명하고, 병마사를 겸하게 하였다.

21) 우로于老; 나해왕의 둘째 아들이자 흘해왕의 아버지이다. 나해왕 때는 태자로서 이음利音과 함께 포상 8국을 물리쳤다. 조분왕 때에는 대장군大將軍으로서 감문국甘文國을 토벌하고(231), 사도沙道에서 왜인倭人을 물리쳤으며

十六年

冬十月, 高句麗侵北邊 于老將兵出擊之 不克退保馬頭柵 其夜苦寒

于老勞士卒 躬燒柴煖之 群心感激

16년

겨울 10월, 고구려가 북쪽 변경을 침범하자, 우로于老가 군사를 이끌고 공격하다가 이기지 못하여 물러나 마두책을 수비하였다. 그 날 밤 몹시 추워지자, 우로于老가 사졸들을 위로하고, 몸소 장작을 때 그들을 따뜻하게 하니, 사졸들이 깊이 감격하였다.

十七年

冬十月, 東南有白氣如匹練

十一月, 京都地震

17년

겨울 10월, 동남방에 흰 기운이 한 필의 명주를 펴놓은 것처럼 뻗쳤다.

11월, 경도京都에 지진이 발생했다.

十八年

夏五月, 王薨

18년

여름 5월, 왕이 홍서薨逝하였다.

(233) 이러한 공로로 서불한이 되었고(244) 그 후 고구려와의 전투도 펼쳤다.(245) 첨해왕 3년에 왜국의 사신을 접대하다가 갑작스럽게 왜군에게 살해당했다.(249)

22) 서불한舒弗邯; 1급 이벌찬을 일컫는 말이다. 이벌찬은 그 외에도 이벌간伊罰干・우벌찬于伐飡・각간角干・각찬角粲・서발한舒發翰 등으로 불렸다.

助賁尼師今(조분니사금)

230~247 재위기간 17년

○ 新羅의 강역에 대하여 살펴보자.

新羅는 박혁거세 十九年 正月 卞韓의 항복을 받고, 파사왕 二十二年 七月 왕이 월성月城으로 도읍을 옮긴 후 음즙벌국音汁伐國, 실직곡국悉直谷國, 압독국押督國, 비지국比只國, 다벌국多伐國, 초팔국草八國 등 여러 나라를 병합하였고, 벌휴왕 때 소문국召文國을 흡수한 바 있다. 본서에서는 이미 당시 형세로 보아 이들 나라들이 하북성, 산동성, 안휘성, 절강성 등지에 있었을 것으로 분석한 바 있다.

그런데 조분왕 二年 七月 기사에는 '討破甘文國 以其地爲郡'이라는 기록이 있다. 감문국甘文國을 토벌하고, 그 땅을 군으로 삼았다는 것이다.

국사편찬위원회에 따르면 감문국甘文國은 지금의 김천시 개령면 일대로 추정된다고 한다.[23] 이 견해는 삼국사기 권34, 지리1 '開寧郡' 편을 근거로 제시한다.

그러나 삼국사기 권34, 지리1 개령군 편은 '開寧郡古甘文小國也 眞興王十八年 梁永定元年 置軍主爲靑州'라고 기록한다. 개령군開寧郡은 옛날 감문소국甘文小國으로 진흥왕眞興王 18년 진陳의 영정永定 원년(557)에 군주軍主를 두고 청주靑州로 삼았다는 것이다.

여기서 청주靑州는 시대에 따라 산동성 임치, 역성현, 익도현 등에 그 치소가 설치되었는데 그렇다면, 오늘날 산동성 일대가 바로 고대의 청주靑州인 것이다.[24] 결국 감문국甘文國은 오늘날 산동성 일대에 있었던 것이다.

한편, 七年 二月 기사에는 '骨伐國王阿音夫率衆來降'이라는 기록이 있다. 골벌국骨伐國의 왕王 아음부가 무리를 거느리고 항복해 왔다는 것이다.

국사편찬위원회는 골벌국骨伐國을 지금의 경북 영천 일대로 비정하지만 이 역시 근거가 빈약하다. 이 견해는 삼국사기 권34, 지리1 양주良州 편을 근거로 하는데, 이에 따르면, 임고군臨皐郡 임천현臨川縣은 조분왕助賁王 때에 골대소국骨大小國을 쳐서 얻어서 현을 두었는데 경덕왕景德王이 이름을 고쳤고 지금은 영주永州에 합하여 속해 있다고 한다.

그런데 三國史記 三十四卷 雜志 第三 地理 一 편에는 '本國界內置三州 王城東北當唐恩浦路曰尙州 王城南曰良州 西曰康州'라는 기록이 있다. 즉 본국 경계 내에 3주를 설치하였는데 왕성 동북쪽의 당은포 방면을 상주라 하고, 왕성 남쪽을 양주良州라 하고, 서쪽을 강주康州라 하였다는 것이다. 즉, 강소성에 있는 왕성 남쪽을 양주라 하였으니 양주는 강소성 남부지방이나 절강성 일대를 말하는 것으로 보인다.

조분왕 때에는 이른바 강좌지역에 대한 공략을 강화하면서 감문국甘文國과 골벌국骨伐國이 자연스럽게 투항을 한 것으로 보인다. 그리하여 신라의 영토가 강소성江蘇省을 중심으로 하북성, 산동성, 안휘성安徽省, 절강성浙江省 일대로 계속 확장되어 갔던 것이다.

---

23) 출처; 이형우, ≪신라초기국가성장사연구≫, 영남대학교출판부, 2000, 153~154쪽

24) 출처; 중국고대지명대사전

○ 한편 新羅는 서쪽으로 백제와 접경 분쟁을 벌였는데, 助賁王 十一年에는 백제가 서쪽 변경을 침략하였다는 기록이 있다.

○ 新羅와 왜倭의 관계를 살펴보자.

왜인들은 동서 변경을 모두 넘나들며 조분왕 三年에는 금성까지 포위했다.(倭人猝至圍金城) 왕이 친히 출전하여 무찌르고 수급을 1천이 넘게 획득하였다고 하니(王親出戰 賊潰走 遣輕騎追擊之 殺獲一千餘級) 그 규모가 상당했으리라 추정된다.

조분왕 四年 五月에는 왜구가 동쪽 변경을 약탈하였고(倭兵寇東邊), 七月에는 사도沙道에서 적의 배를 불살랐다.(伊湌于老與倭人戰沙道 乘風縱火焚舟 賊赴水死盡)

	동쪽변경	비고
조분왕	사도沙道	

조분왕 때 왜구 격퇴의 선봉에 나해왕의 둘째 아들이자 흘해왕의 아버지인 우로于老가 있었다. 우로于老는 나해왕 때 태자로서 이음利音과 함께 함께 포상 8국을 물리치기도 했고, 조분왕 때는 대장군大將軍으로서 감문국甘文國을 토벌하고(231), 사도沙道에서 왜인倭人을 물리쳤으며(233) 이러한 공로로 서불한이 되었고(244) 그 후 고구려와의 전투도 펼쳤다.(245)

○ 신라의 북쪽 경계에 대하여 살펴보자.

조분왕 때에는 고구려와의 첫 교전이 있었다. 즉, 助賁王 十六年 十月 기사에는 '高句麗侵北邊 于老將兵出擊之 不克退保馬頭柵'라는 기록이 있다. 고구려가 북쪽 변경을 침범하자, 우로于老가 군사를 이끌고 공격하다가 이기지 못하여 물러나 마두책을 수비하였다는 것이다. 馬頭柵은 후일 馬頭城으로 고구려와의 접경에 있던 신라의 성이라고 할 수 있다.

	북쪽변경	비고
조분왕	馬頭柵	

⑫ 沾解尼師今(첨해니사금) 247~262 재위기간 15년

沾解尼師今立 助賁王之同母弟也

첨해이사금沾解尼師今이 왕위에 오르니, 조분왕의 동복아우이다.

元年

秋七月, 謁始祖廟 封父骨正爲世神葛文王

원년

가을 7월, 시조묘에 참배하였다. 그 아버지 골정骨正을 봉하여 세신갈문왕世神葛文王으로 하였다.

論曰

漢宣帝卽位 有司奏 爲人後者爲之子也 故降其父母不得祭 尊祖之義也 是以帝所生父稱親 諡曰悼 母曰悼后 比諸侯王

此合經義 爲萬世法 故後漢光武帝宋英宗法而行之

新羅自王親入繼大統之君 無不封崇其父稱王 非特如此而已 封其外舅者亦有之 此非禮 固不可以爲法也

논하여 말한다.

한漢 선제宣帝[25]가 즉위하였을 때, 담당부서에서 아뢰었다.

"남의 뒤를 승계한 자는 그의 아들이 됩니다. 그러므로 그 부모를 낮추어 제사를 지내서는 안 되는 것이니, 조종祖宗을 높인다는 뜻입니다. 따라서 황제께서는 생부를 친親이라 부르시고, 시호는 도悼라 하며, 생모는 도후悼后라고 불러서, 제후나 왕의 지위와 같도록 해야 할 것입니다."

이것이 경전의 뜻과 합치니, 만세의 법도가 되어야 할 것이다. 그러므로 후한의 광무제와 송나라 영종은 이를 본받아 시행했던 것이다.

그런데 신라에서는 왕의 친족 신분으로서 대통을 이은 임금이 자신의 생부를 왕으로 추봉하지 않은 적이 없었으며, 이 뿐만 아니라 자신의 장인까지 왕으로 봉한 일도 또한 있었다. 이것은 예에 어긋나므로 법도로 삼아서는 안 될 것이다.

25) 선제宣帝; 재위 기간 BC 74~49년

二年

春正月, 以伊湌長萱爲舒弗邯 以叅國政

二月, 遣使高句麗結和

2년

봄 정월, 이찬 장훤을 서불한舒弗邯[26]으로 삼아 정사에 참여하게 하였다.

2월, 고구려에 사신을 보내 화친을 맺었다.

三年

夏四月, 倭人殺舒弗邯于老

秋七月, 作南堂於宮南 南堂或云都堂 以良夫爲伊湌

3년

여름 4월, 왜인이 서불한舒弗邯 우로于老를 죽였다.

가을 7월, 남당南堂을 궁궐 남쪽에 만들었다. 남당南堂을 도당都堂이라고도 한다. 양부를 이찬으로 삼았다.

五年

春正月, 始聽政於南堂 漢祇部人夫道者家貧無諂 工書算 著名於時 王徵之爲阿湌 委以物藏庫事務

5년

봄 정월, 처음으로 남당南堂에서 정무政務를 보았다.

한기부 사람 부도란 자는 집이 가난하였으나, 부정한 일이 없고 문장과 회계에 능하여, 당시에 이름이 높았다. 왕이 그를 불러 아찬으로 삼고 재정 업무를 맡겼다.

26) 서불한舒弗邯; 1급 이벌찬을 일컫는 말이다. 이벌찬은 그 외에도 이벌간伊罰干·우벌찬于伐飡·각간角干·각찬角粲·서발한舒發翰 등으로 불렸다.

七年

夏四月, 龍見宮東池 金城南臥柳自起 自五月至七月不雨 禱祀祖廟及名山 乃雨 年饑多盜賊

7년

여름 4월, 용이 궁궐 동쪽 연못에서 나타나고, 금성 남쪽에서는 쓰러져 누워있던 버드나무가 저절로 일어섰다. 5월부터 7월까지 비가 내리지 않아 조묘祖廟와 명산名山에 제사지내고 기원하니 이에 곧 비가 내렸다. 흉년이 들어 도둑이 많았다.

九年

秋九月, 百濟來侵 一伐飡翊宗逆戰於槐谷西 爲賊所殺

冬十月, 百濟攻烽山城 不下

9년

가을 9월, 백제가 쳐들어왔다. 일벌찬 익종이 괴곡槐谷 서쪽에서 그들과 싸우다가 죽임을 당했다.

겨울 10월, 백제가 봉산성烽山城을 공격해왔으나 함락되지 않았다.

十年

春三月, 國東海出大漁三 長三丈 高丈有二尺

冬十月, 晦 日有食之

10년

봄 3월, 동쪽 바다에서 큰 물고기 세 마리가 나왔다. 그 길이는 '세 길'[27], 높이는 '한 길 두 자'[28]나 되었다.

겨울 10월, 그믐에 일식이 일어났다.

十三年

秋七月, 旱蝗 年荒 多盜

27) 3×1.8m≒4.8m

28) 1,8m+0,6m ≒ 2.4m

13년

가을 7월, 가뭄이 들고, 메뚜기 떼가 기승을 부렸다.

흉년이 드니 도둑이 많았다.

十四年

夏, 大雨山崩 四十餘所

秋七月, 星孛于東方 二十五日而滅

14년

여름, 큰 비가 내려 산이 무너지니, 40여 군데나 되었다.

가을 7월, 성패星孛[29]가 동쪽에 나타나더니, 25일 만에 사라졌다.

三月, 百濟遣使請和 不許

冬十二月, 二十八日 王暴疾薨

15년

봄 2월, 달벌성達伐城을 쌓고, 내마 극종을 성주로 임명하였다.

3월, 백제가 사신을 보내 화친을 요청하였으나 허락하지 아니하였다.

겨울 12월, 28일에 왕이 갑자기 병이 나서 훙서하였다.

29) 성패星孛; 꼬리가 없는 혜성을 말한다.

분석 12 沾解尼師今(첨해니사금) 247~262 재위기간 15년

○ 갈문왕제도에 대하여 다시 살펴보자.

첨해왕 元年 七月 기사에는 '封父骨正爲世神葛文王'이라는 기록이 있다. 아버지 골정骨正을 봉하여 세신世神 갈문왕葛文王으로 하였다는 것이다.

그런데, 김부식은 이를 특별히 논평하면서, 선왕의 아들이 아닌 자가 왕이 된 경우에는 조종祖宗을 높여야 하므로 親父를 봉하는 것은 예가 아니라고 했다.(此非禮) 특히 장인까지 봉한 사례(封其外舅者亦有之)를 언급하면서 이를 비난했다.

일성왕 편에서 분석한 바와 같이 신라의 갈문왕葛文王은 죽은 후에 追尊되는 것이 아니며, 갈문왕으로 봉해졌다는 것은 封地와 이에 대한 排他的 支配權을 인정받는 것을 의미한다. 결국, 김부식의 논평은 갈문왕이 단순한 추존왕이라는 오해에서 비롯된 것으로 잘못이 있다.

○ 新羅와 百濟의 관계를 검토하여 보자.

2세기에 접어들면서 강좌지역을 석권한 신라와 중원 이남을 평정한 백제 사이에 산동성과 안휘성 일대의 접경에서서 긴장과 갈등이 3세기에도 이어지면서, 阿達羅王 때 阿湌 吉宣의 謀叛事件으로 촉발된 양국의 분쟁이 伐休王을 거쳐 奈解王때에도 이어졌었다.

연도	국왕	내용	계기
63년~105년	탈해왕-다루왕	충돌	백세의 남진으로 인한 충돌 -낭자곡성
105년~165년	파사왕-기루왕	우호	신라의 강좌지역 공략과 백제의 중원지역 확보
165년~337년	아달라왕-개루왕	충돌	신라의 강좌지역, 백제의 중원지역 평정으로 인한 접경분쟁 - 길선의 망명

沾解王 九年 九月에는 백제가 침략하여 괴곡槐谷에서 양국이 충돌하였고(百濟來侵一伐湌翊宗逆戰於槐谷西), 十月에는 봉산성烽山城에서 양국 간에 전투가 있었다.(百濟攻烽山城 不下)

沾解王 十五年 三月에는 백제가 화친을 청해왔으나 신라가 이를 거절하였다.(百濟遣使請和 不許)

	서쪽변경	비고
첨해왕	괴곡槐谷 봉산성烽山城	

○ 신라의 서쪽 변경을 총정리하여 보자.

阿達羅王 때 阿湌 吉宣의 謀叛事件으로 촉발된 신라와 백제 사이의 접경분쟁이 伐休王을 거쳐 奈解王때에도 이어져 腰車城·沙峴城·獐山城·牛頭州·熊谷·烽山 등지에서 신라와 백제가 충돌하였고, 助賁王 十一年에도 백제가 서쪽 변경을 침략하였다.

沾解王 九年 九月에는 백제가 침략하여 槐谷에서 양국이 충돌하였고(百濟來侵 一伐湌翊宗逆戰於槐谷西), 十月에는 烽山城에서 양국 간에 전투가 있었다.(百濟攻烽山城 不下)

그런데 沾解王 十五年 三月에는 백제가 화친을 청해왔으나 신라가 이를 거절하였다.(百濟遣使請和 不許)

이에 미추왕 五年 백제는 봉산성을 공격하였고(百濟來攻烽山城), 이어 十一年 十一月에도 변경을 침략하였다.(百濟侵邊) 또, 十七年 十月에도 백제가 쳐들어와 槐谷城을 포위했다.(百濟兵來圍槐谷城) 또 二十二年 九月 또 침범하여(百濟侵邊) 十月에는 槐谷城을 또 포위하였다.(圍槐谷城)

이상 초기 兩國의 접전지역은 腰車城・沙峴城・獐山城・牛頭州・熊谷, 烽山・烽山城・槐谷城, 禿山城 등으로 정리된다.

	서쪽변경	비고
	腰車城・沙峴城・獐山城・牛頭州・熊谷, 烽山城・槐谷城, 禿山城	

○ 新羅와 왜倭를 살펴보자. 첨해왕 三年 四月 기사에는 '倭人殺舒弗邯于老'라는 기록이 있다. 왜인이 서불한舒弗邯[30] 우로于老를 죽였다는 것이다.

우로于老는 나해왕의 둘째 아들이자 흘해왕의 아버지이다. 나해왕 때는 태자로서 이음利音과 함께 포상 8국을 물리쳤다. 조분왕 때에는 대장군大將軍으로서 감문국甘文國을 토벌하고(231), 사도沙道에서 왜인倭人을 물리쳤으며(233) 이러한 공로로 서불한이 되었고(244) 그 후 고구려와의 전투도 펼쳤다.(245) 첨해왕 3년에 왜국의 사신을 접대하다가 갑작스럽게 왜군에게 살해당했다.(249)

○ 신라의 북쪽 경계를 검토하여 보자.

고구려는 助賁王 十六年 十月 북쪽에서 신라를 침공한 바 있었는데, 沾解王 二年 二月 양국은 화친을 맺게 되었다.(遣使高句麗結和)

30) 서불한舒弗邯; 1급 이벌찬을 일컫는 말이다. 이벌찬은 그 외에도 이벌간伊罰干・우벌찬于伐湌・각간角干・각찬角粲・서발한舒發翰 등으로 불렀다.

⑬ 味鄒尼師今(미추니사금)

262~283 재위기간 21년

미추니사금입 일운미조 성김 모박씨 갈문왕이칠지여 비석씨광명부
味鄒尼師今立 一云味照 姓金 母朴氏 葛文王伊柒之女 妃昔氏光明夫
인 조분왕지여
人 助賁王之女

기선알지출어계림 탈해왕득지 양어궁중 후배위대보 알지생세한
其先閼智出於雞林 脫解王得之 養於宮中 後拜爲大輔 閼智生勢漢
세한생아도 아도생수유 수유생욱보 욱보생구도 구도칙미추지고야
勢漢生阿道 阿道生首留 首留生郁甫 郁甫生仇道 仇道則味鄒之考也

첨해무자 국인입미추 차김씨유국지시야
沾解無子 國人立味鄒 此金氏有國之始也

미추味鄒 이사금이 왕위에 오르니, 미조味照라고도 한다. 성이 김씨이다. 어머니는 박씨로 갈문왕葛文王 이칠伊柒의 딸이고, 왕비는 석씨 광명부인으로, 조분왕의 딸이다.

선조인 알지가 계림에서 태어나자 탈해왕이 거두어 궁중에서 길렀고, 후일 벼슬을 내려 대보大輔[31]로 삼았는데, 알지閼智가 세한勢漢을 낳고, 세한勢漢이 아도阿道를 낳고, 아도阿道가 수류首留를 낳고, 수류首留가 욱보郁甫를 낳고, 욱보郁甫가 구도仇道를 낳으니, 구도仇道가 곧 미추味鄒의 아버지이다.

첨해왕沾解王이 아들이 없었으므로 백성들이 미추味鄒를 왕으로 세우니, 이것이 김씨가 나라를 차지하게 된 시초가 되었다.

원년
元年

춘삼월 용견궁동지
春三月, 龍見宮東池

추칠월 금성서문재 연소인가백여구
秋七月, 金城西門災 延燒人家百餘區

원년

봄 3월, 대궐 동쪽 못에 용이 나타났다.

가을 7월, 금성 서문에 불이 나, 민가 백여 구가 연소되었다.

이년
二年

춘정월 배이찬양부위서불한겸지내외병마사
春正月, 拜伊飡良夫爲舒弗邯兼知內外兵馬事

이월 친사국조묘 대사 봉고구도위갈문왕
二月, 親祀國祖廟 大赦 封考仇道爲葛文王

---

31) 대보大輔; 군국정사軍國政事를 담당했던 초기 신라와 고구려의 관직이다. 신라의 경우 이벌찬伊伐飡・이찬伊飡 등이 대보의 임무를 계승하다가, 후일 정치・행정권은 상대등上大等에게, 군사권은 병부령兵部令에게로 분리되었다.

2년

봄 정월, 이찬 양부에게 벼슬을 내려 서불한舒弗邯[32]으로 삼고, 내외병마사를 겸임하게 하였다.

2월, 친히 국조묘國祖廟에 제사를 지내고, 대사면을 단행했다. 선친인 구도仇道를 갈문왕葛文王에 봉하였다.

三年

春二月, 東巡幸望海

三月, 幸黃山, 問高年及貧不能自存者 賑恤之

3년

봄 2월, 동쪽 지방을 순행하고, 망제望祭를 올렸다.

3월, 왕이 황산黃山에 행차하여, 노인 및 가난하여 자활이 어려운 자들을 진휼했다.

五年

秋八月, 百濟來攻烽山城 城主直宣率壯士二百人出擊之 賊敗走 王聞之 拜直宣爲一吉湌 厚賞士卒

5년

가을 8월, 백제가 쳐들어와 봉산성烽山城을 공격하였다. 성주 직선直宣이 장사 2백 명을 인솔하여 출격하니 적들이 패주하였다. 왕이 이를 듣고 직선直宣에게 벼슬을 내려 일길찬一吉湌[33]으로 삼고, 병졸들에게는 후하게 상을 내렸다.

七年

春夏, 不雨 會群臣於南堂 親問政刑得失 又遣使五人 巡問百姓苦患

7년

봄과 여름, 비가 오지 않으니, 여러 신하들을 남당南堂에 모아놓고 친히 정사와 형벌의 잘잘못을 묻고, 또한 관리 다섯 명을 파견하여 백성들의 고통과 어려움을 조사하게 하였다.

---

32) 서불한舒弗邯; 1급 이벌찬을 일컫는 말이다. 이벌찬은 그 외에도 이벌간伊罰干・우벌찬于伐湌・각간角干・각찬角粲・서발한舒發翰 등으로 불렸다.

33) 일길찬一吉湌; 경위 17관등 가운데 제7관등이다. 일길간一吉干・을길간乙吉干이라고도 한다.

十一年

春二月, 下令 凡有害農事者 一切除之

秋七月, 霜雹害穀

冬十一月 百濟侵邊

11년

봄 2월, 명을 내려 농사일에 해가 되는 것이 있다면 모두 없애도록 하였다.

가을 7월, 서리와 우박이 내려 곡식에 해를 입혔다.

겨울 11월, 백제가 변경을 침범하였다.

十五年

春二月, 臣寮請改作宮室 上重勞人不從

15년

봄 2월, 신료들이 궁실宮室을 다시 짓기를 청하였으나, 백성들의 부담을 가중시키는 것이라 하여 이에 따르지 않았다.

十七年

夏四月, 暴風拔木

冬十月, 百濟兵來圍槐谷城 命波珍飡正源領兵拒之

17년

여름 4월, 폭풍이 일어 나무가 뽑혔다.

겨울 10월, 백제 군사가 쳐들어와 괴곡성槐谷城을 포위하였다. 파진찬 정원에게 명하여 병사를 이끌고 가서 막게 하였다.

十九年

夏四月, 旱 錄囚

19년

여름 4월, 가뭄이 들었다. 죄수들을 조사하였다.

이십년
二十年

춘정월 배홍권위이찬 양질위일길찬 광겸위사찬
春正月, 拜弘權爲伊湌 良質爲一吉湌 光謙爲沙湌

이월 알묘
二月, 謁廟

추구월 대열양산서
秋九月, 大閱楊山西

20년

봄 정월, 벼슬을 내려 홍권을 이찬, 양질을 일길찬, 광겸을 사찬으로 하였다.

2월, 묘에 참배하였다.

가을 9월, 양산楊山 서쪽에서 크게 군사를 사열하였다.

이십이년
二十二年

추구월 백제침변
秋九月, 百濟侵邊

동시월 위괴곡성 명일길찬양질 영병어지
冬十月, 圍槐谷城 命一吉湌良質 領兵禦之

22년

가을 9월, 백제가 변경을 침범하였다.

겨울 10월, 괴곡성槐谷城을 포위하니, 일길찬 양질에게 명하여 병사를 이끌고 가서 막게 하였다.

이십삼년
二十三年

춘이월 순무국서제성
春二月, 巡撫國西諸城

동시월 왕훙장대릉 일운죽장릉
冬十月, 王薨葬大陵 一云竹長陵

23년

봄 2월, 서쪽 지방의 성들을 두루 순무巡撫[34]하였다.

겨울 10월, 왕이 훙서하니, 대릉大陵에 장사지냈다. 죽장릉竹長陵이라고도 한다.

---

34) 순무巡撫; 천하를 순행하고 군민을 위로하고 다스린다는 의미이다.(巡行天下, 撫治軍民)

분석 13 味鄒尼師今(미추니사금) 262~283 재위기간 21년

○ 신라 역사의 주체에 대하여 살펴보자.

미추왕 즉위 기사에 '其先閼智出於雞林 脫解王得之 養於宮中 後拜爲大輔'라는 기록이 있다. 그 선조인 알지閼智가 계림雞林에서 태어나자 탈해왕이 거두어 궁중에서 길렀고, 후일 벼슬을 내려 대보로 삼았다는 것이다.[35] 이어 '閼智生勢漢 勢漢生阿道 阿道生首留 首留生郁甫 郁甫生仇道 仇道則味鄒之考也'라는 기록이 있다. 알지가 세한을 낳고, 세한이 아도를 낳고, 아도가 수류를 낳고, 수류가 욱보를 낳고, 욱보가 구도를 낳으니, 구도가 곧 미추의 아버지라는 것이다.(알지-세한-아도-수류-욱보-구도-미추) 이에 따르면 미추왕은 알지의 6대손이다. 이어 '此金氏有國之始也'라는 기록이 있다. 미추왕이 김씨로서 최초로 왕위를 이었다는 것이다.

알지 ⇨ 세한 ⇨ 아도 ⇨ 수류 ⇨ 욱보 ⇨ 구도 ⇨ 미추

살핀바와 같이 미추왕은 김씨로는 최초로 왕이 되었다.(此金氏有國之始也) 이제 본격적으로 신라 김씨의 기원을 살펴보자. 삼국사기 기록만으로는 신라김씨의 기원을 밝히는데 한계가 있지만 다행히 이를 보충하는 기록을 더러 찾을 수 있다.

문무왕은 자신의 능비[36]에서 신라 김씨의 조상을 투후秺侯 김일제金日磾[37]라고 명확하게 밝히고 있다. 문무왕의 능비에는 '□侯祭天之胤 傳七葉以□□□焉 十五代祖星漢王'이라는 기록이 있다. "候가 하늘에 제사를 시낸 것이 7대를 전하여…15대조 성한왕星漢王은 …"이라는 것이다. 여기서 '□侯'는 투후秺侯 김일제金日磾를 가리킨다. □는 미상이나 문맥상 秺인 것으로 보는데 다툼이 없다.

그렇다면 김일제金日磾는 누구인가? 사실 김일제金日磾는 중국 역사에서 유명한 인물이다. 전한서前漢書에 따르면 김일제金日磾는 원래 흉노[38] 휴도왕의 아들이었다. 同書의 김일제金日磾 관련 기록을 분석하면 다음과 같다.

35) 삼국사기 탈해왕 편에서는 탈해왕 九年의 일로 기록하고 있으니, 알지閼智가 계림雞林에서 태어난 것은 AD 65년의 일이다.

36) 문무왕 능비; 1961년 경주시 동부동 주택가에서 문무왕의 능비 파편이 발견되었는데, 일부의 파편만 발견된 상태에서 비문의 전체 내용의 파악이 어려웠으나, 1796년에도 陵碑 파편 두 개가 발견되어 김정희가 이를 고증한 바 있고, 또 비문의 탁본(拓本)이 淸의 금석학자 劉喜海에게 들어가 「海東金石苑」에 실려, 전체의 내용을 조감할 수 있다. 능비의 앞면에는 신라에 대한 찬미, 신라김씨(新羅金氏)의 내력, 太宗武烈王과 文武王의 治績, 백제 평정 사실 등이 있고 뒷면에는 문무왕의 유언, 장례, 碑銘 등이 적혀 있다.

37) 김일제金日磾; BC 134.~BC 86. 8. 김일제金日磾의 무덤은 현재 中國 감숙성甘肅城 서안西安에서 서쪽으로 40km 떨어진 흥평현兴平县 남귀향 도상촌에 있다.

38) 흉노; 고조선의 한 갈래인 북방 민족 또는 국가이다. BC 771년 경 주周의 수도인 호경을 파괴하고, 주周 12대 유왕幽王을 죽였다. 이에 주周는 동쪽으로 도망하여, 낙읍(洛邑, 지금의 하남성河南省 낙양)을 새로운 도읍지로 정하고 평왕平王이 즉위했다.(흉노가 쳐들어오기 전의 주周를 서주西周라고 하고, 낙읍으로 수도를 옮긴 이후의 주周를 동주東周라고 한다.) 그 후 BC 221년 관중을 최초로 통일한 진시황秦始皇은 흉노를 두려워 하여 장성을 쌓았다. 한漢은 북쪽의 흉노를 정벌하다 오히려 당시 흉노의 선우單于 묵특에게 한漢의 유방이 사로잡히고, 한漢의 공주를 바치고 굴욕적인 강화를 맺었다.

BC 121년 한漢 무제武帝는 흉노를 토벌하기 위해 곽거병으로 하여금 감숙성甘肅城으로 쳐들어가게 했다. 흉노 군대가 패배를 거듭하자 곤야왕이 單于로부터 문책을 당할까봐 휴도왕을 암살하고 곽거병에게 항복하였다. 이때 휴도왕의 아들 김일제金日磾가 어머니 알씨閼氏와 동생 김륜金倫과 함께 감숙성甘肅城 무위武威에서 서안西安으로 오게 되었다.

그 후 김일제金日磾는 한漢 무제武帝의 신임을 받아 侍中, 常侍를 거치며 최고 권력자가 되었고, 마침내 秺亭侯에 봉해지며 투정秺亭[39] 일대를 봉지로 받고, 무제가 죽자 곽광霍光과 함께 漢을 장악하였다.

그 후 곽광霍光은 실각하고, 김일제의 후손들이 대를 이어가며 약 100 여년간 감숙성 일대의 漢을 거의 지배하다시피 한 것으로 보인다. 사실 무제 이후 漢의 역사는 대부분 신라 김씨의 역사라고 해도 과언이 아니다. 결국 신라 김씨들은 왕망王莽을 중심으로 유劉씨의 사직을 멸하고 新나라를 세웠다.

'新나라'는 신라新羅와 문자학적으로, 성음학적으로, 훈고학적으로 완전한 동의어同義語이다. 그렇다면 왕망王莽은 누구인가?

대부분의 사서史書들은 왕망王莽이 漢 원제元帝[40]의 황후인 효원황후의 조카로 성제成帝[41]의 이종사촌으로 기록한다. 그런데 한서漢書 김일제전에는 '當母南卽莽母'라는 기록이 있다. 김당金當의 어머니는 남南인데, 곧 왕망王莽의 어머니라는 것이다. 논리적인 관점에서 볼 때, 김당金當과 왕망王莽의 어머니가 같다면, 그들의 아버지도 동일인일 것으로 추정하는 것이 합당하다.

반고班固의 전한서前漢書는 김일제의 가계를 모두 밝히고 있다. 전한서前漢書에 따르면 한漢의 실권자 김당金當은 김일제金日磾의 증손자이다. 그런데 전한서前漢書는 유독 김일제의 손자 즉, 김당金當의 아버지에 대하여는 유독 침묵으로 일관한다. 반고班固는 한 무제 이후 한의 주축세력이 신라김씨였다는 사실과 그 결과 신라김씨가 신나라를 세우고 한을 멸하였다는 사실을 조금이라도 가리기 위하여, 왕망의 출신성분을 생략하고 마치 하늘에서 떨어진 엉뚱한 독재자에 의하여 漢의 역사가 잠시 중단되었다가 광무제에 의하여 이어진 것처럼 기술한다. 춘추필법의 전형이다.

왕망王莽의 성씨에 대하여는 설이 분분하지만 여러 가지 역사적 사실을 종합할 때, 왕망王莽은 김일제의 증손임은 움직일 수 없는 역사적 사실이다.

한편, 성한왕星漢王은 또 누구인가?

문무왕릉비의 문맥상 성한왕星漢王은 분명 문무왕의 15대조이다. 문무왕의 아우인 김인문金仁問의 비문碑文에도 태조太祖 성한왕星漢王이 (김인문의) 15대 祖라 하였으며 문무왕의 9대 손孫인 흥덕왕興德王의 능비陵碑에도 태조 성한왕星漢王이 (흥덕왕의) 24대 祖라 하였다.

---

39) 투정秺亭; 오늘날 산동성山東省 하택시로 보는 견해가 다수이나 이에 대하여는 연구가 더 필요하다.

40) 원제元帝; 한漢의 제11대 왕

41) 성제成帝; 한漢의 제12대 왕

성한왕의 정체에 대하여 기록을 근거로 세한으로 보는 견해도 있으나 일찍이 경주 김씨인 추사 김정희는 김알지로 보았다. 어쨌든 왕망이 세운 '신新나라'가 적미의 난으로 멸망하고 광무제가 '신新나라'의 주체세력인 신라김씨를 탄압하자, 이에 김일제의 후손들은 한漢을 탈출하여 종묘사직을 이어갔으니 그가 바로 성한왕星漢王인 것으로 보인다.

이제 신라 시조 김일제 이전의 신라의 기원을 밝혀보자. 삼국사기 백제본기 마지막 김부식의 논평 기사에는 '新羅人自以小昊金天氏之後 故姓金氏'라는 기록이 있다. 신라인들은 스스로 소호금천씨의 후예이므로 성을 김씨라 하였다는 것이다. 김부식은 그 근거로 김유신 비문碑文과 삼랑사의 비문碑文을 제시하였지만, 현재 남아 있지 않아 이를 확인할 수 없었는데, 최근 대당고금씨부인묘명大唐故金氏夫人墓銘이 발견되어 신라의 기원과 이동 과정을 확인할 수 있게 되었다. 이를 분석하여 보자.

위 묘명에는 '太上天子有國泰宗陽 號少昊氏金天 卽吾宗受氏'라는 기록이 있다. 태상천자太上天子께서 나라를 크게 세워 집안이 번창하니, 이름하여 소호少昊 금천金天라는 것이며, 이에 집안이 김씨가 되었다는 것이다. 김일제金日磾의 기원에 관한 삼국사기 백제본기의 기록과 일치한다.

이어 '世祖厥後派疏枝分 有昌有徽 蔓衍四天下 亦已多已衆'이라는 기록이 있다. 그 후 이어지며 유파가 갈라지고 갈래가 나뉘어 번성하여 온 천하에 만연하니 이미 그 수효가 많았다는 것이다.

또, '遠祖諱日磾自龍庭歸命西漢仕武帝 愼名節陟'이라는 기록이 있다. 먼 조상 이름은 일제日磾시니 용정龍庭[42]에서 귀순하여 서한西漢에서 무제武帝를 받들어 명예와 절개를 중히 여겼다는 것이다. 이 기록은 김일제金日磾가 한漢으로 오게 된 과정을 알려주고 있다.

또, '拜侍中常侍封秺亭侯 自秺亭已降七葉 軒紱燉煌繇是望係京兆郡 史籍紋載 莫之與京 必世後仁 徵驗斯在'라는 기록이 있다. 이에 벼슬을 내려 시중侍中을 거쳐 상시常侍로 하고 투정후秺亭侯에 봉하였는데, 투정으로부터 이후 7대를 내려오며 돈황燉煌[43]을 다스리고 이어 멀리 경조군京兆郡[44]에까지 미쳐 사서史書에 기록되니 더 큰 경사가 없을 것이니 필시 후세에 어진이가 나타난다는 말을 여기서 징험할 수 있다는 것이다. 이는 김일제 사후 그의 후손들이 한을 지배하다 결국 왕망을 중심으로 漢을 멸하고 신新[45]을 건국한 것을 의미한다.

42) 용정龍庭; 흉노의 수도이다. 현재 외몽골의 오르혼 지역으로 추정된다.

43) 돈황燉煌; 돈황은 사막 한가운데 위치하여 "모래 마을", 즉 사주(沙州)로 불렀다. BC 111년 한무제는 최서부의 중요한 군사 요충지인 돈황에 하서사군의 하나인 돈황군을 설치하고, 외곽에 옥문관玉門關과 양관陽關의 두 관문을 만들었다.

44) 경조군京兆郡; 옹주雍州에 속한 군이다. 옹주雍州는 후한 13주 중 하나로 중심지는 장안長安이다. 후한시대 옹주에는 무위군武威郡 · 장액군張掖郡 · 주천군酒泉郡 · 돈황군敦煌郡 · 서해군西海郡 · 서평군西平郡 · 서군西郡 등 7개군이 속했다.

45) 신新; 왕망 등 신라 김씨들이 세운 나라이다.(8년~23년)

이어 '及漢不見德 亂離瘼矣 握粟去國 避時屆遠 故吾宗違異於遼東'이라는 기록이 있다. 그런데 한漢이 덕을 보이지 않고 난리가 나서 어지러워지자, 곡식을 싸들고 나라를 떠나 피난하여 멀리까지 이르렀고, 그리하여 우리 집안은 요동遼東에 떨어져 살게 되었다는 것이다. 적미의 난으로 신新이 멸망당하자, 후한의 광무제光武帝[46]의 정치 보복을 피하여 한을 탈출한 사실을 말하는 것이다.

또, '文宣王立言 言忠信行篤敬 雖之蠻貌 其道亦行 今復昌熾吾宗於遼東'이라는 기록이 있다. 공자께서 말하기를 "말에는 충실한 믿음이 있어야 하고 행동에는 독실한 공경함이 있어야 한다"고 하였으니 비록 오랑캐 모습을 했으나 그 도道를 역시 행하였으므로 지금 다시 우리 집안은 요동遼東에서 불이 활활 타오르듯 번성했다는 것이다.

당시 요동遼東은 서안西安을 기준으로 멀리 황하黃河의 동쪽을 가리키는 말이다. 그렇다면, 옛 신라는 감숙성과 섬서성陝西省 일대를 지배하다가 광무제 이후 황하黃河의 동쪽으로 이동하였다는 것을 알 수 있다.

○ 다시 삼국사기로 돌아가 보자. 二年 二月 기사에는 '封考仇道爲葛文王'이라는 기록이 있다. 선친인 구도仇道를 갈문왕葛文王에 봉하였다는 것이다. 신라가 갈문왕葛文王을 두었다는 것은 단순히 존호를 사후에 높였다는 의미가 아니라 넓은 영토의 일부를 나누어 다스렸다는 것을 의미하는 것으로 신라의 영토가 갈문왕이라는 분왕分王을 둘만큼 방대하였다는 것을 의미함은 일성왕 편에서 기술한 바 있다.

○ 미추왕 三年 기사에는 '二月 東巡幸望海, 三月 幸黃山'이라는 기록이 있다. 2월, (왕이) 동쪽 지방을 순행하여 망제望祭를 올리고, 이어 3월 황산黃山에 행차하였다는 것이다.

여기서 황산黃山은 오늘날 중국 산동성 빈주시濱州市 추평현鄒平县 학반산鶴伴山을 말하는 것으로 이에 대하여는 이미 서술한 바 있다.

○ 다음으로 新羅와 百濟의 관계를 검토하여 보자.

미추왕 五年에는 백제가 봉산성烽山城을 공격하였고(百濟來攻烽山城), 이어 十一年 冬十一月에도 변경을 침략하였다.(百濟侵邊) 또, 十七年 冬十月에도 백제가 쳐들어와 괴곡성槐谷城을 포위했다.(百濟兵來圍槐谷城) 또 二十二年 秋九月 또 침범하여(百濟侵邊) 十月에 괴곡성槐谷城이 다시 포위당하였다.(圍槐谷城)

양국이 치열한 전투를 벌인 장소가 첨해왕 때와 동일하다.

	서쪽변경	비고
미추왕	봉산성烽山城 괴곡성槐谷城	황산黃山

46) 광무제光武帝; 이름은 유수劉秀(BC 6년~AD 57년)로 형주荊州 남양군南陽郡 채양현蔡陽縣에서 태어났다. 신新이 적미의 난으로 멸망하고 왕망王莽이 죽자, 漢을 부활하여 이른바 후한의 초대 황제가 되었다.

⑭ 儒禮尼師今(유례니사금)

283~298 재위기간 15년

儒禮尼師今立 古記第三第十四二王同諱 儒理或云儒禮 未知孰是 助賁王長子 母朴氏 葛文王奈音之女 嘗夜行 星光入口因有娠 載誕之夕 異香滿室

유례 이사금이 왕위에 오르니, 고기古記에는 제3대, 제14대의 두 왕을 똑같이 유리 혹은 유례라 하므로, (14대 왕이) 유리인지 유례인지 정확하게 알 수는 없다. 조분왕의 맏아들이고, 어머니는 박씨로, 갈문왕葛文王 내음奈音의 딸인데, 일찍이 밤길을 다니다가 별빛이 입으로 들어가서 임신을 하였다. 유례가 탄생하던 날 저녁에 이상한 향기가 산실에 가득 찼었다.

二年

春正月, 謁始祖廟

二月, 拜伊湌弘權爲舒弗邯 委以機務

2년

봄 정월, 시조묘에 참배하였다.

2월, 이찬 홍권에게 벼슬을 내려 서불한舒弗邯[47]으로 삼고 기무機務를 맡겼다.

三年

春正月, 百濟遣使請和

三月, 旱

3년

봄 정월, 백제가 사신을 보내 화친을 요청하였다.

3월, 가뭄이 들었다.

---

47) 서불한舒弗邯; 1급 이벌찬을 일컫는 말이다. 이벌찬은 그 외에도 이벌간伊罰干・우벌찬于伐湌・각간角干・각찬角粲・서발한舒發翰 등으로 불렸다.

四年

夏四月, 倭人襲一禮郡 縱火燒之 虜人一千而去

4년

여름 4월, 왜인이 일례군一禮郡을 기습하여 불을 놓아 태우고 1천 명을 잡아 갔다.

六年

夏五月, 聞倭兵至 理舟楫繕甲兵

6년

여름 5월, 왜병이 온다는 소문을 듣고 선박을 수리하고 장비와 병사를 점검하였다.

七年

夏五月, 大水 月城頹毁

7년

여름 5월, 홍수가 나서 월성月城이 무너졌다.

八年

春正月, 拜末仇爲伊伐飡 末仇忠貞有智略 王常訪問政要

8년

봄 정월, 말구에게 벼슬을 주어 이벌찬으로 삼았다. 말구는 충정과 지략을 가지고 있었다. 왕은 자주 그를 찾아가 중요한 정사를 물어 보았다.

九年

夏六月, 倭兵攻陷沙道城 命一吉飡大谷領兵救完之

秋七月, 旱蝗

9년

여름 6월, 왜병이 사도성沙道城을 공격하여 함락시키자, 일길찬 대곡에게 명하여 병사를 이끌고 가서 구원하도록 하였다.

가을 7월, 날씨가 가물었고 메뚜기 떼가 기승을 부렸다.

十年

春二月, 改築沙道城 移沙伐州豪民八十餘家

10년

봄 2월, 사도성沙道城을 개축하고, 사벌주沙伐州의 호민豪民 80여 가를 옮겨 살도록 하였다.

十一年

夏, 倭兵來攻長峯城 不克

秋七月, 多沙郡進嘉禾

11년

여름, 왜병이 장봉성長峯城을 공격하였으나 이기지 못하였다.

가을 7월, 다사군多沙郡에서 (품종이) 좋은 벼를 진상하였다.

十二年

春, 王謂臣下曰 倭人屢犯我城邑 百姓不得安居 吾欲與百濟謀 一時浮海入擊其國 如何 舒弗邯弘權對曰 吾人不習水戰 冒險遠征 恐有不測之危 況百濟多詐 常有呑噬我國之心 亦恐難與同謀 王曰善

12년

봄, 왕이 신하들에게 말했다.

"왜인이 자주 우리 성읍을 침범하여 백성들이 편안하게 살 수 없다. 우리가 백제와 함께 계획을 세워 일시에 배를 타고가[浮海][48] 그 나라를 공격하고자 하는데 어떠한가?"

서불한舒弗邯[49] 홍권이 대답했다.

48) 부해浮海; 배를 띄워 가다는 의미로 바다를 건너가다[越海]로 해석하면 과장이다.

'우리는 수전에 익숙하지 못하므로 모험으로 원정을 하는 경우에는 예상 밖의 위험이 있지 않을까 우려됩니다. 더구나 백제는 거짓이 많고, 항상 우리나라를 집어삼키려는 생각을 가지고 있습니다. 따라서 함께 일을 도모하기에는 어려움이 있을 것 같습니다"

왕이 "옳다"고 말하였다.

十四年

春正月, 以智良爲伊湌 長昕爲一吉湌 順宣爲沙湌

伊西古國來攻金城 我大擧兵防禦 不能攘 忽有異兵來 其數不可勝紀

人皆珥竹葉 與我軍同擊賊破之 後不知其所歸 人或見竹葉數萬積於

竹長陵 由是 國人謂 先王以陰兵助戰也

14년

봄 정월, 지량을 이찬으로, 장흔을 일길찬으로, 순선을 사찬으로 삼았다.

이서고국伊西古國[50]이 쳐들어와 금성金城을 공격했다. 우리가 대규모로 병사를 동원하여 이를 방어하였으나 물리칠 수 없었다. 그 때 홀연히 낯선 병사들이 나타났는데 그 수를 모두 헤아릴 수 없었다. 그들은 모두 귀에 댓잎을 꽂았는데 아군我軍과 함께 적을 쳐부수고 난 후에는 어디론지 사라졌다. 어떤 사람이 수만 개의 댓잎이 죽장릉에 쌓여 있는 것을 보았다고 하였다. 이 때문에 백성들은 선왕의 음덕으로 병사들이 와서 전쟁을 도운 것이라고 말하였다.

十五年

春二月, 京都大霧不辨人 五日而霽

冬十二月, 王薨

15년

봄 2월, 경도京都에 안개가 심하여 사람을 분간할 수가 수 없었는데, 닷새가 지나서야 날이 개었다.

겨울 12월, 왕이 훙서하였다.

---

49) 서불한舒弗邯; 1급 이벌찬을 일컫는 말이다. 이벌찬은 그 외에도 이벌간伊罰干・우벌찬于伐湌・각간角干・각찬角粲・서발한舒發翰 등으로 불렸다.

50) 이서고국伊西古國; 일연의 삼국유사는 운문사雲門寺에 옛부터 전해 내려오는 제사납전기諸寺納田記를 인용하며 "정관貞觀 6년(AD 629) 임진壬辰에 이서군伊西郡의 금오촌 영미사零味寺에서 밭을 바쳤다"면서, 금오촌은 지금 청도淸道 땅이니 청도군淸道郡이 바로 옛날의 이서군인 것이다."(貞觀六年壬辰 伊西郡今部村零味寺納田 則今部村今淸道地 卽淸道郡)라고 하였다.

분석 14 儒禮尼師今(유례니사금) 283~298 재위기간 15년

○ 신라의 서쪽 변경에 대하여 살펴보자.

그동안 줄곧 변경을 침범해 왔던 백제가 儒禮王 三年 正月 화친을 청해왔다.(百濟遣使請和) 이에 대한 신라의 대응은 기록되어 있지 않다. 백제가 화친을 요청한 것은 오호의 남하로 인한 북쪽변경의 정세변경과 관련이 있는 듯하다.

그 후 신라가 백제의 화친제의에 응하는 것은 흘해왕 때이다.

연도	국왕	내용	계기
63년~105년	탈해왕-다루왕	충돌	백제의 남진으로 인한 충돌 -낭자곡성
105년~165년	파사왕-기루왕	우호	신라의 강좌지역 공략과 백제의 중원지역 확보
165년~337년	아달라왕-개루왕	충돌	신라의 강좌지역, 백제의 중원지역 평정으로 인한 접경분쟁 - 길선의 망명
337년~554년	흘해왕-비류왕	우호	북쪽변경이 정세변경(오호五胡의 남하)

○ 新羅와 왜倭의 관계에 대하여 살펴보자.

儒禮王 四年 四月 기사에는 '倭人襲一禮郡'라는 기록이 있다. 왜인이 일례군一禮郡을 기습했다는 것이다. 九年 六月 기사에는 '倭兵攻陷沙道城'라는 기록이 있다. 왜병의 공격으로 사도성沙道城까지 함락되었다는 것이다. 또한, 十一年 여름 기사에는 '倭兵來攻長峯城'이라는 기록이 있다. 왜병이 장봉성長峯城을 공격했다는 것이다. 선왕인 미추왕 때에는 왜구의 침략에 대한 기록이 없었는데, 유례왕 때 다시 침략해 온 것이다.

유례왕 十二年 봄 기사에는 '王謂臣下曰 倭人屢犯我城邑 百姓不得安居 吾欲與百濟謀 一時浮海入擊其國 如何'라는 기록이 있다. 왕이 신하들에게 일러 말하기를, '왜인이 자주 우리 성읍을 침범하여 백성들이 편안하게 살 수 없으니 우리가 백제와 함께 계획을 세워 일시에 배를 타고가[浮海] 그 나라를 공격하고자 하는데 어떠한가?'라고 하였다는 것이다.

여기서 '부해浮海'라는 표현의 해석이 문제된다.

'浮'는 배를 띄워 가다는 의미이고, '海'는 황하나 장강을 가리킨다. 고대에는 오늘날 황하나 장강을 바다[海]라고 불렀음이 여러 기록을 통하여 확인된다. 따라서 여기서 '浮海'는 배를 타고 장강을 거슬러 가다란 의미로, 바다를 건너가다[越海]로 번역하면 해석의 문의적 한계를 넘는 것이다.

기술한 바와 같이 왜국이 귀주성에 있었으니 위 기사는 장강을 거슬러 올라가 일시에 공격하는 전략에 대하여 유례왕이 신하들에게 구문한 것이다.

○ 儒禮王 十四年에는 이서고국伊西古國이 쳐들어와 金城을 공격했다.(伊西古國來攻金城)

국사편찬위원회는 이서고국伊西古國이 오늘날 경북 청도에 있었다고 주장하고, 삼국유사 권1, 기이2 이서국 편을 그 근거로 내세운다. 이에 따르면, 일연은 삼국유사에서 운문사雲門寺에 옛부터 전해 내려오는 제사납전기諸寺納田記를 인용하며 "정관貞觀[51] 6년 임진壬辰에 이서군伊西郡의 금오촌 영미사零味寺에서 밭을 바쳤다(貞觀六年壬辰 伊西郡今部村零味寺納田)"라고 하면서, "금오촌은 지금 청도淸道 땅이니 청도군淸道郡이 바로 옛날의 이서군인 것이다.(則今部村今淸道地 卽淸道郡 古伊西郡)"라고 하였다.

오늘날 경주를 신라의 천년 고도古都로 단정하는 사람들이 이러한 일연의 견해를 차용하면 이야기가 아주 그럴듯해진다. 경주에 있는 작은 나라 신라가 이때서야 경북 청도 방면으로 진출하게 되었다는 것이다. 그러나 여기에는 논리적 오류가 숨어 있다.

첫째, 伊西郡의 금오촌 零味寺에서 밭을 바쳤다는 기록을 근거로 금오촌은 오늘날 청도이니, 결국 오늘날 청도에 伊西古國이 있었다는 것은 논리적 비약이 있다. 伊西郡의 금오촌 零味寺에서 밭을 바쳤다는 기록과 금오촌이 청도의 옛 지명地名이라는 사실을 통하여 합리적으로 추론할 수 있는 것은 일연이 삼국유사를 쓸 당시의 청도淸道 부근에 伊西郡이라 불린 지역이 있었다는 사실뿐이다.

그럼에도 불구하고 오늘날 경북 청도에 이서고국伊西古國이 있었다고 주장하는 것은 삼국유사의 기록상 청도군淸道郡이 경북 청도라는 전제에서 비롯된 것이다.

둘째, 신라가 당의 연호를 사용하기 시작한 해는 진덕여왕 4년(AD 650년)이다. 이때, 처음으로 당의 연호인 영휘永徽를 사용하기 시작하였다. 정관[52] 6년은 서기 631년으로 신라 진평왕 재위 말년이다. 삼국유사에 인용된 운문사雲門寺가 경북 청도군에 있는 절이고 제사납전기諸寺納田記가 인근인 금오촌 영미사零味寺에서 운문사雲門寺에 토지를 바친 기록이라면 당과의 외교문서도 아닌 일반 사문서私文書에 불과한 제사납전기諸寺納田記를 작성하면서 '정관貞觀 6년'이라는 연호를 굳이 사용했을 리 없다.

셋째, 운문사雲門寺란 이름의 절이 경북 청도에만 있는 것이 아니다. 중국에도 운문사雲門寺가 여러 개 있다. 먼저 광동성 유원현 동북쪽 운문산 자비봉 아래에도 雲門寺가 있었다.[53] 그 외에도 唐 측천무후의 전폭적 후원의 받았던 당대 최고의 시인 宋之問이 운문사雲門寺를 배경으로 지은 遊雲門寺라는 제목의 시詩는 오늘날까지 전해지는 아주 유명한 문학작품이다. 물론, 중국의 여러 운문사雲門寺들 역시 제사납전기에 나오는 바로 그 운문사雲門寺라고 단정할 수는 없다. 그러나 적어도 경북 청도의 운문사雲門寺만이 일연이 말하는 그 운문사雲門寺라고 확언할 수는 없는 것이다.

넷째, 혹자는 고려시대 일연이 운문사雲門寺에서 삼국유사를 저술하였으므로 삼국사기에서 말하는 운문사雲門寺는 경북 청도의 운문사雲門寺라고 주장할 수도 있다. 그

51) 정관貞觀; 당 태종 재위 기간 내내 사용된 연호이다.(627년~649년) 따라서 정관 6년이면 서기 632을 말한다.

52) 정관貞觀; 당 태종 재위 기간 내내 사용된 연호이다.(627년~649년) 따라서 정관 6년이면 서기 632년을 말한다.

53) 雲門寺位於廣東省乳源縣城東北六公裏處的雲門山慈悲峰下, 是禪宗「一花五葉」之一的雲門宗開宗道場該寺由五代時期的文偃禪師開創於後唐莊宗同光元年(923年), 距今已有1075年的曆史初名「光泰禪院」, 稍後改為「證真禪寺」公元963年, 南漢王劉龔又改名為「大覺禪寺」一直沿用至今因其地處雲門山下, 所以俗稱「雲門寺」

러나 이는 순환논법이다. 제사납전기 때문에 일연이 경북 청도의 운문사雲門寺에서 삼국유사를 저술한 것처럼 세간에 알려지게 된 것이다. 일연이 경북 청도에 있는 운문사雲門寺에서 삼국유사를 저술했다는 것은 근거 없는 낭설이다. 설령 일연이 운문사雲門寺에서 삼국유사를 저술한 것이 사실이라 하더라도 그 운문사雲門寺가 경북 청도의 운문사雲門寺라고 단정할 수 없는 것이다. 경북 경주가 신라의 천년 고도古都가 아닌 것처럼, 고려시대의 영토가 청천강 이남이라는 주장 역시 어두운 시대의 유산일 뿐인 것이기 때문이다.

결국 제사납전기諸寺納田記는 이서고국伊西古國이 오늘날 경북 청도군 소재 운문사雲門寺 인근에 있었다는 근거가 되지 못한다. 사실 제사납전기諸寺納田記는 현재 경북 청도군 소재 운문사雲門寺에 존재하지도 않을 뿐더러 과거 존재했던 적도 없다.

⑮ 基臨尼師今(기림니사금)

298~310 재위기간 12년

基臨 一云基立 尼師今立 助賁尼師今之孫也 父乞淑伊湌 一云乞淑助賁之孫也 性寬厚 人皆稱之

기림基臨이 기립基立이라고도 한다. 이사금에 오르니 조분 이사금의 손자이고 아버지는 걸숙 이찬인데, 걸숙은 조분의 손자라고도 한다. 성정性情이 관대하여 사람들이 모두 칭송하였다.

二年

春正月, 拜長昕爲伊湌兼知內外兵馬事

二月, 祀始祖廟

2년

봄 정월, 장흔에게 벼슬을 내려 이찬으로 삼고, 내외병마사를 겸직하게 하였다.

2월, 시조묘에 제사를 지냈다.

三年

春正月, 與倭國交聘

二月, 巡幸比列忽 親問高年及貧窮者 賜穀有差

三月, 至牛頭州 望祭太白山 樂浪帶方兩國歸服

3년

봄 정월, 왜국倭國과 서로 특사를 교환하였다.

2월, 왕이 비열홀比列忽에 순행하여 친히 나이 많은 자와 가난한 자를 위문하고, 그 정도에 따라 곡식을 하사하였다.

3월, 우두주에 이르러 태백산에 망제를 올렸다. 낙랑樂浪과 대방帶方 양국이 귀순하여 복속되었다.

五年

春夏, 旱

5년

봄과 여름에 가뭄이 들었다.

七年

秋八月, 地震 泉湧

九月, 京都地震 壞民屋 有死者

7년

가을 8월, 지진이 발생했다. 샘이 솟아올랐다.

9월, 경도京都에 지진이 발생하여 주거지역이 진동하고, 사망자가 발생하였다.

十年 復國號新羅

10년

국호를 다시 신라로 하였다.

十三年

夏五月, 王寢疾彌留 赦內外獄囚

六月, 王薨

13년

여름 5월, 왕이 병석에 누워 임종을 앞두고 중옥에 갇힌 죄수들을 두루 사면하였다.

6월, 왕이 훙서하였다.

분석 15 基臨尼師今(기림니사금) 298~310 재위기간 12년

○ 신라의 國號에 대하여 살펴보자. 新羅의 國號는 王統과도 직결되는 문제이다.

삼국사기는 기림왕 十年 국호를 다시 신라新羅로 하였다고 기록하고 있다.(復國號新羅)

기술한 바와 같이 三國史記의 첫 문장 '始祖姓朴氏諱赫居世 前漢孝宣帝五鳳元年甲子四月丙辰卽位'의 의미는 시조의 성이 박朴인 혁거세라는 자가 BC 57년 즉위하였다는 것이지 신라의 시조가 朴赫居世라는 의미가 아니며, 삼국사기의 두 번째 문장에서 '國號徐那伐'은 朴赫居世의 卽位 當時 신라의 국호가 徐那伐이었다는 의미일 뿐이고, 박혁거세가 서라벌로 정하였다(爲國號以徐那伐)는 의미가 아니며 또한 徐那伐이 최초의 國號였다는 의미 역시 아니다.

그런데 삼국사기에 따르면 脫解王이 재위 九년에 국호를 徐那伐에서 鷄林으로 고쳤는데(改始林名鷄林 因以爲國號) 그 후 기림왕 十年에 이르러 마침내 국호를 다시 新羅로 하였다는 것이다.(復國號新羅)

김부식은 왜 '國號新羅'라고 하지 않고, '復國號新羅'라고 하였을까? '復國號新羅'라는 문장의 의미는 신라를 '徐羅伐'이라고 명명하기 이전, 즉 박혁거세 이전에 이미 新羅라는 국가 내지는 국호가 존재하였다는 의미인 것이다.

혁거세 이전	혁거세 이후	탈해왕	기림왕
신라	서라벌	계림	신라

○ 新羅의 疆域에 대하여 살펴보자.

新羅는 박혁거세 十九年 正月 卞韓을 접수하고 破娑王 때 音汁伐國·悉直谷國·押督國 과 比只國多伐國草八國 등 여러 나라를 병합한 데 이어 助賁王 때 甘文國·骨伐國을 합병함으로써 계속 영토를 확장해 나갔는데 이는 신라가 강소성江蘇省을 중심으로 산동성, 안휘성安徽省, 절강성浙江省 일대를 장악해 나가고 있음을 의미한다. 儒禮王 十四年에 伊西古國이 쳐들어와 금성金城을 공격한 것은 신라의 지배권이 산동성 일대로 팽창하고 있음을 의미한다.

基臨王 三年 三月 기사에는 '至牛頭州 望祭太白山 樂浪帶方兩國歸服'이라는 기록이 있다. 우두주牛頭州에 이르러 태백산에 망제를 올렸는데, 낙랑樂浪과 대방帶方 양국이 귀순하여 복속되었다는 것이다.

기술한 바와 같이 원래 낙랑樂浪은 동이족이 살던 지역을 가리키던 지명地名이었다. 그런데 한漢이 군郡을 설치하면서 행정구역 명칭으로서 의미도 가지게 되었는데, 군현제가 확립되지 못한 상태에서 지배층이 독자 세력화 하면서 정치적 실체로서의 정치세력政治勢力을 가리키는 말로 진화하였고, 나아가 국가國家로 참칭하기도 하였는데, 대방帶方 역시 사정이 크게 다르지 않다. 그런데 최근에는 일각에서 낙랑과 구분하여 최씨낙랑국 운운하며 별도의 민족국가를 들먹이기도 하는데 이는 낙랑의 실체에 대한 오해에서 비롯된 주장이다.

부연하면, 漢은 산서성山西省 남부 또는 하남성河南省 북부 이른바 낙랑 지역에 군郡을 설치하였는데, 그 후 한漢이 약화되면서 낙랑樂浪이 독자적으로 정치세력화하며 하북성河北省 북부에서 요녕성遼寧省 서남부까지 진출하였으나 고구려 대무신왕에게 정복당하고 그 잔여세력들은 화려華麗·불내不耐 등 산서성山西省 남부 또는 하남성河南省 북부의 일부지역으로 쫓겨나는 등 남쪽으로 밀려났는데, 그 후 基臨王 三年에 신라에 병합되었으니, 이는 신라가 기림왕 때 하남성河南省 북부까지 진출하였음을 알려주는 것이다.

한편, 대방帶方에 대하여 살펴보자.

삼국지 위지 동이전에는 대방帶方에 관하여 '漢時屬樂浪郡'라는 기록이 있다. 漢代에는 대방帶方이 낙랑군에 속했다는 것이다.

삼국유사에는 제법 자세한 기록이 있다. 먼저 同書에는 '北帶方本竹覃城 新羅弩禮王四年 帶方人與樂浪人投于羅'라는 기록이 있다. 북대방北帶方은 본래 죽담성竹覃城으로 신라 노례왕弩禮王 4년에 대방帶方 사람들이 낙랑樂浪 사람들과 함께 신라에 항복해 왔다는 것이다. 나아가 同書는 '此皆前漢所置二郡名 其後僭稱國 今來降'라고 하였다. 이것은 모두 前漢 때에 설치한 두 郡의 이름으로 그 후에 참람되이 나라라고 불러 오다가 이때에 와서 항복하였다는 것이다. 한편, 同書 낙랑국 편에서는 '又弟三弩禮王四年 高麗第三無恤王 伐樂浪滅之 其國人與帶方北帶方 投于羅'라는 기록이 있다. 또 제3대 노례왕弩禮王 4년에 고구려高句麗의 제3대 무휼왕無恤王이 낙랑樂浪을 쳐서 멸망시키니 그 나라 사람들은 대방 즉 북대방과 함께 신라에 두항해 왔다는 것이다. 여기서 노례왕弩禮王은 儒理王 또는 儒禮王을 가리키는 것으로, 儒理王 또는 儒禮王은 두 명이 있지만, 삼국유사는 무휼왕無恤王의 낙랑樂浪 정벌을 언급하면서 제3第三이라고 명확하게 특정하고 있다.

그렇다면, 신라 제3대 儒理王 때에 무휼왕無恤王이 낙랑樂浪을 쳐서 멸망시키자 낙랑인들과 함께 귀순한 대방은 바로 북대방北帶方을 의미하는 것이다. 다만, 삼국사기는 이때를 유리왕 十四年으로 기록하므로 다소 시차가 있다.

한편, 삼국지 위지 동이전에는 '建安中公孫康分屯有縣以南荒地爲帶方郡'라는 기록이 있다. 공손강公孫康[54]이 건안建安[55] 연간에 둔유현屯有縣 이남의 땅을 떼어서 새로 대방군帶方郡을 설치하였다는 것이다.

그런데 삼국유사는 이를 자세히 기록한다. 즉, 삼국유사에는 '魏時 始置南帶方郡 今南原府南帶方郡故云 帶方之南海水千里日瀚海'라는 기록이 있다. 조위曹魏 때 비로소 남대방군을 두었기 지금 남원부 또는 남대방군이라고 불리게 된 것이고, 대방帶方의 남쪽은 바닷물이 천 리나 되는데 한해瀚海라고 했다는 것이다. 또한 同書에 '後漢建安中 以馬韓南荒地爲帶方郡 倭韓遂屬是也'라는 기록이 있다. 後漢 建安 年間에 馬韓 남쪽의 황무지를 대방군帶方郡으로 삼았는데 倭와 漢이 결국 이곳에 속한다는 것이다.

---

54) 공손강公孫康; 요동태수 공손도(公孫度; 또는 공손탁)의 아들이다. 건안 9년 아버지를 이어 사실상 요동지방(遼東地方)의 지배자가 되어 한韓과 예(예)에 대항하였고, 대방군을 설치하였다고 한다.

55) 건안建安; 후한後漢의 헌제(獻帝)의 연호이다.(196~220)

연대적으로 볼 때 基臨王 三年 三月 기사 중 신라에 항복한 대방帶方은 바로 남대방南帶方으로 황하 이남의 하남성 동부와 안휘성 북부 지역으로 보인다.

○ 新羅와 왜倭의 관계를 살펴보자.

基臨王 三年 正月에는 '與倭國交聘'라는 기록이 있다. 신라와 왜국과 서로 사신을 교환하였다는 것이다.

⑯ 訖解尼師今(흘해니사금)

310~356 재위기간 46년

訖解尼師今立 奈解王孫也 父于老角干 母命元夫人 助賁王女也
于老事君有功 累爲舒弗邯 見訖解狀貌俊異 心膽明敏 爲事異於常流
乃謂諸侯曰 興吾家者 必北兒也
至是基臨薨 無子 群臣議曰 訖解幼有老成之德 乃奉立之

흘해 이사금이 왕위에 올랐는데, 나해왕의 손자로 아버지는 우로于老 각간이다. 어머니는 명원부인이니, 조분왕의 딸이다.

우로는 임금을 섬기는 데 공이 있어 여러 번 서불한舒弗邯[56]이 되었는데, 살펴보니 흘해의 용모가 남달리 뛰어나고 두뇌가 명석하여 일처리가 여느 사람과 달라 여러 제후들에게 말했다.

"우리 집안을 흥하게 할 자는 필시 이 아이일 것이다."

이 때 기림이 훙서하였는데 아들이 없었으니, 여러 신하들이 의논하여 말하길,

"흘해가 어리기는 하지만 나이가 들어야 갖출 수 있는 덕을 지녔다."

라고 하고, 그를 받들어 왕으로 세웠다.

二年
春正月, 以急利爲阿飡 委以政要 兼知內外兵馬事
二月, 親祀始祖廟

2년

봄 정월, 급리를 아찬으로 삼아 중요한 정무를 맡기고, 내외병마사를 겸직하게 하였다.

2월, 왕이 시조묘에 직접 제사를 지냈다.

三年
春三月, 倭國王遣使 爲子求婚 以阿飡急利女送之

3년

봄 3월, 왜국倭國 왕이 사신을 보내 자기 아들의 혼사를 요청하자, 아찬 급리의 딸을 보냈다.

56) 서불한舒弗邯; 1급 이벌찬을 일컫는 말이다. 이벌찬은 그 외에도 이벌간伊罰干·우벌찬于伐飡·각간角干·각찬角粲·서발한舒發翰 등으로 불렸다.

四年

秋七月, 旱蝗 民飢 發使救恤之

4년

가을 7월, 가뭄이 들고 메뚜기 떼가 기승을 부려 백성들이 굶주리자, 특사를 보내 그들을 진휼하도록 하였다.

五年

春正月, 拜阿飡急利爲伊飡

二月, 重修宮闕 不雨乃止

5년

봄 정월, 아찬 급리에게 벼슬을 내려 이찬으로 삼았다.

2월, 궁궐을 중수하였는데, 비가 내리지 아니하므로 이를 중단하였다.

八年

春夏旱 王親錄囚 多原之

8년,

봄과 여름, 가뭄이 들었다. 왕이 친히 죄수를 살펴서 많이 풀어 주었다.

九年

春二月, 下令, 向以旱災年不順成 今則土膏脉起 農事方始 凡所勞民之事皆停之

9년

봄 2월, 왕이 다음과 같이 명하였다.

"지난해에는 가뭄으로 인하여 농사가 순조롭게 이루어지지 못하였다. 금년에는 토양이 기름지고 생기가 일어나 농사가 바야흐로 시작되었으니, 백성들을 노역시키는 일을 모두 중단하라."

이 십 일 년
二十一年

시 개 벽 골 지 안 장 일 천 팔 백 보
始開碧骨池 岸長一千八百步

21년

처음으로 벽골지에 물을 대기 시작하였다. 둑의 길이가 '1천 8백 보'[57]였다.

이 십 팔 년
二十八年

춘 이 월 견 사 빙 백 제
春二月, 遣使聘百濟

삼 월 우 박
三月, 雨雹

하 사 월 운 상
夏四月, 隕霜

28년

봄 2월, 사신을 보내 백제를 예방하였다.

3월, 우박이 떨어졌다.

여름 4월, 서리가 내렸다.

삼 십 오 년
三十五年

춘 이 월 왜 국 견 사 청 혼 사 이 녀 기 출 가
春二月, 倭國遣使請婚 辭以女旣出嫁

하 사 월 폭 풍 발 궁 남 대 수
夏四月, 暴風拔宮南大樹

35년

봄 2월, 왜국이 사신을 보내 청혼하였으나, 딸이 이미 출가하였다는 이유로 사양하였다.

여름 4월, 폭풍이 불어 궁궐 남쪽의 큰 나무가 뽑혔다.

삼 십 육 년
三十六年

춘 정 월 배 강 세 위 이 벌 찬
春正月, 拜康世爲伊伐飡

이 월 왜 왕 이 서 절 교
二月, 倭王移書絶交

57) 1천 8백 보= 1.386m× 1800 ≒ 2.5km

36년

봄 정월, 강세를 이벌찬에 임명하였다.

2월, 왜왕이 절교한다는 글을 보내왔다.

三十七年

倭兵猝至風島, 抄掠邊戶 又進圍金城急攻 王欲出兵相戰 伊伐飡康世曰 賊遠 其鋒不可當 不若緩之待其師老 王然之 閉門不出 賊食盡將退 命康世率勁騎追擊走之

37년

왜병이 불시에 풍도風島에 쳐들어와 변방의 민가를 약탈하고, 또 나아가 금성을 포위하고 맹렬하게 공격하니, 왕이 출병하여 전투를 벌이려 하자, 이벌찬 강세가 말했다.

"적병이 멀리서 왔으므로, 그 예봉을 당할 수 없으니, 누그러져 지치기를 기다리는 편이 낫습니다.

왕이 그럴 듯하다고 생각하여 성문을 닫고 나가지 않으니, 적들이 식량이 떨어지자 퇴각하려 하자 강세康世에게 명하여 강한 기병을 이끌고 추격하게 하여 그들을 쫓아냈다.

三十九年

宮井水暴溢

39년

궁궐 우물이 갑작스럽게 솟아 넘쳤다.

四十一年

春三月, 鸛巢月城隅

夏四月, 大雨浹旬 平地水三四尺 漂沒官私屋舍 山崩十三所

41년

봄 3월, 황새가 월성月城 변두리에 둥지를 틀었다.

여름 4월, 큰 비가 열흘 동안 내려 평지에 물이 서너 자씩 고이고, 관가와 민가가 유실되거나 물에 잠기고, 산이 열세 군데나 무너졌다.

四十七年(사십칠년)

夏四月(하사월), 王薨(왕훙)

47년

여름 4월, 왕이 훙서하였다.

분석 16 訖解尼師今(흘해니사금) 310~356 재위기간 46년

○ 먼저 新羅의 疆域에 대하여 살펴보자.

訖解王 二十一年 기사에는 벽골지碧骨池에 처음으로 물을 대기 시작했다는 기록이 있다. (始開碧骨池)

그런데, 이에 대하여 '4세기 전반에 신라가 김제 지방을 점령하여 대규모 축제築堤 사업을 벌였다는 것은 받아들이기 어려우며, 이 시기에 이 지역은 백제의 영토였으므로 백제 11대 比流王 27년(330) 때의 사실이 신라의 일인 것처럼 잘못 표기된 것으로 보인다.'라는 주장이 있다.[58] 삼국사기에 기록된 碧骨池와 오늘날 김제 벽골제가 같다는 전제에서 두 가지 논거에 근거하여 벽골지碧骨池에 처음으로 물을 대기 시작한 것은 백제의 비류왕이라는 것이다.

첫 번째 논거는 신라는 4세기 후반 내물왕 때에 이르러서야 비로소 고대국가다운 모습을 갖추므로 4세기 전반 신라는 대규모 축제사업을 할 만한 능력이 없다는 것이다. 그러나 신라는 4세기 후반 내물왕 때에 이르러서야 비로소 고대국가다운 모습을 갖춘다는 것은 자의적인 평가일 뿐이다. 삼국사기는 신라가 초기부터 섬서성・하남성・안휘성・강소성으로 이어가며 강소성을 중심으로 강좌 지역에 거대한 세력을 구축해가는 과정을 기록하고 있다.

두 번째 논거는 김제 지역이 백제의 영토이었다는 것이다. 그러나 일반적으로 역사학의 연구방법이란 것이 역사적 사실이 먼저 규명이 된 연후에 이를 토대로 강역이 비정되어야 하는 것이다. 위 견해는 신라나 백제의 강역을 먼저 斷定하고 이에 맞춰 역사적 사실을 억지로 裁斷한 것이다. 歷史家는 裁斷師가 아니다. 김부식이 삼국사기를 저술할 때에 古記를 바탕으로 신라・고구려・백제의 순으로 써내려 나갔을 것이다. 奈勿王 때의 사실을 오인하여 訖解王 때의 일로 잘못 기술하였다면 모를까, 신라본기를 마치고 거듭하여 同시대를 훑어 내려갔었을 김부식이 잘못하여 比流王이 碧骨池에 처음으로 물을 대기 시작한 것을 訖解王이 한 것으로 최종 기록했을 가능성은 희박하다.

따라서 삼국사기 訖解王 二十一年 기사에 '始開碧骨池'라는 기록이 엄존하고, 김부식이 오기하였다는 다른 증명이 없는 이상 訖解王이 벽골지碧骨池에 처음으로 물을 대기 시작하였다는 것은 움직일 수 없는 역사적 진실이다.

그렇다면 이제는 위 기록상 벽골지碧骨池가 어디 있었는지, 오늘날 전북 김제의 벽골제와 같은 것인지를 논의하여야 한다. 그런데 벽골지碧骨池가 현 전북 김제의 벽골제이건, 그게 아니라 오늘날 중국에 있었건 간에 적어도 고대 신라의 영토가 오늘날 경주를 중심으로 한 경상도 일대였고, 백제는 경기도 충청도, 전라도 일대였고, 한강을 사이에 두고 이북에 고구려가 있었다는 주장은 존립할 수 없는 것이다.

---

58) 출처; 이병도, ≪삼국사기≫ 상, 을유문화사, 1983, 58쪽).(□은 결락자이다.)

❍ 다음으로 新羅와 백제와의 관계를 살펴보자.

그동안 줄곧 변경을 침범해 왔던 백제가 儒禮王 三年 正月 화친을 청해온 이후 양국 관계는 정상화의 수순을 순조롭게 밟아나갔다. 이러한 兩國關係의 基調는 基臨王에 이어 흘해왕 때에도 이어졌다. 흘해왕 二十八年 二月에는 新羅가 百濟에 사신을 파견한 것이다.(遣使聘百濟)

북쪽 변경의 정세변화에 대한 공동대응의 필요성에서 양국이 화친에 이르게 된 것으로 보인다.

연도	국왕	내용	계기
63년~105년	탈해왕-다루왕	충돌	백제의 남진으로 인한 충돌 -낭자곡성
105년~165년	파사왕-기루왕	우호	신라의 강좌지역 공략과 백제의 중원지역 공략의 필요성
165년~337년	아달라왕-개루왕	충돌	신라의 강좌지역, 백제의 중원지역 평정으로 인한 접경분쟁 - 길선의 망명
337년~554년	흘해왕-비류왕	우호	북쪽변경의 정세변경(오호五胡의 남하)

❍ 新羅와 왜倭의 관계에 대하여 검토하여 보자.

訖解王 三十五年 二月 기사에는 '倭國遣使請婚 辭以女旣出嫁'라는 기록이 있다. 왜국의 청혼을 신라가 거절하면서 양국관계가 악화된 것이다, 三十六年 正月 기사에는 '倭王移書絕交'이라는 기록이 있다. 왜왕이 절교한다는 서신을 보내왔다는 것이다. 그리하여 三十七年, 왜병이 풍도風島에 쳐들어와 노략질하였다.(倭兵猝至風島 抄掠邊戶)

흘해왕 때 백제로부터의 침략이 사라지면 倭人의 노략질이 시작된 것인데, 신라는 沙道・一禮와 沙道城・長峯城, 風島 등지에서 왜인과 격전을 벌였다.

三國史記 第三卷
新羅本紀 第三

⑰ 奈勿尼師今(내물니사금)

356~402 재위기간 46년

奈勿 一云那密 尼師今立 姓金 仇道葛文王之孫也 父末仇角干 母金氏休禮夫人 妃金氏 味鄒王女 訖解薨無子 奈勿繼之 末仇味鄒尼師今兄弟也

내물奈勿 혹은 나밀이라고도 한다. 이사금이 즉위하니, 성은 김씨요, 구도仇道 갈문왕의 손자로 아버지는 각간 말구末仇이며, 어머니는 김씨 휴례부인이고 왕비 김씨는 미추왕의 딸이니, 흘해가 훙서하고 아들이 없었으므로 내물이 그 뒤를 이은 것이다. 말구末仇는 미추이사금의 형제이다.

論曰, 取妻不取同姓 以厚別也 是故 魯公之取於吳 晉侯之有四姬 陳司敗鄭子產深譏之

若新羅則不止取同姓而已 兄弟子姑姨從姉妹 皆聘爲妻 雖外國各異俗 責之以中國之禮 則大悖矣 若匈奴之烝母報子 則又甚於此矣

논하여 말한다.

"부인을 얻을 때, 동성同姓의 여인을 취하지 않는 것은 성姓을 철저하게 분별하기 위함이다. 이러한 이유에서 노공이 오나라 왕실에서 아내를 얻고, 진후가 네 명의 첩을 둔 것을 진陳[1]의 사패司敗와 정鄭[2]의 자산子産이 비난하였던 것이다. 신라의 경우에는 같은 성씨끼리 혼인하는 행위를 그치지 않았고, 조카나 고종·이종 자매까지도 가리지 않고 데려다 아내로 삼았다. 비록 외국의 풍속이 각각 다르다고는 하지만 중국中國[3]의 예법을 가지고 비난하자면, (이는) 크게 도리에 어긋난다. 흉노의 경우 어미와 사통하고 자식을 간음하는 것은 또한 이보다도 더욱 심한 경우이다."

1) 진陳; 춘추시대 지금의 하남성 주구周口(Zhōukǒu) 회양현淮阳县 일대에 있었던 나라이다.(BC 1046년~BC 478년)

2) 정鄭; 춘추시대 지금의 섬서성 화현華縣 동쪽에 있었던 나라이다.(BC 806년~BC 375년)

3) 중국中國; 여기서 중국中國은 관중關中에 있는 나라라는 의미이다.

二年

春，發使撫問鰥寡孤獨 各賜穀三斛 孝悌有異行者 賜職一級

2년

봄, 관리를 보내 홀아비, 과부, 고아, 늙어서 자식 없는 사람을 진휼하고 위문하였으니, 각각 곡식 3곡씩을 주고, 효성과 우애가 남다른 자들에게는 직위를 한 급씩 주었다.

三年

春二月，親祀始祖廟 紫雲盤旋廟上 神雀集於廟庭

3년

봄 2월, 왕이 친히 시조묘始祖廟에 제사를 지내니, 보랏빛 구름이 묘당 위에 감돌며 머물고 신기한 새들이 정원에 모여 들었다.

七年

夏四月，始祖廟庭樹連理

7년

여름 4월, 시조묘始祖廟 뜰에 있는 나무의 가지 두 개가 한데 붙어서 하나로 되었다.

九年

夏四月，倭兵大至 王聞之 恐不可敵 造草偶人數千 衣衣持兵 列立吐含山下 伏勇士一千於斧峴東原 倭人恃衆直進 伏發擊其不意 倭人大敗走 追擊殺之幾盡

9년

여름 4월, 왜병이 대대적으로 쳐들어왔다. 왕이 이를 듣고 대적할 수 없다고 염려하여, 풀로 인형 수천 개를 만들어 옷을 입히고, 병기를 들게 하여 토함산吐含山 아래에 줄지어 세워놓고, 용사 1천 명을 부현斧峴 동쪽 벌판에 매복시켰다. 왜인이 자신의 병력 수만 믿고 곧장 진격해오자, 복병들이 갑자기 공격하여 허를 찌르니, 왜인이 크게 패하여 도주하고, 우리 군사가 추격하여 거의 모두 죽였다.

十一年

春三月, 百濟人來聘

夏四月, 大水山崩十三所

11년

봄 3월, 백제인이 내빙하였다.

여름 4월, 홍수가 나서, 산이 열세 군데 무너졌다.

十三年

春, 百濟遣使 進良馬二匹

13년

봄, 백제가 사신을 보내 좋은 말 두 필을 바쳤다.

十七年

春夏, 大旱 年荒民飢 多流亡 發使開倉廩賑之

17년

봄과 여름, 큰 가뭄이 들었다. 흉년이 들어 백성들이 굶주리고 유랑자가 많이 생기자 (왕이) 관리를 보내 창고를 풀어 진휼하였다.

十八年

百濟禿山城主率人三百來投 王納之分居六部 百濟王移書曰, 兩國和好 約爲兄弟 今大王納我逃民 甚乖和親之意 非所望於大王也 請還之

答曰, 民者無常心 故思則來 斁則去 固其所也 大王不患民之不安 而責寡人 何其甚乎 百濟聞之 不復言

夏五月, 京都雨魚

18년

백제의 독산성禿山城 성주가 백성 3백 명을 이끌고 투항하였다. 왕은 이들을 받아들여 6부에 나누어 살게 하였다. 백제왕은 글을 보내와 전했다.

"두 나라가 우호관계를 맺어 형제가 되기로 약속하였다. 그러나 지금 대왕은 우리나라에서 도망간 백성들을 받아 들였으니 화친의 뜻과 크게 배치되는 것이며, 대왕에게 기대했던 바가 아니니, 그들을 돌려보내 주기기를 바란다."

왕이 답하여 전했다.

"백성이란 항시 마음이 같은 것이 아니다. 따라서 왕이 그들을 보살펴 주면 오고, 싫어하면 가나니, 본디 그런 것이다. 대왕이 백성의 불안을 근심하지 아니하고, 오히려 과인을 책망하니 어찌 이토록 심한가?"

백제가 이를 듣고 다시 말을 하지 못했다.

여름 5월, 경도京都에 비와 함께 물고기가 떨어졌다.

二十一年

秋七月, 夫沙郡進一角鹿 大有年

21년

가을 7월, 부사군夫沙郡에서 뿔이 하나인 사슴을 진상하였다. 크게 풍년이 들었다.

二十四年

夏四月, 楊山有小雀生大鳥

24년

여름 4월, 양산楊山에서 뱁새가 황새를 낳았다.

二十六年

春夏, 旱 年荒民飢

遣衛頭入苻秦 貢方物 苻堅問衛頭曰 卿言海東之事 與古不同 何耶

答曰 亦猶中國 時代變革名號改易 今焉得同

26년

봄과 여름, 가뭄으로 인하여 흉년이 드니, 백성들이 굶주렸다.

위두衛頭를 부진苻秦[4]에 파견하여 방물方物을 바쳤다.

4) 부진苻秦: 서진시대 이후 이어진 5호 16국 시대에 부씨苻氏에 의해 건국된 진秦을 말한다. 전진前秦이라고도 한다. 5호五胡란 흉노匈奴, 갈羯, 저氐, 강羌, 선비鮮卑 등을 말하는 것으로 이들은 앞다투어 남하하여 나라를 세우니, 그 수가 무려 16개가 넘었다. 이를 오호십육국五胡十六國이라 한다. 이 중 진秦은 사천성·감숙성 일대에 세력을 이루고 있었다.

(이때) 부견苻堅[5]이 위두衛頭에게 물었다.

"경이 말하는 해동海東의 정사政事가 옛날과 같지 않으니 무슨 까닭인가?"

위두衛頭가 대답했다.

"이는 또한 중국中國[6]과 같은 것입니다. 시대가 변하면 명칭과 호칭도 바뀌는 법이니, 오늘이 어찌 옛날과 같겠습니까?"

三十三年

夏四月, 京都地震

六月, 又震

冬, 無氷

33년

여름 4월, 경도京都에 지진이 발생했다.

6월, 또 지진이 발생했다.

겨울, 물이 얼지 않았다.

三十四年

春正月 京都大疫

二月, 雨土

秋七月, 蝗穀不登

34년

봄 정월, 경도京都에 전염병이 크게 돌았다.

2월, 흙비가 내렸다.

가을 7월, 메뚜기 떼가 기승을 부리니, 곡식이 잘 익지 않았다.

三十七年

春正月, 高句麗遣使 王以高句麗强盛 送伊湌大西知子實聖爲質

5) 부견苻堅: 前秦의 3대왕, 재위 357-385

6) 중국中國; 여기서 중국中國은 관중關中에 위치한 나라라는 의미이다.

37년

봄 정월, 고구려가 사신을 보내 왔다. 왕은 고구려가 강성하므로 이찬 대서지의 아들 실성을 인질로 보냈다.

삼십팔년
三十八年

하오월 왜인래위금성 오일불해 장사개청출전 왕왈 금적기주심
夏五月, 倭人來圍金城 五日不解 將士皆請出戰 王曰, 今賊棄舟深
인 재어사지 봉불가당 내폐성문 적무공이퇴 왕선견용기이백 차기
入 在於死地 鋒不可當 乃閉城門 賊無功而退 王先遣勇騎二百 遮其
귀로 우견보졸일천 추어독산 협격대패지 살획심중
歸路 又遣步卒一千 追於獨山 夾擊大敗之 殺獲甚衆

38년

여름 5월, 왜인이 쳐들어와 금성을 포위하고 닷새가 되어도 풀지 않았다. 장수들이 모두 출전을 청하였으나, 왕은 말했다.

"지금 적이 배에서 내려 깊이 들어와 사지死地에 있으니, 그 예봉을 맞설 필요가 없다."

이에 성문을 폐쇄하니 적은 소득 없이 후퇴했다. 왕이 먼저 용감한 기병 2백 명을 보내 그들의 퇴로를 막고, 또 보병 1천 명을 보내 독산獨山까지 추격하여 그들을 대파하고, 상당수를 죽이거나 포로로 잡았다.

사십년
四十年

추팔월 말갈침북변 출사대패지어실직지원
秋八月, 靺鞨侵北邊 出師大敗之於悉直之原

40년

가을 8월, 말갈靺鞨이 북쪽 변경을 침범하므로 군사를 보내 실직悉直 평야에서 그들을 대파하였다.

사십이년
四十二年

추칠월 북변하슬라 한황년황민기 곡사수도 복일년조조
秋七月, 北邊何瑟羅 旱蝗年荒民飢 曲赦囚徒 復一年租調

42년

가을 7월, 북쪽 변방 하슬라에 가뭄이 들고 메뚜기 떼가 기승을 부리니, 흉년이 들어 백성들이 굶주렸다. 이에 그 지역 죄수들를 사면하고, 1년간의 토지세와 공납을 면제하여 주었다.

사 십 사 년
四十四年

추 칠 월　비 황 폐 야
秋七月, 飛蝗蔽野

44년

가을 7월, 날아다니는 메뚜기 떼가 들판을 뒤덮었다.

사 십 오 년
四十五年

추 팔 월　성 패 우 동 방
秋八月, 星孛于東方

동 시 월　왕 소 상 어 내 구 마　궤 슬 유 루 애 명
冬十月, 王所嘗御內廐馬 跪膝流淚哀鳴

45년

가을 8월, 성패星孛[7]가 동쪽에 나타났다.

겨울 10월, 왕이 일찍이 부리던 궁마宮馬가 무릎을 꿇고 눈물을 흘리며 슬프게 울었다.

사 십 육 년
四十六年

춘 하　한
春夏, 旱

추 칠 월　고 구 려 질 자 실 성 환
秋七月, 高句麗質子實聖還

46년,

봄과 여름, 가뭄이 들었다.

가을 7월, 고구려에 인질로 갔던 실성이 돌아왔다.

사 십 칠 년
四十七年

춘 이 월　왕 훙
春二月, 王薨

47년

봄 2월, 왕이 훙서하였다.

7) 성패星孛; 꼬리가 없는 혜성을 말한다.

○ 내물왕 즉위기사에서 김부식은 내물왕의 가족관계에 관하여 논하며, 내물왕과 그 왕비가 서로 고종사촌 사이라는 사실을 비난하면서, 크게 도리에 어긋난다고 일갈하고(則大悖矣), 흉노의 풍속까지 끌어들여 흉노는 어미와 사통하고 자식을 간음한다면서 싸잡아 비난했다.(若匈奴之烝母報子)

그러나 이러한 김부식의 논평은 다음과 같은 이유로 비난받아 마땅하다.

첫째, 근친혼을 기피하는 것은 열성 교배로부터 종족번식을 담보하려는 유전학적 필요성에 기인한 것으로 금혼이 요구되는 근친의 범위는 윤리학적 관점에서 확정될 문제가 아니며 근친혼이 역사학적 관점에서 비난받을 대상은 더더욱 아니다. 이른바 중국 역시 이런 일이 비일비재했다. 예를 들어 漢의 2대 제왕 영은 자신의 친누나인 노원공주가 낳은 딸 장씨를 왕후로 맞았으며, 唐 고종은 아버지 당 태종의 후궁인 측천무후를 아내로 삼았다.

둘째, 흉노의 풍속에 관한 김부식의 논평은 일단 비난의 대상이 된 사실관계가 명확하지 아니하다. 즉, 김부식의 논평은 전언傳言을 대상으로 한 비평이거나 오랑캐는 그러할 것이라는 편견을 가지고 행한 비난인 것이다. 그 사실의 진위 여부에 대한 확인도 없이, 오직 선입견만으로 흉노를 비난하고 있는 것이다. 어미와 사통하고 자식을 간음하는 것은 중국이든 흉노이건, 로마이건 페르시아이건 게르만이건 유대이긴 간에, 어느 사회 어느 민족에게서나 발생하는 엽기적 일탈행위의 문제로 보아야 한다. 그럼에도 불구하고, 유독 중국과는 달리 흉노가 그러한 것이라고 단정하여 비난하는 것은 인종주의적 혐오의 발로發露일 뿐이다.

사대주의로부터 파생하는 인종주의(racism)야말로 역사 주체의 존망에 위협을 가하는, 실로 위험천만한 아집(dogma)이요 나아가 국가적 도박이다. 12세기 이후 고려의 내부적 혼란과 존망에 대한 심각한 위협은 사대주의로 포장된 삼국사기의 행간에 내재된 다른 사람, 다른 계층, 다른 국가나 민족에 대한 차별과 멸시, 염오와 증오의 사관이 잉태한 당연한 결과라고 해도 과언이 아니다.

○ 신라의 강역에 관하여 검토해보자.

奈勿王 二十四年 四月 기사에는 양산楊山에서 뱁새가 황새를 낳았다는 기록이 있다.(楊山有小雀生大鳥) 양산楊山은 경남 양산이 아님은 물론이다.

국사편찬위원회는 奈勿王 二十四年 四月 기사의 양산楊山이 일명 남산南山 또는 금오산金鰲山이라 불리는 산으로 경주 분지의 남쪽에 있다고 한다. 그러나 신라의 수도가 경주이므로 양산楊山이 남산南山이라는 것 외에 이러한 주장을 뒷받침할 만한 근거가 없다.

양산楊山은 오늘날 중국 강소성江蘇省[江苏省; Jiāngsū Shěng] 남경南京[Nanjīng]에 위치한다. 그렇다면 이 시기 신라는 중국 강소성江蘇省[江苏省; Jiāngsū Shěng] 지역을 이미 평정하고 있었던 것으로 보인다.

○ 구체적으로 신라의 북쪽 경계를 검토해 보자.

沾解王 二年 二月 신라와 고구려가 화친을 맺은 이래, 내물왕 때에는 유대가 깊어져 三十七年 正月에는 고구려로부터 사신이 오고, 고구려가 강성하므로, 실성을 인질로 보냈다.(送伊湌大西知子實聖爲質) 한편, 신라와 말갈靺鞨의 관계를 살펴보면, 내물왕奈勿王 四十年 八月 말갈이 북쪽 변경을 침입하니(靺鞨侵北邊), 신라는 실직悉直의 벌판에서 물리쳤다.(出師大敗之於悉直之原)

	북쪽변경	비고
내물왕	실직悉直	

○ 신라의 서쪽변경을 다시 검토하여 보자.

내물왕 十八年에는 독산성禿山城 성주城主의 투항으로 인하여 신라와 백제 사이에 분쟁이 발생했다.

내물왕 九年에는 왜병이 대거 쳐들어오자 부현斧峴의 동쪽 벌판에서 격퇴하여 패주시켰고, 三十八년에는 후퇴하는 왜병을 독산獨山까지 추격하여 대파하였다.(追於獨山 夾擊大敗之) 그런데, 독산獨山은 신라의 서쪽 변경에 위치하는 지명이다. 신라와 백제의 접경지이기도 했다. 왜병이 부현斧峴을 침략하고 독산獨山으로 달아난 것은 왜병이 귀주성에서 육로를 통하여 동북방향으로 침공한 것으로 보아야 한다.

	서쪽변경	비고
내물왕	부현斧峴 독산獨山	

○ 내물왕 二十六年 기사에는 '遣衛頭入苻秦 貢方物'는 기록이 있다. 위두衛頭를 부진苻秦에 파견하여 방물方物을 바쳤다는 것이다. 내물왕 二十六年 기사는 조공에 관한 최초의 기사이다.

내물왕으로부터 조공을 받았다는 부진苻秦은 어떤 나라인가? 한말漢末 삼국시대와 서진시대를 거치며 흉노匈奴, 갈羯, 저氐, 강羌, 선비鮮卑 등이 남하하여 나라를 세웠는데, 이 때 부건苻健은 장안長安에 도읍을 정하고 전진前秦을 세웠다.(351년) 그 후 전진前秦은 전연前燕을 멸망시킴으로써 사천성・감숙성 일대를 통일하였다.(370년)

그런데, 내물왕 二十六年 기사는 춘추필법이 반영된 것이다. 즉, 태평어람에서 부진이 조공한 것은 빼고, 신라가 조공한 것만 기록한 것을 김부식이 가감 없이 삼국사기에 전재한 것이니, 이 기사만 가지고 신라가 부진苻秦에 사대事大를 하였다고 하는 것은 무리한 해석이다. 부진苻秦은 5호16국 중의 하나일 뿐, 사대事大를 받을 정도로 당시 신라에 비하여 강력하다거나 오래 지속한 국가가 아니었기 때문에 부진苻秦에 방물方物을 보낸 것은 말 그대로 외교적 의례이거나 제사적祭祀的 의미 밖에는 없는 것이다. 이에 대하여는 후술한다.

○ 한편, 同年 기사에는 '苻堅問衛頭曰 卿言海東之事 與古不同 何耶'라는 기록이 있다. 부견苻堅[8]이 위두衛頭에게 묻길, "경이 말하는 해동海東의 정사政事가 옛날과

같지 않으니 무슨 까닭인가?"라고 하였다는 것이다. 이어 '答曰 亦猶中國 時代變革名號改易 今焉得同'라는 기록이 있다. 위두衛頭가 대답하길 "이는 또한 중국中國과 같은 것입니다. 시대가 변하면 명칭과 호칭도 바뀌는 법이니, 오늘이 어찌 옛날과 같겠습니까?"라고 하였다는 것이다.

여기서 '海東之事'가 무엇을 의미하는지에 대하여 설이 분분하다. 일단은 내물왕의 즉위를 전후한 시대와 관련된 것임은 분명하다.

신라는 초기 박·석·김 씨가 차례로 왕위를 이어가다 내물왕 때부터는 김씨가 계속 세습하게 된다. 그리하여 초기 신라는 박·석·김 씨들의 연합정권이라는 견해가 통설적 지위를 차지하고 있다. 그러나 동서고금을 막론하고 세 성씨가 사이좋게 정권을 주고받으면서 이어가는 왕국이 어디 있겠는가?

그런데 김씨의 세습이후 직전 왕통이었던 석씨는 삼국사기 기록에서 사라진다는 것을 근거로 석씨들이 김씨에 의하여 완전히 제거되었을 것이라는 새로운 주장이 제기되기도 한다. 그도 그럴 것이 탈해의 등극 이후 직전 왕통이었던 박씨는 그 명맥이 유지되었으니 특히 말기에 이르러서는 신덕왕·경명왕·경애왕과 같이 왕위에 오르기도 하였던 것이다.

그리하여 '海東之事'는 석씨昔氏 시대가 끝나고 외부세력인 김씨金氏가 정권을 장악해 권력구조가 과거와 완전히 다른 나라가 됐음을 내포한 말로 해석하는 견해가 대세이다.

그러나 삼국사기 기록에 따르면 최초의 석씨왕인 탈해는 남해왕의 사위이고, 최초의 김씨왕인 미추왕은 첨해왕의 사위이다. 박·석·김 씨는 서로 인척姻戚 사이였던 것이다. 그런데 내물왕과 그 왕비가 서로 고종사촌 사이인 것을 비롯하여 신라는 줄곧 근친혼 내지는 족내혼을 골간으로 하였다. 그 결과 신라의 왕족들은 혈족 중에서 인척을 삼았으니 혈족과 인척의 구분이 모호하게 되어 혈족이 곧 인척이고 인척이 곧 혈족인 것이다. 탈해와 미추는 각각 남해왕과 첨해왕의 사위로 기록되어 있지만, 그 이전에 각각 남해왕과 첨해왕의 조카이거나 (재)종형제 중의 하나이었을 것이다.

그렇다면, '海東之事'는 석씨昔氏에서 김씨金氏로 지배체제가 전환되었음을 의미한다고 할 수 없다. 더욱이 위두는 '時代變革名號改易'라고 답하지 않았던가? 결국 해동지사는 국호와 관련된 변화이어야 하며 내물왕의 재위기간이 4세기 중반 이후이니 적어도 4세기 초반의 정사政事의 변동을 의미한다고 보아야 한다.

4세기 초반의 가장 큰 정치적 변동으로는 낙랑樂浪과 대방帶方 양국이 귀순하여 신라에 복속된 것을 들 수 있다. 삼국사기 기록상 기림왕 三年 三月의 일이니, AD 300의 일이다.

낙랑樂浪은 원래 서안西安의 동쪽 동이족이 살던 지역을 널리 일컫던 말이었으니 결국 해동海東 또는 조선朝鮮과 비슷한 말이다. 동쪽으로 이동한 진한 사람들이 낙랑 사람을 본래 자신들의 남은 무리라 하여 '아잔阿殘'이라고 불렀고,[9] 왕망은 낙랑을 가리켜 낙선樂鮮이라고 하지 않았던가?[10] 신라 김씨의 주류가 감숙성甘肅城 무위武威로

8) 부견苻堅: 前秦의 3대왕, 재위 357-385

9) 출처; 위지 동이전 진한조, 문창로, 「신라와 낙랑의 관계」, ≪한국고대사연구≫ 34, 2004, 2004, 81쪽

부터 서안西安으로 왔고 그 후 동쪽으로 이동한 것을 고려하면 신라가 낙랑樂浪을 복속하였다는 것은 신라의 영토가 산서성山西省 남부 또는 하남성河南省 북부를 포괄하게 되었다는 것을 의미한다.

또한 신라에 항복한 대방帶方은 공손강公孫康[11]이 건안建安[12] 연간에 둔유현屯有縣 이남에 설치한 남대방南帶方을 의미하는 것이고, 남대방南帶方은 황하 이남의 하남성 동부와 안휘성 북부 지역에 있었던 것으로 보인다. 그렇다면, 결국 '海東之事'의 변동은 신라가 이 지역을 평정하였다는 것을 의미하는 것으로 해석된다.

한편, 삼국사기는 기림왕 十年 국호國號를 다시 신라新羅로 하였다고 기록하고 있으니 이는 AD 307년의 일이다. 위두가 '時代變革名號改易'라고 답변한 것은 이를 의미하는 것으로 보인다.

10) 출처; 한서지리지 낙랑군 편

11) 공손강公孫康; 요동태수 공손도(公孫度; 또는 공손탁)의 아들이다. 건안 9년 아버지를 이어 사실상 요동의 실력자가 되어 한韓에 대항하였고, 대방군을 설치하였다고 한다.

12) 건안建安 후한後漢 헌제(獻帝)의 연호이다.(196~220)

⑱ 實聖尼師今(실성니사금)

402~417 재위기간 15년

實聖尼師今立 閼智裔孫 大西知伊湌之子 母伊利夫人 伊一作企 昔登保阿干之女 妃味鄒王女也

實聖身長七尺五寸 明達有遠識 奈勿薨 其子幼少 國人立實聖繼位

실성實聖이 이사금에 오르니, 알지의 후예로 대서지 이찬의 아들이요, 어머니 이리부인母伊利夫은 '伊'는 '企'라고도 하였다. 석등보 아간의 딸이고, 왕비는 미추왕의 딸이다.

실성實聖은 키가 7척 5촌이요, 사리에 밝고 원대한 식견이 있었으니, 내물奈勿이 홍서하여 그의 아들이 어리므로, 백성들은 실성實聖으로 하여금 왕위를 승계하게 하였다.

元年

三月, 與倭國通好 以奈勿王子未斯欣爲質

원년

3월, 왜국과 우호관계를 맺고, 내물왕의 아들 미사흔未斯欣을 인질로 보냈다.

二年

春正月, 以未斯品爲舒弗邯 委以軍國之事

秋七月, 百濟侵邊

2년

봄 정월, 미사품未斯品을 서불한舒弗邯[13]으로 삼고, 군무와 정무를 맡겼다.

가을 7월, 백제가 변경을 침범하였다.

三年

春二月 親謁始祖廟

3년

봄 2월, 친히 시조묘始祖廟에 참배하였다.

13) 서불한舒弗邯; 1급 이벌찬을 일컫는 말이다. 이벌찬은 그 외에도 이벌간伊罰干・우벌찬于伐湌・각간角干・각찬角粲・서발한舒發翰 등으로 불렸다.

四年

夏四月, 倭兵來攻明活城 不克而歸 王率騎兵要之 獨山之南再戰破之 殺獲三百餘級

4년

여름 4월, 왜병이 쳐들어와 명활성明活城을 공격했으나 이기지 못하고 돌아가는데, 왕이 기병을 거느리고 요격하였으며, 독산獨山 남쪽에서 재차 격파하여 죽이니 수급 3백여 개를 획득했다.

五年

秋七月, 國西蝗害穀

冬十月, 京都地震

十一月, 無冰

5년

가을 7월, 서쪽 지방에 메뚜기 떼가 나타나 곡식을 해쳤다.

겨울 10월, 경도京都에 지진이 발생했다.

11월, 얼음이 얼지 않았다.

六年

春三月, 倭人侵東邊

夏六月, 又侵南邊 奪掠一百人

6년

봄 3월, 왜인이 동쪽 변경을 침략하였다.

여름 6월, 다시 남쪽 변경을 침범하여 1백 명을 약탈해갔다.

七年

春二月, 王聞倭人於對馬島置營 貯以兵革資粮 以謀襲我 我欲先其未發揀精兵擊破兵儲 舒弗邯未斯品曰 臣聞 兵凶器 戰危事 況涉巨

浸以伐人 萬一失利 則悔不可追 不若依嶮設關 來則禦之 使不得侵猾 便則出而禽之 此所謂致人而不致於人 策之上也 王從之

7년

봄 2월, 왕이 듣기를, 왜인이 대마도對馬島에 병영을 설치하고 병기와 군량을 비축하여 우리를 습격하려 한다고 하므로, 그들이 공격해오기 전에 먼저 정병을 뽑아 그들의 시설을 공격하고자 하니, 서불한舒弗邯[14] 미사품이 말했다.

"신이 듣기로, 병기란 흉물스런 도구요, 전쟁이란 위험한 일입니다. 하물며, 큰 바다를 건너 타국을 정벌하는 것은 이보다 더할 것입니다. 만일 실패한다면 후회해도 소용없을 것이니, 차라리 험난한 지형을 찾아 요새를 설치하였다가, 적이 올 때 이를 막아 침범하지 못하게 하고, 우리에게 이로울 때 나가서 잡는 것이 나을 것입니다. 이것이 소위 '자신의 의도대로 상대를 움직여야지 상대에게 질질 끌려 다니면 안 된다.'는 전략이니 책략 중의 상책입니다."

왕이 이를 따랐다.

十一年

以奈勿王子卜好 質於高句麗

11년

내물왕의 아들 복호卜好를 고구려에 인질로 보냈다.

十二年

秋八月, 雲起狼山 望之如樓閣 香氣郁然 久而不歇 王謂 是必仙靈降遊 應是福地 從此後 禁人斬伐樹木

新成平壤州大橋

12년

가을 8월, 구름이 낭산狼山에 일어 누각처럼 보였고, 향기가 그윽하여 오래도록 그치지 않았다. 왕이 일컬어 이는 틀림없이 신선이 내려와 노니는 곳이니 응당 복스러운 땅이라고 하고, 그 후 이곳에서 벌목을 하지 못하게 하였다.

평양주平壤州에 대교大橋를 새로 축성하였다.

14) 서불한舒弗邯; 1급 이벌찬을 일컫는 말이다. 이벌찬은 그 외에도 이벌간伊罰干・우벌찬于伐湌・각간角干・각찬角粲・서발한舒發翰 등으로 불렸다.

십사년
十四年

추칠월 대열어혈성원 우어금성남문관사
秋七月, 大閱於穴城原 又御金城南門觀射

팔월 여왜인전어풍도 극지
八月, 與倭人戰於風島 克之

14년

가을 7월, 혈성穴城 벌판에서 크게 군대를 사열하고, 또 금성金城 남문에 가서 활쏘기를 참관하였다.

8월, 왜인과 풍도風島에서 싸워 이겼다.

십오년
十五年

춘삼월 동해변획대어 유각기대영거
春三月, 東海邊獲大魚 有角其大盈車

하오월 토함산붕 천수용고삼장
夏五月, 吐含山崩 泉水湧高三丈

15년

봄 3월, 동해변에서 큰 물고기를 잡았는데, 뿔이 있고 수레에 가득 찰 만큼 컸다.

여름 5월, 토함산吐含山이 무너지고 샘이 세 길[15] 높이로 솟아올랐다.

십육년
十六年

하오월 왕훙
夏五月, 王薨

16년

여름 5월, 왕이 훙서하였다.

15) 세 길; 3×1.8m≒4.8m

○ 신라의 강역에 대하여 검토한다.

실성왕 十五年 五月 기사에는 '吐含山崩 泉水湧高三丈'이라는 기록이 있다. 토함산吐含山이 무너지고 샘이 솟았다는 것이다. 토함산吐含山에 화산활동이 있었음을 알 수 있다.

삼국사기의 기록 순으로는 탈해왕 三年 三月 기사에 '王登吐含山 有玄雲如蓋 浮王頭上良久 而散'이라는 기록이 있어 이미 이를 짐작할 수 있었다. 그런데 무열왕 三年 기사는 너무나 충격적이다. 토함산吐含山에 불이나 삼년간 지속되었다는 것이다.(東吐含山地燃 三年而滅) 진평왕 三十一年 正月 기사도 충격적이긴 마찬가지이다. 땅에 불이 불탔다는 기록이 있다.(毛只嶽下地燒 廣四步長八步深五尺) 그런데 그 불이 10월까지 이어졌다고 한다.(至十月十五日滅)

이 당시 토함산吐含山 일대는 왕성한 화산활동을 하고 있었던 것이다. '토함吐含'이란 이름 자체가 그렇게 해서 붙여진 것이다. 오늘날 경주에서 토함산吐含山에서 맹렬한 화산활동이 있었던 것이었을까?

그런데, 중국中國 안휘성安徽省 소호시巢湖市 합비合肥라는 곳에 있는 함산含山이 三國史記에 기록된 吐含山일 가능성이 있다는 견해가 등장하여 주목을 받고 있다.[16] 이 견해에 따르면, 용암을 뿜어내는 활화산活火山일 때는 토함산吐含山이 되지만, 휴화산休火山일 때는 토吐하지 않기 때문에 함산含山으로 불렸을 것이라고 하니 설득력이 있다.

그렇다면 함산含山이 위치하는 안휘성安徽省 合肥 지역은 고대 新羅의 강역이었을 것이다.

○ 신라의 북쪽 변경을 다시 검토해 보자.

沾解王 二年 二月 고구려와 화친을 맺은 이후 양국의 관계는 밀접해져서 마침내 奈勿王 三十七年 正月, 고구려로부터 사신이 오고, 고구려가 강성하므로, 실성을 인질로 보내고(送伊飡大西知子實聖爲質), 그 후 실성이 돌아와서 왕이 되자 이번에는 내물왕의 아들인 복호를 고구려에 인질로 보냈다.(以奈勿王子卜好質於高句麗)

	북쪽변경	
실성왕	-	우호관계

16) 출처; 정용석, 전 기상청 기상관

○ 신라의 서쪽 변경을 다시 검토하여 보자.

줄곧 변경을 침범해 왔던 백제가 儒禮王 三年 春正月 화친을 청해온 이후 양국 관계는 정상화의 수순을 순조롭게 밟아나갔다. 이러한 兩國關係의 基調는 基臨王에 이어 흘해왕 때에도 이어졌고, 흘해왕 二十八年 二月에는 新羅가 百濟에 사신을 파견하였다.(遣使聘百濟) 그렇다면 양국의 유대관계는 공식적으로는 訖解王 때부터 형성된 것으로 보인다. 다만, 내물왕 十八年에 있었던 禿山城主의 투항을 계기로 양국관계에 틈이 생겨 實聖王 二年 七月에는 백제가 침범한 일이 있지만, 양국의 우호관계는 바로 복원된 듯하다.

연도	국왕	내용	계기
63년~105년	다루왕-탈해왕	충돌	백제의 남진으로 인한 충돌 -낭자곡성
105년~165년	기루왕-파사왕	우호	신라의 강좌지역 공략과 백제의 중원지역 확보
165년~337년	개루왕-아달라왕	충돌	신라의 강좌지역, 백제의 중원지역 평정으로 인한 접경분쟁 - 길선의 망명
337년~554년	비류왕-흘해왕	우호	북쪽변경의 정세변경(오호五胡의 남하)

○ 신라와 왜의 관계를 살펴보자.

實聖王 元年 三月에는 왜국과 우호관계를 형성하였다.(與倭國通好) 또 이를 위하여 내물왕의 아들 미사흔을 왜국에 인질로 보냈다.(以奈勿王子未斯欣爲質) 그런데 實聖王 四年 왜병이 쳐들어와 명활성明活城을 공격하였지만 이기지 못하고 물러갔다.(倭兵來攻明活城不克而歸) 이에, 왕이 퇴각하는 적을 독산獨山에서 격파했다.(王率騎兵要之 獨山之南再戰破之)

실성왕 十四年 八月에는 풍도風島에서 왜군과 전투하여 승리하였다.(與倭人戰於風島克之)

⑲ 訥祇麻立干(눌지마립간)

417~458 재위기간 41년

訥祇麻立干立 金大問云 麻立者方言謂橛也 橛謂誠操 准位而置 則王橛爲主
臣橛列於下 因以名之 奈勿王子也 母保反夫人 一云內禮吉怖 味鄒王女
也 妃實聖王之女

奈勿王三十七年 以實聖質於高句麗 及實聖還爲王 怨奈勿質己於外
國 欲害其子以報怨 遣人招在高句麗時相知人 因密告見訥祇則殺之
遂令訥祇往 逆於中路 麗人見訥祇形神爽雅 有君子之風 遂告曰 爾
國王使我害君今見君不忍賊害 乃歸 訥祇怨之 反弑王自立

눌지가 마립간에 오르니, 김대문이 말하길, '마립麻立이란 방언으로는 말뚝이다. 말뚝은 곧 함조誠操[17]를 일컫는데, 이는 직위에 따라 두는 것이니 즉, 왕의 말뚝이 주가 되고 신하 말뚝은 그 아래에 줄지어 둔다. 이로 인하여 왕의 이름으로 삼았다.'고 하였다. 내물왕의 아들이다. 어머니는 보반부인으로, 내례길포內禮吉怖라고도 한다. 미추왕의 딸이다. 왕비는 실성왕의 딸이다.

내물왕 37년에 실성을 고구려에 인질로 보냈는데, 실성이 돌아와 왕이 되자 내물이 자신을 외국에 인질로 보낸 것을 원망하여, 내물이 아들을 죽임으로써 자신의 원한을 갚고자 하니, 사람을 보내 고구려에 있을 때 서로 알고 지내던 사람을 불러와 은밀히 그에게 눌지를 보면 죽이라고 말하고, 마침내 눌지를 가게 하여 도중에서 그와 마주치도록 하였다. 고구려 사람이 눌지를 보니 외모가 훤하고 정신이 우아하여 군자의 기풍을 갖추고 있어, 마침내 고백하며 말하길, '그대의 국왕이 나로 하여금 그대를 죽이도록 하였으나 이제 그대를 보니 차마 해칠 수 없다.'고 하고 돌아가니, 눌지가 이를 원망하여 도리어 왕을 시해하고 스스로 왕위에 올랐다.

二年

春正月, 親謁始祖廟 王弟卜好自高句麗與堤上奈麻還來

秋, 王弟未斯欣自倭國逃還

---

17) 함조誠操; 김부식이 '誠標' 나 '橛標' 를 오기하였다고 주장하는 견해가 유력하다.(출처; 국사편찬위원회)

2년

봄 정월, 친히 시조묘始祖廟에 참배하였다. 왕의 아우 복호가 고구려에서 내마 제상과 함께 돌아왔다.

가을, 왕의 아우 미사흔이 왜국에서 도망하여 돌아왔다.

三年

夏四月, 牛谷水湧

3년

여름 4월, 우곡牛谷에서 물이 솟아 올랐다.

四年

春夏, 大旱

秋七月, 隕霜殺穀 民飢 有賣子孫者 慮囚原罪

4년

봄과 여름, 큰 가뭄이 들었다.

가을 7월, 서리가 내려 곡식이 죽고 백성이 굶주려 자손을 파는 자가 있었다. 죄수를 심사하여 풀어주었다.

七年

夏四月, 養老於南堂 王親執食 賜穀帛有差

7년

여름 4월, 남당南堂에서 노인들을 봉양하였는데, 왕이 친히 식사를 대접하고 나이에 따라 곡식과 비단을 하사하였다.

八年

春二月, 遣使高句麗修聘

8년

봄 2월, 고구려에 사신을 보내 예방하게 하였다.

십삼년
十三年

신축시제 안장이천일백칠십보
新築矢堤, 岸長二千一百七十步

13년

시제矢堤[18]를 신축하였는데, 둑의 길이가 2천1백7십보였다.

십오년
十五年

하사월 왜병래침동변 위명활성 무공이퇴
夏四月, 倭兵來侵東邊 圍明活城 無功而退

추칠월 상박살곡
秋七月, 霜雹殺穀

15년

여름 4월, 왜병이 쳐들어와 동쪽 변경을 침범하여 명활성明活城을 포위하였으나 성과 없이 물러갔다.

가을 7월, 서리와 우박이 내려 곡식이 죽었다.

십륙년
十六年

춘 곡귀 인식송수피
春, 穀貴 人食松樹皮

16년

봄, 곡식이 귀하여 사람들이 소나무 껍질을 먹었다.

십칠년
十七年

하오월 미사흔졸 증서불한
夏五月, 未斯欣卒 贈舒弗邯

추칠월 백제견사청화 종지
秋七月, 百濟遣使請和 從之

17년

여름 5월, 미사흔이 죽자 서불한舒弗邯[19]을 추증하였다

가을 7월, 백제가 사신을 파견하여 화친을 요청하였으므로 이에 따랐다.

---

18) 시제矢堤; 저수지의 명칭

19) 서불한舒弗邯; 1급 이벌찬을 일컫는 말이다. 이벌찬은 그 외에도 이벌간伊罰干・우벌찬于伐飡・각간角干・각찬角粲・서발한舒發翰 등으로 불렸다.

十八年

春二月, 百濟王送良馬二匹

秋九月, 又送白鷹

冬十月, 王以黃金明珠 報聘百濟

18년

봄 2월, 백제왕이 좋은 말 두 필을 보내왔다.

가을 9월, 백제왕이 다시 흰 매를 보내 왔다.

겨울 10월, 왕이 황금과 명주로 백제에 답례하였다.

十九年

春正月, 大風拔木

二月, 修葺歷代園陵

夏四月, 祀始祖廟

9년

봄 정월, 큰 바람이 불어 나무가 뽑혔다.

2월, 역대 능원을 보수하였다.

여름 4월, (왕이) 시조묘始祖廟에 제사를 지냈다.

二十年

夏四月, 雨雹 慮囚

20년

여름 4월, 우박이 내렸다. 죄수를 심사하였다.

二十二年

夏四月, 牛頭郡山水暴至 漂流五十餘家 京都大風雨雹 敎民牛車之法

22년

여름 4월, 우두군에서 산골물이 갑자기 밀려와 50여 호가 떠내려갔다. 경도京都에는 큰 바람이 불고 우박이 내렸다. 백성들에게 우차 만드는 법을 가르쳤다.

이십사년
二十四年

왜인침남변 략취생구이거
倭人侵南邊 掠取生口而去

하육월 우침동변
夏六月, 又侵東邊

24년

왜인이 남쪽 변경을 침범하여 가축을 약탈해갔다.

여름 6월, 동쪽 변경을 다시 침범하였다.

이십오년
二十五年

춘이월 사물현진장미백치 왕가지 사현이곡
春二月, 史勿縣進長尾白雉 王嘉之 賜縣吏穀

25년

봄 2월, 사물현史勿縣에서 꼬리가 긴 흰 꿩을 진상하니, 왕이 이를 가상히 여겨 현리縣吏에게 곡식을 하사하였다.

이십팔년
二十八年

하사월 왜병위금성십일 양진내귀 왕욕출병추지 좌우왈 병가지설
夏四月, 倭兵圍金城十日 糧盡乃歸 王欲出兵追之 左右曰 兵家之說

왈 궁구물추 왕기사지
曰 窮寇勿追 王其舍之

부청 솔수천여기추급어독산지동합전 위적소패 장사사자과반 왕창
不聽 率數千餘騎追及於獨山之東合戰 爲賊所敗 將士死者過半 王蒼

황기마상산 적위지수중 홀혼무불변지척 적위유음조 수병퇴귀
黃棄馬上山 賊圍之數重 忽昏霧不辨咫尺 賊謂有陰助 收兵退歸

28년

여름 4월, 왜병이 금성金城을 열흘 동안 포위했다가 군량이 떨어지자 이에 돌아갔다. 왕이 출병하여 쫓으려 하였으나 좌우 신하들이 말했다.

"병가의 말에 '궁한 도적을 추격하지 말라'고 하였으니, 왕께서는 그들을 내버려 두십시오."

그러나 왕은 이를 듣지 않고 수천여 기병을 거느리고 추격하여 독산獨山 동쪽에 이르러 교전하여 적에게 패하니 죽은 장병이 절반이 넘었다. 왕이 당황하여 말을 버리고 산으로 올라가니 적이 여러 겹으로 산을 포위하였다. 이 때 갑자기 짙은 안개가 끼어 지척을 분별할 수 없게 되자, 적은 하늘이 왕을 돕는다고 생각하여 병사를 거두어 돌아갔다.

三十四年

秋七月, 高句麗邊將獵於悉直之原 何瑟羅城主三直出兵掩殺之 麗王聞之怒使來告曰 孤與大王修好至歡也 今出兵殺我邊將是何義耶 乃興師侵我西邊 王卑辭謝之 乃歸

34년

가을 7월, 고구려의 변방 장수가 실직悉直 벌에서 사냥을 하고 있었는데, 하슬라何瑟羅 성주城主 삼직이 출병하여 불시에 쳐서 그를 죽였다. 고구려왕이 이를 듣고 분노하여 사신을 보내 말하였다.

"내가 대왕과 더불어 우호관계를 맺어 매우 기뻐하였는데, 이번에 출병하여 우리 변경의 장수를 죽였으니, 이것이 무슨 뜻인가?"

즉시 군대를 동원하여 우리의 서쪽 변경을 침범하니, 이에 진심으로 정중하게 사과하자 돌아갔다.

三十六年

秋七月, 大山郡進嘉禾

36년

가을 7월, 대산군大山郡에서 (품종이) 좋은 벼이삭을 진상하였다.

三十七年

春夏, 旱

秋七月, 群狼入始林

37년

봄과 여름에 가뭄이 들었다.

가을 7월, 이리떼가 시림始林에 들어왔다.

삼십팔년
三十八年

추칠월 상박해곡
秋七月, 霜雹害穀

팔월 고구려침북변
八月, 高句麗侵北邊

38년

가을 7월, 서리와 우박이 내려 곡식이 죽었다.

8월, 고구려가 북쪽 변경을 침범하였다.

삼십구년
三十九年

동시월 고구려침백제 왕견병구지
冬十月, 高句麗侵百濟 王遣兵救之

39년

겨울 10월, 고구려가 백제를 침범하므로, 왕이 군사를 보내 구원하였다.

사십일년
四十一年

춘이월 대풍발목
春二月, 大風拔木

하사월 운상상맥
夏四月, 隕霜傷麥

41년

봄 2월, 큰 바람이 불어 나무가 뽑혔다.

여름 4월, 서리가 내려 보리를 상하게 하였다.

사십이년
四十二年

춘이월 지진 김성남문자훼
春二月, 地震 金城南門自毁

추팔월 왕훙
秋八月, 王薨

42년

봄 2월, 지진이 발생하여 금성金城 남문이 저절로 무너졌다.

가을 8월, 왕이 훙서하였다.

訥祗麻立干(눌지마립간)

417~458 재위기간 41년

○ 신라의 서북쪽 경계를 검토해 보자.

눌지왕 때에도 고구려와의 우호관계가 유지되어 八年 二月 고구려에 사신을 보내 예방하였다.(遣使高句麗修聘)

그러나 三十四年 고구려 장수가 悉直에서 피살되자 고구려가 서쪽 변경을 공격하는 등 양국관계는 악화되기 시작하였다. 三十四年 七月 기사에는 '高句麗邊將獵於悉直之原 何瑟羅城主三直出兵掩殺之'라는 기록이 있다. 고구려의 변방 장수가 실직悉直벌에서 사냥을 하고 있었는데, 하슬라何瑟羅 성주城主 삼직三直이 출병하여 그를 죽였다는 기록이 있다. 하슬라주 관할에 실직이라는 지방이 있었음을 알 수 있다. 또한 종래 고구려가 줄곧 북쪽 경계를 침입하다가 이때 이르러 서쪽 변경을 공격한 것은 신라의 영토가 동북쪽으로 확대되었음을 의미하는 것이다.

三十八年 八月에도 고구려가 북쪽 변경을 공격하는 등 고구려와의 북쪽 경계 역시 불안해졌다.(高句麗侵北邊)

	북서쪽변경	비고
눌지왕	실직悉直	하슬라주(명주)

○ 신라와 백제와의 관계를 다시 검토하여 보자.

눌지왕 재위기간 중에는 신라와 백제의 우호관계는 동맹관계로 발전한다. 三十九年 十月 고구려가 백제를 침략하자 눌지왕이 백제를 구원한 것이다.(高句麗侵百濟 王遣兵救之)

연도	국왕	내용	계기
63년~105년	탈해왕-다루왕	충돌	백제의 남진으로 인한 충돌 -낭자곡성
105년~165년	파사왕-기루왕	우호	신라의 강좌지역 공략과 백제의 중원지역 확보
165년~337년	아달라왕-개루왕	충돌	신라의 강좌지역, 백제의 중원지역 평정으로 인한 접경분쟁 - 길선의 망명
337년~554년	흘해왕-비류왕	우호	북쪽변경의 정세변경(오호五胡의 남하)

○ 新羅와 왜倭의 관계를 살펴보자.

눌지왕 二年 기사에는 '王弟未斯欣自倭國逃還'라는 기록이 있다. 미사흔이 왜국에서 도망쳐 왔다는 것이다. 이후 왜국은 신라의 동쪽과 남쪽 변경을 집요하게 약탈한다.

눌지왕 十五年 기사에는 '倭兵來侵東邊 圍明活城 無功而退'라는 기록이 있다. 왜병이 쳐들어와 동쪽 변경을 침범하여 명활성明活城을 포위하였으나 성과 없이 물러갔다는 것이다.

눌지왕 二十四年에도 왜인이 남쪽 변경을 침범하여 가축을 약탈해갔는데, 종래 왜는 주로 동쪽 변경을 주로 침범하였는데 이때 이르러 남쪽 변경을 침범한 것은 신라의 영토가 남쪽으로 많이 확대되고며 왜가 점점 남쪽 해안으로 밀려나고 있음을 의미하는 것이다.

그 해 六月에는 동쪽 변경을 다시 침범하였다.

二十八年 四月에는 왜병이 금성金城을 열흘 동안 포위했다가 군량이 떨어져 돌아가자 눌지왕은 무리하게 추격하다, 독산獨山 동쪽에서 참패하였다.

⑳ 慈悲麻立干(자비마립간)

458~479 재위기간 21년

자비마립간입 눌지왕장자 모김씨실성지여야
慈悲麻立干立 訥祇王長子 母金氏實聖之女也

자비가 마립간에 오르니, 눌지왕의 맏아들로 어머니는 김씨는 실성왕의 딸이다.

이년
二年

춘이월 알시조묘
春二月, 謁始祖廟

하사월 왜인이병선백여소습동변 진위월성 사면시석여우 왕성수
夏四月, 倭人以兵船百餘艘襲東邊 進圍月城 四面矢石如雨 王城守

적장퇴 출병격패지 추배지해구 적닉사자과반
賊將退 出兵擊敗之 追北至海口 賊溺死者過半

2년

봄 2월, 시조묘始祖廟에 참배하였다.

여름 4월, 왜인이 병선 백여 척을 동원하여 동쪽 변경을 습격하고, 나아가 월성月城을 포위하니, 사방에서 화살과 돌이 비 오듯 하였으나, 왕성이 무너지지 않아, 적이 퇴각하려 하자, 출병하여 공격하니 적이 패하여 도주하였다. 도주하는 적을 추격하여 바다 어구에까지 이르니, 적은 익사자가 절반이 넘었다.

사년
四年

춘이월 왕납서불한미사흔여위비
春二月, 王納舒弗邯未斯欣女爲妃

하사월 용견금성정중
夏四月, 龍見金城井中

4년

봄 2월, 왕이 서불한舒弗邯[20] 미사흔의 딸을 왕비로 삼았다.

여름 4월, 금성 우물 속에서 용이 나타났다.

오년
五年

하오월 왜인습파활개성 로인일천이거
夏五月, 倭人襲破活開城 虜人一千而去

20) 서불한舒弗邯; 1급 이벌찬을 일컫는 말이다. 이벌찬은 그 외에도 이벌간伊罰干・우벌찬于伐湌・각간角干・각찬角粲・서발한舒發翰 등으로 불렸다.

5년

여름 5월, 왜인이 활개성活開城을 습격하여 무너뜨리고 1천 명을 사로잡아 갔다.

六年

春二月, 倭人侵歃良城 不克而去 王命伐知德智 領兵伏候於路 要擊

大敗之 王以倭人屢侵疆場 緣邊築二城

秋七月, 大閱

6년

봄 2월, 왜인이 삽량성歃良城을 침범하였으나 이기지 못하고 돌아가자, 왕이 벌지와 덕지에게 명하여 병사를 거느리고 길에 매복하여 기다리게 하고, 그들을 공격하게 하니, 크게 그들을 무찔렀다. 왕은 왜인이 자주 국경을 침범하므로 녹변緣邊에 두성을 쌓았다.

가을 7월, 크게 군대를 사열하였다.

八年

夏四月, 大水 山崩一十七所

五月, 沙伐郡蝗

8년

여름 4월, 홍수가 나서 산이 열일곱 군데 무너졌다.

5월, 사벌군沙伐郡에 메뚜기 떼가 기승을 부렸다.

十年

春, 命有司修理戰艦

秋九月, 天赤 大星自北流東南

10년

봄, 해당 부서에 명을 내려 전함을 수리하였다.

가을 9월, 하늘이 붉게 물들더니, 큰 별이 북쪽에서 동남쪽으로 흘러갔다.

十一年

春, 高句麗與靺鞨襲北邊悉直城

秋九月, 徵何瑟羅人年十五已上 築城於泥河 泥河一名泥川

11년

봄, 고구려가 말갈과 함께 북쪽 변경의 실직성悉直城을 습격하였다.

가을 9월, 하슬라何瑟羅 사람 15세 이상인 자를 징발하여 니하泥河에 성을 쌓았다. 니하泥河를 니천泥川이라고도 한다.

十二年

春正月, 定京都坊里名

夏四月, 國西大水 漂毁民戶

秋七月, 王巡撫經水州郡

12년

봄 정월, 경도京都의 방坊・리里 명칭을 정하였다.

여름 4월, 서쪽 지방에 홍수가 나서 민가가 떠내려가고 무너졌다.

가을 7월, 왕이 수해를 당한 주군州郡을 순무巡撫[21]하였다.

十三年

築三年山城 三年者 自興役始終三年訖功 故名之

13년

삼년산성三年山城을 쌓았다. '삼년'이란 것은 착공한 때로부터 3년 걸려 준공에 이르렀으므로 이로 인해 명명한 것이다.

十四年

春二月, 築芼老城

三月, 京都地裂 廣袤二十丈 濁水湧

---

21) 순무巡撫; 천하를 순행하고 군민을 위로하고 다스린다는 의미이다.(巡行天下, 撫治軍民)

冬十月, 大疫

14년

봄 2월, 모로성芼老城을 쌓았다.

3월, 경도京都에서 땅이 갈라졌다. 갈라진 틈이 20장丈[22]이다. (게다가) 탁수濁水가 솟아올랐다.

겨울 10월, 크게 역병이 돌았다.

十六年

春正月, 以阿湌伐智級湌德智爲左右將軍

秋七月, 葺明活城

16년

봄 정월, 아찬 벌지와 급찬 덕지를 각각 좌·우장군으로 삼았다.

가을 7월, 명활성明活城을 보수하였다.

十七年

築一牟沙尸廣石沓達仇禮坐羅等城

秋七月, 高句麗王巨連親率兵 攻百濟 百濟王慶 遣子文周求援 王出兵救之 未至 百濟已陷 慶亦被害

17년

일모성一牟城·사시성沙尸城·광석성廣石城·답달성沓達城·구례성仇禮城·좌라성坐羅城 등을 축조했다.

가을 7월, 고구려왕 거련이 친히 병사를 거느리고, 백제를 공격했다. 백제왕 경이 아들 문주를 보내 구원을 청하였다. 왕은 군사를 보내어 구원토록 했는데, 구원군이 도착하기 전에 백제가 이미 함락되었고 백제왕 '경慶' 역시 해를 당했다.

十八年

春正月, 王移居明活城

---

22) 20장丈; 20×1.8m≒36m

18년

봄 정월, 왕이 명활성明活城으로 이주하였다.

十九年

夏六月, 倭人侵東邊 王命將軍德智擊敗之 殺虜二百餘人

19년

여름 6월, 왜인이 동쪽 변경을 침범했다. 왕이 장군 덕지에게 명하여, 그들을 공격하여 격퇴하니, 2백여 명을 죽이거나 포로로 잡았다.

二十年

夏五月, 倭人擧兵 五道來侵 竟無功而還

20년

여름 5월, 왜인이 거병하여 다섯 길로 쳐들어와 침범했으나, 결국은 아무런 성과 없이 돌아갔다.

二十一年

春二月, 夜赤光如匹練自地至天

冬十月, 京都地震

21년

봄 2월, 밤에 붉은 빛이 마치 비단을 펼쳐 놓은 것처럼 땅에서 하늘까지 펼쳐졌다.

겨울 10월, 경도京都에 지진이 발생했다.

二十二年

春二月, 三日 王薨

22년

봄 2월, 3일 왕이 훙서했다.

분석 20 慈悲麻立干(자비마립간) 458~479 재위기간 21년

○ 신라와 고구려 및 말갈靺鞨의 관계를 다시 검토해 보자.

자비왕 十一年 고구려가 말갈과 함께 실직성悉直城을 쳐들어 왔다.(高句麗與靺鞨襲北邊悉直城) 이에 자비왕은 九月 하슬라 사람을 동원하여 니하泥河에 축성을 했다.(徵何瑟羅人年十五已上 築城於泥河) 실직성 등 니하 부근이 하슬라주의 관할이었음을 알 수 있다.

	북쪽변경	비고
말갈 고구려	실직성悉直城	何瑟羅州 니하泥河

○ 新羅와 百濟의 관계를 다시 검토하여 보자.

줄곧 변경을 침범해 왔던 백제가 儒禮王 三年 正月 화친을 청해온 이후 양국 관계는 정상화의 수순을 순조롭게 밟아나갔다. 基臨王 때 우호조약을 체결한 이후 흘해왕 二十八年 二月에는 新羅가 百濟에 사신을 파견하였다.(遣使聘百濟) 그렇다면 양국의 유대관계는 儒禮王부터 訖解王 때에 이르기까지 그대로 유지된 것이다. 다만, 내물왕 十八年에는 禿山城主의 투항으로 인하여 양국 사이에 분쟁이 발생하여 實聖王 二年 七月 백제가 침범하기도 하였으나(百濟侵邊), 큰 흐름에는 영향이 없었다. 눌지왕 十七年 七月 백제가 상화를 요청하고 신라가 이를 받아들임으로써 양국은 다시 우호관계를 유지하게 되었다.(百濟遣使請和 從之) 눌지왕 재위기간 중에는 신라와 백제의 우호관계는 동맹관계로 발전한다. 즉, 二十九年 十月 고구려가 백제를 침략하자 눌지왕이 백제를 구원한 것이다.(高句麗侵百濟 王遣兵救之)

자비왕 때에는 양국의 동맹관계가 더 심화되었다. 주목할 만한 것은 자비왕 재위 十七年 七月, 고구려 장수왕이 백제를 공격하여 백제의 개로왕이 죽임을 당하는데 이 때 백제가 신라에 구원을 요청하자 신라가 이에 응하여 구원병을 보낸 것이다.(高句麗王巨連親率兵 攻百濟 百濟王慶 遣子文周求援王出兵救之未至 百濟巳陷 慶亦被害)

○ 新羅와 왜의 관계를 살펴보자.

자비왕 五年 五月 왜인이 활개성活開城을 기습하였고倭人襲破活開城), 六年 二月에는 삽양성歃良城을 침입하였다.(倭人侵歃良城) 이에 왕이 녹변綠邊에 두 성을 쌓았다.(綠邊築二城) 十九年 六月에도 왜인이 동쪽 변경을 침범하였으며(倭人侵東邊) 二十年 五月에도 왜인의 쳐들어 왔다.(倭人擧兵)

자비왕 十六年 七月 기사에는 '葺明活城'이라는 기록이 있다. 명활성明活城을 보수하였다는 것이다. 이어 十八年 正月 기사에는 '王移居明活城'이라는 기록이 있다. 왕이 명활성明活城으로 이주하였다는 것이다.

신라의 수도는 금성金城에서 파사왕 때에 월성月城으로 옮겼는데, 자비왕 이후 명활성明活城이 신라의 새로운 수도가 된 것이다. 신라의 수도는 다음과 같이 변천하였다.

혁거세왕	파사왕	자비왕
금성金城(101년 이전)	월성月城(101년)	명활성明活城(475년)

그런데, 기록을 검토해보면, 명활성明活城은 초기 신라가 倭와 교전한 지역 중의 하나로, 신라의 동남쪽변경에 있었음을 알 수 있었다.

전후의 기록을 검토하건대, 명활성은 오늘날 절강성 부근에 있었던 것으로 보이고, 자비왕이 수도를 명활성明活城으로 옮긴 것은 왜倭의 본거지를 소탕하기 위했던 것으로 추정된다.

㉑ 炤知麻立干(소지마립간)

479~500 재위기간 21년

炤知 一云毗處 麻立干立 慈悲王長子 母金氏 舒弗邯未斯欣之女 妃善兮夫人 乃宿伊伐飡女也

炤知幼有孝行 謙恭自守 人咸服之

소지炤知가 비처毗處라고도 한다. 마립간에 오르니, 자비왕의 장자이고, 어머니는 김씨로 서불한舒弗邯[23] 미사흔의 딸이며, 왕비는 선혜부인으로 내숙 이벌찬의 딸이다.

소지는 어릴 때부터 효를 행하였고, 겸손과 공경의 자세를 잃지 않았기 때문에 사람들이 모두 그를 따랐다.

元年

大赦 賜百官爵一級

원년

대사면을 단행하고, 모든 관리들에게 직급을 한 급씩 올려 주었다.

二年

春二月, 祀始祖廟

夏五月, 京都旱

冬十月, 民飢 出倉穀賑給之

十一月, 靺鞨侵北邊

2년

봄 2월, 시조묘始祖廟에 제사를 지냈다.

여름 5월, 경도京都에 가뭄이 들었다.

겨울 10월, 백성이 굶주리므로 창고의 곡식을 풀어 진휼하여 주었다.

11월, 말갈靺鞨이 북쪽 변경을 침범하였다.

23) 서불한舒弗邯; 1급 이벌찬을 일컫는 말이다. 이벌찬은 그 외에도 이벌간伊罰干・우벌찬于伐飡・각간角干・각찬角粲・서발한舒發翰 등으로 불렸다.

三年

春二月, 幸比列城 存撫軍士賜征袍

三月, 高句麗與靺鞨入北邊 取狐鳴等七城 又進軍於彌秩夫 我軍與百濟加耶援兵 分道禦之 賊敗退 追擊破之泥河西 斬首千餘級

3년

봄 2월, 비열성比列城에 행차하여 군사들을 어루만지고 군복을 하사하였다.

3월, 고구려와 말갈靺鞨이 북쪽 변경에 쳐들어와 호명 등 일곱 성을 빼앗고, 또 미질부로 진군하였다. 아군은 백제 및 가야의 원병과 함께 길을 나누어 막았다. 적이 패하여 후퇴하자 그들을 니하泥河 서쪽까지 추격하여 격파하고 1천여 명의 목을 베었다.

四年

春二月, 大風拔木 金城南門火

夏四月, 久雨 命內外有司慮囚

五月, 倭人侵邊

4년

봄 2월, 큰 바람이 불어 나무가 뽑히고, 금성 남문에 불이 났다.

여름 4월, 오랫동안 비가 내리니, 중앙과 지방의 해당 부서에 명하여 죄수를 심사하도록 하였다.

5월, 왜인이 변경을 침범하였다.

五年

夏四月, 大水

秋七月, 大水

冬十月, 幸一善界 存問遭災百姓 賜穀有差

十一月, 雷 京都大疫

5년

여름 4월, 홍수가 났다.

가을 7월, 홍수가 났다.

겨울 10월, 왕이 일선一善 지방에 행차하여 재해를 당한 백성들을 위문하고, 재해의 정도에 따라 곡식을 하사하였다.

11월, 우레가 일어나고, 경도京都에 크게 역병이 크게 돌았다.

六年

春正月, 以烏含爲伊伐湌

三月, 土星犯月 雨雹

秋七月, 高句麗侵北邊 我軍與百濟合擊於母山城下 大破之

6년

봄 정월, 오함을 이벌찬으로 삼았다.

3월, 토성土星이 달을 가리고, 우박이 내렸다.

가을 7월, 고구려가 북쪽 변경을 침범하니, 아군이 백제와 합세하여 모산성母山城 아래에서 공격하여 그들을 대파하였다.

七年

春二月, 築仇伐城

夏四月, 親祀始祖廟 增置守廟二十家

五月, 百濟來聘

7년

봄 2월, 구벌성仇伐城을 쌓았다.

여름 4월, 친히 시조묘始祖廟에 제사를 지냈다. 묘지기 20호를 더 두었다.

5월, 백제의 특사가 내방했다.

八年

春正月, 拜伊湌實竹爲將軍 徵一善界丁夫三千 改築三年屈山二城

二月, 以乃宿爲伊伐湌 以叅國政

夏四月, 倭人犯邊

秋八月, 大閱於狼山之南

8년

봄 정월, 이찬 실죽에게 벼슬을 내려 장군으로 삼고, 일선 지방의 장정 3천 명을 징발하여 삼년성과 굴산성을 개축하였다.

2월, 내숙을 이벌찬으로 삼아, 국정에 참여시켰다.

여름 4월, 왜인이 변경을 침범하였다.

가을 8월, 낭산狼山 남쪽에서 대대적으로 군대를 사열하였다.

九年

春二月, 置神宮於奈乙 奈乙始祖初生之處也

三月, 始置四方郵驛 命所司修理官道

秋七月, 葺月城

冬十月, 雷

9년

봄 2월, 신궁을 내을奈乙에 설치하였는데, 내을奈乙은 시조가 처음 탄생한 곳이다.

3월, 처음으로 사방에 우역郵驛을 설치하고, 해당 부서로 하여금 관도官道를 수리하게 하였다.

가을 7월, 월성月城을 수리하였다.

겨울 10월, 우레가 일어났다.

十年

春正月, 王移居月城

二月, 幸一善郡 存問鰥寡孤獨 賜穀有差

三月, 至自一善所歷州郡獄囚 除二死悉原之

夏六月, 東陽獻六眼龜 腹下有文字

秋七月, 築刀那城

10년

봄 정월, 왕이 월성月城으로 이주하였다.

2월, 일선군에 행차하여 홀아비, 과부, 고아, 늙어서 자식 없는 사람들을 위문하고, 어려운 정도에 따라 곡식을 하사하였다.

3월, 일선에서 돌아오는 도중에 거쳐 온 주州·군郡의 죄수들 가운데 2사二死[24]를 제하고 나머지는 모두 풀어주었다.

여름 6월, 동양東陽에서 여섯 개의 눈을 가진 거북을 헌납하였는데, 거북의 배에 글자가 있었다.

가을 7월, 도나성刀那城을 쌓았다.

> 十一年
>
> 春正月, 驅游食百姓歸農
>
> 秋九月, 高句麗襲北邊至戈峴
>
> 冬十月, 陷狐山城

11년

봄 정월, 유리걸식하는 백성들을 보아 고향으로 돌려보냈다.

가을 9월, 고구려가 북쪽 변경을 기습하고, 과현戈峴에 이르렀다.

겨울 10월, (고구려가) 호산성狐山城을 함락하였다.

> 十二年
>
> 春二月, 重築鄙羅城
>
> 三月, 龍見鄒羅井 初開京師市肆 以通四方之貨

12년

봄 2월, 비라성을 다시 쌓았다.

3월, 추라정에 용이 나타났다. 처음으로 경사京師에 시장을 개설하여 사방의 재화를 유통시켰다.

> 十四年
>
> 春夏, 旱 王責己減常膳

14년

봄과 여름, 가뭄이 드니, 왕이 스스로를 책망하여 매끼 식사를 줄였다.

---

24) 2사二死; 교형絞刑과 참형斬刑을 말한다.

十五年

春三月, 百濟王牟大遣使請婚 王以伊伐湌比智女送之

秋七月, 置臨海長領二鎭 以備倭賊

15년

봄 3월, 백제왕 모대牟大[25]가 사신을 보내 혼인을 청하니, 왕은 이벌찬 비지의 딸을 보냈다.

가을 7월, 임해臨海, 장령長領의 두 진鎭을 설치하여 왜적을 대비하였다.

十六年

夏四月, 大水

秋七月, 將軍實竹等與高句麗戰薩水之原 不克 退保犬牙城 高句麗兵圍之 百濟王牟大遣兵三千 救解圍 百濟王遣使來謝

16년

여름 4월, 홍수가 났다.

가을 7월, 장군 실죽 등이 살수薩水 벌에서 고구려와 싸웠으나 이기지 못하고 퇴각하여 견아성을 지켰다. 고구려 병사들이 그들을 포위하자, 백제왕 모대가 병사 3천 명을 보내 구원하여 포위망을 풀었다.

十七年

春正月, 王親祀神宮

秋六月, 高句麗圍百濟雉壤城 百濟請救 王命將軍德智率兵以救之 高句麗衆潰

17년

봄 정월, 왕이 친히 신궁神宮에 제사를 지냈다.

가을 8월, 고구려가 백제의 치양성을 포위하자, 백제가 구원을 요청하였다. 왕이 장군 덕지에게 명하여 병사를 이끌고 가서 그들을 구원하게 하니, 고구려 병사가 상당수 궤멸되었다. (이에) 백제왕이 사신을 보내 사례하였다.

---

25) 모대牟大; 백제 동성왕(東城王)을 말한다. 재위 479~501, 재위기간 22년.

十八年

春二月, 加耶國送白雉 尾長五尺

三月, 重修宮室

夏五月, 大雨 閼川水漲 漂沒二百餘家

秋七月, 高句麗來攻牛山城 將軍實竹出擊泥河上破之

八月, 幸南郊觀稼

18년

봄 2월, 가야국이 흰 꿩을 보내왔는데 꼬리의 길이가 다섯 자였다.

3월, 궁실을 다시 수리하였다.

여름 5월, 큰 비가 내리니, 알천의 물이 불어 2백여 호가 (물에) 떠내려가거나 잠겼다.

가을 7월, 고구려가 쳐들어와 우산성牛山城을 공격하였으나, 장군 실죽이 출격하여 니하泥河에서 그들을 격파하였다.

8월, (왕이) 남쪽 교외에 나가 농사일을 시찰하였다.

十九年

夏四月, 倭人犯邊

秋七月, 旱蝗 命群官 擧才堪牧民者各一人

八月, 高句麗攻陷牛山城

19년

여름 4월, 왜인이 변경을 침범하였다.

가을 7월, 가뭄이 드니 메뚜기 떼가 기승을 부렸다. (왕이) 모든 관리들에게 명하여 지방관이 될만한 자를 한 사람씩 천거하도록 하였다.

8월, 고구려가 우산성牛山城을 공격하여 함락시켰다.

二十二年

春三月, 倭人攻陷長峯鎭

夏四月, 暴風拔木 龍見金城井 京都黃霧四塞

秋九月, 王幸捺己郡 郡人波路有女子 名曰碧花 年十六歲 眞國色也
其父衣之以錦繡置轝 冪以色絹獻王 王以爲饋食開見之 歛然幼女 怪
而不納及還宮 思念不已 再三微行 往其家幸之
路經古陁郡 宿於老嫗之家 因問曰,今之人以國王爲何如主乎 嫗對曰,
衆以爲聖人 妾獨疑之何者 竊聞王幸捺己之女 屢微服而來 夫龍爲魚服
爲漁者所制 今王以萬乘之位 不自愼重, 此而爲聖 孰非聖乎
王聞之大慙 則潛逆其女 置於別室 至生一子
冬十一月, 王薨

22년

봄 3월, 왜인이 장봉진長峯鎭을 공격하여 함락시켰다.

여름 4월, 폭풍이 불어 나무가 뽑혔다. 용이 금성 우물에 나타나니, 경도京都 사방에 누런 안개가 끼었다.

가을 9월, 왕이 날기군捺己郡에 행차하였다. 이 군에 사는 파로라는 사람에게는 딸이 있었는데, 이름이 벽화라고 하였다. 나이가 열여섯 살인데 실로 일국의 미인이었다. 아버지가 딸에게 비단옷을 입혀 가마에 태우고, 채색비단을 덮어 왕에게 바쳤다. 왕은 음식을 올린 것이라고 생각하여 열어 보니 얌전한 어린 소녀였다. (왕이) 이를 괴이하게 여겨 받지 아니하고 급히 환궁하였는데, 생각이 그치지 않았다. (이에 왕은) 두 세 차례 미행微行을 나가서 그 집으로 찾아가 사랑을 나누었다. (어느 날) 도중에 고타군古陁郡을 지나다가 한 노파의 집에 묵게 되었다. 이에 왕이 노파에게 물었다.

"오늘날 백성들이 국왕을 어떤 군주라고 생각하는가?"

노파가 대답하였다.

"많은 사람들이 성인으로 생각하지만 저는 그렇게 보지 않습니다. 왜냐하면, 제가 주워들은 바로는 왕이 날이군捺己郡에 사는 여자와 관계하면서 여러 차례 평복을 입고 다닌다 합니다. 무릇 용이라도 고기의 모습을 한다면, 어부의 손에 잡히는 법입니다. 지금은 왕이 만인의 위에 있는데 스스로 신중하지 못하니 이런 사람이 성인이라면 누가 성인이 아니겠소?"

왕이 이를 듣고 몹시 부끄러워하여, 즉시 은밀하게 그녀를 맞이하여 별실에 두니, 그녀가 아들을 하나 낳기에 이르렀다.

겨울 11월, 왕이 훙서하였다.

○ 신라와 왜倭의 관계를 살펴보자.

소지왕炤知王 四年 왜인이 변경을 침범하였고, 十五年 七月 임해진臨海鎭과 장령진長領鎭을 설치하여 왜적을 대비하였다는 기록이 있다. 여기서 임해臨海는 고대 양주揚洲[26]에 있던 군명郡名이다. 오늘날 중국 절강성浙江省 동남부 영강靈江의 북쪽에 임해臨海[Linhai]가 있다. 한편, 소지왕炤知王 재위 10년 여름 6월에는 동양東陽에서 여섯 개의 눈을 가진 거북을 헌납하였는데 그 거북의 배에 글자가 있었다고 한다. 여기서 동양東陽 역시 고대 양주揚洲에 있던 군명郡名으로 오늘날 중국 절강성浙江省 일대에 위치한다.

기술한 바와 같이 왜국倭國은 위魏가 진秦에 의해 멸망하자(BC 243) 위魏의 잔여세력이 진秦을 피하여 남쪽으로 도망하여 귀주성貴州省(Gizhōu Shěng) 일대에 세운 나라이다.[27] 그리하여 신라와 왜국倭國은 당시 대별산맥大別山脈을 경계로 하였다.[28] 왜구는 혁거세 8년에 처음으로 약탈을 시작한 이래 南解王·脫解王·祇摩王을 거치며, 간헐적·지속적으로 신라의 해안을 약탈하여 왔다.

그런데 아달라왕 五年 三月 죽령을 개통하자 왜인이 내빙하였고, 二十年 五月에는 왜의 여왕 비미호卑彌乎가 내빙하였다.(倭女王卑彌乎遣使來聘) 죽령竹嶺의 개통으로 말미암아 양국의 육로를 통한 교류가 활성화되고 있었던 것이다. 그러다 벌휴왕 十年 六月에는 대기근으로 수많은 왜인들이 식량을 구하러 신라로 오는 등 대규모 난민의 발생하는 등 왜국倭國에 정치적 격변이 일어났는데, 奈解王 十二年 四月 다시 왜인이 국경을 넘었다.(倭人犯境)

나해왕 十四年 七月에는 남중국해에 있었던 왜 계열의 해상국가 포상팔국浦上八國이 광동성 일대에 있던 加羅를 침범하자 신라가 구원군을 보내 적을 공격하고 6천명을 사로잡았다. 助賁王 때에는 왜구의 약탈 규모가 상당히 커져, 三年 기사에는 왜인이 금성까지 포위했다는 기록이 있고(倭人猝至圍金城) 왕이 친히 출전하여 무찌르고 수급을 1천이 넘게 획득하였다고 하였고(王親出戰 賊潰走 遣輕騎追擊之 殺獲一千餘級), 四年 五月 기사에 따르면 왜구가 동쪽 변경을 약탈하였고(倭兵寇東邊), 七月에는 沙道에서 전투하여 적의 배를 불살랐다.(伊湌于老與倭人戰沙道 乘風縱火焚舟 賊赴水死盡) 조분왕 때 왜구 격퇴의 중심에 바로 우로가 있었다. 첨해왕 三年 四月 우로于老가 왜국의 사신을 접대하다가 갑작스럽게 왜군에게 살해당했는데(249), 다만, 미추왕 때에는 왜구의 침략에 관한 기록이 전무하다. 그러다 유례왕 때 왜구가 다시 쳐들어와 일례

26) 양주揚洲; 양주는 **전한시대** 여강군廬江郡·구강군九江郡·회계군會稽郡·단양군丹陽郡·예장군豫章郡·육안국六安國으로 이루어져 있었고, 조위시대에는 회남군淮南郡·여강군廬江郡 등으로 이루어져 있었고, **동오시대**에는 여강군廬江郡·기춘군蘄春郡·단양군丹陽郡·신도군新都郡·오군吳郡·비릉전농교위毗陵典農校尉·오흥군吳興郡·회계군會稽郡·**동양군東陽郡**·**임해군臨海郡**·건안군建安郡·예장군豫章郡·파양군鄱陽郡·여릉군廬陵郡·여릉남부도위廬陵南部都尉·임천군臨川郡·안성군安成郡·팽택군彭澤郡·동안군東安郡·고장군古鄣郡·파구군巴丘郡 등으로 이루어져 있었고, 서진시대에는 단양군丹陽郡·선성군宣城郡·회남군淮南郡·여강군廬江郡·비릉군毗陵郡·오군吳郡·오흥군吳興郡·회계군會稽郡·**동양군東陽郡**·신안군新安郡·**임해군臨海郡**·건안군建安郡·진안군晉安郡·예장군豫章郡·임천군臨川郡·파양군鄱陽郡·여릉군廬陵郡·남강군南康郡·역양군歷陽郡·의흥군義興郡 등으로 이루어져 있었다.(출처; 위키백과)

27) 출처; 본서 탈해왕 편

28) 출처; 본서 아달라왕 편

군一禮郡, 사도성沙道城, 장봉성長峯城을 공격했다. 基臨王 三年 正月에는 신라와 왜국과 서로 사신을 교환하였다.(與倭國交聘) 흘해왕 때에 혼사문제로 관계가 악화되어 왜병이 풍도風島에 쳐들어와 노략질하였다.(倭兵猝至風島 抄掠邊戶)

奈勿王 九年에는 왜병이 대거 쳐들어와 부현斧峴의 동쪽 벌판에서 격퇴하여 패주시켰고, 三十八년에는 후퇴하는 왜병을 독산獨山까지 추격하여 대파하였다.(追於獨山 夾擊大敗之) 實聖王 元年 三月에는 왜국과 우호관계를 형성하였다.(與倭國通好) 또 이를 위하여 내물왕의 아들 미사흔을 왜국에 인질로 보냈다.(以奈勿王子未斯欣爲質) 그런데 實聖王 四年 왜병이 쳐들어와 명활성明活城을 공격하였지만 이기지 못하고 물러갔다.(倭兵來攻明活城不克而歸) 이에, 왕이 퇴각하는 적을 독산獨山에서 격파했다.(王率騎兵要之 獨山之南再戰破之)

다시, 實聖王 十四年 八月에는 풍도風島에서 승리하였다.(與倭人戰於風島克之) 눌지왕 二年 미사흔이 왜국에서 도망쳐 온 이후 기록에는 왜인들이 남쪽 변경과 동쪽 변경을 수차례 약탈하게 되는데, 자비왕 때에도 그러하였으니, 왜인들이 활개성活開城과 삽양성歃良城 등을 침입하였다. 이에 왕이 녹변綠邊에 두 성을 쌓았다는 기록이 있다.(綠邊築二城) 그 후 왜인이 다시 동쪽 변경을 침범하였다는 기록이 있다.

소지왕 十年 正月 기사에는 '王移居月城'이라는 기록이 있다. 왕이 월성月城으로 이주하였다는 것이다.

혁거세왕	파사왕	자비왕	소지왕
금성金城	월성月城 101년	명활성明活城 475년	월성月城 488년

이처럼 소지왕이 다시 월성月城으로 수도를 이전한 것은 수도를 명활성으로 이전한 한시적 목적을 달성하였기 때문인 것으로 보는 것이 상당하다.

二十二年 三月 기록에는 '倭人攻陷長峯鎭'이라는 기록이 있다. 왜인이 장봉진長峯鎭을 공격하여 함락시켰다는 것이다. 삼국사기 신라본기의 기록을 통틀어 왜倭가 신라의 변경을 침범한 마지막 기록인 것으로 보인다.

왜국은 초기 귀주성을 중심으로 성장하여 광동성 복건성 등지로 이전하였던 것으로 보이는데, 동쪽의 해안가를 따라 신라의 변경을 괴롭혀 오다 자비왕·소지왕 때 신라의 대대적인 공격을 받아 대륙 밖으로 완전히 쫓겨난 것으로 보인다.

○ 신라의 북쪽변경을 총정리 하여 보자.

말갈은 고구려의 일부이다. 그런데 경우에 따라서는 독자적으로 군사행동을 한 것으로 보인다. 삼국사기 기록상으로는 신라와 말갈靺鞨의 충돌이 신라와 고구려의 교전보다 훨씬 먼저 발생했다.

말갈靺鞨의 침략은 祇摩王 때가 최초이다. 말갈은 祇摩王 十四年 春三月에 북방을 침략하더니 이어 七月에는 大嶺을 공격하고 泥河를 건넜다.(又襲大嶺柵 過於泥河) 이때 백제에 구원요청을 하여 백제가 이에 응하였다.(王移書百濟請救 百濟遣五將軍助之 賊聞而退) 말갈은 逸聖王 四年 長嶺을 또 침략하였고(靺鞨入塞 燒長嶺五柵), 六年에도 長嶺을 노략질했다. 이후 말갈은 한동안 잠잠하다가 奈解王때 또 침공하였다,

그리고 나서 신라와 고구려의 첫 교전이 있게 되는데 바로 助賁王 十六年이다. 十月 고구려가 북쪽에서 침공하자 신라가 패하고 후퇴하여 馬頭柵에 방어선을 구축하였다.(高句麗侵北邊于老將兵出擊之 不克退保馬頭柵) 馬頭柵은 후일 馬頭城이다. 그런데 沾解王 二年 二月에는 고구려와 화친을 맺게 되었다.(遣使高句麗結和) 이후 양국의 관계는 밀접해져서 마침내 奈勿王 三十七年 春正月, 고구려로부터 사신이 오고, 고구려가 강성하므로, 실성을 인질로 보냈다.(送伊湌大西知子實聖爲質)

그런데 이 때 한동안 조용하던 말갈은 奈勿王 四十年 八月 북쪽 변경을 침입하였다.(靺鞨侵北邊) 이에 신라는 실직悉直의 벌판에서 물리쳤다.(出師大敗之於悉直之原)

한편, 실성이 돌아와서 왕이 되자 이번에는 내물왕의 아들인 복호를 고구려에 인질로 보냈다.(以奈勿王子卜好質於高句麗) 눌지왕 八年二 月에도 고구려에 사신을 보내 예방하였다.(遣使高句麗修聘) 내물왕 때 말갈靺鞨이 실직悉直으로 침입한 것을 제외하고는 오랫동안 신라와 고구려 또는 말갈은 우호적인 관계였던 것 같은데, 특히 신라와 고구려는 상당히 밀접한 관계에 있었던 것이다. 그러나 눌지왕 三十四年 고구려 장수가 悉直에서 피살되자 고구려가 서쪽 변경을 공격하는 등 양국관계는 악화되기 시작하였고(乃興師侵我西邊) 三十八年 八月에도 고구려가 북쪽 변경을 공격하는 등 고구려와의 북쪽 경계 역시 불안해졌다.(高句麗侵北邊)

이어 자비왕 때에는 十一年 고구려가 말갈과 함께 悉直城을 쳐들어 왔다.(高句麗與靺鞨襲北邊悉直城) 이에 자비왕은 九月 하슬라 사람을 동원하여 니하泥河에 축성을 했다.(徵何瑟羅人年十五已上 築城於泥河)

소지왕 二年 十一月에도 말갈靺鞨이 북쪽 변경을 침입했다.(靺鞨侵北邊) 三年 二月에는 비열성比列城을 점검하였는데(幸比列城 存撫軍士賜征袍), 三月 고구려・말갈 연합군이 쳐들어와 호명성狐鳴城・미질부彌秩夫 등지를 점령하였으나 신라・백제・가야연합군이 이에 대응하여 니하泥河 부근에서 대규모 전투가 발생했다.(高句麗與靺鞨入北邊取狐鳴等七城 又進軍於彌秩夫 我軍與百濟加耶援兵 分道禦之 賊敗退 追擊破之泥河西 斬首千餘級) 泥河 부근의 比列城・狐鳴城・彌秩夫 등이 주요 격전지였던 것이다.

六年 七月에는 고구려가 쳐들어와 모산성母山城 아래에서 신라・백제 연합군이 이를 격파했다.(高句麗侵北邊 我軍與百濟合擊於母山城下 大破之) 十一年에도 고구려가 북쪽 변경을 쳐들어와 과현戈峴에 다다랐고, 이어 호산성狐山城을 함락시켰다.

十六年 七月기사에는 '將軍實竹等與高句麗戰薩水之原 不克 退保犬牙城'이라는 기록이 있다. 신라와 고구려의 충돌지점이 바로 살수薩水이고 부근에 견아성犬牙城이 있었던 것이다.

十七年 八月 기사에 의하면, 高句麗가 百濟의 치양성雉壤城을 포위하여 신라가 구원했다고 한다. 백제와 고구려의 경계지점에 치양성雉壤城이 있었던 것이다. 十八年 七月 기사에는 '高句麗來攻牛山城 將軍實竹出擊泥河上破之'라는 기록이 있고, 十九年 八月에는 결국 高句麗가 牛山城을 함락시켰다는 기록이 있다.

그렇다면 신라는 북쪽으로 말갈 또는 고구려와 경계를 이루고 있었는데 말갈靺鞨은 하북성河北省과 요녕성 및 그 이북에 있었으므로, 하북성河北省과 요녕성 일대에 고구려 또는 말갈과의 경계인 니하泥河와 살수薩水가 흐르고 있었던 것으로 보인다. 그리고 이 접경지대에 하슬라주何瑟羅州가 있었는데 미질부彌秩夫・과현戈峴・대령大領

· 장령長嶺 · 실직悉直 등을 포괄하였고, 馬頭城 · 悉直城 · 泥河城, 比列城 · 狐鳴城, 毋山城, 狐山城, 犬牙城, 牛山城 등이 분포하고 있었다고 볼 수 있다.(지마왕 · 일성왕 · 나해왕 · 내물왕 · 자비왕 편 참조)

그런데 국사편찬위원회는 삼국사기 권34, 잡지3, 지리1, 상주에 "三年郡…淸川縣 本薩買縣 景德王改名 今因之"라고 하였고, 신증동국여지승람 권15, 청주목淸州牧 속현屬縣에 같은 내용이, 산천山川에는 청천현靑川縣에 청천천靑川川이 있다고 하였다면서 이에 근거해 살수의 위치를 지금의 충북 괴산군 청천면으로 보는 것이 일반적이라며, 나아가 살수의 위치가 청천이라면 퇴각로를 감안할 때 경북 상주시 화북면의 견훤산성이 견아성이었을 가능성이 크다고 한다.[29]

그러나 살수薩水를 충북 괴산군 청천면으로 본다면 삼국사기의 기록이 전혀 설명되지 아니한다. 신라의 수도가 경주이고 그 북방에 고구려가 있었다고 치자. 살수가 충북 괴산군 청천면에 있는 청천천靑川川이라면 백제는 어디 있었다는 말인가?

소지왕 十六年 기사는 신라의 북쪽변경인 하북성 일대에서 신라와 고구려 또는 말갈과 사이에 벌어진 일련의 군사적 충돌이라는 흐름 속에서 이해하여야 한다. 이 당시 고구려와 신라는 하북성 일대에서 치열한 싸움을 하고 있었던 것으로 보인다.

	북쪽변경	비고
말갈 고구려	대령大嶺 니하泥河 장령長嶺 실직성悉直城 마두책馬頭柵 비열성比列城 호명성狐鳴城 미질부彌秩夫 모산성毋山城 과현戈峴 호산성狐山城 견아성犬牙城 우산성牛山城	何瑟羅州 니하泥河 살수薩水

29) 출처; 이도학, ≪고구려 광개토왕릉비문 연구≫, 서경, 2006, 416쪽 | 서영일, ≪신라 육상교통로연구≫, 학연문화사, 1999, 83쪽

三國史記 四券
新羅本紀 第四

㉒ 智證麻立干(지증마립간)

500~514 재위기간 14년

지증마립간립 성김씨 휘지대로 혹운지도로 우운지철노 내물왕지증손
智證麻立干立 姓金氏 諱智大路 或云智度路 又云智哲老 奈勿王之曾孫
습보갈문왕지자 소지왕지재종제야 모김씨조생부인 눌기왕지녀 비
習寶葛文王之子 炤知王之再從弟也 母金氏鳥生夫人 訥祇王之女 妃
박씨연제부인 등흔이찬여
朴氏延帝夫人 登欣伊湌女

체홍대 담력과인 전왕훙무자 고계위 시년육십사세
體鴻大 膽力過人 前王薨無子 故繼位 時年六十四歲

지증智證 마립간이 왕위에 오르니 성은 김씨요, 이름은 지대로智大路인데, 혹은 지도로智度路 또는 지철로智哲老라고도 한다. 내물왕의 증손으로 습보習寶 갈문왕의 아들이고, 소지왕의 재종 아우이다. 어머니는 김씨 조생부인으로 눌지왕의 딸이고, 왕비인 박씨 연제부인은 등흔登欣 이찬의 딸이다.

왕은 체격이 크고 우람하며, 담력이 남보다 뛰어났다. 전왕前王이 훙서하자, 아들이 없었으므로 그가 왕위를 승계하였는데, 이 때 그의 나이는 64세였다.

론왈
論曰

신라왕칭거서간자일 차차웅자일 니사금자십육 마립간자사 나말
新羅王稱居西干者一 次次雄者一 尼師今者十六 麻立干者四) 羅末
명유최치원작제왕연대력 개칭모왕 불언거서간등 개이기언비야부
名儒崔致遠作帝王年代曆 皆稱某王 不言居西干等 豈以其言鄙野不
족칭야 왈좌한중국사서야 유존초어곡어토흉노어탱리고도등 금기
足稱也 曰左漢中國史書也 猶存楚語穀於菟匈奴語撑犁孤塗等 今記
신라사 기존방언역의의
新羅事 其存方言亦宜矣

논하여 말한다.

신라의 왕 가운데 거서간居西干 칭호를 사용한 경우가 하나이고, 차차웅次次雄 칭호를 사용한 경우가 하나이며, 이사금 칭호를 사용한 경우가 열여섯이고, 마립간 칭호를 사용한 경우가 넷이다.

신라 말, 저명한 유학자 최치원이 지은 '제왕연대력'에서는 이들을 모두 왕이라고 칭하였고, 거서간 등으로는 부르지 않았다. 그러나 어찌 그 용어가 촌스러워 부르기에 부

족하다 할 것인가? '좌전'과 '한서'는 중국中國의 역사서임에도 오히려 초나라 말인 '곡오도穀於菟'와 흉노 말인 '탱리고도撐梨孤塗' 등이 보존되어 있다. 이제 신라사를 기록함에 있어서도 기존의 방언을 그대로 기록해두는 것이 또한 마땅하다.

三年

春三月, 下令禁殉葬 前王薨則殉以男女各五人 至是禁焉 親祀神宮

三月, 分命州郡主勸農 始用牛耕

3년

봄 3월, 순장殉葬을 금하라는 명을 내렸다. 이전에는 국왕이 훙서하면 남녀 각각 다섯 명씩을 순장하였는데, 이때에 이르러 금지된 것이다. (왕이) 친히 신궁神宮에 제사를 지냈다.

3월, 주州·군주郡主에게 일일이 명령하여 농사를 권장토록 하였다. 처음으로 소를 이용하여 밭을 갈기 시작하였다.

四年

冬十月, 群臣上言 始祖創業已來 國名未定 或稱斯羅 或稱斯盧 或言新羅 臣等以爲 新者德業日新 羅者網羅四方之義 則其爲國號宜矣 又觀自古有國家者 皆稱帝稱王 自我始祖立國 至今二十二世 但稱方言 未正尊號 今群臣一意 謹上號新羅國王 王從之

4년

겨울 10월, 여러 신하들이 왕에게 건의했다.

"시조가 나라를 창건한 이래로 국명이 확정되지 아니한 채 사라라고 부르기도 하고, 사로라고 부르기도 하였으며 또는 신라라고 부르기도 하였습니다. 신등의 생각으로는 '신新'은 덕업이 나날이 새로워진다는 뜻이요, '라羅'는 사방을 모두 아우른다는 뜻이므로 '신라'를 국호로 삼는 것이 마땅합니다. 또한 예로부터 국가를 다스리는 자를 살펴보면, 모두 '제帝'나 '왕'을 칭하는데, 우리 시조가 나라를 창건하고 지금까지 22대가 되도록 오직 방언으로 왕호를 칭했을 뿐 아직도 존호를 정하지 못했으니, 이제 여러 신하들이 한 뜻으로 삼가 '신라 국왕'이라는 칭호를 올립니다."

왕이 이를 따랐다.

五年

夏四月, 制喪服法頒行

秋九月, 徵役夫 築波里彌實珍德骨火等十二城

5년

여름 4월, 상복법喪服法을 제정하여 시행하였다.

가을 9월, 역부役夫를 징발하여 파리성波里城, 미실성彌實城, 진덕성珍德城, 골화성骨火城 등 열두 개 성을 쌓았다.

六年

春二月, 王親定國內州郡縣 置悉直州 以異斯夫爲軍主 軍主之名始於此

冬十一月 始命所司藏氷 又制舟楫之利

6년

봄 2월, 왕이 친히 국내의 주州・군郡・현縣을 정하고, 실직주悉直州를 설치하여 이사부異斯夫를 군주軍主로 삼았다. 군주軍主라는 이름은 여기서 시작된 것이다

겨울 11월, 처음으로 해당 부서에 명하여 얼음을 저장하게 하고, 또한 선박의 이용을 제도화하였다.

七年

春夏, 旱 民饑 發倉賑救

7년,

봄과 여름, 가뭄이 들어 백성들이 굶주리자, 창고를 풀어 진휼하고 구제하였다.

十年

春正月, 置京都東市

三月, 設檻穽 以除猛獸之害

秋七月, 隕霜殺菽

10년

봄 정월, 경도京都에 동시東市 설치하였다.

3월, 함정檻穽을 설치하여 맹수의 피해를 제거하고자 하였다.

가을 7월, 서리가 내려 콩이 죽었다.

十一年

夏五月, 地震 壞人屋 有死者

冬十月, 雷

11년

여름 5월, 지진이 일어나 민가가 무너지고 사람이 죽었다.

겨울 10월, 우레가 발생했다.

十三年

夏六月, 于山國歸服 歲以土宜爲貢

于山國在溟州正東海島 或名鬱陵島 地方一百里 恃嶮不服 伊湌異斯夫爲何瑟羅州軍主 謂于山人愚悍 難以威來 可以計服 乃多造木偶師子 分載戰船 抵其國海岸 誑告曰 汝若不服 則放此猛獸踏殺之 國人恐懼 則降

13년

여름 6월, 우산국于山國이 귀순하여 복종하니 매년 토산물土宜을 공물로 바치기로 하였다.

우산국은 명주溟州의 정동쪽 바다에 있는 섬으로, 울릉도鬱陵島라고도 하며, 사방 1백 리로 지세가 험한 것을 믿고 복종하지 않았으니, 이찬 이사부가 하슬라주何瑟羅州의 군주가 되어, 우산 사람들이 우둔하고도 난폭하여, 위력으로는 오지 않을 것이므로 계략으로 항복시켜야 한다고 말하고, 나무로 사자인형을 만들어 병선에 나누어 싣고, 우산국의 해안에 도착하여, 거짓으로 속여 말하길,

"너희들이 만약 항복하지 않는다면 이 맹수를 풀어 너희들을 밟아 죽이도록 하겠다."

라고 하니, 우산국의 사람들이 두려워 즉시 항복하였다.

十五年

春正月, 置小京於阿尸村

秋九月, 徙六部及南地人戶 充實之 王薨 諡曰智證 新羅諡法始於此

15년

봄 정월, 아시촌阿尸村에 소경小京을 설치하였다.

가을 7월, 6부와 남쪽 지방의 가구를 이사하게 하여 이곳을 충실하게 하였다. 왕이 훙서하니, 시호를 지증智證이라 하였다. 신라의 시호법이 이로부터 시작되었다.

분석 22 智證麻立干(지증마립간)

500~514 재위기간 14년

○ 지증왕 六年 二月 기사에 '王親定國內州郡縣 置悉直州 以異斯夫爲軍主'라는 기록이 있다. 왕이 친히 국내의 주州·군郡·현縣 정하고, 실직주悉直州를 설치하여 이사부異斯夫를 군주軍主로 삼았다는 것이다.

지증왕 때 실직주悉直州가 설치된 지역은 어디인가? 국사편찬위원회는 실직悉直이 지금의 강원도 삼척시라는 입장이다.

눌지왕 三十四年 七月 기사에는 '高句麗邊將獵於悉直之原 何瑟羅城主三直出兵掩殺之'라는 기록이 있다. 고구려의 변방 장수가 실직悉直 벌에서 사냥을 하고 있었는데, 하슬라何瑟羅 성주城主 삼직三直이 출병하여 불시에 쳐서 그를 죽였다는 기록이 있다. 하슬라주 관할에 실직이라는 지방이 있었음을 알 수 있다.

소지왕 편에서 분석한 바와 같이 신라는 북쪽으로 말갈 또는 고구려와 경계를 이루고 있었는데 말갈靺鞨은 하북성河北省과 요녕성 이북에 있었으므로, 하북성河北省 일대에 고구려 또는 말갈과의 경계인 니하泥河와 살수薩水가 흐르고 있었고, (이 접경지대가 훗날 명주로 개명된 하슬라주瑟羅州 관할이었다.) 여기에는 미질부彌秩夫·과현戈峴·대령大領·장령長嶺·실직悉直 등이 있었고, 馬頭城·悉直城·泥河城, 比列城·狐鳴城, 母山城, 狐山城, 犬牙城, 牛山城 등이 분포하고 있었다.[1)]

생각건대, 실직悉直은 하북성河北省과 요녕성 부근으로 하슬라주何瑟羅州에 속해 있었는데, 지증왕 때에는 말갈과의 국경 최전방이라는 군사전략적 중요성을 감안하여 독립시켜 주州를 설치했던 것으로 보인다.

1) 출처; 삼국사기 신라본기 지마왕·일성왕·나해왕·내물왕·자비왕·소지왕 편 등

㉓ 法興王(법흥왕)

514~540 재위기간 26년

法興王立 諱原宗 冊府元龜姓募名泰 智證王元子 母延帝夫人 妃朴氏 保刀夫人 王身長七尺 寬厚愛人

법흥왕이 왕위에 오르니 이름은 원종原宗이요, '책부원귀冊府元龜'에는 성이 모募이며, 이름은 태泰라고 되어 있다. 지증왕의 장자로 어머니는 연제부인이며, 왕비는 박씨로 보도부인保刀夫人이다. 왕은 키가 7척이고, 관대하고 후덕하여 사람을 좋아하였다.

三年

春正月, 親祀神宮 龍見楊山井中

3년

봄 정월, 왕이 친히 신궁神宮에 제사를 지냈다. 양산楊山 우물에서 용이 나타났다.

四年

夏四月, 始置兵部

4년

여름 4월, 처음으로 병부兵部를 설치하였다.

五年

春二月, 築株山城

5년

봄 2월, 주산성株山城을 쌓았다.

七年

春正月, 頒示律令 始制百官公服朱紫之秩

7년

봄 정월, 율령을 반포하여 시행하고, 처음으로 백관의 공복을 제정하였는데, 붉은색과 자주색으로 서열을 표시하였다.

八年

春 遣使於梁貢方物

8년

봄, 양梁[2]에 사신을 파견하여 방물을 보냈다.

九年

春三月, 加耶國王遣使請婚 王以伊湌比助夫之妹送之

9년

봄 3월, 가야국加耶國 왕이 사신을 보내 청혼하니, 왕이 이찬 비조부比助夫의 여동생을 시집보냈다.

十一年

秋九月, 王出巡南境拓地 加耶國王來會

11년

가을 9월, 왕이 나가 남쪽을 순행하면서 국경을 개척하니 가야국加耶國 왕이 찾아와서 접견하였다.

十二年

春二月, 以大阿湌伊登爲沙伐州軍主

12년

봄 2월, 대아찬 이등을 사벌주 군주로 임명하였다.

---

2) 양梁; 남북조시대 '송宋→제齊→양梁→ 진陳'으로 이어지는 남조 세 번째 나라. 존속기간 502년~557년

十五年

肇行佛法

初訥祇王時 沙門墨胡子自高句麗至一善郡 郡人毛禮 於家中作窟室安置 於於時 梁遣使賜衣着香物 君臣不知其香名與其所用 遣人賫香徧問 墨胡子見之 稱其名目曰 此焚之則香氣芬馥 所以達誠於神聖 所謂神聖未有過於三寶 一曰佛陁 二曰達摩 三曰僧伽 若燒此發願則必有靈應 時王女病革 王使胡子焚香表誓 王女之病尋愈 王甚喜餽贈尤厚 胡子出見毛禮 以所得物贈之 因語曰 吾今有所歸 請辭 俄而不知所歸

至毗處王時 有阿道和尙 一作我道 與侍者三人 亦來毛禮家 儀表似黑胡子 住數年無病而死 其侍者三人留住 講讀經律 往往有信奉者 至是 王亦欲興佛教 群臣不信 喋喋騰口舌 王難之 近臣異次頓 或云處道 奏曰 請斬小臣以定衆議 王曰 本欲興道而殺不辜非也 答曰 若道之得行 臣雖死無憾 王於是 召群臣問之 僉曰 今見僧徒 童頭異服 議論奇詭而非常道 今若縱之 恐有後悔 臣等雖卽重罪 不敢奉詔 異次頓獨曰 今群臣之言非也 夫有非常之人 然後有非常之事 今聞佛教淵奧 恐不可不信 王曰 衆人之信牢不可破 汝獨異言 不能兩從 遂下吏將誅之

異次頓臨死曰 我爲法就刑 佛若有神 吾死必有異事 及斬之 血從斷處湧 色白如乳 衆怪之 不復非毁佛事 此據金大問鷄林雜傳所記書之 與韓奈麻金用行所撰我道和尙碑所錄 殊異

15년

처음으로 불법을 시행하였다.

옛날 눌지왕 때, 승려 묵호자가 고구려로부터 와서 일선군一善郡에 이르렀는데, 그곳 군민 모례가 집안에 굴을 파서 방을 만들고 그를 편히 모셨다. 이 때 양梁에서 사신을 파견하여 의복과 향물을 주었으나 임금이나 신하들이 그 향의 이름과 용도를 알지 못하여 사람을 보내 향을 가지고 다니며 물어보게 하였다. 묵호자가 이를 보고 그 이름을 알려주면서 말했다.

"이것을 태우면 향기가 피어나고, 그 정성이 신성神聖한 곳에 이르게 됩니다. 소위 신성神聖이란 3보三寶를 일컫는 것이니, 첫째는 불타佛陀요, 둘째는 달마達摩요, 셋째는 승가僧伽입니다. 이것을 태우며 소원을 기원하면 반드시 영험이 있을 것입니다."

그 때 왕의 딸이 병세가 위독하였다. 왕은 묵호자로 하여금 향을 태우며 표서하게 하였다. 잠시 후 공주의 병이 치유되었다. 왕이 매우 기뻐하여 예물을 아주 후하게 보내주었다. 묵호자가 물러 나와 모례를 보고 그 받은 예물을 주면서, 지금 돌아갈 데가 있어 작별코자 한다고 말하니, 잠시 후 그가 간 곳을 알 수 없었다.

비처왕[3] 때에 이르러 아도阿道 화상이 '阿道'를 '我道'로 쓰기도 한다. 시자 세 사람과 함께 역시 모례의 집으로 왔는데, 그 모습이 묵호자와 흡사하였다. 그는 몇 년 동안 아무 탈 없이 머물다가 죽었는데, 그의 시자 세 사람이 그 집에 계속 살면서 불경과 불법을 강독하니, 믿고 따르는 자들이 왕왕 생겨났다. 이에 따라 왕도 역시 불교를 일으키려 하였으나, 대부분 신하들은 믿지 아니하여 논란이 첩첩이 쌓여 왕이 어려운 지경에 처하게 되자, 근신 이차돈이, 혹은 처도라고도 하는데, 왕에게 아뢰어 말했다.

"청컨대 소신을 참하여 중지를 모우소서."

이에 왕이 말했다.

"본래 불교를 흥하게 하려는 것이었는데, 아무 허물없는 사람을 죽이는 것은 옳지 않다."

이차돈이 답하여 말했다.

"만약 불도가 시행될 수 있다면, 소신이 죽더라도 후회하지 않을 것입니다."

왕이 이에 여러 신하들을 불러 의견을 물으니, 그들은 이구동성으로 말했다.

"요즈음 중의 무리를 보면, 머리를 빡빡 밀고, 기이한 복장을 하였으며, 말하는 것이 기괴하니, 이는 상식적인 도리가 아닙니다. 이제 만약 그들을 내버려둔다면 후회할 일이 생길까 우려됩니다. 저희들은 비록 중죄를 당할지라도 감히 명을 받들 수 없습니다."

이차돈이 홀로 말하였다.

"지금 여러 신하들의 말은 틀렸습니다. 무릇 비상한 사람이 있은 후에야 비상한 일이 있는 것입니다. 이제 불교의 심오한 경지를 들어보면, 이를 믿지 않을 수 없을 것입니다."

이에 왕이 말했다.

"대부분 사람들이 믿고 있는 바를 꺾어 버리지는 못하는 것이고, 너만이 혼자 견해가 다른 말을 하고 있으니, 양쪽을 모두 따를 수는 없다."

마침내 형리로 하여금 그의 목을 베도록 하니, 이차돈이 죽음을 앞두고 말했다.

"나는 불법을 위하여 형을 받는다. 만약 부처가 신이라면, 내가 죽고 나서 반드시 기이한 일이 있을 것이다."

이차돈의 목을 베자, 벤 곳을 따라 피가 솟구쳐 오르는데, 그 색이 젖빛처럼 희었다. 사람들이 이를 괴이하게 여겨 다시는 불사를 비방하거나 헐뜯지 못하였다. 이 기록은 김대문의 계림잡전에 근거하여 서술한 것인데 한내마 김용행이 지은 아도화상비의 기록과는 현저하게 다르다.

3) 비처왕毗處王; 소지왕炤知王을 말한다.(炤知 一云毗處)

十六年

下令禁殺生

16년
명을 내려 살생을 금하였다.

十八年

春三月, 命有司修理堤防

夏四月, 拜伊湌哲夫爲上大等 摠知國事 上大等官始於此 如今之宰相

18년
봄 3월, 해당 부서에 명하여 제방을 수리하였다.

여름 4월, 이찬 철부에게 벼슬을 내려 상대등으로 삼고, 국사를 총괄하게 하였다. 상대등이라는 벼슬이 이때부터 시작되었으니, 지금의 재상과 같다.

十九年

金官國主金仇亥 與妃及三子 長曰奴宗 仲曰武德 季曰武力 以國帑寶物來降 王禮待之 授位上等 以本國爲食邑 子武力仕至角干

19년
금관국 임금 김구해가 왕비 및 그의 세 아들, 맏아들 노종, 둘째 아들 무덕, 막내 아들 무력과 함께 금관국의 보물을 가지고 항복하여 왔다. 왕이 예를 갖추어 그를 대우하여 상등 직위를 주고, 금관국을 식읍으로 주었다. 아들 무력은 벼슬이 각간에 이르렀다.

二十二年

上大等哲夫卒

22년
상대등 철부가 사망하였다.

이십삼년
二十三年

시칭년호운건원원년
始稱年號云建元元年

23년

처음으로 연호를 칭하니, 건원 원년으로 하였다.

이십오년
二十五年

춘정월 교허외관휴가지임
春正月, 敎許外官携家之任

25년

봄 정월, 교지를 내려 외관들이 가족을 데리고 부임하는 것을 허락했다.

이십칠년
二十七年

추칠월 왕훙 시왈법흥 장어애공사북봉
秋七月, 王薨 諡曰法興 葬於哀公寺北峯

27년

가을 7월, 왕이 훙서하니, 시호를 법흥이라 하고 애공사哀公寺 북쪽 봉우리에 장사지냈다.

분석 23 法興王(법흥왕) 514~540 재위기간 26년

○ 6세기 초 신라는 안정기를 구가謳歌하였다.

지증왕에 이어 법흥왕 때까지 전쟁이 없는 평화의 시대가 이어졌고, 특히 법흥왕 때에는 그 흔한 기상이변에 관한 기사조차 없다. 법흥왕은 제도를 정비하고, 특히 이차돈의 순교를 계기로 불교를 받아들여 국론을 통일했다.

○ 八年 기사에는 '遣使於梁貢方物'이라는 기록이 있다. 양梁에 사신을 파견하여 방물을 보냈다는 것이다.

양梁은 남북조시대 '송宋[4]→제齊[5]→양梁[6]→진陳[7]'으로 이어지는 남조 세 번째 나라로 502년에서 557년까지 존속하였는데 신라로부터 사대를 받을 정도로 강력한 국가가 아니었다. 더욱이 신라는 독자적 연호를 사용하고 있었으니, 二十三年 기사에는 '始稱年號云建元元年'이라는 기록이 있다. 처음으로 연호를 정하여, 건원 원년이라고 하였다는 것이다.

그렇다면 양梁이 건국되자 신라에게 먼저 조공을 보냈는데 이에 대한 답례로 신라가 조공을 보낸 것을 전자는 탈루하고 후자만 기록한 것으로 보이며 이점을 감안하여 八年 기사를 해석하여야 할 것이다.

○ 十一年 九月 기사에는 '王出巡南境拓地 加耶國王來會'라는 기록이 있다. 왕이 나가 남쪽을 순행하면서 국경을 개척하니 가야加耶의 국왕이 찾아와서 접견하였다는 것이다.

---

4) 송宋(420년~479년); 송宋은 환현桓玄의 반란을 진압한 유유(劉裕)가 정권을 잡아 결국 420년 동진東晋으로부터 선양을 받아 세운 나라이다. 3대 문제(文帝)가 30년에 가까이 치세하며 나라가 안정되었으나 453년 문제가 황태자에게 살해당하자 혼란에 빠졌다. 그후 효무제가 이를 수습하고 왕위에 올랐으나 효무제 사후 다시 권력 쟁탈전이 일어나 극심한 혼란에 빠지자 창업공신인 소도성(蕭道成)이 이를 정리하여 권력을 독점하고 결국 479년 선양을 받아 제齊를 건국함으로써 송宋은 멸망했다.

5) 제南(479년~502년); 송宋의 소도성蕭道成이 정권을 잡고 순제로부터 선양을 받아 제齊를 건국했다. 북제와 구분하기 위하여 남제南齊라고도 한다. 그 후 남제는 밖으로는 북위에게 패하여 영토를 상실하였으며 안으로는 극단적인 측근정치로 반란이 이어졌다. 특히 500년에 소연蕭衍이 반란을 일으켜 정권을 장악하고 502년 화제로부터 선양을 받아 양梁을 건국함으로써, 제齊는 건국한지 23만에 멸망하였다.

6) 양梁(502년~557년); 제齊가 23년간 지속하는 동안 밖으로는 북위에게 패하여 영토를 상실하고 안으로는 동혼후가 폭정을 일삼아 반란이 이어지자, 이에 500년 소연蕭衍이 반란을 일으켜 정권을 장악하고 502년에는 제齊로부터 선양을 받아 양梁을 건국하였다. 양梁 무제 소연은 문물을 정비하여 안정기를 누렸으나 후반에 이르러 불교에 심취하여 국가 재정이 무너지면서 약화되어, 548년 후경의 난이 일어났다. 이로 인하여 무제가 죽고, 그 후 아들인 원제가 후경을 죽이고 즉위하여 강릉으로 천도하였는데 554년에 서위가 쳐들어와 원제를 죽이고 소찬蕭餐을 옹립하니, 이를 후량後梁이라 부른다. 서위의 괴뢰정권인 후량은 북제가 개입하는 등 혼란이 계속되었지만, 서위・북주北周를 거쳐 수隋가 등장할 때까지 명맥을 유지했다. 반면, 후경의 난을 평정한 진패선陳霸先은 왕승변을 건강에 주둔시켰는데, 555년 북제의 압력으로 소연명을 맞이하여 옹립하자 군사를 일으켜 왕승변을 죽이고 경제를 옹립하였다가 557년 양위를 받아 진陳을 건국하니, 양梁은 멸망하였다.

7) 진陳(557년~589년) ; 양梁의 무장이었던 진패선陳霸先은 후경後景의 난을 진압하는 등 공을 세웠는데, 왕승변王僧弁이 북제北齊에게 동조하자 이를 타도하고 경제를 추대하였다가 557년 선양을 받고 왕위에 올라 진陳을 세웠다. 그러나 밖으로는 서위를 이은 북주에게 한수漢水 유역과 사천성을 빼앗기는 등 국력이 약소했고 안으로는 반대 세력이 남아 있었다. 진패선이 죽고 559년에 형인 문제文帝 내정을 안정시키고 이후 선제宣帝 때 북제를 공격해, 강북으로 영토를 넓히기도 하였지만, 북제를 병합한 북주에서 정권이 교체되면서 수隋가 등장하자, 589년 수隋에 의해 멸망했다.

삼국사기에 따르면, 가야는 원래 신라의 남쪽에 접하고 있었다.[8] 초기 가야의 위치는 오늘날 중국 광동성 일대로 비정된다는 것은 기술한 바와 같다. 가야가 강성할 때에는 신라의 북쪽의 변경인 마두성馬頭城을 침입했던 적도 있었으니 강서성 이북으로 세력이 확대되었던 것으로 보인다.

그런데, 법흥왕은 가야에 대하여 압도적인 힘의 우위를 토대로 압박해가 갔고, 마침내 十九年 금관국 임금 김구해金仇亥는 왕비 및 그의 세 아들, 맏아들 노종, 둘째 아들 무덕, 막내 아들 무력과 함께 금관국의 보물을 가지고 항복하여 왔다. (金官國主金仇亥 與妃及三子長日奴宗仲日武德季日武力 以國帑寶物來降)

8) 출처; 삼국사기 신라본기 파사왕 八年 기사,'西隣百濟南接加耶)

㉔ 眞興王(진흥왕)

540~576 재위기간 36년

眞興王立 諱三麥宗 或作深麥夫 時年七歲 法興王弟葛文王立宗之子也 母夫人金氏 法興王之女 妃朴氏思道夫人 王幼少 王太后攝政

진흥왕이 왕위에 오르니, 이름은 삼맥종三麥宗으로 혹은 심맥부深麥夫라고도 하는데 이 때 나이 아홉 살이었다. 법흥왕의 아우 갈문왕 입종立宗의 아들이요, 어머니는 김씨부인으로 법흥왕의 딸이며, 왕비는 박씨 사도부인思道夫人이다. 왕이 어렸으므로 왕태후가 섭정을 하였다.

元年

八月, 大赦 賜文武官爵一級

冬十月, 地震 桃李華

원년

8월, 대규모 사면을 단행하고 문무관들에게 직위를 한 급씩 올려 주었다.

겨울 10월, 지진이 발생했다. 복숭아나무와 자두나무에 꽃이 피었다.

二年

春三月, 雪一尺 拜異斯夫爲兵部令 掌內外兵馬事 百濟遣使請和 許之

2년

봄 3월, 눈이 한 자나 쌓였다. 이사부에게 벼슬을 내려 병부령으로 삼고, 중앙과 지방의 군사업무를 맡게 하였다. 백제가 사신을 보내와 화친을 청하니, 왕이 이를 허락하였다.

五年

春二月, 興輪寺成

三月, 許人出家爲僧尼奉佛

5년

봄 2월, 흥륜사가 준공되었다.

3월, 사람들이 출가하는 것을 허락하여 부처님을 받들도록 하였다.

六年

秋七月, 伊飡異斯夫奏曰 國史者 記君臣之善惡 示褒貶於萬代 不有修撰 後代何觀 王深然之 命大阿飡居柒夫等 廣集文士 俾之修撰

6년

가을 7월, 이찬 이사부가 왕에게 아뢰었다.

"나라의 역사라는 것은 임금과 신하들의 선악을 기록하여, 옳고 그름을 평가하여 만대 후손들에게 보여 주는 것입니다. 이를 편찬해놓지 않는다면 후손들이 어떻게 볼 수 있겠습니까?"

왕이 깊이 공감하고 대아찬 거칠부 등에게 명하여 문사들을 널리 모으고 그들을 시켜 편찬하게 하였다.

九年

春二月, 高句麗與穢人攻百濟獨山城 百濟請救 王遣將軍朱玲領勁卒三千擊之 殺獲甚衆

9년

봄 2월, 고구려가 예인穢人과 함께 백제의 독산성獨山城을 공격하자, 백제가 구원을 요청하니, 왕은 장군 주령을 보내 경졸勁卒 3천을 거느리고 그들을 공격하게 하여, 많이 죽이고 사로잡아 왔다.

十年

春, 梁遣使與入學僧覺德 送佛舍利 王使百官奉迎興輪寺前路

10년

봄, 양梁이 유학승 각덕과 함께 사신을 보내 부처의 사리를 부치니, 왕이 백관들을 보내 흥륜사 앞길에서 맞이하게 하였다.

十一年

]春正月, 百濟拔高句麗道薩城

三月, 高句麗陷百濟金峴城 王乘兩國兵疲 命伊湌異斯夫出兵擊之

取二城增築 留甲士一千戍之

11년

봄 정월, 백제가 고구려의 도살성道薩城을 빼앗았다.

3월, 고구려가 백제의 금현성金峴城을 점령했다. 왕은 두 나라 군사가 피로한 틈을 이용하여 이찬 이사부로 하여금 그들을 공격하게 하여 두 성을 빼앗아 증축하고, 무장 병사 1천명을 주둔시켜 수비하게 하였다.

十二年

春正月, 改元開國

三月, 王巡守次娘城 聞于勒及其弟子尼文知音樂 特喚之 王駐河臨宮 令奏其樂 二人各製新歌奏之 先是, 加耶國嘉悉王製十二弦琴 以象十二月之律 乃命于勒製其曲 及其國亂 操樂器投我 其樂名加耶琴

王命居柒夫等侵高句麗 乘勝取十郡

12년

봄 정월, 연호를 개국開國으로 바꾸었다.

3월, 왕이 순행 중에 낭성娘城에 묵었는데, 우륵과 그의 제자인 이문이 음악을 잘한다는 소문을 듣고 특별히 그들을 불렀다. 왕은 하림궁에 머무르며 그 음악을 연주하게 하였다. 두 사람은 각각 새 노래를 지어 연주하였다. 이전에 가야국의 가실왕이 12현금을 만들어 열두 달을 의미하는 음률을 구현하고, 우륵에게 명을 내려 그 곡을 짓게 했었는데, 가야국이 혼란스러워지자 악기를 가지고 우리나라로 귀순해오니. 이에 따라 그 악기의 이름을 가야금이라고 하였다.

왕이 거칠부 등에게 명하여 고구려를 공격하게 하니, 승세를 타고 10 개의 군郡을 빼앗았다.

十三年

王命階古注知萬德三人學樂於于勒 于勒量其人之所能 教階古以琴 教法知以歌 教萬德以舞 業成 王命奏之曰 與前娘城之音無異 厚賞焉

13년

왕이 계고, 법지, 만덕 세 사람에게 명하여 우륵에게서 음악을 배우도록 하였다. 우륵은 그들의 재능을 헤아려, 계고에게는 가야금을 가르치고, 법지에게는 노래를 가르치고, 만덕에게는 춤을 가르쳤다. 학업을 이루자 왕이 명하여 연주하게 하고는 전에 낭성娘城에서 듣던 소리와 다름이 없다고 말하며, 후하게 상을 주었다.

十四年

春二月, 王命所司築新宮於月城東 黃龍見其地 王疑之 改爲佛寺 賜號曰皇龍

秋七月, 取百濟東北鄙 置新州 以阿飡武力爲軍主

冬十月, 娶百濟王女爲小妃

14년

봄 2월, 왕이 해당 부서에 명하여 월성月城 동쪽에 새 궁궐을 짓게 하였는데, 그 부지敷地에서 황룡이 나타났다. 왕이 이를 의아하게 여겨서 계획을 바꿔서 절을 짓고, 황룡이라는 이름을 하사하였다.

가을 7월, 백제의 동북 변경을 빼앗아 신주新州를 설치하고, 아찬 무력을 군주軍主로 임명하였다.

겨울 10월, 백제의 왕녀를 취하여 소비小妃로 삼았다.

十五年

秋七月, 修築明活城 百濟王明襛與加良來攻管山城 軍主角干于德伊飡耽知等逆戰失利 新州軍主金武力以州兵赴之 及交戰 裨將三年山郡高于都刀急擊殺百濟王 於是 諸軍乘勝大克之 斬佐平四人 士卒二萬九千六百人 匹馬無反者

15년

가을 7월, 명활성明活城을 수축하였다.

백제왕 명농明禯[9]이 가량加良[10]과 함께 쳐들어와 관산성管山城을 공격하였다. 군주인 각간 우덕과 이찬 탐지 등이 맞서 싸웠으나 불리하였다. 신주新州의 군주 김무력이 주州의 병력을 이끌고 그곳으로 나아가서 신속하게 교전하였는데, 삼년산군三年山郡의 비장인 고간 도도가 급습하여 백제왕을 죽였다. 이 때 모든 군사들이 승세를 타고 크게 이기고, 좌평 네 사람과 사졸 2만 9천6백 명을 참살하니, 말 한 필도 살아서 돌아가지 못했다.

> 십육년
> **十六年**
>
> 춘정월 치완산주어비사벌
> **春正月, 置完山州於比斯伐**

16년

봄 정월, 비사벌比斯伐에 완산주完山州를 신설하였다.

> 동시월
> **冬十月**
>
> 왕순행북한산 탁정봉강
> **王巡幸北漢山 拓定封疆**

겨울 10월

왕이 북한산을 순행하여 국경을 확정하였다.

> 십일월
> **十一月**
>
> 지자북한산 교소경주군 복일년조조 곡사제이죄개원지
> **至自北漢山 教所經州郡 復一年租調 曲赦除二罪皆原之**

11월

왕이 북한산에서 돌아와 교서를 내려, 순행했던 주군州郡에 1년 동안 토지세와 공납을 면제해주고, 해당 지방에 사면령을 내려, 2죄二罪[11]를 제외하고 나머지는 모두 풀어주었다.

9) 명농明禯; 백제 제27대 성왕의 이름이다.

10) 가량加良; 가야를 일컫는 말로 보인다.

11) 2죄二罪; 일죄一罪인 사형死刑에 해당하는 죄와 다음가는 죄인 유형流刑에 해당하는 죄를 이르던 말

十七年

秋七月，置比列忽州 以沙湌成宗爲軍主

17년

가을 7월, 비열홀주比列忽州를 설치하고, 사찬 성종을 그 곳의 군주軍主로 삼았다.

十八年

以國原爲小京 廢沙伐州 置甘文州 以沙湌起宗爲軍主 廢新州 置北漢山州

18년

국원을 소경으로 만들었다. 사벌주沙伐州를 폐하여 감문주甘文州를 설치하고 사찬 기종을 그 곳의 군주로 삼았으며, 신주新州를 폐하고 북한산주北漢山州를 설치하였다.

十九年

春二月，徙貴戚子弟及六部豪民 以實國原 奈麻身得作砲弩上之 置之城上

19년

봄 2월, 귀족의 자제들과 6부의 호민豪民들을 국원國原으로 이주시켜 국원國原을 튼튼하게 하였다. 내마 신득이 포砲와 노弩[12]를 만들어 바치니 이를 성 위에 설치하였다.

二十三年

秋七月，百濟侵掠邊戶 王出師拒之 殺獲一千餘人

九月，加耶叛 王命異斯夫討之 斯多含副之 斯多含領五千騎先馳入栴檀門立白旗 城中恐懼 不知所爲 異斯夫引兵臨之 一時盡降 論功斯多含爲最 王賞以良田及所虜二百口 斯多含三讓 王强之 乃受其生口 放爲良人 田分與戰士 國人美之

12) 노弩; 발사가 용이한 기계식 활을 말한다.

23년

가을 7월, 백제가 변경을 쳐들어와 주민들을 약탈하니, 왕은 군대를 내보내 1천여 명을 죽이거나 사로잡았다.

9월, 가야가 배반하였다. 왕은 이사부에게 명하여 그들을 토벌케 하고, 사다함으로 하여금 이사부를 돕게 하였다. 사다함이 기병 5천을 거느리고 먼저 전단문栴檀門[13]으로 달려 들어가 흰 기를 세우자, 성 사람들 전체가 놀라고 두려워하여 어찌 할 줄을 몰랐다. 이사부가 병사들을 이끌고 그 곳에 도착하니, 그들이 일시에 모두 항복하였다. 공로를 평가하는데 사다함을 으뜸으로 하여 왕이 상으로 좋은 밭과 또 포로 2백 명을 주었다. 사다함은 세 번이나 사양하였지만, 왕이 강권하므로 이에 포로를 받았다. 그러나 사다함은 이들을 풀어주어 양민을 만들고, 밭은 군사들에게 나누어 주었다. 백성들이 이를 아름답게 생각했다.

이십오년
二十五年

견사북제조공
遣使北齊朝貢

25년

사신을 북제北齊에 보내어 조공을 했다.

이십육년
二十六年

춘이월 북제무성황제조 이왕위사지절동이교위락랑군공신라왕
春二月, 北齊武成皇帝詔 以王爲使持節東夷校尉樂浪郡公新羅王

추팔월 명아찬춘부출수국원
秋八月, 命阿飡春賦出守國原

구월 폐완산주 치대야주 진견사유사여승명관래빙 송석씨경론천
九月, 廢完山州 置大耶州 陳遣使劉思與僧明觀來聘 送釋氏經論千

칠백여권
七百餘卷

26년

봄 2월, 북제北齊 무성황제가 조서를 내려 왕을 사지절使持節 동이교위東夷校尉 낙랑군공樂浪郡公 신라왕新羅王으로 삼았다.

가을 8월, (왕이) 아찬 춘부출에게 명하여 국원國原을 지키게 하였다

9월, 완산주를 폐하고 대야주를 설치하였다. 진陳에서 사신 유사와 승려 명관을 파견하여 예방하고, 불경 1천7백여 권을 보내 왔다.

---

13) 전단문栴檀門; 향나무로 만든 문을 말한다.

二十七年

春二月, 祇園實際二寺成 立王子銅輪爲王太子 遣使於陳 貢方物 皇龍寺畢功

27년

봄 2월, 지원사祇園寺와 실제사實際寺가 준공되었다. 왕자 동륜을 왕태자로 봉하였다. 사신을 진陳에 파견하여 방물方物을 보냈다. 황룡사皇龍寺가 준공되었다.

二十八年

春三月, 遣使於陳 貢方物

28년

봄 3월, 사신을 진陳에 파견하여 방물方物을 보냈다.

二十九年

改元大昌

夏六月, 遣使於陳 貢方物

冬十月, 廢北漢山州 置南川州 又廢比列忽州 置達忽州

29년

연호를 대창大昌으로 고쳤다.

여름 6월, 사신을 진陳에 파견하여 방물方物을 보냈다.

겨울 10월, 북한산주를 폐하고 남천주를 설치하였다. 또한 비열홀주를 폐하고 달홀주를 설치하였다

三十一年

夏六月, 遣使於陳 獻方物

31년

여름 6월, 사신을 진陳에 파견하여 방물方物을 바쳤다.

三十二年

遣使於陳 貢方物

32년

사신을 진陳에 파견하여 방물方物을 보냈다.

三十三年

春正月, 改元鴻濟

三月, 王太子銅輪卒 遣使北齊朝貢

冬十月, 二十日 爲戰死士卒 設八關筵會於外寺 七日罷

33년

봄 정월, 연호를 홍제鴻濟로 고쳤다.

3월, 왕태자 동륜銅輪이 죽었다. 사신을 북제北齊에 보내어 조공을 했다.

겨울 10월, 20일에 전사한 사졸을 위하여, 지방에 있는 절에서 팔관 연회를 열었는데, 7일 만에 끝냈다.

三十五年

春三月, 鑄成皇龍寺丈六像 銅重三萬五千七十斤 鍍金重一萬一百九十八分

35년

봄 3월, 황룡사의 장륙상丈六像[14]의 주조를 완성하였는데, 구리의 중량이 3만 5천7근이었으며, 도금한 금의 중량이 1만 1백9십8푼이었다.

三十六年

春夏, 旱 皇龍寺丈六像出淚至踵

36년

봄과 여름, 가뭄이 들었다. 황룡사의 장륙상丈六像이 눈물을 흘렸는데, 발꿈치까지 내려왔다.

---

14) 장륙상丈六像; 높이가 일장 육척一丈六尺인 불상佛像.

三十七年

春, 始奉源花

初君臣病無以知人 欲使類聚群遊 以觀其行義 然後擧而用之 遂簡美女二人 一曰南毛 一曰俊貞 聚徒三百餘人 二女爭娟相妬 俊貞引南毛於私第 強勸酒至醉 曳而投河水以殺之 俊貞伏誅 徒人失和罷散

其後更取美貌男子粧飾之 名花郎以奉之 徒衆雲集 或相磨以道義 或相悅以歌樂 遊娛山水 無遠不至 因此知其人邪正 擇其善者 薦之於朝

37년

봄, 처음으로 원화源花를 두었다.

초기에, 임금과 신하들은 인재가 없어서 걱정하고, 무리를 모아 여럿이 모여 어울리도록 하여 행동하는 모습을 살펴본 연후에 천거하여 임용하기로 하였다. 마침내 미녀 두 사람을 간택하니 하나는 남모南毛요, 또 하나는 준정俊貞이다. 3백여 명의 무리를 모으기도 하였으나, 두 여자가 아름다움을 다투어 서로 투기하더니, 준정이 남모를 자기 집으로 유인하여 술을 강권하여 취하게 한 후 끌어내어 강물에 던져 살해하였다. 준정은 참형에 처해지고, 무리들은 구심점을 잃고 흩어졌다.

그 후 다시 미모의 남자를 뽑아 곱게 단장하고 '화랑'이라는 명칭으로 그를 받들게 하니 무리들이 구름처럼 모여 들었다. 더러는 도의를 서로 연마하고, 더러는 노래와 음악을 서로 즐기면서 산수를 유람하며 즐겨, 먼 곳이라도 그들의 발길이 닿지 않은 곳이 없었다. 이러한 과정에서 그 사람이 그른지 바른지를 알게 되니, 그 중에서 선량한 인물을 가려 조정에 추천하였다.

故金大問花郎世記曰 賢佐忠臣 從此而秀 良將勇卒 由是而生

崔致遠鸞郎碑序曰 國有玄妙之道 曰風流 設敎之源備詳仙史 實乃包含三敎 接化群生 且如入則孝於家 出則忠於國 魯司寇之旨也 處無爲之事 行不言之敎 周柱史之宗也 諸惡莫作 諸善奉行 竺乾太子之化也

唐令狐澄新羅國記曰 擇貴人子弟之美者 傳粉粧飾之 名曰花郎 國人皆尊事之也

김대문의 '화랑세기'는 다음과 같이 전한다.

"어진 재상과 충신은 여기를 거쳐 성장했고, 훌륭한 장수와 용감한 병사들은 이로 말미암아 생겼다."

최치원의 난랑비서문에는 다음과 같이 전한다.

"우리나라에는 현묘한 도가 있으니, 이를 풍류라고 한다. 풍류도의 기원에 대한 설명은 선사仙史에 자세히 밝혀져 있는데, 실상은 유불선의 세 가지 교를 포함하며, 중생을 교화하자는 것이다. 이를테면 집에서는 효도하고, 집밖에 나아가서는 나라에 충성하는 것은 노사구魯司寇[15] 공자의 뜻이요, 무리 없이 일을 처리하고 말없이 행동하는 것은 주주사周柱史[16] 노자의 뜻이요, 모든 악업을 짓지 말고, 모든 선행을 받들어 행하는 것은 축건태자竺乾太子[17] 석가의 가르침과 같은 것이다."

당唐 영고징의 신라국기에는 다음과 같이 전한다.

"귀인의 자제 중에서 훌륭한 자를 선발하여 곱게 꾸민 다음, 이름을 화랑이라 하여 백성들이 모두 떠받들어 섬겼다."

안홍법사입수구법 여호승비마라등이승회 상능가승만경급불사리
安弘法師入隋求法 與胡僧毗摩羅等二僧廻 上稜伽勝鬘經及佛舍利

안홍 법사가 수隨에 들어가 불법을 공부하고, 호승胡僧 비마라 등 승려 2명과 함께 돌아와 '능가승만경'과 부처님 사리를 바쳤다.

추팔월
秋八月

왕훙 시왈진흥 장우애공사북봉 왕유년즉위 일심봉불 지말년축발
王薨 諡曰眞興 葬于哀公寺北峯 王幼年卽位 一心奉佛 至末年祝髮

피승의 자호법운 이종기신 왕비역효지위니 주영흥사 급기훙야 국
被僧衣 自號法雲 以終其身 王妃亦効之爲尼 住永興寺 及其薨也 國

인이예장지
人以禮葬之

가을 8월, 왕이 훙서하니, 시호를 진흥이라 하고 애공사 북쪽 봉우리에 장사지냈다.

왕은 어려서 왕위에 올랐다. 그는 한마음으로 부처를 받들었다. 말년에 와서는 삭발을 하고 가사를 입고 법운이라는 법명을 스스로 지어 부르며 생애를 마쳤다. 왕비도 역시 이를 본받아 승려가 되어 영흥사에서 살았다. 그녀가 세상을 떠나자 백성들이 예를 갖추어 장사지냈다.

15) 노사구魯司寇; 사구司寇는 魯나라의 고위관직으로 오늘날 大法院長과 같은 자리다. 공자가 처음으로 등용되었다고 하여 노사구魯司寇는 공자를 지칭하는 뜻으로 쓰인다.

16) 주주사周柱史; 주사(柱史)란 주대周代 장서실藏書室을 맡아보던 관직이다. 노자老子가 이직을 맡은 적이 있어 주주사周柱史는 노자老子를 지칭하는 말로 쓰인다.

17) 축건태자竺乾太子; 석가모니는 출가 전 축건국竺乾國의 태자였다.

○ 백제와의 관계를 먼저 살펴보자.

신라는 儒禮王 이후 백제와의 우호관계를 발전시켜 왔는데, 진흥왕 때에도 양국이 동맹관계를 유지하고 있었다. 九年 二月, 高句麗가 穢人과 함께 百濟 독산성獨山城을 공격하자 百濟의 요청에 응하여 백제를 구원한 것을 보면 이를 잘 알 수 있다.

그런데 진흥왕 十一年 正月에 백제가 고구려의 도살성道薩城을 빼앗자, 3월에는 고구려가 백제의 금현성金峴城을 점령하였는데 진흥왕은 두 나라 군사가 피로한 틈을 이용하여 두 성을 모두 빼앗았다. 나아가 진흥왕 12년에는 거칠부居柒夫 등에게 명하여 고구려를 침공하여 10군을 빼앗았다.

진흥왕 十四年 七月 기사에 '取百濟東北鄙 置新州'라는 기록이 있다. 백제의 동북 변경을 빼앗아 신주新州를 설치하였다는 것이다. 이에 十五年 七月 백제왕 명농[18]이 가량[19]과 함께 쳐들어와 관산성管山城을 공격하였는데, 군주인 각간 우덕과 이찬 탐지 등이 맞서 싸웠으나 불리하자 신주新州의 군주 김무력이 주병을 이끌고 그곳으로 나아가 결국 삼년산군三年山郡의 비장인 고간 도도가 급습하여 백제왕을 죽였다는 것이다.

	3국접경	비고
진흥왕	독산성獨山城 도살성道薩城 금현성金峴城 관산성管山城	신주新州

十八年 기사에는 '廢新州 置北漢山州'라는 기록이 있다. 신주新州를 폐하고 북한산주北漢山州를 설치하였다는 것이다.

기사를 분석해보면, 獨山城・道薩城・金峴城은 고구려・백제・신라 3국의 접경에 있었고, 이 일대를 신라가 차지하여 신주新州가 설치된 것임을 알 수 있다. 그런데, 신주新州는 北漢山州에 이어 南川州로 다시 北漢山州로 개칭되었다가 경덕왕 때 漢州로 개칭하였는데, 그 이후 기록을 검토해보면 漢山州로 개칭되기도 하였던 것으로 보인다.

진흥왕 十六年 正月 기사에 '置完山州於比斯伐'이라는 기록이 있다. 비사벌比斯伐에 완산주完山州를 신설하였다는 것이다.

성왕의 죽음을 전후하여 新州와 完山州가 차례로 설치되었다는 것은 이 지역의 전부 또는 일부가 백제로부터 탈취한 지역이라 할 수 있다. 그런데, 진흥왕 二十六年 九月 기사에는 '廢完山州 置大耶州'라는 기록이 있다. 완산주를 폐하고 대야주를 설치하였다는 것이다. 완산은 구도시, 대야는 부근에 새로 조성한 신도시 정도로 해석된다. 그리하여 주명州名이 완산주에서 대야주로 바뀐 것으로 보인다.

삼국사기 신라본기 진흥왕 12년 冬十月 기사에는 '娶百濟王女爲小妃'라는 기록이 있고, 삼국사기 백제본기에는 성왕 31년 冬十月 기사에는 '王女歸于新羅'란 기사가 있

18) 명농明襛; 백제 제27대 성왕

19) 가량加良; 가야를 일컫는 말이다.

다. '娶'란 장가들다, '歸'란 시집가다는 의미이다. 그렇다면 진흥왕이 성왕을 배신하여 고구려·백제·신라 3국의 접경지역을 탈취하였음에도 성왕이 진흥왕을 사위로 삼고 포용하였음을 알 수 있다.

그런데, 十五年 七月, 갑자기 百濟의 성왕이 신라를 대대적으로 공격하기 시작했다. 그 이유가 무엇일까? 아마도 小妃의 신변에 어떠한 변괴가 있었거나 小妃와 관련한 정치적인 음모가 있었을 것이다.

삼국사기 신라본기 진흥왕 十五年 七月 기사에 따르면, 聖王이 가야군과 함께 管山城을 공격하고, 다급한 신라는 新州의 金武力 부대를 증파하여 구원한다. 그리고 都刀에 의하여 성왕이 죽었다고 기록되어 있다. 그런데 백제본기에 따르면 군대를 격려하고자 이동 중이던 聖王을 구천狗川에서 기습하여 살해하였는데, 그 후 사체 처리 방식이 너무 잔혹하여 백제와 영원히 돌이킬 수 없는 사이가 되었음을 알 수 있다. 고대국가 사이의 전쟁에서 왕은 왕을 죽이지 않는다는 것은 일종의 불문율이다. 왕이 전쟁 중에 전사하는 경우는 왕왕 있어도 사로잡힌 왕을 죽이는 경우는 극히 드문 일이다. 무릇 싸움에도 룰[rule]이 있고, 금도가 있는 법이다. 특히 성왕은 약조를 어긴 진흥왕에게 딸까지 주며 포용하려 한 것으로 보이는데, 그렇다면 진흥왕에게 있어 성왕은 배우자의 직계존속이니 진흥왕은 존속살해의 패륜을 저지른 것이 아닌가?

진흥왕의 배신과 패륜의 대외정책은 신라를 국제적으로 완전히 고립시켰다. 신라는 이후 약 100년이 넘는 기간 동안 고구려와 백제로부터 지속적인 침략에 시달리게 되었고 중원의 주인이 바뀔 때마다 머리를 땅에 조아려야 했다. 그러나 멸망 직전까지 내몰렸던 신라는 극적으로 당을 끌어들이는데 성공하고 백제가 멸망하게 되었지만, 오히려 당은 백제의 왕조를 유시하려 했고, 신라는 당으로부터 갖은 수모를 당한 끝에 국운을 걸고 당과 일전을 벌여야 했다.

연도	국왕	내용	계기
63년~105년	탈해왕-다루왕	충돌	백제의 남진으로 인한 충돌 -낭자곡성
105년~165년	파사왕-기루왕	우호	신라의 강좌지역 공략과 백제의 중원지역 확보
165년~337년	아달라왕-개루왕	충돌	신라의 강좌지역, 백제의 중원지역 평정으로 인한 접경분쟁 - 길선의 망명
337년~554년	흘해왕-비류왕	우호	북쪽변경의 정세변경(오호五胡의 남하)
554년~660년	진흥왕-성왕	충돌	한수漢水 일대의 영토분쟁과 진흥왕의 배신

○ 진흥왕 二十五年 기사에는 '遣使北齊朝貢'이라는 기록이 있다. 사신을 북제北齊에 보내어 조공을 했다는 것이다. 북제北齊(550년~577년)는 남북조 시대 북조(북위→동위·서위 → 북제·북주) 중 하나로 선비족[20] 고씨高氏에 의해 건국되었다. 강력한

20) 선비鮮卑(Xianbei); 흉노의 일파로서 흉노가 내부 항쟁을 겪어 남북으로 분열되고 이 중 남흉노南匈奴가 후한에 귀순하자(AD 48) 흉노에서 이탈하였다. 이후 선비는 내몽골 지방을 중심으로 점차 세력을 키우고 남하를 거듭하여

국가도 아니었고, 오래 존속된 나라도 아니었다.

아마도 북제가 먼저 건국 인사 차원에서 신라에 조공을 하였고, 이에 신라가 답례를 한 것인데, 북제서北齊書와 책부원귀册府元龜가 의도적으로 전자는 기록하지 아니한채 후자만 기록한 것을 김부식이 삼국사기에 그대로 전재轉載함으로써 마치 신라가 북제를 상국으로 모신 것 같이 보이게 된 것이다. 춘추필법의 전형이다.

이어 二十六年 二月 기사에는 '北齊武成皇帝詔 以王爲使持節東夷校尉樂浪郡公新羅王'이라는 기록이 있다. 북제北齊 무성황제가 조서를 내려 왕을 사지절使持節[21] 동이교위東夷校尉 낙랑군공樂浪郡公 신라왕新羅王으로 삼았다는 것이다. 양국 사이에 국제적 교차승인을 한 것인데 신라가 북제를 승인한 사실은 불기재하고 북제가 신라를 승인한 사실만 부풀려 기재함으로써 마치 신라 진흥왕이 북제로부터 분봉을 받은 것처럼 기술하고 있는 것이니 이 역시 춘추필법을 감안하여 해석해야 한다.

그런데 여기서 주목할 것이 있다. 동이교위東夷校尉란 동이東夷 지역에 대한 지배권을 의미하고, 낙랑군공樂浪郡公은 낙랑樂浪 지역에 대한 지배권을 인정한다는 뜻이며, 신라왕新羅王이란 신라新羅에 대한 주권을 확인한다는 의미이다.

사실 동이교위東夷校尉, 낙랑군공樂浪郡公, 신라왕新羅王은 동어반복으로, 「동이東夷 ≒ 낙랑樂浪 ≒ 신라新羅」라는 등식관계가 성립한다. 따라서 진흥왕 二十六年 二月 기사는 낙랑樂浪이 신라의 영토라는 뜻으로 해석된다.

그런데 이미 상술한 바와 같이 낙랑樂浪은 서안西安의 동쪽으로 동이족이 살던 지역을 널리 일컫던 말로서 전한前漢 시대에는 산서성山西省 남부 또는 하남성河南省 일대에 군郡을 설치했다하여 이를 낙랑군樂浪郡이라 하였는데, 전한前漢 말 이후에는 이 지역 지배층이 독자적으로 정치세력화하여 하북성河北省 북부에서 요녕성遼寧省 서남부까지 세력이 미쳤으나 고구려 대무신왕에게 정복당하고 난 후, 잔존세력들이 화려華麗·불내不耐 등지로 달아났고, 그 후 基臨王 三年에 결국 신라에 병합된 사실을 기술한 바 있다.

그렇다면, 진흥왕이 사지절使持節 동이교위東夷校尉 낙랑군공樂浪郡公 신라왕新羅王으로 불렸다는 것은 당시 신라의 영토가 산서성山西省 남부 또는 하남성河南省 일대를 아우르고 있었다는 것을 의미한다. 결국 진흥왕은 산서성山西省 남부와 하남성河南省 일대를 백제로부터 빼앗아 신주新州를 설치했던 것으로 보인다.

또한, 진흥왕 二十六年 九月 진陳에서 사신 유사와 승려 명관을 파견하여 예방하고, 불경 1천7백여 권을 보내오자, 二十七年 二月 사신을 진陳에 파견하여 방물方物을 보냈는데, 이후 二十八年 三月, 二十九年 六月, 三十一年 六月, 그리고 三十二年에도 사신을 진陳에 파견하여 방물方物을 보냈다. 역시 같은 맥락에서 이해하여야 한다.

위진남북조시대에는 중국에 북위 등의 나라를 세웠고, 이어 수·당을 세우며 결국 중원을 장악하였다.

21) 사지절使持節; 권한을 나타내는 증표인 지절持節을 행사하도록 하였다는 뜻으로 간단히 말하면, 권한을 수여했다는 의미이다.

㉕ 眞智王(진지왕)

576~579 재위기간 3년

眞智王立 諱舍輪 或云金輪 眞興王次子 母思道夫人 妃知道夫人 太子早卒 故眞智立

진지왕眞智王이 왕위에 오르니, 이름은 사륜舍輪으로, 혹은 금륜金輪이라고도 한다. 진흥왕의 둘째 아들이요, 어머니는 사도부인, 왕비는 지도부인인데, 태자가 일찍 죽었으므로 진지가 왕위에 오른 것이다.

元年

以伊飡居柒夫爲上大等 委以國事

원년

이찬 거칠부를 상대등으로 임명하여 국사를 맡겼다.

二年

春二月, 王親祀神宮 大赦

冬十月, 百濟侵西邊州郡 命伊飡世宗出師 擊破之於一善北 斬獲三千七百級 築內利西城

2년

봄 2월, 왕이 친히 신궁神宮에 제사지내고 대규모 사면을 단행했다.

겨울 10월, 백제가 서쪽 변경의 주·군을 침범하자, 이찬 세종에게 명하여 군사를 이끌고 나가게 하여, 일선一善 북쪽에서 이들을 격파하고, 3천7백 명을 참수하여 수급을 획득했다. 내리서성內利西城을 쌓았다.

三年

秋七月, 遣使於陳 以獻方物 擧百濟閼也山城

3년

가을 7월, 진陳[22]에 사신을 보내고 방물方物을 바쳤다. 백제의 알야산성閼也山城을 점령하였다

사 년
四年

춘 이 월 백 제 축 웅 현 성 송 술 성 이 경 산 산 성 마 지 현 성 내 이 서 성 지 로
春二月, 百濟築熊峴城松述城 以梗蒜山城麻知峴城內利西城之路

추 칠 월 십 칠 일 왕 훙 시 왈 진 지 장 우 영 경 사 북
秋七月, 十七日 王薨 謚曰眞智 葬于永敬寺北

4년

봄 2월, 백제가 웅현성과 송술성을 쌓으니, 산산성·마지현성·내리서성이 고립되었다.

가을 7월, 17일에 왕이 훙서하니 시호를 진지眞智라 하고 영경사 북쪽에 장사지냈다.

22) 진陳; 남북조시대 '송宋→제齊→양梁→ 진陳'으로 이어지는 남조 마지막 나라. 존속기간 557년~589년

분석 25 眞智王(진지왕) 576~579 재위기간 3년

❍ 진지왕 즉위 기사에는 '太子早卒 故眞智立'이라는 기록이 있다. 태자가 일찍 죽어 이에 진지가 왕위에 올랐다는 것이다. 화랑세기에 따르면 진흥왕의 장자인 태자 동륜은 아버지 진흥왕의 후궁인 보명궁주[23] 미실美室과 몰래 간통하였는데, 하루는 보명궁주를 만나려 담을 넘다 개에게 물려 죽었다고 한다.

❍ 진지왕 때, 신라의 서쪽 변경을 살펴보자. 진흥왕의 배신과 패륜의 대외정책은 백제의 침략을 불렀다.

진지왕 二年 十月에는 百濟가 서쪽 변경을 공략하니 일선一善 북쪽에서 이를 격퇴하고 내이서성內利西城을 쌓았고, 진지왕 三年 七月에는 百濟의 알야산성閼也山城을 점거했다.

그러나, 진지왕 四年 二月, 百濟가 웅현성熊峴城·송술성松述城을 쌓자, 산산성蒜山城·마지현성麻知峴城·내이서성內利西城이 고립되었다.

여기서 一善은 서쪽 변경의 지방이며, 부근에 백제의 알야산성閼也山城·웅현성熊峴城·송술성松述城과 신라의 산산성蒜山城·마지현성麻知峴城·내이서성內利西城이 마주보고 있었던 것으로 보인다.

	서쪽변경	비고
진지왕	알야산성閼也山城·웅현성熊峴城·송술성松述城 산산성蒜山城·마지현성麻知峴城·내이서성內利西城	일선一善

❍ 신라의 외교정책을 살펴보자.

진지왕 三年 七月 기사에는 '遣使於陳 以獻方物'이라는 기록이 있다. 진陳에 사신을 보내고 방물方物을 바쳤다는 것이다.

진陳이 신라에 조공을 한 것은 빼고, 신라가 조공한 기록만 기술되어 있다. 춘추필법으로 편찬된 진서陳書의 내용을 김부식이 가감 없이 전재한 것이니 이를 감안하여 해석하여야 한다. 진陳은 남북조시대 '송宋 → 제齊 → 양梁 → 진陳'으로 이어지는 남조의 마지막 나라이다. 사실 진陳은 557년에서 589년까지 불과 30여년 지속된 나라로 신라로부터 사대事大를 받을 정도로 강력한 국가가 아니었기 때문에 진陳에 방물方物을 보낸 것은 말 그대로 외교적 의례이거나 제사적祭祀的 의미 밖에는 없는 것이다.

❍ 진지왕 편의 마지막 기사인 四年 七月 十七日 기사는 '王薨 謚曰眞智 葬于永敬寺北'이라고만 기록한다.

왕이 홍서하니 시호를 진지眞智라 하고 영경사 북쪽에 장사지냈다는 것이다. 그런데 삼국유사에 따르면, 국정이 어지럽고 문란하여 나라 사람들이 그를 폐위하였고, 1개월 후 홍서한 것이라 한다. 또, 화랑세기에는 미실을 왕후로 하겠다는 약속을 지키지 아니하여 미실과 사도태후가 결의하여, 노리부를 앞세워 폐위시켰다고 한다.

진흥왕의 장자와 차자가 요절하거나 비참하고 부끄러운 생을 마감하게 된 것이다.

23) 보명궁주(寶明宮主); 법흥왕의 외손녀로 진흥왕의 후궁이다. 진흥왕의 장자인 태자 동륜과 사통하였으며, 그 후 진지왕의 후궁의 되었고, 또, 진평왕의 후궁이 되었다.

26 眞平王(진평왕)

579~632 재위기간 53년

眞平王立 諱白淨 眞興王太子銅輪之子也 母金氏萬呼夫人 一云萬內 葛文王立宗之女 妃金氏摩耶夫人 葛文王福勝之女 王生有奇相 身體長大 志識沉毅明達

진평왕이 왕위에 오르니, 이름이 백정으로, 진흥왕 태자 동륜의 아들이요, 어머니는 김씨 만호 부인으로 만내萬內라고도 하였다. 갈문왕 입종立宗의 딸이고, 왕비는 김씨 마야부인으로 갈문왕 복승福勝의 딸이다. 왕은 선천적으로 생김새가 특이하고, 신체가 장대하였으며, 의지가 굳고 식견이 깊어 사리에 밝았다.

元年

八月, 以伊飡弩里夫爲上大等 封母弟伯飯爲眞正葛文王國飯爲眞安葛文王

원년

8월, 이찬 노리부弩里夫를 상대등으로 삼았다. 동복아우인 백반伯飯은 진정眞正 갈문왕에 봉하고, 국반國飯을 진안眞安 갈문왕에 봉했다.

二年

春二月, 親祀神宮 以伊飡后稷爲兵部令

2년

봄 2월, 친히 신궁神宮에 제사를 지냈다. 이찬 후직을 병부령으로 삼았다.

三年

春正月, 始置位和府 如今吏部

3년

봄 정월, 처음으로 위화부位和府를 설치하였는데, 지금의 이부吏部와 같은 것이다.

五年

春正月，始置船府署 大監弟監各一員

5년

봄 정월, 처음으로 선부서船府署를 설치하고, 대감과 제감 각 한 명씩을 두었다.

六年

春二月，改元建福

三月，置調府令一員 掌貢賦 乘府令一員 掌車乘

6년

봄 2월, 연호를 건복建福으로 고쳤다.

3월, 조부령 한 명을 두어 공납과 부역에 관한 사무를 관장하게 하고, 승부령 한 명을 두어 수레에 관한 일을 맡게 하였다.

七年

春三月，旱 王避正殿 減常膳 御南堂親錄囚

秋七月，高僧智明入陳求法

7년

봄 3월, 가뭄이 들자 왕이 정전正殿에 거처하지 아니하고 식사량을 줄였으며, 남당南堂에서 친히 죄수를 살폈다.

가을 7월, 고승 지명이 불법을 연구하기 위하여 진陳에 갔다.

八年

春正月，置禮部令二員

夏五月，雷震 星殞如雨

8년

봄 정월, 예부령 두 명을 두었다

여름 5월, 우레가 진동을 했다. 별이 비처럼 떨어졌다.

九年

秋七月, 大世仇柒二人適海 大世奈勿王七世孫 伊飡冬臺之子也 資俊逸 少有方外志 與交遊僧淡水曰 在此新羅山谷之間 以終一生 則何異池魚籠鳥不知滄海之浩大山林之寬閑乎 吾將乘桴泛海 以至吳越 侵尋追師 訪道於名山 若凡骨可換 神仙可學 則飄然乘風於泬寥之表 此天下之奇遊壯觀也 子能從我乎 淡水不肯 大世退而求友 適遇仇柒者 耿介有奇節 遂與之遊南山之寺 忽風雨落葉泛於庭潦 大世與仇柒言曰 吾有與君西遊之志 今各取一葉爲之舟 以觀其行之先後 俄而大世之葉在前 大世笑曰 吾其行乎 仇柒勃然曰 予亦南兒也 豈獨不能乎 大世知其可與 密言其志 仇柒曰 此吾願也 遂相與爲友 自南海乘舟而去 後不知其所往

9년

가을 7월, 대세大世와 구칠仇柒 두 사람이 바다로 나아갔다. 대세大世는 내물왕 7대 손으로 이찬 동대冬臺의 아들이니, 자질이 준수하고 빼어났다. 소싯적부터 밖으로 뜻이 있어 승려 담수와 사귀고 어울리면서 말했다.

"이 신라의 산골에서 일생을 마친다는 것은, 못 속의 고기나 새장 속의 새가 바다의 광활함이나 산림의 넓고 고요함을 모르는 것과 어찌 다르겠는가? 나는 장차 뗏목을 타고 바다를 떠다니다 오월吳越에 도달하여 나아가 스승을 구할 것이며, 명산에서 도를 찾을 것이다. 만약 평범함을 바꾸어 신선이 되어 학문을 할 수 있다면, 표표히 바람을 타고 텅 빈 하늘을 날아다닐 것이다. 이것이야 말로 천하의 유람이니, 장관일 것이다. 그대는 나를 따를 수 있겠는가?"

그러나 담수는 이에 따르지 않았다. 대세大世는 그를 떠나 다시 친구를 찾았다. 때마침 구칠仇柒이라는 사람을 만났는데, 강직하고 절개가 있어 마침내 함께 남산에 있는 절을 유람하였다. 그런데 갑자기 비바람이 불어와 낙엽이 떨어져 정원의 연못에 떠다니고 있었다. 대세大世가 구칠仇柒에게 말했다.

"나는 그대와 함께 서방西方을 유람하고자 한다. 이제 우리가 나뭇잎 하나씩을 주워 이를 배로 삼아 누구의 것이 먼저 가는지 보자."

잠시 후에 대세大世의 잎사귀가 앞서자 대세가 웃으면서 말하길, '내가 간다!'라고 하니, 구칠仇柒이 버럭 화를 내며 '나 또한 사나이이다. 어찌 혼자만 못 가리오.'라고 하였다.

대세大世는 구칠仇柒이 같이 행동을 할 만한 사람임을 알게 되어, 은근히 자신의 뜻을 말하였는데, 구칠仇柒이 말하길, '그것이 바로 내 소원이다.'라고 하고, 마침내 서로 친구가 되어 배를 타고 남해를 떠나니, 그 후로 사람들은 그들이 간 곳을 알지 못했다.

十年

冬十二月, 上大等弩里夫卒 以伊飡首乙夫爲上大等

10년

겨울 12월, 상대등 노리부가 죽으니, 이찬 수을부를 상대등으로 삼았다.

十一年

春三月, 圓光法師入陳求法

秋七月, 國西大水 漂沒人戶三萬三百六十 死者二百餘人 王發使 賑恤之

11년

봄 3월, 원광법사가 진陳에 들어가 불법을 연구하였다.

가을 7월, 서쪽 지방에 홍수가 났다. 유실된 민가가 3만 3백6십호, 사망자가 2백여 명이었다. 왕이 사자를 보내 진휼하여 주었다.

十三年

春二月, 置領客府令二員

秋七月, 築南山城 二千八百五十四步

13년

봄 2월, 영객부령 두 명을 두었다.

가을 7월, 남산성南山城을 쌓았다. 그 둘레가 2천8백5십4보[24]였다.

十五年

秋七月, 改築明活城 周三千步 西兄山城 周二千步

---

24) 1.386m× 2,854보 ≒ 3.95km

15년

가을 7월, 명활성明活城을 개축하였다. 그 둘레가 3천 보[25]였다. 서형산성西兄山城은 둘레가 2천 보[26]였다.

十六年

隋帝詔 拜王爲上開府樂浪郡公新羅王

16년

수隋[27] 양견楊堅[28]이 조칙을 내리니, 왕에게 벼슬을 내려 상개부上開府 낙랑군공樂浪郡公 신라왕新羅王으로 삼았다.

十八年

春三月, 高僧曇育入隋求法 遣使如隋 貢方物

冬十月, 永興寺火 延燒三百五十家 王親臨救之

18년

봄 3월, 고승 담육이 수隋에 가서 불법을 연구하였다. 수隋에 사신을 파견하여 방물方物을 보냈다.

겨울 10월, 영흥사永興寺에 화재가 발생하여 3백50호가 불에 타니, 왕이 친히 나가서 이들을 구제하였다.

十九年

三郎寺成

19년,

삼랑사三郎寺가 존공되었다.

25) 1.386m× 3,000보 ≒ 4.16km

26) 1.386m× 2,000보 ≒ 2.77km

27) 수隋; AD 581~619

28) 양견楊堅; 수隋의 초대 王이다.

二十二年

高僧圓光隨朝聘使奈麻諸文大舍橫川還

22년

고승 원광이 수隋의 조빙사 내마 제문과 대사 횡천을 따라 돌아왔다.

二十四年

遣使大奈麻上軍入隋 進方物

秋八月, 百濟來攻阿莫城 王使將士逆戰 大敗之 貴山箒項死之

九月, 高僧智明隨入朝使上軍還 王尊敬明公戒行爲大德

24년

대내마 상군을 사신으로 수隋에 파견하여 방물方物을 보냈다.

가을 8월, 백제가 아막성阿莫城을 공격하였다. 왕이 장병들로 하여금 맞서 싸우게 하여 그들을 대파하였다. 귀산과 추항이 여기에서 전사하였다.

9월, 고승 지명이 수隋에 사신으로 갔던 상군을 따라 돌아왔다. 왕이 지명공의 계행을 존경하여 대덕으로 삼았다.

二十五年

秋八月, 高句麗侵北漢山城 王親率兵一萬以拒之

25년

가을 8월, 고구려가 북한산성北漢山城을 침범하였다. 왕이 친히 병사 1만을 거느리고 나아가 그들을 막았다.

二十六年

秋七月, 遣使大奈麻萬世惠文等朝隋 廢南川州 還置北漢山州

26년

가을 7월, 사신 대나마 만세·혜문 등을 보내어 수隋에 조공하였다. 남천주를 폐하고, 다시 북한산주를 설치하였다

二十七年

春三月, 高僧曇育隨入朝使惠文還

秋八月, 發兵侵百濟

27년

봄 3월, 고승 담육이 수隋에 사절로 갔던 혜문을 따라 돌아왔다.

가을 8월, 군사를 보내 백제를 침공하였다.

三十年

王患高句麗屢侵封埸 欲請隋兵以征高句麗 命圓光修乞師表 光曰 求自存而滅他 非沙門之行也 貧道在大王之土地 食大王之水草 敢不惟命是從 乃述以聞

二月, 高句麗侵北境 虜獲八千人

四月, 高句麗拔牛鳴山城

30년

왕은 고구려가 자주 국토를 침범하는 것을 걱정하여 수隋의 병역으로 하여금 고구려를 치도록 요청하고자 하였다. 왕은 원광으로 하여금 걸사표乞師表를 쓰게 하니, 원광이 말했다.

“자기가 살기 위하여 남을 멸하는 것은 사문沙門[29]의 행실이 아니지만, 소승이 대왕의 땅에서 살고 대왕의 땅에서 나는 물과 곡식을 먹고 있으니, 어찌 감히 명을 따르지 않겠습니까?”

이에 곧 글을 지어 올렸다.

2월, 고구려가 북쪽 변경을 침범하여 8천 명을 잡아갔다.

4월, 고구려가 우명산성牛鳴山城을 점령하였다.

三十一年

春正月, 毛只嶽下地燒 廣四步 長八步 深五尺 至十月十五日滅

---

29) 사문沙門; 출가하여 불가佛家에서 도를 닦는 승려를 말한다.

31년

봄 정월, 모지악毛只嶽 아래 땅이 불에 났는데, 그 넓이가 4보, 길이가 8보, 깊이가 5척이나 되었다. 불은 10월 15일에 이르러서야 꺼졌다.

三十三年

王遣使隋 奉表請師 隋煬帝許之 行兵事在高句麗紀

冬十月, 百濟兵來圍椵岑城百日 縣令讚德固守 力竭死之 城沒

33년

왕이 수隋에 사신을 보내 표청사表請師를 바쳤다. 수隋의 양광楊廣이 이를 허락하였다. (양광이) 군사를 동원한 사실은 '고구려기'에 실려 있다.

겨울 10월, 백제 군사가 쳐들어와 가잠성椵岑城을 백일 동안 포위하였다. 현령 찬덕이 굳게 수비하였으나 힘이 다하여 죽고 성은 무너졌다.

三十五年

春, 旱

夏四月, 降霜

秋七月, 隋使王世儀至皇龍寺設百高座 邀圓光等法師 說經

35년

봄, 가뭄이 들었다.

여름 4월, 서리가 내렸다.

가을 7월, 수隋 사신 왕세의가 황룡사에 와서 백고좌를 열고, 원광 등 법사들을 초청하여 불경을 설법하게 하였다.

三十六年

春二月, 廢沙伐州 置一善州 以一吉湌日夫爲軍主 永興寺塑佛自壞

末幾 眞興王妃比丘尼死

36년

봄 2월, 사벌주沙伐州를 폐지한 후 일선주一善州를 설치하고, 일길찬 일부를 군주로 삼았다. 영흥사의 진흙으로 빚은 불상이 저절로 무너지고, 얼마 후에 진흥왕의 왕비인 비구니가 사망하였다.

三十七年

春二月, 賜大酺三日

冬十月, 地震

37년

봄 2월, 왕이 큰 연회를 사흘 동안 베풀었다.

겨울 10월, 지진이 발생했다.

三十八年

冬十月, 百濟來攻母山城

38년

겨울 10월, 백제가 쳐들어와 모산성母山城을 공격하였다.

四十年

北漢山州軍主邊品謀復椵岑城 發兵與百濟戰 奚論從軍赴敵力戰 死之 論讚德之子也

40년

북한산주 군주 변품이 가잠성椵岑城을 수복할 계획을 세우고 군사를 내어 백제와 싸웠다. 해론이 종군하여 나아가 전력을 다하여 싸우다가 죽었다. 해론은 찬덕의 아들이다.

四十三年

秋七月, 王遣使大唐 朝貢方物 高祖親勞問之 遣通直散騎常侍庾文素來聘 賜以璽書及畫屛風錦綵三百段

43년

가을 7월, 왕이 사신을 당唐[30]에 보내 방물方物을 바쳤다. 이연李淵[31]이 직접 사신을 위로하고, 통직 산기상시 유문소를 사절로 보내 내빙하고 조서・그림・병풍・비단 3백단을 보내왔다.

---

30) 당唐; 선비족 이연李淵이 장안長安에 세운 나라이다.(618년~907년)

31) 이연李淵; 당唐의 초대 왕이다.(재위 618년~626년)

四十四年

春正月, 王親幸皇龍寺

二月, 以伊湌龍樹爲內省私臣 初王七年 大宮梁宮沙梁宮三所各置私臣 至是 置內省私臣一人 兼掌三宮

44년

봄 정월, 왕이 친히 황룡사皇龍寺에 갔다.

2월, 이찬 용수를 내성內省의 사신私臣으로 임명하였다. 왕은 즉위 7년에 처음 대궁, 양궁, 사량궁 세 곳에 각각 사신을 두었는데, 이때에 이르러 내성에 사신 1인을 두어 3궁을 모두 관장하게 한 것이다.

四十五年

春正月, 置兵部大監二員

冬十月, 遣使大唐朝貢 百濟襲勒弩縣

45년

봄 정월, 병부 대감 두 명을 두었다.

겨울 10월, 당唐에 사신을 보내 조공하였다. 백제가 늑노현勒弩縣을 습격하였다.

四十六年

春正月, 置侍衛府大監六員 賞賜署大正一員 大道署大正一員

三月, 唐高祖降使 冊王爲柱國樂浪郡公新羅王

46년

봄 정월, 시위부 대감 6명, 상사서 대정 1명, 대도서 대정 1명을 두었다.

3월, 당唐 고조 이연李淵이 사신을 보내 왕을 주국柱國[32] 낙랑군공樂浪郡公 신라왕新羅王으로 책봉하였다.

32) 주국柱國; 주국이란 나라의 기둥 또는 공로에 따라 주어지는 훈계勳階인데 고려시대에는 둘째 등급을 일컬었던 말이다. 굳이 비슷한 말을 찾자면 '공신' 쯤에 비견된다.

冬十月

百濟兵來圍我 速含櫻岑岐岑烽岑旗懸穴柵等六城 於是 三城或沒或降 級湌訥催合烽岑櫻岑旗懸三城兵堅守 不克死之

겨울 10월

백제 병사가 쳐들어와 우리를 포위했는데 속함성速含城・앵잠성櫻岑城・기잠성岐岑城・봉잠성烽岑城・기현성旗懸城・혈책성穴柵城 등 여섯 성이었다. 이로 인해 3성이 함락되거나 항복하였으니, 급찬 눌최가 봉잠성烽岑城・앵잠성櫻岑城・기현성旗懸城 3성의 병력을 합하여 굳게 지키다가 이기지 못하고 죽었다.

四十七年

冬十一月, 遣使大唐朝貢 因訟 高句麗塞路 使不得朝 且數侵入

47년

겨울 11월, 당唐에 사신을 보내 조공하고 인하여 송사하기를, 고구려가 길을 막아 사신을 보내 조공할 수가 없고 또한 그들이 자주 침입한다고 하였다.

四十八年

秋七月, 遣使大唐朝貢 唐高祖遣朱子奢來 詔諭與高句麗連和

48년

가을 7월, 사신을 보내 당唐에 조공하였다. 당 고조 이연李淵이 주자사를 보내 고구려와 화친하라고 타일렀다.

八月

百濟攻主在城 城主東所拒戰 死之 築高墟城

8월

백제가 주재성主在城을 공격하여 주재성 성주 동소가 항거하다가 죽으니, 고허성高墟城을 쌓았다.

四十九年

春三月, 大風雨土過五日

夏六月, 遣使大唐朝貢

秋七月, 百濟將軍沙乞拔西鄙二城 虜南女三百餘口

八月, 隕霜殺穀

冬十一月, 遣使大唐朝貢

49년

봄 3월, 큰 바람이 불고 흙비가 내린 것이 5일이 넘었다.

여름 6월, 사신을 보내 당唐에 조공하였다

가을 7월, 백제 장군 사걸沙乞이 서쪽 변경의 2성을 점령하고, 남녀 3백여 명을 잡아갔다.

8월, 서리가 내려 곡식이 죽었다.

겨울 11월, 사신을 보내 당唐에 조공하였다.

五十年

春二月, 百濟圍椵岑城 王出師擊破之

夏, 大旱 移市 畫龍祈雨

秋冬, 民飢 賣子女

50년

봄 2월, 백제가 가잠성椵岑城을 포위하자 왕이 군사를 보내 격파하였다.

여름, 큰 가뭄이 들자, 시장을 옮기고, 용을 그려 기우제를 지냈다.

가을과 겨울, 백성들이 굶주려 자녀를 파는 일이 있었다.

五十一年

秋八月,王遣大將龍春舒玄副將軍庾信 侵高句麗娘臂城 麗人出城列陣 軍勢甚盛 我軍望之懼 殊無鬪心 庾信曰 吾聞振領而裘正 提綱而網張 吾其爲綱領乎 乃跨馬拔劒 向敵陣直前 三入三出 每入或斬將或搴旗 諸軍乘勝 鼓噪進擊 斬殺五千餘級 其城乃降 九月 遣使大唐朝貢

51년

가을 8월, 왕이 대장군 용춘·서현과 부장군 유신을 보내 고구려의 낭비성娘臂城을 공격하게 하였다. 고구려 사람들이 나와 성을 따라 진을 치고 있었다. 군세가 심히 드높았다. 우리 군사들이 보더니 겁을 먹고 싸울 생각을 하지 않았다.

(이때) 유신이 말했다.

"나는 듣기를, 옷깃을 잡고 흔들면 갖옷이 반듯해지고, 벼리[33]를 던지면 그물이 펴진다고 했다. 내가 벼리와 옷깃이 되어 보겠다!"

이에 말에 올라 칼을 빼들고 적진을 향하여 곧장 돌진하니, 세 번을 적진 속에 들어갔다 나오면서 그 때마다 적장의 목을 베거나 깃대를 뽑아왔다. 그러자 모든 군사들이 승세를 타고, 북을 치고 함성을 지르면서 진격하여 5천여 명을 참살하니, 낭비성이 항복하였다.

9월, 사신을 대당에 보내어 조공하였다.

五十二年

大宮庭地裂

52년

대궐 정원의 땅이 갈라졌다.

五十三年

春二月，白狗上于宮墻

夏五月，伊阿湌柒宿與阿湌石品謀叛 王覺之 捕捉柒宿斬之東市 幷夷九族 阿湌石品亡至百濟國境 思見妻子 晝伏夜行 還至叢山 見一樵夫 脫依換樵夫敝衣衣之 負薪 潛至於家 被捉伏刑

秋七月，遣使大唐獻美女二人 魏徵以爲不宜受 上喜曰 彼林邑獻鸚鵡 猶言苦寒 思歸其國 況二女遠別親戚乎 付使者歸之

白虹飮于宮井 土星犯月

53년

봄 2월, 흰 개가 궁궐의 담장 위로 올라갔다.

33) 벼리[綱]: 그물의 위쪽에 코를 꿰어 잡아당길 수 있게 한 줄

여름 5월, 이찬 칠숙과 아찬 석품이 반역을 도모하였다. 왕이 이를 알고 칠숙을 잡아 동쪽 시장에서 참수하고, 이와 함께 구족을 멸하였다. 아찬 석품은 백제 국경까지 도망갔으나, 가족이 보고 싶어 낮에는 숨고 밤이면 걸어서 총산叢山까지 돌아오다가, 나무꾼 한 사람을 만나 옷을 벗어 나무꾼의 헤어진 옷과 바꾸어 입고, 땔감을 지고 몰래 집에까지 이르러 체포되어 처형당했다.

가을 7월, 당唐에 사신을 보내 미녀 두 명을 바쳤다. 위징魏徵[34]이 이를 받는 것이 옳지 않다고 하자, 이세민이 기뻐하며 말하길,

"저 임읍林邑에서 바친 앵무새도 매우 춥다고 말하며 자기 나라로 돌아가기를 원한다. 하물며 가족을 멀리 이별하고 온 두 여인이야 어떠하겠는가?"

라고 하고, 사신에게 맡겨 그들을 돌려보냈다.

흰 무지개가 궁궐 우물로 들어가고, 토성土星이 달을 가렸다.

五十四年

春正月, 王薨 諡曰眞平 葬于漢只

唐太宗詔 贈左光祿大夫 賻物段二百

古記云, 貞觀六年壬辰正月卒 而新唐書資理通監皆云 貞觀五年幸卯

羅王眞平卒 豈其誤耶

54년

봄 정월, 왕이 홍서했다. 시호를 진평이라 하고, 한지에 장사지냈다.

당 태종 이세민이 조서를 내려, 좌광록대보로 추증하고, 비단 2백 필을 부조하였다.

고기古記에는 '정관[35] 6년 임진년 봄 정월에 죽었다'라고 기록되어 있는데, '신당서'와 '자치통감'에는 모두 '정관 5년 신묘에 신라왕 진평이 죽었다'라고 기록되어 있으니 어찌 잘못된 것일까?

---

34) 위징(魏徵); 당 태종 이세민 집권 시기에 활동한 정치가.

35) 정관貞觀; 당 태종 재위 기간 내내 사용된 연호이다.(627년~649년) 따라서 정관 6년이면 서기 632년을 말한다.

분석 26 眞平王(진평왕) 579~632 재위기간 53년

○ 진평왕은 재위기간이 53년으로 고구려 장수왕에 미치지는 못하지만 반세기 이상 장기집권하면서 남북조시대와 수・당시대를 모두 거치는 전대미문의 이력을 가진 왕이다.

즉위 초 진평왕은 남조의 마지막 왕조인 진陳과 교류를 이어갔는데, 기록에 따르면 진평왕 七年 七月 지명智明이, 그리고 三月 원광법사圓光法師가 진陳에 갔다. 신라와 진陳과의 관계는 진흥왕・진지왕 편에서 이미 설명한 바 있다.

그런데 수隨[36]의 양견楊堅[37]이 진陳을 멸하고 남북조를 통일하자 진평왕 十六年에 조서를 보내 왕을 '상개부 낙랑군공 신라왕'에 제수하였고, 신라는 만세萬世・혜문惠文 등을 보내어 조공朝貢하였다. 그 후 수隨는 고구려에 패하여 멸망하고, 이연李淵이 당을 세워 중원을 통일하자, 진평왕은 재위 四十三年 당唐에 조공朝貢하고 이연李淵[38]으로부터 '柱國樂浪郡公新羅王'이라는 칭호를 받았다.

신라가 수隋・당唐에 차례로 행한 조공 역시 의례적이고 제사적 의미를 가지는 것으로 평가된다.(제사적 의미에 대하여는 후술한다.)

한편, 수隋・당唐은 모두 진평왕을 낙랑군공樂浪郡公 신라왕新羅王으로 삼았다. 이것은 산서성山西省 남부 또는 하남성河南省 일대에 대한 신라의 지배권이 국제적으로 승인되었음을 의미한다.

그런데, 기록에 따르면, 진평왕은 三十年 고구려를 치라는 걸사표乞師表를 지어 올린 것으로 되어 있다. 그리고 그 후 양광楊廣이 아버지 양견楊堅을 죽이고 즉위하자, 三十三年 양광楊廣에게 사신을 보내 표청사表請師를 바쳤다. 이 표청사表請師는 양광楊廣이 고구려를 침략하는 직접적인 명분을 제공한 것으로 되어 있다.

그 후 수隨가 고구려 원정에 실패하여 멸망하고 당唐[39]이 건국되자 진평왕은 거의 매년 조공을 보내고, 특히 四十七年에는 朝貢하는 길에 高句麗에 대하여 적극적으로 訟事하다, 결국 이듬해인 四十八年 七月 이연李淵으로부터 고구려와 싸우지 말고 잘 지내라는 꾸지람을 들었으니(詔諭與高句麗連和), 이것이 과연 역사적 진실이라면, 신라의 배알 없는 구걸외교에 얼굴마저 화끈거리는 정도이다.

그러나 사실 신라는 진흥왕 사후 국제적 고립을 탈피하기 위해 다각적인 외교전술을 펼쳤을 것이다. 그 결과 수隨가 무리하게 고구려와 일전을 벌인 것을 사서에서 기록하면서 그 명분으로 신라를 둘러댄 것으로 보인다. 그런데, 수隨의 패망을 목도한 신생국 당唐은 고구려와의 일전은 꿈엔들 생각하고 싶지 않았을 것이다. 이를 사서에서는 '詔諭與高句麗連和'라고 과장하여 기재한 것으로 보인다.

이른바 춘추필법으로 기록된 구당서舊唐書, 자치통감資治通鑑, 책부원귀册府元龜

---

36) 수隋; AD 581~619

37) 수隋의 제1대 王이다.

38) 이연李淵; 당唐의 초대왕이다.(재위 618년~626년)

39) 당唐; 선비족 이연李淵이 장안長安에 세운 나라이다.(618년~907년)

등의 내용을 김부식이 이를 가감 없이 전재轉載하면서, 삼국사기 신라본기 진평왕 四十七年과 四十八年 기사는 허무맹랑한 내용이 된 것이다.

❍ 신라의 서쪽 경계를 살펴보자. 진흥왕의 배신과 패륜의 후폭풍은 진평왕 때에도 이어져 신라의 서쪽 경계는 전란에 휩싸였다.

진평왕 二十四年 八月, 백제가 아막성阿莫城을 쳐들어 왔고, 二十七年 八月에는 신라가 백제를 침략했다. 이어 백제는 신라 진평왕 三十三年 十月에는 가잠성椵岑城을 포위한 끝에 함락시키고, 三十八年 十月에는 모산성母山城을 공격하였으며, 四十五年 十月에는 늑노현勒弩縣을 습격하고, 四十六年 十月에는 속함성速含城·앵잠성櫻岑城·기잠성歧岑城·봉잠성烽岑城·기현성旗懸城·혈책성穴柵城 등 6성을 함락시켰다. 또, 백제는 진평왕 四十八年 八月 주재성主在城을 공격하고, 四十九年 七月에도 백제 장군 사걸沙乞이 서쪽 2성을 빼앗았으며, 五十年 二月에는 신라의 가잠성椵岑城을 포위했다.

	서쪽변경	비고
진평왕	아막성阿莫城 가잠성椵岑城·늑노현勒弩縣 속함성速含城 앵잠성櫻岑城 기잠성歧岑城 봉잠성烽岑城 기현성旗懸城 혈책성穴柵城 주재성主在城	

❍ 신라의 북쪽 경계를 살펴보자. 진흥왕이 백제의 동북 변경을 빼앗아 신주新州를 설치한 것은 고구려와 영토분쟁을 촉발하였다.

二十五年 八月, 고구려는 북한산성北漢山城을 침략하고, 三十年 二月에는 신라의 북쪽 변경을 노략질하였다. 同年 四月에는 고구려가 신라의 우명산성牛鳴山城을 빼앗았다. 이에 五十一年 八月 용춘·서현·유신 등이 고구려 낭비성娘臂城을 공격하는 등 신라가 반격한 것으로 기술하고 있다.

	북쪽변경	비고
진평왕	북한산성北漢山城 우명산성牛鳴山城 낭비성娘臂城	

그러나 삼국사기는 신라를 정통으로 삼는 역사인식을 가지고, 신라와 고구려 또는 백제와의 교전기록은 가급적으로 신라의 전승은 크게 패배는 작게 기술하는 새로운 춘추필법을 구사하고 있으므로 이를 감안하여 해석하여야 한다.

당시 신라는 진흥왕의 실패한 외교정책으로 인하여 고구려와 백제로부터 감당하기 어려운 거센 공격을 받고 있었던 것으로 분석된다.

三國史記 五卷
新羅本紀 第五

㉗ 善德王(선덕왕)

632~647 재위기간 15년

善德王立 諱德曼 眞平王長女也 母金氏摩耶夫人 德曼性寬仁明敏 王薨無子 國人立德曼 上號聖祖皇姑

선덕왕善德王이 왕위에 오르니, 이름이 덕만德曼으로, 진평왕의 맏딸이이요, 어머니는 김씨 마야부인이다. 덕만德曼은 성정性情이 온화하고 어질고 명민하였다. 진평왕이 훙서하였으나 아들이 없었으므로 백성들이 덕만을 왕위에 세우고, 성조황고聖祖皇姑라는 칭호를 올렸다.

前王時得自唐來牡丹花圖幷花子 以示德曼 德曼曰 此花雖絶艶必是無香氣 王笑曰 爾何以知之 對曰 畫花而無蝶故知之 大抵女有國色□□□ □□□□□□□□□故也 此花絶艶而圖畫又無蜂蝶 是必無香花種植之 果如所言 其先識如此

진평왕 때 당唐으로부터 모란꽃 그림과 꽃씨가 오게 되자 이를 덕만德曼에게 보이니, 덕만德曼이 말했다.

"이 꽃은 비록 아주 예쁘지만, 틀림없이 향기가 없을 것입니다."

진평왕이 웃으면서 말했다.

"네가 어떻게 그것을 아느냐?"

덕만이 답하여 말했다.

"꽃을 그렸으나 나비가 없으므로 이를 알게 되었습니다. 무릇 여자로서 국색을 갖추고 있으면 남자가 따르고, 꽃에 향기가 있으면 벌과 나비가 따르는 까닭입니다.[1] 이 꽃이 아주 예쁜데도 그림에 벌과 나비가 없으니 이는 필시 향기 없는 꽃일 것입니다."

---

1) 보물 제525호인 옥산서원본(1537년)과 보물 제723호인 정덕본(1512년)은 모두 여기에 해당하는 행의 일부가 비어 있다. 그리하여 본서는 국사편찬위원회가 보충한 것을 토대로 문맥상 '男隨之 花有香氣 蜂蝶隨'를 넣어 해석하였다.

그 씨앗을 심었는데 과연 그 말한 바와 같았으니, 그 선견지명이 이와 같았다.

元年

二月, 以大臣乙祭摠持國政

夏五月, 旱 至六月乃雨

冬十月, 遣使 撫問國內鰥寡孤獨不能自存者 賑恤之

十二月, 遣使入唐朝貢

원년

2월, 대신 을제乙祭에게 국정을 총괄하게 하였다.

여름 5월, 가뭄이 들었는데 6월에 이르러 비가 왔다.

겨울 10월, 관리를 파견하여 국내의 홀아비, 과부, 고아, 늙어서 자식 없는 사람으로서 혼자 힘으로 살아갈 수 없는 자들을 진휼하여 주었다.

12월, 사신을 당唐에 보내 조공하였다.

二年

春正月, 親祀神宮 大赦 復諸州郡一年租調

二月, 京都地震

秋七月, 遣使大唐朝貢

八月, 百濟侵西邊

2년

봄 정월, 친히 신궁神宮에 제사지내고 대사면을 단행했다. 모든 주군州郡의 1년 토지세와 공납을 면제하였다.

2월, 경도京都에 지진이 발생했다.

가을 7월, 당唐에 사신을 보내 조공하였다.

8월, 백제가 서쪽 변경을 침범하였다.

三年

春正月, 改元仁平 芬皇寺成

三月, 雹大如栗

3년

봄 정월, 연호를 인평仁平으로 고쳤다. 분황사가 낙성되었다.

3월, 크기가 밤알 정도 되는 우박이 내렸다.

四年

唐遣使持節冊命王爲柱國樂浪郡公新羅王 以襲父封 靈廟寺成

冬十月, 遣伊湌水品龍樹 一云龍春 巡撫州縣

4년

당唐이 사지절使持節[2]을 보내 책명을 내리고, 왕을 주국柱國[3] 낙랑군공樂浪郡公 신라왕新羅王으로 삼아, 아버지의 봉작을 세습하게 하였다. 영묘사가 낙성되었다.

겨울 10월, 이찬 수품과 용수를 용춘이라고도 한다. 보내, 주와 현을 순무巡撫[4]하게 하였다.

五年

春正月, 拜伊湌水品爲上大等

5년

봄 정월, 이찬 수품에게 벼슬을 내려 상대등으로 삼았다.

三月

王疾 醫禱無効 於皇龍寺設百高座 集僧講仁王經 許度僧一百人

3월, 왕에게 병환이 났으나 의술과 기도가 모두 효험이 없는지라, 황룡사에서 백고좌를 열고 승려를 모아 인왕경을 강론하였으며, 승려 1백 명에게 도첩을 허락하였다.

---

2) 사지절使持節; '절節'을 가진 사신이란 뜻이다. '절節'이란 황제의 특별한 수권이 있었음을 증빙하는 증표이다. 대나무로 만드는 것이 보통이나 후에 금을 입힌 동(銅)으로 하기도 하였다. 오늘날 친서를 소지한 대통령 특사 쯤 되는 것으로 보인다.

3) 주국柱國; 주국이란 나라의 기둥 또는 공로에 따라 주어지는 훈계勳階인데 고려시대에는 둘째 등급을 일컬었던 말이다. 굳이 비슷한 말을 찾자면 '공신' 쯤에 비견된다.

4) 순무巡撫; 천하를 순행하고 군민을 위로하고 다스린다는 의미이다.(巡行天下, 撫治軍民)

夏五月

蝦蟆大集宮西玉門池 王聞之 謂左右曰 蝦蟆怒目 兵士之相也 吾嘗聞西南邊亦有地名玉門谷者 意或有隣國兵潛入其中乎 乃命將軍閼川弼呑率兵 往搜之 果百濟將軍于召欲襲獨山城 率甲士五百人來伏其處 閼川掩擊 盡殺之

慈藏法師入唐求法

여름 5월

개구리 떼가 궁궐 서쪽 옥문지玉門池에 대거 모이자, 왕이 이를 듣고는 좌우 신하들에게 말했다.

"개구리의 성난 눈은 병사의 모습이다. 내가 일찍이 서남쪽 변경에 옥문곡玉門谷이라는 지명을 이 있다고 들었다. 이웃 나라 군사가 혹시 이 골짜기에 잠입한 것이 아닌지 의심스럽구나."

이에 장군 알천과 필탄에게 명하여 병사를 인솔하여 그 곳에 가서 수색하게 하였니, 과연 백제 장군 우소가 독산성獨山城을 습격하기 위하여 무장병사 5백 명을 이끌고 와서 그곳에 숨어 있는지라 알천이 이를 습격하여 모두 죽였다.

자장법사가 불법을 연구하기 위하여 당唐에 갔다.

六年

春正月, 拜伊湌思眞爲舒弗邯

秋七月, 拜閼川爲大將軍

6년

봄 정월, 이찬 사진에게 벼슬을 내려 서불한舒弗邯[5]으로 삼았다.

가을 7월, 알천에게 벼슬을 내려 대장군으로 삼았다.

5) 서불한舒弗邯; 1급 이벌찬을 일컫는 말이다. 이벌찬은 그 외에도 이벌간伊罰干·우벌찬于伐飡·각간角干·각찬角粲·서발한舒發翰 등으로 불렸다.

칠년
七年

춘삼월 칠중성남대석자이삼십오보
春三月, 七重城南大石自移三十五步

추구월 우황화
秋九月, 雨黃花

동시월 고구려침북변칠중성 백성경요입산곡 왕명대장군알천안집지
冬十月,高句麗侵北邊七重城 百姓驚擾入山谷 王命大將軍閼川安集之

십일월 알천여고구려병전어칠중성외 극지 살로심중
十一月, 閼川與高句麗兵戰於七重城外 克之 殺虜甚衆

7년

봄 3월, 칠중성七重城 남쪽에 있던 큰 돌이 저절로 35보 거리를 이동하였다.

가을 9월, 노란 꽃비가 내렸다.

겨울 10월, 고구려가 북쪽 변경의 칠중성七重城을 침범하였다. 백성들이 놀라 산골짜기로 들어갔다. 왕이 대장군 알천에게 명하여 이들을 안심시키고 다시 모여 살도록 하였다.

11월, 알천이 고구려 병사와 칠중성七重城 밖에서 싸워 이기니 죽이거나 사로잡은 자가 매우 많았다.

팔년
八年

춘이월 이하슬라주위북소경 명사찬진주진지
春二月, 以何瑟羅州爲北小京 命沙飡眞珠鎭之

추칠월 동해수적차열 어별사
秋七月, 東海水赤且熱 魚鼈死

8년

봄 2월, 하슬라주何瑟羅州를 북소경北小京으로 하고, 사찬 진주에게 명하여 이를 지키게 하였다.

가을 7월, 동해의 물이 붉게 변하고 수온이 상승하여 물고기와 자라가 죽었다.

구년
九年

하오월 왕견자제어당 청입국학 시시 태종대징천하명유위학관 수
夏五月, 王遣子弟於唐 請入國學 是時 太宗大徵天下名儒爲學官 數

행국자감 사지강론 학생능명일대경이상 개득보관 증축학사천이백
幸國子監 使之講論 學生能明一大經已上 皆得補官 增築學舍千二百

간 증학생만삼천이백육십원 어시 사방학자운집경사 어시 고구려
間 增學生滿三千二百六十員 於是 四方學者雲集京師 於是 高句麗

백제고창 토번역견자제입학
百濟高昌 □吐蕃亦遣子弟入學

9년

여름 5월, 왕이 자제들을 당唐에 보내 국학에 입학시켜 주기를 요청하였다. 이 때 태종 이세민은 천하의 유명한 유학자들을 대대적으로 모아 학관으로 임명하고, 자주 국자감에 자주 가서 그들에게 강론하게 하였으며, 대경大經[6] 가운데 한 가지 이상 능통한 자에게는 다 관직을 얻을 수 있게 하였다. 또한 학사를 1천 2백 간으로 증축하고 학생을 3천 2백 60명으로 증원하였다. 이에 따라 사방의 학자들이 경사京師[7]로 모였는데, 고구려·백제·고창·토번도 역시 자제들을 보내 입학시켰다.

十一年

春正月, 遣使大唐獻方物

11년

봄 정월, 사신을 당唐에 보내 방물을 헌사했다

秋七月

百濟王義慈大擧兵 攻取國西四十餘城

가을 7월

백제왕 의자가 대대적으로 거병하여, 서쪽 지방의 40여 성을 공격하여 빼앗았다.

八月

又與高句麗謀欲取党項城 以絶歸唐之路 王遣使告急於太宗 是月 百濟將軍允忠領兵攻拔大耶城 都督伊湌品釋舍知竹竹龍石等死之

8월

(의자가) 또다시 고구려와 모의하여 당항성党項城을 빼앗아 당唐으로 들어가는 길을 막고자 하였다. (이에) 왕이 사신을 보내 이세민에게 급한 사정을 고하였다. 이 달에 백제 장군 윤충이 병사를 이끌고 대야성大耶城을 공격하여 빼앗고, 도독인 이찬 품석과 사지 죽죽·용석 등을 죽였다.

---

6) 대경大經; 예기禮記와 춘추좌씨전春秋左氏傳을 아울러 이르는 말

7) 경사京師; 오늘날 서안西安을 말한다.

冬

王將伐百濟以報大耶之役 乃遣伊湌金春秋於高句麗以請師

겨울

왕이 백제를 정벌하여 대야성의 전투를 보복하고자, 이찬 김춘추를 고구려에 보내 군사를 요청하였다.

初 大耶之敗也 都督品釋之妻死焉 是春秋之女也 春秋聞之 倚柱而立 終日不瞬 人物過前而不之省 旣而言曰 嗟乎 大丈夫 豈不能呑百濟乎 便詣王曰 臣願奉使高句麗請兵 以報怨於百濟 王許之

高句麗王高臧 素聞春秋之名 嚴兵衛而後見之 春秋進言曰 今百濟無道爲長蛇封豕 以侵軼我封疆 寡君願得大國兵馬 以洗其恥 乃使下臣致命於下執事 麗王謂曰 竹嶺本是我地分 汝若還竹嶺西北之地 兵可出焉 春秋對曰 臣奉君命乞師 大王無意救患以善鄰 俎威刦行人 以要歸地 臣有死而已 不知其他 臧怒其言之不遜 囚之別館

春秋潛使人告本國王 王命大將軍金庾信 領死士一萬人赴之 庾信行軍過漢江 入高句麗南境 麗王聞之 放春秋以還 拜庾信爲押梁州軍主

이전에 대야성이 함락되자, 도독 품석의 아내가 죽었는데 그녀는 춘추의 딸이었다. 춘추는 이 소식을 듣고, 기둥에 기대서서 종일 눈도 깜빡이지 않은 채, 사람이 앞을 지나가도 알아보지 못하더니, 얼마 안 있어 말하길,

"아아! 대장부가 어찌 백제 하나 씹어 삼키지 못할까!"

하고는, 곧 왕을 찾아뵙고 말했다.

"신을 사신으로 고구려에 보내 파병을 요청하여 백제에 대한 원한을 갚기를 삼가 원하나이다."

왕은 이를 허락하였다. 고구려왕 고장高臧[8]은 평소 춘추에 대한 명성을 듣고 있었다. 그는 군사의 호위를 엄하게 한 후 춘추를 만났다. 춘추가 진언했다.

"지금 백제가 무도하여, 탐욕스럽게도[長蛇封豕][9] 우리 강토를 침탈하였습니다. 이제 우리 임금이 대국大國의 병마兵馬를 얻어 치욕을 씻고자 하여, 이에 신을 보내 하집

8) 고장高臧; 고구려 보장왕의 이름이다.

9) 장사봉시長蛇封豕; 큰 돼지나 긴 구렁이라는 뜻으로, 먹는 것을 탐하는 자를 비유적으로 일컫는 말

사下執事[10] 명을 전하게 한 것입니다."

고구려왕이 말했다.

"죽령竹嶺은 본래 우리 땅이다. 너희들이 만약 죽령竹嶺 서북땅을 돌려준다면 병사를 내보낼 수 있다."

춘추가 답하여 말했다.

"신이 임금의 명령을 받들어 군사를 빌리고자 하나, 대왕께서는 환난을 구원하여 이웃과 잘 지낼 뜻은 없고, 단지 사신을 위협하여 땅을 돌려주기를 요구하니 신에게는 죽음이 있을 뿐, 다른 것은 모르겠습니다."

보장왕은 그 말이 불손하여 화를 내고 별관에 가두었다. 춘추는 은밀히 사람을 시켜 본국 왕에게 이를 보고하였다.

왕은 대장군 김유신에게 명하여 결사대 1만 명을 이끌게 하고 고구려로 보냈다. 유신이 행군하여 한강漢江을 건너 고구려의 남쪽 국경으로 들어가자, 고구려왕이 이를 듣고 춘추를 석방하여 돌려보내니, 유신에게 벼슬을 내려 압량주의 군주로 삼았다.

十二年

春正月, 遣使大唐獻方物

12년

봄 정월, 당唐에 사신을 보내 방물을 바쳤다.

三月

入唐求法高僧慈藏還

3월

당唐에 들어가 불법을 연구하던 고승 자장이 돌아왔다.

秋九月

遣使大唐上言 高句麗百濟侵凌臣國 累遭攻襲數十城 兩國連兵期之必取將以今茲九月大擧 下國社稷必不獲全 謹遣陪臣歸命大國 願乞偏師以存救援

---

10) 하집사下執事; 상대방에게 예를 갖추어 물건 따위를 전달할 때, 바로 주지 아니하고 집사를 통하여 전함으로써 상대방을 높인다는 의미이다. 예를 들어 신랑 집에서 사성四星을 보내거나 신부 집에서 연길涓吉을 보낼 때, 그 겉봉의 받는 사람 이름 밑에 하집사下執事라고 쓴다.

帝謂使人曰 我實哀爾爲二國所侵 所以頻遣使人 和爾三國 高句麗百濟旋踵翻悔 意在呑滅而分爾土宇 爾國設何奇謀以免顚越

使人曰 吾王事窮計盡唯告急大國冀以全之

帝曰 我少發邊兵 摠契丹靺鞨直入遼東 爾國自解 可緩爾一年之圍 此後知無繼兵 還肆侵侮 四國俱擾於爾未安 此爲一策 我又能給爾數千朱袍丹幟 二國兵至 建而陳之 彼見者以爲我兵 必皆奔走 此爲二策 百濟國恃海之嶮 不修機械 男女紛雜互相燕聚 我以數十百船 載以甲卒 銜枚泛海 直襲其地 爾國以婦人爲主 爲鄰國輕侮 失主延寇 靡歲休寧 我遣一宗支 與爲爾國主 而自不可獨王當遣兵營護 待爾國安 任爾自守 此爲三策 爾宜思之將從何事

使人但唯而無對 帝嘆其庸鄙非乞師告急之才也

가을 9월

당唐에 사신을 보내 말씀을 올렸다.

"고구려와 백제가 신臣의 나라를 침공하니 누차 수십 개의 성이 습격을 당했습니다. 양국은 군사를 연합하여 우리나라를 필히 빼앗고자 약속하고, 이제 이번 9월에 군사를 크게 일으키려 하니, 우리나라의 사직이 유지될 수 없습니다. 삼가 저의 신하[陪臣][11]를 보내 우리의 운명을 대국에게 맡기오니, 간절히 바라건대, 약간의 예비군[偏師]이라도 편성하여 구원해 주십시오."

이세민이 사신에게 말했다.

"너희가 두 나라의 침략을 받는 것이 진실로 애통하다. 그래서 자주 사신을 보내 너희 세 나라가 화친하도록 한 것이다. (그런데) 고구려와 백제는, 사신이 발길을 돌리자마자 마음이 변한다. 그 뜻은 너희 나라를 집어 삼켜 그 영토를 나누자는 데에 있는 것이다. 너희 나라는 어떤 기묘한 계획을 세워 환란을 면하고자 하는가?"

사신이 말했다.

"우리 임금은 일이 급하고 계책이 없는지라 오직 급한 사정을 대국에 말하여 나라의 보전을 바라는 것뿐입니다."

이세민이 말했다.

"내가 변방의 군사를 조금 일으켜, 거란·말갈과 함께 곧장 요동을 치면, 너희 나라는 (급한 사정이) 자연히 풀릴 것이다. 가히 너희 나라는 1년 동안 주변상황이 완화될

11) 배신陪臣; 고대 천자天子를 대하여 제후의 신하를 스스로 낮추어 부르던 말

것이다. (그러나) 이 이후에 병사를 계속하여 보내지 않을 것을 그들이 알면, 다시 함부로 침략을 할 것이다. (이에) 네 나라 모두 어지러워져, 너희 나라에게 편하지 못하게 될 것이다. 이것이 첫째 계책이다."

"내가 또한 너희에게 붉은 옷과 붉은 기 수천 개를 지급할 테니 두 나라가 쳐들어오면, 그것을 세워 펼쳐 놓아라. 그리하면 (그것을) 본 저들이 이를 우리나라 군대로 여기고 필시 모두 도주할 것이니, 이것이 둘째 계책이다."

"백제는 바다의 험함을 믿고 병기를 수리하지 않은 채 백성들이 북적거리며 편안하게 모여 살고 있다. 내가 수십 수백 척의 배에 무장한 군사를 싣고 조용히(銜枚)[12] 물에 띄어[泛海][13] 곧장 백제를 습격할 것이다. 너희 나라는 여자를 임금으로 삼았다. 그래서 이웃 나라로부터 경멸을 당하고 있으며, 주인이 없으니 도둑이 들끓어 편할 날이 없다. 내가 종실宗室 중의 한 명을 보내 너희 나라의 임금으로 삼고, 그가 혼자 임금 노릇을 할 수는 없을 것이므로 당연히 군사를 파견하여 보호하겠다. (그리고) 너희 나라가 안정될 때를 기다렸다가 스스로 나라를 지키도록 맡길 것이다. 이것이 셋째 계책이니, 그대는 장차 어느 계책을 따를 것인지 잘 생각하여 보아라."

사신은 다만 '예'할 뿐 대답이 없었다. 이세민은 그 사신이 용렬하여, 군사를 요청하고 급한 상황을 호소할 만한 인재가 못됨을 개탄하였다.

十三年

春正月, 遣使大唐獻方物 太宗遣司農丞相里玄 奬齎璽書賜高句麗曰

新羅委命國家 朝貢不闕 爾與百濟 宜卽戢兵 若更攻之 明年當出師

擊爾國矣

蓋蘇文謂玄奬曰 高句麗新羅怨隙已久 往者隋室相侵 新羅乘釁奪高

句麗五百里之地 城邑皆據有之 非返地還城 此兵恐未能已

玄將曰 已往之事 焉可追論 蘇文竟不從

13년

봄 정월, 당唐에 사신을 보내 방물을 바쳤다. 이세민은 사농승 상리 현장을 파견하며, 새서璽書[14]를 고구려에 보내 말했다.

"신라는 국가를 우리에게 맡기고, 조공하기를 거르지 않으니 너희 나라는 백제와 더불어 마땅히 군사를 즉시 거두어 들여야 한다. 만약 또 다시 신라를 공격을 한다면 내년에는 마땅히 군사를 내보내어 너희 나라를 공격할 것이다."

---

12) 함매銜枚; 군사들이 떠들지 못하도록 입에 가는 나무 막대를 물리는 것을 말함.

13) 범해泛海) 바다나 황하와 같은 큰 강에 배를 출항시키는 것을 말한다.

14) 새서璽書; 옥새玉璽가 찍혀 있는 문서

연개소문은 현장에게 다음과 같이 말했다.

“고구려와 신라는 원한관계[怨隙]가 이미 오래되었다. 과거 수隋 왕실王室이 침범하였을 때, 신라는 그 틈을 타서 고구려 5백여 리 땅을 빼앗고, 그 성읍을 다 점거하여 가지고 있으니 그 땅과 성을 반환하지 아니하면 유감스럽게도 군사를 거두어들일 수 없는 것이다.”

현장이 말했다.

“이미 지나간 일을 어찌 후에 따질 수 있겠는가?”

연개소문은 끝까지 따르지 않았다.

秋九月

王命庾信爲大將軍 領兵伐百濟 大克之 取城七

가을 9월

왕이 명하여 유신을 대장군으로 삼고, 병사를 이끌고 백제를 정벌하게 하니, 크게 이기고, 일곱 성을 빼앗았다.

十四年

春正月, 遣使大唐貢獻方物 庾信自伐百濟還 未見王 百濟大軍復來寇邊 王命庾信 遂不至家 往伐破之 斬首二千級

14년

봄 정월, 당唐에 사신을 보내 조공하고, 방물을 바쳤다. 유신은 백제를 정벌하고 돌아와서, 왕을 만나기도 전에 백제대군이 다시 쳐들어와 변경을 약탈하였다. 왕이 유신에게 출정을 명하니 유신은 집에도 가보지 못한 채 전장에 나가 백제군을 격파하고 2천 명을 참수했다.

三月

還命□於王 未得歸家 又急報百濟復來侵 王以事急乃曰 國之存亡繫公一身 庶不憚勞 往其圖之 庾信又不歸家 晝夜鍊兵 西行道過宅門 一家男女瞻望涕泣 公不顧而歸

3월

유신이 돌아와 왕에게 복명하고 아직 집에도 돌아가지 못하고 있었는데, 백제가 다시 쳐들어와 침략했다는 급보가 왔다. 왕은 사태가 급하여 말했다.

"국가의 존망이 공의 한 몸에 달렸으니, 바라건대 수고를 꺼리지 말고 가서 대책을 꾀하라!"

유신은 또 다시 집에 돌아가지 못한 채, 밤낮으로 군사를 조련시켜 서쪽으로 행군하는 도중에 집 앞을 통과하게 하니, 온 집안 식구들이 나와 유신을 바라보고 눈물을 흘렸으나 그는 돌아보지도 아니하고 전장으로 돌아갔다.

三月

創造皇龍寺塔 從慈藏之請也

3월

황룡사 탑을 새로 만들었으니, 자장의 요청에 의한 것이었다.

夏五月

太宗親征高句麗 王發兵三萬以助之 百濟乘虛襲取國西七城

여름 5월

당唐 태종 이세민이 친히 고구려를 정벌에 나서니, 선덕왕은 군사 3만을 동원하여 이를 도왔다. 백제는 이 틈을 타서 기습하여 서쪽의 일곱 성을 빼앗았다.

冬十一月

拜伊湌毗曇爲上大等

겨울 11월

이찬 비담에게 벼슬을 내려 상대등으로 삼았다.

十六年

春正月, 毗曇廉宗等謂女主不能善理 因謀叛擧兵 不克 八日, 王薨 諡曰善德 葬于狼山 唐書云貞觀二十一年卒 通鑑云二十五卒 以本史考之通鑑誤也

16년

봄 정월, 비담과 염종 등이 여왕이라 선정을 베풀지 못한다며 모반하여 거병하였으나 성공하지 못하였다.

8일, 왕이 홍서하니, 시호를 선덕이라 하고 낭산에 장사지냈다. 당서에서는 '정관[15] 21년에 돌아갔다.'고 하고 통감에는 '25년에 돌아갔다.'고 하지만, 본 역사서로서 이를 고찰하면 통감이 잘못된 것이다.

論曰

臣聞之 古有女媧氏 非正是天子 佐伏義理九州耳 至若呂雉武曌 值幼弱之主 臨朝稱制 史書不得公然稱王 但書高皇后呂氏則天王后武氏者 以天言之 則陽剛而陰柔 以人言之 則男尊而女卑 豈可許姥嫗出閨房 斷國家之政事乎 新羅扶起女子 處之王位 誠亂世之事 國之不亡幸也 書云牝鷄之晨 易云羸豕孚蹢躅 其可不爲之戒哉

논하여 말한다.

신臣이 듣기에 옛날에 여와씨女媧氏가 있었으나 정식 천자가 아니고 복희를 보좌하여 구주九州[16]를 다스렸을 따름이고, 여치呂雉[17]와 무조武曌[18]에 이르러서는 유약한 임금을 맞아 조정에 임하여 정무를 통제한다고 말하였지만, 사서에서 공연히 왕이라 칭하지는 아니하고 다만 고황후 여씨니 측천왕후 무씨니 하고 기록한 것이다.

하늘의 이치로써 말하자면 곧 陽은 강하고 陰은 유하고, 사람의 도리로써 말하자면 곧 남자는 높고 여자는 낮은 것이니, 어찌 여인의 몸으로 규방을 나와서 국사를 결정하겠는가? 신라는 여인을 모셔 왕위에 두게 하였으니, 진실로 이는 난세의 일이며 국가가 망하지 않은 것이 다행이다.

서경에 말하기를 '암탉이 새벽을 알린다.'하고 역경에 말하기를 '약한 돼지가 머뭇거린다.'하였으니, 이를 가히 경계하지 않을 일이겠는가?

15) 정관貞觀; 당 태종 재위 기간 내내 사용된 연호이다.(627년~649년) 따라서 정관 21년이면 서기 647년을 말한다.

16) 구주九州; 구주九州란 고대에 중원中原을 중심으로 분포하던 9개 지방 또는 세력을 말하는 것으로 대체로 세상 또는 천하의 뜻으로 쓰인다. 요순우대堯舜禹代에는 기冀, 연兗, 청靑, 서徐, 형荊, 양揚, 예豫, 양梁, 옹雍이며, 은나라 때에는 기冀, 예豫, 옹雝, 양揚, 형荊, 연兗, 서徐, 유幽, 영營이고, 주나라 때에는 양揚, 형荊, 예豫, 청靑, 연兗, 옹雍, 유幽, 기冀, 병幷이다. 다만, 이 시대에 殷 또는 周가 이들 모두를 장악하여 실질적으로 관할했다고 생각해서는 안 된다.

17) 여치呂雉; 폐후廢后 여씨呂氏(BC 241년~BC 180년)를 말한다. 여태후라고도 한다. 전한 고조의 황후이며 전한 혜제의 어머니로 고조 사후 국정을 농단했다.

18) 무조武曌; 측천무후則天武后(624년~705년)를 말한다. 당唐 태종의 후궁이자 고종의 왕후로 고종 사후 권력을 장악하여 직접 왕위에까지 올랐다.

분석 27 善德王(선덕왕) 632~647 재위기간 15년

○ 선덕왕 元年 二月 기사에는 '唐遣使持節冊命王爲柱國樂浪郡公新羅王'이라는 기록이 있다. 당唐이 사지절使持節을 보내 책명을 내리고, 왕을 주국柱國[19] 낙랑군공樂浪郡公 신라왕新羅王으로 삼았다는 것이다. 여기서 낙랑군공樂浪郡公으로 삼았다는 것은 옛 낙랑 지역의 지배권을 인정하였다는 뜻으로 신라의 영토가 산서성山西省 남부 또는 하남성河南省 일대를 아우르고 있었다는 것을 의미한다는 것은 진흥왕 편에서 설명한 것과 같다.

○ 선덕왕 때 서쪽변경에 내하여 분석하여 보자.

二年 八月 백제가 서쪽 변경을 침범하였다. 五年 五月에도 독산성獨山城을 습격하기 위하여 무장병사 5백 명을 이끌고 서남쪽 변경 옥문곡玉門谷에 숨어들었다가 알천의 공격을 받고 모두 죽었다.

그런데 十一年 七月 기사에는 '百濟王義慈大擧兵 攻取國西四十餘城'이라는 기록이 있다. 백제왕 의자가 대대적으로 거병하여, 서쪽 지방의 40여 성을 공격하여 빼앗았다는 것이다.

또 동년 八月에는 고구려와 모의하여 당항성党項城을 빼앗아 당唐으로 들어가는 길을 막고자 하였고, 백제 장군 윤충이 병사를 이끌고 대야성大耶城을 공격하여 빼앗고 도독인 이찬 품석 등을 죽였다. 이 일로 딸과 사위를 잃은 김춘추는 백제에 대한 복수를 다짐하게 된다.

	서쪽변경	비고
선덕왕	옥문곡玉門谷 독산성獨山城 당항성党項城 대야성大耶城	

○ 한편, 북쪽 변경에서는 고구려가 선덕왕 七年 十月 기사에 칠중성七重城을 침범하였다.

선덕왕 十一年 冬 기사에는 '麗王謂曰 竹嶺本是我地分 汝若還竹嶺西北之地 兵可出焉'이라는 기록이 있다. (대야성의 복수를 위하여 찾아간 김춘추에게) 고구려왕이 "죽령竹嶺은 본래 우리 땅이다. 너희들이 만약 죽령竹嶺 서북땅을 돌려준다면 병사를 내보낼 수 있다."라고 말했다는 것이다.

十三年 正月 기사에는 연개소문이 현장에게 말한 내용이 있다. 즉 '往者隋室相侵 新羅乘釁奪高句麗五百里之地'라는 기록이 있다. 과거 수隋 왕실王室이 고구려를 침범하였을 때, 신라는 그 틈을 타서 고구려 5백여 리 땅을 빼앗았다는 것이다.

그렇다면 죽령竹嶺 이북의 땅은 원래 고구려 영토였는데 고수전쟁高隋戰爭을 틈타 신라가 빼앗아 간 것으로 확인되는데, 여기서 다음의 두 가지 논점을 해결할 필요가 있다.

19) 주국柱國; 주국이란 나라의 기둥 또는 공로에 따라 주어지는 훈계勳階인데 고려시대에는 둘째 등급을 일컬었던 말이다. 굳이 비슷한 말을 찾자면 '공신' 쯤에 비견된다.

첫째, 죽령竹嶺의 위치이다.

기술한 바와 같이 위魏가 진秦에 의해 멸망하자(BC 243) 위魏의 잔여세력이 진秦을 피하여 남쪽으로 도망하여 귀주성貴州省(贵州省;Gizhōu Shěng) 일대에 자리를 잡고 倭國을 세웠고,[20] 그 후 세력을 확장하였다. 그 당시 신라와 왜국倭國은 대별산맥大別山脈을 경계로 하였고, 죽령竹嶺은 바로 이 대별산맥의 준령峻嶺이다.[21]

둘째, 죽령竹嶺 서북땅 내지는 고구려 5백여 리 땅의 의미이다. 죽령竹嶺을 대별산맥大別山脈에 있었던 준령峻嶺으로 비정한다면, 그 서북땅인 고구려 5백여 리는 하남성 일대로 보인다.

	북쪽변경	비고
선덕왕	칠중성七重城 죽령竹嶺	

○ 선덕왕 편 마지막 논평 기사에서 김부식이 논하길, "하늘의 이치로써 말하자면 곧 陽은 강하고 陰은 유하고 사람의 도리로써 말하자면 곧 남자는 높고 여자는 낮은 것이니 어찌 여인의 몸으로 규방을 나와서 국사를 결정하겠는가? 신라新羅는 여자를 세워 왕위에 앉혔으니 정말이지 난세의 일이며 나라가 망하지 않은 것이 다행이라고 할 것이다.(以天言之 則陽剛而陰柔 以人言之 則男尊而女卑 豈可許姥嫗出閨房 斷國家之政事乎. 新羅扶起女子 處之王位 誠亂世之事. 國之不亡幸也書云)"라고 하였다.

세상은 陽과 陰으로 이루어져 있다. 이 中 어느 하나라도 결하면 세상은 존립할 수 없으며, 陽이 없이는 陰이 없고 陰이 없이는 陽이 존재할 수 없다. 이것이 음양이론의 기본적 전제이다. 兩者는 상호 보충적인 관계라고 단언할 수도 없지만 그렇다고 상호 교환적이지도 않을뿐더러 상호대립적이지도 않다. 나아가 陽이 先이고 陰이 後라거나 陽이 主이고 陰이 從이라거나 陽이 강하고 陰이 약하다거나 陽이 결단력이 있고 陰은 머뭇거리는 것은 더더욱 아니다.

음양이론에서는 통상 하늘이 양이고 땅이 음으로 지칭한다. 그러나 하늘과 땅의 관계가 양과 음의 관계라고 하여 양이 높고 음이 낮은 것은 아니다. 그럼에도 불구하고 김부식은 음양의 이론을 기괴하게 끌어들여 남자는 높고 여자는 낮다는 결론에 봉착하였으니, 논리학적 오류를 범한 것이고, 한 걸음 더 나아가 여자를 암탉이나 약한 돼지에 비유하였으니, 그의 사상세계는 이미 학문적 보편성을 상실하였다고 아니할 수 없다.

삼국사기가 완성도가 높은 역사서 임에도 불구하고, 全篇에서 행간에 면면히 내재된 분열과 차별, 그리고 편견과 멸시의 사관은 저자의 사상적 결함으로 말미암은 태생적인 것으로 보인다.

20) 출처; 본서 탈해왕 편

21) 출처; 본서 아달라왕 편

28 眞德王(진덕왕)

647~654 재위기간 7년

眞德王立 名勝曼 眞平王母弟國飯 一云國芬葛文王 之女也 母朴氏月明夫人 勝曼姿質豐麗 長七尺 垂手過膝

진덕왕眞德王이 왕위에 올랐다. 이름은 승만勝曼이며, 진평왕의 동복아우인 국반國飯 국분이라고도 한다. 갈문왕의 딸로, 어머니는 박씨朴氏 월명부인이나. 승만勝曼은 용모가 아름답고 품성이 깔끔했고, 키가 7척으로 팔을 늘이면 그 길이가 무릎을 넘었다.

元年

正月, 十七日 誅毗曇 坐死者三十人

원년

봄 정월, 17일에 비담毗曇을 참수하였는데 연루되어 죽인 자가 30명이었다.

二月

拜伊飡閼川爲上大等 大阿飡守勝爲牛頭州軍主

唐太宗遣使持節 追贈前王爲光祿大夫 仍冊命王爲柱國 封樂浪郡王

2월

이찬 알천에게 벼슬을 내려 상대등으로 삼고, 대아찬 수승을 우두주牛頭州 군주로 하였다.

당 태종이 특사를 보내 전왕을 광록대부로 추증하고, 그리고 왕을 주국柱國[22]으로 삼아 '낙랑군왕樂浪郡王으로 책봉하였다.

秋七月

遣使入唐謝恩 改元太和

가을 7월

사신을 당唐에 보내 은혜에 사례했다. 연호를 태화太和로 고쳤다.

22) 주국柱國; 주국이란 나라의 기둥 또는 공로에 따라 주어지는 훈계勳階인데 고려시대에는 둘째 등급을 일컬었던 말이다. 굳이 비슷한 말을 찾자면 '공신' 쯤에 비견된다.

八月

彗星出於南方 又衆星北流

8월

혜성이 남쪽에 나타나고, 또한 별 무리가 북쪽으로 흘러갔다.

冬十月

百濟兵圍茂山甘勿桐岑三城 王遣庾信率步騎一萬以拒之 苦戰氣竭 庾信麾下丕寧子及其子擧眞入敵陣 急格死之 衆皆奮擊 斬首三千餘級

겨울 10월

백제 병력이 무산성茂山城·감물성甘勿城·동잠성桐岑城을 포위하였다. 왕은 유신을 파견하여, 보병과 기병 1만을 이끌고 막게 하였다. 고전 끝에 기운이 다하였는데, 유신의 부하 비녕자와 그 아들 거진이 적진에 들어가 격렬하게 싸우다 전사하니, 이에 대부분 군사들이 비분강개하여 공격에 나서 3천여 명을 참수했다.

十一月

王親祀神宮

11월

왕이 친히 신궁神宮에 제사를 지냈다.

二年

春正月, 遣使大唐朝貢

2년

봄 정월, 당唐에 사신을 파견하여 조공했다.

三月

百濟將軍義直侵西邊 陷腰車等一十餘城 王患之 命押督州都督庾信

以謀之 庾信於是訓勵士卒將以發行 義直拒之 庾信分軍 爲三道夾擊之 百濟兵敗走 庾信追北殺之幾盡 王悅 賞賜士卒有差

봄 3월

백제 장군 의직이 서쪽 변경을 침범하여 요거성腰車城 등 10여 성을 함락하자, 왕이 이를 걱정하여 압독주 도독 유신에게 명하여 이 문제를 조치하도록 하였다. 이에 따라 유신이 사졸들을 독려하여 군사행동을 개시하자 의직이 저항하였다. 유신이 군사를 나누어 세 방향에서 협공하자 백제병이 패주하였다. 유신은 도망가는 백제 군사를 추격하여 거의 다 죽였다. 왕이 기뻐하면서 사졸에게 그 공로에 따라 상을 하사하였다.

冬

使邯帙許朝唐 太宗勅御使問 新羅臣事大朝何以別稱年號 帙許言曾是天朝未頒正朔 是故先祖法興王以來私有紀年 若大朝有命小國又何敢焉 太宗然之

겨울

한질허邯帙許를 보내 당唐에 조공하였다. 태종 이세민이 어사御使를 위로하며 물었다.

"신라가 대조大朝를 받들면서도 어찌 따로 연호를 칭하는가?"

질허帙許가 말했다.

"일찍이 천조天朝[23]에서 정삭正朔[24]을 반포하지 않았습니다. 이 때문에 선조 법흥왕 이래 우리가 나름대로의 연호를 사용한 것입니다. 만약 대국 조정의 명命이 있었다면, 소국이 어찌 감히 다른 연호를 사용하였겠습니까?"

태종이 그럴 수 있다고 하였다.

遣伊湌金春秋及其子文王朝唐 太宗遣光祿卿柳亨郊勞之 旣至見春秋儀表英偉厚待之 春秋請詣國學觀釋奠及講論 太宗許之 仍賜御製溫湯及晉祠碑幷新撰晉書 嘗召燕見 賜以金帛尤厚 問曰 卿有所懷乎 春秋跪奏曰 臣之本國 僻在海隅 伏事天朝 積有歲年 而百濟强猾 屢肆侵凌 況往年大擧深入 攻陷數十城 以塞朝宗之路 若陛下不借天兵

23) 천조天朝; 唐 조정을 높여 부르는 말

24) 정삭正朔; 나라를 세운 뒤 새로 반포하는 역법(曆法).

翦除凶惡 則敝邑人民盡爲所虜 則梯航述職無復望矣 太宗深然之 許以出師

春秋又請改其章服以從中華制 於是 內出珍服賜春秋及其從者 詔授春秋爲特進 文王爲左武衛將軍 還國詔令三品已上燕餞之 優禮甚備

春秋奏曰 臣有七子 願使不離聖明宿衛 乃命其子文注與大監□□

春秋還至海上 遇高句麗邏兵 春秋從者溫君解 高冠大衣坐於船上 邏兵見以爲春秋 捉殺之 春秋乘小船至國 王聞之 嗟痛 追贈君解爲大阿湌 優賞其子孫

(한편) 이찬 김춘추와 그의 아들 문왕을 보내 당唐에 조공하니, 태종 이세민은 광록경 유형을 교외까지 내보내 맞이하면서 위로하고, 드디어 도착하자 춘추의 풍채가 장엄한 것을 보고 후하게 대우하였다. 춘추는 국학에 가서 석전과 강론을 참관하기를 청하였다. 태종 이세민이 이를 허락하고, 어제御製 '온탕' 및 '진사비문'과 새로 지은 '진서'를 주었다.

하루는 연회에 불러 접견하고, 황금과 비단을 더욱 후하게 주면서 묻길, '그대에게 무슨 소원이 있는가?'라고 하니, 춘추가 무릎을 꿇고 아뢰어 말했다.

"신의 나라가 멀리 바다 한 구석에 있어, 대국을 섬긴 지 여러 해가 되었습니다. 그러나 백제가 강성하고 교활하여 누차 침략을 일삼아 왔습니다. 게다가 지난해에는 대규모로 깊숙이 침입하여 수십 개의 성을 함락하여 대국에 입조할 길을 막았습니다. 만약 폐하께서 군사를 빌려주어 흉악을 제거하지 않는다면, 우리 백성은 모두 포로가 될 것이며, 산을 넘고 물을 건너[梯航][25] 조공을 바치는 일[述職[26]]을 기대할 수 없을 것입니다."

태종 이세민이 깊이 동감하고 군대의 파견을 승낙하고, 춘추가 또 관리들의 휘장과 복식을 바꾸어 중화의 제도를 따르겠다고 청하자 진복珍服을 내어 춘추와 수행원들에게 하사하고, 조칙을 내려 춘추를 특진으로, 문왕을 좌무위장군으로 삼았다. 춘추가 귀국할 때는 3품 이상의 관리에게 영을 내려 연회를 베풀고 전별하니, 대우하는 예절이 심히 극진하였다. 춘추가 아뢰어 말하였다.

"저의 자식이 일곱입니다. 바라옵건대 성상의 곁을 떠나지 않는 숙위가 되게 하여 주소서!"

이에 (태종이) 그의 아들 문왕과 대감 □□에게 숙위를 명하였다.

---

25) 제항(梯航); 사닥다리를 놓고 산에 오르고 배를 타고 바다를 건넌다는 뜻으로, 산을 넘고 물을 건너 먼 곳을 감을 이르는 말.

26) 술직(述職); 제후(諸侯)가 천자(天子)를 뵙고 직무의 상황을 아뢰던 일

춘추가 귀국하는 도중에 해상에서 고구려의 경비병을 만났다. 춘추의 시종인 온군해가 높은 모자와 큰 옷을 입고 배 위에 앉아 있었다. 경비병이 보더니 춘추로 오인하고 그를 잡아 죽였다. 춘추는 작은 배를 타고 신라에 도착하였다. 왕이 이를 듣고 애통해하며 군해에게 대아찬을 추증하고, 그의 자손들에게 상을 후하게 주었다.

三年

春正月, 始服中朝衣冠

3년

봄 정월, 처음으로 중국中國[27]의 의관을 착용하였다.

秋八月

百濟將軍殷相率衆來 攻陷石吐等七城 王命大將軍庾信將軍陳春竹旨天存等 出拒之 轉鬪經旬 不解 進屯於道薩城下 庾信謂衆曰 今日必有百濟人來諜 汝等佯不知 勿敢誰何 乃使徇于軍中曰 堅壁不動明日待援軍然後決戰 諜者聞之 歸報殷相 相等謂有加兵 不能不疑懼於是 庾信等進擊大敗之 殺虜將士一百人 斬軍卒八千九百八十級 獲戰馬一萬匹 至若兵仗不可勝數

가을 8월

백제 장군 은상이 병사를 이끌고 쳐들어와서 석토성石吐城 등의 일곱 성을 공격하여 함락하자, 왕이 대장군 유신과 장군 진춘·죽지·천존 등에게 명하여 나가 막도록 하였으나, 장소를 옮겨 가며 열흘이 지나도록 싸웠지만 물리치지 못하고 도살성道薩城 아래에 진을 쳤다

유신은 병사들에게 말했다.

"오늘은 틀림없이 백제인이 와서 정탐할 것이다. 너희들은 이를 모르는 척 하고, 절대로 누구인가를 묻지 말라!"

이에 유신은 사람을 시켜 진중을 여기 저기 다니면서 '결연한 자세로 움직이지 말라. 내일 구원병이 온 후에 결전을 하겠다.'라고 말하도록 하였다.

첩자가 이 말을 듣고 돌아가 은상에게 보고하였다. 은상 등은 추가 병력이 온다고 여겨 두려워하지 않을 수 없었다.

---

27) 중국中國; 여기서 중국中國은 당唐을 가리키는 대명사이다.

이 때 유신 등이 진격하여 적을 크게 쳐부수고, 장사將士 백 명을 죽이거나 사로잡았으며, 군졸 8천 9백 80명을 참수하고, 전마 일만 필을 획득했다. 노획한 병장기의 수까지는 셀 수도 없었다.

四年

夏四月, 下教 以眞骨在位者執牙笏

4년

여름 4월, 교서를 내려 진골로서 현직에 있는 자는 아홀牙笏[28])을 들게 하였다.

六月

遣使大唐 告破百濟之衆 王織錦作五言大平頌 遣春秋子法敏以獻唐皇帝 其辭曰

6월

당唐에 사신을 보내 백제의 무리를 격파한 사실을 보고하였다. 왕은 비단에 5언시 태평송을 써서, 춘추의 아들 법민을 보내 당唐 황제에게 바치도록 하였다. 그 시는 다음과 같다.

大唐開洪業 巍巍皇猷昌 止戈戎衣定 修文繼百王 統天崇雨施 理物體含章 深仁諧日月 撫運邁時康 幡旗何赫赫 鉦鼓何鍠鍠 外夷違命者 剪覆被天殃 淳風凝幽顯 遐邇競呈祥 四時和玉燭 七曜巡萬方 維嶽降宰輔 維帝任忠良 五三成一德 昭我唐家皇

위대한 당唐 홍업洪業을 열었으니/ 뛰어난 황제의 책략 아름다워라./ 전쟁을 끝내 세상을 평정하고/ 문치를 닦아 백대를 이어감이라/ 하늘을 살피고 비를 중시하여 다스리니/ 만물을 다루는 모범이 되었네 / 어질음 깊고 깊어 일월과 어울리고/ 시운도 따라오니 언제나 편안할세.

큰 깃발 작은 깃발 어찌 저리 혁혁하며/ 징소리 북소리 어찌 저리 굉굉한가?/ 변방 오랑캐 황제 명령 거역하면/ 하늘의 재앙으로 멸망하고 말리라./ 순박한 풍속 이승과 저승을 아우르고/ 먼 곳 가까운 곳 상서로움 앞을 다투어/ 사계절 해와 달과 화합하니/

28) 아홀牙笏; 신하가 임금을 알현할 때 관복에 갖추어 손에 드는 수판(手板)을 말한다. 주로 무소의 뿔이나 상아(象牙)로 만들었다고 한다.

일월日月과 오성五星이 만방을 순행하네 / 산악의 정기가 재상을 내리어/ 황제가 충신[忠良]에게 정사를 맡기니/ 삼황과 오제가 하나의 덕을 이루어/ 우리 당唐의 가문家門을 밝게 비추리라

高宗嘉焉 拜法敏爲大府卿以還 是歲 始行中國永徽年號

고종이 이 글을 칭찬하고, 법민에게 벼슬을 내려 대부경으로 삼아 돌려보냈다. 이 해에 처음으로 중국中國[29]의 연호인 영휘永徽를 사용하였다.

論曰

三代更正朔 後代稱年號 皆所以大一統 新百姓之視聽者也 是故 苟非乘時幷起兩立而爭天下 與夫姦雄乘間而作覬覦神器 則偏邦小國臣屬天子之邦者 固不可以私名年

若新羅以一意事中國使航貢篚相望於道 而法興自稱年號或矣 厥後勝愆襲繆 多歷年所 聞太宗之誚讓 猶且因循至是然後奉行唐號 雖出於不得已 而抑可謂過而能改者矣

논하여 말한다.

삼대의 율력을 고치고 후대의 연호를 칭하는 것은 모두 통일성을 기함으로써 백성들의 이목을 새롭게 하려는 것이다. 이러한 까닭으로, 만약 때를 타고 일어나 나라를 세워 천하를 다투거나 더불어 무릇 간웅들이 틈을 타 일어나서 임금의 자리를 넘보더라도 편방의 작은 신하의 나라로서 천자에게 속한 지방은 본래 사사로이 연호를 쓰지 못하는 법이다

신라 같은 나라는 한 뜻으로 중국中國[30]을 섬겨 사신을 보내 조공하고 그 길에서 그치지 않았으면서도 법흥왕이 스스로 연호를 칭한 것은 당혹스럽다. 그 뒤에도 그 잘못을 대를 이어 되풀이하여 여러 해가 지났고, 당 태종의 꾸지람을 듣고서도 내키지 않아 머뭇거리다가 지금에 이른 연후에야 당의 연호를 받들어 행하게 되니, 비록 부득이한 데서 비롯된 것이라 하더라도 (이는) 잘못이 있는 것이고 이에 마땅히 잘못을 고친 것이라고 말할 수 있다.

29) 중국中國; 여기서 중국中國은 당唐을 가리키는 대명사이다.

30) 중국中國; 여기서 중국中國은 당唐을 가리키는 대명사이다.

五年

春正月, 朔 王御朝元殿 受百官正賀 賀正之禮始於此

二月, 改稟主爲執事部 仍拜波珍飡竹旨爲執事中侍 以掌機密事務

□□□遣波珍飡金仁問 入唐朝貢 仍留宿衛

5년

봄 정월, 초하루에 왕이 조원전에 어거하여 백관들의 새해 인사를 받았다. 신년 하례 예식은 여기서부터 시작된 것이다.

2월, 름주稟主를 고쳐 집사부로 하고, 이에 파진찬 죽지에게 벼슬을 내려 집사중시로 삼아 기밀사무를 관장하게 하였다. (원문 3자 결자) 파진찬 김인문을 당唐에 보내 조공하고, 이에 숙위로 머물러 있게 하였다.

六年

春正月, 以波珍飡天曉爲左理方府令 遣使大唐朝貢

三月, 京都大雪 王宮南門無故自毁

6년

봄 정월, 파진찬 천효를 좌리 방부령으로 삼았다. 사신을 당唐에 보내 조공하였다

3월, 경도京都에 눈이 크게 내렸다. 왕궁의 남문이 이유 없이 저절로 무너졌다

七年

冬十一月, 遣使大唐 獻金摠布 唐高宗聞之 爲擧京於永光門

7년

겨울 11월, 당唐에 사신을 보내 금총포를 헌납했다.

八年

春三月, 王薨 謚曰眞德 葬沙梁部 使大常丞張文收持節吊祭之 贈開府儀同三司 賜綵般三百 國人謂始祖赫居世至眞德二十八王謂之聖骨 自武烈至末王謂之眞骨 唐令狐澄新羅記曰 其國王族謂之第一骨 餘貴族第二骨

8년

봄 3월, 왕이 홍서했다. 시호를 진덕眞德이라 하고, 사량부沙梁部에 장사지냈다.

당 고종이 이를 듣고 영광문에서 추모식을 거행하고 대상승 장문수를 지절持節[31]로 보내 조문하게 하였으며, '개부의동삼사'로 추증하고 비단 3백 필을 부의賻儀하였다.

사람들은 시조 혁거세로부터 진덕왕까지 28대 왕을 성골이라고 일컫고, 무열왕으로부터 마지막 임금까지를 진골이라 일컬었다.

당唐 영호징의 '신라기'는 다음과 같이 기술되어 있다.

"그 나라에서는 왕족을 제1골이라 부르고, 나머지 귀족을 제2골이라고 불렀다."

31) 지절持節; '절節'을 가진 사신이란 뜻이다. 사지절使持節이라고도 한다. '절節'이란 황제의 특별한 수권이 있었음을 증빙하는 증표이다. 대나무로 만드는 것이 보통이나 후에 금을 입힌 동(銅)으로 하기도 하였다. 오늘날 친서를 소지한 대통령 특사 쯤 되는 것으로 보인다.

○ 진덕왕 元年 二月 기사에는 '冊命王爲柱國 封樂浪郡王'이라는 기록이 있다. 진덕왕을 주국柱國[32]으로 삼아 '낙랑군왕樂浪郡王'으로 책봉하였다는 것이다.

진덕왕을 낙랑군왕樂浪郡王으로 삼았다는 것은 산서성山西省 남부 또는 하남성河南省 일대에 대한 신라의 지배권을 인정한다는 의미임은 진흥왕 편에서 기술한 논거와 같다. 또한 基臨王 三年 三月에 낙랑과 대방 양국이 귀순함으로써 신라가 이 지역을 복속하였는데 낙랑군왕樂浪郡王이라는 명칭은 이러한 사실을 징표하는 것임도 기술한 바 있다.

진흥왕이 북제北齊 무성황제로부터 낙랑군공樂浪郡公 신라왕新羅王으로 칭해진 이래, 진평왕은 수隋[33] 양견楊堅[34]으로부터도 낙랑군공樂浪郡公 신라왕新羅王으로 칭해지면서 낙랑樂浪에 대한 권리를 국제적으로 거듭 인정받았고, 선덕왕・진덕왕 때 분쟁지역에 대한 지배권을 당唐으로부터 거듭하여 확인받았다.

○ 진덕왕 때에도 백제의 침탈은 계속되었다.

元年 十月 기사에는 '百濟兵圍茂山甘勿桐岑三城'이라는 기록이 있다. 백제 병력이 무산성茂山城・감물성甘勿城・동잠성桐岑城을 포위하였다는 것이다.

二年 三月 기사에는 '百濟將軍義直侵西邊 陷腰車等一十餘城 命押督州都督庾信以謀之'이라는 기록이 있다. 백제 장군 의직이 서쪽 변경을 침범하여 요거성腰車城 등 10여 성을 함락하니, 왕이 압독주押督州 도독 유신에게 명하여 이 문제를 조치하도록 하였다는 것이다.

三年 八月에는 백제 장군 은상이 병사를 이끌고 쳐들어와서 석토성石吐城 등의 일곱 성을 공격하여 함락하자, 왕이 대장군 유신과 장군 진춘・죽지・천존 등에게 명하여 나가 막도록 하였으나, 장소를 옮겨 가며 열흘이 지나도록 싸웠지만, 물리치지 못하고 도살성道薩城 아래에 진을 쳤다고 한다.

	서쪽변경	비고
진덕왕	무산성茂山城 감물성甘勿城 동잠성桐岑城 요거성腰車城 석토성石吐城 도살성道薩城	압독주 押督州

○ 선덕왕 十一年 백제가 서쪽 지방 40여 성을 공격하여 빼앗았고, 또 당항성党項城과 대야성大耶城을 함락시켰는데, 진덕왕 때는, 요거성腰車城 등 10여 성과 석토성石吐城 등의 일곱 성을 빼앗았으니, 당시 신라는 백제의 거듭되는 공격으로 영토의 상당 부분을 상실하여 어려운 지경에 처하여 있음을 알 수 있다.

32) 주국柱國; 주국이란 나라의 기둥 또는 공로에 따라 주어지는 훈계勳階인데 고려시대에는 둘째 등급을 일컬었던 말이다. 굳이 비슷한 말을 찾자면 '공신' 쯤에 비견된다.

33) 수隋; AD 581~619

34) 수隋의 제1대 王이다.

○ 四年 六月 기사에는 '始行中國永徽年號'라는 기록이 있다. 처음으로 중국中國의 연호인 영휘永徽를 사용하였다는 것이다. 그리고 이에 대하여 김부식이 논평하면서 '若新羅以一意事中國使航貢篚相望於道 而法興自稱年號惑矣'라고 하였다. 즉, 신라 같은 나라는 한 뜻으로 중국中國을 섬겨 사신을 보내 조공하고 그 길에서 그치지 않았으면서도 법흥왕이 스스로 연호를 칭한 것은 당혹스럽다는 것이다.

그러나 김부식은 신라가 당에 행한 조공의 의미를 잘못 알고 있다. 신라는 혈연적·제사적 의미의 조공을 하고 있었던 것이다. 예를 들어 진지왕 三年 七月 기사에는 '遣使於陳 以獻方物'이라는 기록이 있다. 진陳에 사신을 보내고 방물方物을 바쳤다는 것이다. 신라는 이후 수·당에 이어 후당에게도 조공하는데, 후당 역시 김부식이 이해하는 그러한 조공을 받을 만큼 강성한 나라가 아니었다.

그리고 김부식은 중국中國이라는 용어를 사용하고 있지만, 신라는 중국中國에 사대한 것이 아니라 신라 왕실이 선비족의 지계支系로서 본계本系인 당의 제사에 참여한 것이고 이것이 조공의 형태로 표현된 것이다. 김부식은 이를 모르고 자신들이 금에 행한 사대적 의미의 조공의 개념을 신라에 무리하게 적용한 것이다.

이처럼 김부식이 조공의 의미를 이해하지 못하여 신라가 독자적인 연호를 사용한 것까지 이처럼 비난하니, 김부식이 가지고 사대에 대한 관념과 집착은 하나의 이데올로기를 넘어 신앙의 단계에 이른 것으로 평가되며, 학문적 관점에서 보자면 김부식의 논평은 실로 당혹스럽다.

㉙ 太宗武烈王(태종무열왕)

654~661 재위기간 7년

太宗武烈王立 諱春秋 眞智王子伊湌龍春 一云龍樹 之子也 唐書以爲
眞德之弟 誤也 母天明夫人 眞平王女 妃文明夫人 舒玄角湌女也
王儀表英偉 幼有濟世志 事眞德 位歷伊湌 唐帝授以特進 及眞德薨
群臣臣請閼川伊湌攝政 閼川固讓曰 臣老矣 無德行可稱 今之德望崇
重莫若春秋公 實可謂濟世英傑矣 遂奉爲王 春秋三讓 不得已而就位

태종무열왕太宗武烈王이 왕위에 오르니, 이름은 춘추이며, 진지왕의 아들인 이찬 용춘龍春 용수龍樹라고도 한다. 의 아들이다. '당서'에 진덕의 아우라고 한 것은 착오이다. 어머니는 천명부인으로 진평왕의 딸이고, 왕비는 문명부인으로 각찬 서현의 딸이다.

왕은 풍채가 당당하고 위엄이 있었으며, 어려서부터 세상을 구제하려는 뜻을 가지고 있었는데 진덕왕을 섬겨 이찬을 역임하였으니, 당唐 황제가 수여하여 특별히 진급시킨 것이다.

진덕왕이 훙서하자 이에 여러 신하들이 이찬 알천에게 섭정攝政을 요청하니, 알천은 고사固辭하며 말했다.

"신臣은 늙었고 덕행이라 할 만한 것도 없습니다. 지금 덕망이 높아 우러러 존중할 만한 이는 춘추공春秋公 만한 사람이 없으니 실로 세상을 구제할만한 영웅이라고 할 수 있습니다."

결국 받들어 왕이 되었으니, 춘추는 세 번이나 사양하다가 부득이하여 왕위에 취임하였다.

元年
夏四月，追封王考爲文興大王母爲文貞太后 大赦
五月，命理方府令良首等 詳酌律令 修定理方府格六十餘條 唐遣使
持節備禮 冊命爲開府儀同三司新羅王 王遣使入唐表謝

원년

여름 4월, 선고先考[35]를 문흥대왕, 선비先妣[36]를 문정태후로 추존하고, 대규모 사면을 단행했다.

5월, 이방부령 양수 등에게 명하여 율령律令을 상세히 검토하게 하여 이방부의 법령

35) 선고先考; 돌아가신 자기 아버지를 이르는 말

36) 선비先妣; 돌아가신 자기 어머니를 이르는 말

60여 조문을 수정修定하였다. 당唐에서는 특사를 보내 예를 갖추고, 개부의동삼사開府儀同三司 신라왕新羅王에 책봉하였다. 왕이 당唐에 사신을 보내 감사의 뜻을 표하였다.

二年

春正月, 拜伊湌金剛爲上大等波珍湌文忠爲中侍 高句麗與百濟靺鞨連兵 侵軼我北境取三十三城 王遣使入唐求援

2년

봄 정월, 벼슬을 내려 이찬 금강을 상대등으로, 파진찬 문충을 중시로 임명하였다.

고구려가 백제 및 말갈과 군사를 연합하여, 우리 북쪽 변경을 침범하여 33개의 성을 취하자, 왕이 당唐에 사신을 보내 도움을 구하였다.

三月

唐遣營州都督程名振左右衛中郞將蘇定方 發兵擊高句麗 立元子法敏爲太子 庶子文王爲伊湌 老且{旦}爲海湌 仁泰爲角湌 智鏡愷元各爲伊湌

3월

당唐이 영주 도독 정명진과 좌우위 중랑장 소정방을 보내 병사를 일으켜 고구려를 공격하였다.

원자元子[37] 법민을 태자로, 서자인 문왕을 이찬으로, 노차를 해찬으로, 인태를 각찬으로, 지경과 개원을 각각 이찬으로 세웠다.

冬十月

牛首州獻白鹿 屈弗郡進白猪 一首二身八足 王女智照下嫁大角湌庾信 立鼓樓月城內

겨울 10월

우수주牛首州에서 흰 사슴을 바쳤다.

굴불군屈弗郡에서 흰 돼지를 진상하니, 머리는 하나, 몸체는 둘, 발이 여덟 개였다. 왕의 딸 지조가 대각찬 유신에게 시집갔다. 월성月城 안에 고루鼓樓[38]를 세웠다.

---

37) 원자元子; 장차 태자 또는 세자에 책봉될 지위에 있는 임금의 맏아들을 일컫던 말

三年

金仁問自唐歸 遂任軍主 監築獐山城

秋七月, 遣子右左武衛將軍文王 朝唐

3년

김인문이 당唐에서 돌아오자, 즉시 군주로 임명하여 장산성獐山城의 축조 공사를 감독하게 하였다.

가을 7월, 아들 우무위 장군 문왕文王으로 하여금 당唐에 입조入朝하게 하였다.

四年

秋七月, 一善郡大水 溺死者三百餘人 東吐含山地燃 三年而滅 興輪寺門自壞 □□□北巖崩碎爲米 食之如陳倉米

4년

가을 7월, 일선군一善郡에 큰 홍수가 나서 익사자가 3백여 명이나 되었다.

동쪽 토함산吐含山에서 땅에 불이 나 3년이 지난 후에야 꺼졌다. 흥륜사의 대문이 저절로 무너졌다. □□□ 북쪽의 바위가 무너지며 부서져 쌀로 변했는데 먹어 보니 창고의 묵은 쌀 같았다.

五年

春正月, 中侍文忠改爲伊湌 文王爲中侍

三月, 王以何瑟羅地連靺鞨人不能安 罷京爲州 置都督以鎭之 又以悉直爲北鎭

5년

봄 정월, 중시 문충文忠의 벼슬을 바꾸어 이찬으로 삼고, 문왕文王을 중시로 임명하였다.

3월, 왕이, 하슬라何瑟羅는 말갈과 접해 있어 백성들이 편안히 지낼 수 없었으므로, 소경小京을 폐지하여 주州로 삼고, 도독을 두어 그곳을 수비하게 하였다. 또한 실직悉直을 북진北鎭으로 하였다.

---

38) 고루鼓樓; 북을 단 누각

六年

夏四月, 百濟頻犯境 王將伐之 遣使入唐乞師

6년

여름 4월, 백제가 자주 국경을 침범하므로, 왕이 백제를 공격하기 위하여 당唐에 사신을 보내 원조를 요청하였다.

秋八月

以阿飡眞珠爲兵部令

가을 8월

아찬 진주를 병부령으로 삼았다.

九月

何瑟羅州進白鳥 公州基郡江中大魚出死 長百尺 食者死

9월

하슬라주何瑟羅州에서 흰 새를 진상하였다. 공주公州 기군강基郡江에서 큰 물고기가 육지로 올라와 죽었는데. 그 길이가 1백 자[39]나 되었고, 이를 먹은 사람들이 목숨을 잃었다.

冬十月

王坐朝 以請兵於唐不報 憂形於色 忽有人於王前 若先臣長春罷郎者 言曰 臣雖枯骨 猶有報國之心 昨到大唐 認得 皇帝命大將軍蘇定方等領兵以來年五月來伐百濟 以大王勤佇如此故玆控告 言畢而滅 王大驚異之 厚賞兩家子孫 仍命所司 創漢山州莊義寺 以資冥福

겨울 10월

왕이 자리에 앉아 있었는데, 파병요청에 대한 당唐의 회보回報가 없으니 근심이 얼굴에 나타났다. 그 때 갑자기 사람들이 왕 앞에 나타났는데, 선대의 신하 장춘 또는 파

39) 1백자; 100×1.8m≒180m

랑 같아 보는 자가 말하길,

"신臣이 비록 백골이지만 나라에 보답할 마음으로 어제 당唐에 갔었는데, 당 황제가 대장군 소정방 등에게 병을 인솔하여 내년 5월에 백제를 쳐들어가 정벌하도록 명한 사실을 알게 되었습니다. 대왕께서 이처럼 근심하여 기다리고 계시므로 이에 고합니다."

하고는, 말을 마치자 사라졌다. 왕이 크게 놀라고 기이하게 여겨, 두 집안 자손들에게 후하게 상을 내리고, 곧 해당 부서에 명하여 한산주漢山州에 장의사莊義寺를 창립하여 명복을 빌게 하였다

七年

春正月, 上大等金剛卒 拜伊湌金庾信爲上大等

7년

봄 정월, 상대등 금강이 죽으니, 이찬 김유신에게 벼슬을 내려 상대등으로 삼았다.

三月

唐高宗命左武衛大將軍蘇定方 爲神丘道行軍大摠管 金仁問爲副大摠管 帥左驍衛將軍劉伯英等水陵十三萬 ㅁㅁ伐百濟 勑王爲嵎夷道行軍摠管 何使將兵爲之聲援

3월

당 고종이 명하여 좌무위 대장군 소정방을 신구神丘[40]도행군 대총관大摠管으로 삼고, 김인문을 부대총관으로 삼아, 좌효위 장군 유백영 등 수륙군 13만 명을 거느리고 백제를 ㅁㅁ정벌하게 하고, 또 칙명을 내려 무열왕을 우이嵎夷[41]도행군 총관摠管으로 삼아 병력을 거느리고 지원하도록 하였다.

夏五月

二十六日 王與庾信眞珠天存等領兵出京

여름 5월

26일, 왕이 유신·진주·천존 등과 함께 병사를 거느리고 경도京都를 출발하였다.

---

40) 신구神丘; 오늘날 하남성河南省 낙양부 일대를 일컫는 말이다.

41) 우이嵎夷; 해가 돋는 곳이라는 뜻으로 오늘날 산동성 일대를 일컫는 말이다.

六月

十八日, 次南川停 定方發自萊州 舳艫千里隨流東下
二十一日王遣太子法敏 領兵船一百艘 迎定方於德物島 定方謂法敏曰
吾欲以七月十日至百濟南 與大王兵會 屠破義慈都城 法敏曰 大王立待
大軍 如聞大將軍來 必蓐食而至 定方喜 還遣法敏 徵新羅兵馬
法敏至 言定方軍勢甚盛 王喜不自勝 又命太子與大將軍庾信將軍品
日欽春等 春或作純 率精兵五萬 應之 王次今突城

6월

18일, 남천정南川停에 당도하였는데, 소정방蘇定方은 내주萊州에서 출발하여, 천리에 달하는 함대가 물길을 따라 동쪽으로 내려오고 있었다.

21일, 무열왕이 태자 법민法敏을 파견하여 병선 1백 척을 거느리고 덕물도德物島에 가서 소정방을 맞이하게 하였다. 소정방이 법민法敏에게 말하였다.

"나는 7월 10일 백제 남쪽에 도착하여, 대왕의 병력과 합세하여 의자의 도성을 격파하려 한다."

법민法敏이 말했다.

"우리 대왕께서는 대군이 오기를 서서 기다리고 계십니다. 만일 대장군의 도착 소식을 들으신다면, 틀림없이 잠자리에서 식사하고라도 곧바로 오실 것입니다."

정방은 기뻐하며 법민法敏을 돌려보내 신라의 병마를 징발하게 하였다.

법민法敏이 돌아와 정방의 군세가 매우 성대하다고 말하자 왕은 기쁨을 이기지 못하여 태자와 대장군 유신, 장군 품일, 흠춘欽春 春을 純이라고도 한다. 등으로 하여금 정병 5만을 거느리고 가서 응원하게 하고, 왕은 금돌성今突城에 머물렀다.

秋七月

九日, 庾信等進軍於黃山之原 百濟將軍階伯擁兵而至 先據嶮 設三
營以待 庾信等分軍爲三道 四戰不利 士卒力竭 將軍欽純謂子盤屈曰
爲臣莫若忠 爲子莫若孝 見危致命 忠孝兩全 盤屈曰 謹聞命矣 乃入
陳力戰死 左將軍品日 喚子官狀 一云官昌 立於馬前 指諸將曰 吾兒
年纔十六 志氣頗勇 今日之役 能爲三軍標的乎 □□官昌曰唯 以甲

마 단 창 경 부 적 진 위 적 소 금 생 치 계 백 계 백 비 탈 주 애 기 소 차 용 불 인 가
馬單槍徑赴敵陣 爲賊所擒生致階伯 階伯俾脫冑 愛其少且勇 不忍加
해 내 탄 왈 신 라 불 가 적 야 소 년 상 여 차 황 장 사 호 내 허 생 환 관 상 고 부
害 乃嘆曰 新羅不可敵也 少年尚如此況壯士乎 乃許生還 官狀告父
왈 오 입 적 중 불 능 참 장 건 기 자 비 외 사 야 언 흘 이 수 국 정 수 음 지 경 향
曰 吾入敵中 不能斬將搴旗者 非畏死也 言訖 以手掬井水飮之 更向
적 진 질 투 계 백 금 참 수 계 마 안 이 송 지 품 일 집 기 수 류 혈 습 메 왈 오 아
敵陣疾鬪 階伯擒斬首 繫馬鞍以送之 品日執其首 流血濕袂 曰 吾兒
면 목 여 생 능 사 어 왕 사 행 의 삼 균 견 지 강 개 유 사 지 고 조 진 격 백 제 중
面目如生 能死於王事 幸矣 三軍見之 慷慨有死志鼓噪進擊 百濟衆
대 패 계 백 사 지 노 좌 평 충 상 상 영 등 이 십 여 인
大敗階伯死之 虜佐平忠常常永等二十餘人

가을 7월

9일, 유신 등이 황산의 평원으로 진군하였다. 백제장군 계백이 병사를 끌어 모아 와서 험한 지형을 먼저 차지하고, 세 곳에 병영을 설치한 채 기다리고 있었다. 유신은 군사를 등분하여 3도로 편제하고 네 번 싸웠으나 (전세가) 불리하고 사졸들이 지쳐갔다.

(이때) 장군 흠순이 그의 아들 반굴에게 말하였다.

"신하는 충이 제일이요, 자식은 효가 제일이니 나라가 위태로울 때 제 몸을 나라에 바치는 것이 충과 효를 모두 다하는 것이다."

(이에) 반굴이 말하였다.

"삼가 명을 (알아) 들었습니다."

(그리고는) 곧장 적진으로 달려들어 진력을 다하고 전사하였다.

좌장군 품일이 아들 관상(관창이라고도 한다.)을 불러 말 앞에 세우고 여러 장수들을 가리키며 말했다.

"내 아들이 나이 겨우 열여섯이지만 기백이 제법 용감하다. 네가 오늘 전투에서 삼군의 모범이 될 수 있겠는가?"

관창이 ㅁㅁ '예'라고 답하고는 갑마를 타고 창 한 자루를 든 채 적진으로 나아갔으나 적군에게 생포되어 산 채로 계백 앞에 서게 되었다. 계백이 투구를 벗기게 하니 어림에도 불구하고 용감한 것을 가상하게 여겨 차마 죽이지 못하고 탄식하면서 말했다.

"신라와는 대적할 수 없구나. 어린 아이도 오히려 이와 같으니, 하물며 장정들이야 어떻겠는가!"

계백은 그를 죽이지 않고 돌려보냈다. 관창이 아버지에게 고하여 말했다.

"제가 적진에 들어가서 적장의 목을 베고 깃발을 뽑아 오지 못한 것은 죽음을 겁내서가 아닙니다."

관창은 말을 마치자 손으로 우물물을 한웅큼 떠서 마시고, 다시 적진으로 나아가 끝까지 싸웠다. 계백은 그를 붙잡아 머리를 베어 말안장에 매어 보냈다. 품일이 그 머리를 집어들자 피가 흘러 소매를 적셨다. (품일이) 말했다.

"내 아이의 얼굴이 살아있는 것 같구나. 나라[王事]를 위하여 죽을 수 있었으니 다행이로구나!"

삼군의 군사들이 이를 보고 비분강개하여 죽음을 각오하고, 북을 치고 함성을 지르며 진격하니 백제 군사들은 대패하였고, 계백도 전사하였으며, 좌평 충상·상영 등 20여 명이 사로잡혔다.

是日, 定方與副摠管金仁問等致伎伐浦 遇百濟兵逆擊大敗之 庾信等至唐營 定方以庾信等後期 將斬新羅督軍金文穎於軍門 或作永 庾信言於衆曰 大將軍不見黃山之役 將以後期爲罪 吾不能無罪而受辱 必先與唐軍決戰 然後破百濟 乃杖鉞軍門 怒髮如植 其腰間寶劍自躍出鞘 定方右將董寶亮躡足曰 新羅兵將有變也 定方乃釋文穎之罪 百濟王子使左平覺伽 移書於唐將軍 哀乞退兵

같은 날, 정방은 부총관 김인문 등과 함께 기벌포伎伐浦에 도착하였다. (그는) 백제 군사와 마주쳐 맞서 싸우니 백제가 대패하였다. 유신 등이 당唐의 병영에 도착하니, 정방은 유신 등이 늦었다는 이유로 신라 독군 김문영金文穎을 '穎'을 '永'으로도 쓴다. 군문에서 참하려고 하였다. 유신은 군중을 앞에 두고 말했다.

"대장군은 황산 전투를 보지도 않고, 늦게 온 것만 죄를 물으려 하는구려. 나는 죄 없이 치욕을 당할 수는 없으니, 필히 먼저 당唐과 결전을 하고 난 연후에 백제를 격파하겠소."

곧 군문에서 노끼를 집어 들었다. 노기 서린 머리털이 나무처럼 곧추 서고, 허리 사이의 보검이 칼집에서 저절로 튀어 나올 것 같았다. (이에) 정방의 우장 동보량은 끼어들며 말했다.

"신라 군사들의 마음이 장차 변할 수 있다."

정방이 이에 문영의 죄를 풀어주었다.

(한편) 백제 왕자가 좌평 각가를 보내 서신을 당唐 장군에게 전하여 군사를 물릴 것을 애걸하였다.

秋七月

十二日 唐羅軍□□□圍義慈都城 進於所夫里之原 定方有所忌不能前 庾信說之 二軍勇敢 四道齊振 百濟王子又使上佐平致□饔豐腆 定方却之 王庶子躬與佐平六人詣前乞罪 又揮之

十三日, 義慈率左右夜遁走 保熊津城 義慈子隆與大佐平千福等出降 法敏跪隆於馬前 唾面罵曰 向者 汝父枉殺我妹 埋之獄中 使我二十

년간통심질수 금일여명재오수중 융복지무언
年間痛心疾首 今日汝命在吾手中 隆伏地無言

십팔일 의자률태자급웅진방령군등 자웅진성래항
十八日, 義慈率太子及熊津方領軍等 自熊津城來降

이십구일 왕문의자강 자금돌성지소부리성 견제감천복 로포어대당
二十九日, 王聞義慈降 自今突城至所夫里城 遣弟監天福 露布於大唐

7월

12일, 당과 신라 군사가 □□□ 의자의 도성을 포위하기 위하여 소부리所夫里의 평원으로 진격하였는데, 정방은 기분이 나빠 진격하지 않았다. 유신이 그를 설득하여 양군이 용감하게 네 방향에서 일제히 몰아쳤다. 백제 왕자가 다시 상좌평을 시켜 선물과 음식을 후하게 □ 보냈으나 정방은 이를 거절했다. 백제왕의 서자 궁躬이 좌평 여섯 사람과 함께 들어와 면전에서 용서를 빌었으나 정방은 또 가라고 손을 내저었다.

13일, 의자왕은 좌우의 측근들을 데리고 밤을 틈타 도주하여 웅진성을 지켰다. 의자왕의 아들 융隆은 대좌평 천복 등과 함께 나와서 항복하였다. 법민이 융隆을 말 앞에 '쿵' 소리가 나게 꿇어앉히고 얼굴에 침을 뱉으며 꾸짖어 말했다.

"예전에 너의 아버지가 황망하게도 내 누이를 살해하여 옥중에 파묻었다. 나는 이로 인하여 20년 동안 가슴이 아프고 머리에 병이 났다. 그런데 오늘은 네 목숨이 내 손에 달렸구나!"

융隆은 바닥에 엎드려 아무 말도 하지 않았다.

18일, 의자義慈가 태자와 웅진의 방령군 등을 데리고 웅진성에서 나와 항복하였다.

29일, 왕은 의자義慈가 항복하였다는 소식을 듣자, 금돌성今突城으로부터 소부리성所夫里城에 도착하였고, 제감 천복을 보내 당唐에 알렸다

팔월
八月

이일 대치주노장사 왕여정방급제장좌어당상 좌의자급자륭어당하
二日, 大置酒勞將士 王與定方及諸將坐於堂上 坐義慈及子隆於堂下

혹사의자행주 백제좌평등군신막불명인류체
或使義慈行酒 百濟佐平等群臣莫不嗚咽流涕

시일 포참모척 모척본신라인 망입백제 여대야성검일동모함성 고
是日, 捕斬毛尺 毛尺本新羅人 亡入百濟 與大耶城黔日同謀陷城 故

참지 우착검일 수왈 여재대야성 여모척모 인백제지병 소망창고
斬之 又捉黔日 數曰 汝在大耶城 與毛尺謀 引百濟之兵 燒亡倉庫

영일성핍식치패 죄일야 핍살품석부처 죄이야 여백제래공본국 죄
令一城乏食致敗 罪一也 逼殺品釋夫妻 罪二也 與百濟來攻本國 罪

삼야 이 지해 투기시어강수
三也 以□支解 投其尸於江水

백제여적거남잠정현 성 우좌평정무취중장두시원악 초략당라인
百濟餘賊據南岑貞峴□□□城 又佐平正武聚衆庄豆尸原嶽 抄掠唐羅人

이십육일 공임존대책 병다지험 불능극 단공파소책
二十六日, 攻任存大柵 兵多地嶮 不能克 但攻破小柵

8월

2일, 크게 주연을 베풀어 장사將士들을 위로하였다. 왕은 정방 및 여러 장수들과 함께 당상堂上에 앉고, 의자와 그 아들 융은 당하堂下에 앉혔다. 가끔씩 의자義慈로 하여금 술을 따라 돌리게 하니, 백제의 좌평 등 여러 신하들이 목이 메어 울지 않는 자가 없었다.

이날, 모척毛尺을 체포하여 참수하였다. 모척毛尺은 본래 신라 사람이었으나 백제로 도망가서 대야성의 금일黔日과 공모하여 성을 점령하였기에 참수한 것이다. 또한 금일黔日을 잡아 나무라며 말했다.

"네가 대야성에서 모척毛尺과 모의하고, 백제 군사를 이끌고 와서 창고에 불을 질러 태우는 바람에 성 안에 식량이 떨어져 결국 패배를 당하였으니 이것이 첫번째 죄요, 네가 품석의 부부를 핍박하여 죽였으니, 두번째 죄이다. 네가 백제와 함께 쳐들어와서 본국을 공격했으니, 이것이 세번째 죄이다."

이어 사지를 찢어 시체를 강물에 던졌다.

백제의 남은 적병이 남잠성南岑城·정현성貞峴城·ㅁㅁㅁ성에 웅거하였다. 또 좌평 정무는 무리를 모아 두시원豆尸原 산악에 진을 치고, 당과 신라 사람들을 약탈하였다.

26일, 임존任存의 대책을 공격했으나, 적병이 많고 지세가 험하여 이기지 못했다. 다만 소책을 공격하여 격파하였다.

九月

三日, 郎將劉仁願以兵一萬人 留鎭泗沘城 王子仁泰與沙飡日原級飡吉那 以兵七千副之 定方以百濟王及王族臣寮九十三人百生一萬二千人 自泗沘乘船廻唐 金仁問與沙飡儒敦大奈麻中知等偕行

二十三日, 百濟餘賊入泗沘 謀掠生降人 留守仁願出唐羅人 擊走之 賊退上泗沘南嶺 竪四五柵屯聚 伺隙抄掠城邑 百濟人叛而應者二十餘城 唐皇帝遣左衛中郎將王文度 爲熊津都督

二十八日, 至三年山城傳詔 文度面東立 大王面西立 錫命後 文度欲以宣物授王 忽疾作便死 從者攝位 畢事

9월

3일, 낭장 유인원劉仁願이 병력 1만을 거느리고 사비성泗沘城에 남아 진을 치고, 왕자 인태와 사찬 일원과 급찬 길나가 병력 7천으로 그를 도왔다. 정방은 백제왕 및 왕족, 신하 93명과 백성 1만 2천 명을 사비泗沘에서 배에 태워 당唐으로 돌아갔다. 김인문金仁問이 사찬 유돈, 대내마 중지 등과 함께 갔다.

23일, 백제의 잔적들이 사비泗沘에 들어와 살아남아 항복한 사람들을 약탈하려 하여 유수留守 유인원劉仁願이 나당연합군을 출동시켜 이들을 쫓아냈다. 적들은 퇴각하면서 사비泗沘의 남령南嶺에 올라가 너덧 군데에 목책을 세워 사람들을 모으고 틈을 노려 성읍을 약탈하니, 백제인들이 반란을 일으키고 이에 호응한 것이 20여 성이었다. 당 고종이 좌위중랑장 왕문도王文度를 파견하여 웅진도독熊津都督으로 삼았다.

28일, 왕문도王文度가 삼년산성三年山城에 도착하여 조서를 전하였다. 왕문도王文度는 동쪽을 향하여 서고, 대왕은 서쪽을 향하여 섰다. 명을 내린 후, 왕문도王文度가 선물을 왕에게 주려고 하다가 갑자기 병이 도져 곧바로 사망하니 시종들이 대신하여 일을 마무리했다.

十月

九日，王率太子及諸軍攻尒禮城

十八日，取其城置官守 百濟二十餘城震懼 皆降

三十日，攻泗沘南嶺軍柵 斬首一千五百人

10월

9일, 왕이 태자와 군사들을 거느리고 이례성尒禮城을 공격하였다.

18일, 그 성을 점령하고 관리를 두어 지키자, 백제의 20여 성이 두려워 떨다가 모두 항복하였다.

30일, 사비 남령의 군책을 공격하여 1천 5백 명을 참수하였다.

十一月

一日，高句麗侵攻七重城 軍主匹夫死之

五日，王行渡雞灘 攻王興寺岑城 七日乃克 斬首七百人

二十二日，王來自百濟 論功 以罽衿卒宣服爲級湌 軍師豆迭爲高干 戰死儒史知末知活寶弘伊屑儒等四人 許職有差 百濟人員並量才任用 佐平忠常常永達率自簡授位一吉湌 充職摠管 恩率武守授位大奈麻 充職大監 恩率仁守授位大奈麻 充職弟監

11월

1일, 고구려가 칠중성七重城을 침공하니, 군주 필부가 죽었다.

5일, 왕이 계탄雞灘을 건너 왕흥성王興城과 사잠성寺岑城을 공격하여 7일 만에 이기고, 7백 명을 참수했다.

22일, 왕이 백제에서 돌아와 전공을 평가하여 계금당罽衿幢[42] 군졸 선복을 급찬으로, 군사 두질을 고간으로 삼았으며, 전사한 유사지·말지활·보홍이·설유 등 네 사람에게는 그 전공에 따라 직위를 내렸다. 백제 인원도 재능을 고려하여 임용하였다. 좌평 충상·상영과 달솔 자간에게는 일길찬의 직위를 주어 총관의 직책으로 충원하고, 은솔 무수에게는 대내마의 직위를 주어 대감의 직책으로 충원하고, 은솔 인수에게는 대내마의 직위를 주어 제감의 직책으로 충원하였다.

八年

春二月，百濟殘賊來攻泗沘城 王命伊湌品日爲大幢將軍 迊湌文王大阿湌良圖阿湌忠常等副之 迊湌文忠爲上州將軍 阿湌眞王副之 阿湌義服爲下州將軍 武欻旭川等爲南川大監 文品爲誓幢將軍 義光爲郎幢將軍 往救之

8년

봄 2월, 백세의 잔적이 사비성泗沘城을 쳐들어와 공격하였다. 왕은 이찬 품일에게 명하여 대당장군으로 삼고, 잡찬 문왕과 대아찬 양도·아찬 충상 등으로 하여금 그를 돕게 하고, 잡찬 문충을 상주장군으로 삼고, 아찬 진왕으로 하여금 그를 돕게 하였으며, 아찬 의복을 하주장군, 무훌·욱천 등을 남천대감, 문품을 서당장군, 의광을 낭당장군으로 삼아, 가서 사비성泗沘城을 구원하게 하였다.

三月

五日，至中路 品日分麾下軍先行 往豆良尹城南 一作伊 相營地 百濟人望陣不整 猝出急擊不意 我軍驚駭潰北

十二日，大軍來屯古沙比城外 進攻豆良尹城 一朔有六日 不克

3월

5일, 도중에 품일品日이 휘하의 군대를 나누어 먼저 보내 두량윤성豆良尹城('尹'을 '伊'라고도 한다.) 남쪽에 가서 진영을 차릴 만한 곳을 보게 하였는데, 백제인들이 진영이 정돈되지 않은 것을 보고, 갑자기 나와 뜻밖의 급습을 하니 아군我軍이 놀라서 무너지며 달아났다.

42) 계금당罽衿幢; 중앙군의 하나이다.

12일, 대군大軍이 옛 사비성 밖에 와서 진을 치고 있다가 진격하여 두량윤성豆良尹城을 공격하였으나, 한 달 엿새가 되도록 이기지 못하였다.

夏四月, 十九日

班師 大幢誓幢先行 下州軍殿後 至賓骨壤 遇百濟軍 相鬪敗退 死者雖小 先失亡兵械輜重甚多

上州郎幢遇賊於角山 而進擊克之 遂入百濟屯堡 斬獲二千級

王聞軍敗大驚 遣將軍金純眞欽天存竹旨濟師援救 至加尸兮津聞軍退至加召川乃還 王以諸將敗績論罰有差

여름 4월

19일, 군대를 철수하면서 대당과 서당을 먼저 보내고, 하주下州의 군사를 뒤따라오게 하였으나, 빈골양賓骨壤에 이르렀을 때 백제 군사를 만나 서로 싸우다 패하여 후퇴하였다. 사망자는 비록 적었으나 병장기와 수레를 상당히 많이 잃었다.

상주 낭당은 각산角山에서 적을 만나 진격하여 이기고, 마침내 백제의 본거지로 들어가 2천 명을 참살하였다.

왕은 군사가 패배했다는 소식에 크게 놀라서 장군 김순・진흠・천존・죽지・제사를 보내 구원하게 하였으나, 가시혜加尸兮 나루에 도착했을 때, 군대가 가소천加召川까지 퇴각하였다는 소식을 듣고 이에 돌아 왔다. 왕이 여러 장수들의 패배를 논하여 그 죄과에 따라 벌을 주었다.

五月

九日 一云十一日 高句麗將軍惱音信 與靺鞨將軍生偕合軍 來攻述川城 不克 移攻北漢山城 列抛車飛石 所當陴屋輒壞 城主大舍冬陁川使人擲鐵蒺藜於城外 人馬不能行 又破安養寺廩廥 輸其材 隨城壞處卽構爲樓櫓 結絚網 懸牛馬皮綿衣 內設弩砲以守 時城內只有男女二千八百人 城主冬陁川能激勵少弱以敵強大之賊 凡二十餘日 然糧盡力疲至誠告天 忽有大星落於賊營 又雷雨以震 賊疑懼 解圍而去 王嘉奬冬陁川 擢位大奈麻 移押督州於大耶 以阿飡宗貞爲都督

5월

9일, 11일이라는 설도 있다. 고구려 장군 뇌음신惱音信이 말갈 장군 생해生偕와 군대를 연합하여 술천성述川城을 공격했으나 이기지 못하자, 이동하여 북한산성北漢山城을 공격하니, 포차를 벌려놓고 돌을 날려 보냈다. 그 돌에 맞은 성첩城堞과 성루城樓가 번번이 무너졌다. 성주城主 대사 동타천冬陁川은 성 밖에 쇠못을 던져 놓아 사람과 말이 다니지 못하게 하고, 또 안양사 창고를 헐고 그 재목을 가져다가 성 안에 무너진 곳을 따라 즉시 망루를 만들었다. 그리고 굵은 동아줄을 엮어 그물을 만들어 마소의 가죽과 무명으로 지은 옷을 걸어 매고, 그 안쪽에 노弩와 포砲를 설치하여 성을 사수하였다. 이 당시 성안의 남녀가 2천 8백 명 뿐이었는데 성주城主 동타천은 어린이와 노약자들까지도 격려하여 강한 적과 맞서 싸우기를 무릇 20여 일 동안이나 하였다. 이에 식량이 떨어지고 힘이 다했지만 최선을 다하고 하늘의 명을 기다렸다. 그 때 돌연 큰 별이 적의 진영에 떨어지고 우레가 울리고 비가 오면서 천지가 진동하니 적들이 겁을 먹고 포위를 풀고 물러갔다.

왕은 동타천冬陁川을 가상히 여겨 격려하고 대내마로 발탁하고, 압독주를 대야로 옮겨 아찬 종정을 도독으로 삼았다.

육월
六月

대관사정수위혈 김마군지류혈광오보 왕훙 시왈무열 장영경사북
大官寺井水爲血 金馬郡地流血廣五步 王薨 謚曰武烈 葬永敬寺北

상호태종 고종문부거애어락성문
上號太宗 高宗聞訃擧哀於洛城門

6월

대관사大官寺의 우물물이 피로 변하고, 금마군金馬郡 지역에서는 피가 5보 너비로 흐르더니, 왕이 훙서했다. 시호를 무열이라 하고, 영경사 북쪽에 장사지냈으며, 태종이라는 시호를 올렸다. 당 고종이 부고를 듣고 낙성문에서 애도식을 거행하였다.

○ 태종무열왕 二年 正月 기사에 '高句麗與百濟靺鞨連兵 侵軼我北境取三十三城'이라는 기록이 있다. 고구려가 백제 및 말갈과 군사를 연합하여, 우리 북쪽 변경을 침범하여 33개의 성을 취하였다는 것이다. 五年 三月 기사에는 '王以何瑟羅地連靺鞨人不能安'이라는 기록이 있다. 하슬라何瑟羅는 말갈과 접해 있어 백성들이 편안히 지낼 수 없었다는 것이다.

선덕왕 十一年 백제가 서쪽 지방 40여 성을 공격하여 빼앗았고, 또 당항성党項城과 대야성大耶城을 함락시켰으며, 진덕왕 때는, 요거성腰車城 등 10여 성과 석토성石吐城 등의 일곱 성을 빼앗았고, 이제 무열왕 때 이르러 북쪽 변경을 침범하여 33개의 성을 취하였으니, 삼국의 국경선은 三자형으로 형성되기에 이르렀고, 신라가 거의 멸망의 위기에 내몰렸던 것으로 평가된다.

○ 四年 七月 기사에는 '東吐含山地燃 三年而滅'이라는 기록이 있다. 동쪽 토함산吐含山에서 땅에 불이 나 3년이 지난 후에야 꺼졌다는 것이다. 즉 토함산吐含山의 분화활동이 3년 동안 지속되었던 것이다. 그래서 이름이 吐含인 것이다. 그런데 경북 경주시 토함산吐含山은 화산활동의 흔적이 전혀 없다고 알려져 있다.

본서는 실성왕 편에서 토함산이 안휘성安徽省 합비合肥 지역에 있었다고 이미 비정한 바 있다.

○ 태종무열왕 七年 三月 기사에는 '唐高宗命左武衛大將軍蘇定方 爲神丘道行軍大摠管'이라는 기록과 '勅王爲嵎夷道行軍摠管'이라는 기록이 있다. 칙명을 내려 소정방을 신구神丘 도행군대총관으로 삼고, 무열왕을 우이嵎夷 도행군총관으로 삼았다는 것이다.

여기서 우이嵎夷는 어디인가? 여기서 우이嵎夷는 욱이郁夷라고도 하였는데 사기에 따르면 우이嵎夷는 해가 뜨는 곳이라는 의미로 곧 청주靑州라고 하였다.[43] 청주靑州는 서진시대 이래로 산동성山東省 일대에 설치된 주명州名이다. 무열왕을 우이嵎夷 도행군총관으로 삼았다는 것은 신라로 하여금 산동성山東省 일대를 정벌하게 했다는 뜻이다.

그런데 삼국사기 37권에는 '都督府一十三縣 嵎夷縣 神丘縣 尹城縣 本悅己 麟德縣 本古良夫里'이라는 기록이 있다. 웅진도독부 13현縣으로 우이현嵎夷縣, 신구현神丘縣, 윤성현尹城縣은 본래 열기悅己였고, 인덕현麟德縣은 본래 고량부리古良夫里였다는 것이다.

이처럼 당이 백제를 점령하고 옛 백제 땅에 설치한 웅진도독부 관할 13개 현 중 우이현嵎夷縣, 신구현神丘縣이 나란히 나오는데, 신구神丘는 오늘날 하남성河南省 낙양부근의 지명으로 보는 것이 일반적인 견해이다. 그렇다면 소정방 군대는 수로를 따라 하남성河南省 일대를 돌파하였음을 알 수 있다.

---

43) 출처; 사기(新校本史記/本紀/卷一 五帝本紀第一/帝堯)

결국 멸망 당시 백제의 영토는 하남성河南省과 산동성山東省 일대에 있었던 것으로 비정된다.

○ 이제 나당연합군의 출정기록을 분석하여 보자

5월 26일	왕이 유신·진주·천존 등과 함께 병사를 거느리고 경도京都를 출발하였다.
6월 18일	왕이 남천정南川停에 당도하고, 소정방蘇定方은 내주萊州를 출발하였다.
6월 21일	태자 법민法敏이 덕물도德物島에서 소정방을 맞이하고, 태자가 돌아오자 대장군 유신 등에게 정병 5만을 거느리고 가서 응원하게 하고, 왕은 금돌성今突城에 머물렀다.
7월 9일	유신 등은 황산黃山의 평원으로 진군하고, 소정방蘇定方은 기벌포伎伐浦에 도착하였다.
7월 12일	당과 신라 군사가 소부리所夫里의 평원으로 진격하였다.
7월 13일	의자왕은 측근들을 데리고 밤을 틈타 웅진성熊津城으로 도주하였다.
7월 18일	의자왕이 태자와 웅진의 방령군 등을 데리고 웅진성熊津城에서 나와 항복하였다.

국사편찬위원회는 경도京都를 오늘날 경주로, 남천南川을 오늘날 경기도 이천으로, 내주萊州를 오늘날 중국 산동성 액현掖縣으로, 덕물도德物島를 인천시 옹진군 덕적면의 덕적도德積島로, 금돌성今突城을 경상북도 상주시 모서면의 백화산고성白華山古城으로, 황산黃山을 충청남도 논산군 연산면 천호산天護山으로, 그 황산의 벌판을 개태사開泰寺 주변의 들판으로, 기벌포伎伐浦를 오늘날 충청남도 서천군 장항읍 장암동으로, 소부리所夫里를 오늘날 충남 부여군 부여읍으로, 웅진성熊津城을 충청남도 공주시로 비정한다.

국사편찬위원회의 비정에 따라 신라군의 진격로를 추적하여 보자.

> 무열왕이 직접 이끄는 우이도행군嵎夷道行軍은 5. 26. 경주를 출발하여 6. 18. 이천에 도달하였다.

여기서 의문이 생긴다.

첫째, 당시 우이도행군嵎夷道行軍의 타격 목표가 부여였다는 점에서 경주를 출발한 우이도행군嵎夷道行軍이 문경으로 가 새도 날아 넘기 힘들다는 조령鳥嶺을 넘어 충주를 통해 이천에 당도했다[次]는 것은 황당하다. 김천에서 추풍령秋風嶺을 넘어 영동을 통하면 부여가 지척이 아닌가? 경주에서 부여까지 불과 291.5km 거리이다. 왜 추풍령秋風嶺을 통해 부여로 직진하지 아니하고 조령鳥嶺을 넘어 이천으로 향했을까?

특히 선덕왕과 진덕왕을 거치며 대야성까지 빼앗겨 경주에서 불과 하루거리인 합천에 백제의 정예군이 도사리고 있는 마당에 경주를 비워두고 이천으로 갔다는 것은 군사전략적으로 이해가 되지 않는다.

둘째, 무열왕이 이끄는 우이도행군嵎夷道行軍이 경주에서 이천까지 이동한 거리가 291km이니, 군사들의 진격속도를 고려할 때, 대략 일주일이면 충분하다. 그런데 어떻게 3주 이상 걸렸을까?

셋째, 당시 진흥왕 사후 신라는 고구려와 백제의 지속적인 공격을 받아 영토가 소백산맥 이남으로 축소되었던 때였는지라 신라군이 소백산맥을 넘어가면 바로 고구려나 백제의 반격이 따라야 한다. 그런데 조령鳥嶺을 넘어 충주를 통해 이천으로 향하는 동안 아무런 저항이 없다.

> 무열왕은 6월 말경 이천에서 우이도행군의 출격을 명하고, 김유신이 이끄는 5만의 신라군은 7월 9일 논산으로 진군한다.(庾信等進軍於黃山之原)

여기서도 여러 의문이 생긴다.

첫째, 이천에서 천안이나 청주를 거쳐 공주를 돌파하면 바로 부여인데 우이도행군이 부여를 지나쳐 7월 9일 논산으로 진군한 것은 기이하다. 이천에서 신라군이 부여를 향해 남하하고 있는데 천안이나 청주를 차단해야 할 계백이 논산에 배수진을 친 것 역시 의아스럽다.

둘째, 무열왕이 이끄는 우이도행군嵎夷道行軍이 경주에서 이천까지 이동하는데 무려 10일이 넘게 걸렸다는 것도 이해할 수 없다. 불과 157.8km 거리 아닌가? 신라 최정예 군사들이 이동하는데 2~3일 이면 충분한 거리이다.

셋째, 우이도행군嵎夷道行軍이 이천에서 부여 방면으로 진격하는데 아무런 저항이 없는 것도 의문스럽다. 이천에서 부여 사이의 땅은 백제의 핵심 영역이 아닌가?

이러한 모순은 국사편찬위원회의 잘못된 위치비정에서 비롯된 것이다. 소정방의 神丘道行軍은 하남성河南省 일대를 돌파하여 수로를 따라 산동성山東省 방향으로 동진하고 무열왕의 嵎夷道行軍은 북진하여 황산 일대에서 계백의 결사대를 전멸시킨 후, 양군이 합세하여 마침내 황하 하구에 있던 백제의 수도 사비성을 침몰시켰던 것으로 해석하여야 하므로 우이도행군의 백제정벌과 관련한 위치비정은 다시 하여야 한다.

5. 26.	6. 18.	6. 21.	7. 9.	7. 12.	7. 13.	7. 18.
월성 月城	남천정 南川停	금돌성 今突城	황산 黃山	소부리 所夫里	사비성 泗沘城	웅진성 熊津城

이번에는 국사편찬위원회의 비정에 따라 당군唐軍의 진격로를 추적하여 보자.

> 6월 18일, 소정방蘇定方이 이끄는 신구도행군神丘道行軍은 산동성 액현掖縣을 출발하였다.
> 6월 21일, 인천시 옹진군 덕적면의 덕적도德積島에 도착했다.

소정방蘇定方이 이끄는 신구도행군神丘道行軍이 산동성에서 출발한지 3일 만에 인천에 도착한 것이다.

오늘날에는 통상 인천에서 출항하는 2~3만톤급 유람선이 1000명 미만의 승객을 태우고 20시간 안팎이면 산동성 청도에 입항한다고 한다. 언듯 이해하길 지금 20시간 걸렸으니 당시로서는 3일 정도 걸렸을 법하다고 생각할 수도 있을지 모른다.

그러나 1350여 년 전에는 모든 선박이 풍력 또는 인력으로만 항해를 하였으므로 해류의 절대적인 영향을 받았고, 이에 따라 항로란 것도 극히 제한되어 있었다.

아래 동중국해의 해류지도[44)]에서 보듯이 동중국해는 쿠로시오해류(Kuroshio Current)와 대마난류(Tsushima Warm Current, TWC), 대만난류(Taiwan Warm Current, TWWC)가 존재하며, 중국 연안을 따라 남하하는 중국연안류가 대만해협의 서쪽 연안을 따라 존재한다.[45)]

겨울철에는 산동반도에서 발해만을 돌아 요동반도를 따라 요동만을 돌아 한반도 서해안을 따라 남하하는 해로가 있기는 했지만 많은 시일이 걸렸을 것으로 보인다.

한편, 여름철에는 산동반도에서 배를 타고 한반도 서해안으로 오려면, 대만난류(Taiwan Warm Current, TWWC)를 따라 남하하다가 절강성 주산군도 부근에서 대만난류(Taiwan Warm Current, TWWC)를 만나 이를 타고 다시 한반도 서남단에서 서해안을 따라 북상하는 항로가 있기는 하다. 수십만톤 규모의 대규모 선단이 이처럼 무리한 운행을 하는 것이 가능한지 의문이며, 설령 가능하다하더라도 역시 상당한 시일이 소요되었을 것으로 쉽게 추정할 수 있다. 그런데 이러한 운행은 기록상 소정방의 항로와 일치하지도 않는다.

[동중국해 해류지도][46)]

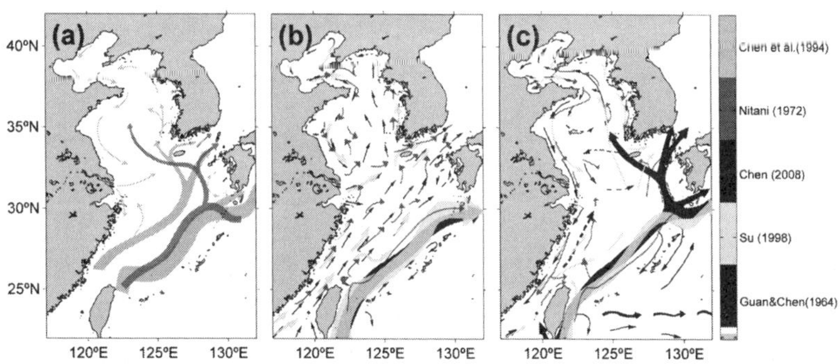

Oceanic current maps of the Yellow/East China Sea showing (a) mean currents, (b) currents in summer, and (c) currents in winter in the scientific papers (Guan and Chen, 1964; Nitani, 1972; Chen et al., 1994; Su, 1998; Chen, 2008).

44) 출처; An Analysis of Oceanic Current Maps of the Yellow Sea and the East China Sea in Secondary School Science Textbooks, p.441

45) 출처; An Analysis of Oceanic Current Maps of the Yellow Sea and the East China Sea in Secondary School Science Textbooks

46) 출처; An Analysis of Oceanic Current Maps of the Yellow Sea and the East China Sea in Secondary School Science Textbooks, p.441

이처럼 국사편찬위원회의 위치비정에 따라 삼국사기의 기록을 추적하면 도무지 들어맞지 않는다. 이러다 보니 삼국사기의 기록의 정확성에 이의를 제기하는 사람들도 있다. 그러나 자신의 가설이 맞지 않는다고 기록의 부정확성을 문제 삼는 것은 주객이 전도된 것이다.

그렇다면 왜 이런 맞지 않는 결과가 생기는 것일까? 단언컨대, 그것은 애초에 기본적인 지명에 대한 위치비정이 잘못되었기 때문이다.

경도京都는 오늘날 경주가 아니고, 남천南川은 오늘날 경기도 이천이 아니고, 내주萊州는 오늘날 중국 산동성 액현掖縣이 아니고, 덕물도德物島는 인천시 옹진군 덕적면의 덕적도德積島가 아니고, 금돌성今突城은 경상북도 상주시 모서면의 백화산고성白華山古城이 아니고, 황산黃山은 충청남도 논산군 연산면 천호산天護山의 개태사開泰寺 주변의 들판이 아니고, 감악산紺岳山은 오늘날 충청남도 서천군 장항읍 장암동이 아니고, 소부리所夫里는 오늘날 충남 부여군 부여읍이 아니고, 웅진성熊津城은 충청남도 공주시가 아니다.

본서에서 일부 지명은 이미 위치를 비정한 바 있다. 여기서는 황산黃山에 관하여 살펴보자. 황산黃山은 탈해왕 21년 아찬 길문이 가야 병력과 전투를 벌였던 곳이고, 지마왕이 재위 4년 친히 가야를 정벌하려고 지난 곳이며 미추왕味鄒王 三年 3월 행차한 곳이며, 후일 진성왕이 묻힌 곳이다.

황산 아래에는 황산하가 흐르고 있었으며, 후술하는 바와 같이 진성왕을 장사지낼 당시 서쪽에서는 견원이 완산주를 중심으로 크게 세력을 떨치고 있었다. 과연 경주가 신라의 천년 고도이며 황산이 충남 논산이라면 이것이 가능한 일이겠는가?

기술한 바와 같이 황산黃山은 오늘날 중국 산동성 빈주시濱州市 추평현邹平县 학반산鹤伴山으로 비정되며, 학반산鹤伴山 아래에는 치박시淄博市 림치구臨淄区 서쪽 및 치천구淄川区 북서쪽으로 소청하小清河(Xiǎoqīng H)가 흐르고 있었다.

당 고종이 소정방에게 신구도행군神丘道行軍을 맡기고 무열왕에게 우이도행군嵎夷道行軍을 맡겼다는 것은 하남성河南省과 산동성山東省이 이 당시 백제의 영토라는 뜻이며, 당은 하남성을 돌파하고 신라는 산동성으로 바로 북진하였음을 의미한다.

○ 의자왕이 7월 18일 항복하자 당은 백제인들의 저항의지를 꺾기 위해 의자왕을 서안으로 데려갔다. 그러나 그럼에도 불구하고 백제인들의 저항은 점점 더 격렬해졌다. 이후 기록을 정리하면 다음과 같다.

9월 3일	유인원劉仁願이 병력 1만을 거느리고 사비성泗沘城을 지키고, 소정방은 백제왕 등을 사비泗沘에서 배에 태워 당唐으로 돌아갔다.
9월 23일	남은 백제군이 사비泗沘에 침입하자 유수留守 유인원劉仁願이 좇아냈는데, 사비泗沘의 남령南嶺을 점거하니 20여 성이 호응하였다. 당 고종이 왕문도王文度를 파견하여 웅진도독熊津都督으로 삼았다.
9월 28일	왕문도王文度가 삼년산성三年山城에 도착하여 조서를 전하다, 갑자기 병이 도져 곧바로 사망하였다.

여기서 국사편찬위원회는 사비泗沘를 충남 부여로, 웅진熊津을 충남 공주로, 삼년산성三年山城을 충북 보은으로 비정한다.

국사편찬위원회에 따르면, 당 고종은 9월 3일, 임시로 유인원劉仁願을 유수留守로 삼아 수습을 맡긴 후, 9월 23일 왕문도王文度를 웅진도독熊津都督으로 임명하여 백제로 보냈는데, 왕문도王文度가 충북 보은에 도착한 날짜가 정확히 9월 28일이다. 기록에 따르면, 오늘날 중국 서안에서 충북 보은까지 오는데 불과 닷새 밖에 걸리지 않았다.

도대체 말이 되지 않는다. 그렇다면, 혹시 왕문도王文度가 이 당시 이미 한반도 내에 있었던 것은 아닐까? 23일 기사는 '唐皇帝遣左衛中郎將王文度 爲熊津都督'이라고 기록한다. 원문은 遣이라는 동사를 사용하고 있다. 보내다 또는 파견하다의 의미이다. 당 고종이 장안에 있던 왕문도를 웅진으로 파견한 것은 분명하다.

결국 사비泗沘는 충남 부여가 아니고, 웅진熊津은 충남 공주가 아니며, 삼년산성三年山城은 충북 보은이 아니다. 삼국사기 신라본기 태종무열왕 편의 기록만 검토하더라도 당시 백제의 영토가 하남성河南省과 안휘성安徽省 및 산동성山東省 일대에 걸쳐 있었던 것으로 보는데 부족함이 없다.

三國史記 六卷
新羅本紀 第六

㉚ 文武王(문무왕) - 上

661~681 재위기간 20년

문무왕립 휘법민 태종왕지원자 모김씨문명왕후 소판서현지계녀
文武王立 諱法敏 太宗王之元子 母金氏文明王后 蘇判舒玄之季女
유신지매야
庾信之妹也

기자몽등서형산정좌선 유편국내 각여계언몽 계희왈 여원매형차몽
其姊夢登西兄山頂坐旋 流徧國內 覺與季言夢 季戲曰 予願買兄此夢
인여금군위직 후수일 유신여춘추공축국 인천락춘추의뉴 유신왈
因與錦裙爲直 後數日 庾信與春秋公蹴鞠 因踐落春秋衣紐 庾信曰
오가신근 청왕철뉴 인여구왕택 치주 종용환보희 특침선래봉 기자
吾家幸近 請往綴紐 因與俱往宅 置酒 從容喚寶姬 特針線來縫 其姊
유고불진 기계진전봉철 담장경복 광염소인 춘추견이열지 내청혼
有故不進 其季進前縫綴 淡糚輕服 光艶炤人 春秋見而悅之 乃請婚
성례 칙유신생남 시위법민
成禮 則有娠生男 是謂法敏

비자의왕후 파진찬선품지녀야 법민자표영특 총명다지략 영휘초여
妃慈儀王后 波珍飡善品之女也 法敏姿表英特 聰明多智略 永徽初如
당 고종수이대부경 태종원년 이파진찬위병부령 심봉위태자 현경
唐 高宗授以大府卿 太宗元年 以波珍飡爲兵部令 尋封爲太子 顯慶
오년 태종여당장소정방평백제 법민종지유대공 지시즉위
五年 太宗與唐將蘇定方平百濟 法敏從之有大功 至是卽位

문무왕이 왕위에 오르니, 이름은 법민法敏으로 태종왕의 원자元子이다. 어머니는 김씨 문명왕후인데, 소판 서현舒玄의 막내딸로 유신庾信의 여동생이다.

그 언니가 꿈에 서형산西兄山[1] 꼭대기에 올라가 앉아서 오줌을 누었는데, 오줌이 온 나라 안에 흘렀다. 잠에서 깨서 동생에게 그 꿈을 이야기하자 동생이 장난삼아 말하길, '내가 언니의 이 꿈을 사고 싶다.'고 하고, 이에 비단 치마를 주어 값을 치렀다. 며칠 후, 유신이 춘추공과 더불어 축국蹴鞠[2]을 하다가 춘추의 옷고름을 밟아 떨어뜨리고는 말하길, '우리 집이 마침 가까우니, 가서 옷고름을 답시다.'라고 하고, 이에 함께 집으로 가서 주연을 베풀고 조용히[從容] 보희를 불러 바로 바늘과 실을 가지고 와서 옷을 꿰매도록 하였으나 그 언니는 연유가 있어 나오지 못하고, 그 동생이 앞에 나와 옷을 꿰매

---

1) 서형산西兄山; 국사편찬위원회는 경주의 서쪽인 있는 선도산(仙桃山)을 가리킨다는 입장이다. 이에 대하여는 애장왕 편에서 분석하기로 한다.

2) 축국蹴鞠; 삼국시대 유행하던 공차기 놀이의 일종

고 고름을 달았다. 연한 화장과 가벼운 차림에 빛나는 미모는 눈이 부셨다. 춘추가 보고 반하여 혼인을 청하여 혼인식을 올리자 바로 임신하여 남자아이를 낳으니, 이 아이를 법민法敏이라 하였다.

왕비는 자의왕후이니 파진찬 선품의 딸이다. 법민은 외모가 출중하고 뛰어났으며 총명하여 지략이 많았다.

영휘永徽[3] 초에 당唐에 갔을 때, 고종이 대부경을 제수하였고, 태종 원년에 파진찬으로서 병부령이 되었다가 얼마 안 되어 태자로 책봉되었다가 현경顯慶[4] 5년에 태종이 당唐 장수 소정방과 더불어 백제를 평정할 때, 법민法敏이 종군하여 큰 공을 세웠고, 이때에 이르러 즉위하였다.

元年

六月，入唐宿衛仁問儒敦等至 告王 皇帝已遣蘇定方領水陸三十五道兵 伐高句麗 遂命王擧兵相應 雖在服 重違皇帝勅命

원년

6월, 당唐에 들어가 숙위宿衛[5]를 하던 인문과 유돈 등이 돌아와 왕에게 고했다.

"황제가 이미 소정방을 보내 35도의 수륙군을 거느리고 고구려를 정벌하게 하면서, 마침내 왕께도 군사를 파견하여 이에 응하라고 하였습니다. 비록 상중일지라도 황제의 칙명을 거스르기는 곤란하다고 생각합니다."

秋七月

十七日 以金庾信爲大將軍 仁問眞珠欽突爲大幢將軍 天存竹旨天品爲貴幢摠管 品日忠常義服爲上州摠管 眞欽衆臣自簡爲下州摠管 軍官藪世高純爲南川州摠管 述實達官文穎爲首若州摠管 文訓眞純爲河西州摠管 眞福爲誓幢摠管 義光爲郞幢摠管 慰知爲罽衿大監

가을 7월

17일에 김유신을 대장군, 인문·진주·흠돌을 대당장군大幢將軍, 천존·죽지·천품을 귀당총관貴幢摠管, 품일·충상·의복을 상주총관, 진흠·중신·자간을 하주총관

---

3) 영휘永徽; 영휘永徽는 당 고종이 사용한 첫 번째 연호이다.(650년~655년)

4) 현경顯慶; 현경顯慶은 당 고종이 사용한 두 번째 연호이다.(656년~661년) 따라서 현경 5년은 660년이다.

5) 숙위宿衛; 주변 국가들이 왕이나 귀족 자제들을 중국에 보내 황제의 측근에 머물게 하면서 조공朝貢, 인질, 문화교류 및 고문 등의 역할을 수행하던 일종의 외교관이다. 신라의 숙위는 648년(진덕왕 2년)에 김춘추의 아들 김문왕(金文王)이 처음으로 임명된 후, 876년(경문왕 16) 김인(金因)에 이르기까지 16명이 확인된다.

下州摠管, 군관·수세·고순을 남천주총관南川州摠管, 술실·달관·문영을 수약주총관首若州摠管, 문훈·진순을 하서주총관河西州摠管, 진복을 서당총관誓幢摠管, 의광을 낭당총관郎幢摠管, 위지를 계금대감罽衿大監으로 삼았다.

八月
大王領諸將 至始飴谷停留 □使來告曰 百濟殘賊 據甕山城遮路 不可前 大王先遣使諭之 不服

8월

대왕이 모든 장수를 거느리고 시이곡정始飴谷停에 이르러 잠시 머무르는데, 어떤 사람이 와서 아뢰었다.

"백제의 잔적이 옹산성甕山城에 웅거하여 길을 막고 있으니, 더 이상 전진하는 것은 불가합니다."

대왕이 먼저 사람을 보내 그들을 타일렀으나 항복하지 않았다.

九月
十九日, 大王進次熊峴停 集諸摠管大監 親臨誓之
二十五日, 進軍圍甕山城
至二十七日, 先燒大栅 斬殺數千人遂降之 論功 賜角干伊湌爲摠管者劒 迊湌波珍湌大阿湌爲摠管者戟 已下各一品位
築熊峴城 上州摠管品日 與一牟山郡大守大幢 沙戶山郡大守哲川等 率兵攻雨述城 斬首一千級 百濟達率助服恩率波伽與衆謀降 賜位助服級湌 仍授古陁耶郡大守 波伽級湌兼賜田宅衣物

9월

19일, 대왕이 진군하여 웅현정熊峴停에 머물며, 모든 총관과 대감들을 모아 놓고 친히 보며 훈시했다.

25일, 진군하여 옹산성甕山城을 포위했다.

27일이 되자, 먼저 큰 목책을 불사르고, 수천 명을 참살하여, 마침내 그들을 항복시켰다. 왕이 공을 논하여 각간이나 이찬으로서 총관이 된 자에게는 칼을 주고, 잡찬이나 파진찬 또는 대아찬으로서 총관이 된 자에게는 창을 주고, 그 이하에게는 각각 위 1품씩을 올려 주었다.

웅현성熊峴城을 쌓았다. 상주총관上州摠管 품일이 일모산군 태수 대당과 사시산군 태수 철천 등과 함께 병사를 이끌고 우술성雨述城을 공격하여 1천 명을 참수하니, 백제의 달솔 조복과 은솔 파가가 백성들과 함께 항복하였다. 조복에게는 급찬의 직위를 주어 고타야군 태수를 주고, 파가에게는 급찬을 주고 겸하여 밭과 집과 옷을 주었다.

冬十月

二十九日, 大王聞唐皇帝使者至 遂還京 唐使弔慰 兼勅祭前王 贈雜
彩五百段

庾信等休兵 待後命 含資道摠管劉德敏至 傳勅旨輸平壤軍粮

겨울 10월

29일에 대왕이 당 황제의 사신이 도착했다는 소식을 듣고 곧바로 경도京都로 돌아왔다. 당唐 사신이 조의와 위로의 뜻을 표하고, 아울러 황제의 조칙에 따라 전왕前王에게 제를 올리고, 채색 비단 5백 필을 부조하였다.

유신 등이 군사를 쉬게 하면서 다음 명을 기다리고 있었는데, 함자도총관含資道摠管 유덕민劉德敏이 와서 평양으로 군량을 보내라는 당 황제의 칙지를 전하였다.

二年

春正月, 唐使臣在館 至是 冊命王爲開府儀同三司上柱國樂浪郡王新
羅王 拜伊湌文訓爲中侍

2년

봄 정월, 당唐 사신이 객관에 머물며, 이때 왕을 책봉하여 개부의동삼사開府儀同三司 상주국上柱國[6] 낙랑군공樂浪郡公 신라왕新羅王으로 하고, 이찬 문훈에게 벼슬을 내려 중시로 삼았다.

正月

王命庾信與仁問良圖等九將軍 以車二千餘兩載米四千石租二萬二千
餘石 赴平壤

6) 주국柱國; 주국이란 나라의 기둥 또는 공로에 따라 주어지는 훈계勳階인데 고려시대에는 둘째 등급을 일컬었던 말이다. 굳이 비슷한 말을 찾자면 '공신' 쯤에 비견된다.

왕은 유신·인문·양도 등 아홉 장군에게 명을 내려 수레 2천여 량에 쌀 4천 석과 벼 2만 2천여 석을 싣게 하고 평양으로 보냈다.

정월
正月

십팔일 숙풍수촌 빙골도험 거불득행 병재이우마
十八日, 宿風樹村 冰滑道險 車不得行 並載以牛馬

18일, 풍수촌風樹村에 숙박하였는데, 얼음이 얼어 미끄럽고 길이 험하여 수레가 갈 수 없으므로, 군량을 모두 소와 말에 실었다.

정월
正月

이십삼일 도칠중하지산양 귀당제감성천군사술천등우적병어리현
二十三日, 渡七重河至蒜壤 貴幢弟監星川軍師述川等遇賊兵於梨峴

격살지
擊殺之

23일, 칠중하七重河를 건너 산양蒜壤에 이르렀다. 귀당 제감 성천과 군사 술천 등이 이현梨峴에서 적병을 만나 그들을 죽였다.

이월
二月

이일일 유신등지장새 거평양삼만육천보 선견보기감렬기등십오인
二一日, 庾信等至獐塞 距平壤三萬六千步 先遣步騎監裂起等十五人

부당영 시일 풍설한호 인마다동사
赴唐營 是日 風雪寒冱 人馬多凍死

2월

1일, 유신 등이 장새獐塞에 도착했는데, 평양까지는 3만 6천 보[7] 거리였다. 먼저 보기감 열기裂起 등 15인을 당唐 진영에 보냈다. 이 날은 바람과 눈으로 날씨가 몹시 추워서 사람과 말이 다수 얼어 죽었다.

이월
二月

육일 지양오 유신견아찬량도대감인선등치군량 증정방이은오천칠
六日, 至陽隩 庾信遣阿飡良圖大監仁仙等致軍粮 贈定方以銀五千七

백분세포삼십필 두발삼십량우황십구량 정방득군량편파환
百分細布三十匹 頭髮三十兩牛黃十九兩 定方得軍粮便罷還

---

7) 1.386m× 36,000보 ≒ 49.9km

2월

6일, 양오陽隩에 도착하여 유신이 아찬 양도와 대감 인선 등을 보내 군량을 전달하고, 정방에게는 은 5천 7백 푼, 가는 베 30필, 머리털 30량, 우황 19량을 선물하였다. 정방은 군량을 얻고는 곧 전투를 중지하고 돌아갔다.

庾信等聞唐兵歸 亦還渡□川 高句麗兵追之 廻軍對戰 斬首一萬餘級 虜小兄阿達兮等 得兵械萬數 論功 中分本彼宮財貨田莊奴僕 以賜庾信仁問

유신 등은 당군唐軍이 돌아갔다는 말을 듣고 역시 군사를 되돌려 □천을 건넜다. 이 때 고구려 군사가 추격해오자 군사를 되돌려 대적하여 만여 명의 머리를 베고, 소형 아달혜 등을 사로잡고, 취득한 병기가 무수하였으니, 공을 논하여 본피궁의 재물과 농장과 노복을 절반으로 나누어 유신과 인문에게 주었다.

二月

靈廟寺災 耽羅國主佐平徒冬音律 一作津 來降 耽羅自武德以來 臣屬百濟 故以佐平爲官號 至是 降爲屬國

영묘사에 불이 났다.

탐라국주 좌평 도동음률徒冬音律('律'을 '津'이라고도 한다.)이 항복해왔다. 탐라국耽羅國은 무덕武德[8] 이래로 백제의 속국이었기 때문에 좌평으로 관직명을 삼았었는데, 이 때 신라에 항복하여 속국이 되었다.

三月

大赦 王以旣平百濟 命所司設大酺

3월,

대규모 사면을 단행했다. 왕은 백제를 평정한 것을 기념하여 해당 부서에게 명을 내려 큰 잔치를 열게 하였다.

8) 무덕武德; 당 고조 이연의 때의 연호이다. 618년~626년

秋七月

遣伊飡金仁問入唐貢方物

가을 7월

이찬 김인문을 당唐에 파견하여 방물을 바쳤다.

八月

百濟殘賊屯聚內斯只城作惡 遣欽純等十九將軍討 破之

大幢摠管眞珠南川州摠管眞欽 詐稱病閑放 不恤國事 遂誅之 幷夷其族

沙飡如冬打母 天雷雨震死 三字身上題須罜 堂 南川州獻白鵲 罜字未詳

8월

백제의 잔적이 내사지성內斯只城에 주둔하여 반란을 획책하자 흠순 등 19명의 장군을 보내 그들을 격파하였다.

대당총관大幢摠管 진주와 남천주총관南川州摠管 진흠이 거짓으로 병을 핑계대고 직무를 유기하여 국사를 돌보지 아니하니, 마침내 그들의 목을 베고 그와 함께 그 일족을 모두 처형하였다.

사찬 여동이 그의 어머니를 때리자, 하늘에서 천둥이 울리고 비가 내리다가 벼락이 그에게 떨어져 사망하니 그의 몸에 수악당須罜 堂이라는 세 글자가 쓰여 있었다. 남천주南川州에서 흰 까치를 바쳤다. 罜자는 뜻을 알 수 없다.

三年

春正月, 作長倉於南山新城 築富山城

3년

봄 정월, 남산신성南山新城에 길다란 창고를 지었다. 부산성富山城을 쌓았다.

二月,

欽純天存領兵 攻取百濟居列城 斬首七百餘級 又攻居勿城沙平城降之 又攻德安城 斬首一千七十級

2월

흠순과 천존이 병사를 이끌고 백제의 거열성居列城을 공격하여 빼앗아 7백여 명을 참수하고, 거물성居勿城과 사평성沙平城을 공격하여 항복을 받았다. 또한 덕안성德安城을 쳐서 1천 70명을 참수하였다.

夏四月

大唐以我國爲鷄林大都督府 以王爲雞林州大都督

여름 4월,

당唐이 우리나라를 계림대도독부鷄林大都督府로 하고, 왕을 계림주대도독雞林州大都督으로 삼았다.

五月

震靈廟寺門

百濟故將福信及浮圖道琛 迎故王子扶餘豊立之 圍留鎭郞將劉仁願於熊津城 唐皇帝詔仁軌檢校帶方州刺史 統前都督王文度之衆與我兵 向百濟營 轉鬪陷陣 所向無前 信等釋仁願圍 退保任存城

旣而福信殺道琛幷其衆 招還叛亡 勢甚張 仁軌與仁願合 解甲休士

乃請益兵 詔遣右威衛將軍孫仁師 率兵四十萬 至德物島 就熊津府城

王領金庾信等二十八將軍 一云三十 與之合攻豆陵 一作良 尹城周留城等諸城皆下之 扶餘豊脫身走 王子忠勝忠志等率其衆降

獨遲受信據任存城不下 自冬十月二十一日 攻之不克

5월

영묘사靈廟寺 문에 벼락이 쳤다.

백제의 옛 장군 복신福信과 승려 도침道琛이 옛 왕자 부여풍扶餘豊을 받들어 왕으로 세우고, 주둔하던 낭장 유인원을 웅진성熊津城에서 포위하였다. 당 황제는 인궤에게 검교대방주자사檢校帶方州刺史를 맡겨 전 도독 왕문도의 무리를 통솔하게 하고, 우리 병사와 함께 백제 진영으로 향하게 하니 이동하며 싸울 때마다 적진을 함락시켜 가는 곳마다 앞을 막을 자가 없었다. 복신 등은 인원에 대한 포위망을 풀고 물러나 임존성任存城을 지켰다. 얼마 후, 복신이 도침을 죽여 그의 무리를 병합하고, 배반하고 도망했던 자들을 불러 모으니 그 세력이 매우 커졌다.

유인궤는 유인원과 군사를 합친 후, 무장을 풀고 군사를 쉬게 하면서 병력의 증강을 요청하였다. 당 황제는 우위위장군 손인사로 하여금 병사 40만을 이끌고 출병하게 하니 덕물도에 도착하여 웅진부성으로 나아가고, 왕은 김유신 등 28명(30명이라고도 한다.)의 장군을 거느리고 이들과 합쳐서, 두릉豆陵('陵'을 '良'이라고도 한다.), 윤성尹城, 주류성周留城 등의 여러 성을 모두 함락시켰다.

부여풍扶餘豊은 몸만 빠져나가 도주하고, 왕자 충승과 충지 등은 그의 백성들을 이끌고 항복하였다. 그러나 유독 지수신遲受信은 임존성任存城을 지키며 무너지지 아니하니, 겨울 10월 21일부터 공격을 하였으나 이기지 못하였다.

지 십 일 월
至十一月

사 일 반 사 지 설 리 정 일 작 후 론 공 행 상 유 차 대 사 제 의 상 급 류 진 당 군
四日, 斑師至舌利停 一作后 論功行賞有差 大赦 製衣裳給留鎭唐軍

11월

4일에 이르러서는 회군하여 설리정舌利停('설舌'을 '후后'라고도 한다)에 다다랐다.

전공에 정도에 따라 논공행상을 하고, 대규모 사면을 단행했다. 주둔하고 있는 당군唐軍에게는 의복을 만들어 주었다.

사 년
四年

춘 정 월 김 유 신 청 로 불 윤 사 궤 장 이 아 찬 군 관 위 한 산 주 도 독
春正月, 金庾信請老 不允賜几杖 以阿湌軍官爲漢山州都督

하 교 부 인 역 복 중 조 의 상
下教婦人 亦服中朝衣裳

4년

봄 정월, 김유신이 은퇴를 요청하였으나, 윤허하지 아니하고 안석과 지팡이를 하사하였다.

아찬 군관을 한산주도독漢山州都督으로 삼았다.

왕이 하교하여 부인들도 역시 중국中國[9]의 의상衣裳을 입게 하였다.

이 월
二月

명 유 사 사 민 어 제 왕 릉 원 각 이 십 호
命有司徙民於諸王陵園 各二十戶

각 간 김 인 문 이 찬 천 존 여 당 칙 사 류 인 원 백 제 부 여 륭 동 맹 우 웅 진
角干金仁問伊湌天存 與唐勅使劉仁願百濟夫餘隆 同盟于熊津

2월

해당 부서에 명하여 백성들을 모든 왕릉구역으로 이주하게 하니 각 20호씩으로 하였다.

9) 중국中國; 여기서 중국中國은 당唐을 가리키는 대명사이다.

각간 김인문과 이찬 천존이 당唐의 칙사 유인원, 백제의 부여융夫餘隆과 웅진에서 맹약을 맺었다.

삼월
三月

백제잔중거사비산성반 웅진도독발병 공파지
百濟殘衆據泗沘山城叛 熊津都督發兵 攻破之

지진
地震

견성천구일등이십팔인어부성 학당악
遣星川丘日等二十八人於府城 學唐樂

3월

백제의 잔당이 사비산성泗沘山城을 점거하고 반란을 일으켰다. 웅진도독熊津都督이 병력을 보내 이를 격파하였다.

지진이 발생했다.

성천과 구일 등 28명을 웅진부성에 보내 당의 음악을 배우게 하였다.

추칠월
秋七月

왕명장군인문품일군관문영등 솔일선한산이주병 여부성병마 공고
王命將軍仁問品日軍官文穎等 率一善漢山二州兵 與府城兵馬 攻高

구려돌사성 멸지
句麗突沙城 滅之

가을 7월

왕이 장군 인문·품일·군관·문영 등에게 명하여 일선주一善州와 한산주漢山州의 병력을 이끌고 웅진부성의 병력과 함께 고구려의 돌사성突沙城을 공격하게 하여 그들을 격멸하였다.

팔월
八月

십사일 지진 괴민옥 남방우심 금인천이재화전지시불사
十四日 地震 壞民屋 南方尤甚 禁人擅以財貨田地施佛寺

8월

14일, 지진이 발생하여 민가가 무너졌다. 남쪽 지방이 더욱 심하였다. 백성들이 마음대로 재물과 농지를 절에 시주하는 것을 금지하였다.

五年

春二月 中侍文訓致仕 以伊飡眞福爲中侍

5년

봄 2월, 중시 문훈이 나이가 들어 사직하자 이찬 진복을 중시로 임명하였다.

(春二月)

伊飡文王卒 以王子禮葬之 唐皇帝遣使來弔 兼進贈紫衣一襲腰帶一條 彩綾羅一百匹綃二百匹 王贈唐使者金帛尤厚

이찬 문왕文王이 사망하자 왕자의 예禮로 장사지냈다. 당 황제가 사신을 보내 조문하고, 아울러 자주색 옷 한 벌과 허리띠 한 벌, 채색 능직 비단 1백 필, 생초 2백 필을 보내오니, 왕이 당唐 사자에게 황금과 비단을 더욱 후하게 주었다.

秋八月

王與勑使劉仁願熊津都督扶餘隆盟于熊津就利山

初百濟自扶餘璋與高句麗連和 屢侵伐封埸 我遣使入朝求救 相望于路 及蘇定方旣平百濟軍廻 餘衆又叛 王與鎭守使劉仁願劉仁軌等 經略數年 漸平之 高宗詔扶餘隆 歸撫餘衆及令與我和好

至是 刑白馬而盟 先祀神祇及川谷之神而後歃血 其盟文曰

가을 8월

왕이 칙사 유인원·웅진 도독 부여융과 함께 웅진 취리산就利山에서 화친을 맹세하였다.

옛날 백제의 부여장扶餘璋[10]이 고구려와 화친을 맺으면서부터 자주 신라영토를 침범하니, 이에 따라 우리는 당唐에 사신을 보내 구원을 요청하여 이를 애타게 기다렸었고, 또한 소정방이 백제를 평정하고 당으로 돌아가자 잔당들이 반란을 일으키니, 왕이 진수사鎭守使 유인원·유인궤 등과 함께 수년간 이들을 경략하여 점점 평정을 찾아가고 있었다. 이러한 상황이 되자, 당 고종은 부여융扶餘隆으로 하여금 신라로 오게 하여 잔당들을 무마하고 우리와 우호관계를 맺도록 명한 것이다.

10) 부여장扶餘璋; 무왕武王(600~641)을 말한다.

이리하여 흰 말을 잡아 맹세하였는데, 먼저 하늘과 땅의 신, 그리고 강과 계곡의 신에게 제사를 지내고, 그 다음 순서로 피를 입가에 발랐으니 그 맹약문은 다음과 같았다.

> 往者, 百濟先王迷於逆順 不敦鄰好 不睦親姻 結託高句麗 交通倭國
> 共爲殘暴 侵削新羅 剽邑屠城 略無寧歲
> 天子憫一物之失所 憐百姓之無辜 頻命行人遣其和好 負嶮恃遠 侮慢
> 天經 皇赫斯怒 龔行弔伐 旌旗所指 一戎大定 固可潴宮汙宅作誡來
> 裔 塞源拔本垂訓後昆
> 然懷柔伐叛前王之令典 興亡繼絶往哲之通規 事必師古傳諸曩冊 故
> 立前百濟大司稼正卿扶餘隆 爲熊津都督 守其祭祀保其桑梓 依倚新
> 羅長爲與國 各除宿憾結好和親 各承詔命永爲藩服 仍遣使人右威衛
> 將軍魯城縣公劉仁願 親臨勸誘寔宣成旨約之 以婚姻申之 以盟誓刑
> 牲歃血 共敦終始分災恤患 恩若弟兄 祗奉綸言不敢失墜
> 旣盟之後 共保歲寒 若有背盟二三其德 興兵動衆 侵犯邊陲 明神監
> 之 百殃是降 子孫不育 社稷無守 禋祀磨滅 罔有遺餘 故作金書鐵券
> 藏之宗廟 子孫萬代無敢違犯
> 神之聽之 是饗是福

지난 날, 백제 선왕先王이 역리와 순리를 혼동하여, 이웃나라와 돈독하지 못하고 친·인척과도 화목하지 못하면서, 고구려와 결탁하고 왜국과 통교하더니, 공모하여 잔악하고 포악하게도 신라를 침략하고 성읍을 약탈하여 거의 편안한 해가 없었다.

천자는 한낱 물건 하나라도 잃어버리면 안타까워하고, 무고한 백성들까지도 불쌍히 여겨, 빈번하게 사신에게 명하여 가서 화친하도록 하였으나, 지리가 험준한 것을 의지하고 거리가 먼 것을 믿어 하늘의 이치를 모욕하고 방자하기에, 황제가 버럭 성을 내면서도 공손하게 나아가 불쌍한 마음으로 정벌을 행하였으니, 군대의 깃발이 향하는 곳은 전투 한번으로 완전히 평정되었다. 그리하여 가히 궁을 못으로 만들고 집을 오물로 채워 후세에 경고하고, 그 근원을 막고 그 뿌리를 뽑아 후손에게 교훈을 내려야 마땅하였다.

그러나 복종한 자는 품고 배반한 자는 벌하는 것이 전왕의 법도이고, 망한 것을 다시 일으키고 끊어진 대를 잇게 하는 것은 옛 성인들의 보편적 규범이니, 무릇 만사는 예부터 내려오는 여러 교본[曩冊]을 따라야 하는 법이다. 이에 따라 전 백제대사가정경 부여융을 웅진도독으로 삼아 자기 조상의 제사를 모시게 하고, 그의 영토[桑梓][11]를 보전케 할 것이니, 신라에 의지하여 길이 우방이 될 것인바, 두 나라는 묵은 감정일랑은 버리고 우호를 맺고 서로 화친하여, 양국 모두 황제의 조칙과 명령을 따라 영원히 당의 번방으로서 복종해야 할 것이다.

이에 사신 우위위장군 노성현공 유인원을 파견하여 친히 참석하여 권유하고, 이에 교지를 선포하여 약속하도록 하니, 혼인의 예로 그것을 읽고, 그 맹세로 짐승을 잡아 피를 입가에 바름으로써, 언제나 함께 화목하고 함께 재난을 극복하고 환난을 구제하며, 마치 형제처럼 은혜로이 여겨야 할 것이며, 삼가 황제의 말씀을 받들어 감히 빠뜨리지 않도록 할 것이다.

맹세를 마친 뒤에는 모두 지조와 절개로써 함께 지켜야 할 것이니, 만약 맹세를 저버리고 변덕을 부려 병력을 일으키거나 무리를 움직이거나 변경을 침범하는 일이 발생한다면, 신명이 굽어보고 수 없는 재앙을 내릴 것이요, 자손을 기르지 못할 것이요, 나라를 보전하지 못할 것이요, 제사가 끊어질 것이니, 남는 것이 없을 것이다. 그러므로 여기에 금서철권을 만들어 종묘에 간직해 두고, 자손대대로 감히 어기거나 범하지 못하게 할 것이다.

신령이여 이를 들으시고, 받아주셔서 널리 복을 주소서

劉仁軌之辭也 歃訖，埋牲幣於壇之壬地 藏書於我之宗廟

於是 仁軌領我使者及百濟耽羅倭人四國使 浮海西還 以會祠泰山 立王子政明爲太子 大赦

유인궤가 글을 지었는데, 피를 들이키는 절차를 마치고, 희생된 제물은 제단의 북쪽 땅에 묻었으며, 맹약문은 우리 종묘에 보관하였다.

그런 후에, 유인궤는 우리 사신과 백제·탐라·왜 등의 네 나라 사신을 거느리고 뱃길로 서쪽으로 돌아가 태산泰山에 모여 제사를 지냈고, 왕은 왕자 정명政明을 태자로 삼고 대규모 사면을 단행했다.

冬

以一善居列二州民輸軍資於河西州 絹布舊以十尋爲一匹 改以長七步廣二尺爲一匹

겨울, 일선주一善州와 거열주居列州의 백성들을 동원하여 군수품을 하서주河西州로 운반하였다.

11) 상재桑梓; 뽕나무와 가래나무란 뜻으로 통상 고향의 의미로 쓰이는데, 위 맹약문에서는 '영토'로 해석함이 적절하다.

예전에는 명주와 베 열 발을 한 필이라고 했는데, 이를 고쳐서 길이 일곱 보 넓이 두 자를 한 필로 정하였다.

六年

春二月 京都地震

6년 봄 2월, 경도京都에 지진이 발생했다.

夏四月

靈廟寺災 大赦 天存之子漢林庾信之子三光 皆以奈麻入唐宿衛 王以

旣平百濟 欲滅高句麗 請兵於唐

王以旣平百濟 欲滅高句麗 請兵於唐

여름 4월

영묘사에 불이 났다. 대규모 사면을 단행했다. 천존의 아들 한림과 유신의 아들 삼광이 모두 내마奈麻로서 당唐에 들어가 숙위가 되었다.

왕은 이미 백제를 평정하였으므로 고구려를 멸하고자 당唐에 군사를 요청하였다.

冬十二月

唐以李勣爲遼東道行軍大摠管 以司列少常伯安陸郝處俊副之 以擊

高句麗

高句麗貴臣淵淨土 以城十二戶七百六十三口三千五百四十三 來投

淨土及從官二十四人給衣物糧料家舍 安置王都及州府 其八鑑作十二

城完通 並遣士卒鎭守

겨울 12월

당唐이 이적李勣을 요동도행군遼東道行軍 대총관으로 삼고, 사열소상 백안륙과 학처준을 부총관으로 삼아 고구려를 공격했다.

고구려의 귀족관료 연정토가 12성, 7백 63호, 3천 5백 43명을 이끌고 투항하니, 정토와 종관從官 24명에게 의복·식량·집을 주고 왕도王都와 주부州府[12]에 안치했다.

---

12) 주부州府; 주州의 부府가 있는 곳. 오늘날로 치면 성도省都 또는 도청 소재지 쯤에 해당한다.

그 중 8개성(통감에 따르면 12성이라고 한다.)은 온전하므로 이에 따라 군사를 파견하여 지키도록 하였다.

七年

秋七月, 大酺三日

唐皇帝勅以智鏡愷元爲將軍 赴遼東之役 王卽以智鏡爲波珍飡 愷元爲大阿飡 又皇帝勅以日原大阿飡爲雲麾將軍 王命於宮庭受命 遣大奈麻汁恒世入唐朝貢

高宗命劉仁願金仁泰從卑列道 又徵我兵 從多谷海谷二道 以會平壤

7년

가을 7월, 사흘 동안 큰 잔치를 열었다.

당 황제가 칙령으로 지경과 개원을 장군으로 삼아 요동전투에 나아가자, 왕은 즉시 지경智鏡을 파진찬, 개원愷元을 대아찬으로 삼았다. 또한 황제가 대아찬 일원을 운휘장군으로 임명하는 칙령을 보내니, 왕이 명하여 궁정에서 그 명령을 받도록 하였다. 대나마 즙항세汁恒世를 당唐에 보내 조공하였다.

고종은 유인원·김인태에게 비열도卑列道로 가도록 명하고, 또한 우리 군사를 징발하여 다곡多谷과 해곡海谷을 경유하여 평양에 모이도록 명령하였다.

秋八

王領大角干金庾信等三十將軍出京

가을 8월,

왕이 대각간 김유신 등 30명의 장군을 거느리고 경도京都를 출발하였다.

九月

至漢城停以待英公

9월

한성정漢城停에 도착하여 머물며 영공英公 이적李勣을 기다렸다.

冬十月

二日 英公到至平壤城北二百里 差遣爾同兮村主大奈麻江深 率契丹騎兵八十餘人 歷阿珍含城至漢城 移書以督兵期 大王從之

겨울 10월 2일

영공 이적이 평양성 북쪽 2백 리 되는 곳까지 도달하여 그 곳에서 이동혜 촌주 내내마 강심을 보내 거란 기병 80여 명을 거느리고 아진함성阿珍含城을 지나 한성漢城에 편지를 전달하게 하니, 병력 동원 기일을 독려하는 것이었다. 대왕이 이에 따랐다.

十一月

十一日, 至獐塞聞英公歸 王兵亦還 仍授江深位級湌 賜粟五百石

11월

11일, 장새獐塞에 도착하여 영공英公이 돌아갔다는 소식을 들었다. 왕의 군대 역시 돌아왔다. 이에 강심에게 급찬의 지위를 수여하고 곡식 5백 석을 하사하였다.

十二月

中侍文訓卒 唐留鎭將軍劉仁願傳宣天子勅命 助征高句麗 仍賜王大將軍旌節

12월

중시 문훈이 죽었다. 당唐 유진장군 유인원이 고구려 정벌을 도우라는 천자의 칙명을 전달하고, 왕에게 대장군 정절軍旌[13]을 주었다.

八年

春, 阿麻來服 遣元器與淨土入唐 淨土留不歸 元器還 有勅此後禁獻女人

13) 정절軍旌; 의전용 의장儀仗

8년

봄, 아마阿麻가 와서 항복하였다. 원기와 정토를 당唐에 들어갔다. 정토는 당唐에 머물며 돌아오지 않았지만, 원기는 돌아왔다. 이후로는 여자를 바치는 것을 금한다는 황제의 칙명이 있었다.

삼월
三月

배파진찬지경위중시 치비열홀주 잉명파진찬용문위총관
拜波珍湌智鏡爲中侍 置比列忽州 仍命波珍湌龍文爲摠管

3월

파진찬 지경에게 벼슬을 내려 중시로 삼았다. 비열주列忽州를 설치하고 파진찬 용문을 총관으로 임명하였다.

하사월
夏四月

혜성수천선
彗星守天船

여름 4월,

혜성彗星이 천선天船[14] 자리에 다가왔다.[守]

육월
六月

십이일 료동도안무부대사료동행군부대총관 겸웅진도안무대사행군총관 우상검교태자좌중호 상주국낙성현개국남 유인궤봉황제칙지 여숙위사찬김삼광도당항진 왕사각간김인문 정영지이대례 어시 우상약속흘향천강
十二日 遼東道安撫副大使遼東行軍副大摠管 兼熊津道安撫大使行軍摠管 右相檢校太子左中護 上柱國樂城縣開國男 劉仁軌奉皇帝勅旨 與宿衛沙湌金三光到党項津 王使角干金仁問 廷迎之以大禮 於是右相約束訖向泉岡

6월

12일, 요동도안무부대사요동행군부대총관 겸 웅진도안무대사행군총관 우상검교태자좌중호상주국낙성현개국남 유인궤가 황제의 칙지를 받들고 숙위 사찬 김삼광과 함께 당항진党項津에 도착하였다. 왕이 각간 김인문을 보내 크게 예를 갖추어 그를 맞이하였다. 이 날, 우상 유인궤는 약속을 끝내고 천강泉岡으로 향했다.

---

14) 천선天船; 이십팔수二十八宿의 열일곱째 위胃 자리에 있는 별자리

二十一日

以大角干金庾信 爲大幢大摠管，角干金仁問欽純天存文忠 迊湌眞福 波珍湌智鏡 大阿湌良圖愷元欽突 爲大幢摠管 伊湌陳純 一作春 竹旨 爲京停摠管 伊湌品日迊湌文訓大阿湌天品 爲貴幢摠管 伊湌仁泰爲卑列道摠管 迊湌軍官大阿湌都儒阿湌龍長 爲漢城州行軍摠管 迊湌崇信大阿湌文穎阿湌福世 爲卑列城州行軍摠管 波珍湌宣光阿湌長順純長 爲河西州行軍摠管 波珍湌宜福阿湌天光 爲誓幢摠管 阿湌日原興元 爲罽衿幢摠管

21일

대각간 김유신을 대당대총관大幢大摠管으로 삼고, 각간 김인문·흠순·천존·문충, 잡찬 진복, 파진찬 지경, 대아찬 양도·개원·흠돌을 대당총관大幢摠管으로 삼고, 이찬 진순陳純('純'을 '春'이라고도 한다.)·죽지를 경정총관京停摠管으로 삼고, 이찬 품일·잡찬 문훈과 대아찬 천품을 귀당총관貴幢摠管으로 삼고, 이찬 인태를 비열도총관卑列道摠管으로 삼고, 잡찬 군관, 대아찬 도유, 아찬 용장을 한성주행군총관漢城州行軍摠管으로 삼고, 잡찬 숭신, 대아찬 문영, 아찬 복세를 비열성주행군총관卑列城州行軍摠管으로 삼고, 파진찬 선광, 아찬 장순·순장을 하서주행군총관河西州行軍摠管으로 삼고, 파진찬 의복과 아찬 천광을 서당총관誓幢摠管을 삼고, 아찬 일원과 흥원을 계금당총관罽衿幢摠管으로 삼았다.

二十二日

府城劉仁願遣貴干未肹 告高句麗大谷□漢城等二郡十二城歸服王遣一吉湌眞功稱賀 仁問天存都儒等領一善州等七郡及漢城州兵馬 赴唐軍營

22일

부성의 유인원이 귀간 미힐을 보내 고구려의 대곡성·한성 등 2군 12성이 항복하여 귀순한 것을 보고하였다. 왕이 일길찬 진공을 보내 이를 치하하였다. 인문·천존·도유 등이 일선주 등 7군 및 한성주漢城州 병마를 거느리고 당唐 군영으로 갔다.

이십칠일
二十七日

왕발경 부당병
王發京 赴唐兵

27일

왕이 경도京都를 출발하여 당唐의 병영으로 향했다.

이십구일
二十九日

제도총관발행 왕이유신병풍유경 인문등우영공 진군어영유산하 영
諸道摠管發行 王以庾信病風留京 仁問等遇英公 進軍於嬰留山下 嬰

유산재금서경북이십리
留山在今西京北二十里

29일

모든 도총관들이 출발하였다. 왕은 유신이 풍병이 들자 경도京都에 머물게 하였다. 인문 등이 영공 이적을 만나 영류산嬰留山 아래로 진군하였다. 영류산嬰留山은 지금 서경 북쪽 20리에 있다.

추칠월, 십육일
秋七月, 十六日

왕행차한성주 교제총관왕회대군 문영등우고구려병어사천지원 대
王行次漢城州 教諸摠管往會大軍 文穎等遇高句麗兵於蛇川之原 對

전대패지
戰大敗之

가을 7월,

16일

왕이 한성주漢城州에 당도하여 모든 총관들에게 가서 당군唐軍과 연합하도록 지시하였다. 문영 등이 고구려군을 사천蛇川 평원에서 만나 싸워서 크게 승리하였다.

구월
九月

이십일일
二十一日

여대군합위평양 고구려왕선견천남산등 예영공청항 어시 영공이왕
與大軍合圍平壤 高句麗王先遣泉男產等 詣英公請降 於是 英公以王

보장왕자복남덕남 대신등이십여만구회당 각간김인문대아찬조주
寶臧王子福男德男 大臣等二十餘萬口廻唐 角干金仁問大阿湌助州

수영공귀 인태의복수세천광흥원수행
隨英公歸 仁泰義福藪世天光興元隨行

9월 21일

당군唐軍과 연합하여 평양을 포위하였다. 고구려왕은 먼저 천남산 등을 보내 영공 이적을 방문하고 항복을 청하였다.

이에 영공이 왕 보장과 왕의 아들 복남・덕남과 대신 등 20여만 명을 당唐으로 보냈다. 각간 김인문과 대아찬 조주가 영공을 따라 돌아가고, 인태・의복・수세・천광・흥원도 그들을 따라갔다.

初

大軍平高句麗 王發漢城指平壤 次肹次壤 聞唐諸將已歸 還至漢城

이보다 앞서, 당군唐軍이 고구려를 평정하려 했을 때, 왕은 한성을 출발하여 평양으로 향하다가 힐차양肹次壤에 머물고 있었다.

당唐의 여러 장수들이 이미 귀국하였다는 말을 듣고 한성漢城으로 되돌아 왔다.

冬十月

二十二日 賜庾信位太大角干 仁問大角干 已外伊湌將軍等並爲角干 蘇判已下並增位一級 大幢少監本得 蛇川戰功第一 漢山州少監朴京漢 平壤城內殺軍主述脫 功第一 黑嶽令宣極 平壤城大門戰功第一 並授位一吉湌賜租一千石 誓幢幢主金遁山 平壤軍營戰功第一 授位沙湌賜租七百石 軍師南漢山北渠 平壤城北門戰功第一 授位述干賜粟一千石 軍師斧壤仇杞 平壤南橋戰功第一 授位述干賜粟七百石 假軍師比列忽世活 平壤少城戰功第一 授位高干賜粟五百石 漢山州少監金相京 蛇川戰死功第一 贈位一吉湌賜租一千石 牙述沙湌求律 蛇川之戰 就橋下涉水 出與賊鬪大勝 以無軍令 自入危道 功雖第一而不錄 憤恨欲經死 旁人救之不得死

二十五日 王還國次褥突驛 國原仕臣龍長大阿湌私設筵 饗王及諸侍從 及樂作 奈麻緊周子能晏年十五歲 呈加耶之舞 王見容儀端麗 召前撫背 以金盞勸酒 賜幣帛頗厚

겨울 10월

22일, 유신에게 태대각간, 인문에게 대각간의 직위를 하사하였다. 이 밖에 이찬이나 장군 등은 모두 각간으로 삼고, 소판 이하는 모두 한 등급씩을 올려 주었다. 대당소감 본득은 사천전투에서 제일 공이 높았으며, 한산주소감 박경한은 평양성 안에서 군주 술탈을 죽여 공이 제일 높았으며, 흑악령 선극은 평양성 대문 싸움에서 공이 제일 높았으므로 모두 일길찬의 직위를 수여하고 벼 1천 석을 하사하였다. 서당 당주 김둔산은 평양 군영 전투에서 공이 제일 높았으므로 사찬의 직위를 수여하고 벼 7백 석을 하사하였다. 군사 남한산 출신 북거는 평양성 북문전투에서 공이 제일 높았으므로 술간의 직위를 수여하고 곡식 1천 석을 하사하였다. 군사 부양 출신 구기는 평양 남교전투에서 공이 제일 높았으므로 술간의 직위를 수여하고 곡식 7백 석을 하사하였다. 가군사 비열홀 출신 세활은 평양 소성전투에서 전공이 제일 높았으므로 고간의 직위를 수여하고 곡식 5백 석을 하사하였다. 한산주 소감 김상경은 사천전투에서 전사하였는데, 공이 제일 높았으므로 일길찬의 직위를 추증하고 벼 1천 석을 하사하였다. 아술사찬 구율은 사천전투에서 다리 아래로 내려가 물을 건너서 적과 싸워 크게 이겼으나, 군령이 없음에도 임의로 위험한 길로 들어갔으므로, 공은 비록 제일 높았으나 (공신으로) 등록되지 않았으니 이를 분하게 여겨 목매어 죽으려 하였으나 옆 사람이 그를 구하여 죽지 못하였다.

25일, 왕이 돌아오는 길에 욕돌역褥突驛에서 묵었는데, 국원의 지방관인 대아찬 용장이 스스로 연회를 열어 왕과 여러 신하들을 접대하였다. 음악이 시작되자 내마 긴주의 아들 15세 능안이 가야加耶의 춤을 추어 올렸다. 왕이 그의 얼굴과 거동이 단아하고 수려한 것을 보고 앞으로 불러 등을 어루만지면서 금잔으로 술을 권하고 예물을 자못 후하게 하사하였다.

십 일 월
十一月

오 일 왕 이 소 로 고 구 려 인 칠 천 입 경
五日 王以所虜高句麗人七千入京

육 일 률 문 무 신 료 조 알 선 조 묘 고 왈 지 승 선 지 여 대 당 동 거 의 병 문 죄
六日 率文武臣寮 朝謁先祖廟 告曰 祗承先志 與大唐同擧義兵 問罪

어 백 제 고 구 려 원 흉 복 죄 국 보 태 정 감 자 공 고 신 지 청 지
於百濟高句麗 元兇伏罪 國步泰靜 敢茲控告 神之聽之

십 팔 일 뢰 사 사 자 소 감 이 상 십 필 종 자 이 십 필
十八日 賚死事者 少監已上十□□匹 從者二十匹

11월

5일, 왕이 고구려인 7천 명을 사로잡아 입경入京했다.

6일, 왕이 문무 신료들을 거느리고 선조묘先祖廟에 참배하고 다음과 같이 아뢰었다.

"삼가 선왕의 뜻을 이어서 당唐과 함께 의병을 동원하여 백제와 고구려의 죄를 묻고 그 원흉을 처벌하니 나라의 운명이 편안하게 되었습니다. 감히 이에 고하오니 신이여 들어주소서."

18일, 전사자에게 예물을 하사했다. 소감 이상은 십□□필, 종자에게는 20필씩을 주었다.

十二月

靈廟寺災

12월

영묘사에 불이 났다.

九年

春正月 以信惠法師爲政官大書省 唐僧法安來傳天子命求磁石

9년

봄 정월, 신혜법사를 정관 대서성大書省으로 삼았다. 당唐의 승려 법안이 와서 자석을 구해보라는 천자의 명을 전하였다.

二月

二十一日 大王會羣臣 下敎 往者 新羅隔於兩國 北伐西侵 暫無寧歲 戰士曝骨積於原野 身首分於庭界 先王愍百姓之殘害 忘千乘之貴重 越海入朝 請兵絳闕 本欲平定兩國 永無戰鬪 雪累代之深讎 全百姓之殘命 百濟雖平 高句麗未滅 寡人承克定之遺業 終已成之先志 今兩敵旣平 四隅靜泰 臨陣立功者 並已酬賞 戰死幽魂者 追以冥資 但囹圄之中 不被泣辜之恩 枷鏁之苦 未蒙更新之澤 言念此事 寢食未安 可赦國內 自總章二年二月二十一日昧爽已前 犯五逆罪死已下 今見囚禁者 罪無小大 悉皆放出 其前赦已後 犯罪奪爵者 並令依舊 盜賊人但放其身 更無財物可還者 不在徵限 其百姓貧寒取他穀米者 在不熟之地者 子母俱不須還 若在熟處者 至今年收熟 只還其本 其子不須還 □□今月三十日爲限 所司奉行

2월 21일,

대왕이 군신들을 모아 놓고 다음과 같이 하교하였다.

"과거에는 신라가 백제와 고구려의 두 나라 사이에 위치하여, 북쪽에서 정벌하고 서쪽에서 침범하여 잠시도 편안한 해가 없었다. 군사들의 백골이 벌판에 쌓여 몸과 머리가 멀리 분리되어 있었다. 선왕께서는 백성들의 참상을 불쌍히 여겨 천승지국千乘之國[15]의 왕이라는 귀한 신분도 잊으시고, 바다 건너 당唐의 조정에 가서 군사를 요청하고 당唐에 예속되었다.[絳闕][16] 그 본뜻은 백제와 고구려를 평정하여 영원히 전쟁을 없애고, 누대에 쌓인 깊은 원한을 설욕하자는 것이었으며, 살아남은 백성들의 목숨을 보전하자는 것이었다. 그리하여 백제는 비록 평정되었으나 고구려는 미처 멸하지 아니하였으므로, 과인이 (고구려를) 이겨서 평정하라는 유업을 계승하여 마침내 선왕의 뜻을 이루게 되었다. 이제 두 적국이 평정되어 사방이 편안하여졌으며, 전쟁에 임하여 공을 세운 자에게는 모두 상을 주었고, 전사한 영혼에게도 지위와 재물을 추증하였다. 그러나 감옥에 있는 자들은 가엾게도 은혜를 입지 못하고, 칼을 쓰고 사슬에 묶인 채 고통 속에 새로운 세상의 혜택을 받지 못하였다. 이 일을 생각하면 자고 먹는 것이 편안하지 않으니, 국내의 (죄수들을) 사면함이 마땅할 것이다. 총장總章[17] 2년 2월 21일 새벽 이전에 5역죄나 사형에 해당하는 죄 이하를 범한 자들로서 현재 옥에 갇혀 있는 자는 죄의 크고 작음을 묻지 않고, 모두 석방할 것이며, 이전의 대사면 후에 죄를 범하여 직위를 삭탈당한 자는 모두 복직시키고, 도적질한 자는 석방하되 또한 배상할 재물이 없는 자는 한도액까지 징수하지 않도록 할 것이며, 가난하여 남의 곡식을 빌려 먹은 자로서 작황이 좋지 않은 곳에 사는 자는 본곡과 이자를 모두 다 갚지 않아도 되게 할 것이며, 만약 작황이 좋은 곳에 산다면 금년 추수 후에 본곡만 갚고 이자는 갚지 않아도 되도록 할 것이다. ㅁㅁ 이 달 30일 안으로 해당부서가 집행하라."

夏五月

泉井比列忽各連等三郡民饑 發倉賑恤 遣祇珍山級飡等 入唐獻磁石二箱 又遣欽純角干良圖波珍飡 入唐謝罪

여름 5월,

천정·비열홀·각연 등 3군에 기근이 들어, 창고를 열어 진휼하였다.

급찬 지진산 등을 당唐에 보내 자석 두 상자를 바치고, 또한 각간 흠순과 파진찬 양도를 당唐에 보내 사죄하였다.

---

15) 천승지국千乘之國; 병거兵車 일천一千 대를 갖출 힘이 있는 나라

16) 강궐絳闕; 대궐을 합치다는 뜻으로 여기서는 부득이 당唐의 속국이 되었음을 의미한다.

17) 총장總章; 668년~670년, 당 고종의 여섯 번째 연호이다. 따라서 총장總章 2년이면 서기 669년에 해당한다.

冬

唐使到傳詔 與弩師仇珍川沙飡廻 命造木弩 放箭三十步 帝問曰 聞在爾國造弩射一千步 今纔三十步何也 對曰 材不良也 若取材本國則可以作之 天子降使求之 卽遣福漢大奈麻獻木 乃命改造 射至六十步問其故 答曰 臣亦不能知其所以然 殆木過海 爲濕氣所侵者歟 天子疑其故不爲 劫之以重罪而終不盡呈其能

겨울

당唐이 사신이 보내 조서를 전하고, 쇠뇌를 만드는 기술자인 사찬 구진천을 데리고 가 나무 쇠뇌를 만들게 하였는데, 화살을 쏘아보니 30보 밖에 나가지 않았다. 황제가 물으며 말했다.

"너희 나라에서 만든 쇠뇌는 1천보를 나간다고 들었는데, 지금은 겨우 30보밖에 나가지 않으니 그 이유가 무엇인가?"

구진천이 답하여 말했다.

"목재가 좋지 않기 때문입니다. 만약 신라의 목재를 얻는다면 그렇게 만들 수 있을 것입니다."

천자는 사신을 내려 보내 목재를 요구하였고, 곧바로 대내마 복한을 파견하여 목재를 바쳤다. 이에 즉시 쇠뇌를 새로 만들게 하였는데, 쏘아보니 60보 밖에 나가지 않는지라 그 이유를 물으니 답하여 말했다.

"저도 그 연유를 알 수 없습니다. 아마도 목재가 바다를 건너올 때 습기가 스며들었기 때문이 아닌가 합니다."

천자는 그가 고의로 하지 않은 것이 아닌가 의심하여 중죄를 준다고 겁을 주었으나 끝까지 자신의 재능을 다 바치지 않았다.

頒馬阹九一百七十四所屬所內二十二官十 賜庾信太大角干六 仁問太角干五 角干七人各三 伊飡五人各二 蘇判四人各二 波珍飡六人大阿飡十二人各一 以下七十四所 隨宜賜之

마굿간 174개를 지어, 소내所內에 22개, 관官에 10개를 (각각) 속하게 하고, (또한) 태대각간 유신에게 6개소, 태각간 인문에게 5개소, 각간 7인에게 각 3개소, 이찬 5인에게 각 2개소, 소판 4인에게 각 2개소, 파진찬 6인과 대아찬 12인에게 각 1개소를 하사하고, 나머지 74개소는 적당하게 나누어 주었다.

十年

春正月, 高宗許欽純還國 留囚良圖終死于圓獄 以王擅取百濟土地遺民 皇帝責怒 再留使者

10년

봄 정월, 당 고종이 흠순의 귀국을 허락하고, 양도는 억류하여 감옥에 가두어 결국 원옥에서 죽었다. 이는 왕이 멋대로 백제의 토지와 유민들을 차지하였다는 이유로 황제가 나무라며 노하였고, 이에 사신을 억류하여 일어난 사건이었다.

三月

沙飡薛烏儒 與高句麗太大兄高延武 各率精兵一萬 度鴨綠江至屋骨 □□□靺鞨兵先至皆敦壤待之

3월

사찬 설오유가 고구려의 태대형 고연무와 함께 각각 정병 1만을 거느리고 압록강을 건너 옥골屋骨에 이르렀다. □□□말갈 군사가 먼저 개돈양皆敦壤에 와서 기다리고 있었다.

夏四月

四日 對戰我兵大克之 斬獲不可勝計 唐兵繼至 我兵退保白城

여름 4월

4일, 교전이 있어 아군이 크게 이기니 참수하고 노획한 수를 셀 수 없었다. 당군唐軍이 속속 도착하자 우리 군사는 후퇴하여 백성白城을 지켰다.

六月

高句麗水臨城人 牟岑大兄收合殘民 自窮牟城至浿江南 殺唐官人及僧法安等 向新羅行 至西海 史冶島見高句麗大臣淵淨土之子安勝 迎致漢城中奉以爲君 遣小兄多式等 哀告曰 興滅滅國 繼絶世 天下之公義也 惟大國是望 我國先王以失道見滅 今臣等得國貴族安勝 奉以

爲君 願作藩屛永世盡忠 王處之國西金馬渚
漢祇部女人 一産三男一女 賜粟二百石

6월

고구려 수림성 사람 대형 모잠이 고구려의 유민을 수습하여 궁모성窮牟城으로부터 패강 남쪽까지 당唐 관리를 죽이고 또한 승려 법안 등도 죽였다. (그들은) 신라로 향하다가 서해西海에 다다랐는데, 사야도史冶島에서 고구려 대신 연정토의 아들 (연)안승을 만나니, (그를) 한성漢城으로 모셔 임금으로 삼고, 소형 다식 등을 보내 슬피 고하였다.

"망한 나라를 일으키고, 끊어진 대를 잇는 것은 천하의 보편적 이치이니, 다만, 대국이 이를 살펴주기를 바랄 뿐입니다. 우리나라 선왕이 도를 잃어 멸망당하게 되었으나 이제 저희들이 고구려의 귀족 안승을 얻어 임금으로 모시고, 신라의 속국이 되어 영원히 충성을 다할 것입니다."

왕은 그들을 서쪽 지방 금마저金馬渚에 살게 하였다.

한기부 여자가 한번 출산으로 아들 셋과 딸 하나를 낳았다. 그녀에게 곡식 2백 석을 주었다.

秋七月
王百濟殘衆反覆 遣大阿湌儒敦於熊津都督府請和 不從 乃遣司馬禰
軍窺覘 王知謀我 止禰軍不送 擧兵討百濟

가을 7월

왕은 백제의 유민들이 배반할 것을 걱정하여, 대아찬 유돈을 웅진 도독부에 보내 화친을 요청하였으나 도독부는 이에 응하지 않고, 곧 사마녜의 군사를 보내 우리를 정탐하도록 하였다. 왕이 우리를 해하려는 음모를 알고는 사마녜의 군사를 억류하여 돌려보내지 아니하고 병사를 동원하여 백제를 토벌하였다.

品日文忠衆臣義官天官等 攻取城六十三 徙其人於內地 天存竹知等
取城七 斬首二千 軍官文穎取城十二 擊狄兵 斬首七千級 獲戰馬兵
械甚多 王還以衆臣義官達官興元等□□□寺營退却 罪當死 赦之免
職 倉吉于□□□□一 各授位級湌 賜租有差 遣沙湌須彌山 封安勝爲
高句麗王 其冊曰

품일·문충·중신·의관·천관 등이 63개의 성을 공격하여 빼앗고, 그 곳 사람들을 내지로 옮겨 살게 하였다. 천존·죽지 등은 일곱 성을 빼앗고 2천 명을 참수하였으며, 군관·문영은 열 두 성을 빼앗고 적병을 공격하여 7천 명을 참수하고, 전마와 병기를 매우 많이 획득하였다.

왕이 돌아와 중신·의관·달관·흥원 등이 ㅁㅁㅁ사영에 퇴각한 일이 있으므로 죄를 물어 마땅히 사형에 처해야 할 것이나 용서하여 면직만 시켰다. 창길 우ㅁㅁㅁㅁ일에게 각각 급찬의 작위를 주고, 공로에 따라 조(租)를 하사하였다.

사찬 수미산須彌山[18]을 보내 안승을 고구려왕에 봉하였다. 그 책명문은 다음과 같다.

> 유 함 형 원 년 세 차 경 오 추 팔 월 일 일 신 축 신 라 왕 치 명 고 구 려 사 자 안 승
> 維咸亨元年歲次庚午秋八月一日辛丑 新羅王致命高句麗嗣子安勝
> 공 태 조 중 모 왕 적 덕 비 북 산 립 공 남 해 위 풍 진 어 청 구 인 교 피 어 현 토
> 公太祖中牟王 積德比北山 立功南海 威風振於青丘 仁敎被於玄菟
> 자 손 상 계 본 지 불 절 개 지 천 리 년 장 팔 백 지 어 건 산 형 제 화 기 소 장 흔
> 子孫相繼 本支不絶 開地千里 年將八百 至於建産兄弟 禍起蕭墻 釁
> 성 골 육 가 국 파 망 종 사 인 멸 생 인 파 탕 무 소 탁 심 공 피 위 난 어 산 야 투 단
> 成骨肉 家國破亡宗社湮滅 生人波蕩無所託心 公避危難於山野 投單
> 신 어 린 국 류 리 신 고 적 동 진 문 갱 흥 망 국 사 등 위 후 부 백 성 불 가 이 무 주
> 身於鄰國 流離辛苦迹同晉文 更興亡國事等衛侯 夫百姓不可以無主
> 황 천 필 유 이 권 명 선 왕 정 사 유 공 이 이 주 어 제 사 비 공 이 수 근 견 사 일
> 皇天必有以眷命 先王正嗣 唯公而已 主於祭祀 非公而誰 謹遣使一
> 길 찬 김 수 미 산 등 취 책 명 공 위 고 구 려 왕 공 의 무 집 유 민 소 흥 구 서 영
> 吉湌金須彌山等 就披策命公爲高句麗王 公宜撫集遺民 紹興舊緖 永
> 위 린 국 사 동 곤 제 경 재 경 재 겸 송 갱 미 이 천 석 갑 구 마 일 필 릉 오 필 견 세
> 爲鄰國 事同昆弟 敬哉敬哉 兼送粳米二千石甲具馬一匹 綾五匹絹細
> 포 각 십 필 면 십 오 칭 왕 기 령 지
> 布各十匹綿十五稱 王其領之

함형咸亨[19] 원년 세차 경오 가을 8월 1일 신축, 신라왕은 고구려의 후계자 안승에게 책명을 보낸다.

공公의 태조 중모왕中牟王이 북으로는 덕德을 산山 만큼 쌓고, 공功이 남으로는 바다에까지 미치니, 위풍威風이 청구青丘에 떨치고, 어진 가르침이 현토玄菟를 덮었다. 자손이 이어받아 뒤를 잇고, 본계와 지계가 끊이지 않았으며, 개척한 땅이 천리요, 해가 거의 8백년이다. 그러나 남건·남산 형제에 이르러 내부[蕭墻][20]에서 재앙이 일어나 틈이 생기고 혈육끼리 다투어 나라가 망하여 종묘와 사직이 무너졌으니 백성들이 흩어져 의탁할 곳이 없었다. 공은 산야에서 위난을 피하다가 홀로 이웃 나라에 귀순하였으니, 유랑과 고통의 행적은 진晉 문공과 같고, 멸망한 나라를 다시 일으킨 일은 위衛 선공의 행적과 같다. 무릇 백성은 임금이 없어서는 안 되며, 하늘은 반드시 돌보고 명하니[皇天必有以眷

---

18) 수미산須彌山; 김수金須와 미산彌山의 오기誤記로 보인다.

19) 함형咸亨; 670년~674년. 당 고종의 일곱 번째 연호이다. 따라서 함형 원년이면 서기 670년을 말한다.

20) 소장蕭墻; 궁궐과 담장이란 뜻으로 내부 또는 집안을 의미한다. 화기소장禍起蕭墻은 논어 계씨편에 나오는 사자성어이다.

命][21] 선왕의 정통 후계자도 오직 공뿐이요, 제사를 주관할 사람도 공이 아니면 누구이겠는가? 이제 삼가 일길찬 김수金須·미산彌山 등을 파견하여 책명을 보내 공을 고구려왕으로 명하노니, 공은 마땅히 유민들을 위로하여 안정시키고 옛것을 이어 흥하게 할 것이며, 영원히 이웃이 되어 형제와 같이 함께 하고 공경하여야 할 것이다.

이에 멥쌀 2천 석, 무장마 한 필, 능직 비단 다섯 필, 견직과 베 각 열 필, 면화 열다섯 칭을 보내니 왕은 이를 받으라!

十二月

土星入月 京都地震 中侍知鏡退 倭國更號日本 自言近日所出以爲名

漢城州摠官藪世 取百濟□□□□□□國 適彼事覺 遣大阿飡眞珠誅之

十二□□□貪書所六□□僵事同異可 十二□□□貪書所六□□

12월

토성土星이 달에 들어갔다. 경도京都에 지진이 발생했다. 중시 지경知鏡이 퇴직하였다.

왜국이 국호를 일본으로 고쳤는데, '해돋는 곳과 가까이 있다'는 데서 그 이름을 지었다고 스스로 말하였다. 한성주 총관 수세가 백제의 □ □ □ □ □ □ 나라를 약취하여, 그곳으로 가려다가 일이 발각되었나. 왕이 대아찬 진주를 보내 그의 목을 베었다. 십이□□□ 6자가 □□ 빠져 의미를 알 수 없다.

21) 皇天必有以眷命; 서경書經 우서虞書 제3편 대우모大禹謨 편에서 요임금을 찬양하며 '皇天眷命'이라고 한 말을 차용한 것이다.

○ 삼국사기 문무왕 상편에서는 당이 고구려를 공격하고 신라는 이를 지원하는 과정을 상세기 기록하고 있다. 이를 차례로 분석하여 보자.

당唐은 사비성을 함락시키고 의자와 태자를 장안으로 데려간 후, 그 여세를 몰아 백제정벌군으로 하여금 고구려를 공격하게 하면서 신라의 참전을 요청하여 신라가 파병하게 되는데 신라의 진군 경로를 정리하면 다음과 같다.

661. 6.	입당숙위인 인문 등이 돌아와 황제가 이미 소정방을 보내 고구려를 정벌하게 하면서, 신라도 파병하여 이에 응하라는 명을 전했다.
7. 17.	김유신을 대장군으로 군대를 편성하였다.
8.	대왕이 모든 장수를 거느리고 시이곡정始飴谷停에 이르러 잠시 머무르는데, 백제의 잔적이 옹산성甕山城에 웅거하여 길을 막고 있는 첩보를 입수하였다.
9. 19,	웅현정熊峴停으로 나아가니 백제의 잔적이 옹산성甕山城에 웅거하여 길을 막았다.
9. 29	옹산성甕山城을 포위하여 함락하고 웅현성熊峴城을 쌓았으며 한편, 상주총관 품일은 우술성雨述城을 함락하였다.
10. 29.	대왕이 당으로부터 사신이 도착했다는 소식을 듣고 곧바로 경도京都로 되돌아왔다.

이에 따르면 신라의 월성에서 시이곡정始飴谷停을 거쳐 고구려 평양으로 향하는 길목에 백제의 옹산성甕山城과 우술성雨述城이 가로 막고 있었다.

661. 7. 17.	8.	9. 19.	9. 25.	10. 29.
월성 月城	시이곡정 始飴谷停	웅현정 熊峴停	옹산성・우술성 甕山城・雨述城	월성 月城

그런데 신라의 수도를 경북 경주, 고구려의 수도를 평안도 평양으로 보는 국사편찬위원회는 시이곡정始飴谷停을 지금의 경기 이천시 일대에 자리하였던 남천정南川停으로 비정하고[22] 특히 이병도는 웅현정熊峴停을 지금의 대전 회덕 일대로 비정한다.[23] 또한, 국사편찬위원회는 옹산성甕山城을 지금의 대전광역시 대덕구 장동에 있는 산성山城으로, 우술성雨述城을 대전광역시 대덕구 읍내동에 있는 토성土城으로 비정한다.

그렇다면, 당으로부터 지원을 하라는 명을 받아 평양을 향하여 경주를 출발한 문무왕의 군대가 경기도 이천에 이르렀는데, 백제의 잔적이 길을 막고 있다하여, 대전시 회덕으로 가니 과연 백제 잔적이 대전시 대덕구에서 길을 막고 있어 결국 옹산성甕山城과

22) 출처; 정구복 외, ≪역주 삼국사기≫ 3 주석편(상), 한국정신문화연구원, 200쪽

23) 출처;≪국역 삼국사기≫ 6판, 을유문화사, 1986, 91쪽

우술성雨述城을 함락시켰다는 것이고, 때마침 당의 사신이 왔다하여 서둘러 경주로 돌아갔다는 것이 된다.

월성	시이곡정	웅현정	옹산성·우술성	월성
경주	이천	대전 회덕	대전 대덕	경주

이러한 해석은 군사전략적인 관점 이전에 상식적으로 납득할 수 없다. 그 이유는 다음과 같다.

첫째, 경주에서 출발한 신라군이 이천까지 갔다가 다시 대전에 도달하는데 두 달이나 걸렸다는 사실이 수긍이 가지 않는다. 경주에서 이천까지 거리는 291km이고, 이천에서 대전까지는 123km이니, 총 이동거리는 414km이다. 유람遊覽이 아닌 이상, 보통사람의 보행속도로도 10일 남짓이면 충분한 거리이다.

둘째, 이천을 지나 평양으로 가는 길목을 백제의 잔적이 막고 있었다는 것은 이 당시 정세에 비추어 믿을 수 없다. 좀 더 살펴보자. 元年 八月기사는 '大王領諸將 至始飴谷停留 ㅁ使來告曰 百濟殘賊 據甕山城遮路 不可前'라고 기록하고 있다. 대왕이 모든 장수를 거느리고 시이곡정始飴谷停에 이르러 잠시 머무르는데, "백제의 잔적이 옹산성에 웅거하여 길을 막고 있으니, 더 이상 전진하는 것은 불가합니다."라고 아뢰었다는 것이다. 즉 시이곡정始飴谷停에서 평양으로 향하는 경로에 분명 옹산성이 가로막고 있었다는 것이다. 경기도 이천에서 평안도 평양으로 향하는 길목에 대전광역시 대덕구 장동이 가로막고 있는가?

○ 十月 二十九日 기사는 '待後命 含資道摠管劉德敏至 傳勅旨輸平壤軍粮'라고 기록한다. 다음 명을 기다리고 있었는데, 함자도총관含資道摠管 유덕민이 와서 평양으로 군량을 수송하라는 당 황제의 칙지를 전하였다는 것이다. 이에 신라는 다시 지원에 나서는데 그 경로를 정리하면 다음과 같다.

662. 1.	문무왕이 유신 등 아홉 장군에게 명을 내려 수레에 군량을 싣게 하고 평양平壤으로 보냈다.
1. 18.	김유신이 이끄는 보급부대는 풍수촌風樹村에서 숙박하며 길이 험하여 군량을 모두 소와 말에 실었다.
1. 23.	칠중하七重河를 건너 산양蒜壤에 이르렀다.
2. 1.	장새獐塞에 도착했다. 장새獐塞와 평양 사이의 거리는 49.9km 정도였다.
2. 6.	유신 등은 갖은 고초를 겪은 끝에 양오陽隩에 도착하여 군량을 전달하였다.

당군은 군량만 전달받고 돌아가 버리고 김유신이 이끄는 보급부대는 ㅁ천에서 고구려군의 추격을 뿌리치고 천신만고 끝에 귀환한다.

662. 1.	1. 18.	1. 23.	1. 23.	2. 1.	2. 6.
월성 月城	풍수촌 風樹村	칠중하 七重河	산양 蒜壤	장새 獐塞	양오 陽隩

여기서 국사편찬위원회는 풍수촌에 대하여는 침묵하고 있지만, 칠중하七重河를 임진강臨津江으로 비정하고, 산양蒜壤은 황해도 어느 지역, 장새獐塞는 황해도 수안군, 양오陽隩는 평양의 강동으로 비정한다.

월성	풍수촌	칠중하	산양	장새	양오
경주	未詳	임진강 臨津江	황해도 어느 지역	황해도 수안군	평양 강동

그런데 二月 一日 기사를 자세히 들여다보자. 同 기사는 '風雪寒冱 人馬多凍死'라고 기록한다. 장새獐塞에서 바람과 눈으로 날씨가 몹시 추워서 사람과 말이 다수 얼어 죽었다고 한다. 한반도 북위 38°59′ ~ 39°02′ 이남 49.9km 지역에서는 음력 二月 一日이면 꽃샘추위도 다 지나고 그야말로 봄날씨가 무르익는 시절인데, 이 때 정예 군사와 군마가 얼어 죽는 것이 가능이나 한 일인가?

그리고 답설인귀서에 따르면, 본문의 ㅁ천은 호로하이다. 후술하는 바와 같이 호로하는 오늘날 하북성 장가구시 위현 일대를 동북으로 흐르는 호류하이다.

결국 두 차례 파병 기록과 관련한 국사편찬위원회의 비정은 잘못된 것이다. 同 위원회의 견해는 신라의 수도가 경북 경주, 고구려의 수도가 평안도 평양이라는 것을 절대불변의 진리로 붙박고, 이를 기준으로 김유신 부대의 동선과 관련한 삼국사기의 기록을 짜맞추어 재단裁斷한 것에 지나지 않는다.

○ 한편, 이후 당이 본격적으로 고구려 정벌을 준비하는 동안 신라는 옛 백제 지역의 공략에 주력하고 있었다. 이에 당은 백제를 존치시키고 양국 간에 화친을 맹세하는 이른바 취리산就利山 맹약을 맺게 한다. 이 의식에는 문무왕과 부여융이 유인궤의 진행 아래 참여하여 절차를 마쳤다. 삼국사기는 '於是 仁軌領我使者及百濟耽羅倭人四國使 浮海西還 以會祠泰山'이라고 기록한다. 유인궤가 우리 사신과 백제·탐라·왜 등의 네 나라 사신을 거느리고 뱃길로 서쪽으로 돌아가 태산泰山에 모여 제사를 지냈다는 것이다.

여기서 국사편찬위원회는 취리산就利山이 지금의 충남 공주시 연미산鷰尾山을 가리킨다고 한다.[24] 다만, 태산泰山의 위치에 대하여는 침묵하고 있다. 그러나 위 기록상의 태산泰山은 중국 산동성 태산시泰山市에 소재하는 태산泰山(Ti Shān)을 가리킨다는 것에 대하여 감히 이설이 존재하지 아니한다.

그렇다면, 국사편찬위원회는 유인궤가 충남 공주시 연미산鷰尾山에서 취리산 맹약을 주재하고, 다시 황해를 건너 산동성 태산泰山으로가 봉선의식封禪儀式을 행하였다고 주장하는 것인가?

다시 동중국해 해류도를 보자. 오늘날 황해를 제집 앞마당처럼 드나드는 것이 불가능한 일임은 태종무열왕 편에서 논증한 바 있다.

24) 출처; 이병도, ≪국역 삼국사기≫ 6판, 을유문화사, 1986, 95쪽 주6

[동중국해 해류지도][24]

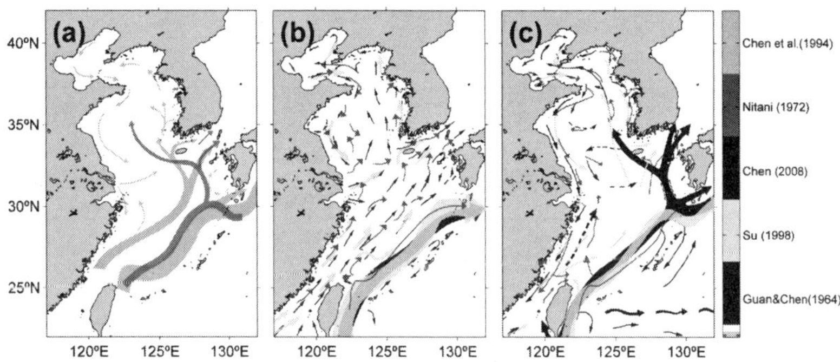

Oceanic current maps of the Yellow/East China Sea showing (a) mean currents, (b) currents in summer, and (c) currents in winter in the scientific papers (Guan and Chen, 1964; Nitani, 1972; Chen et al., 1994; Su, 1998; Chen, 2008).

또, 위 기시 中 '浮海'라는 표현이 있는데, '浮'는 배를 띄워 가다는 의미이고, '海'는 황하나 장강을 가리킨다. 고대에는 오늘날 황하나 장강을 바다[海]라고 불렀음이 여러 기록을 통하여 확인된다. 따라서 여기서 '浮海'는 배를 타고 황하를 거슬러 가다란 의미로, 바다를 건너가다[越海]로 번역하면 해석의 문의적 한계를 넘는 것이니 유인궤가 황해를 넘었다고 해석할 수 없는 것이다.

○ 취리산 맹약을 통해 후방을 안정시킨 당은 본격적으로 고구려 정벌에 나선다.

665. 8. 이적李勣을 요동도행군遼東道行軍 대총관으로 삼고, 고구려를 공격했다.
666. 7. 7. 유인원·김인태에게 비열도卑列道로 가도록 명하고, 신라는 다곡多谷과 해곡海谷을 경유하여 평양에 모이도록 명하였다.
666. 8. 문무왕이 김유신 등 30명의 장군을 거느리고 경도京都를 출발하였다.
666. 9. 한성漢城에 도착하여 머물며 영공英公 이적李勣을 기다렸는데, 영공 이적이 평양성 북쪽 2백 리 되는 곳까지 도달하여 서신을 보내 진격을 독려하였다.
666. 11. 장새獐塞에 도착하였지만, 영공英公의 군대는 이미 회군한 뒤였다.

여기서 국사편찬위원회는 경도를 경주, 다곡多谷을 지금의 평산 지역에 있었던 고구려 다곡성,[26] 해곡海谷을 지금의 신계 지역에 있었던 고구려 수곡성水谷城[27], 장새獐塞를 황해도 수안군으로 비정한다. 한편, 한성漢城에 대하여는 불분명하나 백제본기 제3 개로왕 편 기록 '21년 가을 9월에 고구려 왕 거련巨璉이 군사 3만 명을 거느리고 와서 수도 한성漢城을 포위했다.'는 문장을 해석하며, '장수왕의 명을 받들어 고구려의

25) 출처; An Analysis of Oceanic Current Maps of the Yellow Sea and the East China Sea in Secondary School Science Textbooks, p.441

26) 출처; 이병도, ≪국역 삼국사기≫ 6판, 을유문화사, 1986, 99쪽

27) 출처; 이병도, ≪국역 삼국사기≫ 6판, 을유문화사, 1986, 99쪽

대로對盧 제우齊于는 군사를 거느리고 한강을 건너 북성인 풍납토성을 공격하여 7일 만에 함락시키고, 남성인 몽촌토성으로 옮겨 공격하였다.'고 해석하는 것으로 보아, 풍납토성과 몽촌토성 일대를 가리킨다는 입장인 것으로 보인다.

666. 8.	666. 9.	?	666. 11. 11.
경도京都	한성漢城	다곡多谷 해곡海谷	장새獐塞
경주慶州	풍납토성·몽촌토성	황해도 평산 황해도 신계	황해도 수안

위 견해는 평양성을 향하여 당군唐軍은 북쪽으로부터 내려오고, 신라는 남쪽으로부터 올라가 양군이 협공을 하는 것처럼 그럴듯하게 해석된다. 그러나 기록을 가만히 검토해보면 당군과 신라군은 먼저 한성에서 만나서 함께 평양성으로 진격하기로 하였는데, 문무왕이 한성에 도착하자 이적은 이미 평양성 인근에 도달해 있었다.

또, 기록에 따르면 신라군이 평양으로부터 불과 49.9km 지점인 장새獐塞까지 도달하는데 약 3개월이 걸렸다. 특별한 저항을 받지 아니한 점을 감안하면 경주에서 평양까지 보름이면 족할 터인데 너무 늦게 도달한 것이다.

국사편찬위원회의 위치비정은 분명 모순이 있다.

○ 서기 668년, 당은 다시 고구려 정벌에 착수하고 이에 신라는 적극 참여하였다.

668.	
6. 12.	유인궤가 황제의 칙지를 받들고 당항진党項津에 도착하자, 신라는 김인문을 보내 군사일정을 조율하였다.
6. 21.	신라는 김유신을 대당대총관大幢大摠管으로 삼는 등 출정 채비를 마쳤다.
6. 22.	웅진의 유인원으로부터 대곡大谷과 한성漢城 점령 보고가 오자 인문 등이 당군 진영을 향했다.
6. 29.	김유신을 제외한 모든 도총관들이 경도를 출발하였다
6. 29.	인문 등은 서경西京 북쪽 20리 영류산嬰留山에서 당군에 합류하였다.
7. 16.	신라군이 사천蛇川 전투에서 승리하였다.
7. 16.	왕이 한성주漢城州에 당도하여 모든 총관들에게 가서 당군唐軍과 연합하도록 지시하였다.
9. 21.	나당연합군이 평양을 포위하여 마침내 항복을 받았다.

위 기록에 따르면 인문 등 선발대는 일치감치 실전에 투입되어 6. 29. 영류산에서 당군과 합류하였고, 뒤이어 신라의 본진이 진격하여 7. 16. 합류하라는 지시가 떨어졌다. 한편, 문무왕도 후진에서 본진을 뒤따랐으나 평양성이 함락되고 당唐의 여러 장수들이 이미 귀국하였다는 말을 듣고 힐차양에서 한성으로 되돌아왔고 욕돌역을 거쳐 월성으로 귀환했다.(월성 → 한성 → 힐차양肹次壤 → 평양 ⇒ 한성 → 욕돌역褥突驛 → 월성)

국사편찬위원회는 당항성党項城을 경기도 화성군 남양면 지역으로 비정하고, 대곡大谷을 황해 평산 일대로 비정한다.[28] 또한, 영류산嬰留山을 평양 대성산大城山으로 비정하고[29] 사천蛇川을 평남 평양시 동쪽의 합장강合掌江으로 비정한다.[30] 그러나 이러한 견해 아주 체계적이고 정치해 보이지만, 사실은 근거가 빈약하다.

그저 신라의 수도가 경북 경주, 고구려의 수도가 평안도 평양이라는 것을 절대 불변의 진리로 붙박고 삼국사기의 기록을 뜯어 맞추어 재단한 것에 지나지 않는다. 신라의 수도가 경북 경주가 아니라면 모두 무너지는 허무한 주장인 것이다.

❍ 668년 9, 21, 마침내 평양성이 함락되었다. 그러나 고구려가 멸망했다고 말하기는 어렵다. 그런데 많은 사람들이 이 때 고구려가 멸망했다고 말한다. 과연 그럴까?

삼국사기 卷第三十七 雜志 第六에는 압록수 이북의 항복하지 않은 11개 지방을 기록하고 있다. 북부여성주北扶餘城州, 절성節城, 풍부성豐夫城, 신성주新城州, 도성桃城, 대두산성大豆山城, 요동성주遼東城州, 옥성주屋城州, 백석성白石城, 다벌악주多伐嶽州, 안시성安市城 등이 이에 해당하니, 주州가 5개요, 성城이 6개이다.

삼국사기는 이들 지역을 설명하고 있다. '북부여성주北扶餘城州는 본래 조리비서助利非西이다. 절성節城은 본래 무자홀蕪子忽이다. 풍부성豐夫城는 본래 초파홀肖巴忽이다. 신성주新城州는 본래 구차홀仇次忽 혹은 돈성敦城이라고도 이른다. 도성桃城은 본래 파시홀波尸忽이다. 대두산성大豆山城은 본래 비달홀非達忽이다. 요동성(遼東城州는 본래 오렬홀烏列忽이다. 옥성주屋城州. 백석성白石城 다벌악주多伐嶽州 안시성安市城은 옛날 안촌홀安寸忽 혹은 환도성丸都城이라고도 이른다.'는 것이다.

압록수 이북에 항복하지 않은 지역이 11개 지방에 달한다는 것은 현재 중화인민공화국의 영토가 22개 성으로 이루어져 있는 것을 감안하면, 엄청나게 방대한 영토가 당에 굴복하지 아니하고 자주권을 유지하고 있었다는 사실을 알 수 있다. 결국 AD 668 음력 9. 21. 고씨왕조와 연씨정권이 무너지고 평양의 귀족들이 당에 사로잡혀 간 것을 제외하고는 고구려라는 거대한 정치적 실체는 온존하였던 것으로 보이고 결국 그 법통은 불과 30년이 지나지 않아 대씨왕조로 승계되기에 이른다.

그 논리적인 연장선상에서 그 후 당이 요동반도를 거쳐 압록강을 넘어 한반도로 밀고 내려오는 나당전쟁 따위는 공상소설에 지나지 않는 것이다.

❍ 한편, 문무왕 九年 正月 기사에는 '唐僧唐僧法安來傳天子命求磁石'이라는 기록이 있다. 당唐의 승려 법안이 와서 자석을 구해보라는 천자의 명을 전하였다는 것이다. 이어 五月 기사에는 '遣祇珍山級湌等入唐獻磁石二箱'이란 기록이 있다. 급찬級湌 기진산祇珍山 등을 보내 자석磁石 두 상자를 준 것이다.

오늘날 중국은 2010년 현재 전 세계 자석 수출량의 70%를 담당하고 있을 정도로 많은 자석을 생산한다. 오늘날 중국의 江蘇, 山東, 安徽, 遼寧, 廣東, 河北 등지에 천연 자석광산이 분포하며 자석의 생산지 역시 이 일대에 분포한다.

---

28) 출처; 장구복 외, ≪역주 삼국사기≫ 3 주석편(상), 한국정신문화연구원, 213쪽

29) 출처; 정구복 외, ≪역주 삼국사기≫ 3 주석편(상), 한국정신문화연구원, 214쪽

30) 출처; 井上秀雄 譯註, ≪삼국사기≫ 1, 1980, 188쪽

중국대륙 전체를 통일한 당나라가 왜 대동강에서 원산만 이남의 작은 나라 신라에게 자석을 구해달라는 아쉬운 부탁을 했었는지 이해가 되지 않는다. 특히 천연자석 광산의 분포나 자석 생산 기업 및 생산량에 관한 자료를 검토해보면 자석 광산이나 생산지가 본서에서 주장한 신라의 강역과 너무나 겹친다는 것을 알 수 있다.

○ 문무왕 十年 七月 기사에는 문무왕이 안승을 고구려왕에 봉하는 책명문이 기록되어 있다. 그 중 고구려의 역사를 읊으면서 다음과 같이 말하였다.

> 公太祖中牟王 積德比北山立 功南海 威風振於青丘 仁教被於玄菟 子孫相繼 本支不絕 開地千里 年將八百

이를 해석하면 다음과 같다.

> 공의 태조 중모왕이 북으로는 덕德을 산山 만큼 쌓고, 공功이 남으로는 바다에까지 미치니, 위풍威風이 청구青丘에 떨치고, 어진 가르침이 현토玄菟를 덮었다. 자손이 이어받아 뒤를 잇고, 본계와 지계가 끊이지 않았으며, 개척한 땅이 천리요, 해가 거의 8백년이다.

이를 분석하면 다음과 같다.

첫째, 고구려의 영토가 남쪽으로 바다에 닿았고, 그 세력이 청구와 현토에 널리 미쳤다는 내용으로 고구려의 공간을 표현하고 있다.

둘째는 고구려 역사가 곧(거의) 800년이라는 것이다.(年將八百) 고구려 역사가 적어도 790년 이상은 되어야 '將'이라는 단어를 쓸 수 있다. 위 기사는 문무왕 10년 7월 기사이니 곧 서기 670년 7월에 해당한다. 그렇다면 적어도 BC 100년 이전에는 고구려가 시작되었다고 추론할 수 있다. 위만조선의 왕검성이 함락된 때와 거의 일치한다.

그렇다면 왕검성이 함락되자 거병하여 한의 세력을 격퇴하고 그 해에 제위하여 고구려의 기원이 제5세 단군 고두막高豆莫이라는 北夫餘紀 下의 기록은 문무왕의 책명문과 맥을 같이 한다.(五世檀君 高豆莫 一云豆莫婁 在位二十二年 在帝位二十七年 癸酉元年是爲檀君高于婁十三年 帝爲人豪俊善用兵嘗見北夫餘衰漢寇熾盛慨然有濟世之志至是卽 位於卒本自號東明或云高列加之後也)

○ 한편, 二年 五月 기사에 '唐皇帝詔仁軌檢校帶方州刺史 統前都督王文度之衆與我兵 向百濟營'라는 기록이 있었다. 여기서 주목할 것은 백제 정벌군의 대장 유인궤가 대방주자사帶方州刺史의 직위를 받았다는 것이다. 백제의 옛 영토가 바로 대방帶方 지역임을 알 수 있다. 대방帶方의 위치는 내물왕 편에서 비정한 바 있다.

○ 사비성을 함락했지만 당은 취리산 맹약에서 보듯이 일치감치 백제를 존속시키기로 방침을 정하였다. 이에 문무왕이 안승을 고구려왕에 봉하고 나아가 고구려를 지원하게 된다.

문무왕 十年 三月 기사에는 신라의 薛烏儒가 고구려 高延武와 옥골屋骨에서 합류하여 개돈양皆敦壤에서 말갈靺鞨의 군사와 싸워 이겼다는 기록이 있다. 이것은 고구려의 전쟁이고 신라는 이를 지원한 것이다.

同年 四月 기사를 보면 분명해진다. 즉 당군이 속속 도착하자 신라군은 슬그머니 백성白城으로 후퇴한 것이다.(唐兵繼至 我兵退保白城)

그렇다면 이를 소위 나당전쟁의 시작으로 볼 수 없다. 김부식 역시 卷을 나누어 新羅本紀 第七에서 나당전쟁을 기술하고 있다.

○ 十年 七月 기사에는 '品日文忠衆臣義官天官等 攻取城六十三 徙其人於內地 天存竹知等取城七 斬首二千 軍官文穎取城十二 擊狄兵 斬首七千級'이라는 기록이 있다. 품일・문충・중신・의관・천관 등이 63개의 성을 공격하여 빼앗고, 그 곳 사람들을 내지로 옮겨 살게 하였고, 천존・죽지 등은 일곱 성을 빼앗고 2천 명을 참수하였으며, 군관・문영은 열두 성을 빼앗고 적병을 공격하여 7천 명을 참수하였다는 것이다. 이어 十二月 기사에는 '倭國更號日本 自言近日所出以爲名'이라는 기록이 있다. 왜국이 국호를 일본으로 고쳤는데, '해돋는 곳과 가까이 있다'는 데서 그 이름을 지었다고 스스로 말하였다는 것이다.

신라는 당의 방침과 취리산 맹약에 반하여 백제 지역에 대하여 대규모 공격을 감행하여 옛 백제의 영토를 초토화시켰다. 이를 계기로 백제의 주요 정치세력은 모두 왜로 건너가 비로소 일본日本을 탄생시킨 것이다.

三國史記 七卷
新羅本紀 第七

㉚ 文武王(문무왕)-下

661~681 재위기간 20년

十一年

春正月, 拜伊湌禮元爲中侍

11년

봄 정월 이찬 예원에게 벼슬을 내려 중시로 삼았다.

(春正月)

發兵侵百濟 戰於熊津南 幢主夫果死之 靺鞨兵來圍舌口城 不克將退 出兵擊之 斬殺三百餘人 聞唐兵欲來救百濟 遣大阿湌眞公阿湌□□□□兵守甕浦 白魚躍入□□□□□□□□□□□□一寸

(봄 정월)

병력을 출동시켜 백제를 공격하였다. 웅진熊津 남쪽의 전투에서 당주 부과가 전사하였다.

말갈병이 쳐들어와서 설구성舌口城을 포위했으나 이기지 못하고 퇴각하려 하자, 출병하여 그들을 공격하고, 3백여 명을 참살했다.

당군唐軍이 백제를 구하러 온다는 말을 듣자, 대아찬 진공과 아찬 □□으로 □병을 □하여 옹포甕浦를 수비하게 하였다. 흰 물고기가 □□에 뛰어 들었는데 그 □□□□□□□□ 한 치였다.

夏四月

震興輪寺南門

여름 4월

흥륜사 남문에 벼락이 쳤다.

六月

遣將軍竹旨等 領兵踐百濟加林城禾 遂與唐兵戰於石城 斬首五千三百級 獲百濟將軍二人 唐果毅六人

6월

장군 죽지 등을 보내 병력을 이끌고 백제 가림성加林城의 벼를 짓밟게 하였는데, 마침내 당唐 군사와 석성石城에서 전투가 벌어져 5천 3백 명을 참수하고 백제 장군 두 명과 당唐 과의果毅[1] 여섯 명을 포로로 잡았다.

秋七月

二十六日 大唐摠管薛仁貴使琳潤法師寄書曰

가을 7월

26일, 대당총관 설인귀가 임륜 법사를 보내 신라왕에게 편지를 부쳐왔다. 그 내용은 다음과 같았다.

行軍摠管薛仁貴致書新羅王

清風萬里 大海三千 天命有期 行遵此境 奉承機心稍動 窮武邊城 去由也之片言 失侯生之一諾 兄爲逆首 弟作忠臣 遠分花萼之陰 空照相思之月 興言彼此 良增歎詠 先王開府 謀猷一國 展轉百城 西畏百濟之侵 北警高麗之寇 地方千里 數處爭鋒 蠶女不及桑時 耘人失其疇序 年將耳順 楡景日侵 不懼船海之危 遠涉陽侯之險 瀝心華境 頓顙天門 具陳孤弱 明論侵擾 情之所露 聽不勝悲

행군총관 설인귀 신라왕에게 글을 보냅니다.

육로 만리, 해로 삼천리 길을 지나 황제의 명이 있어 여기까지 쫓아왔습니다. 삼가 왕께서는 기심機心[2]이 잠시 동動하여 공연히 변경에 무력을 배치한다 하오니, 유야由也[3]의 한마디 말을 버린 것이요, 후생侯生[4]의 한번 승낙이 실효한 것과 같습니다.

1) 과의果毅; 唐代 지방 군사조직인 절충부折衝府의 武官으로 징병과 훈련의 임무를 맡았다.

2) 기심機心; 기회를 보고 움직이는 마음

3) 유야由也; 춘추시대 사람으로 이름은 仲由이고, 字는 子路이다. 공자孔子의 제자로 공자가 '몇 마디 말만 가지고

형[5]은 역적의 우두머리가 되고 동생[6]은 충신이 되었으니, 꽃과 꽃받침의 그늘은 서로 멀리 떨어져 있어, 그리운 달빛만이 헛되이 비치고 있습니다. 이제 당唐과 신라 사이의 일을 말씀드리자면, 정말이지 탄식만 깊어집니다. 선왕 개부開府[7]는 통일을 도모하여 온갖 성城을 다 옮겨 다니며, 서쪽으로는 백제의 침범을 걱정하고, 북쪽으로는 고구려의 침략을 경계하였습니다. 사방 천리 땅 도처에서 교전이 벌어졌으니, 누에치는 여인들은 뽕 따는 시기를 놓쳤고, 김매는 농부들은 밭을 갈 시기를 잃었습니다. 나이 예순을 앞둔 인생의 황혼기에도 뱃길의 위험을 무릅쓰고 멀리서 건너와, 당唐에 마음을 다하여 문앞에 머리를 조아리며 어려운 상황을 다 진술하고 침략의 상황을 명확히 설명하니, 그 진정이 절로 보여 듣자니 슬픈 마음 이길 수 없었습니다.

太宗文皇帝 氣雄天下 神王宇宙 若盤古之九變 同巨靈之一掌 扶傾救弱 日不暇給 哀納先君 矜收所請 輕車駿馬 美衣上藥 一日之內頻遇殊私 亦旣承恩 對揚軍事 契同魚水 明於金石 鳳鑰千重 鶴關萬戶 留連酒德 讌笑金除 叅論兵馬 分期聲援 一朝大擧 水陸交鋒 于時 塞草分花 楡星上莢 駐驆之戰 文帝親行 弔人恤隱 義之深也 旣而 山海異形 日月廻薄 聖人下武 王亦承家 嚴葛因依 聲塵共擧 洗兵刷馬 咸遵先志 數十年外 中國疲勞 帑藏時開 飛蒭日給 以蒼島之地 起黃圖之兵 貴於有益 貪於無用 豈不知止 恐失先君之信也 今强寇已清 讎人喪國 士馬玉帛 王亦有之 當應心膂不移 中外相輔 銷鏑而化虛室 爲情自然 貽厥孫謀以燕翼子 良史之讚 豈不休哉

今王去安然之基 厭守常之策 遠乖天命 近棄父言 侮暴天時 侵欺鄰好 一隅之地僻左之陬 率戶徵兵 連年擧斧 孀姬輓粟稚子屯田 守無

도 옥사를 결단할 수 있는 사람은 아마도 유야由也일 것이다. 자로子路는 약속한 일을 묵히는 일이 없었다.'라고 말한데서, 결단력이 있는 인물로 묘사되었다.(片言可以折獄者, 其由也與. 子路無宿諾.)(출처; 논어論語 안연顔淵)

4) 후생侯生; 戰國時代 사람으로 이름은 후영侯嬴이다. 魏의 公子 신릉군信陵君의 상객이 될 것을 승낙하고 후일 그 신의를 지켜 목숨을 바친 고사로 유명하다.(출처; 史記 권77 魏公子列傳)

5) 형; 여기서는 문무왕 김법민을 말한다.

6) 동생; 여기서는 당 숙위 김인문을 말한다.

7) 개부開府; 개부란 진평왕 이후로 신라의 왕들이 수·당으로부터 받는 작호이다. 여기서 '선왕 개부'는 무열왕을 가리킨다.

所支進不能拒 以得裨喪以存補亡 大小不侔逆順乖敍 亦由持彈而往
暗於枯井之危 捕蟬而前 不知黃雀之難 此王之不知量也
先王在日 早蒙天睠 審懷險詖之心 假以披誠之禮 從己私欲貪天至功
茍希前惠圖爲後逆 此先君之不長者也 必其誓河若帶 義分如霜 違君
之命不忠 背父之心非孝 一身二名何以自寧 王之父子 一朝振立 此
並天情遠及威力相持 方州連郡 遂爲盤錯 從此 遞蒙冊命 拜以稱臣
坐治經書備詳詩禮 聞義不從見善而輕聽縱橫之說 煩耳目之神忽高
門之基 延鬼瞰之責 先君盛業奉而異圖 內潰疑臣 外招强陣 豈爲智
也 又高麗安勝 年尙幼冲 遺壑殘郛生人減半 自懷去就之疑 匪堪襟
帶之重 仁貴樓船竟翼 風帆連旗 巡於北岸 矜其舊日傷弓之羽 未忍
加兵 恃爲外援 斯何謬也

태종 문황제는 기풍이 천하를 호령했고 성신은 우주를 지배하였으니, 반고盤古[8]가 (죽을 때) 아홉 번 변화한 것이나 거령巨靈[9]이 한번에 화산華山을 쪼갠 것처럼, 쓰러지는 자를 부축해주고 약한 자를 구원하는데 하루도 쉬는 날이 없었습니다. 그리하여 황제는 선왕을 불쌍히 여기고 거두시어 청하는 바를 기꺼이 들어 주셨으며, 가벼운 수레와 빠른 말, 좋은 의복과 고급 약을 하루에도 여러 번 주어 특별히 대우하였습니다. 또한 성은은 이어져 나가 군사에 관하여 상의하니, 약속은 고기와 물의 관계와 같았고, 쇠와 돌에 새긴 것 보다 더 선명하였습니다. 찬란한 대궐과 번화한 수도에서 주연을 이어갔으며, 번쩍이는 궁궐의 계단에서 웃으며 환담하고 함께 병마를 논하였습니다. 기일을 정하여 서로 응원하기로 하고, 일시에 대규모의 군사를 동원하여 바다와 육지에서 전투를 벌였습니다. 그 때는 변방의 잡초에 꽃잎이 피어나고 느릅나무에 열매가 맺히기 시작할 때였습니다. 주필전투에서는 문제가 친히 가서 백성들을 위로하고 음지의 자들을 구휼하였으니, 그 뜻이 깊었던 지라 이에 얼마 후 산과 바다가 형상을 바꾸고 해와 달이 번갈아 빛을 잃듯, 황제는 무기를 놓으셨고 왕도 역시 따르게 되었습니다. 바위와 칡이 서로 의지하듯 소리와 먼지를 함께 일으켰고, 병기와 병마를 정비하여 함께 선대

8) 반고盤古; 커다란 도끼를 가지고 혼돈을 갈라 하늘과 땅으로 나누었다는 전설상의 창조주를 말한다. 일명 혼돈씨混沌氏라고도 한다. 반고가 죽을 때에 숨기운은 풍운이 되고, 목소리는 뇌정雷霆이 되고, 좌우의 눈은 각각 해와 달이 되고, 사지와 오체는 각각 사극四極과 오악五嶽이 되고, 근맥筋脈은 지리地理가 되고, 기육肌肉은 전토田土가 되고, 머리카락과 수염은 성신星辰이 되고, 피모皮毛는 초목이 되고, 치골齒骨은 금석이 되고, 정수精髓는 주옥이 되고, 땀은 우택雨澤이 되었다고 한다.(출처; 오운역년기五運曆年記)

9) 거령巨靈; 분수(汾水)의 하류에서 태어난 물의 신. 巨靈신이 번쩍 손을 들어 華山의 겹겹이 쌓인 산맥을 단숨에 쪼개 황하가 지날 수 있게 하였다고 한다.(출처; 碧巖錄, 水經注 하수편 등)

의 뜻을 따랐습니다. 그 후로 수십 년이 흘러 중국中國[10]은 국세가 흥성치 못하였으나 때때로 국고를 풀어 새와 가축에게까지 일용할 양식을 공급하여 주었습니다. 먼 변방의 신라를 위해 황도의 병사를 일으키는 것은 유익함이 적은데 무용한 일을 추구하는 것이라, 어찌 중지할 줄을 몰랐겠습니까? 다만, 선왕의 신의를 저버릴까 염려하였던 것이니, 이제는 강했던 적들이 이미 숙청되었고, 원수들은 나라를 잃었으며, 그 병사와 말과 보물은 왕께서 역시 가지게 되었으므로, 마땅히 마음과 힘을 헛되이 쓰지 말고, 중국中國[11]과 변방이 서로 도와 병기를 녹여 칼집을 비우게 하는 것이 사리에 합당한 일입니다. 이것을 물려주어 후손으로 하여금 자식을 위하는 마음으로 생각하며 살도록 할진대, 좋은 역사서라면 이를 어찌 기록하지 아니하겠습니까?

(그런데) 지금 왕께서는 편안하고 이치에 맞는 국가의 기반을 버리고, 법도를 수호하는 정책을 싫어하여, 멀게는 황제의 명을 거스르고, 가깝게는 부친의 말씀을 어기며, 천시天時를 무시하여 망치고 이웃 나라를 침해하고 우호관계를 기망하면서 한쪽의 궁벽한 오른쪽 모퉁이에서, 집집마다 군사를 징발하고 해마다 전쟁을 일으키니, 젊은 과부가 곡식을 나르고, 어린 아이가 밭을 일구고 있습니다. 지키자니 기댈 곳이 없고, 나아 싸우기도 어렵게 되었습니다. 얻은 것보다는 잃은 것이 많고, 있는 것을 가지고 망하는 길로 나아가니, 크고 작음이 가지런하지 아니하고 순리와 역리가 그 순서를 잃었습니다. 또한 이는 활을 가지고 닭을 잡으러 가다가 마른 우물에 빠지는 것과 같고, 사마귀가 매미를 잡으려다 참새로부터 공격을 당하는 것과 같으니, 이는 왕께서 스스로의 능력을 헤아리지 못한 탓입니다.

선왕이 살아 계실 때 일찍부터 황제의 은혜를 입고도, 만일 위험하고 교활한 생각을 품고 거짓으로 충성의 예를 내보이며 자기의 사욕을 좇아 황제의 큰 공을 차지하려 하고 구차하게 앞에서는 은혜를 바라면서 뒤에서 반역을 도모했다면, 이로 인하여 선왕은 오래가지 못하였을 것입니다. 그 맹세는 반드시 강이 허리띠처럼 좁아질 때까지 지켜져야 하며 의리와 명분은 추상같이 엄정해야 할 것이니, 임금의 명을 어기는 것은 충이 아니요, 아버지의 뜻을 어기는 것은 효가 아닙니다. 하나의 몸으로 불충과 불효를 행한다면 어찌 스스로 평온할 수 있겠습니까? 왕의 부자父子께서는 하루아침에 일어나 자리 잡게 되었는데, 이는 모두 모두 황제의 염려가 멀리 미쳐 그 위력이 유지되니, 주州를 아우르고 군郡을 이어 마침내 기반을 구축할 수 있게 된 것입니다. 이로부터 몽매함을 전하여 책명을 받고, 벼슬을 얻어 스스로 신하가 된 것입니다.

앉아서 경서經書를 익히고 詩와 禮를 상세히 갖추면서도, 의義를 듣고도 따르지 않고 선善을 보고도 경솔하여 오고가는 말에 귀 기울이는 것은 눈과 귀의 신경을 어지럽히는 것이요 높은 문의 기초를 소홀히 하는 것이니, 필경 귀신이 엿보게 되는 결과를 초래할 것입니다. 선왕의 성대한 업적을 받들면서도 다른 뜻을 품고, 안으로는 따르지 않는 신하를 없애고, 밖으로는 강한 군대를 불러들이니, 어찌 이를 현명하다고 하겠습니까? 또한 고구려의 안승은 아직도 나이가 어리고, 남겨진 시골과 외성에는 살아남은

10) 중국中國; 여기서 중국中國은 당唐을 가리키는 재귀대명사이다.

11) 중국中國; 여기서 중국中國은 당唐을 가리키는 재귀대명사이다.

사람이 절반으로 줄어드니 스스로도 자신의 거취에 대한 의심을 품고 있어 왕의 자리를 감당할 수 없습니다. 인귀의 누선樓船[12]은 익선翼船[13]이 뒤따르니 바람에 돛을 펴고 깃발이 이어지며 북쪽 해안을 순시하게 하면서도, 예전에 전쟁의 상처가 아물지 않은 신라 백성[傷弓之羽][14]들을 불쌍히 여겨 차마 병사를 보내지 아니하였는데, 오히려 왕께서는 외부의 원조를 받으니 이것이 어찌된 상황입니까?

皇帝德澤無涯 仁風遠洎 愛同日景炤若春華 遠聞消息悄然不信 爰命
卜臣來觀由委 而王不能行人相問牛酒犒師 遂便隱甲雀陂藏兵江口
蚑行林薄喘息萊丘 潛生自噬之鋒 而無相持之氣 大軍未出 游兵具行
望海浮江 魚驚鳥竄 以此形況 人事可求沉迷猖惑行而知止 夫擧大事
者不貪小利 杖高節者寄以英奇 必其鸞鳳不馴豺狼有顧 高將軍之漢
騎 李謹行之蕃兵 吳楚棹歌 幽幷惡少 四面雲合 方舟而下 依險築戍
闢地耕田 此王之膏肓也
王若勞者歌 事屈而頓申 具論所由明陳彼此 仁貴夙陪大駕 親承委寄
錄狀聞奏 事必昭蘇 何苦忽忽自相縈擾 嗚呼 昔爲忠義 今乃逆臣 恨
始吉而終凶 怨本同而末異 風高氣切 葉落年悲 憑山遠望 有傷懷抱
王以機晤淸明風新爽秀 歸以流謙之義存於順迪之心 血食依時茅苴
不易 占休納祐 王之策也
嚴鋒之間 行人來往 今遣王所部僧琳潤賷書 佇布一二

황제의 은덕은 끝이 없고, 어진 덕은 멀리까지 도달하며, 사랑은 햇볕 같아서 봄날의 경치처럼 밝게 비치나니, 멀리서 소식을 듣고도 근심할지언정 믿지 아니하고, 명하여 본인을 보내 자세한 사유를 살펴보게 한 것입니다. 그러나 왕께서는 사람을 보내 왜 왔는지 묻지도 않았고 고기와 술과 좋은 음식을 보내지도 않았으며, 마침내 바로 군사를 비탈 밑에 숨기고 병기를 강 어구에 감추어, 숲속 풀밭을 기어 다니고 잡초가 우거진 언덕에서 가쁜 숨을 내쉬니, 몰래 스스로를 해치는 흉기를 만들어 우리가 서로 돕는 기류를 없애는 것입니다. 당唐의 대군이 출동하기 전에, 유격대를 편성하여 보냈습니다. 망제望祭를

12) 누선樓船; 2층 누각이 딸린 배

13) 익선翼船; 배의 밑에 평면 또는 곡면의 수중 날개를 달아 물의 저항을 줄임으로써 속도를 낼 수 있게 설계된 배

14) 傷弓之羽; 화살에 맞은 경험이 있어 활을 두려워하는 새라는 뜻으로, 어떤 일로 한 번 혼이 난 뒤에 그것을 두려워하는 마음을 가짐을 뜻하는 傷弓之鳥를 설인귀가 鳥 대신에 羽을 사용하여 자신의 현학을 과시한 것으로 보인다.

올리고 배를 강에 띄우니, 물고기는 놀라고 새들이 도망을 쳤습니다. 이러한 상황을 볼 때, 인사人事란 가히 창피하고 미혹된 것을 추구하여 행하였다면 그칠 줄 알아야 하는 것이며, 무릇 큰일을 하려는 자는 작은 이익을 탐하지 않아야 하며, 높은 권력을 받은 자는 지혜를 가지고 맡아야 합니다. 난봉鸞鳳[15]이라도 돌보지 아니하면 필시 시랑豺狼[16]이 엿보게 되는 것이니, 고간高侃 장군이 거느렸던 한漢의 기병이나 이근행이 거느렸던 번병蕃兵, 오吳・초楚의 수군들과 유주幽州[17]와 태원太原[18] 지방의 거친 병사들이 사방에서 모여들어, 배를 정렬하고 내려가서 험한 곳에 의지하여 성을 쌓아 지키고 땅을 개척하여 밭을 일군다면, 왕에게 목의 가시[膏肓][19]가 될 것입니다.

왕께서 만약 노역자들에게 노래를 부르게 하겠다면, 일을 돌이켜 멈출 수 있을 것이니, 모두에게 사유를 말하고 피차의 사실을 밝히십시오. 본인 인귀는 예전에 대가大駕[20]를 수행했을 때, 친히 위임을 받았습니다. 들은 말씀을 기록하여 황제에게 아뢸 것이니, 모든 일이 필히 다 해결[昭蘇][21]될 것인데, 어찌하여 왕께서는 그리 급급하여 스스로 얽히고 어지러운 것입니까? 아, 슬픈 일입니다. 옛날에는 충의를 다하다가, 이제는 역신이 되었습니다. 좋게 시작하여 나쁘게 끝내니 유감스러운 일이며, 근본은 같은데 말단이 다르니 원망스러운 일입니다. 바람이 거세지고 날씨가 쌀쌀해지니 나뭇잎이 떨어져 한 해가 구슬프고, 산자락에 시선을 기대어 먼 곳을 바라보니 가슴 아픈 회포가 되살아납니다. 왕께서 이치로써 청명을 들으셔서, 백제와 신라가 사이좋게 지내면서 부드럽고 겸손한 자세를 가지고 회귀하여 순종하는 마음을 가진다면, 때를 맞추어 제사를 지내고 모저茅苴[22]가 바뀌지 아니할 것입니다. 이러한 행운을 선택하고, 복을 받아들이는 것이 바로 왕의 정책이 되어야 할 것입니다.

삼엄한 군진 사이로 사절이 내왕하니, 이제 왕의 휘하에 있는 승려 임윤에게 편지를 보내, 망설이던 끝에 한두 가지 말씀을 드리게 되었습니다.

추 칠 월
秋七月

대 왕 보 서 운
大王報書云

15) 난봉鸞鳳; 난새와 봉황. 통상 좋은 친구란 의미로 사용되는데 여기서는 신라를 지칭하는 말로 사용되었다.

16) 시랑豺狼; 승냥이와 이리. 여기서는 고구려를 지칭하는 말로 사용되었다.

17) 유주幽州; 유주幽州는 오늘날 北京 연경延庆으로 당대에는 하북성河北省 북부와 요녕성遼寧省 남부를 가리켰다. 원래 한 때에는 산서성 남부와 하남성 일대를 가리키던 지명이었다.

18) 태원太原; 산서성山西省 태원太原으로 이 지방을 병(幷)이라고도 불렀다.

19) 고황膏肓; 심장의 아래쪽과 횡격막의 윗부분 사이를 말하는데 비유적으로는 병이 생기면 치료할 수 없는 가장 깊은 곳을 의미한다. 굳이 오늘날 많이 쓰는 말로 '아킬레스 건'과 유사한 의미가 된다.

20) 대가大駕; 임금이 타는 수레를 이르던 말로, 여기서는 황제의 행차를 의미한다.

21) 소소昭蘇; 땅속에서 벌레가 자라 성충이 되어 밝은 바깥으로 나온다는 뜻으로, 비유적으로 만사가 밝아지고 자연스럽게 해결된다는 의미를 가진다.

22) 모저茅苴; 모茅는 모삿그릇에 꽂는 띠나 솔잎의 묶음을 말하고, 저苴는 제사용 거적을 말하는 것이니, 여기서 모저茅苴는 곧 제사의 주체와 대상을 의미하는 말이다.

대왕의 답장은 다음과 같았다.

선왕정관이십이년 입조 면봉태종문황제은칙
先王貞觀二十二年 入朝 面奉太宗文皇帝恩勅

짐금벌고려 비유타고 련니신라섭호량국 매피침릉 미유영세 산천
朕今伐高麗 非有他故 憐你新羅攝乎兩國 每被侵陵 靡有寧歲 山川

토지 비아소탐 옥금자녀 시아소유 아평정양국 평양이남백제토지
土地 非我所貪 玉帛子女 是我所有 我平定兩國 平壤已南百濟土地

병걸니신라 영위안일
並乞你新羅 永爲安逸

수이계회 사이군기 신라백성구문은칙 인인축력가가대용 대사미종
垂以計會 賜以軍期 新羅百姓具聞恩勅 人人畜力家家待用 大事未終

문제선붕 금제천조 복계전은 빈몽자조유유왕일 형제급아회금타자
文帝先崩 今帝踐祚 復繼前恩 頻蒙慈造有踰往日 兄弟及兒懷金拖紫

영총지극형고미유 분신쇄골망진구치지용 간뇌도원 앙보만분지일
榮寵之極夐古未有 粉身碎骨望盡驅馳之用 肝腦塗原 仰報萬分之一

선왕께서 정관貞觀[23] 22년에 입조하여, 면전에서 태종 문황제의 은혜로운 조칙을 받았으니, 그 조칙은 다음과 같았다.

"내가 지금 고려를 정벌하려는 것은 다른 까닭이 있는 것이 아니라, 너희 신라가 두 나라 사이에 끼어 있어서 매번 침해를 받아 편안한 해가 없음을 가련히 여겼기 때문이다. 산천도 토지도 내가 탐하는 것이 아니며, 재물도 자녀도 모두 내가 이미 가지고 있는 것들이다. 내가 두 나라를 평성하면, 평양이남 백제 토지는 전부 너희 신라에게 주어 길이 편안하고자 한다."

황제께서는 계책을 모아 시시하고 군사기일을 정하여 주니, 신라 백성들이 모두 이 은혜로운 조칙을 듣고, 사람마다 힘을 모으고, 집집마다 쓰이기를 기대했다.

(그런데) 대업이 끝나기도 전에 문제가 먼저 붕어하고 지금 황제가 위에 오르자, 다시 선대의 은혜를 이어 날이 갈수록 더욱더 자주 깨우치고 은덕을 베풀었으니, 형제는 물론이고 아들까지 관직을 받았다.[懷金拖紫][24] (이처럼) 황제의 은총이 지극하였으니, 옛날에는 없었던 일이다. 이에 몸이 가루가 되고 뼈가 부서지도록 이리 뛰고 저리 뛰어 다녔고[驅馳之用][25], 우리의 간과 뇌로 벌판을 도배해서라도 만분지일이나마 갚고자 하였다.

23) 정관貞觀; 당 태종 재위 기간 내내 사용된 연호이다.(627년~649년) 따라서 정관 22년이면 서기 648년에 해당한다.

24) 회금타자(懷金拖紫); 금을 품고 붉은색을 드리운다는 뜻으로, 황금의 인(印)을 품고, 자주빛의 인끈을 늘어뜨리고 있는 것에서 높은 벼슬자리에 오름을 이르는 말.(출처; 後漢書) 본문의 懷金拖紫는 懷金垂紫에서 垂를 拖로 바꾼 것으로 양자는 같은 뜻으로 보아야 한다.

25) 구치지용(驅馳之用); 말이나 수레 따위를 타고 달린다는 뜻으로 비유적으로 국가 등을 위하여 분주히 돌아다닌다는 의미로 쓰인다.

至顯慶五年 聖上感先志之未終 成曩日之遺緒 泛舟命將大發船兵 先王年衰力弱 不堪行軍 追感前恩 勉强至於界首 遣某領兵 應接大軍東西唱和 水陸俱進 船兵纔入江口 陸軍已破大賊 兩軍俱到王都 共平一國 平定已後 先王遂共蘇大摠管平章 留漢兵一萬 新羅亦遣弟仁泰 領兵七千同鎭熊津

大軍廻後 賊臣福信起於江西 取集餘燼 圍逼府城 先破外柵 摠奪軍資 復功府城 幾將陷沒 又於府城側近四處作城 圍守於此府城得出入某領兵往赴解圍 四面賊城 並皆打破 先救其危 復運粮食 遂使一萬漢兵 免虎吻之危難 留鎭餓軍 無易子而相食

현경顯慶[26] 5년에 성상께서 선대 황제의 뜻이 마무리되지 못한 것을 유감스럽게 생각하고 전일의 유업을 이루기 위하여 전함을 띄우고 장수들에게 명령하여 대규모 수군을 출발시켰다. 당시 무열왕은 늙고 힘이 없어 행군을 견디기 어려웠으나, 예전의 은혜를 감사하며 억지로 국경 요처까지 나왔으며, 나를 보내 병사를 이끌고 대군大軍을 영접하게 하였다. 동東과 서西가 호흡을 맞추어 수륙의 양군이 함께 진격하니, 수군이 겨우 강 어구에 들어올 즈음 육군은 이미 적의 대군을 격파하였다. 이리하여 두 나라 군사가 함께 백제의 수도에 도달하여 함께 백제를 평정하였다. 평정 후에 선왕은 소정방 대총관과 함께 백제를 다스림에 있어, 한병漢兵 1만을 머물게 하고, 신라 또한 아우 인태를 보내 병사 7천을 이끌고 함께 웅진을 지키게 하였다.

대군大軍이 돌아간 뒤에 적의 신하 복신이 강서江西 지역에서 봉기하여 살아남은 백성들을 모아 웅진부성熊津府城을 포위하였는데, 먼저 바깥 성책을 격파하여 군수 물자를 모두 탈취하여 다시 부성府城을 공격하니 거의 함몰되기 직전이었고, 부성 부근 네 곳에 성을 쌓고 포위하니 출입이 차단되었다. 나는 병사를 이끌고 달려가서 포위를 풀고 사면의 적의 성을 한꺼번에 모두 격파하여 먼저 그 위급함을 구원하였고, 다시 양식을 수송하여 마침내 1만 한병漢兵으로 하여금 범의 아가리에 든 위난을 면하게 하였으며, 군진에 남아 수비하던 굶주린 군사들로 하여금 자식을 바꾸어 서로 잡아먹을 지경에서 벗어나도록 하였다.

26) 현경顯慶; 현경顯慶은 당 고종이 사용한 두 번째 연호이다.(656년~661년) 따라서 현경 5년은 660년에 해당한다.

至六年 福信徒黨漸多 侵取江東之地 熊津漢兵一千 往打賊徒 被賊摧破 一人不歸 自敗已來 熊津請兵 日夕相繼 新羅多有疫病 不可徵發兵馬 苦請難違 遂發兵衆 往圍周留城 賊知兵小 遂卽來打 大損兵馬 失利而歸 南方諸城 一時摠叛 並屬福信 福信乘勝 復圍府城 因卽熊津道斷 絕於鹽豉 卽募健兒 偸道送鹽 救其乏困

至六月 先王薨 送葬纔訖 喪服未除 不能應赴 勅旨發兵北歸 含資道摠管劉德敏等至 奉勅遣新羅 供運平壤軍粮 此時 熊津使人來 具陳府城孤危 劉摠管與某平章自云 若先送平壤軍粮 卽恐熊津道斷 熊津若其道斷 留鎭漢兵卽入賊手 劉摠管遂共某相隨 先打瓮山城 旣拔瓮山 仍於熊津峴造城 開通熊津道路

至十二月 熊津粮盡 先運熊津 恐違勅旨 若送平壤 卽恐熊津絕粮 所以差遣老弱運送熊津 强健精兵擬向平壤 熊津送粮路上逢雪 人馬死盡百不一歸

현경 6년[27]에 이르러 복신의 도당이 점점 증가하여 강동江東 지역을 침입하여 취하니, 웅진의 당군唐軍 1천이 가서 적의 무리를 공격하다가 격멸당하여 한 사람도 돌아오지 못하였다. 이 전투의 패배 이후 웅진으로부터 구원 요청이 밤낮으로 계속되었다. 신라에는 전염병이 많이 돌아 병마를 징발할 수가 없었으나, 그들의 애타는 요청을 외면하기 어려워 마침내 군사를 출발시켜 주류성周留城을 포위하였다. 적은 우리 병사가 적은 것을 알고 나와 공격하니 병마를 많이 내주어 손실을 보고 되돌아 왔다. 상황이 이렇게 되자 남방南方의 여러 성들이 일시에 반란을 일으키고 모두 복신에게 복속하니, 복신이 계속 승리하여 다시 부성府城을 포위하였다. 이로 인하여 웅진으로 가는 길이 즉시 차단되어 소금과 된장이 떨어졌으므로, 건장한 청년들을 모집하여 샛길로 몰래 소금을 보내 궁핍한 지경을 구하였다.

6월에 이르러 선왕이 돌아가시자 장례를 겨우 끝냈는데, 상복도 미처 벗지 못한 상황이라 군사를 웅진으로 보내지 못하고 있었는데, 군사를 북방으로 동원하라는 황제의 칙령이 떨어지고, 함자도총관 유덕민 등이 도착하여 신라로 하여금 평양으로 군량을 운반하게 하라는 황제의 명을 하달하였다. 이 때 웅진에서 사람을 보내와 부성府城이 고립되어 위태롭다는 사정을 자세히 전하였다. 유총관이 나와 함께 일을 처리하면서 '만약

27) 현경 6년은 661년에 해당한다.

먼저 평양으로 군량을 보낸다면, 웅진 길이 차단될 것이요, 웅진 길이 차단된다면 주둔 중인 당군唐軍이 바로 적의 손아귀에 들어가게 된다.'고 스스로 말하고 유총관이 (먼저) 나아가니, 내가 이를 따라 먼저 옹산성을 공격하여 옹산을 점령한 후 웅진 언덕에 성을 쌓고 웅진 도로를 개통하였다.

12월에 이르러 웅진의 군량이 모두 소진되었다. 그러나 먼저 웅진으로 군량을 보낸다면 칙령에 위배될 소지가 있었고, 평양으로 군량을 보낸다면 웅진의 양식이 떨어질 것이 걱정되었다. 이에 노약자는 웅진으로 군량을 운반하게 하고, 강건한 정병은 평양으로 향하도록 하였다. 웅진으로 양식을 수송하는 길에 눈이 내리니, 사람과 말이 다 죽어 백 명에 한 명도 살아 돌아오지 못하였다.

至龍朔二年正月 劉摠管共新羅兩河道摠管金庾信等 同送平壤軍粮
當時陰雨連月 風雪極寒 人馬凍死 所將兵粮 不能勝致 平壤大軍 又
欲歸還 新羅兵馬 粮盡亦廻 兵士饑寒 手足凍瘃 路上死者 不可勝數
行至瓠瀘河 高麗兵馬 尋後來趂 岸上列陣 新羅兵士 疲乏日久 恐賊
遠趂 賊未渡河 先渡交刃 前鋒暫交 賊徒瓦解 遂收兵歸來
此兵到家 未經一月 熊津府城 頻索種子 前後所送 數萬餘斛 南運熊
津 北供平壤 蕞小新羅 分供兩所 人力疲極 牛馬死盡 田作失時 年
穀不熟 所貯倉粮 漕運並盡 新羅百姓 草根猶自不足 熊津漢兵 粮食
有餘 又留鎭漢兵 離家日久 衣裳破壞 身無全褐 新羅勸課百姓 送給
時服 都護劉仁願 遠鎭孤城 四面皆賊 恒被百濟侵圍 常蒙新羅解救
一萬漢兵 四年衣食新羅 仁願已下兵士已上 皮骨雖生漢地 血肉俱是
新羅 國家恩澤 雖復無涯 新羅効忠 亦足矜憫

용삭[28] 2년 정월, 유총관이 신라 양하도총관 김유신 등과 함께 평양으로 군량을 보냈다. 당시에 궂은비가 한 달 이상 계속 내리고 바람과 눈으로 날씨가 몹시 추웠기 때문에 사람과 말이 얼어 죽어 군량을 전달할 수 없었다. 평양의 대군大軍은 또 돌아가기를 원하니, 신라군 역시 양식이 떨어져 돌아갔다. 군사들은 굶주림과 추위 때문에 손발에 동상이 걸려 도중에 죽은 자가 이루 헤아릴 수 없었다. 행군이 호로하瓠瀘河에 이르자 고구려 군사가 뒤를 쫓아와 언덕에 진을 펼쳤다. 신라 병사들은 오래도록 피곤하고 궁핍한 상황이었으나, 적이 계속하여 추격해 올까 걱정하여 적이 강을 건너기 전에 먼저

28) 용삭龍朔; 용삭龍朔은 당고종의 세번째 연호이다.(661년~663년) 용삭 2년은 서기 662년에 해당한다.

강을 건너가서 접전을 벌였는데, 선봉대가 잠시 교전하는 사이에 적의 무리가 와해되고 말았으므로, 마침내 군사를 수습하여 돌아올 수 있었다.

이 병사들이 집에 도착한 지 한 달도 경과되지 아니하여, 웅진 부성에서는 여러 차례 곡식을 요청하였다. 이를 전후하여 보낸 것이 수만 여곡이었다. 남으로는 웅진으로 운송하고 북으로는 평양으로 공급하고, 작은 신라가 양쪽을 다 공급을 하고 보니, 인력은 극도로 피로하고 소와 말은 다 죽었으며, 농사는 때를 놓쳐 흉년이 들고, 비축해 두었던 창고의 양식은 수로와 육로로 모두 수송하느라 고갈되어 신라 백성들은 풀뿌리도 오히려 모자라는데, 웅진에 있는 한병漢兵은 양식이 남아돌았다. 또한 진에 주둔하는 한병漢兵은 집 떠난 지가 오래되니, 옷이 헤어져 몸을 다 걸칠만한 것이 없었다. 신라는 백성들을 독려하여 철에 맞는 의복을 보내주었다. 도호 유인원은 멀리 고립된 성에서 있어 사면이 모두 적인지라 항상 백제의 침략을 받아 포위를 당했는데, 항상 신라의 구원을 받았다. 1만 명의 한병漢兵이 4년 간 신라의 양식을 먹고 신라의 의복을 입었으니, 유인원 이하 모든 병사들의 가죽과 뼈는 비록 한지漢地[29]에서 났으나, 피와 살은 모두 신라의 것이었다. 당唐의 은택이 비록 끝이 없는 것이지만, 신라가 바친 충성도 또한 가엽게 여기기에 충분한 것이었다.

> 至龍朔三年 摠管孫仁師領兵來救府城 新羅兵馬 亦發同征 行至周留城下 此時 倭國船兵 來助百濟 倭船千艘停在白江 百濟精騎岸上守船 新羅驍騎 爲漢前鋒 先破岸陣 周留失膽 遂卽降下 南方已定 廻軍北伐 任存一城 執迷下降 兩軍倂力 共打一城 固守拒捍 不能打得 新羅卽欲廻還 杜大夫云 準勅旣平已後 共相盟會 任存一城雖未降下 卽可共相盟誓 新羅以爲準勅 旣平已後 共相盟會 任存未降 不可以爲旣平 又且百濟 姦詐百端 反覆不恒 今雖共相盟會 於後恐有噬臍之患 奏請停盟
>
> 至麟德元年 復降嚴勅責不盟誓 卽遣人於熊嶺 築壇共相盟會 仍於盟處 遂爲兩界 盟會之事 雖非所願 不敢違勅 又於就利山築壇 對勅使劉仁願 歃血相盟 山河爲誓 畫界立封 永爲疆界 百姓居住 各營産業

용삭龍朔[30] 3년에 이르러 총관 손인사가 병사를 이끌고 와서 부성을 구원하였는데, 신라군 또한 출동하여 함께 정벌하여 행군이 주류성周留城 아래에 다다랐다. 이 때 왜

29) 한지漢地; 한漢의 땅, 즉 중원을 가리킨다.

30) 용삭龍朔; 용삭龍朔은 당고종의 세번째 연호이다.(661년~663년) 용삭 3년은 서기 663년에 해당한다.

국의 수군이 와서 백제를 도왔다. 왜선 일천 척이 백강에 정박하고 백제의 정예 기병들이 언덕에서 배를 수비하고 있었다. 신라의 용맹한 기병들이 당唐의 선봉이 되어 먼저 언덕의 진지를 격파하니, 주류성은 용기를 잃고 마침내 항복하고 나왔다. 남방南方을 평정하자 군사를 돌려 북벌에 나섰는데 임존성任存城 하나가 미혹하게도 내려와 항복하지 않았다. 이에 따라 두 군대가 힘을 합하여 함께 그 성을 쳤으나 성을 굳게 사수하니 함락시킬 수 없었다. 신라는 즉시 회군하려 하였으나 두대부가 말하길 '칙령에 의하면 백제를 평정한 이후 모두가 함께 맹회를 해야 하니, 임존성 하나가 비록 항복하지 않았더라도 모두 모여 맹세을 해야 한다'고 말하였다. (그러나) 신라는, '칙령에 의하면 평정을 완료한 이후 맹약의 회합을 가져야 하는데, 임존이 아직 항복하지 않은 이상 이를 평정을 완료한 것이라 할 수 없고, 백제는 간사함이 백단이라 다시 뒤집어 항복하지 않겠다고 불복할 수 있으니, 지금 비록 함께 모여 맹회를 하더라도 훗날 후회할 일이 생길 것이 염려되므로, 맹회를 중지해 달라.'고 황제에게 주청하였다.

인덕麟德[31] 원년에 다시 엄한 칙령이 내려 맹세하지 않은 것을 질책하였으므로, 즉시 사신을 웅령으로 파견하여 제단을 쌓아놓고 모두 함께 모여 맹회를 하게 되었다. 또한 맹회를 연 지역을 결국 두 나라의 경계로 삼았다. 맹회를 하게 된 일은 비록 우리가 원한 바는 아니었지만 감히 칙령을 어길 수 없어 한 것이었다. 또 취리산就利山에 제단을 쌓고 칙사 유인원과 마주하여 피를 입에 바르면서 산하를 두고 맹세하였는데, (백제와 신라 사이에) 경계를 긋고 봉토를 정하여 이를 영원한 국토로 삼아 백성들이 거주하고 각자 산업을 경영하도록 한다는 것이었다.

至乾封二年 聞大摠管英國公征遼 某往漢城州 遣兵集於界首 新羅兵馬 不可獨入 先遣細作三度 船相次發遣 覘候大軍 細作廻來 並云大軍未到平壤 且打高麗七重城 開通道路 佇待大軍來至 其城垂垂欲破 英公使人江深來云 奉大摠管處分 新羅兵馬不須打城 早赴平壤 卽給兵粮 遂卽抽來 遣令赴會 行至水谷城 聞大軍已廻 新羅兵馬

건봉乾封[32] 2년에, 대총관 영국공이 요동을 공격한다는 말을 듣고, 나는 한성주에 갔는데, 그 곳에서 병사를 보내 국경 요처에 집합하도록 하였다. 신라군이 단독으로 들어갈 수 없어 먼저 3회에 걸쳐 첩자를 보내고, 배를 차례로 보내 당군唐軍의 상황을 살펴보았다. 첩자들이 돌아와서 모두 말하기를, 당군唐軍이 아직 평양에 도착하지 않았다는 것이었다. 우리는 우선 고구려의 칠중성을 쳐 길을 열어 놓고, 당군唐軍이 오기를 기다리기로 하였다. 그 성이 거의 무너지려는데 영공 이적의 사자인 강심이 와서 말

31) 인덕(麟德); 인덕(麟德)은 당고종의 네번째 연호이다.(664년~665년) 인덕 원년은 서기 664년에 해당한다.

32) 건봉(乾封); 건봉(乾封)은 당고종의 다섯 번째 연호이다.(666년~668년) 건봉 2년은 서기 667년에 해당한다.

하길, '총관의 처분을 받았는데 신라군이 반드시 성을 공격할 필요는 없으니, 조속히 평양으로 가서 군량을 공급하라는 것이었습니다.'라고 말하였다. (그래서) 영을 내리고 가서 군대를 모아 행군하여 수곡성에 당도하니, 당군唐軍이 이미 회군하였다는 말을 듣게 되어 (신라군도) 마침내 그 곳을 즉시 빠져 나왔다.

至乾封三年 遣大監金寶嘉入海 取英公進止 奉處分新羅兵馬赴集平壤
至五月 劉右相來 發新羅兵馬 同赴平壤 某亦往漢城州 檢校兵馬 此時
蕃漢諸軍 摠集蛇水 男建出兵 欲決一戰 新羅兵馬 獨爲前鋒 先破大陣
平壤城中 挫鋒縮氣 於後 英公更取新羅驍騎五百人 先入城門 遂破平壤
克成大功 於此 新羅兵士並云 自征伐已經九年 人力殫盡 終始平兩國
累代長望今日乃成 必當國蒙盡忠之恩 人受効力之賞
英公漏云 新羅前失軍期 亦須計定 新羅兵士得聞此語 更增怕懼 又
立功軍將 並錄入朝已到京下 卽云 今新羅並無功 夫軍將歸來 百姓
更加怕懼 又卑列之城 本是新羅 高麗打得三十餘年 新羅還得此城
移配百姓置官守捉 又取此城
還與高麗 且新羅自平百濟 迄定高麗 盡忠効力 不負國家 未知何罪
一朝遺棄 雖有如此寃枉 終無反叛之心
至總章元年 百濟於盟會處 移封易標 侵取田地 該我奴婢 誘我百姓
隱藏內地 頻從索取 至竟不還 又通消息云 國家修理船艘 外託征伐
倭國 其實欲打新羅 百姓聞之 驚懼不安 又將百濟婦女 嫁與新羅漢
城都督朴都儒 同謀合計 偸取新羅兵器 襲打一州之地 賴得事覺 卽
斬都儒 所謀不成

건봉乾封 3년[33], 대감 김보가를 보내 해로를 통하여 들어가 영공의 명령을 받아오도록 하였더니 신라 군사를 평양에 집합시키라는 처분을 받아 왔다. 5월에 이르러 유우상이 와서 신라군을 동원하여 함께 평양으로 갔다. 나 역시 한성주로 가서 군대를 사열하였다. 이 때 번·한군이 모두 사수蛇水에 집결하니, 남건이 출병하여 결전을 하고자 하

33) 건봉 3년은 서기 668년에 해당한다.

였다. 신라군이 단독으로 선봉이 되어 먼저 큰 진영을 격파하니, 평양 성중의 기세가 꺾였다. 이후 영공이 다시 용감하고 날쌘 신라 기병 5백 명을 선발하여 먼저 성문 안으로 진입시키니, 마침내 평양을 격파하고 큰 공을 세웠다. 이때 신라 병사들이 모두 말하기를, '정벌을 시작한지 9년이 경과하여 인력이 모두 소진되었으나 마침내 양국을 평정하여 누대에 걸친 오랜 소망을 오늘에야 이루었으니, 신라는 충을 다한 것에 대한 은혜를 받을 것이요, 백성은 힘을 쏟은 것에 대한 상을 받을 것이다.'라고 하였다. 그러나 영공의 말이 알려지기를, '신라가 이전에 군사 기일을 지키지 않았으니, 반드시 조치를 해야 한다'는 것이었다. 신라 병사들이 이 말을 듣고 두려움이 일어났다. 또한 공을 세운 장군들이 모두 기록되어 장안長安에 전달되었는데 기록에 이르기를, '지금 신라는 아무런 공이 없다.'는 것이었다.

그 장군들이 돌아오자 백성들의 공포심이 더하였다. 또한 비열성卑列城은 본시 신라 땅으로 고구려가 빼앗은 지 30여 년 만에 신라가 이 성을 회복하고 백성들을 이주시키고 관리를 두어 수비했으나, 당唐은 또 이 성을 다시 빼앗아 고구려에 돌려주었다.

신라가 백제를 평정할 때부터 고려를 평정할 때까지, 충忠을 다하여 몸 바쳤고, 당唐을 배반하지 않았는데, 무슨 죄가 있어서 하루아침에 버리는지 알 수가 없었다. 비록 이와 같이 억울하지만 끝까지 배반할 마음은 없었다.

총장總章[34] 원년에 백제는 맹회 장소에서 경계표시를 옮겨 바꾸었고, 농토를 침탈하였으며, 우리의 노비들을 포섭하고 백성들을 유혹하여 내지로 옮겨 숨기고, 여러 번 찾아오려고 하여도 끝내 돌려보내지 않았다. 또한 소문에 이르기를, '당唐이 배를 수리하면서 밖으로는 왜국을 정벌한다고 하지만 실은 신라를 공격하려고 한다.'고 하니, 백성들이 이 소식을 듣고 놀라고 불안해하였다. 또한 백제 부녀를 데려다가 신라의 한성 도독 박도유에게 시집보내고, 함께 모의하여 신라의 병기를 훔쳐서 한 지방을 습격하려 하였으나, 다행스럽게도 일이 발각되어 즉시 도유를 참수하였기에 모의가 성공하지는 못하였다.

지 함 형 원 년 육 월 고 려 모 반 총 살 한 관 신 라 즉 욕 발 병 선 보 웅 진 운 고
至咸亨元年 六月 高麗謀叛 摠殺漢官 新羅卽欲發兵 先報熊津云 高
려 기 반 불 가 불 벌 피 차 구 시 제 신 리 수 동 토 흉 적 발 병 지 사 수 유 평 장
麗旣叛 不可不伐 彼此俱是帝臣 理須同討凶賊 發兵之事 須有平章
청 견 관 인 래 차 공 상 계 회 백 제 사 마 녜 군 래 차 수 공 평 장 운 발 병 이 후
請遣官人來此 共相計會 百濟司馬禰軍來此 遂共平章云 發兵已後
즉 공 피 차 상 의 의 령 양 처 관 인 호 상 교 질 즉 견 김 유 돈 급 부 성 백 제 주 박
卽恐彼此相疑 宜令兩處官人互相交質 卽遣金儒敦及府城百濟主薄
수 미 장 귀 등 향 부 평 론 교 질 지 사 백 제 수 허 교 질 성 중 잉 집 병 마 도 피 성
首彌長貴等 向府平論交質之事 百濟雖許交質 城中仍集兵馬 到彼城
하 야 즉 래 타
下 夜卽來打

34) 총장總章; 총장總章은 당고종의 여섯 번째 연호이다.(668년~670년) 총장總章 원년은 서기 668년에 해당한다.

至七月 入朝使金欽純等至 將畫界地案圖 披撿百濟舊地 摠令割還
黃河未帶 太山未礪 三四年間 一與一奪 新羅百姓 皆失本望 並云
新羅百濟累代深讎 今見百濟形況 別當自立一國 百年已後 子孫必見
呑滅 新羅旣是國家之州 不可分爲兩國 願爲一家 長無後患
去年九月 具錄事狀 發使奏聞 被漂却來 更發遣使 亦不能達
於後 風寒浪急 未及聞奏 百濟構架奏云 新羅反叛 新羅前失貴臣之
志 後被百濟之譖 進退見咎 未申忠款 似是之讒 日經聖聽 不貳之忠
曾無一達

함형咸亨[35] 원년 6월에 이르러서는 고구려가 모반하여 당唐의 관리들을 모두 죽였다. 신라는 바로 군사를 출동시키고자, 먼저 웅진에 알리며 말했다.

"고구려가 반란을 일으켰으므로 토벌하지 않을 수 없다. 피차 모두 황제의 신하이니 반드시 함께 흉적을 토벌해야 할 것이다. 출병의 문제는 반드시 함께 처리해야 하는 것이니 청컨대 관리를 이곳에 파견하여 같이 모여 의논하자."

(이에) 백제 사마녜의 군대가 이곳에 와서 함께 일을 보며 말했다.

"출병 이후 피차 서로 의심할 우려가 있으니 마땅히 양쪽 관리를 상호 인질로 교환하는 것이 좋겠다."

이에 따라 김유돈과 부성의 백제 주부 수미·장귀 등을 부로 보내, 인질 교환의 문제를 의논하게 하였다. (그러나) 백제는 비록 인질 교환에 찬성하기는 하였으나, 성 안에서는 여전히 병마를 모아 성 아래에 도사리고 있다가, 밤이 되면 나와서 공격을 했다.

7월에 당唐 조정에 갔던 사신 김흠순 등이 도착하니, 장차 경계를 확정하여 지적도를 만들고, 백제의 옛 영토를 낱낱이 조사하여 모두 돌려주라고 명했다. 황하가 아직 마르지 않았고, 태산이 아직 닳아 없어지지 않았거늘, (고작) 3·4년 사이에 한번은 주었다가 한번은 다시 빼앗으니, 신라 백성들은 본래의 희망을 잃어버린 채 이구동성으로 말했다.

"신라와 백제는 누대에 걸쳐 원한이 깊은데 지금 백제의 상황을 보면 스스로 별도의 한 국가를 세우고 있는 것이니, 백년 이후에는 우리 자손들을 필히 집어 삼켜 멸할 것이다. 신라는 이미 당唐의 한 주州이므로 두 나라로 나누어서는 안 될 것이다. 원컨대 이를 한 집안으로 만들어 영원히 후환을 없애야 할 것이다."

작년 9월에는 이러한 사실과 상황을 모두 기록하여, 사신을 보내 아뢰려고 하였으나 표류하여 돌아오고야 말았다. 이에 다시 사신을 파견하였으나 역시 당唐에 도달할 수 없었다.

---

35) 함형咸亨; 함형咸亨은 당고종의 일곱 번째 연호이다.(670년~674년) 함형 원년은 서기 670년에 해당한다.

그 후에는 바람이 차고 물결이 급하여 결국 황제께 아뢰지 못하였다. 그런데 백제는 말을 만들어 '신라가 반역한다.'고 아뢰었다.

신라는 앞으로는 귀한 신하로서의 표지標識를 잃고 뒤로는 백제로부터 참소를 당하면서 앞으로 가나 뒤로 가나 책망만 당한 채, 충성의 관인款印[36]을 찍어 보내지 못하였다. 이러한 참소를 날마다 황제가 듣고 있는데, 일관된 충성을 황제에게 한 번도 전할 수 없었던 것이다.

사인림윤지욕서 앙승총관 범모풍파 원래해외 이수발사교영 치기
使人琳潤至辱書 仰承摠管 犯冒風波 遠來海外 理須發使郊迎 致其

우주 원거이성 미획치례 시궐영접 청불위괴 피독총관래서 전이신
牛酒 遠居異城 未獲致禮 時闕迎接 請不爲怪 披讀摠管來書 專以新

라이위반역 기비본심 척연경구 수자공부 공피사욕지기 함구수책
羅已爲叛逆 旣非本心 惕然驚懼 數自功夫 恐被斯辱之譏 緘口受責

역입부조지수 금략진원왕 구록무반
亦入不弔之數 今略陳寃枉 具錄無叛

국가불항일개지사수문원유 즉견수만지중 경복소혈 루선만어창해
國家不降一介之使垂問元由 卽遣數萬之衆 傾覆巢穴 樓船滿於滄海

로축연어강구 수피웅진 벌차신라 오호 량국미정평 몽지종지구치
艫舳連於江口 數彼熊津 伐此新羅 嗚呼 兩國未定平 蒙指蹤之驅馳

야수금진 반견팽재지침핍 적잔백제 반몽옹치지상 순한신라 이견
野獸今盡 反見烹宰之侵逼 賊殘百濟 反蒙雍齒之賞 殉漢新羅 已見

정공지주
丁公之誅

대양지요 수불회광 규곽본심 유회향일 총관품영웅지수기 포장상
大陽之曜 雖不廻光 葵藿本心 猶懷向日 摠管稟英雄之秀氣 抱將相

지고재 칠덕겸비 구류섭렵 공행천벌 람가비죄 천병미출 선문원유
之高材 七德兼備 九流涉獵 恭行天罰 濫加非罪 天兵未出 先問元由

록차래서 감진불반 청총관심자상량 구상신주
綠此來書 敢陳不叛 請摠管審自商量 具狀申奏

계림주도독좌위대장군 개부의동삼사상주국
雞林州都督左衛大將軍 開府儀同三司上柱國

신라왕김법민백
新羅王金法敏白

사자 임윤이 전하는 무례한 편지를 보아하니 거룩하신 총관[仰承摠管][37]께서 풍파를 무릅쓰고 멀리 해외에서 왔다하므로, 도리상 마땅히 사신을 보내 성 밖에 나가 영접하고 그 고기와 술을 보내야 할 것이나, 멀리 다른 성에 머물며 오지 아니하여 예를 갖추지 못하고 때맞춰 영접을 못 한 것이니, 청컨대 괴이하게 여기지 말라. 총관이 보낸 서신을 꼼꼼히 읽어보니 전적으로 신라가 반역을 한 것으로 되어 있으나, 본인의 마음은 그렇지 않으니, 근심스럽고 나아가 놀랍고 두렵기까지 하다. 우리의 노력과 공로를 스스로 일일이 열거하면 욕된 꾸지람이나 들을까 걱정되어 입을 다물고 질책을 받으려

---

36) 관인款印; 서류나 서신 말미에 낙관을 하는 증표를 말하다. '관인款印을 찍어 보내지 못하였다'는 서신을 보내지 못했다는 뜻으로 해석된다.

37) 仰承摠管(앙승총관); 설인귀를 비꼬아 가리키는 말이다.

하였으나, 이 역시 무례[不弔]에 해당되므로 이제나마 대략이라도 억울한 사정을 진술하여 반역이 아님을 모두 기록하는 것이다.

당唐은 사신하나 내려 보내 근본적인 이유조차 물어보지 아니하고 곧바로 수만의 무리를 파견하여 삶의 터전을 뒤집어엎고자 한다. 누선樓船이 창해에 가득하고 배들이 꼬리를 물고 강 어구에 줄을 지었다. 저 웅진은 헤아리고 이 신라는 벌하는구나. 오호라! 양국이 평정되기 전에는 무작정 따르게 하여 (사냥개처럼) 이리 뛰고 저리 뛰게 하더니, 들짐승이 지금 없어지니 도리어 사냥개를 삶아 먹듯이 침입하여 다그치는구나. 잔악한 백제는 오히려 옹치雍齒[38]처럼 상을 받고, 당唐을 따르는 신라는 소금 있으면 정공丁公[39]의 죽음을 당하겠구나.

햇빛이 비록 방향을 바꾸어 비치지 않더라도 해바라기와 콩잎은 여전히 해를 향한 본심을 지니고 있다. 총관은 영웅의 재주와 기상을 타고 났으며, 장수와 재상의 높은 재기를 갖추었으니, 일곱 가지 무덕[40]을 겸비하고 아홉가지 종류의 학문[41]을 섭렵하였는데, 삼가 천벌을 행함에 있어 함부로 죄 없는 곳에 가하는가? 황제의 군대가 출동하기 이전에 그 근본적 이유부터 먼저 물었어야 했다. 이번에 보내는 편지로 감히 배반하지 않았음을 신술하니, 청컨대 총관은 깊이 생각하고 꼼꼼히 정리하여 황제께 아뢰라.

계림주대도독좌위대장군 개부의동삼사상주국
신라왕 김법민

추 칠 월
秋七月

치 소 부 리 주 이 아 찬 진 왕 위 도 독
置所夫里州 以阿湌眞王爲都督

소부리주所夫里州를 설치하고 아찬 진왕을 도독으로 삼았다.

구 월
九月

당 장 군 고 간 등 솔 번 병 사 만 도 평 양 심 구 고 루 침 대 방
唐將軍高侃等率蕃兵四萬到平壤深溝高壘 侵帶方

38) 옹치雍齒; 옹치雍齒는 유방의 신하이다. 풍읍과 패현을 기반으로 일어난 漢의 유방으로부터 풍읍을 맡은 후 오히려 위魏)에 이를 바쳐, 유방과 원수지간이 되었는데 그 후 초한전쟁 중에 유방에게 항복하여 漢이 중원을 통일하는데 공로를 세웠다. 이에 한 고조 유방은 공신들을 열후에 봉하면서 정적들을 안심시키기 위하여 옹치를 십방후에 봉하고, 봉읍을 내렸다고 한다.

39) 정공丁公; 정공丁公은 항우의 장수이다. 초한전쟁 중에 팽성 서쪽에서 고조를 포위하고 육박전을 벌였는데, 사태가 위급하자 유방이 정공에게 사정을 했다. 이에 정공은 궁지에 몰린 고조에게 달아날 길을 열어주었다. 그 후 항우가 멸망하고 정공은 고조를 찾아가자 기회주의자로 몰아 그를 참형에 처했다. 고조가 옹치에게는 상을 주고 정공은 참형에 처한 것이 모순된다. '답설인귀서'에서 문무왕은 이를 지적한 것이다.

40) 七德; 武의 일곱가지 덕. 禁暴・戢兵・保大・定功・安民・和衆・豊財.

41) 九流; 漢代의 아홉 학파. 곧 儒家・道家・陰陽家・法家・名家・墨家・縱橫家・雜家・農家.

9월

당唐 장군 고간 등이 번병 4만을 거느리고 평양에 도착하여, 도랑을 깊이 파고 보루를 높이 쌓아 대방帶方을 침범하였다.

冬十月

六日 擊唐漕船七十餘艘 捉郎將鉗耳大侯士卒百餘人 其淪沒死者 不可勝數 級湌當千功第一 授位沙湌

겨울 10월

6일, 당唐의 조운선 70여 척을 공격하여, 낭장 겸이대후와 군사 백여 명을 사로잡았다. 물에 빠져 죽은 자는 셀 수도 없었다. 급찬 당천의 공이 제일 높았으므로 사찬의 직위를 수여하였다.

十二年

春正月, 王遣將攻百濟古省城克之

12년

봄 정월, 왕이 장수를 보내 백제 고성성古省城을 공격하여 승리하였다.

二月

攻百濟加林城不克

2월

백제 가림성加林城을 공격하였으나 승리하지 못했다.

秋七月

唐將高侃率兵一萬 李謹行率兵三萬 一時至平壤 作八營留屯

가을 7월

당唐 장수 고간高侃이 군사 1만을 인솔하고 이근행李謹行이 군사 3만을 인솔하여, 한꺼번에 평양에 와서 여덟 개의 군영을 짓고 주둔하였다.

八月

攻韓始城馬邑城克之 進兵距白水城五百許步作營 我兵與高句麗兵逆戰 斬首數千級 高保等退 追至石門戰之 我兵敗績 大阿湌曉川沙湌義文山世阿湌能申豆善一吉湌安那含良臣等死之 築漢山州晝長城周四千三百六十步

8월

한시성韓始城과 마읍성馬邑城을 공격하여 이기고, 계속 전진하여 백수성白水城으로부터 5백여 보 떨어진 거리에 군영을 짓고, 우리 병력과 고구려 병력이 함께 맞서 싸워 수천의 수급을 베었다.

고보 등이 퇴각하자, 추격하여 석문石門에서 그들과 전투를 벌였는데, 우리 병력이 패배하여, 대아찬 효천·사찬·의문, 사찬 산세·아찬·능신, 아찬 두선, 일길찬 안나함·양신 등이 죽었다. 한산주에 주장성晝長城을 쌓았는데, 둘레가 4천 3백 60보였다.

九月

彗星七出北方 王以向者百濟往訴於唐 請兵侵我 事勢急迫 不獲申奏出兵討之

由是 獲罪大朝 遂遣級湌原川奈麻邊山 及所留兵船郎將鉗耳大侯 萊州司馬王藝本烈州長史王益 熊州都督府司馬禰軍 曾山司馬法聰軍士一百七十人 上表乞罪曰

9월

혜성이 일곱 번 북방에 나타났다. 얼마 전 백제가 당唐에 가서 호소하고 군사를 청하고 우리를 침략하니, 왕은 사세가 급박하여 황제에게 아뢰지 않고 출병하여 이를 토벌하였다.

이로 말미암아 당唐 조정에 죄를 지었으므로, 마침내 급찬 원천, 내마 변산을 파견하여 병선에 억류 중인 낭장 겸이대후, 내주사마 왕예, 본열주장사 왕익, 웅주도독부사마 녜군, 증산사마 법총 기타 군사 1백 70명을 보내면서 청죄하는 다음과 같은 표를 올렸다.

臣某死罪謹言
昔臣危急事若倒懸 遠蒙拯救 得免屠滅 粉身糜骨 未足上報鴻恩 碎
首灰塵 何能仰酬慈造 然深讎百濟 逼近臣蕃 告引天兵 滅臣雪恥 臣
忙破滅 自欲求存 枉被凶逆之名 遂入難赦之罪 臣恐事意未申先後刑
戮 生爲逆命之臣死爲背恩之鬼 謹錄事狀 冒死奏聞 伏願少垂神聽
炤審元由 臣前代已來 朝貢不絶 近爲百濟 再虧職貢 遂使聖朝出言
命將 討臣之罪 死有餘刑 南山之竹 不足書臣之罪 褒斜之林 未足作
臣之械 瀦池宗社 屠裂臣身 事聽勑裁 甘心受戮 臣櫬轝在側 泥首未
乾 泣血待朝 伏聽刑命 伏惟皇帝陛下明同日月 容光並蒙曲炤 德合
乾坤 動植咸被亭毒 好生之德 遠被昆蟲 惡殺之仁 爰流翔泳 儻降服
捨之宥 賜全腰領之恩 雖死之年 猶生之日 非所希冀 敢陳所懷 不勝
伏劒之志 謹遣原川等 拜表謝罪 伏聽勑旨 某頓首頓首死罪死罪

신臣 아무개는 죽을죄를 짓고 삼가 말씀드립니다.

옛날에 신臣이 위급하여 마치 거꾸로 매달려 손발이 묶인 것과 같았는데, 먼 것을 무릅쓰고 구원해주어 멸망을 면할 수 있었습니다. 몸이 가루가 되고 뼈가 죽이 되어도 크나큰 은혜에 보답하는 것으로 충분하지 아니하고, 머리를 깨뜨려 재와 먼지가 되더라도 어찌 그 베푼 은덕을 갚을 수 있겠습니까? 그러나 오랜 원수 백제는 우리의 변경에 바싹 다가와 황제의 병사를 달라고 졸라 우리를 멸하여 치욕을 갚으려 하였습니다. 신臣은 파멸에 대비하여 스스로 생존을 추구하려다, 억울하게도 흉악한 역적이라는 누명을 쓰고, 마침내 용서받기 어려운 죄에 해당하게 되었습니다.

신臣이 두려운 것은 사실의 진의를 미처 말씀드리지도 못한 채 형벌을 받아 죽는다면, 살아서는 명을 거역한 신하가 되는 것이요 죽어서는 은혜를 배반한 귀신이 되는 것인지라, 삼가 사실과 상황을 기록하여 죽음을 무릅쓰고 아뢰는 것이니, 엎드려 원하건대, 조금만이라도 살피어 들어주시고, 근본적인 사유를 밝혀 살펴주십시오

신臣은 선대 이래로 조공을 끊은 적이 없으나, 근래에 백제 때문에 두 번이나 공납을 바칠 수 없었던지라, 마침내 황제의 조정에서는 장수에게 명하여 신臣의 죄를 성토하게 하였으니, 죽는다 하더라도 받아야 할 형벌이 남을 것입니다. 남산南山의 대나무도 신臣의 죄를 적기에 부족할 것이요, 포사褒斜[42]의 삼림森林도 신臣의 형틀을 만들기에

42) 포사褒斜; 중국 섬서성陝西省 종남산終南山 일대의 지명이다. 남쪽 입구를 '포褒'라 하고 북쪽 입구를 '사斜'라 한다.

부족할 것이니, 웅덩이와 연못을 종묘와 사직으로 하고 신臣을 죽여 몸을 찢어 버리더라도, 사정을 듣고 재결하신다면 감읍하여 참형을 받겠나이다. 신臣은 관과 상여를 옆에 두고 머리의 진흙이 마르지 않은 채로, 피눈물을 흘리면서 조정의 처분을 기다리며 삼가 형벌의 선고를 듣겠나이다.

엎드려 생각하건대, 황제 폐하의 밝음이 해와 달 같아서 빛나는 얼굴이 방방곡곡 모두 비치고, 덕은 하늘과 땅을 합하여 동식물 잘 자라도록 돌보시니, 살리고자 하는 덕德은 멀리 곤충에게도 미치고 죽이지 않고자 하는 인仁은 날짐승과 물고기에게까지 닿습니다. 만일 복종하면 놓아주는 용서를 내리시고 허리와 머리가 분리되지 않는 은혜를 내려 수신다면, 비록 죽더라도 산 것이나 다름없을 것입니다. 바라는 바는 아니었지만 감히 생각한 바를 아뢰옵자니 칼에 엎드려 죽을 생각을 이기지 못하겠나이다.

삼가 원천原川 등을 보내 글을 올려 사죄하니, 엎드려 칙명을 듣고자 합니다. 머리를 조아리고 또 조아리며, 죽어 마땅하고 또 마땅합니다.

兼進貢銀三萬三千五百分 銅三萬三千分 針四百枚 牛黃百二十分 金百二十分 四十升布六匹 三十升布六十匹 是歲 穀貴人飢

아울러 은 3만 3천 5백 푼, 구리 3만 3천 푼, 바늘 4백 개, 우황 1백 20푼, 금 1백 2십 푼, 40승포 6필, 30승포 60필을 진상하였다

이 해에 곡식이 귀하여 사람들이 굶주렸다.

十三年

春正月, 大星隕皇龍寺在城中間 拜强首爲沙飡 歲賜組二百石

13년

봄 정월, 큰 별이 황룡사가 있는 성 가운데 떨어졌다. 강수에게 벼슬을 내려 사찬으로 임명하고, 해마다 벼 2백 석을 주기로 하였다.

二月

增築西兄山城

2월,

서형산성西兄山城을 증축하였다.

夏六月

虎入大宮庭殺之

여름 6월,

호랑이가 대궁 정원에 들어오니, 잡아 죽였다.

秋七月

一日 庾信卒 阿湌大吐謀叛付唐 事泄伏誅 妻孥充賤

가을 7월

1일, 유신이 죽었다. 아찬 대토가 모반하여 당唐에 붙으려다가, 사건이 새어나와 참수당하고 그 식솔들은 천인으로 충원되었다.

八月

以波珍湌天光爲中侍 增築沙熱山城

8월,

파진찬 천광을 중시로 삼았다. 사열산성沙熱山城을 증축하였다.

九月

築國原城古薍長城 北兄山城召文城耳山城 首若州走壤城一名迭巖城 達含郡主岑城居烈州萬興寺山城歃良州骨爭峴城 王遣大阿湌徹川等 領兵船一百艘 鎭西海

唐兵與靺鞨契丹兵來侵北邊 凡九戰 我兵克之 斬首二千餘級 唐兵溺瓠瀘王逢二河 死者不可勝計

9월

국원성國原城에 고난완성, 북형산성, 소문성, 이산성, 수약주首若州에 주양성 일명 질암성, 달함군의 주잠성, 거열주에 만흥사산성, 삽량주歃良州에 골쟁현성을 쌓았다. 왕이 대아찬 철천 등을 보내 병선 1백 척을 거느리고 서해를 지키게 하였다.

당군唐軍이 말갈·거란 군사와 함께 와서 북쪽 변경을 침범하였는데, 아홉 번 전투에서 아군이 승리하였고, 2천 명을 참수했다. 또한 당군唐軍이 호로하와 왕봉하에서 물에 빠지니, 익사자가 이루 셀 수도 없었다.

冬

唐兵攻高句麗牛岑城降之 契丹靺鞨兵攻大楊城童子城滅之

始置外司正州二人郡一人 初太宗王滅百濟罷戍兵 至是復置

겨울

당군唐軍이 고구려 우잠성牛岑城을 쳐서 항복을 받았다. 거란과 말갈 병력은 대양성大楊城과 동자성童子城을 쳐서 멸하였다.

처음으로 외사정外司正을 두었는데, 주州에 2인, 군郡에 1인으로 하였다. 애초에 무열왕이 백제를 멸하고 수비병을 없앴는데, 이때 도로 두게 된 것이다.

十四年

春正月 入唐宿衛大奈麻德福傳 學曆術還 改用新曆法

14년

봄 정월, 입당入唐하여 숙위로 있던 대내마 덕복전이 역술을 배우고 돌아오니, 신역법으로 고쳐 사용하였다.

春正月

王納高句麗叛衆 又據百濟故地使人守之 唐高宗大怒 詔削王官爵 王弟右驍衛員外大將軍臨海郡公仁問 在京師 立以爲新羅王使歸國 以左庶子同中書門下三品劉仁軌 爲雞林道大摠管 衛尉卿李弼右領軍大將軍李謹行副之 發兵來討

왕이 고구려 반군을 받아들이고, 또한 백제의 옛 땅을 점거하여 사람을 보내 수비하게 하였다. (이에) 당唐 고종이 크게 노하여 조서를 내려 왕의 관작을 삭제하고, 왕의 아우 우효위원외대장군 임해군공 인문은 장안에 있었는데, (그를) 신라왕으로 삼아 귀국하게 하였다. (또한) 좌서자 동중서문하 3품 유인궤劉仁軌를 계림도雞林道 대총관으로 삼고, 위위경衛尉卿 이필과 우령군대장군右領軍大將軍 이근행을 부총관으로 삼아 군사를 일으켜 토벌에 착수했다.

二月

宮內穿池造山 種花草 養珍禽奇獸

2월

궁에 못을 파고 산을 만들어 화초를 심었으며, 진기한 새와 기이한 짐승들을 길렀다.

秋七月

大風毁皇龍寺佛殿

가을 7월,

큰 바람이 불어서 황룡사 불전이 훼손되었다.

八月

大閱於西兄山下

8월

서형산西兄山 아래에서 군대를 크게 사열하였다.

九月

命義安法師爲大書省 封安勝爲報德王 十年封安勝高句麗王 今歸再封 不知報德之言若地命等耶或名耶

幸靈廟寺前路閱兵 觀阿飡薛秀眞六陣兵法

9월

(왕이) 명을 내려 의안법사를 대서성으로 삼고, 안승을 보덕왕으로 봉하였다. 10년에 안승을 고구려왕으로 봉하였는데, 금년에 와서 다시 봉하였다. 보덕이라는 말이 지명 등과 같은 불교식 용어인지 알 수가 없다. (왕이) 영묘사 앞길에서 군대를 사열하고, 아찬 설수진의 육진 병법을 지켜보았다.

十五年

春正月, 以銅鑄百司及州郡印頒之

15년

봄 정월, 모든 부서와 주군州郡의 관인官印을 구리로 주조하여 나누어 주었다.

二月

劉仁軌破我兵於七重城 仁軌引兵還 詔以李謹行爲安東鎭撫大使以經略之 王乃遣使 入貢且謝罪 帝赦之 復王官爵 金仁問中路而還 改封臨海郡公

然多取百濟地 遂抵高句麗南境爲州郡 聞唐兵與契丹靺鞨兵來侵 出九軍待之

2월

유인궤가 우리 병력을 칠중성七重城에서 격파하였다. 인궤가 병력을 인솔하여 돌아가니 (황제가) 조서를 내려 이근행을 안동진무대사로 삼아 그곳을 경략하게 하였다. (이에) 왕이 당唐에 사신을 파견하여 조공하고 또 사죄하니 황제가 이를 용서하고 왕의 관작을 회복시켜 주었다. 김인문은 오던 중에 도로 돌아가고, 다시 임해군공臨海郡公에 봉해졌다.

그러나 신라는 백제의 땅을 많이 빼앗아 마침내 국경이 고구려 남쪽 지방에 다다랐고, 그 곳을 주군州郡으로 만들었다. 당군唐軍이 거란과 말갈 군사와 함께 침범한다는 소문을 듣고, 9군九軍을 출동시켜 이에 대비하였다.

秋九月

薛仁貴 以宿衛學生風訓之父金眞珠伏誅於本國 來攻白水城 引風訓爲鄕導

我將軍文訓等逆戰勝之 斬首一千四百級 取兵船四十艘 仁貴解圍退走 得戰馬一千匹

가을 9월

설인귀가 숙위학생 풍훈의 아버지 김진주가 본국에서 사형을 당했다고 하여, 풍훈을 향도로 삼고 쳐들어와 백수성白水城을 공격하였다.

우리 장군 문훈 등이 맞서 싸워 그들에게 이겨 1천 4백 명을 참수하고, 병선 40척을 빼앗았다. 설인귀가 포위를 풀고 퇴각하니 전마 1천 필을 얻었다.

이십구일
二十九日

이근행솔병이십만 둔매소성 아군격주지 득전마삼만삼백팔십필기
李謹行率兵二十萬 屯買肖城 我軍擊走之 得戰馬三萬三百八十匹其

여병장칭시 견사입당공방물 연안북하설관성 우축철관성
餘兵仗稱是 遣使入唐貢方物 緣安北河設關城 又築鐵關城

29일

이근행이 군사 20만을 인솔하고 매소성買肖城에 주둔하니, 우리 군사가 그들을 공격하여 패주시키고, 3만 3백 80필의 전마와 그 이외에 이에 상당하는 병기도 얻었다. 사신을 당唐에 보내 토산물을 바쳤다. 안북하安北河를 따라 관關과 성城을 건설하고 또한 철관성鐵關城을 쌓았다.

말갈입아달성겁략 성주소나역전사지 당병여계란말갈병래위칠중
靺鞨入阿達城劫掠 城主素那逆戰死之 唐兵與契丹靺鞨兵來圍七重

성불극 소수유동사지
城不克 小守儒冬死之

말갈우위적목성멸지 현령탈기솔백성 거지력갈구사
靺鞨又圍赤木城滅之 縣令脫起率百姓 拒之力竭俱死

말갈靺鞨이 아달성阿達城을 급습하여 약탈하니, 성주 소나가 그들과 맞서 싸우다 죽었다. 당군唐軍이 거란 및 말갈 군사와 함께 칠중성七重城을 포위하였으나 이기지 못하였고, 소수 유동이 전사하였다.

말갈靺鞨이 또 적목성赤木城을 포위하여 멸하니, 현령 탈기가 백성들을 이끌고 대항하다가 힘이 다하여 백성들과 함께 전사하였다.

당병우위석현성발지 현령선백실모등력전사지 우아병여당병대소
唐兵又圍石峴城拔之 縣令仙伯悉毛等力戰死之 又我兵與唐兵大小

십팔전개승지 참수육천사십칠급 득전마이백필
十八戰皆勝之 斬首六千四十七級 得戰馬二百匹

당군唐軍이 또한 석현성石峴城을 포위하고 이를 점령하려 하자, 현령 선백과 실모 등이 힘을 다하여 싸우다가 죽었다.

또한 아군我軍이 당군唐軍과 크고 작은 열여덟 번의 전투에서 모두 승리하여 6천 47명을 참수하고 전마 2백 필을 얻었다.

십육년
十六年

춘이월 고승의상봉지 창부석사
春二月 高僧義相奉旨 創浮石寺

16년

봄 2월, 고승 의상이 (왕의) 뜻을 받들어 부석사浮石寺를 창건하였다.

秋七月

彗星出北河積水之間 長六七許步 唐兵來攻道臨城拔之 縣令居尸知死之 作壤宮

가을 7월,

혜성彗星이 북하北河와 적수積水 사이에 나타났는데, 길이가 6, 7보 가량 되었다. 당군唐軍이 도림성道臨城을 쳐들어와 공격하고 성을 빼앗으니 현령 거시지가 죽었다. 양궁을 지었다.

冬十一月

沙飡施得領船兵 與薛仁貴戰於所夫里州伎伐浦敗績紺岳山 又進大小二十二戰克之 斬首四千餘級 宰相陳純乞致仕 不允 賜几杖

겨울 11월,

사찬 시득이 수군을 이끌고 설인귀와 소부리주所夫里州 기벌포伎伐浦에서 싸우다가 패하였으나, 또다시 나아가 크고 작은 20번 전투를 하여 이기고 4천여 명을 참수했다.

재상 진순이 사직을 청하였으나 (왕은) 승낙하지 아니하고, 안석과 지팡이를 하사하였다.

十七年

春三月 觀射於講武殿南門 始置左司祿館 所夫里州獻白鷹

17년

봄 3월, 강무전 남문에서 왕이 활쏘기를 지켜보았다. 처음으로 좌사록관을 설치하였다. 소부리주州에서 흰 매를 바쳤다.

十八年

春正月 置船府令一員 掌船楫事 加左右理方府卿各一員 置北原小京以大阿飡吳起守之

18년

봄 정월, 선부령 한 명을 두어 선박에 관한 사무를 관장하게 하였다. 좌우 이방부경 각각 1명을 증원하였다. 북원소경을 설치하고, 대아찬 오기로 하여금 그곳을 수비하게 하였다.

三月

拜大阿飡春長爲中侍

3월

대아찬 춘장을 중시로 임명하였다.

夏四月

阿飡天訓爲武珍州都督

여름 4월,

아찬 천훈을 무진주 도독으로 삼았다.

五月

北原獻異鳥 羽翮有文 脛有毛

5월

북원北原에서 기이한 새를 바쳤는데, 깃털에 무늬가 있고 정강이에 털이 나 있었다.

十九年

春正月, 中侍春長病免 舒弗邯天存爲中侍

19년

봄 정월, 중시 춘장이 병으로 사직하자 서불한舒弗邯[43] 천존이 중시가 되었다.

43) 서불한舒弗邯; 1급 이벌찬을 일컫는 말이다. 이벌찬은 그 외에도 이벌간伊罰干·우벌찬于伐飡·각간角干·각찬角粲·서발한舒發翰 등으로 불렸다.

二月

發使略耽羅國 重修宮闕 頗極壯麗

2월

지방관을 보내 탐라국耽羅國을 경략하였다. 궁궐을 중수하였는데 매우 웅장하고 아름다웠다.

夏四月

熒惑守羽林

여름 4월

형혹熒惑[44]이 우림羽林[45]에 다가갔다.

六月

太白入月 流星犯參大星

6월

태백太白[46]이 달에 들어가고, 유성流星이 삼대성參大星[47]을 범했다.

秋八月

太白入月 角干天存卒 創造東宮 始定內外諸門額號 四天王寺成 增築南山城

가을 8월

태백太白[48]이 달에 들어갔다. 각간 천존이 사망하였다. 동궁을 처음으로 짓고 안팎의 모든 문의 현판 이름을 지었다. 사천왕사가 준공되었다. 남산성南山城을 증축하였다

44) 형혹熒惑; 오늘날 화성火星. 화성火星이 재화災禍나 병란兵亂의 징조를 보여 주는 별이라 하여 이르는 말.

45) 우림羽林; 천군天軍을 주관하는 큰 별

46) 태백太白; 오늘날 금성을 말한다.

47) 삼대성參大星; 천구天球를 황도黃道에 따라 28구역으로 나누어 놓은 이십팔수 중 삼수三宿의 큰 별

48) 태백太白; 오늘날 금성을 말한다.

二十年

春二月, 拜伊湌金軍官爲上大等

23년

봄 2월, 이찬 김군관에게 벼슬을 내려 상대등으로 삼았다

三月

以金銀器及雜綵百段 賜報德王安勝 遂以王妹妻之 一云迊湌金義官之女也 下敎書曰

3월

금은 그릇과 여러 종류의 비단 백단을 보덕왕 안승에게 주고 나아가 왕의 여동생을 그의 아내로 삼았다. 일설에는 잡찬 김의관의 딸이라고 한다. (왕은) 다음과 같은 내용의 교서를 내렸다.

人倫之本夫婦攸先 王化之基繼嗣爲主 王鵲巢位曠鷄鳴在心 不可久空
內輔之儀永闕起家之業 今良辰吉日率順舊章 以寡人妹女爲伉儷
王宜共敦心義 式奉宗祧 克茂子孫 永豐盤石 豈不美歟 豈不美歟

"인륜의 근본은 부부가 先이고, 왕도의 기본은 대를 잇는 것이 주主이다. 왕은 왕비의 자리가 비어 있어[鵲巢位曠][49] 어진 아내의 내조[鷄鳴之助][50]를 얻을 마음이 있을 것이다. 오랫동안 내조해줄 짝이 없는지라 계속 가사家事를 비워두는 것은 불가하니, 지금 양신良辰[51] 길일吉日에 옛 법도를 좇아 과인의 여동생 딸을 짝으로 삼으려고 한다.

왕이 마땅히 마음과 뜻을 돈독히 하여 예를 갖추어 종사를 받들고 자손을 번성하게 하여 (나라의) 기반을 영원히 풍성하게 한다면, 이 어찌 아름답지 아니한가! 이 어찌 아름답지 아니한가!

夏五月

高句麗王使大將軍延武等上表曰

49) 작소위광鵲巢位曠; 까치둥지가 비어있다는 뜻으로, 아내가 없음을 비유적으로 한 말이다.

50) 계명지조鷄鳴之助; 옛날 임금의 어진 왕비는 새벽이면 반드시 왕께 말하여 닭이 울었으니 일어나기를 권하여 밝은 정사를 하였다고 한다.(출전; 詩經 齊風篇) 아내의 내조를 비유적으로 나타낸 말이다.

51) 양신良辰; 좋은 때

5월

고구려왕은 대장군 연무 등으로 하여금 글을 올려 말했다

> 臣安勝言
>
> 大阿湌金官長至 奉宣教旨 幷賜教書 以外生公 爲下邑內主 仍以四月十五日至此 喜懼交懷 罔知攸寘 竊以帝女降嬀王姬適齊 本揚聖德匪闕凡才 臣本庸流 行能無算 幸逢昌運 沐浴聖化每荷殊澤 欲報無堦 重蒙天寵
>
> 降此姻親 遂卽穠華表慶肅雝成德 吉月令辰 言歸弊館 億載難遇一朝獲申 事非望始 喜出意表 豈惟一二父兄 實受其賜 其自先祖已下 寔寵喜之
>
> 臣未蒙教旨 不敢直朝 無任悅豫之至 謹遣臣大將軍太大兄延武 奉表以聞

신臣 안승은 아뢰나이다.

대아찬 김관장金官長이 이르러, 교지를 받들어 하교하고 이외 함께 교서를 내리니, 생질되는 분을 이 보잘것없는 곳에 안주인을 삼게 하시고, 이에 4월 15일에 이곳에 이르게 된다고 하오니, 기쁨과 송구함이 교차하여 몸둘 바를 알지 못하겠나이다.

삼가 요임금이 딸을 규嬀지방 우순于虞에게 시집보내고[52] 주왕이 공주를 제나라로 시집보낸 것[53]과 같이, 성덕을 베푸시어 평범한 인재라도 놓치지 않으시려 하시지만, 본래 신臣은 시류에 순응할 뿐 행실과 능력이 보잘 것이 없사옵니다.

다행스럽게도 창운昌運을 만나 성스런 은덕을 입게 되니, 매번 특별한 갖가지 혜택을 받았으나 이를 갚으려 하여도 그 길이 없었사온데, 거듭 성은을 베풀어 이렇게 인친姻親을 내리시어 장차 무성하게 번창하도록 화목한 덕을 이루게 하시려고 길월 영신의 좋은 때에 이 누추한 곳으로 오게 하시니, 억년億年 동안 만나기 어려운 일을 하루아침에 얻게 되었습니다. 이 일은 처음부터 바랐던 바는 아니오나 기쁨을 이기지 못하여 뜻을 표하나이다. 어찌 한두 사람의 부형父兄만이 실로 그 내리시는 성은을 받는다 하겠습니까? 선조이하로부터 (후대에 이르기까지) 참으로 기쁨을 누리지 않겠습니까?

---

52) 帝曰咨四岳 朕在位七十載 汝能庸命 巽朕位 岳曰否德 忝帝位 曰明明 揚側陋 師錫帝曰有鰥 在下 曰虞舜 帝曰兪 予聞호 如何 岳曰瞽 父頑 母嚚 象傲 克諧以孝 烝烝乂 不格姦 帝曰我其試哉 女于時 觀厥刑于二女 釐降二女于嬀汭 嬪于虞 帝曰欽哉 (출처; 書經 第一卷 虞書 : 第一篇 堯典)

53) 王姬 下嫁於諸侯 車服之盛 如此 而不敢挾貴以驕其夫家 故 見其車者 知其能敬且和 以執婦道 於是 作詩以美之 曰何彼戎戎而盛乎 乃唐棣之華也 此 何不肅肅而敬 雝雝而和乎 乃王姬之車也 此 乃武王以後之詩 不可的知其何王之世 然 文王太姒之教 久而不衰 亦可見矣(출처; 詩經 何彼穠矣)

신臣이 아직 교지를 받지 못하여 감히 직접 입조하지는 못하오나, 기쁨을 이기지 못하여 삼가 대장군 태대형 연무를 보내 글을 올려 이를 아뢰나이다.

夏五月

加耶郡置金官小京

이때 가야군에 금관소경을 설치하였다

二十一年

春正月, 朔 終日黑暗如夜 沙湌武仙率精兵三千以戍比列忽 置右司祿館

21년

봄 정월, 초하루 종일 날씨가 밤처럼 캄캄했다. 사찬 무선이 정병 3천을 인솔하고 비열홀을 지켰다. 우사록관을 두었다.

夏五月

地震 流星犯參大星

여름 5월,

지진이 발생했다. 유성이 삼대성參大星54)을 범했다.

六月

天狗落坤方 王欲新京城 問浮屠義相 對曰 雖在草野茅屋 行正道卽福業長 苟爲不然 雖勞人作城 亦無所益 王乃止役

6월

천구天狗55)가 서남쪽에 떨어졌다. 경성京城을 개축하고자 승려 의상에게 물으니, 의상이 답했다.

---

54) 삼대성參大星; 천구天球를 황도黃道에 따라 28구역으로 나누어 놓은 이십팔수 중 삼수三宿의 큰 별

55) 천구天狗; 혜성이나 큰 유성을 가리키는 말

"비록 풀밭과 초막에 살지라도 올바른 도를 행한다면 복스러운 세업이 장구할 것이요, 만약 그렇지 아니하면 비록 사람을 고생시켜 성을 만든다 할지라도 유익한 바가 없을 것입니다."

왕이 이에 노역을 중지하였다.

秋七月

一日，王薨 諡曰文武 羣臣以遺言葬東海口大石上 俗傳 王化爲龍仍指其石爲大王石 遺詔曰

가을 7월

1일, 왕이 훙서했다. 시호를 문무文武라 하였다. 여러 신하들이 유언에 따라 동해 어구 큰 바위에 장사지냈다. 세상 사람들이 전하기를 왕이 용으로 변하여 이에 따라 그 바위를 대왕석이라고 불렀다고 하였다. 왕은 다음과 같이 유언하였다.

寡人運屬紛紜 時當爭戰 西征北討 克定疆封 伐叛招携 聿寧遐邇 上慰宗祧之遺顧 下報父子之宿寃 追賞遍於存亡 疏爵均於內外

鑄兵戈爲農器 驅黎元於仁壽 薄賦省傜 家給人足 民間安堵 域內無虞 倉廩積於丘山 囹圄成於茂草 可謂無愧於幽顯 無負於士人 自犯冒風霜 遂成痼疾 憂勞政敎 更結沉痾 運往名存 古今一揆 奄歸大夜 何有恨焉

太子早蘊離輝 久居震位 上從羣宰 下至庶寮 送往之義勿違 事居之禮莫闕 宗廟之主 不可暫空 太子卽於柩前 嗣立王位

且山谷遷貿 人代推移 吳王北山之墳 詎見金鳧之彩 魏主西陵之望 唯聞銅雀之名 昔日萬機之英終成一封之土 樵牧歌其上狐兎穴其旁 徒費資財貽譏簡牘 空勞人力莫濟幽魂 靜而思之傷痛無已 如此之類 非所樂焉 屬纊之後十日 便於庫門外庭 依西國之式 以火燒葬 服輕重自有常科 喪制度務從儉約

其邊城鎭遏及州縣課稅 於事非要者 並宜量廢 律令格式有不便者 卽便改張 布告遠近 令知此意 主者施行

과인은 어지러운 때에 태어난 운명이어서 자주 전쟁을 만났다. 서쪽을 정벌하고 북쪽을 토벌하여 마침내 강토를 평정하였으며, 반란을 토벌하고 제휴를 이끌어 내어 마침내 영토를 안정시켰다. 위로는 조상의 유지를 받들고 아래로는 부자父子의 오랜 원한을 갚았으며, 후에 전쟁 중에 죽은 자와 산 자에게 두루 상을 주었고, 안팎으로 고르게 작위를 내렸다. 병기를 녹여 농기구를 만들어 백성[黎元][56]들로 하여금 어질고 오래 살게[仁壽][57] 하였다. 조세를 가볍게 하고 요역을 살펴 집집마다 넉넉하고 사람마다 풍족하니, 백성들은 자기의 집을 편하게 여기고 나라에는 근심이 없게 되었다. 창고에는 곡식이 산더미처럼 쌓이고 감옥에는 잡초가 무성하니, 가히 이승과 저승을 통 털어 부끄러울 것이 없었고 백성들에게도 빚진 것이 없다고 할 만 하였다. (과인은) 선두에서 풍상을 겪다보니 고질병이 생겼고, 정사를 고민하고 일하다보니 더욱 병이 중하게 되었다. 운명이 다하면 이름만 남는 것이 고금의 법도이니, 홀연 죽음의 길로 되돌아가는 마당에 무슨 여한이 있으랴.

태자는 일찍부터 독자적인 업적을 쌓아, 오랫동안 그 권위를 떨쳤다. 위로는 여러 재상들을 이끌고 아래로는 낮은 관리들까지 극진할 것이며, 죽은 자를 보내는 의리를 어기지 말고 산 자를 섬기는 예를 잊지 말라. 종묘의 주인은 잠시라도 비어서는 안 될 것이니, 태자는 나의 관 앞에서 왕위를 계승하라.

산과 계곡도 변하듯이 인간의 시대 역시 변하는 것이다. 오왕의 북산北山 무덤에서 (지금) 향로의 광채를 볼 수 있는가? 위왕의 서릉西陵에는 (동작대는 사라지고) 동작銅雀[58]이란 이름만 들릴 뿐이다. 옛날 세상을 주무르던 영웅도 종국에는 한 줌 흙이 되어, 나무꾼과 목동들이 그 위에서 노래하고, 여우와 토끼는 그 옆에 굴을 팔 것이다. (따라서) 헛되이 재물을 낭비하는 것은 역사서를 욕되게 하는 것이다. 헛되이 사람을 수고롭게 하더라도 나의 영혼을 구제할 수는 없을 것이다. 조용히 이를 생각하면 마음이 끝없이 아프지만, 이러한 것들은 내가 즐기는 바가 아니다. 숨이 끊어진 후 열흘이 되면, 창고 문밖 정원 쪽에서 불교의 법식으로 화장하라. 상복의 경중은 본래의 규정에 따르고, 장례절차는 검소하게 해야 할 것이다.

변방의 성城과 진鎭에서 금하고 있는 것과 주현州縣에서 부과하고 있는 세금 중에 불필요한 것은 모두 살펴서 폐지하고, 율령과 격식은 불편한 것이 있으면 즉시 바꾸고 개정하라. (이를) 모든 지방에 포고하여, 백성들이 이 뜻을 알게 하라. (다음) 임금이 시행하라.

---

56) 여원黎元; 여기서는 구려九黎의 일파인 신라 백성을 가리킨다. 구려九黎는 한인桓因과 한웅桓雄과 같이 하늘나라에서 지상세계로 내려왔다고 믿은 아홉 무리黎들과 이들이 살던 지역을 총칭하여 부르던 명칭이다. 구려九黎는 구이九夷, 구환九桓 또는 부여夫餘라고 칭하기도 했다.(출처; 삼국유사, 환단고기)

57) 인수仁壽; 허신의 설문해자에는 '이夷는 동쪽에 사는 사람들이다. … 옛 글의 인仁과 같은 글자이다. 이夷는 어질고 오래 살며 군자가 있는 죽지 않는 나라이다.'라고 한다.(夷 東方人也 … 與古文仁同 夷者仁壽 有君子不死之國)

58) 동작대銅雀臺; 위나라 조조曹操가 업鄴의 북서쪽에 지은 누대樓臺

분석 30 文武王(문무왕) 下(하)

661~681 재위기간 20년

○ 삼국사기 文武王 下편의 기록은 주로 나당전쟁을 기술하고 있다.

7세기 초 당의 서북 티베트고원에서는 토번왕조가 흥기하고 있었다. 이에 당 태종은 조카딸인 문성공주를 시집보내고 혼인동맹을 체결하여 서북 변경을 안정시켜야 했다.(641) 그러나 당 태종이 죽고 당 고종이 즉위한 후에는 양국이 화전을 반복하였는데, 7세기 후반에 접어들자, 마침내 토번이 안서安西 4진四鎭을 점령하여 동서 통상의 길목을 장악하기에 이르렀나.(670)

당은 백제를 존치시키고 신라와 더불어 화친을 맺게 하여 후방을 안정시키려 하였으나, 이러한 국제정세를 파악한 신라는 취리산 맹약을 어기고 백제의 영토를 대대적으로 약탈하기 시작했다. 신라는 당과의 전면전을 피하면서 화전양면 전략을 구사하며 옛 백제의 영토를 잠식하여 나갔고 옛 고구려의 영토까지 넘보게 되었다.

○ 이제 나당전쟁의 경과를 살펴보자. 나당전쟁의 경과는 3단계로 나누어 볼 수 있다. 제1단계는 주로 **석성**, **마읍성**, **서문** 등지에서 벌어진 전투이다.

671. 1.	신라는 웅진을 공격하였으나 당군唐軍이 온다는 말을 듣자 웅포로 퇴각하였다.
671. 6.	죽지 등이 가림성加林城을 약탈하다가, **석성石城**에서 당과 전투가 벌어져 5천 3백 명을 참수하고 백제 장군 두 명과 당唐 과의果毅[59] 여섯 명을 포로로 잡았다.
671. 7.	실인귀가 서신을 보내 추궁하자, 문무왕이 답설인귀서를 보내 항변하였다.
671. 10. 6.	당唐의 조운선 70여 척을 공격하여, 겸이대후 및 당군 백여 명을 사로잡았다.
672. 1.	百濟의 고성성古省城을 공격하여 점령하였다.
672. 2.	百濟 가림성加林城을 또 공격하였다.
672. 7.	당唐 장수 고간이 군사 1만을 인솔하고, 이근행이 군사 3만을 인솔하여 한꺼번에 **평양平壤**에 와서 여덟 개의 군영을 짓고 주둔하였다.
672. 8	신라가 한시성韓始城과 **마읍성馬邑城**을 공격하여 이기고, 계속 전진하여 백수성白水城에서도 승리하였다. 그러나 이어 벌어진 **석문石門 전투**에서 주요 장수들이 모두 전사하는 참혹한 패배를 하게 된다.
672. 9.	문무왕이 당에 사죄문을 올렸다.

여기서 국사편찬위원회는 석성石城이 지금의 충남 부여군 임천면 동석성리에 있었던 성을 말한다는 입장이고[60], 마읍성馬邑城은 대동강大同江 하류 지역으로 추정하며[61], 석문石門의 위치에 대하여는 황해도 서흥의 운마산雲磨山 부근으로 추정한다.[62]

---

59) 과의果毅; 唐代 지방 군사조직인 절충부折衝府의 武官으로 징병과 훈련의 임무를 맡았다.

60) 출처; 이병도, 《국역 삼국사기》 6판, 을유문화사, 1986, 106쪽

61) 출처; 이병도, 《국역 삼국사기》 6판, 을유문화사, 1986, 119쪽

그러나 **석성石城**은 오늘날 충남 부여군 임천면 동석성리에 있었던 것이 아니라 오늘날 하북성 당산시唐山市 풍윤豐潤 일대에 있었다.[63] 고지도를 보면 풍윤豐潤 일대에 석성石城이 있음을 확인할 수 있다.

마읍성馬邑城은 대동강大同江 하류 지역이 아니라 오늘날 산서성山西省 삭주시朔州市 삭성구朔城区 마읍촌馬邑村 일대에 있었던 것으로 비정된다. 삭주시朔州市는 옛날 마읍군馬邑郡이었다.

석문石門은 황해도 서흥이 아니라 오늘날 하북성의 성도 석가장石家庄이다. 석가장石家庄은 서쪽으로는 태행산맥太行山脈이 있고, 북쪽에는 호타강滹沱江이 흐르는 화북평원에 자리를 잡고 있으며 서로는 산서성, 동으로는 산동성으로 이어지는 교통로의 중심이다. 고대 복희씨의 전설이 남아있는 석가장石家庄의 옛 이름이 바로 석문石門이다.

가림성加林城 고성성古省城 한시성韓始城과 백수성白水城 등도 이 일대에 위치하였을 것으로 추정된다.

다음으로 설인귀와 문무왕이 주고받은 서신을 간단히 검토해보자. 671. 7. 설인귀가 보낸 서신에는 '望海浮江 魚驚鳥竄'이라는 기록이 있다. 망제望祭를 올리고 배를 강에 띄우니, 물고기는 놀라고 새들이 도망을 쳤다는 것이다. 신라를 징벌하기 위해 설인귀가 대군을 이끌고 출정할 때의 위세를 비유적으로 표현한 것이다.

국사편찬위원회 견해대로 라면, 설인귀가 산동반도 등주에서 출발하였을 것이고, 황해를 건너와 기벌포 쯤에 도착하여 서신을 보냈을 것이다. 그런데 위 서신에는 출발당시 망제를 올리고 강에 배를 띄웠다고 기록되어 있다.[浮江]

그렇다면 설인귀는 배를 타고 강을 따라 내려온 것이고, 한반도를 건넌 것이 아니니, 신라는 강의 하류에 있었던 것이다. 더욱이 등주 역시 산동반도에 있었던 것이 아니라고 해야 한다.

한편, 답설인귀서의 내용 중에는 문무왕이 용삭[64] 2년의 전황을 돌이키며 고구려 정벌당시 신라군이 얼마나 헌신적으로 지원했는지를 설인귀에게 상기시키는 대목이 있다. 이를 다시 살펴보면 다음과 같다.

'662년 1월, 유총관이 신라 양하도총관 김유신 등과 함께 평양으로 군량을 보냈다. 당시에 궂은비가 한 달 이상 계속 내리고 바람과 눈으로 날씨가 몹시 추웠기 때문에 사람과 말이 얼어 죽어 군량을 전달할 수 없었다. 평양의 대군大軍은 또 돌아가기를 원하니, 신라군 역시 양식이 떨어져 돌아갔다. 군사들은 굶주림과 추위 때문에 손발에 동상이 걸려 도중에 죽은 자가 이루 헤아릴 수 없었다. 행군이 호로하瓠瀘河에 이르자 고구려 군사가 뒤를 쫓아와 언덕에 진을 펼쳤다. 신라 병사들은 오래도록 피곤하고 궁핍한 상황이었으나, 적이 계속하여 추격해 올까 걱정하여, 적이 강을 건너기 전에 먼저 강을 건너가서 접전을 벌였는데, 선봉대가 잠시 교전하는 사이에 적의 무리가 와해되고 말았으므로, 마침내 군사를 수습하여 돌아올 수 있었다.(至龍朔二年正月 劉摠管共新羅兩

---

62) 출처; 이병도, 《국역 삼국사기》 6판, 을유문화사, 1986, 119쪽

63) 출처; 대청광여도

64) 용삭龍朔; 용삭龍朔은 당고종의 세번째 연호이다.(661년 ~ 663년) 용삭 2년은 서기 662년에 해당한다.

河道摠管金庾信等 同送平壤軍粮 當時陰雨連月 風雪極寒 人馬凍死 所將兵粮 不能勝致 平壤大軍又欲歸還 新羅兵馬粮盡亦廻 兵士饑寒 手足凍瘃 路上死者 不可勝數 行至瓠瀘河 高麗兵馬 尋後來趁 岸上列陣 新羅兵士 疲乏日久 恐賊遠趁 賊未渡河 先渡交刃 前鋒暫交 賊徒瓦解 遂收兵歸來)'

여기서 호로하瓠瀘河는 오늘날 중국 하북성 장가구시张家口市 위현蔚县에서 발원하여 동북으로 흐르는 호류하壺流河[Huliu River]를 말한다. 현재 호류하壺流河[Huliu River]는 상간하와 합류하여 흐르다 영정하로 유입되며, 청나라 때에는 호노하糊盧河로 불렸다.

위 기록상으로는 고구려의 수도 평양 근처에서 군량을 전하고 돌아오는 길에 호로하瓠瀘河 즉 오늘날 호류하壺流河에 이르러 고구려와 접전을 벌였다는 것이니 고구려의 수도 평양은 오늘날 하북성 장가구시张家口市 위현蔚县 이북에 있었던 것이 틀림없다.

○ 2단계는 **호로하瓠瀘河·왕봉하王逢河** 등지에서 벌어진 전투이다.

673. 9.	당군唐軍이 말갈·거란 군사와 함께 와서 북쪽 변경을 침범하니, 아홉 번 전투에서 신라가 승리하여 2천 명을 참수하고, 당군唐軍이 **호로하瓠瀘河와 왕봉하王逢河**에서 물에 빠지니 익사자가 이루 셀 수도 없었다.
674. 1.	왕이 고구려 반군을 받아들이자 당고종이 노하여 유인궤를 계림도대총관으로 삼아 토벌에 착수했다.
675 2.	유인궤가 우리 군사를 칠중성七重城에서 격파하였다. 왕이 당唐에 사신을 파견하여 조공하고 또 사죄하니 황제가 이를 용서하고 왕의 관작을 회복시켜 주었다는 것이다.

여기서 국사편찬위원회는 호로하瓠瀘河는 임진강臨津江을 말한다는 입장이고[65], 왕봉하王逢河는 경기 행주산성 앞의 한강을 일컫는다고 하고[66], 칠중성七重城은 경기도 파주시 적성면 감악산紺岳山 주변의 산성으로 비정하고 있다.

그러나 여기서 호로하瓠瀘河는 오늘날 중국 하북성 장가구시张家口市 위현蔚县 일대를 동북으로 흐르는 호류하壺流河[Huliu River]라는 사실을 확인한 바 있다. 그렇다면 왕봉하王逢河는 호류하壺流河 부근의 혼하渾河로 보인다. 호류하壺流河와 혼하渾河는 삭주시朔州市 응현应县 소재 진자량수고镇子梁水庫에서 발원하여 각각 동북과 서북방향으로 흐른다.

그런데 675. 2. 기사는 '然多取百濟地 遂抵高句麗南境爲州郡'라고 기록한다. 그러나 신라는 백제의 땅을 많이 빼앗아 마침내 국경이 고구려 남쪽 지방에 다다랐고, 그곳을 주군州郡으로 만들었다는 것이다.

신라의 북쪽에 고구려가 있었던 것은 분명한 사실이지만, 백제의 멸망 직전까지는 신라와 고구려는 백제의 영토를 가운데 두고 서로 떨어져 있었고 삼국의 국경선이 T자형이 아니라, 三자형이었음은 확인한 바 있다. 그 후 백제를 멸망하자 신라는 호남성과

65) 출처; 이병도, 《국역 삼국사기》 6판, 을유문화사, 1986, 121쪽

66) 출처; 이병도, 《국역 삼국사기》 6판, 을유문화사, 1986, 121쪽

호북성은 물론 산동성과 하북성 남쪽을 차지하였고, 그 후 고구려가 멸망하자 옛 고구려 영토를 두고 당과 일전을 벌였던 것이다. 요컨대, 신라는 북쪽 지역에 호로하瓠瀘河·왕봉하王逢河, 칠중성七重城 등을 확보함으로써 옛 고구려와 영토를 차지하고, 이에 당은 산서성 남부지역 이남으로 밀려나게 된 것으로 보인다.

그렇다면, 나당전쟁은 오늘날 중국 산서성 대동시 또는 삭주시 일대로부터 하북성 장가구시 일대에 걸친 광활한 옛 고구려 영토를 두고 당과 신라 사이에 벌어진 한판 승부였던 것으로 보이고, 그 규모를 감안할 때 고한전쟁, 고수전쟁, 고당전쟁에 버금가는 동아시아 최대의 대전大戰이었을 것으로 추정된다.

○ 3단계는 **매소성買肖城, 기벌포伎伐浦** 등지에서 벌어진 막바지 전투이다.

675. 9. 설인귀가 백수성白水城을 공격하고 이근행이 매소성買肖城을 점거하였다.
675. 9. 29. 당이 말갈로 하여금 아달성阿達城, 칠중성七重城, 적목성赤木城을 공격하게 하고 당군唐軍이 석현성石峴城을 포위 공격하였다. 이에 신라가 반격을 하니 특히 매소성買肖城에서는 3만 3백 80필의 전마를 획득하는 등 큰 승리를 거두었다.
676. 7. 설인귀가 소부리주所夫里州 기벌포伎伐浦를 공격하였지만, 신라는 크고 작은 20번 전투를 하여 모두 이기고 4천여 명을 참수했다.

여기서 국사편찬위원회는 매소성買肖城[67]이 경기도 양주에 있었다는 입장이다. 상술하면, 경기도 양주가 고구려 시대에 매성현買城縣이었으니 음운학적 근거로 현재의 양주군 주내면 고읍리에 있는 대모산성으로 비정하는 견해가 있는가 하면, 당군의 진격로와 산성의 위치를 감안하여 연천군 청산면 대전리산성으로 보거나 대규모 당군의 주둔가능성을 토대로 연천의 전곡리토성으로 보는 견해도 있다.

그러나 음운학적 법칙성을 규명함이 없이 매買와 'ㅅ'이 공통된다고 하여 매성현과 매소성이 같다고 만연히 추정하거나 단정하는 것은 음운학을 모독하는 것이며, 당군의 진격로와 산성의 위치를 감안하여 매소성을 대모산성·대전리산성·전곡리토성으로 보는 견해는 신라의 수도를 경주에 붙박아 당군의 진격로를 추단하고 이에 매소성이 양주라고 찍은 것에 불과하여 그 추론에 논리적 흠결이 있다. 특히 신라가 경주에 있었다는 것을 전제로 당군의 진격로란 것은 마치 6·25 전쟁 때 북한을 원조한 중국군처럼 경주 방향으로 내려왔다는 독단에서 비롯된 것이다. 그러나 AD 668년 당의 공격으로 고구려의 고씨왕조와 연씨정권이 붕괴하였음에도 불구하고 삼국사기에 따르면 고구려의 11개의 지방이 여전히 건재하였다 하므로 당군이 오늘날 요동을 거쳐 압록강을 건너 남하한다는 것은 불가능한 일이다. 더욱이 당시 신라의 수도가 오늘날 경주가 아니라면, 매소성買肖城이 경기도 양주에 있었다는 견해는 우스꽝스럽기까지 하다.

---

67) 매소성買肖城; 三國史記 第 四十三卷 列傳 第三 김유신(下)에는 '唐兵來攻買蘇川城 元述聞之 欲死之 以雪前耻'라는 기록이 있다. 즉, 당병이 와서 매소천성買蘇川城을 치니 원술이 이 소문을 듣고 이 기회에 죽음으로써 전일의 치욕을 씻고자 하였다는 것이다. 삼국사기에서 '매소'를 買肖 또는 買蘇로 적고 있으니, 買肖은 음차로 보아야 하고, 그렇다면, 買肖城은 매초성이 아니라 매소성으로 읽는 것이 타당하다.

한편, 국사편찬위원회는 기벌포伎伐浦를 오늘날 충청남도 서천군 장항읍 장암동으로 비정한다. 그런데 기벌포伎伐浦는 백제를 멸망시킬 때 소정방이 건너왔던 바로 그 기착지寄着地가 아닌가? 동 위원회의 견해에 따르면 당이 백제를 정벌하려고 황해를 건너왔었고, 신라를 정벌하려고 황해를 또 건너온 셈이 된다. 당이 황해를 건너 한반도로 오는 것을 너무나 쉽게 생각하는 것이 아닌가? 까닥 잘못하면 남중국해를 통하여 망망대해로 표류하기 십상이요, 운이 좋아 해류를 타더라도 많은 시일이 소요되는 길이다. 특히 오늘날 해운海運 현황을 보자면 통상 2~3만톤급 유람선 인천과 산동성 청도 사이를 오가며 1000미만의 승객을 태운다 하는데, 조금 양보해 1000명을 나르는데 1만톤급 선박이 필요하다고 가정하더라도, 수만명의 병사와 중장비를 황해에 띄우려면, 최소한 총 수십만톤 규모의 선단이 필요할 것이다. 이것은 당시로서는 불가능한 일이었다. 당唐 수군의 역량이라는 것은 그저 황하를 따라 내려왔다, 거슬러 올라가는 정도가 최대한이었을 것이다. 사실 국사편찬위원회의 견해는 대부분 이병도의 연구 업적을 승계하고 있다. 그런데 이병도는 일제시대 쓰다 소우키치(津田 左右吉)[68], 이마니시 류(今西龍)[69] 등 식민사학자들 지도아래서 조선사편수회의 수사관보로서 국사연구를 시작하였고 이들의 한국사 연구란 것이 식민지배의 정당성을 제공하기 위하여 우리민족의 역사 강역을 축소하려는 부정한 목적에서 출발한 것이니 만큼 이들의 주장은 그 자체로 학문적 순수성을 담보하기 어렵다. 특히 기술한 위치 비정은 신라의 수도가 경북 경주, 고구려의 수도가 평안도 평양이라는 것을 절대 불변의 진리로 간주하고 이를 바탕으로 나당전쟁의 가상적 경로를 임의로 씌은 후 그럴듯하게 음운학이나 고고학을 빙자하여 그럴듯하게 이론적 치장을 한 것에 지나지 아니하므로 경청할 가치가 없는 것이다.

따라서 매소성買肖城을 오늘날 경기도 양주로, 기벌포伎伐浦를 충청남도 서천군 장항읍 장암동으로 비정하는 것은 잘못이 있다고 아니할 수 없다.

○ 문무왕 十一年 七月 기사의 '설인귀서' 中 설인귀가 당군唐軍의 위세를 과시하면서 '高將軍之漢騎 李謹行之蕃兵 吳楚棹歌 幽并惡少 四面雲合方舟而下 依險築戍闢地耕田 此王之膏肓也'라는 기록이 있다. 고간高侃 장군이 거느린 한漢의 기병이나 이근행이 거느린 번병蕃兵, 오吳·초楚의 수군들과 유주幽州와 태원太原 지방의 거친 병사들이 사방에서 모여들어 배를 정렬하고 내려가서, 험한 곳에 의지하여 성을 쌓아 지키고 땅을 개척하여 밭을 일군다면, 왕에게 목의 가시[膏肓][70]가 될 것이라고 위협하는 내용이다.

이를 통하여 당군唐軍이 한병漢兵, 번병蕃兵, 오병吳兵, 초병楚兵, 유주幽州[71]와 태원太原[72]의 병사들로 구성되어 있다는 사실을 알 수 있다. 이미 기술한 바와 같이

---

68) 쓰다 소우키치(津田 左右吉) ; 1873~1961

69) 이마니시 류(今西龍); 1875년 ~ 1932년

70) 고황膏肓; 심장의 아래쪽과 횡격막의 윗부분 사이를 말하는데 비유적으로는 병이 생기면 치료할 수 없는 가장 깊은 곳을 의미한다. 굳이 오늘날 많이 쓰는 말로 '아킬레스 건'과 유사한 의미가 된다.

71) 유주幽州; 유주幽州는 오늘날 北京 연경延庆이지만, 漢을 전후하여 산서성山西省 남부와 북부 하남성河南省에 걸쳐 있었던 지방을 일컫던 명칭이었다. 唐이후 오늘날 하북성河北省 북부와 요녕성遼寧省 남부에 걸쳐 있던 지방에 유주幽州를 설치하기도 하였다.

당의 주류세력은 선비족 출신으로 이들이 옛 한漢을 정복하고 이어 오吳·초楚를 아울렀으며 이 시기에 이르러서는 유주幽州와 태원太原에까지 세력을 미쳤음을 알 수 있다. 이는 한漢의 고토古土가 번蕃 지역이나 오吳·초楚 지역에 미치지 못했음을 반증하는 것이기도 하다.

문무왕 十一年 七月 기사의 '답설인귀서' 中 문무왕이 顯慶 五年의 상황을 회상하면서 '大軍廻後 賊臣福信起於江西'이라고 한 기록이 있다. 당군唐軍 본진이 철수하자 복신이 강서江西 지방에서 봉기했다는 것이다. 복신의 봉기 지역을 강의 서쪽 지방으로 해석한다면, 금강하구에 사비성이 있었다는 기존 견해에 의할 때 이는 서해 바다 한 가운데서 복신이 봉기하였다고 할 것이므로 기존의 학설은 사리에 맞지 않는다.

또, '답설인귀서' 中 문무왕이 조공을 하지 아니한 것을 변명하면서 咸亨 元年 상황에 대하여 이르기를, 九月 以後에도 아뢰었으나 도달하지 못하였다고 하고, 그 이유로 '風寒浪急'이라고 하였다. 그런데 '風寒浪急'을 "바람이 차고 풍랑이 심하다."라고 만연히 해석하기보다는 "바람風이 차고[寒], 물살[浪]이 급하다[急]."라고 해석하는 것이 정확한 것이다. 여기서 '急'은 '빠르다'의 의미이다. 그렇다면 문무왕의 칙서를 들고 장안으로 향하던 사신이 '바다의 풍랑이 심하여' 도달하지 못한 것이 아니라 '황하의 유속이 빨라(높아)' 강을 거슬러 올라갈 수 없었던 것으로 해석된다.

○ 문무왕 十四年 正月 기사에는 당 고종이 대노하여 문무왕의 官爵을 삭탈하고 왕의 아우인 右驍衛員外大將軍臨海郡公 김인문을 신라왕으로 임명한다. 이를 통해 김인문의 封爵이 臨海郡公이며 封地가 임해군臨海郡임을 알 수 있다.

임해군臨海郡은 炤知王 재위 15년 가을 7월 기사에도 등장한다. **임해臨海**, 장령長領 두 진鎭을 설치하여 왜적을 방비하였다는 것이다. 기술한 바와 같이 임해臨海는 고대 양주揚洲[73]에 있던 군명郡名이다. 오늘날 중국 절강성浙江省 동남부 영강靈江의 북쪽에 임해臨海[Linhai]가 있다.

---

72) 태원太原; 산서성山西省 태원太原으로 이 지방을 병幷이라고도 불렀다.

73) 양주揚洲; 양주는 **전한시대** 여강군廬江郡·구강군九江郡·회계군會稽郡·단양군丹陽郡·예장군豫章郡·육안국六安國으로 이루어져 있었고, 조위시대에는 회남군淮南郡·여강군廬江郡 등으로 이루어져 있었고, **동오시대**에는 여강군廬江郡·기춘군蘄春郡·단양군丹陽郡·신도군新都郡·오군吳郡·비릉전농교위毗陵典農校尉·오홍군吳興郡·회계군會稽郡·**동양군東陽郡**·**임해군臨海郡**·건안군建安郡·예장군豫章郡·파양군鄱陽郡·여릉군廬陵郡·여릉남부도위廬陵南部都尉·임천군臨川郡·안성군安成郡·팽택군彭澤郡·동안군東安郡·고장군古鄣郡·파구군巴丘郡 등으로 이루어져 있었고, 서진시대에는 단양군丹陽郡·선성군宣城郡·회남군淮南郡·여강군廬江郡·비릉군毗陵郡·오군吳郡·오홍군吳興郡·회계군會稽郡·**동양군東陽郡**·신안군新安郡·**임해군臨海郡**·건안군建安郡·진안군晉安郡·예장군豫章郡·임천군臨川郡·파양군鄱陽郡·여릉군廬陵郡·남강군南康郡·역양군歷陽郡·의홍군義興郡 등으로 이루어져 있었다.(출처; 위키백과)

三國史記 八卷
新羅本紀 第八

31 神文王(신문왕)

681~692 재위기간 11년

신 문 왕 입 휘 정 명 명 지 자 일 초 문 무 대 왕 장 자 야 모 자 의 일 작 의 왕 후 비 김
神文王立 諱政明 明之字日怊 文武大王長子也 母慈儀 一作義 王后妃金
씨 소 판 흠 돌 지 녀 왕 위 태 자 시 납 지 구 이 무 자 후 좌 부 작 란 출 궁 문 무 왕 오
氏蘇判欽突之女 王爲太子時納之 久而無子 後坐父作亂出宮 文武王五
년 입 위 태 자 지 시 계 위 당 고 종 견 사 책 입 위 신 라 왕 잉 습 선 왕 관 작
年 立爲太子 至是繼位 唐高宗遣使冊立爲新羅王 仍襲先王官爵

신문왕神文王이 왕위에 오르니, 이름은 정명政明, 자는 일초日怊이이며, 문무대왕의 장자로 어머니는 자의慈儀왕후이다. 儀를 義로 쓰기도 한다. 왕후는 김씨이며 소판 흠돌欽突의 딸인데 왕이 태자였을 때 그녀를 맞았으나 오래도록 자식을 낳지 못하였고, 후에 아버지의 빈란에 연좌되어 궁 밖으로 쫓겨났다.

문무왕 5년에 태자가 되었다가 이때에 이르러 왕위를 계승하였다. 당 고종이 사신을 보내 신라왕으로 책봉하니, 이에 선왕의 작호를 이어 받았다.

원 년
元年
팔 월 배 서 불 한 진 복 위 상 대 등
八月, 拜舒弗邯眞福爲上大等

원년

8월, 서불한舒弗邯[1] 진복을 상대등으로 임명하였다.

팔 일
八日
소 판 김 흠 돌 파 진 찬 흥 원 대 아 찬 진 공 등 모 반 복 주
蘇判金欽突波珍湌興元大阿湌眞功等 謀叛伏誅

8일

소판 김흠돌金欽突, 파진찬 흥원興元, 대아찬 진공眞功 등이 반역을 도모하다가 처형되었다.

1) 서불한舒弗邯; 1급 이벌찬을 일컫는 말이다. 이벌찬은 그 외에도 이벌간伊罰干・우벌찬于伐湌・각간角干・각찬角粲・서발한舒發翰 등으로 불렸다.

十三日

報德王遣使小兄首德皆 賀平逆賊

13일
보덕왕이 사신 소형 수덕개首德皆를 보내 역적을 평정한 것을 축하하였다.

十六日

下教曰

16일
다음과 같은 교서를 내려 말했다.

賞有功者 往聖之良規 誅有罪者 先王之令典 寡人以眇躬涼德 嗣守崇基 廢食忘餐晨興晏寢 庶與股肱 共寧邦家 豈圖縗絰之內亂起京城賊首欽突興元眞功等 位非才進 職實恩升 不能克愼始終保全富貴 而乃不仁不義 作福作威 侮慢官寮 欺凌上下 比口逞其無厭之志 肆其暴虐之心 招納凶邪 交結近竪 禍通內外 同惡相資 剋日定期 欲行亂逆 寡人上賴天地之祐 下蒙宗廟之靈 欽突等惡積罪盈所謀發露 此乃人神之所共弃 覆載之所不容 犯義傷風 莫斯爲甚 是以追集兵衆 欲除梟獍 或逃竄山谷 或歸降闕庭 然尋枝究葉 並已誅夷 三四日間 囚首蕩盡

事不獲已 驚動士人 憂愧之懷 豈忘旦夕 今旣妖徒廓清 遐邇無虞 所集兵馬 宜速放歸 布告四方 令知此意

공이 있는 자에게 상을 주는 것은 예전 성인들의 좋은 예규이며 죄가 있는 자에게 벌을 주는 것은 선왕의 법령이다. 과인이 못나고 부덕한 몸으로 제사를 수호하고 나라를 받들었으니, 식사를 잊고 새벽에 일어나 밤늦게 잠을 자면서 충실한 신하들과 함께 나라를 편안코자 하였는데, 어찌 상중에 경도京都에서 내란이 일어날 것을 생각이나 하였으랴!

반란의 괴수 흠돌·흥원·진공 등은 재능이 뛰어나서 작위에 오른 것이 아니며, 직책도 실은 은혜를 입어 오른 것이니, 아무리 신중하게 부귀를 보전해도 모자란 것임에도, 결국은 어질지 못하고 의롭지 못하여 부와 권력을 마음대로 휘둘러 관료들을 업신여기고 상하를 기만하였으며, 자주 입을 놀려 함부로 욕망을 내보이고 포학한 속내를 거리낌 없이 말하였으며, 흉악하고 사악한 자들을 끌어들여 내고 가까운 내시들과 결탁하였다. 그 화가 안팎으로 통하니 악의 무리들이 서로 의지하여 날짜와 기일을 정하여 역란을 일으키려 하였다. 과인이 위로 천지의 도움을 받고 아래로 조상의 음덕을 입어, 흠돌 등의 악이 쌓이고 죄가 넘쳐 음모가 탄로나게 되었으니, 이는 곧 사람과 귀신이 모두 취하지 않는 것으로 천하에 용납될 수 없는 행위로서, 정의를 범하고 기풍을 해함이 이보다 더 심한 것이 없는 것이다. 이리하여 군사를 모아 흉악한 무리들을 제거하려 하니 더러는 도망가서 산골에 숨고, 혹은 궁궐 정원에 와서 항복하였다. 이어 잔당들을 체포하여 모두 이미 처형하여 없애버렸고, 향후 3, 4일 사이에 괴수들도 모두 소탕해 버릴 것이다.

이는 부득이한 조치였으나 백성들을 놀라게 하였으니, 걱정스럽고 부끄러운 마음이야 어찌 하루 저녁에 잊겠는가? 이제 요망한 무리들이 깨끗하게 숙청되어 어느 곳이건 걱정거리가 사라졌으므로 소집하였던 군사를 조속히 돌려보낼 것이니, 이를 사방에 포고하여 백성들이 알도록 하라.

二十八日
誅伊湌軍官 教書曰

28일
이찬 군관을 죽이고, 다음과 같은 교서를 내렸다.

事上之規 盡忠爲本 居官之義 不二爲宗
兵部令伊湌軍官 因緣班序 遂升上位 不能拾遺補闕 效素節於朝廷
授命忘軀 表丹誠於社稷 乃與賊臣欽突等交涉 知其逆事 曾不告言
旣無憂國之心 更絶徇公之志 何以重居宰輔 濫濁憲章 宜與衆棄以懲後進
軍官及嫡子一人 可令自盡 布告遠近 使共知之

임금을 섬기는 법규는 충성을 다하는 것이 근본이요, 관직에 있는 도의는 두 임금을 섬기지 않는 것이다.

병부령 이찬 군관은 연공서열에 따라 마침내 높은 지위에 올랐으나 임금을 정성껏

보좌하지 못하고, 조정에 진실되게 행하지 못하며, 명을 내리면 제 몸을 잊어야 하는 것을 모르고, 나라를 위하여 정성을 표할 줄도 몰랐다. 이에 마침내 역신 흠돌 등과 교섭하면서 그 반역을 알고도 곧바로 고발하지 않았으니, 이미 나라를 걱정하는 마음이 없고, 또한 공익에 따를 뜻이 없는 것이니, 어찌 다시 재상의 직무를 맡겨 국가의 헌장憲章을 어지럽고 흐리게 할 것인가?

마땅히 일반 범죄자와 동일하게 취급하여 후진들에게 경계를 삼게 하리라. 군관과 그의 맏아들 한 명을 자진하게 할 것이니, 사방에 포고하여 모두가 알도록 하라.

冬十月

罷侍衛監 置將軍六人

겨울 10월,

시위감侍衛監을 없애고 장군 6인을 두었다.

二年

春正月, 親祀神宮 大赦

2년

봄 정월, 친히 신궁神宮에 제사지내고, 대규모 사면을 단행했다.

夏四月

置位和府令二人 掌選擧之事

여름 4월

위화부령 2인을 두어 관리의 선발과 추천을 관장하게 하였다.

五月

太白犯月

5월

태백太白[2]이 달을 가렸다.

---

2) 태백太白; 오늘날 금성을 말한다.

六月

立國學 置卿一人 又置工匠府監一人 彩典監一人

6월

국학을 세우고 경 1인을 두었다. 또한 공장부감 1인과 채전감 1인을 두었다

三年

春二月, 以順知爲中侍 納一吉湌金欽運少女爲夫人 先差伊湌文穎波珍湌三光定期 以大阿湌智常納采 幣帛十五轝 米酒油蜜醬鼓脯醯一百三十五轝 租一百五十車

3년

봄 2월, 순지를 중시로 삼았다.

일길찬 김흠운金欽運의 어린 딸을 얻어 부인으로 삼기로 하니, 먼저 이찬 문영과 파진찬 삼광을 보내 기일을 정하고, 대아찬 지상을 파견하여 채采를 보냈는데, 폐백이 열나섯 수레, 쌀·술·기름·꿀·간장·된장·포·식혜가 1백 35수레, 벼가 1백 50수레였다.

夏四月

平地雪一尺

여름 4월

평지에 눈이 한 자 쌓였다.

五月

七日, 遣伊湌文穎愷元 抵其宅冊爲夫人 其日卯時 遣波珍湌大常孫文阿湌坐耶吉叔等 各與妻娘及梁沙梁二部嫗各三十人 迎來夫人乘車 左右侍從官人及娘嫗甚盛 至王宮北門 下車入內

5월

7일, 이찬 문영과 개원을 파견하여 그 집에 이르러 책봉하여 부인으로 하였다. 그 날

묘시卯時에 파진찬 대상·손문과 아찬 좌야·길숙 등을 파견하며 각각 아내와 딸 기타 양부와 사량부의 여자 각각 30명씩을 데리고 가서 부인을 맞아 오게 하여, 수레에 태우고 좌우에 관원들과 여인들이 뒤 따르니 심히 성대하였다. 왕궁 북문에 이르러 수레에서 내려 들어 왔다.

冬十月

徵報德王安勝爲蘇判 賜姓金氏 留京都 賜甲第良田 彗星出五車

겨울 10월

보덕왕 안승을 불러 소판으로 삼고, 김씨 성을 내려 경도京都에 머물게 하고, 좋은 집과 좋은 밭을 주었다.

혜성이 오거五車[3]에 나타났다.

四年

冬十月, 自昏及曙 流星縱橫

十一月, 安勝族子將軍大文 在金馬渚謀叛 事發伏誅 餘人見大文誅死 殺害官吏據邑叛 王命將士討之 逆鬪幢主逼實死之 陷其城 徙其人於國南州郡 以其地爲金馬郡 大文或云悉伏

4년

겨울 10월, 저녁부터 새벽까지 유성이 어지럽게 날아 다녔다.

11월, 안승의 조카뻘 되는 장군 대문大文이 금마저金馬渚에서 반역을 꾀하다가 발각되어 처형되었다. 잔적들이 대문의 처형을 보고는 관리들을 죽이고 읍을 차지한 채 반역하므로, 왕이 장사將士들에게 명하여 이를 토벌하였는데, 맞서 싸우다 당주 핍실이 죽었다. (결국) 그 성을 점령하고, 그 지방 사람들을 남쪽의 주군州郡에 옮겨 살게 하였으며, 그곳을 금마군金馬郡으로 삼았다. 대문大文을 혹은 실복悉伏이라고도 한다.

五年

春, 復置完山州 以龍元爲摠管 挺居列州以置菁州 始備九州 以大阿湌福世爲摠管

---

3) 오거五車; 이십팔수 중 열아홉 번째인 필수畢宿에 속하는 별자리. 서양의 마차부 자리에 해당한다.

봄에, 완산주完山州를 다시 설치하고 용원을 총관으로 삼았다. 거열주를 떼어 청주菁州를 설치하니 처음으로 9주가 구비되었다. 대아찬 복세를 총관으로 삼았다.

三月

置西原小京 以阿飡元泰爲仕臣 置南原小京 徙諸州郡民戶分居之 奉聖寺成

3월

서원소경西原小京을 설치하고 아찬 원태를 사신으로 삼았다. 남원소경南原小京을 설치하고, 여러 주군州郡의 백성들을 나누어 그곳에 살게 하였다. 봉성사가 낙성되었다.

夏四月

望德寺成

여름 4월

망덕사가 낙성되었다.

六年

春正月, 以伊飡大莊 一作將 爲中侍 置例作府卿二人

二月, 置石山馬山孤山沙平四縣 以泗沘州爲郡 熊川郡爲州 發羅州爲郡 武珍郡爲州 遣使入唐 奏請禮記幷文章 則天令所司 寫吉凶要禮 幷於文舘詞林採其詞涉規誡者 勒成五十卷賜之

6년

봄 정월, 이찬 대장大莊(莊을 將으로도 쓴다.)을 중시로 삼았다. 예작부에 경 두 사람을 두었다.

2월, 석산·마산·고산·사평의 네 현을 설치하였다. 사비주를 군으로 삼고, 웅천군을 주로 하였다. 발라주를 군으로 삼고, 무진군을 주로 하였다.

당에 사신을 보내 '예기'와 여러 문장을 청하니, 측천무후가 해당 부서에 명하여 '길흉요례'를 필사해주고, 아울러 '문관사림' 기사 중에서 규칙에 관한 글을 채록하여 50권을 만들어 주었다.

칠 년
七年

춘 이 월 원 자 생 시 일 음 침 매 암 대 뢰 전
春二月, 元子生 是日, 陰沉昧暗 大雷電

7년

봄 2월, 원자元子가 출생하였다. 이 날, 날씨가 음침하여 어둡고 우레와 번개가 크게 일어났다.

삼 월
三月

파 일 선 주 복 치 사 벌 주 이 파 진 찬 관 장 위 총 관
罷一善州 復置沙伐州 以波珍湌官長爲摠管

3월

일선주一善州를 폐하고, 다시 사벌주沙伐州를 두었다. 파진찬 관장을 총관으로 삼았다.

하 사 월
夏四月

개 음 성 서 장 위 경 견 대 신 어 조 묘 치 제 왈
改音聲署長爲卿 遣大臣於祖廟 致祭曰

여름 4월,

음성서音聲署의 장長을 고쳐 경卿으로 하였다. 대신을 조묘에 보내 제를 올리며 말했다.

왕 모 계 수 재 배
王某稽首再拜

근 언 태 조 대 왕 진 지 대 왕 문 흥 대 왕 태 종 대 왕 문 무 대 왕 지 령
謹言太祖大王眞智大王文興大王 太宗大王文武大王之靈

모 이 허 박 사 수 숭 기 오 매 우 근 미 황 녕 처 봉 뢰 종 묘 호 지 건 곤 강 록 사
某以虛薄 嗣守崇基 寤寐憂勤 未遑寧處 奉賴宗廟護持 乾坤降祿 四

변 안 정 백 성 옹 화 이 역 래 빈 항 침 봉 직 형 청 송 식 이 지 우 금
邊安靜 百姓雍和 異域來賓 航琛奉職 刑淸訟息 以至于今

비 자 도 상 군 림 의 괴 천 감 괴 성 성 상 화 숙 침 휘 전 전 률 률 약 추 연 곡
比者 道喪君臨 義乖天鑒 怪成星象 火宿沉輝 戰戰慄慄 若墜淵谷

근 견 사 모 관 모 봉 진 불 전 지 물 이 건 여 재 지 령 복 망 소 찰 미 성 긍 휼 묘 말
謹遣使某官某 奉陳不腆之物以虔如在之靈 伏望炤察微誠 矜恤眇末

이 순 사 시 지 후 무 건 오 사 지 징 화 가 풍 이 역 려 소 의 식 족 이 례 의 비 표 리
以順四時之候 無愆五事之徵 禾稼豐而疫癘消 衣食足而禮義備 表裏

청 밀 도 적 소 망 수 유 후 곤 영 응 다 복
淸謐 盜賊消亡 垂裕後昆 永膺多福

근 언
謹言

왕 아무개는 머리를 조아리고 재배하며, 삼가 태조대왕·진지대왕·문흥대왕·태종대왕·문무대왕 영전에 아뢰나이다.

아무개는 허약하고 보잘것없는 몸으로 제사를 수호하고 나라를 받들었으니, 자나 깨나 걱정과 근심으로 허둥거려 편안하게 지낼 틈이 없었으나, 천지신명이 도우시니 종묘의 보살핌과 천지의 복록福祿으로 사방이 안정되고, 백성들이 화합하며, 다른 나라에서 사람이 와서 보물을 바치며 직책을 받들었습니다. 형벌이 투명하고 송사가 없이 오늘에 이르렀습니다.

그런데 근자에 도를 잃고 임금을 공격하니 의가 하늘의 뜻과 달라, 별자리가 괴이하게 사리 잡고, 태양과 별들이 빛을 잃었습니다. 무섭고 두려워 몸이 벌벌 떨리니, 마치 연곡淵谷에 떨어지는 것 같습니다.

삼가 모관 모를 보내 넉넉지 못한 제물을 받들어 여기 계신 조상님께 올리오니, 엎드려 바라옵건대, 미흡한 정성을 밝게 살피시고 이 볼품없는 후손을 불쌍히 여기시어, 사철 기후를 순하게 하여 주시고, 오사五事[4)]에 허물이 없도록 하여 주시고, 농사가 잘되고 질병이 없어지게 하여 주시고, 먹고 입을 것이 풍족하고 예의가 갖추어지게 하여 주시고, 안팎이 고요하고 평온하게 하여 주시고, 도적이 사라지게 하여 주시고, 후손들에게 풍요로움을 남겨 길이 많은 복을 받게 하여 주시옵소서.

삼가 아뢰나이다.

오월
五月

교사문무관료전유차
敎賜文武官僚田有差

5월

교서를 내려 문무 관료들에게 그 직급에 따라 밭을 하사하였다.

추
秋

축사벌삽량이주성
築沙伐歃良二州城

가을

사벌주沙伐州와 삽량주歃良州에 주성州城을 쌓았다.

팔년
八年

춘정월 중시대장졸 이찬원사위중시
春正月 中侍大莊卒 伊飡元師爲中侍

이월 가반부경일인
二月, 加般府卿一人

---

4) 오사五事; 옛 병법兵法에서 중요하게 여기던 도道, 천天, 지地, 장將, 법法 등 다섯 가지를 말한다.

8년

봄 정월, 중시 대장이 죽고 이찬 원사가 중시가 되었다.

2월, 선부船府에 경 한 사람을 추가하였다.

九年

春正月, 下教罷內外官祿邑 逐年賜租有差 以爲恒式

秋閏九月, 二十六日 幸獐山城 築西原京城 王欲移都達句伐 未果

9년

봄 정월, 왕이 하교하여, 모든 관리의 녹읍을 폐지하고, 해마다 직급에 따라 벼를 주는 것을 제도화하였다.

가을 윤 9월, 26일에 왕이 장산성獐山城에 갔다. 서원경성西原京城을 쌓고, 달구벌達句伐로 도읍을 옮기려 하였으나 실현되지 못했다.

十年

春二月, 中侍元師病免 阿飡仙元爲中侍

冬十月, 置轉也山郡

10년

봄 2월, 중시 원사元師가 병으로 사직하자, 아찬 선원仙元으로 중시를 삼았다.

겨울 10월, 전야산군轉也山郡을 설치하였다.

十一年

春三月, 一日 封王子理洪爲太子 十三日 大赦 沙火州獻白雀 築南原城

11년

봄 3월, 1일에 왕자 이홍理洪을 태자로 봉하였다. 13일에 대규모 사면을 단행했다. 사화주沙火州에서 흰 참새를 바쳤다. 남원성南原城을 쌓았다.

十二年

春, 竹枯

12년

봄, 대나무가 말랐다.

唐中宗遣使口勑勑曰 我太宗文皇帝 神功聖德 超出千古 故上僊之日 廟號太宗 汝國先王金春秋 與之同號 尤爲僭越 須急改稱

王與羣臣同議 對曰 小國先王春秋謚號 偶與聖祖廟號相犯 勑令改之 臣敢不惟命是從 然念先王春秋頗有賢德 况生前得良臣金庾信 同心爲政一統三韓 其爲功業 不爲不多 捐館之際 一國臣民不勝哀慕 追尊之號不覺與聖祖相犯 今聞教勑 不勝恐懼 伏望使臣復命闕庭 以此上聞

後更無別勑

당唐 중종中宗이 사신을 보내 구두로 다음과 같은 칙명을 전했다.

“우리 태종 문황제는 신공과 성덕이 천고에 뛰어났으므로, 이에 하늘로 돌아가시던 날 묘호를 태종이라 한 것이다. 그런데 너희 나라는 선왕 김춘추에게도 동일한 묘호를 주었으니, 이는 특히 분수를 넘은 일로서 마땅히 칭호를 서둘러 고쳐야 한다.”

왕이 여러 신하들과 함께 의논한 후에 대답하였다.

“우리나라 선왕 춘추의 시호가 우연히 성조의 묘호와 서로 겹치게 되었는데, 칙령으로 이를 고치라 하니 신臣 감히 명령을 따르지 않을 수 없지만, 뿐만 아니라 선왕 춘추도 자못 어진 덕이 있었음을 생각하지 않을 수 없습니다. 하물며 생전에 어진 신하 김유신을 얻어 한마음으로 정치를 하여 삼한을 통일하였으니, 그의 공업이 크지 않다고 할 수 없습니다. (그리하여) 돌아가신 무렵에 온 나라의 신민들이 슬퍼하고 추모하는 마음을 이기지 못하여 추존한 묘호가 성조의 묘호에 저촉됨을 깨닫지 못하였습니다. 이제 교칙을 들으니 송구함을 금할 수 없습니다. 사신이 황제에게 복명하되, 이와 같이 보고해 주기를 바랍니다.”

그 후에 다시는 이에 관한 다른 칙명이 없었다.

秋七月

王薨 謚曰神文 葬狼山東

가을 7월

왕이 홍서했다. 시호를 신문神文이라 하고 낭산狼山 동쪽에 장사지냈다.

○ 신문왕 즉위 기사에 '唐高宗遣使册立爲新羅王 仍襲先王官爵'이라는 기록이 있다. 당 고종이 사신을 보내 신라왕으로 책봉하니, 이에 선왕의 작호를 이어 받았다는 것이다. 문무왕 二年 正月 기사에는 '册命王爲開府儀同三司上柱國樂浪郡王新羅王'이라는 기록이 있었다. 당이 문무왕을 개부의동삼사開府儀同三司 상주국上柱國 낙랑군왕樂浪郡王 신라왕新羅王으로 책봉하였다는 것이니, 신문왕이 이를 이어 받은 것이다.

신문왕 즉위 기사를 통하여 두 가지 사실을 알 수 있다.

첫째는 신라가 옛 백제의 영토를 모두 점령한 것을 당이 공식적으로 추인하였다는 것이다. 양국은 AD 675년과 676년 매소성과 기벌포 등지에서 치열한 전투를 벌였다. 그러나 당으로서는 토번이 서북면을 장악한 데다 동북면 고구려 지역에서 조차 축출당하자, AD 681년 서둘러 신라와의 관계를 정상화시켜 이 지역의 안정을 꾀했던 것으로 보인다.

둘째는 낙랑樂浪이 신라의 영토라는 사실이다. 신문왕이 낙랑군왕樂浪郡王의 작호를 이어받았다는 것은 신라의 원래 영토가 낙랑樂浪 지역이며 이를 국제적으로 거듭 확인받고 있다는 것이다. 낙랑위치에 대하여는 이미 설명한 바 있다.

○ 신문왕 五年 봄 기사에 '復置完山州 以龍元爲摠管 挺居列州以置菁州 始備九州'라는 기록이 있다. 완산주完山州를 다시 설치하여 용원을 총관으로 삼고, 거열주를 떼어 청주菁州를 설치하니 처음으로 9주가 구비되었다는 것이다. 同年 三月 기사에는 '置西原小京 以阿湌元泰爲仕臣 置南原小京 徙諸州郡民戶分居之'라는 기록이 있다. 서원소경을 설치하여 아찬 원태를 사신仕臣으로 삼고, 남원소경을 설치하고, 여러 주군州郡의 백성들을 나누어 그곳에 살게 하였다는 것이다. 이처럼 신문왕 때에는 드넓은 영토에 9주 5소경제도를 완비하였다.

한편, 三國史記 三十四卷 雜志 第三 地理 一에도 '平其土地 遂置九州'라는 기록이 있다. 그 영토를 평정하여 마침내 9주를 설치하였다는 것이다.

그런데 국사편찬위원회는 9주 5소경의 위치를 다음과 같이 비정하고 있다.

9주	위치비정	5소경	위치비정
사벌주沙伐州	경북 상주		
삽량주歃良州	경남 김해	금관경金官京	김해
청주菁州	경남 진주		
웅천주熊川州	충남 공주	서원경西原京	청주
완산주完山州	전북 전주	남원경南原京	남원
무진주武珍州	전남 광주		
한산주漢山州	경기도 광주	중원경中原京	충주
수약주首若州	강원도 춘천	북원경北原京	강릉
하서주河西州	강원도 강릉		

지명을 비정한다는 것은 참으로 어려운 일다. 김부식조차 361개 지명의 위치를 비정하지 못하였다고 스스로 토로하고 있지 않은가?[5)]

지명을 비정함에는 신중을 기하여야 한다. 단순히 글자의 전부 또는 일부가 같다하여 비정하는 우를 범해서는 안되고, 여러 가지 역사적 사실을 개별적으로 분석한 후 이를 종합적으로 고려해야 한다. 성급하게 위치를 먼저 단정해버리고 나면 다른 역사적 사실들은 꿰맞추어야 하므로 객관성을 담보할 수 없다. 9주의 위치비정에 대하여는 경덕왕편에서 자세히 서술한다.

○ 신문왕 九年 閏九月 기사에 '築西原京城 王欲移都達句伐 未果'라는 기록이 있다. 서원경성西原京城을 쌓고, 달구벌達句伐로 도읍을 옮기려 하였으나 실현되지 못했다는 것이다.

신라의 수도는 다음과 같이 변천했다.

혁거세왕	파사왕	자비왕	소지왕
금성金城	월성月城 101년	명활성明活城 475년	월성月城 488년

5) 출처; 삼국사기 地理 편

32 孝昭王(효소왕)

692~702 재위기간 10년

孝昭王立 諱理洪 一作恭 神文王太子 母姓金氏神穆王后 一吉飡金欽

運 一云雲 女也 唐則天遣使吊祭

仍冊王爲新羅王輔國大將軍 行左豹韜尉大將軍雞林州都督

改左右理方府爲左右議方府 理犯諱故也

효소왕이 왕위에 올랐다. 이름은 이홍理洪으로, '홍'을 '공恭'이라고도 한다. 신문왕의 태자이다. 어머니는 김씨 신목왕후로 일길찬 김흠운金欽運('雲'이라고도 한다.)의 딸이다.

당의 측천무후가 사신을 보내 조문하고 제사를 지냈으며, 왕을 '신라왕보국대장군행좌표도위대장군계림주도독'으로 책봉하였다.

좌우리방부를 좌우의방부로 고쳤는데, '리理'자가 왕의 이름자와 같았기 때문이다.

元年

八月, 以大阿飡元宣爲中侍 高僧道證自唐廻 上天文圖

원년

8월, 대아찬 원선을 중시로 임명하였다. 고승 도증이 당에서 돌아와 천문도天文圖[6]를 바쳤다.

三年

春正月, 親祀神宮 大赦 以文穎爲上大等 金仁問在唐卒 年六十六

冬, 築松岳牛岑二城

3년

봄 정월, (왕이) 친히 신궁神宮에 제사지내고, 대사면을 단행하였다. 문영을 상대등으로 삼았다. 김인문이 당唐에서 죽으니 나이 66세였다.

6) 천문도天文圖; 하늘의 별자리를 표시한 도면이다. 고대에는 천체를 북극성을 하늘의 중심으로 보고 그 주변을 세 개 영역으로 구분하였다. 이에 따르면, 북극의 중앙 부분은 하늘의 왕이 사는 궁궐이라 하여 자미원紫微垣이라 하고, 그 옆으로 일반 백성들이 사는 천시원天市垣이 있고, 남쪽에 정부기관을 상징하는 태미원太微垣이 있다고 하였다. 그리고 그 바깥쪽 하늘을 동서남북으로 나누고, 각각 동방 7사, 서방 7사, 남방 7사, 북방 7사로 구획하였다. 각 지역에 해당하는 바깥쪽 하늘은 모두 28개의 영역인데, 이를 이십팔수라고 하였다. 이를 그림으로 그려 놓은 것이 이른바 천문도天文圖이다.

겨울, 송악성松岳城과 우잠성牛岑城 두 성을 쌓았다.

四年
以立子月爲正 拜愷元爲上大等
冬十月, 京都地震 中侍元宣退老 置西南二市

4년

자월子月[7]을 정월正月로 삼았다. 개원에게 벼들을 내려 상대등으로 삼았다.

겨울 10월, 경도京都에 지진이 발생했다. 중시 원선이 연로하여 사직하였다. 서시와 남시를 설치하였다.

五年
春正月, 伊飡幢元爲中侍
夏四月, 國西旱

5년

봄 정월, 이찬 당원을 중시로 임명하였다.

여름 4월, 서쪽 지방에 가뭄이 들었다.

六年
秋七月, 完山州進嘉禾 異畝同穎
九月, 宴羣臣於臨海殿

6년

가을 7월, 완산주完山州에서 (품종이) 좋은 벼를 바쳤는데, 각각 다른 고랑에서 난 벼 이삭이 하나로 합쳐진 것이었다.

9월, 임해전에서 모든 신하들에게 잔치를 베풀었다.

七年
春正月 以伊飡體元爲牛頭州摠管

7) 자월子月; 음력 11월을 말한다.

7년

봄 정월, 이찬 체원體元을 우두주牛頭州 총관으로 삼았다.

二月

京都地動 大風折木 中侍幢元退老 大阿湌順元爲中侍

2월,

경도京都에 지진이 일어나고 큰 바람이 불어 나무가 꺾였다. 중시 당원이 연로하여 퇴직하자, 대아찬 순원을 중시로 삼았다.

三月

日本國使至 王引見於崇禮殿

3월

일본국日本國 사신이 도착하니 왕이 불러 숭례전崇禮殿에서 보았다.

秋七月

京都大水

가을 7월, 경도京都에 홍수가 났다.

八年

春二月, 白氣竟天 星孛于東 遣使朝唐貢方物

8년

봄 2월, 흰 기운이 하늘에 뻗쳤고, 성패星孛[8]가 동쪽에 나타났다. 사신을 당唐에 보내 조공하고 방물方物을 바쳤다.

秋七月

東海水血色 五日復舊

---

8) 성패星孛; 꼬리가 없는 혜성을 말한다.

가을 7월

동해의 물이 핏빛으로 변했다가 5일 만에 회복되었다.

九月

東海水戰 聲聞王都 兵庫中鼓角自鳴 新村人美肹得黃金一枚 重百分 獻之 授位南邊第一 賜租一百石

9월

동해東海의 물이 서로 부딪히니 그 소리가 경도京都까지 들렸다. 병기고에서 북과 나팔이 저절로 울렸다. 신촌 사람 미흘이 황금 한 개를 주웠는데 그 무게가 백 푼인지라 이를 바치니 그에게 남변南邊 제일의 위품과 벼 1백 석을 주었다.

九年

復以立寅月爲正

9년

다시 인월寅月[9]로 정월正月을 삼았다.

夏五月

伊湌慶永 永一作玄 謀叛伏誅 中侍順元緣坐罷免

여름 5월

이찬 경영慶永('永'을 '玄'이라고도 한다.)이 모반하니 참형에 처하고, 중시 순원이 연좌되어 파면되었다.

六月

歲星入月

6월

세성歲星[10]이 달에 들어갔다.

---

9) 인월寅月; 음력 1월을 말한다.

10) 세성歲星; 오늘날 목성을 가리키는 말.

十年

春二月, 彗星入月

夏五月, 靈巖郡太守一吉湌諸逸 背公營私 刑一百杖 入島

10년

봄 2월, 혜성彗星이 달에 들어갔다.

여름 5월, 영암군 태수 일길찬 제일이 공익을 위배하고 사익을 추구하므로, 곤장 1백을 때려 섬으로 보냈다.

十一年

秋七月, 王薨 謚曰孝昭 葬于望德寺東 舊唐書云長安二年理洪卒 諸古記云 壬寅七月二十七日卒 而通鑑云 大足三年卒 則通鑑誤

11년

가을 7월, 왕이 홍서했다. 시호를 효소라 하고 망덕사 동쪽에 장사지냈다. '구당서'에는 '장안 2년 리홍이 죽었다.'고 하고 여러 '고기'에는 '임인 7월 27일 죽었다.'고 하는데, '통감'은 '대족 3년에 죽었다.'고 했으니, '통감'이 잘못이다.

○ 삼국유사에도 '고기古記'가 인용되고 있거니와 삼국사기에서 효소왕 때까지 인용된 고기古記에 관한 기록을 검토하면 다음과 같다.

유례왕 원년 기사 중 '古記第三第十四二王同諱 儒理或云儒禮'라는 기록이 있다. 고기古記에는 제3대, 제14대의 두 왕을 똑같이 유리 혹은 유례라 한다는 것이다. 여기서 '古記'가 특정 역사서의 명칭인지, 옛 역사서를 널리 가리키는 통칭인지 불분명하며, 심지어 우리의 사서인지 중국 측 사서인지 조차 불분명하다.

그러나 진평왕과 효소왕의 기사를 살펴보면 그 뜻이 분명해 진다.

첫째, 진평왕 五十四年 기사에는 '古記云, 貞觀六年壬辰正月卒 而新唐書資理通監皆云 貞觀五年幸卯 羅王眞平卒 豈其誤耶'라는 기록이 있다. 이를 해석하면, "고기古記에는 '정관[11] 6년 임진봄 정월에 죽었다'라고 기록되어 있는데, '신당서'와 '자치통감'에는 모두 '정관 5년 신묘에 신라왕 진평이 죽었다'라고 기록되어 있으니 어찌 잘못된 것일까?"라는 것이다. 여기서는 신당서新唐書와 자리통감資理通監 등 중국의 사서에 대응하는 의미로 고기古記를 언급하고 있다. 따라서 고기古記는 신당서나 자치통감과 같은 중국의 사서와 대응하는 우리의 고대 역사서를 가리키는 것이 분명하다

둘째, 孝昭王 十一年 기사에는 '舊唐書云長安二年理洪卒 諸古記云 壬寅七月二十七日卒 而通鑑云 大足三年卒 則通鑑誤'라는 기록이 있다. '구당서'에는 '장안 2년 리홍理洪이 죽었다.'고 하고 여러 '고기古記'에는 '임인 7월 27일 죽었다.'고 하는데, '통감'은 '대족 3년에 죽었다.'고 했으니, '통감'이 잘못이라는 것이다. 여기서도 고기古記와 구당서·통감을 대비하고 있으니 고기古記는 특정 역사서의 명칭이 아니라 널리 우리의 고대 역사서를 가리키는 것이라 할 것이고, 또한 '諸古記'라고 하였으니 이러한 '고기古記'가 한 두 종류가 아님을 미루어 알 수 있다.

그렇다면 김부식은 엄청난 분량의 고기와 중국의 사서를 자신의 서재에 쌓아두고 이들 기록을 맞추어 정리해 나가며 삼국사기를 기술해 나갔을 것이라는 추론을 할 수 있다.

11) 정관貞觀; 당 태종 재위 기간 내내 사용된 연호이다.(627년~649년) 따라서 정관 6년이면 서기 632년을 말한다.

㉝ 聖德王(성덕왕)

702~737 재위기간 35년

성덕왕립 휘흥광 본명륭기 여현종휘동 선천중개언 당서언김지성 신문
聖德王立 諱興光 本名隆基 與玄宗諱同 先天中改焉 唐書言金志誠 神文
왕제이자 효소동모제야 효소왕훙무자 국인립지 당측천문효소훙 위
王第二子 孝昭同母弟也 孝昭王薨無子 國人立之 唐則天聞孝昭薨 爲
지거애 철조이일 견사조위 책왕위신라왕 잉습형장군도독지호
之擧哀 輟朝二日 遣使弔慰 冊王爲新羅王 仍襲兄將軍都督之號

성덕왕聖德王이 왕위에 오르니, 이름은 흥광으로 원래는 이름이 융기였으나 당 현종의 이름과 같았기 때문에 선천先天[12] 연간에 고쳤다. '당서'에는 김지성金志誠이라 하였다. 신문왕의 둘째 아들이요, 효소왕의 동복동생으로, 효소왕이 훙서하였으나 아들이 없었으므로 백성들이 왕으로 세웠다.

당唐 측천무후가 효소왕이 훙서하였다는 소식을 듣고 애도하여, 2일간 조회를 멈추고 사신을 보내 조문하면서, 왕을 '신라왕'으로 책봉하고 또한 장군도독이라는 형의 칭호를 세습하게 하였다.

원년
元年

구월 대사 증문무관작일급 복제주군일년조세 이아찬원훈위중시
九月, 大赦 增文武官爵一級 復諸州郡一年租稅 以阿飡元訓爲中侍
동십월 삽량주력실변위률
冬十月, 歃良州櫟實變爲栗

원년

9월, 대사면을 단행하였다. 문무관에게 관작 한 급씩을 올려 주고, 모든 주군州郡의 1년간 조세를 면제하였다. 아찬 원훈을 중시로 삼았다.

겨울 10월, 삽량주歃良州에서 도토리[櫟實]가 변하여 밤이 되었다.

이년
二年

춘정월 친사신궁 견사입당공방물
春正月, 親祀神宮 遣使入唐貢方物
추칠월 령묘사재 경도대수닉사자중 중시원훈퇴 아찬원문위중시
秋七月, 靈廟寺災 京都大水溺死者衆 中侍元訓退 阿飡元文爲中侍
일본국사지 총이백사인 견아찬김사양조당
日本國使至 摠二百四人 遣阿飡金思讓朝唐

2년

봄 정월, 왕이 친히 신궁神宮에 제사를 지냈다. 사신을 당에 보내 방물을 바쳤다.

12) 선천先天; 당 현종의 첫 번째 연호이다.(712년~713년)

가을 7월, 영묘사에 불이 났다. 경도京都에 홍수가 나서 익사자가 다수 발생했다. 중시 원훈이 물러나자 아찬 원문을 중시로 삼았다. 일본국 사신이 도착하였는데, 총 인원이 204명이었다. 아찬 김사양을 파견하여 당唐에 조공하였다.

三年

春正月, 熊川州進金芝

3년

봄 정월, 웅천주에서 귀한 지초芝草[13])을 진상하였다

三月

入唐金思讓廻 獻最勝王經

3월

견당사 김사양이 돌아와서 '최승왕경最勝王經'을 바쳤다.

夏五月

納乘府令蘇判金元泰之女爲妃

여름 5월

승부령 소판 김원태의 딸을 맞아 들여 왕비로 삼았다.

四年

春正月, 中侍元文卒 以阿湌信貞爲中侍

4년

봄 정월, 중시 원문이 죽자, 아찬 신정을 중시로 임명하였다.

三月

遣使入唐朝貢

13) 지초芝草; 버섯의 일종

3월
사신을 당唐에 보내 조공하였다.

夏五月
旱

여름 5월
가뭄이 들었다.

秋八月
賜老人酒食

가을 8월
노인들에게 술과 밥을 하사하였다.

九月
下敎禁殺生 遣使如唐獻方物

9월
살생을 금하는 교서를 내렸다. 사신을 당唐에 보내 방물方物을 바쳤다.

冬十月
國東州郡饑 人多流亡 發使賑恤

겨울 10월
동쪽 지방의 주군州郡에 기아가 발생하여 사람들이 많이 유랑하고 사망하자, 왕이 관리를 보내 진휼하였다.

五年
春正月 伊湌仁品爲上大等 國內饑 發倉廩賑之

5년

봄 정월, 이찬 인품이 상대등이 되었다. 국내에 기아가 발생하니 창고를 풀어 이를 진휼하였다.

三月

衆星西流

3월

많은 별들이 서쪽으로 흘러갔다.

夏四月

遣使入唐貢方物

여름 4월

사신을 당唐에 보내 방물方物을 바쳤다.

秋八月

中侍信貞病免 以大阿湌文良爲中侍 遣使入唐貢方物 穀不登

가을 8월

중시 신정이 병으로 사직하자, 대아찬 문량을 중시로 임명하였다. 당唐에 사신을 보내 방물方物을 바쳤다. 곡식이 잘 익지 않았다.

冬十月

遣使入唐貢方物

겨울 10월

사신을 당唐에 보내 방물方物을 바쳤다.

十二月

大赦

겨울 12월,
대사면을 단행했다.

六年
春正月 民多饑死 給粟人一日三升至七月

6년
봄 정월, 백성들 다수가 기아로 사망하자 한 사람에게 하루 조 3되를 나누어 주었는데 7월까지 계속되었다.

二月
大赦 賜百姓五穀種子有差

2월
대사면을 단행하고, 백성들에게 5곡의 종자를 정도에 따라 나누어 주었다.

冬十二月
遣使入唐貢方物

겨울 12월
당唐에 사신을 보내 방물方物을 바쳤다.

七年
春正月 沙伐州進瑞芝

7년
봄 정월, 사벌주에서 진귀한 지초芝草[14]를 진상하였다.

二月
地震

---

14) 지초芝草; 버섯의 일종

2월
지진이 났다.

夏四月
鎭星犯月 大赦

여름 4월
진성鎭星[15]이 달을 가렸다. 대사면을 단행하였다.

八年
春三月, 菁州獻白鷹

8년
봄 3월, 청주菁州에서 흰 매를 바쳤다.

夏五月
旱

여름 5월
가물었다.

六月
遣使入唐貢方物

6월
당唐에 사신을 보내 방물을 바쳤다.

秋八月
赦罪人

15) 진성鎭星; 오늘날 토성을 일컫던 말.

가을 8월,
죄인을 사면했다.

九年
春正月 天狗隕三郞寺北 遣使入唐貢方物 地震 赦罪人

9년
봄 정월 천구[16]가 삼랑사 북쪽에 떨어졌다. 당唐에 사신을 보내 방물方物을 바쳤다. 지진이 발생했다. 죄인을 사면했다.

十年
春三月, 大雪

10년
봄 3월, 큰 눈이 내렸다

夏五月
禁屠殺

여름 5월
도살을 금하였다.

冬十月
巡狩國南州郡 中侍文良卒

겨울 10월
나라 남쪽 주군을 순행하며 사냥을 하였다. 중시 문량이 죽었다.

十一月
王製百官箴 示羣臣

16) 천구天狗; 혜성이나 큰 유성을 이르는 말

11월

왕이 백관의 잠箴[17]을 제정하고 여러 신하들에게 교시하였다.

십 이 월
十二月

견 사 입 당 공 방 물
遣使入唐貢方物

12월

당唐에 사신을 보내 방물方物을 바쳤다.

십 일 년
十一年

춘 이 월 견 사 입 당 조 공
春二月, 遣使入唐朝貢

11년

봄 2월, 당唐에 사신을 보내 조공을 하였다.

삼 월
三月

이 이 찬 위 문 위 중 시 대 당 견 사 로 원 민 칙 개 왕 명
以伊湌魏文爲中侍 大唐遣使盧元敏 勑改王名

3월

이찬 위문을 중시로 삼았다. 당唐이 사신 노원민을 보내 왕의 이름 융기隆基를 고치라고 칙령을 전했다.

하 사 월
夏四月

가 행 온 수
駕幸溫水

여름 4월

온수溫水에 말을 타고 행차하였다.

추 팔 월
秋八月

봉 김 유 신 처 위 부 인 세 사 곡 일 천 석
封金庾信妻爲夫人 歲賜穀一千石

---

17) 잠箴; 경계警戒의 글

가을 8월
김유신의 아내를 봉하여 부인夫人으로 삼고, 세곡 1천 석씩을 주게 했다.

십이년
十二年

춘이월 치전사서 견사입당조공 현종어루문이견지
春二月, 置典祀署 遣使入唐朝貢 玄宗御樓門以見之

12년
봄 2월, 전사서典祀署를 설치하였다. 당唐에 사신을 보내 조공을 하였는데, 현종이 누문樓門에 나와 접견했다.

동십월
冬十月

입당사김정종회 강조서 봉왕위표기장군특진행좌위위대장군 사지
入唐使金貞宗廻 降詔書 封王爲驃騎將軍特進行左威衛大將軍 使持
절대도독계림주제군사 계림주자사상주국락랑군공신라왕
節大都督雞林州諸軍事 雞林州刺史上柱國樂浪郡公新羅王

겨울 10월
당唐에 갔던 사신 김정종을 돌려보내며 황제가 조서를 내리고, 왕을 봉하여 '표기장군특진행좌위위대장군 사지절대도독계림주제군사 계림주자사상주국낙랑군공신라왕'으로 하였다.

동십월
冬十月

중시위문청로 종지
中侍魏文請老 從之

겨울 10월
중시 위문이 연로하다는 이유로 은퇴를 청하자 왕이 이를 따랐다.

십이월
十二月

대사 축개성
大赦 築開城

12월
대사면을 단행하였다. 개성開城을 쌓았다.

十三年

春正月 伊飡孝貞爲中侍

13년

봄 정월, 이찬 효정을 중시로 삼았다.

二月

改詳文師爲通文博士 以掌書表事 遣王子金守忠 入唐宿衛 玄宗賜宅
及帛以寵之 賜宴于朝堂

2월

상문사를 통문박사로 고치고, 서표를 작성하는 일을 관장하게 하였다. 왕자 김수충을 보내 입당하여 숙위를 하게 하니, 현종이 집과 비단을 하사하며 그를 총애하고, 조당에서 잔치를 베풀어 주었다.

閏二月

遣級飡朴裕入唐賀正 賜朝散大夫員外奉御還之

윤 2월

급찬 박유를 당에 보내 신년 하례를 하였는데, 그에게 조산대부원외봉어의 직을 주어 돌려 보냈다.

夏

旱 人多疾疫

여름

가뭄이 들었고, 사람들이 많이 역질에 걸렸다.

秋

歃良州山 橡實化爲栗

가을

삽량주歃良州 산에서 상수리[橡實][18]가 변하여 밤이 되었다.

冬十月

唐玄宗宴我使者于內殿 勅宰臣及四品已上諸官預焉

겨울 10월

당 현종이 우리 사신에게 내전에서 잔치를 베풀고, 칙령을 내려 재상과 신하 및 4품 이상의 모든 관리에게 이에 참가하도록 하였다.

十四年

春三月, 遣金楓厚入唐朝貢

14년

봄 3월, 김풍후를 파견하여 당唐에 조공하였다.

夏四月

菁州進白雀

여름 4월

청주菁州에서 흰 참새를 진상하였다.

五月

赦

5월

사면을 단행하였다.

六月

大旱 王召河西州龍鳴嶽居士理曉 祈雨於林泉寺池上 卽雨浹旬

18) 상수리[橡實]; 상수리나무의 열매이다. '도토리'보다 열매의 폭이 좀 넓다고 한다. 일반적으로 참나무과의 열매를 도토리라고 부르기도 하는데, '도토리'는 떡갈나무, '상수리'는 참나무 열매라고 구분하기도 한다.

6월

큰 가뭄이 들자, 왕이 하서주河西州 용명악龍鳴嶽에 사는 거사 이효를 불러 임천사 연못 위에서 비를 기원하였는데, 곧 비가 열흘 동안이나 계속 내렸다.

추 구 월
秋九月

태 백 엄 서 자 성
太白掩庶子星

가을 9월

태백太白[19]이 서자성庶子星[20]을 덮었다.

동 십 월
冬十月

류 성 범 자 미
流星犯紫微

겨울 10월,

유성流星이 자미紫微[21]를 범했다.

십 이 월
十二月

류 성 자 천 창 입 태 미 사 죄 인 봉 왕 자 중 경 위 태 자
流星自天倉入太微 赦罪人 封王子重慶爲太子

12월

유성流星이 천창天倉[22]으로부터 태미太微[23] 자리로 들어갔다. 죄인들을 사면하였다. 왕자 중경을 봉하여 태자로 삼았다.

19) 태백太白; 오늘날 금성을 말한다.

20) 서자성庶子星; 북극오성에 속한 별

21) 자미紫微; 북극성 중앙 부분에 위치하는 별자리이다. 고대에는 천체를 북극성을 하늘의 중심으로 보고 그 주변을 세 개 영역으로 구분하였다. 이에 따르면, 북극의 중앙 부분은 하늘의 왕이 사는 궁궐이라 하여 자미원紫微垣이라 하고, 그 옆으로 일반 백성들이 사는 천시원天市垣이 있고, 남쪽에 정부기관을 상징하는 태미원太微垣이 있다고 하였다. 그리고 그 바깥쪽 하늘을 28개의 영역으로 나누었다

22) 천창天倉; 하늘나라 곡식을 보관하는 네모난 창고 별자리. 서양의 목자牧者 자리의 세 번째 별에 해당한다.

23) 태미太微; 자미원 남쪽에 위치하는 별자리이다. 고대에는 천체를 북극성을 하늘의 중심으로 보고 그 주변을 세 개 영역으로 구분하였다. 이에 따르면, 북극의 중앙 부분은 하늘의 왕이 사는 궁궐이라 하여 자미원紫微垣이라 하고 이를 중심으로, 그 옆으로 일반 백성들이 사는 천시원天市垣이 있고, 남쪽에 정부기관을 상징하는 태미원太微垣이 있다고 하였다. 그리고 그 바깥쪽 하늘을 28개의 영역으로 나누었다

十五年

春正月 流星犯月 月無光

15년

봄 정월, 유성流星이 달을 범하자, 달이 빛을 잃었다.

三月

遣使入唐獻方物 出成貞王后 一云嚴貞 賜彩五百匹田二百結租一萬石宅一區 宅買康申公舊居 賜之 大風拔木飛瓦 崇禮殿毁 入唐賀正使金楓厚欲歸國 授員外郎還之

3월

당唐에 사신을 보내 방물을 바쳤다. 왕이 성정成貞(嚴貞이라고도 한다.) 왕후를 궁에서 내보내며, 비단 5백 필·밭 2백 결·벼 1만 석·저택 1구를 주었는데, 강신공의 옛 집을 사서 살게 하였다. 큰 바람이 불어 나무가 뽑히고 기와가 날았으며, 숭례전이 무너졌다. 당唐에 갔던 하정사 김풍후가 귀국하려 하자, 당 황제가 그에게 원외랑 직위을 내려 보냈다.

夏六月

旱 又召居士理曉祈禱 則雨 赦罪人

여름 6월

가뭄이 들었다. 다시 거사 이효를 불러 기도하게 하니, 곧 비가 왔다. 죄인을 사면하였다.

十六年

春二月, 置醫博士筭博士各一員

16년

봄 2월, 의박사醫博士와 산박사筭博士 각 한 명씩을 두었다.

三月

創新宮

3월

새로 궁궐을 지었다.

夏四月

地震

여름 4월

지진이 발생했다.

六月

太子重慶卒 諡曰孝殤

6월

태자 중경이 죽으니 시호를 효상이라 하였다.

秋九月

入唐大監守忠廻 獻文宣王十哲七十二弟子圖 卽置於大學

가을 9월

당에 갔던 대감 수충이 돌아와 문선왕文宣王[24] 10철十哲[25] 등 72제자의 그림을 바치자, 즉시 태학에 비치하였다.

十七年

春正月, 中侍孝貞退 波珍湌思恭爲中侍

17년

봄 정월, 중시 효정이 퇴직하고, 파진찬 사공이 중시가 되었다.

---

24) 문선왕文宣王; 공자를 말한다.

25) 10철十哲; 공자의 제자 중 뛰어난 10인을 말한다.

二月

王巡撫國西州郡 親問高年及鰥寡孤獨 賜物有差

2월

왕이 서쪽 지방의 주군州郡을 순무巡撫[26]하여, 친히 나이 많은 사람과 홀아비, 과부, 고아, 늙어서 자식 없는 사람을 위문하고, 그 어려운 정도에 따라 물품을 하사하였다.

三月

地震

3월

지진이 발생했다.

夏六月

震皇龍寺塔 始造漏刻 遣使入唐朝貢 授守中郎將還之

여름 6월

황룡사 탑에 벼락이 치니, 처음으로 누각漏刻을 만들었다. 사신을 당唐에 보내 조공하니, 수중낭장으로 제수하여 돌려보냈다.

冬十月

流星自昴入于奎 衆小星隨之 天狗隕艮方 築漢山州都督管內諸城

겨울 10월

유성流星이 묘성昴星[27]으로부터 규성奎星[28]에 들어가자, 여러 작은 별들이 이를 따라 들어갔고, 천구天狗[29]가 동북방에 떨어졌다. 한산주 도독 관내에 여러 곳에 성을 쌓았다.

---

26) 순무巡撫; 천하를 순행하고 군민을 위로하고 다스린다는 의미이다.(巡行天下, 撫治軍民)

27) 묘성昴星; 이십팔수二十八宿의 열여덟째 별자리의 별

28) 규성奎星; 이십팔수二十八宿의 열다섯째 별자리의 별

29) 천구天狗; 혜성이나 큰 유성을 가리키는 말

십팔년
十八年

춘정월 견사입당하정
春正月, 遣使入唐賀正

추구월 진김마군미륵사
秋九月, 震金馬郡彌勒寺

18년

봄 정월, 당唐에 하정사賀正使를 파견하였다.

가을 9월, 금마군 미륵사에 벼락이 떨어졌다.

십구년
十九年

춘정월 지진 상대등인품졸 대아찬배부위상대등
春正月, 地震 上大等仁品卒 大阿飡裴賦爲上大等

19년

봄 정월, 지진이 발생했다. 상대등 인품이 죽고, 대아찬 배부가 상대등이 되었다.

삼월
三月

납이찬순원지녀위왕비
納伊飡順元之女爲王妃

3월

이찬 순원의 딸을 왕비로 삼았다.

하사월
夏四月

대우 산붕십삼소 우박상화묘
大雨 山崩十三所 雨雹傷禾苗

여름 4월

큰 비가 내려 산이 열세 곳이나 무너졌다. 우박이 내려 볏모를 해쳤다.

오월
五月

명유사매해골 완산주진백작
命有司埋骸骨 完山州進白鵲

5월

해당 부서[有司]에 명하여 해골을 묻게 하였다. 완산주完山州에서 흰 까치를 진상하였다.

六月
冊王妃爲王后

6월
왕비를 왕후로 책봉하였다.

秋七月
熊川州獻白鵲 蝗蟲害穀 中侍思恭退 波珍湌文林爲中侍

가을 7월
웅천주熊川州에서 흰 까치를 진상하였다. 메뚜기 떼가 곡식을 해쳤다. 중시 사공이 퇴직하고, 파진찬 문림이 중시가 되었다.

二十年
秋七月, 徵何瑟羅道丁夫二千 築長城於北境
冬, 無雪

20년
가을 7월, 하슬라도何瑟羅道에서 장정 2천 명을 징발하여 북쪽 국경에 장성長城을 쌓았다.
겨울, 눈이 내리지 않았다.

二十一年
春正月, 中侍文林卒 伊湌宣宗爲中侍

21년
봄 정월, 중시 문림이 죽자, 이찬 선종이 중시가 되었다.

二月
京都地震

2월
경도京都에 지진이 있었다.

秋八月
始給百姓丁田

가을 8월
처음으로 백성들에게 정전丁田을 주었다.

冬十月
遣大奈麻金仁壹入唐賀正幷獻方物 築毛伐郡城 以遮日本賊路

겨울 10월
대내미 김인일을 당에 보내 신년을 하례하고, 아울러 방물을 바쳤다. 모벌군성毛伐郡城을 쌓아 적국賊國 일본의 침입로를 막았다.

二十二年
春三月, 王遣使入唐 獻美女二人 一名抱貞 父天承奈麻 一名貞菀
父忠訓大舍 給以衣着器具奴婢車馬 備禮資遣之
玄宗曰 女皆王姑姊妹 違本屬別本國 朕不忍留 厚賜還之 貞菀碑云
孝成六年 天寶元年歸唐 未知孰是

22년
봄 3월, 왕이 사신을 당에 보내 미녀 두 명을 바쳤다. 한 명은 포정抱貞이라는 여자로서 아버지는 내마 천승이었으며, 한 명은 정완貞菀이라는 여자로서 아버지는 대사 충훈이었다. (왕이) 의복과 장신구와 노비와 수레와 말을 주어, 예장을 갖추어 보냈다.
현종이 말하길,
"너희들이 모두 왕의 고자매姑姊妹[30]들로서, 친척과 이별하고 고국을 떠나 왔으니, 짐朕은 차마 머물러 있게 할 수가 없다."
라고 하고, 후하게 선물을 주어 돌려보냈다.

30) 고자매姑姊妹; 아버지의 여자 형제.

정완貞菀의 비석에는 '효성孝成 6년, 즉 천보天寶[31] 원년에 당唐에 가다.'라고 적혀 있으니 어느 것이 옳은지 알 수 없다.

夏四月

遣使入唐 獻果下馬一匹 牛黃人蔘美髢朝霞紬魚牙紬鏤鷹鈴海豹皮

金銀等 上表曰 臣鄕居海曲 地處遐陬 元無泉客之珍 本乏賨人之貨

敢將方産之物塵瀆天官 駑蹇之才滓穢龍廐 竊方燕豕敢類楚雞 深覺

靦顔彌增戰汗

地震

여름 4월

사신을 당唐에 보내 과하마 1필과 우황·인삼·가발, 조하주朝霞紬[32]·어아주魚牙紬[33]·누응령鏤鷹鈴[34]·해표피海豹皮[35], 금·은 등을 바치고 글을 올려 말했다.

"신臣의 나라는 해곡海曲에 위치하여 장안長安에서 멀리 떨어져 있습니다. 귀한 손님에게 내줄만한 진귀한 재물이 원래 없거나 본시 부족하여, 감히 지방의 산물을 가지고서 황제의 사신을 무안하게 하고, 둔한 재주를 내어 황제의 마구간을 더럽히게 하니, 연나라의 돼지를 모방하고 감히 초나라의 닭을 베꼈음을 깊이 깨달아, 얼굴이 화끈거리고 또한 식은땀이 더욱 흐릅니다."

지진이 발생했다.

二十三年

春, 立王子承慶爲太子 大赦 熊川州進瑞芝

23년

봄, 왕자 승경을 태자로 삼고, 대사면을 단행하였다. 웅천주熊川州에서 진귀한 지초芝草[36]을 진상하였다.

31) 천보天寶; 천보天寶는 당 현종의 세 번째 연호이다.(742년~756년) 따라서 천보 원년은 서기 742년을 말한다.

32) 조하주朝霞紬; 붉은 노을 무늬를 수놓은 명주

33) 어아주魚牙紬; 물고기 모양의 수를 놓은 명주

34) 누응령鏤鷹鈴; 매를 새겨 놓은 방울

35) 해표피海豹皮; 바다표범의 (방한용) 가죽

36) 지초芝草; 버섯의 일종

二月

遣金武勳入唐賀正 武勳還 玄宗降書曰 卿每承正朔 朝貢闕庭 言念所懷 深可嘉尙 又得所進雜物等 並踰越滄波 跋涉草莽 物旣精麗 深表卿心 今賜卿錦袍金帶及綵素共二千匹 以答誠獻 至宜領也

2월

김무훈을 당唐에 보내 신년인사를 하였는데 무훈이 돌아올 때 당의 현종이 글을 내려 말하였다.

“경은 매년 정월 초하루 때마다 궐정闕庭에 조공하고 소회를 말하니 심히 가상하고, 또한 진상해 온 온갖 물자를 받고 그것이 모두 푸른 물결을 넘고 울퉁불퉁한 시골길을 건너온 것으로 물건이 훌륭하고 아름다워, 경의 마음을 깊이 나타냈다. 지금 경에게 금포·금대와 비단 2천 필을 주어 성실한 조공에 보답하려 하니, 잘 받기를 바란다.”

冬十二月

遣使入唐獻方物 炤德王妃卒

겨울 12월

사신을 당唐에 보내 특산물을 올렸다. 소덕 왕비가 사망하였다.

二十四年

春正月, 白虹見

24년

봄 정월, 흰 무지개가 나타났다.

三月

雪

3월

눈이 내렸다.

夏四月

雹, 中侍宣宗退 伊湌允忠爲中侍

여름 4월
우박이 내렸다. 중시 선종이 은퇴하자 이찬 윤충允忠이 중시가 되었다.

冬十月

地動

겨울 10월
지진이 발생했다.

二十五年

夏四月, 遣金忠臣入唐賀正

五月, 遣王弟金欽質入唐朝貢 授郎將還之

25년
여름 4월, 김충신을 당唐에 보내 신년 인사를 하였다.
5월, 왕의 아우 김근질을 당唐에 보내 조공하였다. 당唐에서는 낭장의 직위를 내려 돌려보냈다.

二十六年

春正月, 赦罪人 遣使入唐賀正

26년
봄 정월, 죄인들을 사면하였다. 사신을 당에 보내 신년인사를 하였다.

夏四月

以一吉湌魏元爲大阿湌 級湌大讓爲沙湌

여름 4월
일길찬 위원을 대아찬으로 삼고, 급찬 대양을 사찬으로 삼았다.

冬十二月

修永昌宮 上大等裵賦請老 不許 賜几杖

겨울 12월

영창궁을 수리하였다. 상대등 배부가 연로하여 은퇴를 요청하였으나, 불허하고 안석과 지팡이를 하사하였다.

二十七年

秋七月, 遣王弟金嗣宗入唐獻方物 兼表請子弟入國學 詔許之 授嗣宗果毅 仍留宿衛 上大等裵賦請老 從之 以伊飡思恭爲上大等

27년

가을 7월, 왕의 아우 김사종을 당에 보내 방물을 바쳤다. 아울러 자제들의 국학 입학을 요청하자 황제가 이를 허락하는 조칙을 내렸다. 황제가 사종에게 과의果毅[37] 직위를 내리며 숙위로 머무르게 하였다.

상대등 배부가 연로하여 퇴직을 요청하니, 이에 따라 이찬 사공을 상대등으로 삼았다.

二十八年

春正月, 遣使入唐賀正

秋九月, 遣使入唐朝貢

28년

봄 정월, 사신을 당唐에 보내 신년하례를 하였다.

가을 9월, 사신을 당唐에 보내 조공하였다.

二十九年

春二月, 遣王族志滿朝唐 獻小馬五匹狗一頭 金二千兩頭髮八十兩海豹皮十張 玄宗授志滿大僕卿 賜絹一百匹紫袍錦細帶 仍留宿衛

冬十月, 遣使朝唐貢獻方物 玄宗賜物有差

37) 과의果毅; 唐代 지방 군사조직인 절충부折衝府의 武官으로 징병과 훈련의 임무를 맡았다.

29년

봄 2월, 왕족 지만을 당唐에 보내 작은 말 5필 개 1마리 금 2천 량 가발 80량 해표피 10장 등을 바치니, 당 현종은 지만에게 대복경의 직위를 수여하고 견 100 필과 자포 면세대를 하사하여 숙위로 머물게 하였다.

겨울 10월, 사신을 파견하여 당唐에 조공하고 방물方物을 바치니, 현종은 직급에 따라 물품을 하사하였다.

三十年

春二月, 遣金志良入唐賀正 玄宗授大僕少卿員外置 賜帛六十匹放還

降詔書曰

30년

봄 2월, 김지량을 당唐에 보내 신년 인사를 하니, 현종玄宗이 '대복소경원외치'라는 직위를 수여하고 비단 60필을 주어서 돌려보내며, 조서를 내려 말했다.

所進牛黃及金銀等物 省表具之

卿二明慶祚 三韓善隣 時稱仁義之鄉 世著勳賢之業 文章禮樂 闡君子之風 納款輸忠 效勤王之節 固藩維之鎭衛 諒忠義之儀表 豈殊方憬俗可同年而語耶 加以慕義克勤 述職愈謹 梯山航海 無倦於阻修 獻幣貢琛 有常於歲序 守我王度 垂諸國章 乃眷懇誠深可嘉尙

朕每晨興佇念 宵衣待賢 想見其人以光啓沃 俟卿覯止 允副所懷 今使至 知嬰疾苦不遂抵命 言念遐闊 用增憂勞 時候暄和 想痊復也

今賜卿綾綵五百匹帛二千五百匹 宜卽領取

진상한 우황 및 금·은 등의 물자는 글을 살펴 잘 갖추었음을 알았다.

경의 부부[二明][38]가 경사롭고 복이 많으니 삼한이 평화롭다. 항시 인의仁義의 고장이라 불리며 대대로 훈현勳賢[39]의 업적을 이루니, 그 문장과 예악은 군자의 기풍을 밝혔고, 마음을 다 바쳐 따르며 충성을 다하니 근왕勤王[40]의 절조를 이었도다. 진실로

38) 이명二明; 성덕왕 부부를 가리키는 말이다. 당 나라 제서制書에 성덕왕聖德王을 '그대 두 부부는 경복慶福하고[二明慶祚]'라고 한 것은 신라 사람이 당에 들어가 감히 '두 성인'이라 칭하지는 못하고 '두 부부[二明]'라고 한 것이요 나라 안에서만 스스로 칭한 것이 곧 이와 같았던 것이다.(출처; 동 사략론, 양촌선생문집 제34권 한국고전번역원 | 이동희 (역) | 1979)

39) 훈현勳賢; 공훈과 성현

번방의 수호자요 진정 충의의 대명사라 할 수 있으니, 어찌 특수한 지방의 시골 습속과 같다고 말할 것인가? 더구나 의리를 사모함에 크게 부지런하고 직책을 행함에 한층 엄정하며 산을 넘고 바다를 건너 막히고 먼데도 쉼이 없었고 예물과 보배를 바침에 있어 해마다 한결 같으며 우리의 왕도를 지켜 모든 공문서를 기록하니, 그 간절하고 정성스러움이 보기에 심히 가상하다.

짐朕은 항상 새벽에 깨어나서 한동안 생각에 잠긴다. 날이 새기 전에 옷을 입고 현인을 기다리며, 그런 사람을 만나면 속마음을 털어 놓을 상상을 하는데, 경卿을 기다려 만난다면 진실로 내가 품은 뜻과 버금갈 것이다. (그러나) 지금 사신이 도날하니, (경이) 병에 걸려 고통을 당하고 뜻하지 아니하게 명을 거스르고 있다는 것을 알게 되었다. 이에 멀고도 멀 것을 생각하니 근심하며 고생함이 더할 따름이다. 계절이 따뜻하고 온화해져서 병이 나아 회복되기를 바란다.

지금 경卿에게 비단[綾綵] 500필과 백 2500 필을 하사하니 잘 거두어 주기를 바란다.

夏四月

赦 賜老人酒食 日本國兵船三百艘 越海襲我東邊 王命將出兵 大破之

여름 4월

시면을 단행하고 노인들에게 술과 음식을 하사하였다. 일본국日本國 병선 3백 척이 바다를 넘어와 동쪽 변경을 습격하므로, 왕이 장병에게 출동을 명하여 대파하였다.

秋九月

命百官會的門 觀射車弩

가을 9월

왕이 백관들로 하여금 적문的門에 모이게 하여, 거노車弩[41]의 사격을 지켜보았다.

三十一年

冬十二月, 以角干思恭伊飡貞宗允忠思仁各爲將軍

31년

겨울 12월, 각간 사공과 이찬 정종·윤충·사인을 각각 장군으로 삼았다.

40) 근왕勤王; 왕실王室을 위하여 충성을 다하다 또는 병력을 동원하여 왕실을 구원하다는 의미이다.

41) 거노車弩; 차량에 탑재한 쇠뇌

三十二年

秋七月 唐玄宗以渤海靺鞨越海入寇登州 遣太僕員外卿金思蘭歸國 仍加授王 爲開府儀同三司寧海軍使 發兵擊靺鞨南鄙會

32년

가을 7월, 당 현종은, 발해 말갈靺鞨이 바다를 건너 등주登州를 약탈하므로, '태복원외경' 김사란을 귀국시키면서, 이에 더하여 왕을 개부의동삼사開府儀同三司 영해군사寧海軍使로 삼고, 출병하여 말갈靺鞨의 남부 변경 도시를 공격하도록 하였다.

秋七月

大雪丈餘 山路阻隘 士卒死者過半 無功而還 金思蘭本王族 先因入朝 恭而有禮 因留宿衛 及是 委以出疆之任

가을 7월

큰 눈이 한길 넘게 내려 산길이 막혔고, 사망한 사졸이 절반이 넘었으며, 아무런 공도 세우지 못하고 돌아왔다.

김사란金思蘭은 원래 왕족으로 앞서 입조하였을 때 공손하고 예의가 바르므로 숙위로 머물도록 하였는데, 이 시기에 군사 임무를 맡긴 것이다.

冬十二月

遣王姪志廉朝唐謝恩 初帝賜王白鸚鵡雄雌各一隻 及紫羅繡袍金銀鈿器物瑞紋錦 五色羅綵共三百餘段 王上表謝曰

겨울 12월

왕의 조카 지렴志廉을 파견하여 당에 조공하고 답례하였는데, 먼저 당현종이 왕에게 흰 앵무새 암수 한 쌍과 자라수포와 금은세기물과 서문금과 오색나채 등 300여 단을 보내왔으므로, 이때 왕이 글로써 사례하였던 것이다.

伏惟 陛下執象開元 聖文神武 應千齡之昌運 致萬物之嘉祥 風雲所通咸承至德 日月所炤共被深仁 臣地隔蓬壺 天慈洽遠 鄉睽華夏 睿渥覃幽

伏視瓊文跪披玉匣 含九霄之雨露 帶五彩之鵷鸞 辯惠靈禽素蒼兩妙 或稱長安之樂 或傳聖主之恩 羅錦彩章金銀寶鈿 見之者爛目 聞之者驚心

原其獻款之功 實由先祖 錫此非常之寵 延及末孫 微効似塵重恩如嶽 循涯揣分 何以上酬

엎드려 생각하니 폐하께서 등극하시어 개원開元[42]에 이르니, 위대한 문무文武가 천세의 창운昌運에 부응하고 만물의 가상嘉祥에 도달하므로, 비와 구름이 통하는 곳마다 모두 지극한 은덕恩德을 입고 해와 달이 비치는 곳마다 깊은 인의仁義를 입게 되었습니다.

신臣의 땅은 봉호蓬壺[43]에 떨어져 있으나 하늘같은 자애慈愛가 멀리까지 미치고, 시골에서도 화하華夏를 바라보니 깊은 은혜가 유주幽州까지 미칩니다.

엎드려 경문瓊文[44]을 읽고 꿇어 앉아 옥갑玉匣[45]을 여니 높은 하늘의 비와 이슬을 머금은 채 오색 원란鵷鸞[46]을 둘렀는데, 봉황과 함께 희고 푸른 두 신묘한 새를 혹자는 장안長安의 즐거운 이라고도 말하고 혹자는 성주聖主의 은혜 라고도 합니다. 나금채장羅錦彩章[47]과 금은보전金銀寶鈿[48]은 보는 사람의 눈을 황홀하게 하고 듣는 사람의 마음을 놀라게 하니, 그 헌관獻款[49]의 공을 찾자면 실은 선조로부터 말미암은 것으로 이 같은 비상한 총애를 하사하니 자손들에게까지 이어질 것입니다.

(이에) 티끌로서 미약하나마 큰 산과 같은 무거운 은혜를 본받고, 한계를 쫓아 분수를 헤아리자니, 어떻게 보답할지 모르겠습니다.

---

42) 개원開元; 개원開元 은 당 현종의 두 번째 연호이다.(713년~741년) 성덕왕 32년 당시는 개원開元 연간에 해당한다.

43) 봉호蓬壺; 영주산瀛州山, 방장산方丈山과 함께 삼신산三神山의 하나. 이 산에는 신선이 살며 불사의 영약이 있고, 이곳에 사는 짐승은 모두 빛깔이 희며, 금은으로 지은 궁전이 있다고 한다. 蓬萊라고도 하는데, 蓬萊市는 현재 중국 山東省 煙台市에 위치한다.

44) 경문瓊文; 아름다운 글

45) 옥갑玉匣; 보석 상자

46) 원란鵷鸞; 원추새와 난새

47) 나금채장羅錦彩章; 여기서는 상자를 말한다.

48) 금은보전金銀寶鈿; 여기서는 상자 속의 보물을 말한다.

49) 헌관獻款; 정성을 바친다는 뜻으로 중국이 크게 어지럽자 영웅들이 동시에 일어났는데 진왕秦王은 뛰어난 무예로 향하는 곳에는 적이 없었으며 '마침내 천하를 평정하고 남면하여 황제가 되니, 북쪽 오랑캐는 항복을 청하고 서쪽 오랑캐는 정성을 바쳤다.'는 구당서의 구절을 인용한 말이다.(中國大亂, 英雄並起. 秦王神武, 所向無敵, 遂平天下, 南面爲帝, 北夷請服, 西戎獻款)

詔饗志廉內殿 賜以束帛

(이에) 당현종은 내전으로 지렴志廉을 불러 향연을 베풀고 속백束帛을 하사하였다

三十三年

春正月, 敎百官 親入北門奏對

33년

봄 정월, 백관들에게 교서를 내려 직접 북문으로 들어와 직접 왕 앞에서 상주上奏하도록 하였다.

春正月

入唐宿衛左領軍衛員外將軍金忠信上表曰

이때 당唐에 입조하여 숙위로 있는 좌령군左領軍 위원외장군衛員外將軍 김충신金忠信이 글을 올려 말했다.

臣所奉進止 令臣執節 本國發兵馬 討除靺鞨 有事續奏者 臣自奉聖旨 誓將致命 當此之時 爲替人金孝方身亡 便留臣宿衛 臣本國王以臣久侍天庭 遣使從姪志廉代臣 今已到訖 臣卽合還

每思前所奉進止 無忘夙夜 陛下先有制 加本國王興光寧海軍大使 錫之旌節 以討凶殘 皇威載臨 雖遠猶近 君則有命 臣敢不祗蠢爾夷俘 計已悔禍然除惡 務本布憲惟新 故出師義貴乎三捷 縱敵患貽於數代 伏望陛下因臣還國以副使假臣 盡將天旨 再宣殊裔 豈惟斯怒益振 固亦武夫作氣 必傾其巢穴 靜此荒隅 遂夷臣之小誠 爲國家之大利

臣等復乘桴滄海 獻捷丹闈 效毛髮之功 答雨露之施 臣所望也 伏惟陛下圖之

신臣이 받들었던 훈령[進止]은 이제 신臣이 책임지고[執節] 본국에서 병마를 징발하여 말갈을 토벌하는 것이요, 이어 더 올린 말씀이 있다면 신臣이 스스로 성지를 받들어 장차 목숨을 바칠 것을 맹세한 것입니다. 그런데 당시 김효방이 죽었으므로 이에 후임으로 마침 신臣이 그대로 숙위로 머물게 되었습니다. 신臣의 본국왕은 신臣이 오래도록 당唐 조정에 머물며 모시게 하였는데 이제 종질 지렴志廉을 파견하여 신臣과 교대하도록 하여 지금 여기에 왔으므로 신臣은 곧 돌아가는 것이 합당할 것입니다.

신臣은 매번 전일에 받은 소임을 생각하여 밤낮으로 잊지 않았는데, (그것은) 폐하께서 일찍이 정한 바, 본국왕 흥광興光[50]에게 영해군대사寧海軍大使의 직을 추가하고 정절旌節을 하사하여 흉악한 잔적을 토벌하게 한 것입니다. 황제의 위엄이 미쳐 비록 먼 곳이나 오히려 가까운 곳이나 칙명이 내리면 신臣이 어찌 이 꿈틀거리는 오랑캐를 사로잡지 않을 수 있겠습니까? 스스로 계획을 세워 재앙을 받지 않도록 한, 연후에 악을 제거할 것인 바, 직분을 다하여 근본을 정비하고 새로움을 도모해야 합니다. 따라서 군사의 출동은 명분[道義]이 세 번의 승리보다 고귀합니다. 적을 풀어 놓으면 우환이 누대에까지 미치게 되는 것이니, 엎드려 바라건대, 신臣이 환국함에 있어 임시직으로 부사副使를 주시고, 나아가 칙령을 내려 다시 신라를 특별한 후예로 선포한다면, 어찌 노여움을 이보다 더 떨칠 수 있겠습니까? 그리하면, 역시 무사들도 기운을 내고 필경에 그 소혈을 뒤집어엎어 거친 지역을 평정할 것이니, 마침내 오랑캐의 조공을 받게 되어 나라의 큰 이익이 될 것입니다

신臣 등이 다시 작은 배를 타고 창해를 건너와서 승첩을 바치며 보잘 것 없는 작은 공이나마 아뢰어 큰 은혜에 보답하고자 함이 신臣이 바라는 바이니, 엎드려 생각하건대 폐하께서 이를 헤아려 주시옵소서.

(春正月)

帝許焉

(봄 정월)

당唐 황제가 이를 허락하였다

夏四月

遣大臣金端竭丹 入唐賀正 帝宴見於內殿 授衛尉少卿 賜緋襴袍平漫銀帶及絹六十匹

50) 흥광興光; 성덕왕의 이름이다.

여름 4월

대신 김단갈단을 파견하여 당에 신년 인사를 하니, 황제는 주연을 베풀어 내전에서 접견하며 위위소경 직위를 수여하고 비란포와 평망은대와 견 60필을 하사하였다.

先時

遣王姪志廉謝恩 獻小馬兩匹狗三頭 金五百兩銀二十兩布六十匹 牛黃二十兩人參二百斤 頭髮一百兩海豹皮一十六張 及是 授志廉鴻臚少卿員外置

그 이전

왕의 조카 지렴志廉을 파견하여 간단하게 사은하며, 작은 말 2필과 개 3두와 금 500량과 은 20량과 포 60필과 우황 20량과 인삼 200근과 두발 100 량과 해표피 16장을 바쳤는데, 이때에 이르러 지렴志廉에게도 홍려소경원외치鴻臚少卿員外置라는 직위를 수여했다.

三十四年

春正月, 熒惑犯月 遣金義忠入唐賀正

二月, 副使金榮在唐身死 贈光祿少卿 義忠廻 勑賜浿江以南地

34년

봄 정월, 형혹熒惑[51]이 달을 가렸다. 김의충金義忠을 당에 보내 신년 인사를 하였다.

2월, 부사 김영金榮이 당에서 사망하자, 광록소경 벼슬을 추증하였다. 의충이 귀국할 때 황제는 신라에 패강浿江 이남의 땅을 주라는 조칙을 내렸다.

三十五年

夏六月, 遣使入唐賀正 仍附表陳謝曰

35년

여름 6월, (왕이) 사신을 당唐에 파견하여 신년 인사를 하고 아울러 표문을 보내 사례의 말씀을 전했다.

---

51) 형혹熒惑; 오늘날 화성火星. 재화災禍나 병란兵亂의 징조를 보여 주는 별이라 하여 이르는 말.

伏奉恩勅賜浿江以南地境

臣生居海裔 沐化聖朝 雖丹素爲心而功無可効 以忠貞爲事 而勞不足賞 陛下降雨露之恩 發日月之詔 錫臣土境 廣臣邑居 遂使墾闢有期 農桑得所

臣奉絲綸之旨 荷榮寵之深 粉骨糜身 無由上答

'패강 이남 지역을 주신다'는 은혜로운 조칙을 엎드려 받듭니다.

신臣은 바다 변방에서 태어나 살면서 성조聖朝를 듬뿍 입게 되었는데, 비록 일편단심이었으나 가히 본받을 만한 공을 이루지 못하고, 충절로서 받들었으나 그 노력이 상을 주기에는 부족하였습니다. 그런데도 폐하께서는 우로의 은혜를 내리어 일월과 같은 조서를 발하니, 신에게 영토를 주시어 신의 살 곳을 넓혀 주시고 나아가 개간하여 농사와 길쌈을 할 수 있노록 하였습니다.

신은 조칙의 뜻을 받들어 깊은 영총을 입게 되니, 뼈가 가루가 되고 몸이 부서지더라도 보답하지 못할 것 같습니다.

冬十一月

遣從弟大阿湌金相朝唐 死于路 帝深悼之 贈衛尉卿 遣伊湌允忠思仁英述 檢察平壤牛頭二州地勢 狗登在城鼓樓 吠三日

겨울 11월

종제인 대아찬 김상을 당에 파견하여 조공하게 하였는데, 가는 길에 사망하므로 황제가 깊이 애도하여 그에게 위위경 벼슬을 추증하였다. 이찬·윤충·사인·영술을 파견하여 평양주와 우두주의 지세를 조사하였다. 개가 재성 누각에 올라가 사흘 동안 짖었다.

三十六年

春二月, 遣沙湌金抱質入唐賀正 且獻方物 王薨 謚曰聖德 葬移車寺南

36년

봄 2월

사찬 김포질金抱質을 입당시켜 신년하례를 하고 또[且][52] 방물을 보냈다. 왕이 홍서하니, 시호를 성덕聖德이라 하고 이거사移車寺 남쪽에 장사지냈다.

52) 원문은 '旦'로 되어 있으나 且의 오기로 보인다.

○ 성덕왕 때에는 매년 정월에 빠짐없이 당唐에 신년하례를 하였고, 그 외에도 하루가 멀다 하고 사신을 보내 조공을 하며 방물을 보냈다. 그 길이 경주에서 낙양까지 먼 거리였다면 이것이 어찌 가능하다 할 수 있겠는가?

물론, 二十二年 四月 기사에서 '臣鄕居海曲 地處遐陬'라 하였지만 이는 서간문에서 흔히 볼 수 있는 관례적인 인사치레라고 할 것이다. 二十三年 二月기사 '踰越滄波跋涉草莽' 역시 마찬가지로 보아야 한다.

○ 성덕왕 三十二年 七月 기사에는 '唐玄宗以渤海靺鞨越海入寇登州 遣太僕員外卿金思蘭歸國 仍加授王 爲開府儀同三司寧海軍使 發兵擊靺鞨南鄙會'라는 기록이 있다. 당 현종이 발해 말갈靺鞨이 바다를 건너 등주登州를 약탈하므로, '태복원외경' 김사란을 귀국시키면서, 이에 더하여 왕을 개부의동삼사開府儀同三司 영해군사寧海軍使로 삼아 출병하여 말갈靺鞨의 남부 변경 도시를 공격하도록 하였다는 것이다.

성덕왕 三十二年 七月 기사는 여러 가지 논점을 함유하고 있다.

첫째, 발해말갈의 실체이다. 삼국유사는 통전通典을 인용하며, '渤海 本粟末靺鞨 至其酋祚榮立國 自號震旦 先天中 玄宗壬子 始去靺鞨號 專稱渤海'라고 하였다. 발해渤海는 본래 속말말갈粟末靺鞨로 그 추장酋長 조영祚榮에 이르러서 나라를 세우고 국호國號를 스스로 진단震旦이라고 하였는데, 선천先天 연간 현종 임자년에 비로소 말갈靺鞨이라는 명칭을 버리고 오로지 발해라고 일컬었다는 것이다.

삼국사기의 기록을 분석하여 보자. 태종무열왕 五年 三月 기사에는 '王以何瑟羅地連靺鞨人不能安'이라는 기록이 있었다. 하슬라何瑟羅는 말갈과 접해 있어 백성들이 편안히 지낼 수 없었다는 것이다. 한편, 소지왕 편에서 분석한 바와 같이 신라는 북쪽으로 말갈 또는 고구려와 경계를 이루고 있었는데 말갈靺鞨은 하북성河北省과 요녕성 및 그 이북에 있었으므로, 하북성河北省 일대에 고구려 또는 말갈과의 경계인 니하泥河와 살수薩水가 흐르고 있었고 이 접경지대에 何瑟羅州가 있었는데 여기에는 미질부彌秩夫・과현戈峴・대령大領・장령長嶺・실직悉直 등이 있었고, 馬頭城・悉直城・泥河城, 比列城・狐鳴城, 母山城, 狐山城, 犬牙城, 牛山城 등이 분포하고 있었다.(지마왕・일성왕・나해왕・내물왕・자비왕・소지왕 편 참조)

요컨대, 말갈의 남쪽 경계는 하북성河北省과 요녕성 일대였던 것으로 보인다. 그런데 발해는 천문산에서 당군을 무찌르고 성립한 나라이므로, 천문산을 중심으로 위치 비정을 다시 하여야 한다. 많은 사서들이 발해나 발갈을 혼동 내지 혼용하고 있지만, 발해의 건국을 기준으로 양자를 구분해야 할 것이다.

둘째, 등주登州의 위치이다. 국사편찬위원회는 등주登州가 중국 산동성 봉래현을 말한는 입장이다.[53] 그런데, 당시 형세는 신라의 북서쪽으로 당과 발해가 영토를 접하며 대치하고 있었고, 발해가 이를 돌파하고 황하를 건너 장안長安을 바로 공격하려 하

53) 출처; 북한과학원 고전연구실, ≪삼국사기≫ 상, 아름출판공사, 1958, 234쪽

였을 것으로 추정된다. 위 기사에 따르면 발해가 장안長安 방면으로 공격을 개시하자 신라로 하여금 말갈靺鞨의 남부 변경 도시를 공격하도록 함으로써 장안을 향하는 발해군의 진격을 막으려 한 것으로 분석된다. 그렇다면 등주登州는 황하를 사이에 두고 발해의 건너편에 있었을 것으로 비정된다.

셋째, 영해寧海 또는 영해군사寧海軍使의 의미이다.

성덕왕 이전에는 낙랑군왕樂浪郡王 또는 낙랑군공樂浪郡公 등으로 관작을 받았는데, 성덕왕은 삼국사기 기록상으로는 최초로 영해군사寧海軍使의 직책을 받았다.

그런데, 영해군사寧海軍使로 삼았다는 것은 영해寧海 지역에 대한 신라의 영유권을 인정한다는 의미이다. 영해寧海는 오늘날 하북성河北省 동부 지역을 말하는 것이다. (영해寧海의 정확한 위치 비정은 애장왕 편에서 상술한다.) 성덕왕을 영해군사寧海軍使로 삼은 것은 발해의 등주登州 공격 때문으로, 영해지역에 대한 신라의 영유권을 확인함으로써 발해를 견제하고자 한 것이다.

○ 성덕왕 三十二年 十二月 기사 중 표사문表謝文에는 '臣地隔蓬壺 天慈洽遠 鄉睽華夏 睿渥覃幽'라는 기록이 있다. 즉, 신臣의 땅은 봉호蓬壺에 떨어져 있으나 하늘 같은 자애慈愛가 멀리까지 미치고, 시골에서도 화하華夏를 바라보니, 깊은 은혜가 유주幽州까지 미친다는 것이다. 이를 분석하여 보자.

첫째, '臣地隔蓬壺'에서 성덕왕 스스로 자신이 있는 신라의 위치를 확정하고 있음을 알 수 있다. 즉, 신라가 바로 봉호蓬壺에 있다는 것이다. 봉호蓬壺는 봉래蓬萊라고도 하는데, 영주산瀛州山, 방상산方丈山과 함께 중국 삼신산三神山의 하나인 봉래산蓬萊山이 있는 곳이다. 봉래산蓬萊山에는 신선이 살며 불사의 영약이 있고, 이곳에 사는 짐승은 모두 빛깔이 희며, 금은으로 지은 궁전이 있다고 알려져 왔다. 현재 중국 산동성山東省 연태시煙台市가 예로부터 봉래蓬萊라 불려왔다. 그렇다면 산동성 일대는 이 당시 신라의 강역이라고 할 수 있다.

둘째, '睿渥覃幽'은 깊은 은혜가 유주가지 미친다는 뜻인데, 유주幽州는 오늘날 북경시北京市 연경延庆이라 알려져 있다. 그러나 원래 한대漢代에는 산서성山西省 남부와 하남성河南省에 걸쳐 있었던 지방을 일컫던 명칭이었는데 기록에 따르면, 수당隋唐 이후에 유주幽州가 하북성河北省 북부와 요녕성遼寧省 남부에 설치된 것으로 확인된다.

그런데 황제의 은택은 유주幽州까지 미칠 것이라는 것은 황제를 찬양한 말이기는 하나, 오히려 이 당시 유주幽州가 당의 영토가 아니었음을 오히려 반증하는 것이다.

물론, 위 표사문表謝文에서 '幽'가 '구석'이라는 의미로서 보통명사로 해석될 여지가 전혀 없는 것은 아니다. 그러나 위 문장은 '風雲所通咸承至德 日月所炤共被深仁'에 이어지는 문장으로 두 문장이 일반적인 표현에 이어 구체적인 설명이 뒤따르는 서술방식을 취하고 있고, 특히 두 번째 문장의 문맥상 '幽'가 봉호蓬壺의 댓구적 의미를 가지므로 구체적인 지명을 뜻하는 고유명사[유주幽州]로 해석하는 것이 문장론의 관점에서 올바르다.

그렇다면 분석하건대, 이 당시 삼국의 접경에 있던 유주幽州는 당의 영토가 아닌 신라의 영토였던 것으로 보인다.

○ 성덕왕 三十三年 正月 기사 중 김충신이 당제에게 올린 표문 중에 신라를 가리켜 수예殊裔라고 지칭한 말이 있었다. 또한 성덕왕 三十五年 六月 기사 중에는 당으로부터 패강浿江 이남以南을 받고 이에 대하여 사례문을 올렸는데 그 내용 중에는 신라 스스로 자신을 해예海裔라고 자처하고 있다.

여기서 해예海裔 또는 수예殊裔는 사전적으로는 바다에 있는 후예 또는 특수한 후예라는 의미이다. 이에 대한 역사학적 의미에 대하여는 원성왕 편에서 상술하기로 한다.

○ 성덕왕 三十四年 二月 기사에는 '勑賜浿江以南地'이라는 기록이 있다. 황제가 신라에게 패강浿江 이남의 땅을 주라는 조칙을 내렸다는 것이다.

국사편찬위원회는 여기서의 浿江이 大同江을 말한다면서 나아가 張九齡이 지은 ≪全唐文≫ 권284 張九齡篇 ≪勅新羅王金興光書≫를 근거로 성덕왕 34년의 사은사 金思蘭을 통하여 패강 지역 賜與를 요청하였는데 그 결과 당이 浿江 이남 땅의 신라 영유권을 정식으로 인정하였다고 주장한다.

그런데 신라가 매소성 전투에서 당군 20만명을 몰살시키고 나당전쟁을 최종 승리함으로써 당을 몰아내고 옛 백제의 영토 전부와 일부 고구려 영토를 확보한 것은 문무왕 때이다. 그런데 신문왕 즉위 기사에 '唐高宗遣使册立爲新羅王 仍襲先王官爵'이라는 기록이 있었다. 당 고종이 사신을 보내 신라왕으로 책봉하니, 이에 선왕의 작호를 이어 받았다는 것이다.[54] 그렇다면, 옛 백제의 영토와 일부 고구려 영토를 신라가 차지한 것에 대하여 당이 공식적으로 추인한 것은 신문왕 때이다.

또, 성덕왕 三十四年 二月 기사의 기록을 자세히 뜯어보면 김부식은 분명 '賜'라는 단어를 서술어로 선택하였다. '認'과 분명 다르다. '賜'는 없는 것을 새로이 준다는 의미이지 있는 것을 확인한다는 의미가 아닌 것이다. 성덕왕은 문무왕 이후 신문왕과 효소왕을 이어 즉위하였다. 문무왕 때 있었던 양국간 영토분쟁에 대하여는 이미 신문왕 때 양국 사이의 공식적 확인이 끝났다. 문무왕이 이미 차지한 지역을 두고 성덕왕 때 새삼 주거니 받거니 할 일이 없는 것이다. 그렇다면, 논리적인 관점에서 패강浿江 이남의 땅은 문무왕 때 당과의 전쟁을 통하여 취득한 지역과는 전혀 다른 별개의 지역이라 아니할 수 없다.

기록상 패강浿江 이남의 땅은 분명 발해의 등주登州 공격이라는 국가안보에 대한 새로운 위협의 발생과 직접적인 관련이 있다. 唐이 신라에게 패강浿江 이남을 맡겨 발해의 새로운 공격에 대비코자 하였던 것으로 해석할 수 있다.

그렇다면, 당시 발해는 남쪽 국경인 패강浿江을 중심으로 당唐 및 신라와 대치하고 있었던 것으로 보인다. 여기서 패강浿江 또는 패수浿水는 산서성山西省과 하남성河南省 일대에 있었을 것으로 비정된다. (이에 대하여는, 선덕왕 편에서 상술하기로 한다.)

54) 문무왕의 작호는 개부의동삼사開府儀同三司 상주국上柱國 낙랑군왕樂浪郡王 신라왕新羅王이었다.

三國史記 九卷
新羅本紀 第九

㉞ 孝成王(효성왕)

737~742 재위기간 5년

孝成王立 諱承慶 聖德王第二子 母炤德王后

大赦

효성왕孝成王이 왕위에 올랐다. 이름은 승경承慶으로, 성덕왕의 둘째 아들이고, 어머니는 소덕왕후이다.

대사면을 단행하였다.

三月

改司正丞及左右議方府丞 並爲佐 以伊湌貞宗爲上大等 阿湌義忠爲

中侍

3월

사정부司正部[1]의 승丞과 좌우의방부左右議方府[2]의 승丞을 모두 좌佐로 고쳤다. 이찬 정종을 상대등으로 삼고, 아찬 의충을 중시로 삼았다.

夏五月

地震

여름 5월,

지진이 발생했다.

1) 사정부司正部; 오늘날 감사원과 검찰처럼 사정司正 기능을 수행하던 기관이다.

2) 좌우의방부左右議方府; 오늘날 법무부와 같이 법을 집행하던 기관이다.

추 구 월
秋九月

류 성 입 태 미
流星入太微

가을 9월,

유성流星이 태미太微[3] 자리에 들어갔다.

동 십 월
冬十月

입 당 사 찬 포 질 회
入唐沙飡抱質廻

겨울 10월

입당했던 사찬 포질抱質이 돌아왔다.

십 이 월
十二月

견 사 입 당 헌 방 물
遣使入唐獻方物

사신을 당에 보내 방물方物을 바쳤다.

이 년
二年

춘 이 월 당 현 종 문 성 덕 왕 훙 도 석 구 지 견 좌 찬 선 대 부 형 숙 이 홍 려 소 경
春二月, 唐玄宗 聞聖德王薨 悼惜久之 遣左贊善大夫邢璹以鴻臚少卿

주 적 제 증 태 자 태 보 차 책 사 왕 위 개 부 의 동 삼 사 신 라 왕
住吊祭 贈太子太保 且冊嗣王 爲開付儀同三司新羅王

2년

봄 2월, 당 현종은 성덕왕이 홍서하였다는 소식을 듣고 오랫동안 슬퍼하다가, 좌찬선대부 형숙邢璹을 홍려소경으로 파견하여 조문하고, 태자태보라는 작호를 추증하였으며, 또한 왕을 개부의동삼사開付儀同三司 신라왕新羅王으로 하였다.

3) 태미太微; 자미원 남쪽에 위치하는 별자리이다. 고대에는 천체를 북극성을 하늘의 중심으로 보고 그 주변을 세 개 영역으로 구분하였다. 이에 따르면, 북극의 중앙 부분은 하늘의 왕이 사는 궁궐이라 하여 자미원紫微垣이라 하고 이를 중심으로, 그 옆으로 일반 백성들이 사는 천시원天市垣이 있고, 남쪽에 정부기관을 상징하는 태미원太微垣이 있다고 하였다. 그리고 그 바깥쪽 하늘을 28개의 영역으로 나누었다

璹將發

帝製詩序 太子已下 百寮咸賦詩以送 帝謂璹曰 新羅號爲君子之國 頗知
書記 有類中國 以卿惇儒 故持節往 宜演經義 使知大國儒敎之盛
又以國人善碁 詔率府兵曹叅軍楊季膺爲副 國高奕皆出其下 於是 王
厚贈璹等金寶藥物

唐遣使 詔冊王妃朴氏

형숙邢璹이 막 출발하려 할 때 황제가 시의 서문을 짓고, 태자 이하 모든 관료가 모두 시를 지어 보냈다. 당 현종이 형숙邢璹에게 말했다.

"신라는 '군자의 나라'라고 불린다. 책과 글을 잘 알아 중국中國[4]과 비슷하다. 그대가 유학에 조예가 깊어 '절節'을 가지고 가게 하는 것이니, 마땅히 경시의 뜻을 상연하여 내국大國에 유교가 성한 것을 알게 하라."

또한 우리 백성들이 바둑을 잘 둔다고 하여, 솔부率府 병조참군兵曹參軍 양계응楊季膺에게 조칙을 내려 따라가게 하였는데, 나라의 바둑 고수들이 다 그 밑에서 나왔다.

이에 왕이 형숙邢璹 등에게 금·보물·약물 등을 후하게 주었다.

낭唐이 사신을 파견하고, 조서를 내려 박씨를 왕비로 책봉하였다.

三月

遣金元玄入唐賀正

3월

김원현을 당唐에 보내 신년 인사를 하였다.

夏四月

唐使臣邢璹以老子道德經等文書獻于王 白虹貫日 所夫里郡河水變血

여름 4월

당唐 사신 형도가 노자 '도덕경' 등의 책을 왕에게 바쳤다. 흰 무지개가 해를 관통하고, 소부리군所夫里郡의 강물이 피로 변하였다.

4) 중국中國; 여기서 중국中國은 당唐을 가리키는 재귀대명사이다.

三年

春正月 拜祖考廟 中侍義忠卒 以伊湌信忠爲中侍 善天宮成 賜邢璹黃金三十兩 布五十匹人蔘一百斤

3년

봄 정월, 왕이 조부의 사당에 참배하였다. 중시 의충이 죽자, 이찬 신충을 중시로 삼았다. 선천궁이 낙성되었다. 형숙에게 황금 30냥과 베 50필, 인삼 100근을 주었다.

二月

拜王弟憲英爲波珍湌

2월

왕의 아우 헌영에게 벼슬을 내려 파진찬으로 삼았다.

三月

納伊湌順元女惠明爲妃

3월

이찬 순원의 딸 혜명을 맞아 들여 왕비로 삼았다.

夏五月

封波珍湌憲英爲太子

여름 5월

파진찬 헌영을 봉하여 태자로 하였다.

秋九月

完山州獻白鵲 狐鳴月城宮中 狗咬殺之

가을 9월

완산주完山州에서 흰 까치를 바쳤다. 여우가 월성月城의 궁宮 안에서 울었는데, 개가 물어 죽였다.

四年

春三月, 唐遣使冊夫人金氏爲王妃

4년

봄 3월,

당唐에서 사신을 보내 부인 김씨를 왕비로 책봉하였다.

夏五月

鎭星犯軒轅大星

여름 5월

진성鎭星[5])이 헌원대성軒轅大星[6])을 가렸다.

秋七月

有一緋衣女人 自隷橋下出 謗朝政 過孝信公門忽不見

가을 7월

붉은 명주옷을 입은 여자 한 명이 예교隷橋 밑에서 나와 조정의 정사를 비방하다가, 효신공孝信公의 대문을 지나간 후로 홀연 사라졌다.

八月

波珍飡永宗謀叛伏誅

先是 永宗女入後宮 王絶愛之 恩渥日甚 王妃嫉妬 與族人謀殺之 永宗怨王妃宗黨 因此叛

8월

파진찬 영종이 반역을 꾀하다가 처형되었다.

이보다 앞서 영종의 딸이 왕의 후궁으로 들어오자, 왕이 그녀를 몹시 사랑하여 은총이 날이 갈수록 더욱 두터워졌다. 왕비가 이를 질투하여 자기 친척과 함께 그녀를 죽이려 하였다.

---

5) 진성鎭星; 오늘날 토성을 일컫던 말.

6) 헌원대성軒轅大星; 북두칠성 북쪽에 있는 별자리

이리하여 영종이 왕비와 그의 친척 무리들에게 원한을 갖게 되어 이 때문에 반역을 일으킨 것이다.

오 년
五年

하 사 월 명 대 신 정 종 사 인 열 노 병
夏四月 命大臣貞宗思仁閱弩兵

5년

여름 4월, 대신 정종·사인에게 명하여 노병弩兵[7]을 사열하게 하였다.

육 년
六年

춘 이 월 동 북 지 진 유 성 여 뢰
春二月, 東北地震 有聲如雷

6년

봄 2월, 동북 지방에서 지진이 있었는데 소리가 우레와 같았다.

하 오 월
夏五月

류 성 범 삼 대 성 왕 훙 시 왈 효 성 이 유 명 소 구 어 법 류 사 남 산 골 동 해
流星犯參大星 王薨 謚曰孝成 以遺命燒柩於法流寺南 散骨東海

여름 5월

유성流星이 삼대성參大星[8]을 범했다. 왕이 홍서하니 시호를 효성孝成이라 하였다. 유언에 따라 관을 법류사法流寺 남쪽에서 태우고, 유골을 동해에 뿌렸다.

7) 노병弩兵; 쇠뇌를 담당하는 병사

8) 삼대성參大星; 천구天球를 황도黃道에 따라 28구역으로 나누어 놓은 이십팔수 중 삼수三宿의 큰 별

분석 34 孝成王(효성왕) 737~742 재위기간 5년

○ 효성왕 二年 二月 기사에 '帝謂璹日 新羅號爲君子之國 頗知書記有類中國'이라는 기록이 있다. 당 현종이 형숙에게 신라는 '군자의 나라'라고 불리는데, 책과 글을 잘 알아 중국中國과 비슷하다고 말했다는 것이다.

오늘날 중국中國은 중화인민공화국을 가리키는 말로 통용된다. 중국본토[the Chinese mainland]를 차지하고 있다는 뜻이 담겨있다. 물론 일부 중국인들이 세계의 중심인 것처럼 자부심을 가지고 있기도 하지만 이는 논할 바 없다. 그러나 1992년 이른바 한중수교 이전에는 대만을 중국中國이라 지칭했었으니 사실상 중국이라는 개념은 중국본토[the Chinese mainland]와 필연적인 관계에 있지는 않다.

그런데 사실은 그 이전에도 중국中國이라는 단어가 존재했었고, 삼국사기에도 수차례 언급된다. 그러나 역사 속의 중국中國은 중화인민공화국이니 중국본토[the Chinese mainland]를 차지하고 있는 나라니 하는 그런 뜻을 가진 단어는 아니다.

중국이란 단어는 원래 관중關中을 차지한 나라란 의미로 사용되었던 것으로 보인다. 관중關中이란 섬서성 위수 유역 일대의 서안西安을 중심으로 하는 평원지역을 말한다. 그런데 중국中國의 개념은 어느 때부턴가 중원中原에 있는 나라라는 뜻으로 확대된 듯하다. 여기서 중원中原이란 황하의 중상류 지역의 넓은 들판이라는 의미로서 오늘날 섬서성陜西城 서안西安에서부터 하남성河南城 낙양洛陽 사이를 아우르는 지역을 일컫는 말이다.

기록을 통하여 이 사실을 확인하여 보자. 삼국사기 백세본기 의자왕편 마지막 논평에서 김부식은 다음과 같이 기록하였다.

> 우운 한난리지시 중국인다찬해동 삼국조선개기고성인지묘예
> 又云 秦漢亂離之時 中國人多竄海東 則三國祖先豈其古聖人之苗裔
>
> 야 하기 국지장야
> 耶 何其享國之長也

위 기록은 다음과 같이 해석된다.

또 이르기를, 진한秦漢의 난리 때에 중국中國에 살던 사람들이 많이 해동海東으로 숨어들었다고 하는데, 그렇다면 삼국의 선조가 어찌 그 옛 성인의 후예이고 어찌 그 나라를 누린 세월이 장구했겠는가?

진한秦漢의 난리 때에 중국中國에 살던 사람들이 많이 해동海東으로 숨어들면서 고구려 백제 신라가 성립되었으니 삼국의 역사가 이때부터이고, 소호금천이니, 고신씨 등 옛 성인이 조상이라는 소리는 터무니없다는 김부식 자신의 개인적 의견을 피력하고 있는 것이다.

여기서 중국中國과 해동海東은 서로 대조적인 개념으로 사용되었으니 해海의 동쪽은 해동海東 서쪽은 중국中國인 것이다. 그리고 고대의 바다는 황하를 말하는 것이니 결국 중국中國은 문맥상 관중지방을 의미하는 것으로 보이고, 해동海東은 산서성과 하남성 일대를 말하는 것으로 보인다.

그런데, 한중지방 또는 관중지방에 근거를 둔 여러 나라들이 스스로를 가리켜 중국中國이라고 표현하는 경우가 적지 않다. 이 경우 중국이라는 단어는 우리나라 또는 본국本國의 의미로 사용된 것이다. 효성왕 二年 二月 기사가 바로 그러하다.

㉟ 景德王(경덕왕)

742~765 재위기간 23년

景德王立 諱憲英 孝成王同母弟 孝成無子 立憲英爲太子 故得嗣位
妃伊湌順貞之女也

경덕왕景德王이 왕위에 오르니, 이름은 헌영憲英으로, 효성왕의 동복아우인데, 효성왕이 아들이 없으므로 헌영憲英을 세워 태자로 삼아 이에 왕위를 잇게 한 것이다. 왕비는 이찬 순정의 딸이다.

元年
冬十月, 日本國使至 不納

원년
겨울 10월, 일본국日本國 사신이 당도했으나 받아들이지 않았다.

二年
春三月, 主力公宅牛 一産三犢

2년
봄 3월, 주력공의 집에서 소가 한꺼번에 송아지 세 마리를 낳았다.

(二年)
唐玄宗遣贊善大夫魏曜來弔祭 仍冊王爲新羅王 襲先王官爵 制曰

(2년)
당唐 현종이 찬선대부 위요를 파견하여 조문을 하고 왕을 책봉하여 신라왕으로 삼아 선왕의 관작을 세습하게 하고, 다음과 같이 명했다.

> 故開府儀同三司使持節大都督 鷄林州諸軍事兼持節寧海軍使 新羅
> 王金承慶弟憲英

奕業懷仁 率心常禮 大賢風敎 條理尤明 中夏軌儀衣冠素襲 馳海琛
而遣使 準雲呂而通朝 代爲純臣 累効忠節
頃者 兄承土宇 沒而絶嗣 弟膺繼及 抑惟常經 是用賓懷 優以冊命
宜用舊業 俾承藩長之名 仍加殊禮 載錫漢官之號 可襲兄新羅王開府
儀同三司使持節大都督 鷄林州諸軍事兼充持節寧海軍使

고 개부의동삼사開府儀同三司 사지절대도독使持節大都督 계림주제군사鷄林州諸軍事 겸 지절持節 영해군사寧海軍使 신라왕 김승경의 아우 헌영,

(그대는) 대를 이어 인仁을 지니고 마음을 다하여 예禮를 행하니, 아주 현명하게도 세상의 풍속을 잘 교화시켜 사물의 도리가 더욱 밝아지도다. 중하中夏[9]의 의례 규범과 의관을 있는 그대로 이어받고, 진귀한 보물을 전하고 사신을 파견하여 기러기가 구름을 의지하듯 이를 본받아 당唐 조정과 통교하니, 대대로 순純한 신하가 되어 누차 충절을 본받았다.

지난번에 형이 나라를 이었으나 죽은 후에 후사가 끊어져 아우가 계승하게 되었으니, 그렇다면 생각하건대, 법도에 상응한다고 할 것이다. 이에 빈객의 예로 너그럽게 책명하는 것이니 마땅히 옛 왕업을 베풀어 번왕의 이름을 계승하게 할 것이고, (또한) 이에 더하여 특수한 예로서 한관漢官의 작호를 주노라.

형을 이어 '신라왕 개부의동삼사開府儀同三司 사지절대도독使持節大都督 계림주제군사鷄林州諸軍事 겸 충지절充持節 영해군사寧海軍使'의 작호를 받도록 하라.

幷賜御註孝經一部

아울러 손수 풀이한 '효경' 1부를 하사하였다

夏四月
納舒弗邯金義忠女爲王妃

여름 4월
서불한舒弗邯[10] 김의충의 딸을 왕비로 맞았다.

---

9) 중하中夏; 나라를 의미하는 하夏 앞에 가운데 중中 자를 붙여 만든 말이다. 중원中原이 지역적 개념이라면 중하中夏는 정치·문화적 개념이다.

10) 서불한舒弗邯; 1급 이벌찬을 일컫는 말이다. 이벌찬은 그 외에도 이벌간伊罰干·우벌찬于伐飡·각간角干·각찬角粲·서발한舒發翰 등으로 불렸다.

추팔월
秋八月

지진
地震

가을 8월
지진이 발생했다.

동십이월
冬十二月

견왕제입당하정 수좌청도률부원외장사 사록포은대 방환
遣王弟入唐賀正 授左淸道率府員外長史 賜綠袍銀帶 放還

겨울 12월
왕의 아우를 당唐에 보내 신년 인사를 하니, 좌청도솔부원외장사를 수여하고, 녹색 관복과 은색 요대를 하사하고 돌려보냈다.

삼년
三年

춘정월 이이찬유정위중시
春正月, 以伊飡惟正爲中侍

3년
봄 정월, 이찬 유정을 중시로 삼았다.

윤이월
閏二月

견사입당하정 병헌방물
遣使入唐賀正 並獻方物

윤 2월
사신을 당唐에 보내 신년 인사를 하고 아울러 방물을 바쳤다.

하사월
夏四月

친사신궁 견사입당헌마
親祀神宮 遣使入唐獻馬

여름 4월
왕이 직접 신궁神宮에 제사를 지냈다. 사신을 당唐에 보내 말을 바쳤다.

동
冬

요성출중천 대여오두기 협순내멸
妖星出中天 大如五斗器 浹旬乃滅

겨울
요상한 별이 중천에 나타났다. 크기가 닷 말 들이 그릇만 하였는데 열흘 만에 사라졌다.

사년
四年

춘정월 배이찬김사인위상대등
春正月, 拜伊湌金思仁爲上大等

4년
봄 정월, 이찬 김사인金思仁에게 벼슬을 내려 상대등으로 삼았다.

하사월
夏四月

경도박 대여계자
京都雹 大如鷄子

여름 4월
경도京都에 우박이 내렸는데, 크기가 달걀만 하였다.

오월
五月

한 중시유정퇴 이찬대정위중시
旱 中侍惟正退 伊湌大正爲中侍

5월
가뭄이 들었다. 중시 유정이 퇴직하자, 이찬 대정이 중시가 되었다.

추칠월
秋七月

즙동궁 우치사정부소년감전예궁전
葺東宮, 又置司正府少年監典穢宮典

가을 7월
동궁을 수리하고, 또한 사정부와 소년감전과 예궁전을 설치하였다

五年

春二月, 遣使入唐賀正 幷獻方物

夏四月, 大赦 賜大酺 度僧一百五十人

5년

봄 정월, 사신을 당唐에 보내 신년 하례를 하고 아울러 방물方物을 올렸다.

여름 4월, 대사면을 단행하고, 큰 잔치를 베풀었다. 승려 150명에게 도첩을 주었다.

六年

春正月, 改中侍爲侍中 置國學諸業博士助教 遣使入唐賀正 並獻方物

6년

봄 정월, 중시를 고쳐 시중으로 하고, 국학의 교육 과정에 박사와 조교를 두었다. 사신을 당唐에 보내 새해 인사를 하고 아울러 방물을 올렸다.

三月

震眞平王陵

3월

진평왕릉에 벼락이 쳤다.

秋

旱

가을

가뭄이 들었다.

冬

無雪 民饑且疫 出使十道安撫

겨울

눈이 내리지 않았다. 백성들이 굶주리고 또한 전염병이 돌았으므로, 10개의 방면으로 관리를 보내 백성들을 안정시키고 위로하였다.

七年

春正月, 天狗落地

秋八月, 太后移居永明新宮 始置貞察一員 糾正百宮 遣阿湌貞節等

檢察北邊 始置大谷城等十四郡縣

7년

봄 정월, 천구天狗[11]가 땅에 떨어졌다.

가을 8월, 태후가 영명 신궁으로 거처를 옮겼다. 처음으로 정찰 한 명을 두어 백관과 궁정을 규찰하여 바로 잡게 하였다. 아찬 정절 등을 파견하여 북쪽 변경을 검찰하게 하였다. 처음으로 대곡성大谷城 등 14개의 군현을 두었다.

八年

春三月, 暴風拔木

三月, 置天文博士一員 漏刻博士六員

8년

봄 3월, 폭풍이 불어 나무가 뽑혔다.

3월, 천문박사 한 명과 누각漏刻[12]박사 여섯 명을 두었다.

九年

春正月, 侍中大正免 伊湌朝良爲侍中

二月, 置御龍省奉御二員

9년

봄 정월, 시중 대정이 면직하자, 이찬 조량이 시중이 되었다.

2월, 어룡성御龍省[13]에 봉어奉御[14] 두 명을 두었다.

---

11) 천구天狗; 혜성이나 큰 유성을 이른다. 재해災害의 징조로 나타난다고 한다.

12) 누각漏刻; 물시계의 일종

十一年

春三月, 以級湌原神龍方爲大阿湌

11년

봄 3월, 급찬 원신과 용방으로 대아찬을 삼았다.

秋八月

置東宮衙官

가을 8월

동궁아관을 두었다.

冬十月

加置倉部史三人

겨울 10월

창부倉部에 사史 3명을 더 두었다.

十二年

秋八月, 日本國使至 慢而無禮 王不見之 乃廻 武珍州獻白雉

12년

가을 8월, 일본국日本國 사신이 왔는데, 오만무례하므로 왕이 그를 만나주지 않아 곧 돌아갔다.

무진주武珍州에서 흰 꿩을 바쳤다.

十三年

夏四月, 京都雹 大如雞卵

---

13) 어룡성御龍省; 왕의 비서기관으로 추정된다.

14) 봉어奉御; 차관직으로 추정된다.

13년

여름 4월, 경도京都에 우박이 내렸다. 크기가 달걀만 했다.

五月

立聖德王碑 牛頭州獻瑞芝

5월

성덕왕의 비석을 세웠다. 우두주牛頭州에서 진귀한 지초芝草[15]를 바쳤다.

秋七月

王命官, 修葺永興元延二寺

가을 7월

왕이 관리에게 명하여 영흥사와 원연사를 수리하였다.

八月

旱蝗, 侍中朝良退

8월

가뭄이 들고, 메뚜기 떼가 기승을 부렸다. 시중 조량이 퇴직하였다.

十四年

春 穀貴民饑

14년

봄, 곡식이 귀하여 백성들이 굶주렸다.

春

熊川州向德 貧無以爲養 割股肉飼其父 王聞 賜賚頗厚 仍使旌表門閭

15) 지초芝草; 버섯의 일종

웅천주熊川州의 향덕向德이라는 사람이 가난하여 그 아버지를 봉양할 수가 없었으므로, 자기의 다리 살을 잘라 아버지에게 먹였다. 왕이 이를 듣고 후하게 상을 주어 격려하고 또한 마을 입구에 표시하도록 하였다.

(春)

望德寺塔動 唐令狐澄新羅國記曰 其國爲唐立此寺 故以爲名 兩塔相對高十三層 忽震動開合 如欲傾倒者數日 其年祿山亂 疑其應也

(봄)

망덕사 탑이 흔들렸다. 당唐 영호징令狐澄의 '신라국기'에는 다음과 같이 기록되어 있다.

"신라가 당唐을 위하여 이 절을 세운 까닭에 이렇게 이름을 지었다. 두 탑은 마주 보고 있으며, 높이는 13층이다. 갑자가 갑자기 흔들리면서 두 탑이 떨어셨다 붙었다 하였는네, 이와 같이 넘어질 것 같은 일이 수일 동안 계속되었다. 그 해에 안록산의 난이 일어났는데 아마도 그에 반응한 것일지도 모르겠다."

夏四月

遣使入唐賀正

여름 4월

사신을 당唐에 보내 신년 인사를 하였다.

秋七月

赦罪人 存問老疾鰥寡孤獨 賜穀有差 以伊湌金耆爲侍中

가을 7월

죄인들을 사면하고, 늙고 병든 사람과 홀아비, 과부, 고아, 늙어서 자식 없는 사람들을 위문하고, 정도에 따라 곡식을 하사했다. 이찬 김기를 시중으로 임명하였다.

十五年

春二月 上大等金思仁 以比年災異屢見 上疏極論時政得失 王嘉納之

15년

봄 2월, 상대등 김사인金思仁이 해마다 재앙과 변고가 자주 발생하므로 왕에게 상소를 하여 극렬하게 시정의 옳고 그름을 논하니, 왕이 가상히 여겨 받아 들였다

(二月)

王聞玄宗在蜀 遣使入唐 泝江至成都朝貢 玄宗御製御書五言十韻詩賜王曰 嘉新羅王歲修朝貢 克踐禮樂名義 賜詩一首

(2월)

왕은 당 현종이 촉蜀에 있다는 말을 듣고 사신을 당에 파견하였는데 사신은 강을 거슬러 올라가 성도成都에 이르러 조공하니, 현종은 친히 '어제 오언십운시'를 지어 주며 말하길, 신라왕이 해마다 조공을 하고 예악과 명의를 잘 실천하는 것이 가상하다고 하고, 시 한 수를 하사했다.

四維分景緯 萬象含中樞 玉帛遍天下 梯航歸上都
緬懷阻青陸 歲月勤黃圖 漫漫窮地際 蒼蒼連海隅 興言名義國 豈謂
山河殊 使去傳風教 人來習典謨 衣冠知奉禮 忠信識尊儒 誠矣天其
鑑 賢哉德不孤 擁旄同作牧 厚貺比生蒭
益重青青志 風霜恒不渝

천체는 경성景星[16]과 위성緯星[17]으로 나뉘지만 모든 현상이 중심축으로 수렴되듯이, 옥과 비단은 곳곳에 편재되어 있으나 산을 넘고 물을 건너 상도上都로 모여드네.

돌이켜 생각하면 신라는 떨어져 있건만 항상 부지런히 황도를 섬기어, 멀고 멀리 땅이 끝나는 곳, 창창하게 이어진 바다 모퉁이에서도 명분과 도의의 나라라고 흥겨워 불리었으니, 어찌 신라가 변두리라 하겠는가?

사신이 가면 풍속과 가르침을 전달하고 사신이 오면 서경書經을 익혀갔다. 의관衣冠은 예를 받들 줄 알고 충신은 유학을 높이는구나. 정성스럽다. 하늘이 굽어보니, 어질도다, 덕은 외롭지 않으리라. 깃발을 잡고 있는 것은 작목作牧[18]과 같고, 후한 예물은 생추生蒭[19]에 비하겠다.

---

16) 경성景星; 별자리를 이루는 붙박이 별을 말한다.

17) 위성緯星; 경성景星 주위를 떠돌아 다니는 화성·수성·목성·금성·토성을 말한다.

18) 작목作牧; 서경書經의 '萊夷作牧'에서 유래한 말로 목민牧民 또는 위민爲民의 뜻으로 사용된 것이다.

19) 생추生蒭; 마르지 않은 풀이라는 뜻이다. 詩經에서 정성스런 선물이라는 뜻으로 사용되었는데 이를 차용한 것이다.(皎皎白駒 在彼容谷 生芻一束 其人如玉)

청청한 뜻을 더욱 중히 여겨 풍상에도 항상 변하지 않을 것이다.

帝幸蜀時新羅能不遠千里 朝聘行在所 故嘉其至誠 賜之以詩 其云
益重青青志風霜恒不渝 者 豈古詩 疾風知勁草板蕩識貞臣 之意乎

황제가 촉蜀으로 피난갔을 때에도 항시 신라는 천리를 마다하지 않고 행재소에 조빙을 왔으니, 그 지극한 정성을 가상히 여겨 시를 지어 준 것이다.

그 시에서 '청청한 뜻을 더욱 중히 여겨 풍상에도 항상 변하지 않을 것이다.'라고 한 것은 옛 시에 '세찬 바람에 억센 풀을 알고 난세에 어진 사람을 안다.'는 뜻일까?

宣和中 入朝使臣金富儀將刻本 入汴京 示舘伴學士李邴 李邴上皇帝
因宣示兩府及諸學士訖 傳宣曰 進奉侍郎所上詩 眞明皇書 嘉嘆不已

선화宣和[20] 중에 입조사 김부의가 각본刻本[21]을 가지고 변경汴京[22]으로 들어가서 관반 학사 이병李邴에게 보였더니, 이병李邴은 이것을 황제에게 올렸고 황제는 이것을 양부 및 학사들 모두에게 보이고 뜻을 전하기를, 진봉시랑이 올린 시는 진정 당명황의 글이라고 감탄하였다.

夏四月
大雹, 大永郎獻白狐 授位南邊第一

여름 4월,
큰 우박이 내렸다.
대영랑이 흰 여우를 바치니 남변南邊 제일의 작위를 주었다.

十六年
春正月 上大等思仁病免 伊湌信忠爲上大等

---

20) 선화宣和; 송宋 徽宗 때의 年號이다.(1119년~1125년)

21) 각본刻本; 목판木版 위에 글자를 조각한 후 이를 인쇄한 책

22) 변경汴京; 북송北宋의 수도였던 오늘날 개봉開封이라는 것이 다수의 견해이나 고지도를 보면 변경汴京이 오늘날 산서성 남부에 위치했던 것 같다.

16년

봄 정월, 상대등 김사인이 병으로 면직되자, 이찬 신충이 상대등이 되었다.

三月

除內外群官月俸 復賜祿邑

3월,

내외 모든 관리들의 월봉月俸을 폐지하고, 다시 녹읍祿邑을 주었다.

三七月

重修永昌宮

가을 7월,

영창궁을 중수하였다.

八月

加調府史二人

8월

조부에 사史 2명을 더 두었다.

冬十二月

改沙伐州爲尙州 領州一郡十縣三十 歃良州爲良州 領州一小京一郡
十二縣三十四 菁州爲康州 領州一郡十一縣二十七 漢山州爲漢州 領
州一小京一郡二十七縣四十六 首若州爲朔州 領州一小京一郡十一
縣二十七 熊川州爲熊州 領州一小京一郡十三縣二十九 河西州爲溟
州 領州一郡九縣二十五 完山州爲全州 領州一小京一郡十縣三十一
武珍州爲武州 領州一郡十四縣四十四 良州一作梁州

겨울 12월

사벌주沙伐州를 상주尙州로 하고, 10군 30현을 관할하게 했다. 삽량주歃良州를 양주良州로 하고, 1소경 12군 34현을 관할하게 했다. 청주菁州를 강주康州로 하고, 11군 27현을 관할하게 했다. 한산주漢山州를 한주漢州로 하고, 1소경 27군 46현을 관할하게 했다. 수약주首若州를 삭주朔州로 하고, 1소경 11군 27현을 관할하게 했다. 웅천주熊川州를 웅주熊州로 하고, 1소경 13군 29현을 관할하게 했다. 하서주河西州를 명주溟州로 하고, 9군 25현을 관할하게 했다. 완산주完山州를 전주全州로 하고, 1소경 10군 31현을 관할하게 했다. 무진주武珍州를 무주武州로 하고, 14군 44현을 관할하게 했다. '良州'는 '梁州'로 쓰기도 한다.

십 칠 년
十七年

춘 정 월 시 중 금 기 졸 이 찬 렴 상 위 시 중
春正月, 侍中金耆卒 伊湌廉相爲侍中

17년

봄 정월, 시중 김기가 죽자, 이찬 염상이 시중이 되었다.

이 월
二月

하 교 내 외 관 청 가 만 육 십 일 자 청 해 관
下教 內外官請暇滿六十日者 聽解官

2월

왕이 교서를 내려, 내외의 관원을 막론하고 휴가를 만 60일 이상을 청한 자는 해직으로 다스렸다.

하 사 월
夏四月

선 의 관 정 구 자 충 내 공 봉 치 률 령 박 사 이 원
選醫官精究者充內供奉 置律令博士二員

여름 4월,

의관으로 깊이 연구한 자를 선발하여, 내공봉에 충원하였다. 율령 박사 두 명을 두었다.

추 칠 월
秋七月

이 십 삼 일 왕 자 생 대 뢰 전 진 불 사 십 육 소
二十三日 王子生 大雷電 震佛寺十六所

가을

7월, 23일 왕자가 탄생하였다. 우레와 번개가 크게 일었고, 16곳의 절에 벼락이 때렸다

八月

遣使入唐朝貢

8월에

사신을 당唐에 보내 조공하였다.

十八年

春正月, 改兵部倉部卿監爲侍郎 大舍爲郎中 改執事舍知爲執事員外郎 執事史爲執事郎

改調府禮部乘府船府領客府左右議方府司正位和府例作典大學監大道署永昌宮等 大舍爲主簿 賞賜署典祀署音聲署工匠府彩典等 大舍爲主書

18년

봄 정월, 병부兵部[23]와 창부倉部[24]의 경감卿監을 고쳐 시랑侍郎으로 하고, 대사大舍를 낭중郎中으로 하였다. 집사부執事部[25] 사지舍知를 고쳐 원외랑員外郎으로 하고, 사史를 랑郎으로 하였다. 조부調府[26]・예부禮部[27]・승부乘府[28]・선부船府[29]・영객부領客府[30]・좌우의방부左右議方府[31]・사정부司正府[32]・위화부位和府[33]・예작전例作典[34]・대학감大學監[35]・대도서大道署[36]・영창궁永昌宮[37] 등은 대사大舍를

23) 병부兵部; 오늘날 국방부에 해당한다.

24) 창부倉部; 오늘날 재정부와 유사하다.

25) 집사부執事部; 오늘날 청와대 비서실과 국무조정실 및 국정원을 통합한 역할을 한 것으로 보인다.

26) 조부調府; 오늘날 국세청과 유사하다.

27) 예부禮部; 오늘날 외교부와 교육부를 통합한 일반적인 외교, 교육의 업무를 수행했던 것으로 보인다.

28) 승부乘府; 오늘날 교통부와 유사하다.

29) 선부船府; 오늘날 해양수산부와 유사하다.

30) 영객부領客府; 사신접대 등 실질적인 외교업무를 수행했던 것으로 보인다.

31) 좌우의방부左右議方府; 오늘날 법무부와 법제처, 국회의 기능을 통합한 역할을 수행한 것으로 추정된다.

32) 사정부司正府; 오늘날 검찰과 법원과 유사하다.

33) 위화부位和府; 오늘날 행정자치부에 해당한다.

34) 예작전例作典; 오늘날 건설부에 해당한다.

35) 대학감大學監; 오늘날 교육부에 해당하는 기능을 일부 수행했을 것으로 보인다.

36) 대도서大道署; 그 기능이 정확하게 알려져 있지 않다.

고쳐 주부主簿로 하고, 상사서賞賜署[38]・전사서典祀署[39]・음성서音聲署[40]・공장부工匠府[41]・채전彩典[42] 등은 대사大舍를 고쳐 주서主書로 하였다.

二月

改禮部舍知爲司禮 調府舍知爲司庫 領客府舍知爲司儀 乘府舍知爲司牧 船府舍知爲司舟 例作府舍知爲司例 兵部弩舍知爲司兵 倉部租舍知爲司倉

2월,

예부의 사지를 고쳐 사례로 하고, 조부의 사지를 사고로 하고, 영객부의 사지를 사의로 하고, 승부의 사지를 사목으로 하고, 선부의 사지를 사주로 하고, 예작부의 사지를 사례로 하고, 병부의 노사지를 사병으로 하고, 창부의 조사지를 사창으로 하였다.

三月

彗星見 至秋乃滅

3월,

혜성彗星이 나타났는데 가을이 되어서야 사라졌다.

十九年

春正月, 都城寅方 有聲如伐鼓 衆人謂之鬼鼓

19년

봄 정월, 경도京都 동쪽에서 북을 치는 듯한 소리가 들렸다. 사람들은 이를 '귀신의 북소리'[鬼鼓]라고 말하였다.

37) 영창궁永昌宮; 그 기능이 정확하게 알려져 있지 않다.

38) 상사서賞賜署; 오늘날 보훈처에 해당한다.

39) 전사서典祀署; 의전儀典을 따로 담당했던 부서로 보인다.

40) 음성서音聲署; 음악을 담당했던 부서로 보인다.

41) 공장부工匠府; 오늘날 조달청이 행하는 역할을 수행했을 것으로 보인다.

42) 채전彩典; 담당했던 역할을 명확하게 알 수 없다.

二月

宮中穿大池 又於宮南蚊川之上 起月淨春陽二橋

2월

궁중에 큰 연못을 파고, 또 대궐 남쪽 문천 위에 월정교와 춘양교를 놓았다.

夏四月

侍中廉相退 伊湌金邕爲侍中

여름 4월

시중 염상이 퇴직하고, 이찬 김옹이 시중이 되었다.

秋七月

封王子乾運爲王太子

가을 7월,

왕자 건운을 봉하여 왕태자로 하였다.

二十年

春正月, 朔 虹貫日 日有珥

夏四月, 彗星出

20년

봄 정월, 초하루에 무지개가 해를 관통하니 햇무리가 나타났다.

여름 4월, 혜성彗星이 출현했다.

二十一年

夏五月, 築五谷鵂巖漢城獐塞池城德谷六城 各置太守

秋九月, 遣使入唐朝貢

21년

여름 5월, 오곡·휴암·한성·장새·지성·덕곡에 여섯 성을 쌓고, 각각 태수를 두었다.

가을 9월, 사신을 당唐에 보내 조공하였다.

二十二年

夏四月, 遣使入唐朝貢

22년

여름 4월, 사신을 당唐에 보내 조공하였다.

秋七月

京都大風 飛瓦拔樹

가을 7월,

경도京都에 큰 바람이 불어 기와가 날리고 나무가 뽑혔다.

八月

桃李再花 上大等信忠侍中金邕免 大奈麻李純爲王寵臣 忽一旦避世入山 累徵不就 剃髮爲僧 爲王創立斷俗寺居之 後聞王好樂 卽詣宮門 諫奏曰 臣聞 昔者桀紂荒于酒色 淫樂不止 由是 政事凌遲 國家敗滅 覆轍在前 後車宜戒 伏望大王改過自新 以永國壽 王聞之感歎爲之停樂 便引之正室 聞說道妙 以及理世之方 數日乃止

8월

복숭아 나무와 자두 나무가 재차 꽃을 피었다. 상대등 신충과 시중 김옹이 면직되었다. 대내마 이순은 왕이 총애하는 신하였는데, 갑자기 하루 아침에 세상을 피하여 산으로 들어가 여러 번 불렀으나 나오지 않았다. (그는) 머리를 깎고 중이 되어 왕을 위하여 단속사를 창립하고 거기서 살았다. 그 후 왕이 풍악을 즐긴다는 말을 듣고 즉시 궁궐로 찾아가 간하여 말했다.

"신臣이 듣기로, 옛날 걸桀[43]과 주紂[44]가 주색에 빠져 음탕한 풍악을 그칠 줄 몰랐

43) 걸桀; 하나라 마지막 임금.

44) 주紂; 은나라 마지막 임금.

습니다. 이로 인하여 정치가 쇠퇴하여 국가가 파멸에 이르렀다고 합니다. 앞에 가는 수레가 엎어지면, 뒤에 가는 수레는 마땅히 이를 경계 하여야 합니다. 엎드려 바라옵건대, 대왕께서는 잘못을 고치고 스스로 새롭게 하여 나라를 영원히 보존하소서."

왕은 이 말을 듣더니 감탄하여 풍악을 그치게 하고, 그를 정실로 인도하여 불도의 오묘함과 세상을 다스리는 이치를 며칠 동안이나 들었다.

二十三年

春正月 伊湌萬宗爲上大等 阿湌良相爲侍中

23년

봄 정월, 이찬 만종이 상대등이 되고, 아찬 양상이 시중이 되었다.

三月

星孛于東南 龍見楊山下 俄而飛去

3월

성패星孛[45]가 동남쪽에 나타나고, 용이 양산 아래에 나타났다가 잠시 후 날아갔다.

冬十二月

十一日, 流星或大或小 觀者不能數

겨울 12월

11일, 유성流星이 나타났는데, 크건 작건 간에 본 사람이 셀 수도 없었다.

二十四年

夏四月, 地震 遣使入唐朝貢 帝授使者檢校禮部尙書

24년

여름 4월, 지진이 발생했다. 사신을 당唐에 보내 조공하니, 황제가 사신에게 검교예부상서 직위를 수여했다.

---

45) 성패星孛; 꼬리가 없는 혜성을 말한다.

유 월
六月
유 성 범 심 시 월 왕 홍 시 왈 경 덕 장 모 기 사 서 잠
流星犯心 是月 王薨 諡曰景德 葬毛祇寺西岑

6월

유성流星이 심성心星[46]을 범했다. 이 달에 왕이 홍서했다. 시호를 경덕이라 하고 모지사 서쪽 산에 장사지냈다.

고 기 운
古記云
영 태 원 년 을 사 졸 이 구 당 서 급 자 리 통 감 개 운 대 력 이 년 신 라 왕 헌 영 졸
永泰元年乙巳卒 而舊唐書及資理通鑑皆云 大曆二年 新羅王憲英卒
기 기 오 야
豈其誤耶

고기에는

영태 원년 을사에 '죽었다'라고 기록되어 있고, 〈구당서〉와 〈자치통감〉에는 모두 대력 2년에 신라왕 헌영이 '사망하였다'라고 기록되어 있으니, 어찌 잘못된 것인가?

46) 심성心星; 이십팔수二十八宿의 다섯째 별자리에 있는 별

분석 35 景德王(경덕왕)

742~765 재위기간 23년

○ 경덕왕 二年 三月 기사에 '可襲兄新羅王開府儀同三司使持節大都督 鷄林州諸軍事兼充持節寧海軍使'라는 기록이 있다. 당唐 현종이 경덕왕으로 하여금 형인 효성왕의 뒤를 이어 '신라왕 개부의동삼사開府儀同三司 사지절대도독使持節大都督 계림주제군사鷄林州諸軍事 겸 충지절充持節 영해군사寧海軍使'의 작호를 받도록 하라는 것이다.

삼국사기의 기록으로는 성덕왕에 이어 경덕왕이 영해군사寧海軍使의 작호를 받았는데, 그 내용을 검토해보면 삼국사기 기록에는 누락되었지만, 효성왕 역시 영해군사寧海軍使의 작호를 받았으니, 성덕왕 이후의 신라왕은 계속하여 영해군사寧海軍使로서 영해寧海 지역에 대한 지배권을 행사하였음을 알 수 있다.

성덕왕 편에서 기술한 바와 같이 신라왕을 영해군사寧海軍使로 삼은 것은 발해의 등주登州 공격 때문으로, 영해지역에 대한 신라의 영유권을 확인함으로써 발해를 견제하고자 한 것으로 보인다. 여기서 영해 지역은 오늘날 하북성河北省 동부 지역을 말하는 것으로 그 근거에 대하여는 애장왕 편에서 상술한다.

○ 경덕왕 二年 기사에는 唐 玄宗이 경덕왕을 책봉하는 제문이 소개되어 있는데, 그 중 '宜用舊業 俾承藩長之名'이라는 기록이 있다. 즉, 마땅히 옛 왕업을 베풀어 번왕의 이름을 계승하게 할 것이라는 뜻이다. 그렇다면 신라는 번조선의 왕업을 승계하는 것이 되고 이는 신라의 영토가 옛 번조선의 핵심 강역을 포함하고 있다는 뜻이 된다.(이는 백제로부터 빼앗은 영토를 당이 추인한다는 의미를 가지고 있다.)

唐 玄宗은 나아가 '仍加殊禮 載錫漢官之號'라고 하였다. 경덕왕에게 漢官의 작호까지 준 것이다. 이는 성덕왕 때에 浿江 以南의 지역을 준 것과 무관하지 않다. 고대 고조선(東夷)과 漢(華夏)은 浿水을 경계로 삼았는데 발해가 강성해지자 신라에게 浿江 以南을 주어 발해의 새로운 공격에 대비하고자 한 것이고 이에 경덕왕에게 漢官의 작호를 수여하며 다시금 이를 확인하고 있는 것으로 보인다.

○ 경덕왕 十五年 二月 기사에 '王聞玄宗在蜀 遣使入唐 泝江至成都朝貢'라는 기록이 있다. 즉, 당唐 현종이 촉蜀에 있다는 말을 듣고 사신을 당에 파견하였는데 사신은 강을 거슬러 올라가 성도成都에 도착하였다는 것이다. 안록산의 난이 일어나 당 현종이 오늘날 사천성 성도省都인 성도成都로 피난을 갔고 신라가 성도成都로 조공을 간 것이다.

여기서 '泝江'이란 강을 거슬러 올라가다는 뜻이다. 사신 일행은 현종이 머물고 있는 성도成都로 곧바로 가기 위해 揚子江[47](长江; Yangz)을 거슬러 올라간 것이다. 唐帝

47) 양자강揚子江; 서장西藏에서 발원하여 사천성 호북성 등을 거치고 하류에서는 안휘성安徽省 · 강소성江蘇省 등을 지나는 거대한 강줄기를 말한다. 양자강은 고대 양주揚州를 통하여 황해로 빠져 나가므로 이름이 양자강揚子江강이다. 양자강揚子江은 8개의 주요지류를 가지고 있는데, 상류에서부터 순서대로 열거하면 먼저 왼쪽 편으로는 아롱강雅礱江 민강岷江, 가릉강嘉陵江, 한강漢江이 있고, 오른쪽으로는 무수武水, 원강沅江, 상강湘江, 공강贛江 등이 있다. 이 중 한강漢江이 본류인 양자강揚子江이 합류하는 지점에 성도成都(청두)가 있다.

가 長安에 있으면 黃河[48]를 조공로로 하고 唐帝가 成都에 있으니 揚子江을 조공로로 이용하였음을 알 수 있다.

그렇다면 출발지는 어디일까? 만약 경주에서 출발한 사신 일행이 울산항에서 출항하여 남해와 서해를 지나고 발해만과 산동반도를 거쳐 오늘날 상해를 통하여 揚子江에 진입할 계획이었다면 그들이 당도할 때까지 현종이 성도에 머물러 있을 것으로 기대할 수 있었을까? 삼국사기 기록에 따르면 신라는 매년 정월 신년사를 보내고 같은 해에도 수차례 조공을 한 기록을 볼 수 있는데 '경주 ⇨ 울산항 ⇨ 동해 ⇨ 남해 ⇨ 서해 ⇨ 발해만 ⇨ 산동반도 ⇨ 황하 ⇨ 장안' 또는 '경주 ⇨ 울산항 ⇨ 동해 ⇨ 남해 ⇨ 서해 ⇨ 발해만 ⇨ 산농반도 ⇨ 동중국해 ⇨ 상해 ⇨ 장강 ⇨ 성도'로 이어지는 이러한 조공로가 과연 가능한 일인가?

경주 ⇨ 울산항 ⇨ 동해 ⇨ 남해 ⇨ 서해 ⇨ 발해만 ⇨ 산동반도 ⇨ 황하 ⇨ 장안 경주 ⇨ 울산항 ⇨ 동해 ⇨ 남해 ⇨ 서해 ⇨ 발해만 ⇨ 산동반도 ⇨ 동중국해 ⇨ 상해 ⇨ 장강 ⇨ 성도

위와 같은 조공로가 과연 가능하다면, 왜 위 기사는 泝江이라고만 기록하여, '경주 ⇨ 울산항 ⇨ 동해 ⇨ 남해 ⇨ 서해 ⇨ 발해만 ⇨ 산동반도 ⇨ 동중국해 ⇨ 상해'까지의 경로를 쏙 빼버린 것일까?

○ 한편, 경덕왕 十五年 二月 기사에는 당 현종 이융기李隆基의 어서오언십운시御書五言十韻詩가 소개되어 있다. 안록산의 난으로 촉의 성도에 피신하고 있는데 신라가 불원천리 성도까지 주빙을 하는 것에 대하여 감탄하며 지은 시라고 한다.

그런데 어서오언십운시御書五言十韻詩는 시詩라고 하기에는 민망스럽다. 천문도를 머릿속에 그리면서 하늘의 별자리도 중심이 있듯이 세상의 중심인 당나라에 신라가 부지런하게 조공을 하므로 이를 치하하는 내용에 불과하니, 네로가 로마에 불을 지르고 불타는 도시를 바라보며 감명을 받아 지은 시와 그 수준이 크게 다르지 않다. 더 가관인 것은 후대에 그 시詩가 현종이 직접 지은 것이라며 감탄하였다는 에피소드까지 곁들여 정통 사서인 삼국사기가 인용해 준 것인데, 이는 김부식이 개인적으로 이융기李隆基에게 큰 은혜를 베푼 것으로 평가할 수 있다.

○ 경덕왕 十六年 十二月 기사에는 지방행정구역을 개편하고 명칭을 개정하는 작업을 마쳤다. 경덕왕은 전국의 9주를 尙州, 良州, 康州, 漢州, 朔州, 熊州, 溟州, 全州, 武州 라고 명명하고 그 아래의 군현을 정비하여 117군 293현을 두었다. 그런데 三國史記 三十四卷 雜志 지리 편에는 '九州所管郡縣 無慮四百五十'이라는 기록이 있다. 9주에서 관할하던 군현郡縣이 무려 4백 50개 소였다는 것이다.

48) 黃河; 고대에는 黃海로 칭하기도 하였다.

그 대강과 이에 대한 국사편찬위원회 위치비정은 다음과 같다.

9주	위치		군	현	개명전이름	위원회의 견해
상주尙州	본국 경내	왕성 동북쪽	10	30	사벌주沙伐州	경북 상주
양주良州		왕성남쪽	12	34	삽량주歃良州	경남 김해
강주康州		왕성서쪽	11	27	청주菁州	경남 진주
웅주熊州	백제 경내	옛성 북쪽	13	29	웅천주熊川州	충남 공주
전주全州		옛성 서남쪽	10	31	완산주完山州	전북 전주
무주武州		옛성 남쪽	14	44	무진주武珍州	전남 광주
한주漢州	고구려 경내	서쪽	27	46	한산주漢山州	경기도 광주
삭주朔州		중앙	11	27	수약주首若州	강원도 춘천
명주溟州		동쪽	9	25	하서주河西州	강원도 강릉

이제 국사편찬위원회가 확립해 놓은 위치 비정에 대하여 개괄적으로 분석하여 보자

三國史記 三十四卷 雜志 第三 地理 一 편을 자세히 살펴보면, '本國界內置三州 王城東北當唐恩浦路日尙州 王城南日良州 西日康州'라는 기록이 있다. 즉 본국 경계 내에 3주를 설치하였는데 왕성 동북쪽의 당은포 방면을 상주라 하고, 왕성 남쪽을 양주라 하고, 서쪽을 강주라 하였다는 것이다.

그런데 경북 상주는 경주의 북서쪽에 있으며, 경남 김해와 진주는 모두 경주의 남서쪽에 있으니 국사편찬위원회의 견해는 잘못된 것이다.

또, '於故百濟國界置三州 百濟故城北熊津口日熊州 次西南日全州 次南日武州'라는 기록이 있다. 이전의 백제 경내에 3주를 설치하였는데 백제의 옛성 북쪽 웅진 어구를 웅주라 하고, 그 다음 서남쪽을 전주, 그 다음 남쪽을 무주라고 하였다는 것이다. 그런데 충남 공주는 부여의 북동쪽에 있고, 전북 전주는 부여의 남동쪽에 있으며, 전남 광주는 부여의 정남쪽에 있으니 국사편찬위원회의 견해는 기록과 정확하게 일치하지 않는다.

또 '於故高句麗南界置三州 從西第一日漢州 次東日朔州 又次東日溟州'라는 기록이 있다. 이전의 고구려 남쪽 지역에 3주를 설치하였는데 서쪽으로부터 첫째를 한주, 그 다음 동쪽을 삭주, 그 다음 동쪽을 명주라고 하였다는 것이다. 그런데 경기도 광주는 춘천 강릉의 남서쪽에 있고, 강원도 춘천은 광주의 북동쪽에 있으며, 강원도 강릉은 춘천의 남동쪽에 있으니 국사편찬위원회의 비정은 기록에 정확하게 부합하지 아니한다.

위에서 보듯이 국사편찬위원회의 견해는 삼국사기 지리편의 기록과 일치하지 아니한다. 그렇다면, 尙州를 경상북도 상주시로, 良州를 경기도 양주시 또는 경상남도 양산시로, 康州를 경상남도 진주시로, 漢州를 서울특별시 강동구 내지 경기도 하남시로, 朔州를 강원도 춘천시로, 熊州를 충청남도 공주시로, 溟州를 강원도 강릉시로, 完山州 또는 全州를 전라북도 전주시로, 武珍州 또는 武州를 광주광역시로 일제히 단정하는 것은 잘못이다. 그러다 보니 최근에는 良州를 경기도 양주시로, 漢州를 서울특별시 강동구 내지 경기도 하남시로 비정하는 견해가 등장하고 있으나 기존 견해의 과오를 그대로 답습하면서 그 모순을 부분적으로 해결하려는 미봉책에 불과하다.

위치 비정은 반드시 여러 가지 역사적 사실들을 먼저 분석하고 난 후 이를 종합적으로 고려하여 신중하게 해야 할 역사학의 최종 과제인 것이다. 본서에서는 해당 부분에서 9주의 위치를 구체적으로 비정해 나가기로 한다.

○ 경덕왕 二十三年 三月 기사에는 '龍見楊山下'라는 기록이 있다. 용이 양산楊山 아래에서 나타났다는 것이다. 국사편찬위원회는 여기서 양산楊山을 남산南山으로 해석하고[49], 나아가 현재의 경북 경주시에 있는 남산으로 추정한다.[50]

그러나 양산楊山을 남산南山으로 해석할만한 아무런 근거가 없다. 그런데 설령 양산楊山을 남산南山으로 해석한다고 하더라도 현재의 경북 경주시에 있는 남산南山으로 추징할만한 아무런 근거가 없다. 이 역시 모두가 신라의 도읍이 경북 경주에 있었다는 대전제 아래에서 위치를 맞추어 놓은 것에 불과하다.

49) 출처; 이병도, ≪역주 삼국사기≫ 상, 을유문화사, 1996, p.237

50) 출처; 정구복 외, ≪역주 삼국사기≫ 3 주석편(상), 한국정신문화연구원, 65쪽

㊱ 惠恭王(혜공왕)

765~780 재위기간 15년

惠恭王立 諱乾運 景德王之嫡子 母金氏滿月夫人 舒弗邯義忠之女
王卽位時 年八歲 太后攝政

혜공왕惠恭王이 왕위에 오르니 이름은 건운乾運이며, 경덕왕의 적자嫡子이고, 어머니는 김씨 만월부인으로, 서불한舒弗邯[51] 의충의 딸인데, 왕이 즉위했을 때 나이가 여덟살이었으므로, 태후가 섭정하였다.

元年
大赦 幸太學 命博士講尙書義

원년
대사면을 단행하였다. 왕이 태학에 행차하여 박사에게 명하여 상서尙書를 강의하게 하였다.

二年
春正月 二日並出 大赦

2년
봄 정월, 두 개의 해가 나타났다. 대사면을 단행하였다.

二月
王親祀神宮 良里公家牝牛生犢 五脚 一脚向上 康州地陷成池 縱廣五十餘尺 水色靑黑

2월,
왕이 신궁神宮에 직접 제사를 지냈다.
양리공 집에서 암소가 송아지를 낳았는데, 다리가 다섯으로 다리 하나가 위로 향하였다.
강주康州에서 땅이 내려앉아 연못이 되었는데, 넓이가 50여 척이고 검푸른 물빛이었다.

51) 서불한舒弗邯; 1급 이벌찬을 일컫는 말이다. 이벌찬은 그 외에도 이벌간伊罰干・우벌찬于伐湌・각간角干・각찬角粲・서발한舒發翰 등으로 불렸다.

冬十月
天有聲如鼓

겨울 10월
하늘에서 북소리 같은 것이 들렸다.

三年
夏六月, 地震

3년
여름 6월, 지진이 발생했다.

秋七月
遣伊飡金隱居入唐貢方物 仍請加冊命 帝御紫宸殿宴見 三星隕王庭相擊 其光如火迸散

가을 7월
이찬 김은거金隱居를 당唐에 파견하여 방물을 보내고 책명을 주기를 청하니, 황제가 자신전紫宸殿에 나아가 연회를 열고 접견했다.
별 세 개가 궁궐 정원에 떨어져 서로 부딪치니, 그 빛이 불같이 솟아올랐다가 흩어졌다.

九月
金浦縣禾實皆米

9월
금포현金浦縣에서 벼 이삭이 모두 쌀로 변하였다.

四年
春 彗星出東北 唐代宗遣倉部郎中歸崇敬兼御史中丞 持節賫冊書 冊王爲開府儀同三司新羅王 兼冊王母金氏爲大妃

4년

봄, 혜성이 동북쪽에 나타났다. 당대종이 창부랑중귀붕경 겸 어사 중승中丞을 파견하여 '절節'을 지니고 책서를 보내 왕을 개부의동삼사 신라왕으로 책봉하고 아울러 왕의 어머니 김씨를 책봉하여 대비로 삼았다.

하 오 월
夏五月

사 수 사 이 하 죄
赦殊死已下罪

여름 5월

사형에 처할 죄 이하의 죄를 사면하였다.

륙 월
六月

경 도 뢰 박 상 초 목 대 성 운 황 룡 사 남 지 진 성 여 뢰 천 정 개 갈 호 입 궁 중
京都雷雹傷草木 大星隕皇龍寺南 地震聲如雷 泉井皆渴 虎入宮中

6월

경도京都에 벼락이 치고 우박이 내려 초목이 상하고, 큰 별이 황룡사 남쪽에 떨어지더니 지진이 일어났는데 그 소리가 벼락과 같았다. 샘과 우물이 다 말랐다.

호랑이가 궁중에 들어 왔다.

추 칠 월
秋七月

일 길 찬 대 공 여 제 아 찬 대 렴 반 집 중 위 왕 궁 삼 십 삼 일 왕 군 토 평 지 주 구 족
一吉湌大恭與弟阿湌大廉叛 集衆 圍王宮三十三日 王軍討平之 誅九族

가을 7월

일길찬 대공이 그의 아우인 아찬 대렴과 함께 반란을 일으키니, 무리를 모아 33일간 왕궁을 포위하였다. 왕의 군대가 토벌하여 이를 평정하고, 9족을 주살하였다.

구 월
九月

견 사 입 당 조 공
遣使入唐朝貢

9월

사신을 당에 보내 조공하였다.

冬十月
以伊湌神猷爲上大等 伊湌金隱居爲侍中

겨울 10월
이찬 신유를 상대등으로 하고, 이찬 김은거金隱居를 시중으로 하였다.

五年
春三月, 燕群臣於臨海殿

5년
봄 3월, 임해전에서 여러 신하들에게 연회를 베풀었다.

夏五月
蝗旱 命百官各擧所知

여름 5월
메뚜기 떼가 기승을 부리고 가뭄이 들었다. 왕이 백관들에게 명하여 각자 아는 인물을 천거하도록 하였다.

冬十一月
雉岳縣鼠八十許向平壤 無雪

겨울 11월
치악현雉岳縣에서 쥐 80여 마리가 평양으로 향하고, 눈이 내리지 않았다.

六年
春正月, 王幸西原京 曲赦所經州縣繫囚

6년
봄 정월, 왕이 서원경西原京에 행차하였는데, 지나는 길에 있는 주현州縣의 죄수들을 사면하였다.

삼 월
三月

우 토
雨土

3월

흙비가 내렸다.

하 사 월
夏四月

왕 지 자 서 원
王至自西原

여름 4월

왕이 서원경西原京에서 돌아왔다.

오 월
五月

십 일 일 혜 성 출 오 차 북 지 육 월 십 이 일 멸
十一日, 彗星出五車北 至六月十二日滅

이 십 구 일 호 입 집 사 성 착 살 지
二十九日, 虎入執事省 捉殺之

5월

11일, 혜성彗星이 오거五車[52] 북쪽에 출현했다가 6월 12일에 사라졌다.
29일, 호랑이가 집사성執事省에 들어오니 이를 잡아 죽였다.

추 팔 월
秋八月

대 아 찬 김 융 반 복 주
大阿湌金融叛 伏誅

가을 8월

대아찬 김융이 반역하니 베어 죽였다

동 십 일 월
冬十一月

경 도 지 진
京都地震

겨울 11월

경도京都에 지진이 발생했다.

---

52) 오거五車; 이십팔수二十八宿의 열아홉째 필수畢宿 자리에 있는 별

十二月

侍中隱居退 伊飡正門爲侍中

12월

시중 은거가 퇴직하고, 이찬 정문이 시중이 되었다.

八年

春正月 遣伊飡金標石 朝唐賀正 代宗授衛尉員外少卿放還

8년

봄 정월 이찬 김표석을 파견하여 당에 조공하고 신년 인사를 하니, 당唐 대종이 위위원외소경衛尉員外少卿을 수여하여 돌려보냈다.

九年

夏四月, 遣使如唐賀正 獻金銀牛黃魚牙紬朝霞等方物

六月, 遣使如唐謝恩 代宗引見於延英殿

9년

여름 4월, 사신을 당唐에 보내 신년인사를 하고, 금・은・우황・어아주・조하주 등 방물을 바쳤다

6월, 사신을 파견하여 당唐에 사은하니, 대종이 연영전에서 인견引見하였다.

十年

夏四月 遣使如唐朝貢

10년

여름 4월, 사신을 파견하여 당唐에 조공하였다

秋九月

拜伊飡良相爲上大等

가을 9월

이찬 양상良相에게 벼슬을 내려 상대등으로 삼았다.

동 십 월
冬十月

견 사 여 당 하 정　견 우 연 영 전　수 원 외 위 사 경 견 지
遣使如唐賀正 見于延英殿 授員外衛射卿遣之

겨울 10월

사신을 파견하여 당唐에 신년인사를 하니, 연영전에서 접견하고 원외위사경員外衛射卿을 제수하여 보냈다.

십 일 년
十一年

춘 정 월　견 사 여 당 조 공
春正月, 遣使如唐朝貢

11년

봄 정월, 사신을 당唐에 보내 조공했다

삼 월
三月

이 이 찬 김 순 위 시 중
以伊湌金順爲侍中

봄 3월

이찬 김순金順을 시중으로 삼았다.

하 육 월
夏六月

견 사 조 당　이 찬 김 은 거 반　복 주
遣使朝唐 伊湌金隱居叛 伏誅

여름 6월

사신을 당唐에 보내 조공했다. 이찬 김은거金隱居가 반역하다가 처형되었다.

추 팔 월
秋八月

이 찬 렴 상 여 시 중 정 문 모 반　복 주
伊湌廉相與侍中正門謀叛 伏誅

가을 8월

이찬 염상이 시중 정문과 함께 모반하다가 처형되었다.

十二年

春正月, 下教 百官之號盡合復舊 幸感恩寺望海

12년

봄 정월, 왕이 교서를 내려 백관들의 관직 이름을 모두 이전대로 복구하였다. 왕이 감은사에 행차하여 망제望祭를 올렸다.

二月

幸國學聽講

2월

왕이 국학에 가서 강의를 들었다.

三月

加倉部史八人

3월

창부倉部[53]에 사史 8명을 더 두었다

秋七月

遣使朝唐獻方物

가을 7월

사신을 파견하여 당唐에 조공하고 방물을 바쳤다.

冬十月

遣使入唐朝貢

53) 창부倉部; 국가 재정을 담당하던 부서로 오늘날 기획재정부 쯤에 해당한다.

겨울 10월
사신을 파견하여 당唐에 조공하였다.

十三年
春三月, 京都地震

13년
봄 3월, 경도京都에 지진이 발생했다.

夏四月
又震 上大等良相上疏 極論時政

여름 4월
지진이 다시 일어났다. 상대등 양상이 상소하여 시국을 극렬하게 비판하였다.

冬十月
伊湌周元爲侍中

겨울 10월
이찬 주원周元이 시중이 되었다.

十五年
春三月 京都地震 壞民屋 死者百餘人 太白入月 設百座法會

15년
봄 3월, 경도京都에 지진이 발생하여 민가가 무너지고 사망자가 백여 명이 되었다. 태백太白[54]이 달에 들어갔다. 백좌법회를 열었다.

十六年
春正月, 黃霧

---

54) 태백太白; 오늘날 금성을 말한다.

16년

봄 정월, 황사가 끼었다.

二月

雨土

2월

흙이 비처럼 내렸나.

二月

王幼少卽位 及壯 淫于聲色 巡遊不度 綱紀紊亂 災異屢見 人心反側

社稷阢□ 伊湌志貞叛 聚衆 圍犯宮闕

왕이 어렸을 때 즉위하였는데, 나이가 들자 음악과 여색에 빠져, 나가 노는 것이 정도를 넘었다. 기강이 문란하여 재앙과 변고가 자주 발생하므로 민심이 이반되고, 사직이 위태로웠다. 이찬 지정志貞이 반란을 일으키고, 무리를 모아 궁궐을 포위하여 범하였다.

夏四月

上大等金良相與伊湌敬信 擧兵誅志貞等 王與后妃爲亂兵所害

여름 4월

상대등 김양상金良相이 이찬 경신敬信과 함께 병사를 동원하여 지정志貞 등을 죽였다. 왕과 왕비는 이 난리 중에 난병亂兵에게 살해당했다.

四月

良相等諡王爲惠恭王 元妃新寶王后 伊湌維誠之女 次妃伊湌金璋之女 史失入宮歲月

양상 등이 왕의 시호를 혜공왕이라 하였다. 원비 신보왕후는 이찬 유성의 딸이고, 다음 왕비는 이찬 김장의 딸이었는데, 역사서에는 두 왕비가 궁에 들어온 시기를 누락하고 있다.

○ 혜공왕 二年 二月 기사에는 '康州地陷成池'라는 기록이 있다. 강주康州에서 땅이 내려앉아 연못이 되었다는 것이다.

여기서 강주康州는 어디인가? 국사편찬위원회는 강주康州를 현재의 경남 진주시로 비정한다. 국사편찬위원회의 견해는 三國史記 三十四卷 雜志 第三 地理 一 편을 근거로 하는 듯하다. 三國史記 三十四卷 雜志 第三 地理 一 편에는 '本國界內置三州 王城東北當唐恩浦路曰尙州 王城南曰良州 西曰康州'라는 기록이 있다. 본국本國 경내界內에 3개의 주州를 설치하였으니, 왕성 동북쪽의 당은포唐恩浦 방면을 상주尙州라 하고, 왕성 남쪽을 양주良州라 하고, 서쪽을 강주康州라 하였다는 것이다.

그러나 상기 기록을 엄격하게 분석하여 볼 때, 경북 상주시는 경북 경주시의 동북쪽 방면에 있지 않으며, 경상남도 진주시는 경상북도 경주시의 남서쪽에 있다. 국사편찬위원회의 견해는 엄밀히 말하자면 삼국사기 地理 편의 기록과 정확하게 일치하지 아니한다.

진성왕 편에서 후술하는 바와 같이 강주康州는 수도의 서쪽에 설치하였으니 이 당시 신라의 수도가 강소성江蘇省 무진현武進縣 부근에 있었다면 강주康州는 강소성江蘇省 서부 일대에 있었을 것으로 비정된다.

○ 혜공왕 三年 九月 기사에는 '金浦縣禾實皆米'라는 기록이 있다. 금포현金浦縣에서 벼 이삭이 모두 쌀로 변하였다는 것이다.

국사편찬위원회는 금포현金浦縣이 현재의 경기도 김포군 김포읍이라고 한다. 과연 그럴까? 삼국사기 기록을 검토하여 보자.

三國史記 三十四卷 雜志 第三 地理 一 편에는 '於故高句麗南界置三州 從西第一曰漢州 次東曰朔州 又次東曰溟州'라는 기록이 있다. 옛 고구려 남쪽 지역에 3주를 설치하였는데 서쪽으로부터 첫째를 한주漢州, 그 다음 동쪽을 삭주朔州, 그 다음 동쪽을 명주溟州라고 하였다는 것이다. 국사편찬위원회는 한주漢州·삭주朔州·명주溟州를 차례로 경기도 광주, 강원도 춘천, 강원도 강릉 일대로 각각 비정한다.

경기도 김포는 한강 이남에 위치한다. 국사편찬위원회에 따르면 경기도 김포는 원래 백제의 영토였다고 해야 맞는 것이다.

그런데, 三國史記 三十四卷 雜志 第三 地理 二 한주漢州 편에는 '金浦縣 本高句麗黔浦縣 景德王改名'이라는 기록이 있다. 金浦縣은 원래 고구려의 黔浦縣(검포현)이었던 것을 경덕왕이 개칭하였다는 것이다. 그렇다면 국사편찬위원회의 입장은 삼국사기의 기록과 맞지 않는다. 더욱이 고구려에서는 검포현黔浦縣이라고 하였으므로 이를 개칭한 것이라면 金浦縣은 '김포현'이 아니라 '금포현'으로 읽어야 한다. 그렇다면 금포현金浦縣은 김포시와 음운학적 관련성마저도 없다.

특히 '김포'라는 지금의 명칭은 고려 시대에야 비로소 사용되기 시작한다는 점에서 종래의 견해는 잘못이 있다. 요컨대, 금포현金浦縣은 현재의 경기도 김포군 김포읍과는 무관한 것으로 생각된다.

37 宣德王(선덕왕)

780~785 재위기간 5년

宣德王立 姓金氏 諱良相 奈勿王十世孫也 父海飡孝芳 母金氏四炤夫人 聖德王之女也 妃具足夫人 角干良品之女也 一云義恭阿飡之女 大赦 追封父爲開聖大王 尊母金氏爲貞懿太后 妻爲王妃 拜伊飡敬信爲上大等 阿飡義恭爲侍中 改御龍省奉御爲卿 又改卿爲監

선덕왕 宣德王이 왕위에 오르니, 성은 김씨, 이름은 양상良相으로, 내물왕의 10대손이다. 아버지는 해찬 효방이요, 어머니는 김씨 사조부인으로 성덕왕의 딸이다. 왕비는 구족부인으로 각간 양품의 딸이다. 일각에서는 의공 아찬의 딸이라고도 한다.

대사면을 단행하는 한편, 아버지를 개성대왕으로 추봉하고, 어머니 김씨를 정의태후로 추존하였으며, 아내를 왕비로 삼았다. 이찬 경신에게 벼슬을 내려 상대등으로 삼고, 아찬 의공을 시중으로 하였다. 어룡성御龍省[55]의 봉어奉御[56]를 고쳐 경卿으로 하였다가 다시 경卿을 고쳐 감監으로 하였다.

二年

春二月, 親祀神宮

秋七月, 發使安撫浿江南州郡

2년

봄 2월, 친히 신궁神宮에 제사를 지냈다.

가을 7월, 왕이 관리를 보내 패강浿江 남쪽의 주군州郡을 안무하였다.

三年

春 閏正月 遣使入唐朝貢

3년

봄 윤閏 정월, 사신을 파견하여 당唐에 조공하였다

55) 어룡성御龍省; 왕의 비서기관으로 추정된다.

56) 봉어奉御; 차관직으로 추정된다. 경덕왕 때 봉어 2명을 두었다는 기록이 있었다.

二月

王巡幸漢山州 移民戶於浿江鎭

2월

왕이 한산주漢山州를 순행하고 주민들을 패강진浿江鎭으로 옮겼다.

秋七月

大閱於始林之原

가을 7월

시림始林 벌에서 군대를 크게 사열하였다.

四年

春正月, 以阿湌體信爲大谷鎭軍主

二月, 京都雪三尺

4년

봄 정월, 아찬 체신을 대곡진大谷鎭 군주로 임명하였다.

2월, 경도京都에 눈이 석 자나 내렸다.

五年

夏四月, 王欲遜位 群臣三上表諫 乃止

5년

여름 4월, 왕이 왕위를 물러나려 하니, 여러 신하들이 세 번이나 표를 올려 간하자, 중지하였다.

六年

春正月, 唐德宗遣戶部郎中蓋塤 持節冊命王爲檢校大尉雞林州刺史

寧海軍使新羅王

6년

봄 정월, 당 덕종이 호부낭중 개훈을 지절사로 파견하고, 왕을 책명하여 검교대위檢校大尉 계림주자사雞林州刺史 영해군사寧海軍使 신라왕新羅王으로 하였다.

是月

王寢疾彌留 乃下詔曰

이 달에

왕이 병석에 누워 임종을 앞두고 조서를 내려 말했다.

寡人本惟菲薄 無心大寶 難逃推戴 作其卽位 居位以來 年不順成 民用窮困 此皆德不符民望 政未合天心 常欲禪讓 退居于外 群官百辟每以誠止 未果如意 因循至今 忽遘疾疹 不寤不興 死生有命 顧復何恨 死後依佛制燒火 散骨東海

과인寡人은 본래 재주가 없고 박덕하여 왕위에는 마음이 없었으나, 추대를 피할 수 없어 즉위하게 되었다. 왕위에 오른 이래 농사가 순조롭지 못하여 백성의 일상생활이 곤궁하여졌으니, 이것은 모두 과인이 부덕하여 백성들의 기대에 부응하지 못하고 정치가 하늘의 뜻에 부합하지 못하였기 때문이다.

항상 선양하고 궁 밖에 나가 살고자 하였으나, 많은 신하들이 매번 지성으로 말렸기 때문에, 뜻대로 결실을 매지 못하고, 지금까지 주저하고 있었다. 이제 갑자기 병이 나서 다시 깨어 일어설 수 없게 되었다. 죽고 사는 것은 천명에 달렸으니 다시 돌이켜보건대 무슨 한이 있겠는가? 과인이 죽은 후에는 불교의 제도에 따라 태우고, 유골을 동쪽 바다에 뿌리도록 하라.

至十三日

薨 諡曰宣德

13일

왕이 훙서하니, 시호를 선덕宣德이라 하였다.

○ 삼국사기 기록에 따르면, 이찬 지정志貞이 반란을 일으키자 선덕왕 김양상金良相[57]이 김경신金敬信[58]과 함께 이를 진압하였고 난리 중에 혜공왕이 난병亂兵에게 살해당하여 추대로 왕위에 오른 것처럼 기록되어 있으나, 삼국유사에 따르면 혜공왕은 김양상金良相, 김경신金敬信에게 살해되었다고 되어 있다. 삼국유사의 기록이 훨씬 신빙성이 있다.

또, 선덕왕 五年 四月 기사와 六年 正月 기사의 유언에서 왕위를 물러나려 한 기록 등을 검토할 때, 쿠데타 세력의 실세는 선덕왕 김양상金良相이 아니라 원성왕 김경신金敬信이였을 것으로 추정된다.

○ 선덕왕 二年 七月 기사에는 '發使安撫浿江南州郡'는 기록이 있다. 왕이 관리를 보내 패강浿江 남쪽의 주군州郡을 안무하였다는 것이다. 패강浿江이 고대 고조선[東夷]의 강역이었다는 점, 발해의 영토가 이 부근까지 이르렀다는 점, 발해가 강성해지자 신라에게 패강浿江 이남以南을 주어 완충지대로 삼았다는 점 등은 이미 지적한 바와 같다.

나아가 선덕왕 三年 二月 기사에는 '王巡幸漢山州 移民戶於浿江鎭'이라는 기록이 있다. 왕이 한산주漢山州를 순행하고 주민들을 패강진浿江鎭으로 옮겼다는 것이다. 패강浿江에는 군진軍鎭이 있었고, 패강浿江과 가장 가까운 거리에 한산주漢山州가 있었음을 알 수 있다.

그런데 국사편찬위원회에 따르면, '패강浿江은 대동강大洞江이었을 것으로 추정된다.'고 한다. 그러나, '수경水經'에는 '浿水出乐浪镂方县, 东南过临浿县, 东入于海°'라는 기록이 있다. 즉, 패수浿水는 낙랑군 루방현에서 나와 동남쪽으로 임패현을 지나 동쪽에서 바다로 들어간다는 것이다. 허신의 설문해자에도 '浿水出镂方, 东入海'이라는 기록이 있다. 즉, 패수는 루방에서 나와 동쪽에서 바다로 들어간다는 것이다. 대동강은 분명 동쪽에서 서쪽으로 흘러 바다로 들어간다. 패강浿江 또는 패수浿水는 결코 대동강일 수 없는 것이다.

그런데 선덕왕 三年 二月 기사에 따르면, 패강浿江 또는 패수浿水는 한산주漢山州 부근에 있었다. 한산주漢山州의 옛 이름은 신주新州였고, 진흥왕 편에서 분석한 바와 같이 진흥왕이 백제와의 동맹을 깨고 산서성山西省 남부와 하남성河南省 북부를 독차지하여 신주新州를 설치한 것이니, 그렇다면, 패강浿江 또는 패수浿水는 산서성山西省 남부와 하남성河南省 일대에 있었을 것으로 비정하여야 한다.

○ 선덕왕 六年 正月 기사 '檢校大尉雞林州刺史 寧海軍使 新羅王'을 통하여 선덕왕의 작호에 영해군사寧海軍使가 포함되어 있음을 알 수 있다.

성덕왕・경덕왕 편에서 기술한 바와 같이 신라왕을 영해군사寧海軍使로 삼은 것은 발해의 등주登州 공격 때문으로, 영해寧海 지역을 신라에게 맡겨 발해를 견제하고자 한 것이다. 여기서 영해寧海 지역은 오늘날 하북성河北省 동부 지역을 말하는 것이다.

57) 김양상金良相; 내물왕의 10대손이며 내물왕의 아들인 미사흔의 9대손이다.

58) 김경신金敬信; 내물왕의 12대손이며, 내물왕의 아들인 복호(미사흔의 형)의 11대손이다.

三國史記 十卷
新羅本紀 第十

38 元聖王(원성왕)

785~799 재위기간 14년

원성왕립 휘경신 내물왕십이세손 모박씨계오부인 비김씨 신술각
元聖王立 諱敬信 奈勿王十二世孫 母朴氏繼烏夫人 妃金氏 神述角
간지녀
干之女

원성왕聖王立이 왕위에 오르니, 이름이 경신敬信으로, 내물왕의 12대손이고, 어머니는 박씨 계오부인이요, 왕비는 김씨로 신술神述 각간의 딸이다.

초혜공왕말년 반신발호 선덕시위상대등 수창제군측지악 경신예지
初惠恭王末年 叛臣跋扈 宣德時爲上大等 首唱除君側之惡 敬信預之
평란유공 계선덕즉위 즉위상대등
平亂有功 洎宣德卽位 卽爲上大等

급선덕훙 무자 군신의후 욕립왕지족자주원 주원택어경북이십리
及宣德薨 無子 群臣議後 欲立王之族子周元 周元宅於京北二十里
회대우 알천수창 주원불득도 혹왈 즉인군대위 고비인모 금일폭우
會大雨 閼川水漲 周元不得渡 或曰 卽人君大位 固非人謀 今日暴雨
천기혹자불욕립주원호 금상대등경신 전왕지제 덕망소고 유인군지
天其或者不欲立周元乎 今上大等敬信 前王之弟 德望素高 有人君之
체 어시 중의흡연 립지계위 기이우지 국인개호만세
體 於是 衆議翕然 立之繼位 旣而雨止 國人皆呼萬歲

처음 혜공왕 말년에 역신들이 발호하여, 선덕宣德이 당시에 상대등이 되어 임금 측근의 악당들을 제거할 것을 앞장서서 주창할 때, 경신敬信이 이에 참여하여 반란을 평정하는데 공을 세우자, 선덕宣德이 왕위에 오르면서 바로 상대등으로 삼았다.

선덕宣德이 훙서하기에 이르자 아들이 없었다. 여러 신하들이 의논한 후, 왕의 족질 주원周元을 왕으로 세우고자 하였다. 주원周元은 경도京都 북쪽으로 20 리里 떨어진 곳에 살았는데, 큰 비가 내리니 알천의 물이 불어나 주원周元이 건너올 수 없었다.

누군가 말했다.

"인군人君은 큰 자리라서 본래 사람이 계획할 수 없는 것이다. 오늘 폭우가 내리니 하늘이 혹시 주원周元을 왕으로 세우려 하지 않는 것이 아닌가? 지금의 상대등 경신敬信은 전 임금의 아우로서, 덕망이 본래 높고 임금의 본성을 가졌다"

이에 다수의 의견이 일치하여, 그가 왕위를 잇도록 하였다. 얼마 후 비가 그치니 백성들이 모두 만세를 불렀다.

二月

追封高祖大阿飡法宣爲玄聖大王 曾祖伊飡義寬爲神英大王 祖伊飡魏文爲興平大王 考一吉飡孝讓爲明德大王 母朴氏爲昭文太后 立子仁謙爲王太子

2월

왕의 고조부 대아찬 법선을 추봉하여 현성대왕으로 하고, 증조부 이찬 의관을 신영대왕으로 하고, 조부 이찬 위문을 흥평대왕으로 하고, 아버지 일길찬 효양을 명덕대왕으로 하고, 어머니 박씨를 소문태후로 하였다. 아들 인겸은 왕태자로 삼았다.

(二月)

毁聖德大王開聖大王二廟 以始祖大王太宗大王文武大王 及祖興平大王考明德大王爲五廟

(2월)

성덕대왕과 개성대왕의 두 묘당을 헐고, 시조대왕과 태종대왕, 문무대왕 및 조부 흥평대왕과 부 명덕대왕을 5묘로 정하였다.

(二月)

增文武百官爵一級 拜伊飡兵部令忠廉爲上大等 伊飡悌恭爲侍中 悌恭免 伊飡世强爲侍中

(2월)

문무백관에게 관작을 한 급씩 올려주었다. 이찬 병부령 충렴에게 벼슬을 내려 상대등으로 삼고, 이찬 제공을 시중으로 삼았다가, 제공이 면직되자 이찬 세강을 시중으로 임명하였다.

三月

出前妃具足王后於外宮 賜租三萬四千石 浿江鎭進赤烏 改摠管爲都督

3월

전前 왕비 구족왕후를 외궁으로 내보내고, 벼 3만 4천 석을 하사했다. 패강진浿江鎭에서 붉은 까마귀를 진상하였다. 총관을 고쳐 도독으로 하였다.

二年

夏四月, 國東雨雹 桑麥皆傷 遣金元全入唐 進奉方物 德宗下詔書曰

2년

여름 4월, 동쪽 지방에 우박이 내려 뽕과 보리가 모두 상하였다. 김원진金元全을 당에 파견하여 방물을 바치니 당의 덕종은 조서를 내려 말했다.

> 勅新羅王金敬信
>
> 金元全至 省表及所進奉具悉 卿俗敦信義 志秉貞純 夙奉邦家 克遵
聲教 撫茲藩服 皆稟儒風 禮法興行 封部寧乂 而竭誠向闕 述職無虧
累遣使臣 聿修貢獻 雖溟渤遐廣 道路悠長 贄幣往來 率循舊典 忠効
益著 嘉歎良深
>
> 朕君臨萬方作人父母 自中及外合軌同文 期致太和共躋仁壽 卿宜保
安封內 勤恤蒼生 永作藩臣 以寧海裔
>
> 今賜卿羅錦綾綵等三十匹衣一副銀榼一口 至宜領之 妃錦綵綾羅等
二十匹押金線繡羅裙衣一副銀椀一 大宰相一人衣一副銀榼一 次宰
相二人各衣一副銀椀各一 卿宜領受分給
>
> 夏中盛熱 卿比平安好 宰相已下 並存問之 遣書指不多及

신라왕 김경신金敬信에게 이른다.

김원전이 당도하여 표문과 바친 방물을 잘 살펴보았다.

경卿의 풍속은 신의를 돈독히 하고 뜻은 순정을 지켜 일찍부터 본국을 받들고 교칙을 따라 구역을 편안하게 하였는데, 유풍儒風을 다 이어받아 예법이 성행하니 국내가 평안하게 다스려지고, 성의를 다하여 궁궐을 향해 조회하는 일에 빠짐이 없으며 누누이 사신을 파견하여 법을 배우고 공납을 바치니, 비록 바다가 멀고 넓고 도로가 아득히 길어도, 폐백의 왕래는 옛 법도를 좇아 더욱 충성을 나타내므로, 가상하여 탄복이 절로 깊어진다.

짐朕이 만방에 군림하여 백성들이 가정을 이루게 되었고, 중앙과 지방의 길을 합하고 문자를 통일하여, 장차 큰 화합을 이루어 함께 태평성대[仁壽][1]로 나아가려 한다. 경은 마땅히 국내를 안정시켜 열심히 힘써 창생을 구휼하고 영원한 번신藩臣이 되어 신라[海裔]를 편안하게 하기 바란다.

지금 경에게 나금능채 등 30필과 옷 한 벌과 은합 1구를 하사하니 도착하면, 마땅히 수령하여 왕비에게는 금채능라 등 20필과 압금선수라군의 1 벌, 은완 1개, 대재상 1명에게는 옷 1 벌과 은합 1개, 재상 2명에게는 각각 옷 1 벌과 은합 1개씩을 경은 마땅히 나누어 주라

한창 여름이라 더위가 심한데 경이 평안하기 바라고, 재신 이하에게도 아울러 안부를 묻는다. 글을 보내지만 할 말이 많이 미치지 못한다.

秋七月

旱

가을 7월

가뭄이 들었다.

九月

王都民饑 出粟三萬三千二百四十石以賑給之

9월

경도京都에 기근이 들어 곡식 3만 3천 2백 40석을 내어 주었다.

冬十月

又出粟三萬三千石以給之 大舍武烏獻兵法十五卷花鈴圖二卷 授以屈押縣令

---

1) 인수仁壽; 허신의 설문해자에는 '이夷는 동쪽에 사는 사람들이다. … 옛 글의 인仁과 같은 글자이다. 이夷는 어질고 오래 살며 군자가 있는 죽지 않는 나라이다.'라고 한다.(夷 東方人也 … 與古文仁同 夷者仁壽 有君子不死之國) 위 글에서는 태평성대 정도로 번역하면 좋겠다.

겨울 10월

다시 곡식 3만 3천 석을 나누어 주었다. 대사 무오가 병법 15권과 화령도 2권을 바쳤으므로, 굴압 현령으로 제수하였다.

삼 년
三年

춘 이 월 경 도 지 운 친 사 신 궁 대 사
春二月, 京都地雲 親祀新宮 大赦

3년

봄 2월, 경도京都에 지진이 발생했다. 왕이 친히 신궁新宮에 제사지내고 대규모 사면을 단행하였다.

하 오 월
夏五月

태 백 주 견
太白晝見

여름 5월

태백太白[2]이 낮에 나타났다.

추 칠 월
秋七月

황 해 곡
蝗害穀

가을 7월

메뚜기 떼가 기승을 부려 곡식을 해쳤다.

팔 월
八月

신 사 삭 일 유 식 지
辛巳朔 日有食之

8월

신사 초하루에 일식이 발생했다.

---

2) 태백太白; 오늘날 금성을 말한다.

四年

春，始定讀書三品以出身 讀春秋左氏傳若禮記若文選 而能通基義兼明論語孝經者爲上 讀曲禮論語孝經者爲中 讀曲禮孝經者爲下 若博通五經三史諸子百家書者 超擢用之 前祇以弓箭選人 至是 改之

4년

봄, 처음으로 독서 삼품을 정해 등용하였다. '춘추좌씨전', '예기', '문선'을 읽어서 그 뜻을 능히 이해하고, 아울러 '논어', '효경'에 밝은 자를 상등으로 하고, '곡례', '논어', '효경'을 읽은 자를 중등으로 하고, '곡례'와 '효경'을 읽은 자를 하등으로 하였다. 5경, 3사, 제자백가서에 모두 능통한 자가 있다면 품계를 뛰어넘어 등용하였다. 예전에는 활쏘기만으로 인물을 선발하던 것을 이때에 이르러 바꾼 것이다.

秋

國西旱蝗 多盜賊 王發使安撫之

가을

서쪽 지방에 가뭄이 들고, 메뚜기가 기승을 부렸다. 도적이 많이 일어났으므로, 왕이 관리를 보내 위무하였다.

五年

春正月，甲辰朔 日有食之 漢山州民饑 出粟以賙之

5년

봄 정월, 갑진 초하루에 일식이 발생했다. 한산주漢山州에 기근이 드니, 곡식을 내어 주휼하여 주었다.

秋七月

隕霜傷穀

가을 7월

서리가 내려 곡식을 해쳤다.

구 월
九月

이 자 옥 위 양 근 현 소 수 집 사 사 모 소 박 언 자 옥 불 이 문 적 출 신 불 가 위 분
以子玉爲楊根縣小守 執事史毛肖駁言 子玉不以文籍出身 不可委分

우 지 직 시 중 의 운 수 불 이 문 적 출 신 증 입 대 당 위 학 생 불 역 가 용 야 왕
憂之職 侍中議云 雖不以文籍出身 曾入大唐爲學生 不亦可用耶 王

종 지
從之

9월

자옥을 양근현 소수로 삼았는데 집사사 모초가 논박하여 '자옥은 문적文籍 출신으로 등용된 것이 아니므로 지방직을 맡길 수 없다.'고 말했다. 시중이 의논하여 말하기를 '비록 문적文籍 출신으로 등용된 것은 아니지만, 일찍이 당唐에 가서 학생이 된 적이 있으니, 역시 등용할 수 있지 않겠는가?'라고 하자 왕이 이를 따랐다.

론 왈
論曰

유 학 언 연 후 문 도 유 문 도 연 후 작 지 사 지 본 말
惟學焉然後聞道 惟聞道然後灼知事之本末

고 학 이 후 사 자 기 어 사 야 선 본 이 말 자 정 비 여 거 일 강 만 목 종 이 개 정
故學而後仕者 其於事也 先本而末自正 譬如擧一綱 萬目從而皆正

불 학 자 반 차 부 지 사 유 선 후 본 말 지 서 단 구 구 폐 정 신 어 지 말 혹 부 렴 이
不學者反此 不知事有先後本末之序 但區區弊精神於枝末 或掊斂以

위 리 혹 가 찰 이 상 고 수 욕 이 국 안 민 이 반 해 지
爲利 或苛察以相高 雖慾利國安民 而反害之

시 고 학 기 지 언 종 어 무 본 이 서 역 언 불 학 장 면 리 사 유 번 칙 집 사 모 소 일
是故學記之言終於務本 而書亦言不學牆面 涖事惟煩則執事 毛肖一

언 가 위 만 세 지 모 범 자 언
言可爲萬世之模範者焉

논하여 말한다.

오직 배우고 난 후에야 도를 알게 되고, 오직 도를 알고 난 후에야 사물의 근본과 말단을 밝혀 알게 된다.

그러므로 배우고 난 후에 벼슬을 하는 자는, 일에 있어 근본을 앞세우므로, 끝은 저절로 바르게 되는 것이다. 예를 들자면, 그물의 벼리 하나를 들어 올리면, 수많은 그물코가 자리잡게 되는 것과 같은 이치이다.

배우지 아니한 자는 이와 반대이니, 일에 선후와 본말의 순서가 있음을 알지 못하고, 다만 구구하게 정신을 지엽적인 것에만 빼앗기게 되니, 혹은 거두어 모은 것으로 이익을 삼기도 하고, 혹은 까다롭게 따지는 것을 최고로 여기도 한다. 비록 나라를 이롭게 하고 백성을 안정시키려고 하여도 도리어 해가 된다.

이러한 이유로 '학기'는 근본에 힘써야 한다면서 끝을 맺고 있으며, 또한, '상서' 역시 배우지 않는 것은 벽에 얼굴을 마주하고 있는 것이라고 하였으니, 일에 있어 오직 번거로움을 생각하고 일을 보므로 집사 모초의 한 마디는 만대의 모범이 될 만하다.

六年

春正月, 以宗基爲侍中 增築碧骨堤 徵全州等七州人興役 熊川州進赤烏

6년

봄 정월, 종기를 시중으로 삼았다. 벽골제를 증축하였는데, 전주 등 일곱 주의 사람을 징발하여 이 공사를 하였다. 웅천주에서 붉은 까마귀를 바쳤다.

三月

以一吉湌伯魚使北國 大旱

3월

일길찬 백어를 북국北國(발해)에 사신으로 보냈다. 큰 가뭄이 들었다.

夏四月

太白辰星聚于東井

여름 4월

태백太白[3]과 진성辰星[4]이 동정東井[5] 자리에 모였다.

五月

出粟賑漢山熊川二州饑民

5월

곡식을 한산주와 웅천주에 풀어 굶주리는 백성들에게 주었다.

---

3) 태백太白; 오늘날 금성을 말한다.

4) 진성辰星; 오늘날 수성을 말한다.

5) 동정東井; 이십팔수 중 스물두 번째에 해당하는 정井을 말한다.

七年

春正月, 王太子卒 謚曰惠忠 伊湌悌恭叛 伏誅 熊川州向省大舍妻一産三男

7년

봄 정월, 왕태자가 사망하였다. 시호를 혜충惠忠이라 하였다. 이찬 제공이 반역을 준비하다가 처형되었다. 웅천주熊川州 대사 향성의 아내가 한꺼번에 아들 셋을 낳았다.

冬十月

京都雪三尺 人有凍死 侍中宗基免 大阿湌俊邕爲侍中

겨울 10월,

경도京都에 눈이 석 자나 내리고 사람이 얼어 죽었다. 시중 종기가 면직되자, 대아찬 준옹이 시중이 되었다.

十一月

京都地震 內省侍郎金言爲三重阿湌

11월

경도京都에 지진이 발생했다. 내성 시랑 김언이 삼중아찬이 되었다.

八年

秋七月, 遣使入唐 獻美女金井蘭 其女國色身香

8년

가을 7월, 사신을 파견하여 당唐에 보내고, 미인 김정란을 바쳤다. 그녀는 경국지색으로 몸에서 향내가 났다.

八月

封王子義英爲太子 上大等忠廉卒 伊湌世强爲上大等 侍中俊邕病免 伊湌崇斌爲侍中

8월

왕자 의영을 봉하여 태자로 삼았다. 상대등 충렴이 죽자, 이찬 세강이 상대등이 되었다. 시중 준옹이 병으로 면직되자, 이찬 승빈이 시중이 되었다.

冬十一月

壬子朔 日有食之

겨울 11월

임자 초하루에 일식이 발생했다.

九年

秋八月 大風折木偃禾 奈麻金惱獻白雉

9년

가을 8월, 큰 바람이 불어와 나무가 꺾이고 벼가 쓰러졌다. 내마 김뇌가 흰 꿩을 바쳤다.

十年

春二月, 地震 太子義英卒 諡曰憲平 侍中崇斌免 以迊飡彦昇爲侍中

秋七月, 始創奉恩寺 漢山州進白烏 起望恩樓於宮西

10년

봄 2월, 지진이 발생했다. 태자 의영이 죽으니 시호를 헌평이라 하였다. 시중 승빈이 면직되자 잡찬 언승으로 시중을 삼았다.

가을 7월, 처음으로 봉은사를 창건하였다. 한산주에서 흰 까마귀를 진상하였다. 망은루를 궁궐 서쪽에 세웠다.

十一年

春正月 封惠忠太子之子俊邕爲太子

11년

봄 정월, 혜충 태자의 아들 준옹을 봉하여 태자로 삼았다.

夏四月

旱 親錄囚

여름 4월

가뭄이 들자 왕이 친히 죄수를 살폈다.

至六月

乃雨

6월에 이르러

비가 내렸다.

秋八月

隕霜害穀

가을 8월

서리가 내려 곡식을 해쳤다.

十二年

春, 京都飢疫 王發倉廩賑恤之

夏四月, 侍中彦昇爲兵部令 伊湌智原爲侍中

12년

봄, 경도京都에 기근이 들고 전염병이 돌았다. 왕이 창고를 풀어 진휼하였다.

여름 4월, 시중 언승이 병부령이 되고, 이찬 지원이 시중이 되었다.

十三年

秋九月, 國東蝗害穀 大水山崩 侍中智原免 阿湌金三朝爲侍中

13년

가을 9월, 동쪽 지방에 메뚜기 떼가 기승을 부려 곡식을 해치고, 홍수가 발생하여 산이 붕괴되었다. 시중 지원이 면직되고 아찬 김삼조가 시중이 되었다.

十四年

春三月, 宮南樓橋災 望德寺二塔相擊

14년

봄 3월, 궁궐 남쪽의 누교樓橋에 화재가 났다. 망덕사望德寺의 두 탑이 서로 부딪쳤다.

夏六月

旱 屈自郡石南烏大舍妻 一産三男一女

여름 6월

가뭄이 들었다. 굴자군 대사 석남오의 아내가 한번에 아들 셋과 딸 하나를 낳았다.

冬十二月

二十九日, 王薨 諡曰元聖 以遺命擧柩燒於奉德寺南 唐書云 貞元十四年 敬信死 通鑑云貞元十六年敬信死 以本史考之通鑑誤

겨울 12월

29일, 왕이 훙서했다. 시호를 원성이라 하고, 유언에 따라 관을 봉덕사 남쪽에 옮겨 화장하였다.

'당서'에는 '정원 14년에 경신이 죽었다'라고 기록되어 있고 '통감'에는 '정원 16년에 경신이 죽었다'라고 기록되어 있다. 본 역사서를 기준으로 고찰하면 '통감'이 틀린 것이다.

元聖王(원성왕)

785~799 재위기간 14년

○ 원성왕 경신敬信은 김양상과 쿠데타를 일으켜 양상이 왕위에 오르면서 바로 상대등이 되었고, 선덕宣德 양상이 아들 없이 홍서하자 주원周元과 경합 끝에 그를 왕위를 차지하였다. 그 이후 그의 자손들이 신라 하대를 지배하며 자기들끼리 치열한 왕위쟁탈전을 벌이면서 신라를 망국의 길로 끌고 갔다.

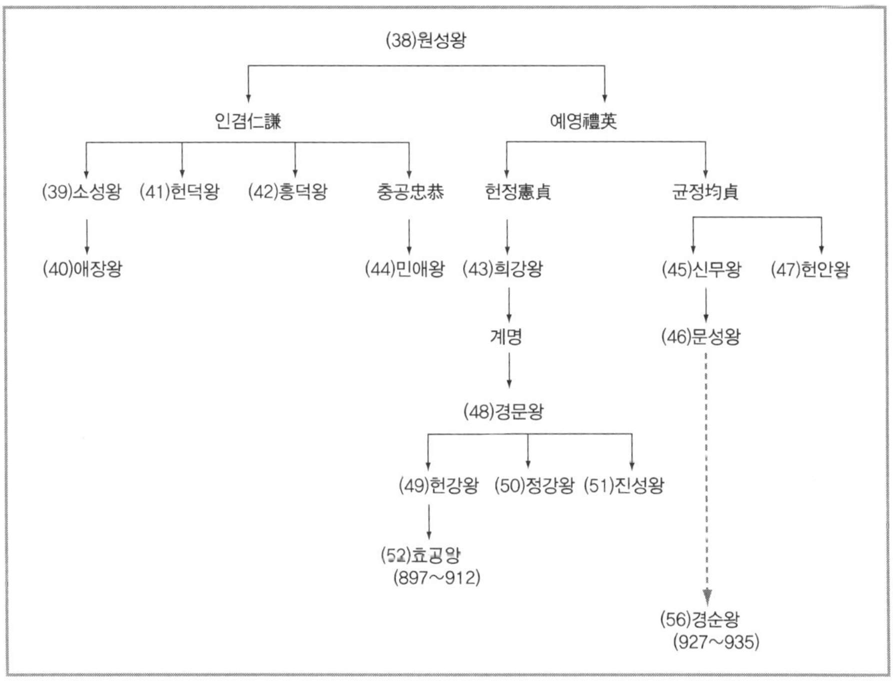

○ 원성왕 二年 四月 기사에는 당 덕종德宗의 조서詔書가 소개되어 있다. 조서의 내용 중 '永作藩臣 以寧海裔'라는 기록이 있다. 영원한 번신藩臣이 되어 신라를 편안하게 하기 바란다는 의미이다. 여기서 당 덕종德宗은 신라를 해예海裔로 지칭하고 있다.

성덕왕 三十三年 正月 기사 중 김충신이 당제에게 올린 표문 중에는 스스로 본국 신라를 가리켜 수예殊裔라고 지칭였다. 또 성덕왕 三十五年 六月 기사 중에는 왕이 당으로부터 浿江 以南을 받고 이에 대하여 사례문을 올렸는데 그 내용 중에는 신라 스스로 자신을 해예海裔라고 자처하고 있다.

해예海裔 또는 수예殊裔의 사전적 의미는 설명한 바 있거니와 그렇다면 해예海裔 또는 수예殊裔는 어떤 역사적 의미가 있는가?

사실, 신라와 당은 같은 흉노족 내지는 선비족 출신으로 같은 조상의 제사를 모사는 후예後裔들이며, 양국의 왕가는 본계本系와 지계支系의 관계에 있었다. 따라서 신라는 지계支系로서 바다 끝에 있다고 하여 스스로를 해예海裔 또는 수예殊裔라고 불렀던 것으로 보인다.

○ 원성왕 三年 七月 기사에는 '蝗害穀'이라는 기록이 있다. 메뚜기 떼가 기승을 부려 곡식을 해쳤다는 것이다. 四年 가을 기사에도 '國西旱蝗'이라는 기록이 있다. 서쪽 지방에 가뭄이 들고, 메뚜기가 기승을 부렸다는 것이다. 十三年 九月 기사에도 '國東蝗害穀'이라는 기록이 있다. 동쪽 지방에 메뚜기 떼가 기승을 부려 곡식을 해쳤다는 것이다. 이외에도 메뚜기 떼에 의한 피해에 관한 삼국사기의 기록은 남해왕 十五年 七月 '蝗民饑'를 시작으로 경명왕 五年 八月 '蝗旱'에 이르기까지 수없이 많이 등장한다.

역사서에 메뚜기 떼의 피해가 기록된다는 것은 오늘날 신문에 기사화되는 정도를 초월하는 엄청난 규모의 피해가 발생하였다는 것을 의미하는 것이고 농업이 당시 국가경제에 차지하는 비중으로 볼 때, 오늘날 국가비상사태에 해당하는 정도의 재난이 발생했던 것으로 추정된다. 원래 메뚜기는 굳고 마른 땅에 1촌 정도 깊이에 산란하므로 메뚜기 떼에 의한 피해는 쾨펜의 기후 구분상 사막기후나 스텝기후와 같은 건조기후대에서 주로 발생한다. 반면, 한반도와 같이 3면이 바다여서 해양성 기후의 영향을 많이 받는 온난습윤기후溫暖濕潤氣候(Cfa)에서는 역사서에 등장할 정도의 피해는 찾아볼 수 없다. 신라가 오늘날 중국본토(The Chinese Mainland]에 위치하였다는 방증이기도 하다.

우리 민족은 예로부터 메뚜기와 깊은 관련을 가지고 살아왔다. 필자의 어린 시절에 메뚜기를 잡아 버들가지에 꿰어서 집에 가져가면 어머니가 볶아주신 기억이 난다. 가을을 한자로 '秋'라고 하는데, 일각에서는 가을철 추수가 끝나면 논을 불로 태운다는 의미라고 하지만 이는 오해이다. 1899년 하남성河南省 은허殷墟에서는 귀갑龜甲과 우골牛骨에 새긴 글契[6]이 발견된 이래 지금까지 총 4500 여개의 글契이 출토되었는데, 이는 우리 민족이 만든 것으로서 오늘날 한자의 원형인 것으로 밝혀졌다.(이 점에 대하여는 이설이 전혀 존재하지 않는다.) 아울러 秋는 가을철 메뚜기를 형상화한 상형문자로부터 획이 단순화되면서 이루어지게 되었다는 사실이 밝혀졌으니, 글[契]을 알지 못한 채, 한자의 구조를 분석한 허신의 설문해자說文解字[7]가 아주 우습게 되어버렸다.

○ 원성왕 九年 八月 기사에는 '奈麻金惱獻白雉'라는 기록이 있다. 내마 김뇌가 흰 꿩을 바쳤다는 것이다. 원성왕 十年 七月 기사에 '漢山州進白烏'라는 기록이 있다. 한산주漢山州에서 흰 까마귀를 진상하였다는 것이다.

주지하는 바와 같이 한산주漢山州의 옛 지명이 신주新州이고, 한산주漢山州는 오늘날 산서성山西省 남부와 하남성河南省 일대에 있었을 것으로 비정된다.

6) 글契; 은殷 사람들은 소위 갑골문자를 글契이라고 불렀는데, 당송시대에는 '欺訖切'이라고 하였다.

7) 설문해자說文解字; 한나라때 허신은 설문해자說文解字를 저술하여 부수를 540개로 정리하고, 나름대로 한자를 체계화하였다.(AD 121) 이를 바탕으로 명明의 매용조가 부수를 214개로 정리하여 한자의 체계를 재정비했다. 그러나 이러한 설문說文은 갑골문자의 존재를 모르는 상태를 체계화되었기 때문에 중국의 문화발전에 한계를 가져왔고, 더욱이 현대에 이르러 모택동毛澤東(마오쩌둥)은 간자체를 만들며 문화적 혼란을 자초하였다.

㊴ 昭聖王(소성왕)

799~800 재위기간 1년

昭聖王立 或云昭成 諱俊邕 元聖王太子仁謙之子也 母金氏 妃金氏桂花夫人 大阿飡叔明女也

元聖大王元年 封子仁謙太子 至七年卒 元聖養其子於宮中 五年奉使大唐受位大阿飡 六年波珍飡爲宰相 七年爲侍中 八年爲兵部令 十一年爲太子 及元聖薨繼位

소성昭聖(혹은 '昭成'으로도 한다.)이 왕위에 오르니 이름은 준옹俊邕으로 원성왕의 태자 인겸仁謙의 아들로, 어머니는 김씨이고, 왕비는 김씨 계화부인으로 대아찬 숙명의 딸이다.

원성대왕 원년에 아들 인겸仁謙을 봉하여 태자로 하였으나 7년에 죽었으므로, 원성이 태자의 아들을 궁중에서 길렀는데, 5년에 사신으로 당唐에 다녀와 대아찬 직위를 받았고, 6년에 파진찬으로 재상이 되었고, 7년에는 시중이 되었고, 8년에는 병부령이 되었고, 11년에는 태자가 되었다가, 원성왕이 붕어하자 왕위를 잇게 된 것이다.

元年

春三月, 以菁州居老縣爲學生祿邑 冷井縣令廉哲進白鹿

원년

봄 3월, 청주菁州의 거노현을 국학생의 녹읍으로 정하였다. 냉정현령 염철이 흰 사슴을 진상하였다.

夏五月

追封考惠忠太子爲惠忠大王 牛頭州都督遣使奏言 有異獸若牛 身長且高 尾長三尺許 無毛長鼻 自峴城川向烏食壤去

여름 5월

아버지인 혜충 태자를 혜충대왕으로 추봉하였다.

우두주牛頭州 도독이 사신을 보내 왕에게 말했다.

"소와 비슷한 이상한 짐승이 나타났습니다. 그 짐승의 몸체는 길고 크며, 꼬리 길이가 석 자 쯤 되고, 털은 없고 코가 긴 데, 현성천峴城川에서 오식양烏食壤을 향하여 갔습니다."

秋七月

得人蔘九尺 甚異之 遣使如唐進奉 德宗謂非人蔘 不受

가을 7월

길이가 아홉 자인 인삼을 얻었다. 이를 매우 기이하게 여겨서 사신을 보내 당唐에 바쳤다. 덕종德宗은 인삼이 아니라하여 받지 않았다.

八月

追封母金氏爲聖穆太后 漢山州獻白烏

8월

어머니 김씨를 추봉하여 성목태후로 하였다. 한산주漢山州에서 흰 까마귀를 바쳤다.

二年

春正月, 封妃金氏爲王后 以忠芬爲侍中

2년

봄 정월, 왕비 김씨를 봉하여 왕후로 하고, 충분을 시중으로 삼았다.

夏四月

暴風折木蜚瓦 瑞蘭殿簾飛不知處 臨海仁化二門壞

여름 4월

폭풍이 일어 나무가 부러지고 기와가 날렸다. 서란전瑞蘭殿에 쳤던 발[簾]이 날아갔는데 어디로 갔는지를 알 수 없었다. 임해문과 인화문이 무너졌다.

六月

封王子爲太子 王薨 諡曰昭聖

6월

왕자를 봉하여 태자로 삼았다. 왕이 붕어하였다. 시호를 소성昭聖이라 하였다.

○ 소성왕 元年 三月 기사에는 '以菁州居老縣爲學生祿邑'이라는 기록이 있다. 청주菁州의 거노현을 국학생의 녹읍으로 정하였는 것이다.

여기서 국사편찬위원회는 청주菁州가 현재의 경남 진주시라고 한다.

그러나 본서는 혜공왕 편에서 삼국사기 地理 편 '本國界內置三州 王城東北當唐恩浦路曰尙州 王城南曰良州 西曰康州'라는 기록을 근거로 강주康州는 수도의 서쪽에 설치하였으니 강소성 서쪽 일대에 있었을 것으로 비정한 바 있다.

그런데 청주菁州는 경덕왕대 강주康州로 고쳤다가 혜공왕대 다시 청주菁州라 하였으니 그렇다면 청주菁州 역시 당연히 이 일대에 있었을 것으로 비정된다. 거열주는 현재의 전북 및 서부 경남지역을 관할하고 있었는데, 신문왕 5년에 완산주 및 청주의 2주를 설치하면서 거열주를 해체하였다는 견해도 있으니[8], 거열주 역시 마찬가지인 것이다.

그런데 '중국고대지명대사전'에는 다음과 같은 기록이 있다.

> 义(熙)中移镇丹徒 在今江苏丹徒县东南十八里 旋置青州于东阳 今山东益都县治 谓之北青州 而侨置青州曰南青州
> 南青州又移治广 南朝宋因之 后省南青州

희중이 단도丹徒로 진镇을 이전하여 강소성 단도현 남쪽으로 18리에 있는 동양东阳에 청주를 설치하였는데 지금의 산동성 익도현益都县을 북청주리 일컬었고 반년, 옮겨진 청수를 남청주南青州라 하였는데 남청주는 또한 광릉广陵으로 치소를 이전하였으니, 남조 송宋이 일어나 후일 남청주를 성省으로 하였다는 것이다.

여기서 동양东阳은 오늘날 절강성 금화시金華市의 현급 행정구역으로 절강성의 중앙에 위치해있다. 광릉广陵은 오늘날 강소성江苏省 양주시扬州市 광릉구广陵区가 이에 해당한다. 그런데 남청주南青州가 바로 청주인 것으로 보이고 이는 강주康州의 옛 지명이니, 이를 통해서도 강주가 강소성江蘇省 서부 일대에 있었음을 확인할 수 있다.

○ 同年 同月 기사에 '冷井縣令廉哲進白鹿'라는 기록이 있다. 냉정현령 염철이 흰 사슴을 진상하였다는 것이다. 또 同年 八月 기사에는 '漢山州獻白烏'라는 기록이 있다. 한산주漢山州에서 흰 까마귀를 바쳤다는 것이다.

여기서 한산주漢山州 또는 한주漢州의 옛 이름은 신주新州였고, 진흥왕 편에서 분석한 바와 같이 진흥왕이 산서성山西省 남부와 하남성河南省 일대를 차지하여 신주新州를 설치한 것이니, 한산주漢山州는 산서성山西省 남부와 하남성河南省 일대에 있었을 것으로 비정됨은 기술한 바와 같다.

다만, 냉정현冷井縣은 김부식 스스로 위치가 분명하지 않고 이름만 남아 있는 삼국시대의 지명이라고 밝힌 361개 지명 중 하나이다.

8) 출처; 국사편찬위원회

40 哀莊王(애장왕)

800~809 재위기간 9년

애장왕입 휘청명 소성왕태자야 모김씨계화부인 즉위시년십삼세
哀莊王立 諱淸明 昭聖王太子也 母金氏桂花夫人 卽位時年十三歲
아찬병부령언승섭정
阿飡兵部令彦昇攝政

애장왕哀莊王이 왕위에 오르니 이름은 청명淸明이며, 소성왕의 태자이다. 어머니는 김씨 계화부인이다. 왕위에 오를 때 나이가 13세였으므로, 아찬 병부령 언승彦昇이 섭정하였다.

초원성지훙야 당덕종견사봉랑중겸어사중승위단 지절적위 차책명
初元聖之薨也 唐德宗遣司封郎中兼御史中丞韋丹 持節吊慰 且冊命
왕준옹 위개부의동삼사검교태위신라왕 단지운주 문왕훙내환
王俊邕 爲開府儀同三司檢校太尉新羅王 丹至鄆州 聞王薨乃還

앞서 원성왕이 훙서하였을 때, 당唐 덕종이 사봉낭중겸어사중승 위단韋丹을 파견하여 절節을 가지고 조문하게 하고 또한 왕 준옹俊邕[9]을 개부의동삼사開府儀同三司 검교태위檢校太尉 신라왕新羅王으로 책봉하려 하였는데, 위단韋丹이 운주鄆州[10]에 도착했을 때, 소성왕이 훙서하였다는 말을 듣고 돌아갔다.

추칠월
秋七月
왕갱명중희
王更名重熙

가을 7월
왕이 이름을 중희重熙로 고쳤다.

팔월
八月
수전입당숙위학생양열두힐소수 초덕종행봉천 열종난유공 제수우
授前入唐宿衛學生梁悅豆肹小守 初德宗幸奉天 悅從難有功 帝授右
찬선대부환지 고왕탁용지
贊善大夫還之 故王擢用之

8월
전前 입당 숙위 학생 양열梁悅에게 두힐소수豆肹小守 벼슬을 수여하였다. 예전에 당唐 덕종이 봉천奉天[11]으로 피난갔을 때, 양열이 난리亂離[12] 중에 공을 세웠다 하여,

9) 준옹俊邕; 소성왕昭聖王의 이름이다. 소성왕은 원성왕의 태자 인겸仁謙의 아들이다.
10) 운주鄆州; 국사편찬위원회에 따르면 오늘날 산동성 제성현이라고 한다.

황제가 우찬선대부 벼슬을 수여하여 귀국시켰기 때문에, 왕이 그를 발탁하여 등용한 것이다.

二年

春二月, 謁始祖廟

2년

봄 2월, 시조묘始祖廟에 참배하였다.

二月

別立太宗大王文武大王二廟 以始祖大王 及王高祖明德大王 曾祖元聖大王 皇祖惠忠大王 皇考昭聖大王爲五廟 以兵部令彦昇爲御龍省私臣 未幾爲上大等 大赦

태종대왕과 문무대왕의 두 묘는 별도로 세우고, 시조대왕과 고조부 명덕대왕, 증조부 원성대왕, 조부 혜충대왕, 아버지 소성대왕을 5묘로 정했다.

병부령 언승을 어룡성御龍省[13] 사신私臣으로 삼았다가, 얼마 되지 않아 상대등으로 하였다. 대규모 사면을 난행하였다.

夏五月

壬戌朔, 日當食不食

여름 5월

임술 초하루, 일식이 일어나야 하는데 일어나지 않았다.

秋九月

熒惑入月 星隕如雨 武珍州進赤烏 牛頭州進白雉

---

11) 봉천奉天; 오늘날 중국 섬서성陝西省 건현乾縣이다.(출처; 국사편찬위원회, 북한 과학원 고전연구실, ≪삼국사기≫ 상, 1958 p275)

12) 난리亂離; 당 덕종 건중建中 4년(783년) 10월, 경원절도사涇原節度使 요령언姚令言이 반란을 일으켜 장안을 점령한 사건을 가리킨다. 덕종은 난을 피하여 봉천으로 피신하였었다(출처; 국사편찬위원회, 정구복 외, ≪역주 삼국사기≫ 3 주석편(상), 한국정신문화연구원, p311).

13) 어룡성御龍省; 왕의 비서기관으로 추정된다.

가을 9월

형혹熒惑[14]이 달에 들어가고 별이 비처럼 떨어졌다. 무진주武珍州에서 붉은 까마귀를 진상하고, 우두주牛頭州에서는 흰 꿩을 진상하였다.

冬十月

大寒 松竹皆死 耽羅國遣使朝貢

겨울 10월

날씨가 아주 추워서 소나무와 대나무가 다 죽었다. 탐라국耽羅國에서 사신을 보내 조공하였다.

三年

春正月, 王親祀神宮

3년

봄 정월, 왕이 친히 신궁神宮에 제사를 지냈다.

夏四月

以阿飡金宙碧女入後宮

여름 4월

아찬 김주벽金宙碧의 딸이 후궁이 되었다.

秋七月

地震

가을 7월

지진이 발생했다.

八月

創加耶山海印寺 歃良州進赤烏

14) 형혹熒惑; 오늘날 화성火星. 재화災禍나 병란兵亂의 징조를 보여 주는 별이라 하여 이르는 말.

8월

가야산 해인사海印寺를 창건하였다. 삽량주歃良州에서 붉은 까마귀를 진상하였다.

冬十二月

授均貞大阿湌爲假王子 欲以質倭國 均貞辭之

겨울 12월

균정에게 대아찬을 수여하고, 임시 왕자로 삼아 왜국에 볼모로 보내려 하였으나 균정이 이를 사양하였다.

四年

夏四月 王幸南郊觀麥

4년

여름 4월, 왕이 남쪽 교외로 행차하여 보리농사를 살펴보았다.

秋七月

與日本國交聘結好

가을 7월

일본국日本國과 사신을 교환하고 우호관계를 맺었다.

冬十月

地震

겨울 10월

지진이 발생했다.

五年

春正月, 以阿湌秀昇爲侍中

5년

봄 정월, 이찬 수승을 시중으로 삼았다.

夏五月
日本國遣使 進黃金三百兩

여름 5월
일본국日本國이 사신을 보내와 황금 3백냥을 진상하였다.

秋七月
大閱於閼川之上 歃良州進白鵲 重修臨海殿 新作東宮萬壽房 牛頭州蘭山縣伏石起立 熊川州蘇大縣釜浦水變血

가을 7월
알천 강가에서 군대를 크게 사열하였다.
삽량주歃良州에서 흰 까치를 진상하였다. 임해전을 중수하고, 동궁 만수방을 신축하였다.
우두주牛頭州 난산현에서 누워 있던 돌이 일어났다. 웅천주 소대현 부포의 물이 핏빛으로 변하였다.

九月
望德寺二塔戰

9월
망해사望德寺의 두 탑이 부딪쳤다.

六年
春正月, 封母金氏爲大王后 妃朴氏爲王后

6년
봄 정월, 왕의 어머니 김씨를 봉하여 태왕후로 하고, 왕비 박씨를 봉하여 왕후로 하였다.

是年

唐德宗崩 順宗遣兵部郎中兼御史大夫元季方告哀 且冊王爲開府儀同三司檢校太尉 使持節大都督雞林州諸軍事雞林州刺史 兼持節充寧海軍使上桂國新羅王 其母叔氏爲大妃 王母父叔明 奈勿王十三世孫 則母姓金氏 以父名爲叔氏 誤也 妻朴氏爲妃

이 해

당唐 덕종이 붕어하자, 순종이 병부낭중겸어사대부 원계방을 파견하여 부고를 전하면서, 또한 왕을 책봉하여 개부의동삼사開府儀同三司 검교태위檢校太尉 사지절使持節 대도독계림주제군사大都督雞林州諸軍事 계림주자사雞林州刺史 겸 지절충持節充 영해군사寧海軍使 상주국신라왕上桂國新羅王으로 하고, 그 어머니 숙씨를 왕모의 아버지 숙명은 내물왕의 13세손이니 곧 어머니 성은 김씨이므로 아버지 이름을 숙씨라고 한 것은 잘못이다. 대비로, 아내 박씨를 왕비로 하였다.

秋八月

頒示公式二十餘條

가을 8월

공식公式 20여 조를 반포하였다.

冬十一月

地震

겨울 11월

지진이 발생했다.

七年

春三月, 日本國使至 引見朝元殿

7년

봄 3월, 일본국 사신이 오니, 왕이 조원전朝元殿으로 불러 접견하였다.

下教禁新創佛寺 唯許修葺 又禁以錦繡爲佛事 金銀爲器用 宜令所司
普告施行 唐憲宗放宿衛王子金獻忠歸國 仍加試秘書監

왕이 하교하여 새로 절을 짓는 것을 금하고, 수리하는 것만을 허락하였다. 또한 불사佛事에 고급 비단을 사용하지 못하며, 금은으로 그릇을 만들어 사용하지 못하게 하고 담당 부서에게 이를 널리 알려 시행하도록 하였다.

당唐 헌종이 숙위 왕자 김헌충金獻忠을 귀국하게 하고, 그에게 시비서감의 직을 더하여 주었다.

秋八月
遣使入唐朝貢

가을 8월
사신을 당唐에 보내 조공하였다.

八年
春正月, 伊飡金憲昌 一作貞 爲侍中

8년
봄 정월, 이찬 김헌창金憲昌('昌'을 '貞'이라고도 한다.)이 시중이 되었다.

二月
王坐崇禮殿觀樂

2월
왕이 숭례전崇禮殿에 앉아 음악을 감상하였다.

秋八月
大雪

가을 8월
큰 눈이 내렸다.

九年

春二月, 日本國使至 王厚禮待之

9년

봄 2월, 일본국日本國 사신이 오자 왕이 후한 예로 대우하였다.

遣金力奇入唐朝貢 力奇上言

貞元十六年 詔冊臣故主金俊邕爲新羅王 母申氏爲大妃 妻叔氏爲王妃

冊使韋丹至中路聞王薨却廻 其冊在中書省 今臣還國 伏請援臣以歸

勑 金俊邕等冊 宜令鴻臚寺 於中書省受領 至寺宣授與金力奇 令奉

歸國 仍賜王叔彦昇及其弟仲恭等門戟 令本國准例給之

申氏 金神述之女 以神字同韻 申爲氏 誤也

김역기金力奇를 당唐에 파견하여 조공하였다. 역기力奇가 말씀을 올렸다.

"정원 16년에 조서로 신라의 전 임금 김준옹을 책봉하여 신라왕으로 하고, 모母 신씨를 대비로 책봉하고, 처妻 숙씨를 왕비로 책봉하였습니다. (그런데) 책봉사신 위단이 도중에 이르러 왕이 갑자기 홍서했다는 말을 듣고 돌아갔는데, 현재 그 책문이 중서성에 있습니다. 지금 신臣이 귀국하오니 엎드려 청하건대 신臣이 가지고 돌아가도록 하여 주십시오."

(황제가 다음과 같이) 조칙을 내렸다.

"김준옹 등의 책문은 응당 홍려사가 중서성에서 수령하여 김역기에게 주어 그것을 받들어 귀국하도록 하라."

이어 왕의 숙부 언승과 그의 아우 중공 등에게 문극門戟을 하사하고, 이를 신라가 기준과 예규에 따라 나누어 주도록 하였다.

신씨申氏는 김신술金神述의 딸인데 神과 음이 같다고 하여 신申을 성씨로 한 것은 잘못이다.

二月

發使十二道 分定諸郡邑疆境

2월

왕이 12도에 특사를 보내 모든 군과 읍의 경계를 획정하였다.

秋七月
辛巳朔, 日有食之

가을 7월
신사 초하루에 일식이 일어났다.

十年
春正月 月犯畢

10년
봄 정월, 달이 필성畢星15)을 가렸다.

夏六月
西兄山城鹽庫鳴聲如牛 碧寺蝦蟆食蛇

여름 6월,
서형산성西兄山城 소금 창고에서 소 울음 같은 울음소리가 들렸다. 벽사碧寺에서 두꺼비가 뱀을 잡아 먹었다.

秋七月
遣大阿湌金陸珍 入唐謝恩兼進奉方物
大旱
王叔父彦昇與弟伊湌悌邕將兵入內 作亂弑王 王弟体明侍衛王 幷害之 追謚王爲哀莊

가을 7월
대아찬 김육진을 당唐에 보내 사은을 하고 겸하여 방물을 바쳤다
날씨가 크게 가물었다.
왕의 숙부 언승彦昇이 그의 아우 이찬 제옹悌邕과 함께 병사를 이끌고 궁내에 쳐들어가 난을 일으키고 왕을 죽였다. 왕의 아우 체명体明이 왕을 호위하고 있다가 함께 해를 입었다. 왕을 추증하여 애장哀莊으로 하였다.

15) 필성畢星; 이십팔수二十八宿의 열아홉째 별자리의 별

분석 40 哀莊王(애장왕) 800~809 재위기간 9년

○ 애장왕 즉위 기사에 '初元聖之薨也 唐德宗遣司封郎中兼御史中丞韋丹 持節吊慰 且册命王俊邕 爲開府儀同三司檢校太尉新羅王 丹至鄆州 聞王薨乃還'이라는 기록이 있다.

원성왕이 죽자 후임으로 소성왕을 책봉하려고 위단韋丹을 파견하였는데 위단韋丹이 운주鄆州에 도착했을 때, 소성왕이 홍서하였다는 말을 듣고 돌아갔다는 것이다.

국사편찬위원회는 운주鄆州를 현재의 중국 산동성 제성현諸城縣이라고 한다. 만약 신라의 수도가 오늘날 경주라면 위단韋丹이 이끄는 책봉사절단은 다음과 같은 경로를 계획했을 것이다.

장안 ⇨ 위수 ⇨ 황하 ⇨ 산동반도 ⇨ 발해만 ⇨ 서해 ⇨ 남해 ⇨ 동해 ⇨ 울산항 ⇨ 경주

장안에서 명을 받고 위수渭水에서 배를 띄워 출발한 위단韋丹의 책봉 사절단이 황하를 따라 내려오다 운주鄆州 즉 오늘날 산동성 제성현諸城縣에 이르러 소성왕이 홍서하였다는 말을 듣고 돌아갔다는 것이다.

위단韋丹은 운이 좋았다. 소성왕이 재위 1년을 못 채우고 홍서하지 않았다면 황하를 따라 그대로 황해로 내려가 잘못하여 망망대해를 떠돌다 물고기 밥이 되었을지 모르기 때문이다.

그런데 위단韋丹은 왜 하필이면 산동성 제성현諸城縣에서 그 소식을 듣게 되었을까? 추측컨대, 그곳이 바로 환승지점이었기 때문일 것이다. 위단韋丹 일행은 제성현에서 배를 내려, 다시 육로나 운하를 통하여 신라의 월성이 있는 강소성으로 가려 하였던 것으로 추정된다.

[동중국해 해류지도][14]

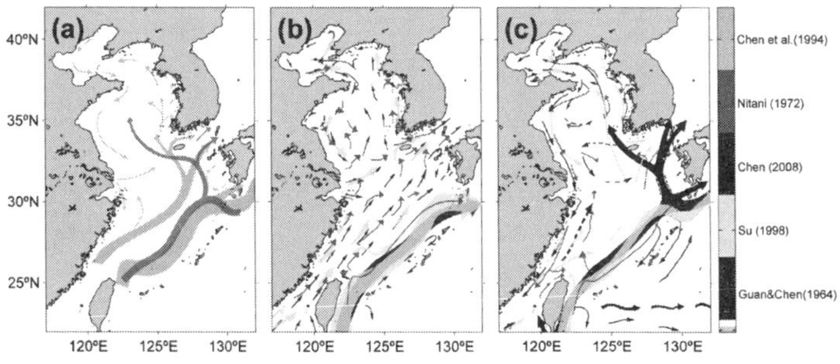

Oceanic current maps of the Yellow/East China Sea showing (a) mean currents, (b) currents in summer, and (c) currents in winter in the scientific papers (Guan and Chen, 1964; Nitani, 1972; Chen et al., 1994; Su, 1998; Chen, 2008).

○ 애장왕 六年 기사에는 당唐 순종順宗이 애장왕을 개부의동삼사開府儀同三司 검교태위檢校太尉 사지절使持節 대도독계림주제군사大都督雞林州諸軍事 계림주자사雞林州刺史 겸 지절충持節充 영해군사寧海軍使 상주국신라왕上柱國新羅王으로 책봉하였다는 기록이 있다.

마침내 애장왕이 책봉을 받았다. 먼저 몇 가지 개념을 정리하여 보자. 개부의동삼사開府儀同三司란 삼사三司와 마찬가지로 개부開府를 할 수 있는, 즉 독자적인 관부를 설치할 수 있는 권한을 가진 관직을 일컫는 말이다. 후한後漢 이후로 줄곧 사용되다가 후대에 가서는 정일품 또는 종일품의 품계를 의미하는 말로 사용되기도 하였다. 검교태위檢校太尉는 실제 임무는 정해져 있지 아니한 명예직으로 추정된다. '사지절使持節 대도독계림주제군사大都督雞林州諸軍事 계림주자사雞林州刺史'란 말은 계림雞林 지역의 행정·군사권을 행사할 수 있는 권한을 부여받았음을 의미한다. '지절충持節充 영해군사寧海軍使'는 영해寧海 지역의 군사권을 행사할 수 있는 권한을 수여하였음을 의미한다.

여기서 계림 지역과 영해 지역이 신라의 영토였음을 알 수 있다. 기술한 바와 같이 당이 성덕왕·경덕왕·효소왕·선덕왕 등 신라왕을 봉하여 영해군사寧海軍使로 삼은 것은 발해의 등주登州 공격 때문으로, 영해지역에 대한 신라의 영유권을 확인함으로써 발해를 견제하고자 함이었다.

그렇다면 여기서 영해寧海는 어디인가?

현재 만리장성의 동쪽 기점이 산해관山海關[Shanhai-kuan] 노룡두老龍頭로 널리 알려져 있다. 산해관山海關은 주성인 관성關城과 이를 둘러싸고 있는 6개의 성채, 그리고 이들을 연결하는 장성 성벽으로 이뤄져 있는데 이 중 바다를 지키는 성이 영해성寧海城이다. 영해성寧海城의 바다 끝에 바로 노룡두老龍頭가 있다. 노룡두老龍頭는 만리장성을 커다란 용의 형상으로 본다면, 바다와 만날 때 위로 솟아올라 감시하는 용의 머리라는 뜻이다. 그렇다면, 영해 지역은 오늘날 하북성河北省 동부 지역을 말하는 것이다.

16) 출처; An Analysis of Oceanic Current Maps of the Yellow Sea and the East China Sea in Secondary School Science Textbooks, p.441

41 憲德王(헌덕왕)

809~826 재위기간 17년

憲德王立 諱彦昇 昭聖王同母弟也

元聖王六年奉使大唐受位大阿飡 七年誅逆臣爲迊飡 十年爲侍中 十一年伊飡爲宰相 十二年爲兵部令 哀莊王元年爲角干 二年爲御龍省私臣 未機爲上大等 至是卽位

妃貴勝夫人 禮英角干女也

以伊飡金崇斌爲上大等

헌덕왕憲德王이 왕위에 올랐다. 이름은 언승彦昇으로, 소성왕昭聖王의 동복아우이다.

원성왕元聖王 6년에 사신으로 당唐에 갔고, 대아찬으로 제수되었다. 7년에 역신逆臣을 처단하여 잡찬이 되었고, 10년에 시중이 되었고, 11년에 이찬으로서 재상이 되었고, 12년에 병부령이 되었다. 애장왕 원년에 각간이 되었고, 2년에 어룡성御龍省[17] 사신이 되었고, 그 후 얼마 안 되어 상대등이 되었다가, 이때에 이르러 즉위한 것이다.

왕비는 귀승부인이니 각간 예영禮英의 딸이다.

이찬 김숭빈을 상대등으로 임명하였다.

秋八月

大赦

遣伊飡金昌南等入唐告哀 憲宗遣職方員外郞攝御史中丞崔廷 以其質子金士信副之 持節弔祭 冊立王 爲開府儀同三司檢校太尉持節大都督 雞林州諸軍事 兼持節充寧海軍使上柱國新羅王 冊妻貞氏爲妃 賜大宰相金崇斌等三人門戟 按王妃 禮英角干女也 今云貞氏 未詳

가을 8월

대규모 사면을 단행하였다.

이찬 김창남 등을 당에 파견하여 부의를 고하였다. 당 헌종은 직방원외랑섭어사중승 최정을 파견하고 인질로 가있던 김사신을 따르게 하여, '절節'을 소지하여 조의를 표하고 제사를 지내게 하면서, 왕을 책봉하여, 개부의동삼사開府儀同三司 검교태위檢校太

---

17) 어룡성御龍省; 왕의 비서기관으로 추정된다.

尉 지절대도독持節大都督 계림주제군사雞林州諸軍事 겸 지절충(持節充) 영해군사寧海軍使 상주국신라왕上柱國新羅王으로 하고, 아내 정씨貞氏를 왕비로 책봉하였으며, 대재상 김숭빈 등 3명에게 문극門戟[18]을 주었다. 생각건대 왕비는 예영각간의 딸이니 지금 말한 정씨는 상세히 알 수 없다.

이 년
二年

춘 정 월 이 파 진 찬 양 종 위 시 중 하 서 주 진 적 오
春正月 以波珍湌亮宗爲侍中 河西州進赤烏

2년
봄 정월, 파진찬 양종을 시중으로 삼았다. 하서주河西州에서 붉은 까마귀를 진상하였다.

이 월
二月

왕 친 사 신 궁 발 사 수 즙 국 내 제 방
王親祀神宮 發使修葺國內隄防

2월
왕이 친히 신궁神宮에 제사지내고, 관리를 보내 국내의 제방을 수리하게 하였다.

추 칠 월
秋七月

유 성 입 자 미 서 원 경 진 백 치
流星入紫微 西原京進白雉

가을 7월
유성이 자미紫微[19] 자리에 들어갔다. 서원경西原京에서 흰 꿩을 진상하였다.

동 시 월
冬十月

견 왕 자 김 헌 장 입 당 헌 금 은 불 상 급 불 경 등 상 언 위 순 종 기 복 유 성 입 왕 량
遣王子金憲章入唐獻金銀佛像及佛經等上言爲順宗祈福流星入王良

겨울 10월
왕자 김헌장金憲章을 당에 보내, 금은으로 만든 불상과 불경 등을 바치고 아뢰기를 '순종順宗을 위하여 명복을 빈다.'고 하였다. 유성이 왕량王良[20] 자리에 들어갔다.

---

18) 문극門戟; 귀족 가문 앞에 세우는 나무로 만든 창

19) 자미紫微; 북극성 중앙 부분에 위치하는 별자리이다. 고대에는 천체를 북극성을 하늘의 중심으로 보고 그 주변을 세 개 영역으로 구분하였다. 이에 따르면, 북극의 중앙 부분은 하늘의 왕이 사는 궁궐이라 하여 자미원紫微垣이라 하고, 그 옆으로 일반 백성들이 사는 천시원天市垣이 있고, 남쪽에 정부기관을 상징하는 태미원太微垣이 있다고 하였다. 그리고 그 바깥쪽 하늘을 28개의 영역으로 나누었다

삼 년
三年

춘 정 월 시 중 양 종 이 병 면 이 찬 원 흥 위 시 중
春正月, 侍中亮宗以病免 伊飡元興爲侍中

3년

봄 정월, 시중 양종이 병으로 면직되자, 이찬 원흥이 시중이 되었다.

이 월
二月

이 이 찬 웅 원 위 완 산 주 도 독
以伊飡雄元爲完山州都督

2월

이찬 웅원을 완산주完山州 도독으로 임명하였다.

하 사 월
夏四月

시 어 평 의 전 청 정
始御平議殿聽政

여름 4월

처음으로 왕이 평의전平議殿에서 정무를 보았다.

사 년
四年

춘 이 균 정 위 시 중 이 이 찬 충 영 년 칠 십 사 궤 장
春, 以均貞爲侍中 以伊飡忠永年七十 賜几杖

추 구 월 견 급 찬 숭 정 사 북 국
秋九月, 遣級飡崇正使北國

4년

봄, 균정均貞을 시중貞爲으로 삼았다. 이찬 충영忠永이 나이 70세가 되었으므로 안석과 지팡이를 하사하였다.

가을 9월, 급찬 숭정崇正을 북국北國에 사신으로 보냈다.

오 년
五年

춘 정 월 이 이 찬 헌 창 위 무 진 주 도 독
春正月, 以伊飡憲昌爲武珍州都督

이 월 알 시 조 묘 현 덕 문 화
二月, 謁始祖廟 玄德門火

20) 왕량王良; 임금의 수레를 관리하는 별자리를 말한다. 서양의 카시오페이아 자리이다.

5년

봄 정월, 이찬 헌창憲昌을 무진주武珍州 도독으로 삼았다.

2월, 시조묘始祖廟에 참배하였다. 현덕문에 불이 났다.

六年

春三月, 宴羣臣於崇禮殿 樂極 王鼓琴 伊湌忠榮起舞

6년

봄 3월, 숭례전에서 여러 신하들에게 연회를 베풀었는데, 분위기가 최고조에 달하자 왕은 거문고를 연주하고 이찬 충영은 일어나 춤을 추었다.

夏五月

國西大水 發使撫問經水州郡人民 復一年租調

여름 5월

서쪽 지방에 홍수가 나자, 왕이 관리를 보내 수재를 당한 주군의 백성들을 위문하고, 1년 간의 조세와 공납을 면제하였다.

秋八月

京都風霧如夜 武珍州都督憲昌入爲侍中

가을 8월

경도京都에 바람이 불고 안개가 끼어 낮이 밤과 같았다. 무진주 도독 헌창憲昌을 불러들여 시중으로 삼았다.

冬十月

黔牟大舍妻 一産三男

겨울 10월

대사 검모黔牟의 아내가 한꺼번에 아들 셋을 낳았다.

七年

春正月, 遣使朝唐 憲宗引見 宴賜有差

7년

봄 정월, 당에 사신을 파견했다. 헌종憲宗이 인견引見하여 주연을 베풀고 직위에 따라 하사품을 주었다.

夏五月

下雪

여름 5월

눈이 내렸다

秋八月

己亥朔 日有食之 西邊州郡大飢 盜賊蜂起 出軍討平之 大星出翼軫間 指庚 芒長六許尺 廣二許寸

가을 8월

기해 초하루에 일식이 일어났다. 서쪽 변방의 주군州郡에 큰 기근이 들어 도적이 봉기하므로 군사를 파견하여 토벌하였다. 큰 별이 익성翼星과 진성翼星 사이에 나타나더니 서쪽을 향하였다. 그 빛은 길이가 6척 정도였고, 넓이가 두 치 가량 되었다.

八年

春正月, 侍中憲昌出爲菁州都督 璋如爲侍中 年荒民飢 抵浙東求食者一百七十人 漢山州唐恩縣石長十尺 廣八尺高三尺五寸 自移一百餘步

8년

봄 정월, 시중 헌창憲昌이 외직으로 나가 청주菁州 도독이 되었고, 장여가 시중이 되었다. 흉년이 들어 백성들이 굶주리니, 절강浙江[Zhjiāng] 지방 동쪽으로 가서 먹을 것을 구하는 자가 170명이나 되었다.

한산주漢山州 당은현唐恩縣에서 길이 10척, 넓이 8척, 높이 3척 5촌인 큰 바위가 저절로 1백여 보 이동하였다.

夏六月
望德寺二塔戰

여름 6월
망덕사의 두 탑이 서로 부딪쳤다.

九年
春正月, 以伊湌金忠恭爲侍中

9년
봄 정월, 이찬 김충공金忠恭을 시중으로 삼았다.

夏五月
不雨 遍祈山川

여름 5월
비가 내리지 않아 산천에 두루 기도하였다.

至秋七月
乃雨

가을 7월에 이르러
비가 내렸다.

冬十月
人多飢死 敎州郡發倉穀存恤 遣王子金張廉 入唐朝貢

겨울 10월
많은 사람들이 굶어 죽자, 주군州郡에 교서를 내려, 창고를 열고 그들을 구휼하게 하였다. 왕자 김장렴金張廉을 파견하여 당에 조공하였다.

十年

夏六月, 癸丑朔 日有食之

10년

여름 6월, 계축 초하루에 일식이 있었다.

十一年

春正月, 以伊湌眞元年七十 賜几杖 以伊湌憲貞病不能行 年未七十 賜金飾紫檀杖

11년

봄 정월, 이찬 진원의 나이가 70세가 되자 안석과 지팡이를 하사하였다. 이찬 헌정憲貞이 병으로 걷지 못하므로, 나이 70세가 되지 아니하였으나 금으로 장식한 자단紫檀 지팡이를 하사하였다.

二月

上大等金崇斌卒 伊湌金秀宗爲上大等

2월

상대등 김숭빈이 죽고, 이찬 김수종이 상대등이 되었다.

三月

草賊遍起 命諸州郡都督太守 捕捉之

3월

초적草賊들이 곳곳에서 봉기하니, 모든 주군州郡의 도독 및 태수에게 명을 내려 그들을 체포하도록 하였다.

秋七月
唐鄆州節度使李師道叛 憲宗將欲討平 詔遣楊州節度使趙恭 徵發我兵馬 王奉勅旨 命順天軍將軍金雄元 率甲兵三萬以助之

가을 7월,

당唐의 운주절도사鄆州節度使李師道 이사도李師道가 반란을 일으키니, 헌종憲宗이 이를 토벌하기 위하여 양주절도사楊州節度使 조공趙恭을 파견하고, 우리 병력의 출동을 요구하였다. 왕은 교지를 받들어 순천군장군順天軍將軍 김웅원에게 명을 내려 무장병 3만을 거느리고 가서 그들을 돕게 하였다.

十二年
春夏, 旱

12년

봄과 여름, 가뭄이 들었다.

冬
飢

겨울

기근이 들었다.

十一月
遣使入唐朝貢 穆宗召見麟德殿 宴賜有差

11월

당唐에 사신을 보내 조공하니, 목종이 인덕전으로 불러 접견하고, 연회를 열고, 등급에 따라 하사품을 주었다.

十三年
春 民饑 賣子孫自活

13년

봄, 백성들이 굶주리니 자손을 팔아 스스로 살아가는 자가 있었다.

하 사 월
夏四月

시 중 김 충 공 졸 이 찬 영 공 위 시 중 청 주 도 독 헌 창 개 위 웅 천 주 도 독
侍中金忠恭卒 伊湌永恭爲侍中 菁州都督憲昌改爲熊川州都督

여름 4월,

시중 김충공金忠恭이 죽자 이찬 영공永恭이 시중이 되었다. 청주菁州 도독 헌창憲昌이 웅천주熊川州 도독이 되었다.

추 칠 월
秋七月

패 강 남 천 이 석 전
浿江南川二石戰

가을 7월,

패강浿江 남쪽의 하천에 있는 두 돌이 서로 맞붙었다.

동 십 이 월
冬十二月

이 십 구 일 대 뢰
二十九日, 大雷

겨울 12월

29일, 큰 우레가 있었다.

십 사 년
十四年

춘 정 월 이 모 제 수 종 위 부 군 입 월 지 궁 수 종 혹 운 수 승
春正月, 以母弟秀宗爲副君 入月池宮 秀宗或云秀升

14년

봄 정월, 왕의 동복아우 수종秀宗[21]을 부군副君으로 삼아 월지궁月池宮에 들어오도록 하였다. 수종秀宗을 수승秀升이라고도 한다.

이 월
二月

설 오 척 수 목 고
雪五尺 樹木枯

21) 수종秀宗; 헌덕왕이 홍서하고 42대 흥덕왕興德王으로 등극한다.(재위 826~836)

2월
눈이 다섯 자나 내리고 나무가 말랐다.

三月

熊川州都督憲昌 以父周元不得爲王 反叛 國號長安 建元慶雲元年 脅武珍完山菁沙伐四州都督 國原西原金官仕臣及諸郡縣守令 以爲己屬 菁州都督向榮 脫身走推火郡 漢山牛頭歃良浿江北原等 先知憲昌逆謀 擧兵自守

3월
웅천주熊川州 도독 헌창憲昌은 그의 아버지 주원이 왕이 되지 못하였다는 이유로 반역을 일으켜 국호를 장안長安이라 하고, 연원年元을 세워 경운 원년이라 하니, 무진·완산·청주·사벌 네 주의 도독과 국원경·서원경·금관경의 사신과 여러 군현의 수령들을 위협하여 자기에게 속하게 했다.

청주菁州 도독 상영이 추화군推火郡으로 도주하고, 한산주漢山州·우두주牛頭歃州·삽량주歃良州·패강진浿江鎭·북원경北原京 등의 여러 성은 헌창憲昌의 역모를 미리 알고, 병사를 일으켜 스스로 수비하였다.

十八日

完山長史崔雄 助阿湌正連之子令忠等 遁走王京 告之 王卽授崔雄位級湌速含郡太守 令忠位級湌 遂差員將八人 守王都八方 然後出師 一吉湌張雄先發 迊湌衛恭波珍湌悌凌繼之 伊湌均貞迊湌雄元大阿湌祐徵等 掌三軍徂征 角干忠恭迊湌允膺守蚊火關門 明基安樂二郎各請從軍 明基與從衆赴黃山 安樂赴施彌知鎭

18일
완산주完山州 장사 최웅과 조아찬 정련의 아들 영충 등이 경도京都로 도주해 와서 이를 보고했다. 왕은 즉시 최웅에게 급찬의 지위와 속함군 태수를 수여하고 영충에게는 급찬의 지위를 주고, 원장員將 8명을 보내 왕도王都의 8방을 지키게 한 후, 출사出師하였다. 일길찬 장웅이 먼저 출발하고, 잡찬 위공과 파진찬 제릉이 뒤를 따랐고, 이찬 균정과 잡찬 웅원과 대아찬 우징 등이 삼군을 이끌고 정벌에 나섰다. 각간 충공忠恭과 잡찬 윤응은 문화蚊火의 관문을 지켰다. 명기와 안락 두 화랑이 각각 종군을 요청하여,

명기는 여러 무리들과 함께 황산黃山으로 가고, 안락은 시미지진施彌知鎭으로 갔다.

어시
於是

헌창견기장 거요로이대 장웅우적병어도동현 격패지 위공제릉합장
憲昌遣其將 據要路以待 張雄遇賊兵於道冬峴 擊敗之 衛恭悌凌合張

웅군 공삼년산성 극지 진병속리산 격적병멸지 균정등여적전성산
雄軍 攻三年山城 克之 進兵俗離山 擊賊兵滅之 均貞等與賊戰星山

멸지 제군공도웅진 여적대전 참획불가승계
滅之 諸軍共到熊津 與賊大戰 斬獲不可勝計

이 때

헌창憲昌은 그의 장수를 보내, 요충지를 장악하고 기다렸다.

장웅이 적병을 도동현道冬峴에서 만나 격파하였다. 위공과 제릉은 장웅의 군사와 합하여 삼년산성三年山城을 공격하여 이기고, 속리산俗離山으로 진군하여 적병을 공격하여 소탕하였다. 균정 등은 성산星山에서 적과 싸워 소탕하였다.

여러 군대가 함께 웅진熊津에 도착하여 적과 크게 싸웠는데, 죽이거나 사로잡은 숫자는 헤아릴 수 없었다.

헌창근이신면 입성고수 제군위공협순 성장함 헌창지불면 자사 종
憲昌僅以身免 入城固守 諸軍圍攻浹旬 城將陷 憲昌知不免 自死 從

자단수여신각장 급성함득기신어고총 주지 륙종족당여범이백삼십
者斷首與身各藏 及城陷得其身於古塚 誅之 戮宗族黨與凡二百三十

구인 종기민
九人 縱其民

헌창憲昌은 가까스로 몸을 피하여 성으로 들어가 수비하였다. 모든 군사가 포위하고 공격한지 열흘이 지나 성이 막 함락되려 하자, 헌창憲昌은 피할 수 없음을 알고 자결하니, 따르는 자가 머리를 베어 몸과 따로 각각 묻었다. 성이 함락되자 그의 몸을 옛무덤에서 찾아내어 참시하고, 그 일족과 일당 239명을 도륙한 후 그 백성들은 풀어주었다.

후론공작상유차 아찬록진수위대아찬 사불수 이삽량주굴자군근적
後論功爵賞有差 阿飡祿眞授位大阿飡 辭不受 以歃良州屈自郡近賊

불오어란 복칠년
不汙於亂 復七年

후에 전공을 논하여 공로에 따라 상을 주었다. 아찬 녹진은 대아찬을 수여하였으나 사양하며 받지 않았다. 삽량주歃良州의 굴자군屈自郡은 적과 가까이 있었으나 반란에 연루되지 않았으므로 7년 동안의 조세를 면제하였다.

선시
先是

청주태수청사남 지중유이조 신장오척 색흑 두여오세허아 훼장일
菁州太守廳事南 池中有異鳥 身長五尺 色黑 頭如五歲許兒 喙長一

척오촌 목여인 소여수오승허기 삼일이사 헌창패망조야
尺五寸 目如人 嗉如受五升許器 三日而死 憲昌敗亡兆也

이에 앞서

청주菁州 태수의 청사 남쪽 연못 안에 기이한 새가 있었다. 그 키는 다섯 자였으며, 빛깔이 검고, 머리는 다섯 살 정도의 아이의 머리 크기와 같고, 부리는 길이가 한 자 다섯 치였으며, 눈은 사람과 같고, 위장은 닷되들이 그릇과 같았는데, 사흘 만에 죽으니 헌창憲昌이 패망할 징조였다.

빙각간충공지녀정교 위태자비 패강산곡간 전목생벽 일야고십삼척
聘角干忠恭之女貞嬌 爲太子妃 浿江山谷間 顚木生蘗 一夜高十三尺

위사척칠촌
圍四尺七寸

각간 충공忠恭의 딸 정교貞嬌를 맞아 태자비로 삼았다. 패강浿江 산골짜기의 쓰러진 나무에서 새싹이 돋아났는데, 하룻밤에 자라니 높이가 열세 자, 둘레가 넉 자 일곱 치나 되었다.

하사월
夏四月

십삼일 월색여혈
十三日, 月色如血

여름 4월

13일, 달빛이 핏빛 같았다.

추칠월
秋七月

십이일 일유흑운 지남북
十二日, 日有黑暈 指南北

가을 7월

12일, 해에 흑점이 생겨 남북을 가리켰다.

동십이월
冬十二月

견계필입당조공
遣桂弼入唐朝貢

겨울 12월

주필을 당唐에 보내 조공하였다.

십오년
十五年

춘정월, 오일 서원경유충종천이
春正月, 五日 西原京有蟲從天而墮

15년

봄 정월, 5일 서원경西原京에서 벌레가 하늘로부터 떨어졌다.

구일
九日

유백흑적삼종충모설능행현양이지 원순평원이각간칠십고노사궤장
有白黑赤三種蟲冒雪能行見陽而止 元順平原二角干七十告老賜几杖

9일

흰색·검은색·붉은색의 세 가지 벌레가 눈밭을 기어 다니다가 햇볕이 나자 사라졌다. 원순·평원 두 각간이 나이 70세가 되자 왕이 안석과 지팡이를 하사하였다.

이월
二月

합수성군당은현
合水城郡唐恩縣

2월

수성군水城郡과 당은현唐恩縣을 합쳤다.

하사월
夏四月

십이일, 류성기천시 범제좌 과천시동북원 직녀왕량지각도 분위삼성여격고이멸
十二日, 流星起天市 犯帝座 過天市東北垣 織女王良至閣道 分爲三聲如擊鼓而滅

여름 4월

12일, 유성이 천시天市[22]에서 나와 제좌帝座[23]를 범하고, 천시天市 동북쪽의 별자

22) 천시天市; 북극성을 중심으로 중앙 부분이 자미원 옆에 있는 별자리를 말한다. 고대에는 천체를 북극성을 하늘의 중심으로 보고 그 주변을 세 개 영역으로 구분하였다. 이에 따르면, 북극의 중앙 부분은 하늘의 왕이 사는 궁궐이라 하여 자미원紫微垣이라 하고, 그 옆으로 일반 백성들이 사는 천시원天市垣이 있고, 남쪽에 정부기관을 상징하는 태미원太微垣이 있다고 하였다. 그리고 그 바깥쪽 하늘을 28개의 영역으로 나누었다.

23) 제좌帝座; 자미원의 중심인 북극성을 말한다.

리인 직녀織女[24], 왕량王良[25]을 지나 각도閣道[26]에 이르러 셋으로 나뉘었는데, 북 같은 소리를 내면서 사라졌다.

秋七月
雪

가을 7월
눈이 내렸다.

十七年
春正月, 憲昌子梵文與高達山賊壽神等百餘人 同謨叛 欲立都於平壤 攻北漢山州 都督聰明率兵 捕殺之 平壤今楊州也 太祖製庄義寺齋文 有高麗舊壤平壤名山之句

17년
봄 정월, 헌창憲昌의 아들 범문이 고달산高達山의 적 수신壽神 등 백여 명과 함께 모반하니, 평양平壤에 도읍을 세우기 위하여, 북한산주北漢山州를 공격해왔다. 도독 총명이 병사를 인솔하여 그를 잡아 처형하였다. 평양平壤은 지금의 양주楊州인데, 태조가 지은 장의사 재문에 '고려의 옛 땅이요, 평양 명산'이라는 글귀가 있다.

三月
武珍州馬彌知縣女人產兒 二頭二身四臂 產時天大雷

3월
무진주武珍州 마미지현馬彌知縣의 여자가 아이를 낳았는데 머리가 둘, 몸이 둘, 팔이 넷이었다. 아이를 낳을 때 천둥소리가 크게 울렸다.

24) 천시원天市垣; 위쪽으로 은하수를 사이에 두고 위치하는 별자리이다.
25) 왕량王良; 임금의 수레를 관리하는 별자리를 말한다. 서양의 카시오페이아 자리이다.
26) 각도閣道; 자미궁에서 은하수 건너의 별궁 離宮으로 건너갈 수 있게 연결한 높은 구름다리

夏五月

遣王子金昕 入唐朝貢 遂奏言 先在大學生 崔利貞金叔貞朴季業等 請放還蕃 其新赴朝金允夫金立之朴亮之等一十二人 請留宿衛 仍請配國子監習業 鴻臚寺給資粮 從之

여름 5월

왕자 김흔을 파견하여 당唐에 조공하고 황제에게 아뢰었다.

"이전에 와있는 대학생 최이정·김숙정·박계업 등을 신라로 돌려 보내주시고, 새로 입조한 김윤부·김입지·박양지 등 열두 명을 숙위로 머물도록 청합니다. 또 그들을 국자감에 배치하여 학습하게 하고 홍려사에서 물자와 식량을 공급하여 주기를 청합니다."

황제가 이를 따랐다.

秋

歃良州獻白烏 牛頭州大楊管郡黃知奈麻妻 一産二男二女 賜租一百石

가을

삽량주歃良州에서 흰 까마귀를 바쳤다. 우두주 대양관군의 내마 황지의 아내가 한꺼번에 아들 둘과 딸 둘을 낳았다. 그녀에게 벼 1백 석을 주었다.

十八年

秋七月, 命牛岑太守白永 徵漢山北諸州郡人一萬 築浿江長城三百里

18년

가을 7월, 우잠 태수 백영에게 명하여 한산漢山 북쪽의 여러 주군州郡에서 1만 명을 징발하여, 패강浿江에 장성 300리를 쌓게 하였다.

冬十月

王薨 謚曰憲德 葬于泉林寺北

겨울 10월

왕이 훙서했다. 시호를 헌덕憲德이라 하고, 천림사泉林寺 북쪽에 장사지냈다.

古記云 在位十八年 寶曆二年丙午四月卒新唐書云

新唐書云 長慶寶曆間 羅王彦昇卒

而資理通鑑及舊唐書皆云 大和五年卒 豈其誤耶

고기古記에는 재위 18년 보력 2년 병오 4월에 죽었다고 기록되어 있다. 신당서에는 장경 보력 연간에 신라왕 언승이 죽었다고 기록되어 있다. 그러나 자치통감과 구당서에는 모두 태화 5년에 죽었다고 기록되어 있으니 어찌 착오가 일어났을까?

분석 41 憲德王(헌덕왕) 809~826 재위기간 17년

○ 헌덕왕 원년 八月 기사에 '冊立王 爲開府儀同三司檢校太尉持節大都督 雞林州諸軍事 兼持節充寧海軍使上桂國新羅王'이라는 기록이 있다. 헌덕왕을 책봉하여, 개부의동삼사開府儀同三司 검교태위檢校太尉 지절대도독持節大都督 계림주제군사雞林州諸軍事 겸 지절충持節充 영해군사寧海軍使 상주국신라왕上桂國新羅王으로 하였다는 것이다.

헌덕왕의 호칭을 통하여 계림 지역과 영해 지역이 신라의 영토였음을 알 수 있는데, 여기서 영해寧海는 오늘날 하북성河北省 동부 지역을 말하는 것임은 애장왕 편에서 설명한 바와 같다.

헌덕왕 八年 正月 기사에는 '年荒民飢) 抵浙東求食者一百七十人'이라는 기록이 있다. 흉년이 들어 백성들이 굶주리니, 절동浙東에 가서 먹을 것을 구하는 자가 170명이나 되었다는 것이다. 여기서 절동浙東이란 절강浙江(Zhjiāng)의 동쪽 지방을 말하는 것으로 이설이 없다.

그렇다면, 신라의 수도가 경주였다는 기존의 학설에 따를 때, 굶주린 신라 백성들이 동해 또는 남해를 지나 황해를 건너 중국 절강성 동쪽으로 갔다는 것이 된다.

> 경주 ⇨ 울산항 ⇨ 동해 ⇨ 남해 ⇨ 서해 ⇨ 발해만 ⇨ 산농반도 ⇨ 동중국해 ⇨ 상해 ⇨ 절강성

[동중국해 해류지도][25]

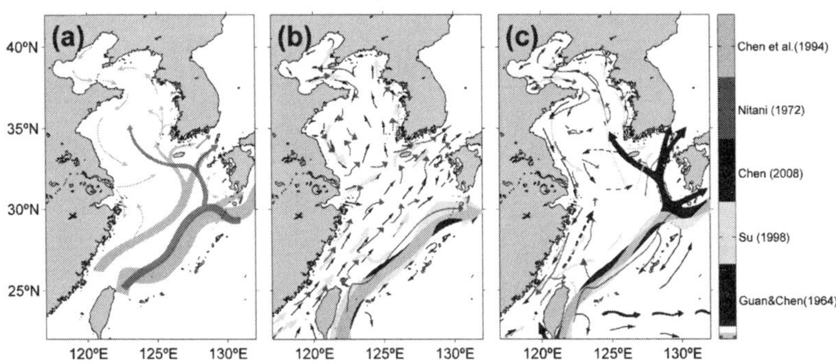

Oceanic current maps of the Yellow/East China Sea showing (a) mean currents, (b) currents in summer, and (c) currents in winter in the scientific papers (Guan and Chen, 1964; Nitani, 1972; Chen et al., 1994; Su, 1998; Chen, 2008).

배가 고픈 사람들이 수개월치 식량을 준비하여 배를 타고 서해를 거슬러 올라가 발해만을 돌아 산동반도를 거쳐 동국국해 연안을 따라 내려오다가 상해를 통해 절강성 동쪽

에 가서 먹을 것을 구했다는 것은 믿기 어렵다.

○ 헌덕왕 十三年 七月 기사에는 '浿江南川二石戰'이라는 기록이 있다. 패강浿江 남쪽의 하천에 있는 두 돌이 서로 맞붙었다는 것이다. 이미 설명한 것과 마찬가지로 패강浿江은 동이와 화하의 경계로 당시 발해의 남쪽 국경이었는데, 패강 이남은 성덕왕 三十四年 당이 발해와의 사이에 완충지대를 두고자 신라에게 준 것이다.(勅賜浿江以南地)

○ 헌덕왕 十四年 三月 기사는 '熊川州都督憲昌 以父周元不得爲王 反叛'이라고 기록하고 있다. 웅천주 도독 헌창憲昌이 그의 아버지 주원이 왕이 되지 못하였다는 이유로 반역을 일으켰다는 것이다. 그런데 김주원이 왕이 되지 못한 것은 선덕왕 사후 원성왕 즉위년인 785년 일로서 그로부터 37년이나 지난 헌덕왕 14년인 서기 822년 그 아들인 헌창憲昌이 이를 이유로 반란을 일으켰다는 것은 납득하기 어렵다.

또, 웅천주熊川州 도독都督 헌창憲昌이 무진주武珍州·완산주完山州·청주菁州·사벌주沙伐州를 위협하여 자기에게 속하게 하였다는 것도 상식적으로 수긍이 가지 않는다. 웅천주熊川州 및 무진주武珍州·완산주完山州·청주菁州·사벌주沙伐州 등 5개의 州가 적극 참여한 것으로 보아야 하고, 이에 대항하여 漢山州·牛頭州·歃良州 등 3개주와 浿江鎭과 北原京 등이 맞섰다고 하니, 헌창憲昌의 난은 반란의 수준을 넘어서서 가히 내전이라고 평가할 수 있다.

十八日 기사는 진압군의 구성과 출동을 기록하고 있는데 이 중 '明基安樂二郎各請從軍 明基與從衆赴黃山 安樂赴施彌知鎭'이라는 기록이 있다. 즉 명기明基는 황산黃山으로 가고, 안락安樂은 시미지진施彌知鎭으로 갔다는 것이다. 그동안 황산黃山과 관련한 삼국사기 기록을 정리하면 다음과 같다.

脫解王 二十一年 阿飡吉門與加耶兵戰於黃山津口
祗摩王 四年 親征加耶 帥步騎度黃山河
味鄒王 三年 春二月 東巡幸望海 三月幸黃山
武烈王 七年 七月, 九日 庾信等進軍於黃山之原

요컨대, 황산黃山은 신라와 가야의 접경 지대였고, 백제와 신라의 치열한 각축장 중의 하나로 오늘날 중국 산동성 빈주시濱州市 추평현鄒平县 학반산鶴伴山으로 비정된다는 것은 수차례 언급한 바 있다.

웅천주熊川州 및 무진주武珍州·완산주完山州·청주菁州·사벌주沙伐州 등은 백제의 고토故土이다. 그렇다면 무열왕과 문무왕 때 신라에 편입된 백제의 고토를 중심으로 반신라세력이 헌창憲昌을 중심으로 결집한 것이고, 양 세력의 충돌한 곳이 바로 중국 산동성 빈주시濱州市 추평현鄒平县 학반산鶴伴山 일대였던 것으로 보인다.

27) 출처; An Analysis of Oceanic Current Maps of the Yellow Sea and the East China Sea in Secondary School Science Textbooks, p.441

42 興德王(흥덕왕)

826~836 재위기간 10년

興德王立 諱秀宗 後改爲景徽 憲德王同母弟也

흥덕왕興德王이 왕위에 오르니, 이름은 수종秀宗[28]으로 후에 바꾸어 경휘景徽로 하였는데, 헌덕왕憲德王의 동복아우이다.

冬十二月

妃章和夫人卒 追封爲定穆王后 王思不能忘 悵然不樂 羣臣表請再納妃 王曰 隻鳥有喪匹之悲 況失良匹 何忍無情遽再娶乎 遂不從 亦不親近女侍 左右使令 唯宦竪而已 章和姓金氏 昭聖王之女也

겨울 12월

왕비 장화부인章和夫人이 죽자, 추봉하여 정목왕후定穆王后로 삼았다. 왕은 사모하여 잊지 못하고, 슬퍼하여 즐기지 아니하였다. 군신들이 청하여 다시 왕비를 맞으라 하자 왕이 말했다.

"홀로 된 새도 짝을 잃어 슬퍼하거늘, 하물며 좋은 배필을 잃고 나서 어찌 무정하게 바로 다시 부인을 얻겠는가?"

끝내 따르지 아니하고 시녀들조차도 가까이 하지 아니하니, 좌우의 심부름꾼이라고는 오직 환관뿐이었다. 장화章和의 성은 김씨이고, 소성왕의 딸이다.

二年

春正月, 親祀神宮

唐文宗聞王薨 廢朝 命太子左諭德兼御史中丞源寂) 持節吊祭 仍冊立嗣王爲開府儀同三司檢校太尉 使持節大都督雞林州諸軍事 兼持節充寧海軍使新羅王 母朴氏爲大妃 妻朴氏爲妃

2년

봄 정월, 왕이 친히 신궁神宮에 제사를 지냈다.

28) 수종秀宗; 흥덕왕 十四年 正月 부군副君이 되어 이미 월지궁月池宮에 들어와 있었다.

당 문종은 헌덕왕이 붕어하였다는 소식을 듣고, 조회를 폐하고 태자좌유덕 겸 어사중승 원적에게 명하여 '절節'을 지참하고 조문하게 하였다. 이어 새 왕을 책봉하여 개부의동삼사開府儀同三司 검교태위檢校太尉 사지절대도독계림주제군사使持節大都督雞林州諸軍事 겸 지절충持節充 영해군사寧海軍使 신라왕新羅王으로 삼고, 어머니 박씨를 대비로, 아내 박씨를 왕비로 하였다.

三月

高句麗僧丘德入唐 賷經至 王集諸寺僧徒 出迎之

3월

고구려高句麗 승려 구덕이 당唐에 갔다가 경전을 가지고 오자, 왕이 여러 절의 승려들을 소집하여 나가서 그를 맞도록 하였다.

夏五月

降霜

여름 5월

서리가 내렸다.

秋八月

太白晝見 京都大旱 侍中永恭退

가을 8월

태백太白[29]이 낮에 나타나고, 경도京都에 큰 가뭄이 들었다. 시중 영공이 퇴직하였다.

三年

春正月, 大阿飡金祐徵爲侍中

3년

봄 정월, 대아찬 김우징金祐徵이 시중이 되었다.

29) 태백太白; 오늘날 금성을 말한다.

二月

遣使入唐朝貢

2월

사신을 당唐에 파견하여 조공하였다.

三月

雪深三尺

3월

눈이 석자나 내렸다.

夏四月

清海大使弓福 姓張氏 一名保皐 入唐徐州爲軍中小將 後歸國謁王 以卒萬人鎭清海 清海 今之莞島

여름 4월

청해대사清海大使 궁복弓福은 성이 장씨로, 일명 보고保皐라 하였는데, 당唐에 들어가 서주徐州에서 군중소장이 되었다가 후에 귀국하여 왕을 알현하고, 병졸 1만 명으로 청해清海에 진鎭을 세웠다. 청해清海는 지금의 완도莞島이다.

漢山州瓢川縣 妖人自言有速富之術 衆人頗惑之 王聞之曰 執左道以惑衆者 刑之 先王之法也 投畀其人遠島

한산주漢山州 표천현瓢川縣에 요사스러운 자가 스스로 말하기를 빨리 부자가 되는 수가 있다고 하니, 많은 사람들이 이에 자못 현혹되었다. 왕이 소문을 듣고 말하길,

"옳지 않은 방법으로 많은 사람을 현혹시키는 자는 벌을 주는 것이 선왕의 법도이다."

라고 하고, 그 자를 외딴 섬으로 쫓아 버렸다.

冬十二月

遣使入唐朝貢 文宗召對于麟德殿 宴賜有差 入唐迴使大廉 持茶種子來 王使植地理山 茶自善德王時有之 至於此盛焉

겨울 12월

사신을 당唐에 보내 조공하였다. 문종文宗이 불러 인덕전에서 대하고, 연회에서 직위에 따라 하사품을 주었다. 당唐에 들어갔다가 돌아온 사신 대렴이 차茶 종자를 가지고 오니, 왕이 지리산地理山에 심게 하였다. 차는 선덕왕 때부터 있었으나, 이 시기에 이르러 성행했다.

四年

春二月, 以唐恩郡爲唐城鎭 以沙飡極正往守之

4년

봄 2월, 당은군唐恩郡을 당성진唐城鎭으로 하고, 사찬 극정을 보내 그곳을 지키게 하였다.

五年

夏四月, 王不豫 祈禱 仍許度僧一百五十人

冬十二月, 遣使入唐朝貢

5년

여름 4월, 왕의 건강이 좋지 않자, 기도를 드리고 또한 승려 150명에게 도첩을 주었다

겨울 12월 사신을 당唐에 파견하여 조공하였다.

六年

春正月 地震 侍中祐徵免 伊飡允芬爲侍中

6년

봄 정월, 지진이 발생했다. 시중 우징祐徵이 면직되고, 이찬 윤분允芬이 시중이 되었다.

二月
遣王子金能儒幷僧九人朝唐

2월
왕자 김능유金能儒와 승려 아홉 명을 당唐에 파견하였다.

秋七月
入唐進奉使能儒等一行人 廻次溺海

가을 7월
입당入唐했던 진봉사進奉使 능유能儒 등 일행이 돌아오다가 익사하였다.

冬十一月
遣使入唐朝貢

겨울 11월
사신을 보내 당唐에 조공하였다.

七年
春夏, 旱 赤地 王避正殿 減常膳 赦內外獄囚

7년
봄·여름, 날이 가물어 땅의 빛깔이 붉은 색으로 변했다. 왕은 정전에 나가지 않고 반찬을 줄였으며, 내외의 죄수들을 사면하였다.

秋七月
乃雨

가을 7월
비가 내렸다.

八月

飢荒 盜賊徧起

8월

흉년이 들어 도적이 곳곳에서 들끓었다.

冬十月

王命使安撫之

겨울 10월

왕은 사자를 파견하여 백성들을 위무하였다.

八年

春, 國內大飢

8년

봄, 국내에 크게 기근이 들었다.

夏四月

王謁始祖廟

여름 4월

왕이 시조묘始祖廟에 참배하였다.

冬十月

桃李再華 民多疫死

겨울 10월

복숭아 나무와 자두 나무가 재차 꽃을 피우니, 많은 사람들이 전염병에 걸려 죽었다.

十一月

侍中允芬退

11월

시중 윤분이 퇴직하였다.

九年

春正月, 祐徵復爲侍中

9년

봄 정월, 우징을 다시 시중으로 임명하였다.

秋九月

王幸西兄山下大閱 御武平門觀射

가을 9월

왕이 서형산西兄山에 행차하여 크게 군대를 사열하고, 무평문에서 활쏘기를 지켜보았다.

冬十月

巡幸國南州郡 存問耆老及鰥寡孤獨 賜穀布有差

겨울 10월

왕이 남쪽 지방의 주군州郡을 순행하면서, 60세 이상의 노인과 홀아비, 과부, 고아, 늙어서 자식 없는 사람들에게 안부를 묻고, 정도에 따라 곡식과 베를 하사하였다.

十年

春二月, 拜阿飡金均貞爲上大等 侍中祐徵以父均貞入相 表乞解職 大阿飡金明爲侍中

10년

봄 2월, 아찬 김균정에게 벼슬을 내려 상대등으로 삼았다. 시중 우징이, 그의 아버지 균정이 재상이 되었다는 이유로 해직을 구하니, 대아찬 김명을 시중으로 삼았다.

十一年

春正月, 辛丑朔 日有食之 遣王子金義琮 如唐謝恩兼宿衛

11년

봄 정월, 신축 초하루에 일식이 일어났다. 왕자 김의종을 당에 보내 사은하고, 아울러 숙위하게 하였다.

夏六月

星孛于東

여름 6월

성패星孛[30]가 동쪽에 나타났다.

秋七月

太白犯月

가을 7월

태백太白[31]이 달을 가렸다.

冬十二月

王薨 諡曰興德 朝廷以遺言合葬章和王妃之陵

겨울 12월

왕이 홍서했다. 시호를 흥덕興德이라 하였다. 조정에서는 왕의 유언에 따라 장화왕비의 능에 합장하였다.

30) 성패星孛; 꼬리가 없는 혜성을 말한다.

31) 태백太白; 오늘날 금성을 말한다.

○ 흥덕왕興德王은 선왕 헌덕왕의 동생으로서 태자太子가 되었고, 부군副君이 되었다. 흥덕왕 즉위 기사에 따르면, 왕비 장화부인章和夫人이 죽자, 추봉하여 정목왕후定穆王后로 삼고 왕이 사모하여 잊지 못하고, 다시 왕비를 맞지 않았다고 한다.

김부식은 주석에서 장화章和의 성은 김씨이고, 소성왕의 딸이라고 하였다. 그러나 권근權近은 사론에서, 장화부인章和夫人을 헌덕왕 14년에 태자비가 된 각간 김충공金忠恭의 딸 정교부인貞嬌夫人이라고 하였다.

헌덕왕 十四年 기사에 따르면 각간 충공忠恭의 딸 정교貞嬌를 맞아 태자비로 삼았다고 기록되어 있으므로 권근의 견해가 타당하다.

○ 흥덕왕 二年 正月 기사에 '册立嗣王爲開府儀同三司檢校太尉 使持節大都督雞林州諸軍事 兼持節充寧海軍使新羅王'이라는 기록이 있다. 흥덕왕을 책봉하여 개부의동삼사開府儀同三司 검교태위檢校太尉 사지절대도독계림주제군사使持節大都督雞林州諸軍事 겸 지절충持節充 영해군사寧海軍使 신라왕新羅王으로 삼았다는 것이다.

흥덕왕의 호칭을 통하여 계림 지역과 영해 지역이 신라의 영토였으며, 여기서 영해寧海는 오늘날 하북성河北省 동부 지역을 말하는 것임은 애장왕 편에서 설명한 바와 같다.

○ 흥덕왕 三年 四月 기사에는 '以卒萬人鎭淸海 淸海今之莞島'라는 기록이 있다. 즉, 병졸 1만 명으로 청해淸海에 진을 세웠는데 청해淸海는 지금의 완도莞島라는 것이다. 이때 지금[今]은 삼국사기를 쓸 당시를 말한다. 그렇다면 청해淸海는 오늘날 전라남도 완도莞島를 말하는 것인가?

삼국사기 잡지 제6 지리 4 편에는 해주海洲, 강릉江陵, 하동河東, 부평副平, 강남江南, 해남海南, 용산龍山, 대구大丘, 부산釜山, 마포馬浦 등 우리에게 익숙한 지명이 소개되어 있는데, 김부식은 이들 지명에 대하여 위치가 분명하지 않고 이름만 남아 있는 삼국시대의 지명이라고 하였다.(三國有名未詳地分) 그렇다면 삼국사기 기록상의 해주海洲, 강릉江陵, 하동河東, 부평副平, 강남江南, 해남海南, 용산龍山, 대구大丘, 부산釜山, 마포馬浦' 등이 곧 오늘날의 '해주海洲, 강릉江陵, 하동河東, 부평副平, 강남江南, 해남海南, 용산龍山, 대구大丘, 부산釜山, 마포馬浦' 등을 가리킨다고 해서는 안 되는 것처럼, 달랑 '청해淸海는 지금의 완도莞島'라는 기사 하나만을 가지고 청해진이 오늘날 완도에 있었고 단정할 수는 없다.

○ 흥덕왕 四年 二月 기사에는 '以唐恩郡爲唐城鎭 以沙湌極正往守之'라는 기록이 있다. 당은군唐恩郡을 당성진唐城鎭으로 하고, 사찬 극정을 보내 그곳을 수비하게 하였다는 것이다.

三國史記 三十四卷 雜志 第三 地理 二 한주漢州 편에는 '唐恩郡 本高句麗唐城郡 景德王改名'이라는 기록이 있다. 당은군唐恩郡은 원래 고구려의 당성군唐城郡이었던 것을 경덕왕이 개칭하였다는 것이다.

그렇다면, 당은군唐恩郡 또는 당성군唐城郡이 원래 고구려에 속하였던 지역이라는 점과 한주漢州 관할에 속하는 군명郡名이라는 점을 확인할 수 있다.

○ 흥덕왕 五年 十二月 기사에 '遣使入唐朝貢'이라는 기록이 있고, 六年 二月 기사에는 '遣王子金能儒并僧九人朝唐'이라는 기록이 있다. 同年 七月 기사에는 '入唐進奉使能儒等一行人 廻次溺海'라는 기록이 있고, 同年 十一月 기사에는 '遣使入唐朝貢'이라는 기록이 있다.

그 내용을 정리하면 다음과 같다.

830. 12. 사신을 보내 당에 조공했다.
831. 2. 왕자 김능유와 함께 승려 9명을 보내 당에 조공했다.
831. 7. 진공사 능유 등 일행이 돌아오는 길에 바다에 빠져 죽었다.
831. 11. 사신을 보내 당唐에 조공했다.

삼국사기 기록을 검토해보면, 신라는 정월 신년사절을 파견하는 것을 비롯하여 한 해에도 여러 차례 공식 사절을 파견한 적이 한두 번이 아니다. 거의 분기마다 정기적으로 조공을 행한 경우도 허다하다. 이러한 외교 관행을 감안한다면 사신이 가서 업무를 수행하고 돌아오는 데 걸리는 기간이 1~2개월 이내이어야 한다.

경주에서 출발한 김능유 등 사신일행이 울산항을 출항하여 동해·남해·황해를 차례로 거쳐 산동반도를 통하여 황하를 거슬러 올라가 당의 수도인 長安에 도착하여 외교업무를 수행하고 다시 황하를 따라 내려와 황해·남해·동해를 거쳐 울산항으로 돌아오려 했다는 것은 믿어지지 않는다.

경주 ⇨ 울산항 ⇨ 동해 ⇨ 남해 ⇨ 서해 ⇨ 발해만 ⇨ 산동반도 ⇨ 황해 ⇨ 위수 ⇨ 장안

[동중국해 해류지도][30]

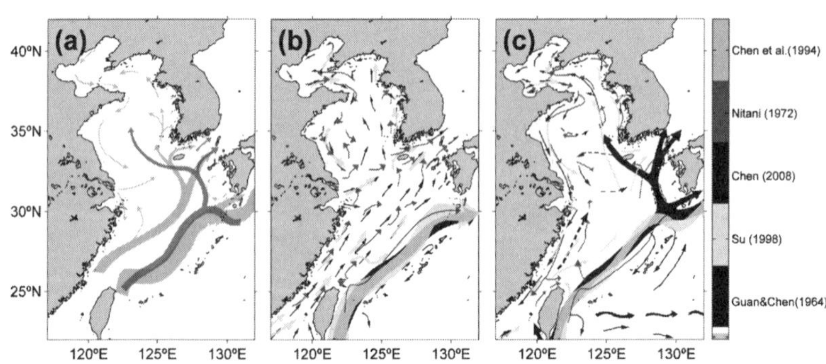

Oceanic current maps of the Yellow/East China Sea showing (a) mean currents, (b) currents in summer, and (c) currents in winter in the scientific papers (Guan and Chen, 1964; Nitani, 1972; Chen et al., 1994; Su, 1998; Chen, 2008).

조선은 선조 때 일본사정을 정탐하기 위한 목적으로 조선통신사를 일본에 보낸 적이 있다. 그 과정을 조선왕조실록의 기사를 통하여 정리해보자.

1589. 11. 18.	황윤길·김성일을 일본 통신사로 임명하였다
1590. 3. 6	통신사 황윤길黃允吉, 부사副使 김성일金誠一 등이 한양을 출발했다.
1590. 4.	윤길 등이 바다를 건너 대마도에 도착하였다.
1591. 3.	통신사 황윤길 등이 일본을 출발하여 부산에 도착했다.
1591. 4.	한양에 도착하여 보고를 올렸다.

통신사 일행이 한양을 출발하여 되돌아오는데 1년이 넘게 걸렸다. 물론, 통신사 일행이 대마도에서 의전문제로 1개월 정도 지체하고 오사카에서는 풍신수길의 출병과 궁실 수리를 핑계로 국서國書 수령을 5개월이나 지체하였다고 하지만, 이를 감안하여도 당시 통신사 파견은 6개월 이상 소요되는 외교행보라고 아니할 수 없다. 그런데 조선과 일본을 가로막고 있는 대한해협은 조오련이라는 전 국가대표 수영선수가 헤엄을 쳐 건넌 곳이다. 오늘날 한국과 중국을 가로 막고 있는 황해와는 현지한 차이가 있다. 게다가 위 농승국해 해류지도에서 보듯이 황해는 횡단자체가 불가능하고 반드시 연안을 따라 가야 한다.

당시 신라의 잦은 조공기록을 분석해보면, 신라의 수도는 당의 수도 장안으로부터 시간거리로 1개월 이내에 있었던 것으로 볼 수밖에 없으니, 추산컨대, 장안으로부터 2~3천리 이내에 월성이 있었을 것이다. 첨언하면 '溺海'라는 표현은 황해에 빠져 죽었다는 것이 아니라 황하 또는 장강에 빠져 죽은 것으로 해석된다.

32) 출처; An Analysis of Oceanic Current Maps of the Yellow Sea and the East China Sea in Secondary School Science Textbooks, p.441

㊸ 僖康王(희강왕)

836~838 재위기간 2년

僖康王立 諱悌隆 一云悌顒 元聖大王孫伊湌憲貞 一云草奴 之子也

母包道夫人 妃文穆夫人 葛文王忠恭之女

初興德王之薨也 其堂弟均貞堂弟之子悌隆皆欲爲君 於是 侍中金明

阿湌利弘裵萱伯等奉悌隆 阿湌祐徵與姪禮徵及金陽奉其父均貞 一

時入內相戰 金陽中箭 與祐徵等逃走 均貞遇害 而後悌隆乃得卽位

희강왕僖康王이 왕위에 오르니, 이름은 제융悌隆으로, 또는 제옹悌顒이라고도 한다. 원성대왕의 손자 이찬 헌정憲貞(초노草奴라고도 한다.)의 아들이요, 어머니는 포도부인이고, 왕비는 문목부인文穆夫人으로 갈문왕 충공忠恭의 딸이다.

이전에 홍덕왕이 홍서했을 때, 그의 사촌동생 균정均貞과 사촌동생(헌정憲貞)[33]의 아들 제융悌隆이 모두 임금이 되고자 하였다. 이 때 시중 김명과 아찬 이홍과 아찬 배훤백 등은 제융悌隆을 지지하였고, 아찬 우징祐徵은 조카 예징 및 김양金陽과 더불어 그의 아버지 균정均貞을 지지하더니 일시에 입궐하여 서로 싸웠다. 김양金陽은 화살에 맞고 우징祐徵 등과 함께 도주하고 균정均貞은 죽으니, 이후 제융悌隆이 즉위하게 된 것이다.

二年

春正月, 大赦獄囚殊死已下 追封考爲翌成大王 母朴氏爲順成太后

拜侍中金明爲上大等 阿湌利弘爲侍中

2년

봄 정월, 사형수 이외의 죄수들을 크게 사면하였다. 왕의 아버지를 추봉하여 익성대왕으로 하고, 어머니 박씨를 순성태후로 하였다. 시중 김명에게 벼슬을 내려 상대등으로 삼고, 아찬 이홍을 시중으로 삼았다.

夏四月

唐文宗放還宿衛王子金義琮

阿湌祐徵以父均貞遇害 出怨言 金明利弘等不平之

33) 헌정憲貞; 김헌정과 김균정은 모두 원성왕의 손자이자 일찍 죽은 예영태자禮英太子의 아들로 형제이다. 홍덕왕에게는 모두 사촌이 된다.

여름 4월,

당 문종이 숙위 왕자 김의종金義琮을 돌려보냈다.

아찬 우징이 그의 아버지 균정均貞이 피살되었다는 이유로 원한의 말을 내뱉고 다니자, 김명과 이홍 등이 이를 불평하였다.

五月

祐徵懼禍及 與妻子奔黃山津口 乘丹往依於淸海鎭大使弓福

5월,

우징祐徵은 화가 미칠 것을 두려워하여, 그의 처자와 함께 황산진黃山津 어구로 달아나 배를 타고 가서 청해진 대사 궁복弓福에게 의탁하였다.

六月

均徵妹壻阿飡禮徵與阿飡良順 亡投於祐徵 唐文宗賜宿衛金忠信等 錦綵有差

6월,

균정의 매부 아찬 예징禮徵이 아찬 양순良順과 함께 도주하여 우징祐徵에게 투항하였다.

당唐 문종이 숙위 김충신金忠信 등에게 직급에 따라 비단을 주었다.

三年

春正月, 上大等金明侍中利弘等 與兵作亂 害王左右 王知不能自全 乃縊於宮中 諡曰僖康 葬于蘇山

3년

봄 정월, 상대등 김명과 시중 이홍 등이 병사를 동원하여 난을 일으키고, 왕의 측근들을 죽였다. 왕은 자신도 무사할 수 없음을 알고, 궁중에서 목을 매어 자결하니, 시호를 희강僖康이라 하고 소산蘇山에 장사지냈다.

분석 43 僖康王(희강왕) 836~838 재위기간 2년

○ 희강왕 二年 五月 기사는 우징이 청해진淸海鎭으로 도망간 경로가 소개되어 있다.

동년 동월 기사에 '祐徵懼禍及 與妻子奔黃山津口 乘丹往依於淸海鎭大使弓福'이라는 기록이 그러하다. 우징이 화가 미칠 것을 두려워하여, 그의 처자와 함께 황산진黃山津 어구로 달아나 배를 타고 가서 청해진淸海鎭 대사 궁복弓福에게 의탁하였다는 것이다.

여기서 황산진黃山津의 위치에 대하여 국사편찬위원회는 양산·김해 사이의 낙동강이라고 한다.[34] 그러나 동 위원회가 태종무열왕 편에서 황산黃山을 충청남도 논산군 연산면 천호산天護山으로 비정한 것을 감안하면 위 견해는 자기모순이다. 어쨌든 우징이 도망간 황산진黃山津은 곳이 양산·김해 사이의 낙동강이라고 치고 우징의 동선을 따라가 보자.

국사편찬위원회의 견해대로라면, 우징은 황산진黃山津에서 배를 타고 내려오다 장자도와 다대포 사이로 낙동강을 빠져 나와 가덕도·거제도를 거쳐 남해군·여수시·고흥군을 차례로 지나 거금도를 통해 완도에 있는 청해진에 도달하였을 것이다.

황산진 ⇨ 가덕도 ⇨ 거제도 ⇨ 남해군 ⇨ 여수시 ⇨ 고흥군 ⇨ 거금도 ⇨ 청해진

그러나 이러한 도주로는 너무나 위험천만하고 시일도 많이 걸린다. 사실 가능해보이지도 아니한다.

차라리 다음과 같이 육로를 통하여 열심히 도망가면, 약 300km의 거리이니 일주일 정도 고생하여 궁복을 만날 수 있을 것이니, 그편이 훨씬 낫지 않을까?

경주 ⇨ 양산 ⇨ 김해 ⇨ 진주 ⇨ 광양 ⇨ 순천 ⇨ 보성 ⇨ 장흥 ⇨ 고금도 ⇨ 청해진

신라와 가야가 치열한 전투를 벌였고, 계백의 결사대가 한 명도 빠짐없이 뼈를 묻었으며, 진성여왕의 왕릉이 있었던 바로 그 황산黃山은 오늘날 중국 산동성 빈주시 추평현에 소재하는 학반산鶴伴山이다. 우징은 오늘날 학반산鶴伴山 아래에는 치박시淄博市 림치구臨淄区 서쪽 및 치천구淄川区 북서쪽으로 흐르던 소청하小淸河(Xiǎoqīng Hé) 나루에서 배를 타고 필사의 탈출을 한 것으로 보인다.

그리고 우징은 마침내 청해진淸海鎭에 도착했을 것이다. 정예군사만 1만명이 주둔했던 곳이었음을 감안하면, 우징이 도착한 청해진淸海鎭은 5만 내지 10만 이상의 인구가 상주하던 거대한 해상도시였을 것으로 추정된다.

34) 출처; 이병도, 《역주 삼국사기》 상, 을유문화사, 1996, 269쪽)

㊹ 閔哀王(민애왕)

838~839 재위기간 1년

閔哀王立 姓金氏 諱明 元聖大王之曾孫也 大阿飡忠恭之子 累官爲上大等 與侍中利弘逼王殺之 自立爲王 追謚考爲宣康大王 母朴氏貴寶夫人爲宣懿太后 妻金氏爲允容王后

拜伊飡金貴爲上大等 阿飡憲崇爲侍中

민애왕閔哀王이 왕위에 오르니, 성은 김씨이고 이름은 명明인데, 원성대왕의 증손요, 대아찬 충공忠恭의 아들이다. 여러 관직을 거쳐 상대등이 되었다가 시중 이홍과 함께 희강왕을 핍박하여 죽이고 스스로 왕이 되니, 아버지를 추존하여 선강대왕이라 하고, 어머니 박씨 귀보부인은 선의태후라 하였으며, 아내 김씨를 윤용왕후라 하였다.

이찬 김귀에게 벼슬을 내려 상대등으로 하고, 아찬 헌숭을 시중으로 삼았다.

二月

金陽募集兵士 入清海鎭謁祐徵 阿飡祐徵在清海鎭聞金明簒位 謂鎭大使弓福曰

金明弑君自立 利弘枉殺君父 不可共戴天也 願仗將軍之兵 以報君父之讎

弓福曰 古人有言 見義不爲 無勇 吾雖庸劣 唯命是從 遂分兵五千人與其友鄭年曰 非子 不能平禍亂

2월

김양金陽은 병사를 모집하고, 청해진으로 들어가 우징祐徵을 만났다. 아찬 우징은 청해진淸海鎭에서 김명金明이 왕위를 찬탈했다는 소문을 듣고 청해진 대사 궁복에게 말했다.

"김명金明은 왕을 죽이고 스스로 왕이 되었고, 이홍利弘은 임금과 아버지를 함부로 살해하였으니, 하늘을 함께 머리에 이고 살 수 없다. 원컨대 장군의 군사를 빌려, 임금과 아버지의 원수를 갚고자 한다."

궁복이 말했다.

"옛사람의 말에 의를 보고도 실천하지 않는 자는 용기가 없는 것이라 하였으니, 내 비록 용렬하나 명에 따르겠다."

마침내 병력 5천을 친구인 정년鄭年에게 주면서 말했다.
"네가 아니면 이 재앙과 난리를 평정하지 못하리라."

冬十二月

金陽爲平東將軍 與閻長張弁鄭年駱金張建榮李順行統軍 至武州鐵冶縣 王使大監金敏周出軍迎戰 遣駱金李順行 以馬軍三千突擊 殺傷殆盡

겨울 12월

김양金陽이 평동장군이 되어 염장·장변·정년·낙금·장건영·이순행 등과 함께 군대를 통솔하고, 무주武州 철야현鐵冶縣에 도착하였는데, 왕이 대감 김민주로 하여금 군사를 출동시켜 맞서 싸우게 하자, 낙금과 이순행을 보내 기병 3천으로 돌격케 하고 살상하여 태반을 없앴다.

二年

春閏正月 晝夜兼行 十九日至于達伐之丘 王聞兵至 命伊湌大昕大阿湌允璘嶷勛等 將兵拒之 又一戰大克 王軍死者過半

時王在西郊大樹之下 左右皆散 獨立不知所爲 奔入月遊宅 兵士尋而害之

羣臣以禮葬之 諡曰閔哀

2년

봄 윤정월, 주야로 행군하여, 19일에 달벌達伐의 언덕에 도착하자, 왕이 도달 소식을 듣고, 이찬 대흔과 대아찬 윤린·의훈 등에게 명하여 병력을 거느리고 이를 막도록 하였으나, 또 한 번 싸워 크게 이기니, 왕의 군대는 사망자가 절반이 넘었다.

이 때 왕이 서쪽 교외의 큰 나무 밑에 있다가, 좌우의 군사들이 다 흩어지고 혼자 남게 되자 어찌할 줄을 모르다가, 도주하여 월유택月遊宅으로 들어갔으나 병사들이 그를 찾아내어 죽였다.

여러 신하들이 예를 갖추어 장사 지내고, 시호를 민애閔哀라 하였다.

閔哀王(민애왕)

○ 민애왕은 장보고의 지원을 받은 김양과 전투를 벌여 패함으로써 재위 1년여 만에 살해당하고 만다. 김양의 쿠데타 과정을 살펴보자.

원년 二月 기사에 '金陽募集兵士 入淸海鎭謁祐徵'이라는 기록이 있다. 김양金陽은 병사를 모집하고, 청해진으로 들어가 우징을 만났다는 것이다. 이어 '遂分兵五千人與其友鄭年'라는 기록이 있다. 마침내 병력 5천을 친구인 정년鄭年에게 주었다는 것이다.

元年 十二月 기사에는 '金陽爲平東將軍 與閻長張弁鄭年駱金張建榮李順行統軍至武州鐵冶縣 王使大監金敏周出軍迎戰 遣駱金李順行 以馬軍三千突擊 殺傷殆盡'이라는 기록이 있다. 김양의 군대가 무주武州 철야현鐵冶縣에서 왕의 군대와 싸워 거의 모두를 섬멸하였다는 내용이다.

다음으로 二年 閏正月 기사에는 '十九日至于達伐之丘 王聞兵至命伊湌大昕大阿湌允璘嶷勛等 將兵拒之 又一戰大克'는 기록이 있다. 19일, 김양의 군대가 달벌達伐의 언덕에서 왕의 군대와 싸워 또 한번 크게 이겼다는 내용이다.

그리고 바로 '時王在西郊大樹之下 左右皆散 獨立不知所爲 奔入月遊宅 兵士尋而害之'라는 기록이 이어진다. 이 때 왕이 서쪽 교외의 큰 나무 밑에 있다가, 좌우의 군사들이 다 흩어지고 혼자 남게 되자 어찌할 줄을 모르다가, 도주하여 월유택月遊宅으로 들어갔으나 병사들이 그를 찾아내어 죽였다는 것이다.

838. 2.	김양金陽이 병사를 모집하고, 청해진으로 들어가 병력 5천을 얻었다.
838. 12.	쿠데타군은 무주 철야현鐵冶縣에서 1차 전투를 벌여 거의 모두를 섬멸하고, 진격을 계속하였다.
839. 윤閏 1.	달벌達伐의 언덕에서 2차 전투를 벌여 근왕군을 섬멸하고, 이어 그들은 민애왕을 찾아 죽였다.

여기서 무주 철야현과 달벌의 언덕 또는 서원경이 어디인지가 문제된다.

먼저 무주 철야현鐵冶縣에 대하여 살펴보자. 철야현鐵冶縣은 그 어원을 검토할 때 야철지로 유명한 곳이라는 점, 김양의 텃밭인 무주에서 강소성 무진현 방향으로 올 수 있는 길목이라는 점 등을 고려할 때 오늘날 중국 호북성 황석시黃石市 대야大冶로 비정된다.

다음으로 달벌의 언덕 또는 서원경에 관하여 살펴보자. 국사편찬위원회는 달구벌은 대구로, 서원경을 청주로 비정한다. 그러나 신문왕 九年 閏九月 기사의 기록상 서원경은 분명 달구벌에 있었으니 동위원회의 위치비정은 청주가 곧 대구라는 결과가 되어 삼국사기의 명문의 기록에 배치된다.

신문왕 윤9월 기사에 서원경에 성을 쌓고 달구벌로 옮기려 하였으나 실현되지 못하였다고 기록된 것으로 보아 서원경과 달구벌은 동일한 곳을 지칭하는 명칭이라는 점(築

西原京城 王欲移都達句伐 未果) 신문왕이 신라의 수도를 월성에서 달구벌 즉 서원경西原京으로 옮기려 했다는 기사와 1차 격전지인 호북성 황석시黃石市 대야大冶로부터 왕성인 강소성 무진현까지 동선을 고려할 때 달구벌이 매우 중요한 군사상 요충지라는 사실을 추론할 수 있다는 점, 달구벌 전투에 곧이어 민애왕이 사살된 것으로 보아 왕이 군사적 요충지인 달구벌達句伐에서 진을 치고 김양의 군대를 막아섰을 것으로 추정된다는 점 등을 검토해보건대, 달벌達伐의 언덕은 안휘성 합비 지역에 있었던 것으로 비정된다.

요컨대, 고향인 무주를 거점으로 권토중래를 노리고 동쪽을 향하여 쳐들어오는 김양의 군대에 대항하여, 민애왕은 1차로 무주 철야현鐵冶縣에서 2차로 함산과 팔공산 아래의 합비 지역에서 이를 막으려 한 것으로 보인다.

㊺ 神武王(신무왕)

839 재위기간 6月

神武王立 諱祐徵 元聖大王孫均貞上大等之子 僖康王之從弟也 禮徵等旣淸宮禁 備禮迎之卽位

追尊祖伊湌禮英 一云孝眞 爲惠康大王 考爲成德大王 母朴氏眞矯夫人爲憲穆太后

立子慶膺爲太子 封淸海鎭大使弓福爲感義軍使 食實封二千戶

利弘懼棄妻子遁山林 王遣騎士追捕殺之

신무왕이 왕위에 오르니, 이름이 우징祐徵으로, 원성대왕의 손자인 상대등 균정의 아들이며, 희강왕의 종제이다. 예징禮徵 등이 미리 궁중을 수청하고, 예를 갖추어 그를 맞이하고, 왕위에 오르게 하였다.

왕의 조부 이찬 예영禮英(효진孝眞이라고도 한다)을 추존하여 혜강대왕이라 하고, 아버지를 성덕대왕이라 하고, 어머니 박씨朴氏 진교부인眞矯夫人을 헌목태후라 하였다. 아들 경응慶膺을 세워 태자로 삼고, 청해진 대사 궁복을 봉하여 감의군사感義軍使로 하여 식읍 2천 호를 주었다.

이홍利弘은 두려워 처자를 버리고 산으로 도주하였으나, 왕이 기병을 보내 추격하여 잡아 죽였다.

秋七月

遣使如唐 遺淄靑節度使奴婢 帝聞之 矜遠人詔令歸國

가을 7월

사신을 당唐에 보내고, 치청절도사淄靑節度使에게 노비를 주었다. 황제가 이를 듣고 먼 지방 사람이라고 불쌍히 여겨 귀국시키게 하였다.

七月

王寢疾 夢利弘射中背 旣寤 瘡發背 至是月二十三日薨 諡曰神武 葬于弟兄山西北

왕이 병으로 누웠는데, 꿈에 이홍利弘이 왕의 등에 화살을 맞혔다. 왕이 잠을 깨어 보니 종기가 등에 났다. 이 달 23일에 왕이 홍서했다. 시호를 신무神武라 하고 제형산弟兄山 서북쪽에 장사지냈다.

論曰

歐陽子之論曰 魯桓公 弑隱公而自立者 宣公 弑子赤而自立者 鄭厲公 逐世子忽而自立者 衛公孫剽 逐其君衎而自立者 聖人於春秋 皆不絶其爲君 各傳其實而使後世信之

則四君之罪 不可得而掩耳 則人之爲惡庶乎其息矣 羅之彦昇 弑哀莊而卽位 金明 弑僖康而卽位 祐徵 弑閔哀而卽位 今皆書其實 亦春秋之志也

논하여 말한다.

"구양자가 논하여 말하기를, 노 환공은 은공을 죽이고 스스로 왕이 된 자요, 선공은 자적을 죽이고 스스로 왕이 된 자이며, 정 여공은 세자 홀을 내쫓고 스스로 왕이 된 자요, 위공 손표는 그의 임금 간을 쫓아내고 스스로 왕이 된 자이니, 공자가 '춘추'에 그 임금이 된 것을 하나도 빼지 아니한 것은 각각 그 실상을 전하여 후세에 이를 밝히기 위함이라고 하였다."

즉, 네 왕의 죄는 가릴 수 없게 되었으니 이제 사람들의 악행이 그치기를 바란 것이니, 신라의 언승은 애장왕을 죽이고 즉위하였고, 김명은 희강왕을 죽이고 즉위하였고, 우징은 민애왕을 죽이고 즉위하였는데, 지금 그 실상을 모두 기록하는 것도 또한 춘추春秋의 뜻과 동일하다.

분석 45 神武王(신무왕) 839 재위기간 6月

○ 신무왕 김우징은 희강왕과 왕위를 다투다 죽은 균정의 아들인데, 민애왕 김명이 희강왕을 죽이고 왕이 되자, 장보고를 끌어들여 쿠데타를 일으키고 즉위하였다.

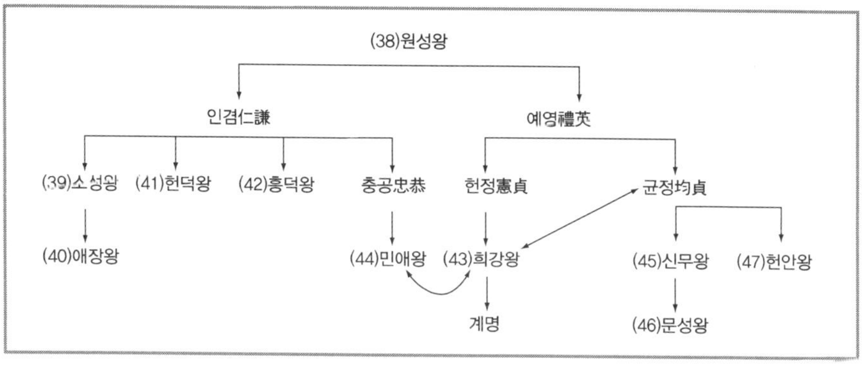

神武王 즉위 기사에 '母朴氏眞矯夫人爲憲穆太后'라는 기록이 있다. 어머니 박씨朴氏 진교부인眞矯夫人을 헌목태후라 하였다는 것이다.

그런데 삼국유사 왕력편 신호왕神虎王조에 의하면, 어머니를 정교부인貞矯夫人이라 기록하고 있다.

삼국사기와 삼국유사이 기록이 충돌하고 있다. 여기서 '정貞'은 '진眞'의 오각으로 판단된다는 견해가 있다.[35] 그러나 이는 오늘날 가족 내지 친족 개념을 신라왕실에 투영한 결과이다. 필자 역시 흥덕왕의 왕비인 정교부인貞矯夫人과 별도로 진교부인眞矯夫人이 있어 균정의 아내가 되어 신무왕을 낳았다고 이해해 주고 싶다.

그러나 엄연히 삼국사기 신무왕 편 즉위기사의 진교부인眞矯夫人과 삼국유사 왕력편 신호왕神虎王조의 정교부인貞矯夫人은 동일인이다. 그런데 정교부인貞矯夫人은 충공忠恭의 딸로서 헌덕왕 14년에 태자비가 되었다가, 태자가 헌덕왕에 이어 즉위하니 이가 바로 흥덕왕이다.

그렇다면, 충공忠恭은 원성왕의 손자로 소성왕·헌덕왕·흥덕왕과는 형제지간이고, 헌정憲貞·균정均貞과는 4촌지간인데, 헌덕왕과 사돈을 맺고 흥덕왕을 사위 삼았으며 헌정憲貞과 사돈을 맺었고, 균정均貞을 사위로 삼았는데, 충공忠恭의 딸 정교貞矯는 흥덕왕에게 시집갔다가 다시 균정均貞에게 시집간 것으로 보인다.

유교적 시각을 떠나서 상식적으로도 상당히 당혹스러운 대목이다. 그래서 신라 왕실에서는 신무왕의 어머니를 기록하며 출신을 생략하고 김씨를 박씨로 기재하고 이를 당에 통보하였던 것이고, 당으로서는 신라가 통보해주는 대로 기재해 두었다가 후일 구당서에서 이를 기록하였으며, 신라를 정통으로 삼는 신라김씨 김부식 역시 이를 잘 알면

35) 출처; 정구복 외, 《역주 삼국사기》 3 주석편(상), 한국정신문화연구원, 335쪽

서 정교부인貞嬌夫人을 진교부인眞嬌夫人으로 기록한 구당서舊唐書 등 중국 사서를 굳이 찾아 그 내용을 전재했던 것으로 보인다.

그런데 흥덕왕 즉위 기사에서는 정교부인貞嬌夫人을 장화부인章和夫人이라 하더니, 심지어 죽었다고 까지 기록하고, 이에 흥덕왕이 다시 결혼하지 아니한 것은 물론 시녀들까지 멀리하여 궁안에는 환관들 밖에 없다고까지 기록한다. 어쨌든 신라가 하대에 들어서면서 충공은 최고권력자로서 막후에서 엄청난 정치적 영향력을 발휘한 것으로 평가된다.

三國史記 十一卷
新羅本紀 第十一

46 文聖王(문성왕)

839~857 재위기간 18년

文聖王立 諱慶膺 神武王太子 母貞繼夫人 一云定宗太后

문성왕文聖王이 왕위에 올랐다. 이름은 경응慶膺으로 신무왕의 태자이다. 어머니는 정계부인貞繼夫人이다. 정종태후定宗太后라고도 한다.

八月

大赦 教曰 清海鎭大使弓福 嘗以兵助神考 滅先朝之巨賊 其功烈可忘耶 乃拜爲鎭海將軍 兼賜章服

8월

왕이 대규모 사면을 단행하였다. 왕이 교서를 내려 말했다.

"청해진 대사 궁복이 일찍이 병력으로 아버지를 도와 선왕의 대적을 격멸하였으니, 그의 공을 하나라도 잊을 수 있겠는가?"

이에 궁복弓福에게 벼슬을 내려 진해장군鎭海將軍으로 삼고 아울러 장복을 하사하였다.

二年

春正月, 以禮徵爲上大等 義琮爲侍中 良順爲伊湌

2년

봄 정월, 예징을 상대등으로 삼고, 의종을 시중으로 삼았으며, 양순을 이찬으로 삼았다.

自夏四月至六月

不雨 唐文宗勅鴻臚寺 放還質子及年滿合歸國學生共一百五人

여름 4월부터 6월까지

비가 내리지 않았다. 당 문종이 홍려시에 조서를 내려, 인질 및 기한이 되어 귀국하게 된 학생 총 105명을 돌려보내도록 하였다.

冬

饑

겨울

기근이 들었다.

三年

春, 京都疾疫 一吉湌弘弼謀叛 事發逃入海島 捕之不獲

3년

봄, 경도京都에 전염병이 돌았다. 일길찬 홍필弘弼이 모반을 하였는데 일이 발각되자 섬으로 도주하였다. 그를 쫓았으나 체포하지 못했다.

秋七月

唐武宗勑 歸國新羅官 前入新羅宣慰副使充兗州都督府司馬賜緋魚袋金雲卿 可淄州長史 仍爲使

가을 7월

당 무종武宗이 조칙을 내려 신라에 귀국할 관리로 이전에 신라에 갔던 선위부사충연주도독부사마로서 비어대緋魚袋를 받은 김운경으로 하고 치주장사淄州長史의 직위를 주어 사신으로 삼았다.

七月

冊王爲開府儀同三司檢校太尉 使持節大都督雞林州諸軍事 兼持節充寧海軍使上柱國新羅王 妻朴氏爲王妃

왕을 책봉하여 '개부의동삼사開府儀同三司 검교대위檢校大尉 사지절使持節 계림주제군사都督鷄林州諸軍使 겸兼 지절부사충영해군사持節充寧海軍使 상주국上柱國 신라왕新羅王으로 삼고, 아내 박씨를 왕비로 하였다.

四年

春三月, 納伊湌魏昕之女爲妃

4년

봄 3월, 이찬 위흔의 딸을 왕비로 맞았다.

五年

春正月, 侍中義琮病免 伊湌良順爲侍中

秋七月, 五虎入神宮園

5년

봄 정월, 시중 의종이 병으로 면직되자, 이찬 양순이 시중이 되었다.

가을 7월, 호랑이 다섯 마리가 신궁神宮의 정원에 들어 왔다.

六年

春二月, 甲寅朔 日有食之 太白犯鎭星

6년

봄 2월, 갑인 초하루에 일식이 일어났다. 태백太白[1]이 진성鎭星[2]을 가렸다.

三月

京都雨雹 侍中良順退 大阿湌金茹爲侍中

3월

경도京都에 우박이 내렸다. 시중 양순이 퇴직하자, 대아찬 김여가 시중이 되었다.

秋八月

置穴口鎭 以阿湌啓弘爲鎭頭

1) 태백太白; 오늘날 금성을 말한다.

2) 진성鎭星; 오늘날 토성을 말한다.

가을 8월
혈구진穴口鎭을 설치하고, 아찬 계홍을 진鎭의 우두머리로 삼았다.

七年

春三月 欲娶淸海鎭大使弓福女爲次妃

7년
봄 3월, (왕이) 청해진 대사 궁복弓福의 딸을 다음 왕비로 삼고자 했다.

朝臣諫曰 夫婦之道 人之大倫也 故夏以塗山興 殷以㜪氏昌 周以褒姒滅 晉以驪姬亂 則國之存亡 於是乎在 其可不愼乎 今弓福海島人也 其女豈可以配王室乎 王從之

조정 신하들이 간하여 말했다.
"부부간의 도는 중요한 인륜입니다. 그리하여 하夏는 도산을 얻어 흥성하였고, 은殷은 신씨 덕택에 번창하였으며, 주周는 포사로 인하여 멸망하였고, 진晉은 여희 때문에 혼란하였습니다. 즉, 국가의 존망이 여기에 달려있으니 어찌 신중하지 않을 수 있겠습니까? 지금 궁복은 섬사람인데, 어떻게 그의 딸을 어떻게 왕실의 배필로 할 수 있겠습니까?"
왕이 이 말을 따랐다.

冬十一月

雷 無雪

겨울 11월
우레가 일었다. 눈이 내리지 않았다.

十二月

朔 三日並出

12월
초하루, 세 해가 함께 떴다.

八年

春, 淸海弓福怨王不納女 據鎭叛 朝廷將討之則恐有不測之患 將置之則罪不可赦 憂慮不知所圖

8년

봄, 청해진의 궁복이 자신의 딸을 왕비로 받아들이지 않는다고 하여 왕에게 원한을 사시고, 청해진을 거점으로 반란을 일으켰다. 조정에서는, 장차 이들을 토벌하자니 예측하지 못한 후환이 두렵고 그냥 두자니 그 죄는 사면할 수 없기에, 어찌할 바를 몰라 우려하고 있었다.

武州人閻長者 以勇壯聞於時 來告曰 朝廷幸聽臣 臣不煩一卒持空拳以斬弓福以獻 王從之

이때 무주 사람 염장이 용감하고 씩씩하다는 소문이 있었는데, 와서 말했다.

"조정에서 다행히 신臣의 말을 들어주신다면, 신臣은 군사 한 명 없이 번거롭지 않게 맨 주먹만 가지고 궁복을 참하여 바치겠습니다."

왕이 이 말을 따랐다.

閻長佯叛國投淸海 弓福愛壯士 無所猜疑 引爲上客 與之飮極歡 及其醉 奪弓福劒斬訖 召其衆說之 伏不敢動

염장은 거짓으로 나라를 배반한 것처럼 위장하여 청해진에 투항하였다. 궁복은 평소 씩씩한 사람을 좋아하였기 때문에 아무런 의심도 없이 귀한 손님으로 대접하면서 그와 함께 술을 마시고 매우 기뻐하였다.

그가 술에 취하자 염장은 궁복의 칼을 빼앗아 목을 벤 후에, 그의 무리를 불러 사유를 설명하니, 엎드려 감히 움직이지 못하였다.

九年

春二月, 重修平議臨海二殿

9년

봄 2월, 평의전과 임해전을 중수하였다.

夏五月

伊飡良順波珍飡興宗等叛 伏誅

여름 5월

이찬 양순과 파진찬 흥종 등이 반란을 일으켰다가 처형당하였다.

秋八月

封王子爲王太子 侍中金茹卒 伊飡魏昕爲侍中

가을 8월

왕자를 봉하여 왕태자로 하였다. 시중 김여가 사망하자, 이찬 위흔이 시중이 되었다.

十年

春夏, 旱 侍中魏昕退 波珍飡金啓明爲侍中

冬十月, 天有聲如雷

10년

봄과 여름, 가뭄이 들었다. 시중 위흔이 퇴직하자, 파진찬 김계명이 시중이 되었다.

겨울 10월, 하늘에서 우레와 같은 소리가 났다.

十一年

春正月, 上大等禮徵卒 伊飡義正爲上大等

秋九月, 伊飡金式大昕等叛 伏誅 大阿飡昕鄰緣坐罪

11년

봄 정월, 상대등 예징이 죽고, 이찬 의정이 상대등이 되었다.

가을 9월, 이찬 김식·대흔 등이 반란을 일으켰다가 처형당하고, 대아찬 흔린이 이에 연루되었으므로 역시 처벌되었다.

십이년
十二年

춘정월 토성입월 경도우토 대풍발목 사옥수수사이하
春正月, 土星入月 京都雨土 大風拔木 赦獄囚殊死已下

12년

봄 정월, 토성土星이 달에 들어갔다. 경도京都에 흙비가 내렸으며, 큰 바람이 불어 나무가 뽑혔다. 사형수 이하의 죄수를 석방하였다.

십삼년
十三年

춘이월 파청해진 사기인어벽골군
春二月, 罷淸海鎭 徙其人於碧骨郡

하사월 운상 입당사아찬원홍 재불경병불아래 왕출교영지
夏四月, 隕霜 入唐使阿飡元弘 賫佛經幷佛牙來 王出郊迎之

13년

봄 2월, 청해진淸海鎭을 혁파하고 그 지방 사람들을 벽골군碧骨郡으로 옮겨 살게 하였다.

여름 4월, 서리가 내렸다. 입당入唐 사신 아찬 원홍이 불경과 부처의 치아를 가지고 왔다. 왕이 나가 교외에서 그를 맞았다.

십사년
十四年

춘이월 파진찬진량위웅주도독 조부화
春二月, 波珍飡眞亮爲熊州都督 調府火

14년

봄 2월, 파진찬 진량이 웅주 도독이 되었다. 조부調府에 불이 났다.

추칠월
秋七月

중수명학루
重修鳴鶴樓

가을 7월

명학루鳴鶴樓를 중수하였다.

동십일월
冬十一月

왕태자졸
王太子卒

겨울 11월
왕태자가 죽었다.

十五年
冬六月, 大水
秋八月, 西南州郡蝗

15년
여름 6월, 홍수가 났다.
가을 8월, 서남 지방의 주군州郡에 메뚜기 떼가 기승을 부렸다.

十七年
春正月, 發使撫問西南百姓
冬十二月, 珍閣省災 土星入月

17년
봄 정월, 관리를 보내 서남 지방의 백성들을 위문하였다.
겨울 12월, 진각성에 불이 났다. 토성土星이 달에 들어갔다.

十九年
秋九月, 王不豫 降遺詔曰 不墜重器

19년
가을 9월, 왕이 병환이 들자 유언을 내리며 말했다.

寡人以眇末之資 處崇高之位 上恐獲罪於天鑑 下慮失望於人心 夙夜兢兢 若涉淵氷 賴三事大夫百辟卿士左右挾維 今者 忽染疾疹 至于旬日 怳惚之際 恐先朝露

惟祖宗之大業 不可以無主 軍國之萬機 不可以暫廢 顧惟舒弗邯誼靖先皇之令孫 寡人之叔父 孝友明敏 寬厚仁慈 久處台衡 挾贊王政 上可以祇奉宗廟 下可以撫育蒼生 爰釋重負 委之賢德 付託得人 夫復何恨

況生死始終 物之大期 壽夭修短 命之常分 逝者可以達理 存者不必過哀 伊爾多士 竭力盡忠 送往事居 罔或違禮

布告國內 明知朕懷

과인이 볼품없는 자질로 숭고한 자리에 올라 위로는 감히 하늘에 죄를 지을까 두려워하고, 아래로는 백성들에게 실망을 주지 않을까 걱정하였다. 밤낮으로 전전긍긍하면서 살얼음을 건너듯 하였는데, 다행히 세 명의 재상과 여러 신하들이 좌우에서 지탱하여 나라를 유지해왔다. 이제 갑자기 병에 걸린 지 열흘이 되었으니, 어지러운 지경인지라 아침 이슬보다 먼저 사라질지도 모른다.

생각하건대, 선조로부터 내려오는 왕업은 주인을 비워둘 수 없으며, 군국의 모든 업무는 잠시라도 중단할 수 없다. 돌아보건대 서불한舒弗邯[3] 의정은 선황의 영손令孫이요, 과인의 숙부로서 효성과 우애가 있고 영민하며 후덕하고 인자하여, 오래도록 재상의 직에 있으면서 정사를 지키고 도왔으니, 위로는 가히 종묘를 받들 만하고, 아래로는 창생을 돌보고 기를 만하다. 이에 무거운 짐을 풀어 어질고 덕 있는 이에게 맡기려는 바, 부탁할 적임자를 얻었으니, 무릇 다시 무슨 여한이 있으랴

하물며 살고 죽는 것과 시작하고 끝맺는 것은 만물의 위대한 기한이요, 오래 살고 일찍 죽는 것은 천명이 정하는 몫이다. 죽는 자는 이치에 따르는 것이니, 살아남은 자가 지나치게 슬퍼할 필요는 없다. 너희 여러 신하들은 힘을 다하여 충성할 것이며, 가는 사람을 보내고 살아있는 사람을 섬김에 있어서, 혹시라도 예를 어기지 말 것이다.

국내에 포고하여, 짐朕의 뜻을 분명히 알게 하라!"

越七日 王薨 諡曰文聖 葬于孔雀趾

7일이 지나자 왕이 훙서했다. 시호를 문성文聖이라 하고, 공작지孔雀趾에 장사지냈다.

3) 서불한舒弗邯; 1급 이벌찬을 일컫는 말이다. 이벌찬은 그 외에도 이벌간伊罰干・우벌찬于伐飡・각간角干・각찬角粲・서발한舒發翰 등으로 불렸다.

○ 문성왕 즉위 八月 기사에 '淸海鎭大使弓福 嘗以兵助神考 滅先朝之巨賊 其功烈可忘耶 乃拜爲鎭海將軍'이라는 기록이 있다. 청해진淸海鎭 대사大使 궁복이 일찍이 병력으로 아버지를 도와 선왕의 대적을 격멸하였으니, 그의 공을 잊을 수 없어 진해장군鎭海將軍으로 봉한다는 것이다.

여기서 진해鎭海는 지명地名이다. 경상남도 진해鎭海는 현재 해군기지가 있는데 원래 일본제국의 영웅 도고제독의 해군기지가 있었던 곳이다. 여기서 도고는 이순신에게 제를 올리고 출항하여 대마도 부근에서 러시아 발틱함대를 격파하였다.

그러나 문성왕 八月 기사 진해장군鎭海將軍에서 말하는 진해鎭海는 경상남도 진해鎭海가 아님은 분명하다. 과연 기록상 진해는 어디인가?

최근의 기록을 보면, 1942년 이른바 아편전쟁을 일으킨 영국은 중국의 정해定海, 진해鎭海, 영파寧波, 상해上海, 진강鎭江 등을 차례로 점령해 나갔으니 그렇다면, 진해鎭海는 절강성浙江省 영파寧波 인근의 양자강 하류 일대를 아우르는 이름이었을 것으로 보인다.

한편,'장군將軍'은 당시로서는 '대사大使'보다 높은 직위였던 것으로 해석된다.

생각건대, 장보고는 문성왕이 즉위한 후 암살되기 직전까지 산동성 황하 하류 일대에서부터 양자강 하류 일대 까지를 아우르는 군사권과 행정권을 손에 쥐었던 것으로 보인다.

○ 문성왕 三年 七月 기사에 '册王爲開府儀同三司檢校太尉使持節大都督雞林州諸軍事兼持節充寧海軍使上柱國新羅王'라는 기록이 있다. 왕을 책봉하여 '개부의동삼사開府儀同三司 검교대위檢校大尉 사지절使持節 계림주제군사(都督鷄林州諸軍使) 겸兼 지절부사충영해군사持節充寧海軍使 상주국上柱國 신라왕新羅王으로 삼았다는 것이다.

문성왕의 호칭을 통하여 계림 지역과 영해 지역이 신라의 영토였다는 사실을 알 수 있다. 또 여기서 영해寧海는 오늘날 하북성河北省 동부 지역을 말하는 것임은 애장왕편에서 논증한 바와 같다.

그런데 삼국사기 기록상 특이한 것은 영해군사寧海軍使라는 직책을 수여받은 것은 문성왕이 마지막이라는 것이다.

그렇다면 신라는 문성왕 이후 하북성河北省 동부 지역의 지배권을 상실하였다고 볼 수 있는데, 이는 장보고의 암살과 청해진의 혁파 그리고 이에 따른 광범한 경제수역의 상실과 때를 같이한다.

47 憲安王(헌안왕)

857~861 재위기간 4년

憲安王立 諱誼靖 一云祐靖 神武王之異母弟也 母照明夫人 宣康王之女 以文聖顧命卽位 大赦 拜伊湌金安爲上大等

헌안왕憲安王이 왕위에 올랐다. 이름은 의정誼靖(우정祐靖이라고도 한다)으로 신무왕의 이복 아우이다. 어머니는 조명부인照明夫人으로 선강왕宣康王 충공忠恭[4]의 딸이다.

문성왕의 고명顧命에 따라 즉위하여 대사면을 단행하고, 이찬 김안金安에게 벼슬을 내려 상대등으로 삼았다.

二年

春正月, 親祀神宮

夏四月, 降霜 自五月至秋七月 不雨 唐城郡南河岸有大魚出 長四十步 高六丈

2년

봄 정월, 왕이 친히 신궁神宮에 제사지냈다.

여름 4월, 서리가 내렸다.

5월부터 가을 7월까지 비가 내리지 않았다. 당성군 남쪽 강변에서 큰 고기가 나왔는데, 길이가 40보, 높이가 6척이었다.

三年

春, 穀貴人饑 王遣使賑救

夏四月 敎修完隄防 勸農

3년

봄, 곡식이 귀하여 사람들이 굶주리므로, 왕이 관리를 보내 진휼하여 구하였다.

여름 4월, 왕이 교서를 내려, 제방을 수리하고 보완하고 농사를 권장하였다.

---

4) 충공忠恭; 민애왕 김명의 父로 민애왕이 즉위한 후 선강대왕(宣康大王)에 추존되었다.

四年

秋九月, 王會羣臣於臨海殿 王族膺廉年十五歲預坐焉 王欲觀其志
忽問曰 何如 曰
汝游學有日矣 得無見善人者乎 答曰 臣嘗見三人 竊以爲有善行也
王曰
一高門子弟 其與人也 不自先而處於下 一家富於財 可以侈衣服而常
以麻紵自喜 一有勢榮而未嘗以其勢加人 臣所見如此
王聞之黙然 與王后耳語曰 朕閱人多矣 無如膺廉者 意以女妻之 顧
謂膺廉曰 願郎自愛 朕有息女 使之薦枕 更置酒同飮 從容言曰 吾有
二女 兄今年二十歲 弟十九歲 惟郎所娶 膺廉辭不獲 起拜謝 便歸家
告父母
父母言 聞王二女容色兄不如弟 若不得已 宜娶其弟 然尙疑未決 乃
問興輪寺僧 僧曰 娶兄則有三益 弟則反是有三損 膺廉乃奏 臣不敢
自決 惟王命是從 於是 王長女出降焉

4년

가을 9월, 왕이 여러 신하들을 임해전에 모았을 때, 왕족 응렴膺廉이 열다섯 살의 나이로 참석하였다. 왕이 그의 뜻을 알고자 하여 갑자기 질문하며 말하였다.

"네가 먼 곳에서 공부하며 기일을 보냈는데, 착한 사람을 본 일이 없었던가?"

(응렴膺廉이) 답하여 말했다.

"신臣이 일찍이 세 사람을 보았는데, 저는 착한 행동을 한다고 생각했습니다."

왕이 말했다.

"어떠했는고?"

(응렴膺廉이) 말했다.

"한 사람은 높은 집안의 자제로서, 다른 사람과 더불어 있으면서도 자신을 내세우지 않고 아래에 처하였으며, 한 사람은 집에 재물이 많아 사치스러운 의복을 입을 만한데도 언제나 베옷을 입는 것으로 자족하였으며, 한 사람은 세도와 영화를 누리면서, 한 번도 남에게 세도를 부리지 않았습니다. 신臣이 본 것은 이와 같았습니다."

왕이 이를 듣고 잠자코 있다가 왕후에게 귓속말로 말했다.

"짐朕이 사람을 많이 보았지만 응렴膺廉 같은 자는 없었다."

(그리고) 딸을 줄 생각으로 응렴膺廉을 돌아보며 말했다.

“바라건대 그대는 스스로를 아끼라. 짐朕에게 딸이 있으니 그대의 배필이 되게 하겠노라.”

(왕은) 다시 술을 가져오게 하여 함께 마시면서 조용히 말했다.

“내가 딸이 둘 있는데, 큰 아이는 금년에 스무살이요, 작은 아이는 열아홉살이다. 그대 마음에 드는 대로 데려가라.”

(이에) 응렴膺廉이 사양할 수 없어 일어나 감사히 절하고 곧 집으로 돌아와 부모에게 고하였다.

그의 부모가 말했다.

“듣건대 왕의 두 딸의 미모가 언니가 동생만 못하다고 하니, 만약 부득이하다면, 동생을 데려오는 것이 좋겠다.”

그러나 응렴膺廉은 여전히 망설이며 결정을 내리지 못하고, 다시 흥륜사 스님에게 물었다. 그 스님이 말했다.

“언니에게 장가들면 세 가지 이익이 있을 것이요, 동생을 차지하면 반대로 세 가지 손해를 볼 것이다.”

응렴膺廉이 이에 아뢰었다.

“제가 감히 스스로 결정을 못하겠사오니, 오직 왕명을 따를 뿐이옵니다.”

그러자 왕이 맏딸을 내려 주었다.

五年

春正月 王寢疾彌留 謂左右曰

寡人不幸 無男子有女 吾邦故事 雖有善德眞德二女主 然近於牝雞之晨 不可法也 甥膺廉年雖幼少 有老成之德 卿等立而事之 必不墜祖宗之令緖 則寡人死且不朽矣

是月 二十九日 薨 諡曰憲安 葬于孔雀趾

5년

봄 정월, 왕이 병석에 누워 임종을 앞두고 좌우 신하들에게 말했다.

“과인이 불행하게도 아들 없이 딸만 두었다. 우리 역사에 비록 선덕·진덕 두 여왕이 있었지만, 이는 암탉이 새벽을 알리는 것과 비슷하니 본받을 수 없다. 사위인 응렴膺廉은 나이가 비록 어리지만 성숙한 덕을 갖추고 있다. 그대들이 그를 임금으로 세워 섬긴다면, 반드시 조종의 유업이 유지될 것이요, 과인의 사후에도 역시 쇠하지 않을 것이다.”

이 달 29일에 왕이 훙서했다. 시호를 헌안憲安이라 하고, 공작지孔雀趾에 장사지냈다.

분석 47 憲安王(헌안왕) 857~861 재위기간 4년

○ 헌안왕은 균정의 아들로 5군 당숙인 충공의 외손자이다. 충공忠恭은 원성왕의 손자로 소성왕·헌덕왕·홍덕왕과는 형제지간이고, 헌정憲貞·균정均貞과는 4촌지간인데, 헌덕왕과 사돈을 맺고 홍덕왕을 사위 삼았으며 헌정憲貞과 사돈을 맺었고, 균정均貞까지 사위로 삼고, 후일 외손자 헌안왕을 즉위시키니 왕의 외조부가 되었다. 충공은 신라 하대에 막후에서 엄청난 권력을 행사하였다.

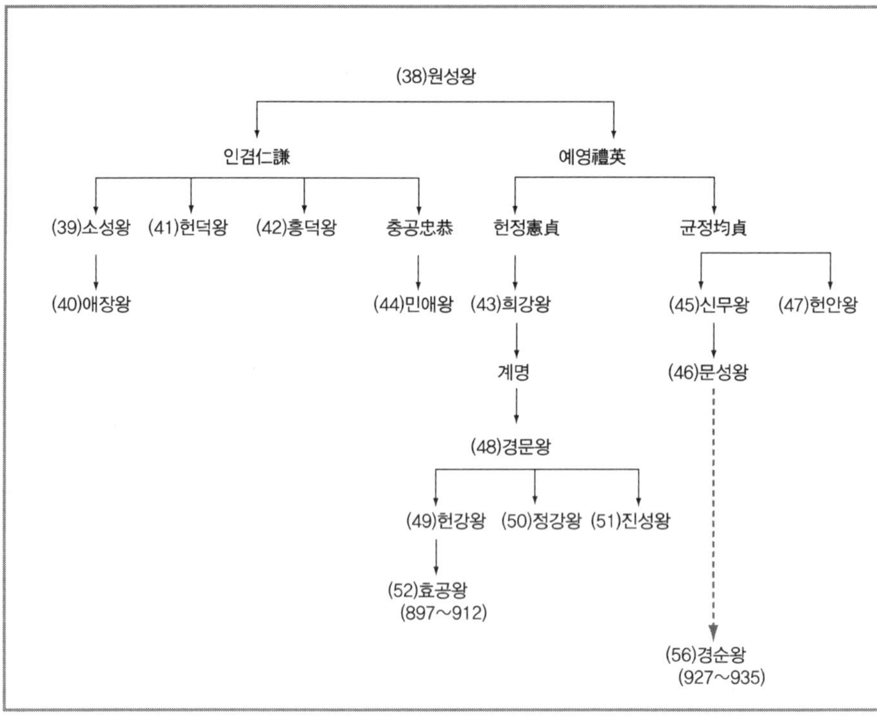

○ 충공忠恭은 신라본기 기록상 마지막 갈문왕葛文王이다. 삼국사기 기록을 중심으로 갈문왕을 정리해보자.

시대	갈문왕	신분	비고
상대	일지日知	유리왕의 장인	
	일지日知	일성왕의 부	일성왕의 장인(삼국유사)
	허루許婁	파사왕의 장인	
	마제摩帝	지마왕의 장인	
	일지日知	일성왕의 父	
	골정骨正	조분왕·첨해왕의 父	세신世神 갈문왕
	이칠伊柒	미추왕의 外祖父	
	구도仇道	미추왕의 父	
	내음奈音	조분왕의 장인	유례왕의 외조부
	습보習寶	지증왕의 父	
	입종立宗	진흥왕의 父	
	복승福勝	진평왕의 장인	
	백반伯飯	선덕여왕의 숙부	진정眞正 갈문왕 진평왕의 동복 아우
	음飮	선덕여왕의 남편	
	국반國飯	진덕여왕의 父	진안眞安 갈문왕 진평왕의 동복 아우
하대	충공忠恭	흥덕왕의 장인 희강왕의 장인 민애왕의 父 헌안왕의 외조부	소성왕·헌덕왕·흥덕왕의 동생 헌덕왕의 사돈
기타	박아도朴阿道	未詳	일성왕때, 갈문왕으로 봉해짐
	지소례支所禮	未詳	왕인지 갈문왕인지 여부가 불분명
	未詳	알천의 조부	알천이 김춘추에게 제위를 양보함.

국사편찬위원회에 따르면, 갈문왕은 왕위계승권이 없는 준왕準王과 같은 존재로서 왕과의 일정한 관계를 기준으로 하여 책봉되었는데, 곧 신라의 지배층인 왕족과 왕비족을 중신으로 한 사회적·정치적 관계를 표현해주는 것으로 시대에 따라 그 경향성도 변화하여 신라 초기 박씨왕 시대에는 왕비의 아버지가 주로 갈문왕에 책봉되었고, 눌지왕 이후 마립간 시기에는 왕의 동생이 갈문왕에 책봉되었다가 태종무열왕 이후에는 죽은 아버지에 대한 추봉적追封的 의미의 갈문왕제만이 유지되었다고 한다.

여기서 추봉追封은 추존追尊을 의미하는 것으로 선해하여야 한다는 점에 대하여는 일성왕 편에서 기술한 바와 같다.

그런데, 왕과의 신분관계를 중심으로 왕의 생부, 왕의 장인, 왕의 외조부, 왕의 숙부, 왕의 남편 등으로 유형화시켜 제도의 본질을 규명하려는 것은 논리의 선후가 뒤바뀐 것이다. 일정한 정치적 세력이 있었기 때문에 아들이 왕이 되거나 딸이 왕비가 될 수 있었으리라고 보는 것이 타당하다.

또, 일지日知는 일성왕의 아버지[5]이면서 장인[6]이며, 충공忠恭은 헌덕왕의 사돈이자 흥덕왕의 장인이고, 희강왕의 당숙이자 장인이며 민애왕의 아버지이며 헌안왕의 외조부라는 점에서 신라의 왕실은 혈족과 인척간에 경계가 없이 혈족이 인척이요, 인척이 곧 혈족이니, 굳이 혈족과 인척을 나누어 갈문왕제도의 실체를 밝히려는 시도는 무의미하다.

또, 박아도朴阿道와 같이 도무지 출신성분을 알 수 없는 갈문왕도 있고, 지소례支所禮 등과 갈문왕인지 조차 불분명한 경우도 존재하는 만큼, 신분관계를 통하여 갈문왕제도를 이해하려는 시도 역시 부질없다. 그리고 어차피 모두가 기본적으로 혈족血族이 아닌가?

결국 일성왕 편에서 논한 바와 같이 갈문왕은 일종의 분왕分王이었고, 신라의 영토는 분왕分王을 두어야 할 만큼 광대하였다고 하는 것이 타당하다.

신라의 하대에는 충공忠恭을 제외하고는 갈문왕에 대한 기사가 거의 보이지 않는다. 이는 신라의 영토판도나 지배구조의 변화가 있음을 의미한다.

○ 헌안왕 二年 四月 기사에 '唐城郡南河岸有大魚出'라는 기록이 있다. 당성군唐城郡 남쪽 강변에서 큰 고기가 나왔다는 것이다.

국사편찬위원회에 따르면, 여기서 당성군唐城郡은 현재의 경기도 화성군 남양만 일대라고 한다.

삼국사기 기록을 살펴보자. 三國史記 三十四卷 雜志 第三 地理 二 한주漢州 편에는 '唐恩郡 本高句麗唐城郡 景德王改名'이라는 기록이 있다. 당은군唐恩郡은 원래 고구려의 당성군唐城郡이었던 것을 경덕왕이 개칭하였다는 것이다.그렇다면, 당은군唐恩郡 또는 당성군唐城郡이 원래 고구려에 속하였던 지역이라는 점과 한주漢州 관할에 속하는 군명郡名이라는 점을 명확하게 확인할 수 있다.

그러나 경기도 화성군 남양만 일대는 한강이 남이므로 원래 백제의 영토였음이 분명하다. 그렇다면 국사편찬위원회의 주장은 일단 삼국사기의 기록에 배치되는 것으로 부당하다.

5) 출처; 삼국사기

6) 출처; 삼국유사

48 景文王(경문왕)

861~875 재위기간 14년

景文王立 諱膺廉 膺一作疑 僖康王子啓明阿飡之子也 母曰光和夫人 一云光義 妃金氏寧花夫人

경문왕景文王이 왕위에 올랐다. 이름은 응렴膺廉(응膺을 의疑라고도 한다.)으로 희강왕의 아들인 아찬 계명의 아들이고, 어머니는 광화光和(광의光義라고도 한다.)부인이다. 비는 김씨 영화부인이다.

元年
三月, 王御武平門 大赦

원년
3월, 왕이 무평문에 나아가 대규모 사면을 단행하였다.

二年
春正月, 以伊飡金正爲上大等 阿飡魏珍爲侍中

2년
봄 정월, 이찬 김정金正을 상대등으로 삼고, 아찬 위진魏珍을 시중으로 삼았다.

二月
王親祀神宮

2월
왕이 친히 신궁神宮에 제사지냈다.

秋七月
遣使如唐貢方物

가을 7월
사신을 당에 파견하여 방물을 바쳤다.

八月

入唐使阿飡富良等一行人溺沒

8월

당唐에 갔던 사신 아찬 부량富良 등 일행이 익사하였다.

三年

春二月, 王幸國學 令博士已下 講論經義 賜物有差

3년

봄 2월, 왕이 국학에 행차하여 박사 이하 여러 사람들에게 영을 내려 경서를 강론하게 하고, 그 정도에 따라 물품을 하사하였다.

冬十月

桃李華

겨울 10월

복숭아꽃과 자두꽃이 피었다.

十一月

無雪 納寧花夫人弟爲次妃

11월

눈이 내리지 않았다. 영화부인의 동생을 둘째 왕비로 삼았다.

異日

王問興輪寺僧曰 師前所謂三益者何也 對曰 當時王及王妃喜其如意

寵愛浸深 一也 因此得繼大位 二也 卒得娶嚮所求季女 三也 王大笑

그 후

왕이 흥륜사興輪寺 스님에게 물었다.

"대사가 전에 말했던 세 가지 이익이란 무엇입니까?"

스님이 답하여 말했다.

"당시 왕과 왕비가 (그들의) 뜻과 같음을 기뻐하여 총애가 더욱 깊어질 것이니, 첫 번째 이익이요, 이로 인하여 왕위를 얻게 될 것이니, 둘째 이익이요, 그리고 결국은 처음부터 원하던 둘째 딸을 취하게 될 것이니, 세 번째 이익입니다."

(이에) 왕이 크게 웃었다.

四年

春二月, 王幸感恩寺望海

夏四月, 日本國使至

4년

봄 2월, 왕이 감은사에 행차하여 망제望祭를 올렸다.

여름 4월, 일본국日本國 사신이 왔다.

五年

夏四月, 唐懿宗降使太子右諭德御史中丞胡歸厚使 副光祿主簿兼監察御史裴光等 弔祭先王 兼賻贈一千匹 冊立王爲開府儀同三司檢校太尉 持節大都督雞林州 諸軍事上柱國新羅王 仍賜王官誥一道旌節一副 錦綵五百匹衣二副金銀器七事 賜王妃錦綵五十匹衣一副銀器二事 賜王太子錦綵四十匹衣一副銀器一事 賜大宰相錦綵三十匹衣一副銀器一事 賜次宰相錦綵二十匹衣一副銀器一事

5년

여름 4월, 당 의종이 태자우유덕어사중승 호귀후를 정사로 내려보내고, 광록주부겸감찰어사 배광 등을 따르게 하여, 조문하고 선왕에게 제祭를 올렸다. 아울러 부의로 비단 1천 필을 보내며, 책명으로 왕을 세워 개부의동삼사開府儀同三司 검교태위檢校太尉 지절持節 대도독계림주제군사大都督鷄林州諸軍事 상주국上柱國 신라왕新羅王으로 삼았다.

(또한) 왕에게 관직을 임명하는 문건 한 통·황제의 신임표 한 벌·비단 5백 필·옷 두 벌·금 은 그릇 일곱 개를 하사했다.

(그리고) 왕비에게는 비단 50필·옷 한 벌·은 그릇 두 개를 주고, 왕태자에게는 비

단 40필·옷 한 벌·은 그릇 한 개를 주고, 대재상에게는 비단 30필·옷 한 벌·은 그릇 한 개를 주고, 다음 재상에게는 비단 20필·옷 한 벌·은 그릇 한 개를 주었다.

육 년
六年

춘 정 월 　봉 왕 고 위 의 공 대 왕 　모 박 씨 광 화 부 인 위 광 의 왕 태 후 　부 인 김 씨
春正月, 封王考爲懿恭大王 母朴氏光和夫人爲光懿王太后 夫人金氏

위 문 의 왕 비 　입 왕 자 정 위 왕 태 자
爲文懿王妃 立王子晸爲王太子

6년

봄 정월, 왕의 선친을 봉하여 의공대왕으로 하고, 어머니 박씨 광화부인을 광의왕태후로 하고, 부인 김씨를 문의왕비로 하였다. (또한) 왕자 정을 세워 왕태자로 삼았다.

정 월 　십 오 일
正月 十五日

행 황 룡 사 간 등 　잉 사 연 백 료
幸皇龍寺看燈 仍賜燕百寮

(정월) 15일

왕이 황룡사에 행차하여 연등 행사를 보고, 이어 백관들을 위하여 연회를 베풀었다.

동 십 월
冬十月

이 찬 윤 흥 여 제 숙 흥 계 흥 모 역 　사 발 각 　주 대 산 군 　왕 명 추 포 참 지 　이 일 족
伊湌允興與弟叔興季興謀逆 事發覺 走岱山郡 王命追捕斬之 夷一族

겨울 10월

이찬 윤흥이 아우 숙흥·계흥과 함께 반역을 꾀하다가 일이 발각되자 대산군岱山郡으로 도주하였다. 왕이 명을 내려 그들을 붙잡아 참수하고, 일족을 멸했다.

칠 년
七年

춘 정 월 　중 수 임 해 전
春正月 重修臨海殿

7년

봄 정월, 임해전을 중수하였다.

夏五月
京都疫

여름 5월
경도京都에 전염병이 돌았다.

秋八月
大水 穀不登

가을 8월
홍수가 나고 곡식이 여물지 않았다.

冬十月
發使分道撫問

겨울 10월
사신들을 여러 곳으로 파견하여 백성들을 위문하였다.

十二月
客星犯太白

12월
객성客星[7]이 태백太白[8]을 범했다.

八年
春正月, 伊湌金銳金鉉等謀叛 伏誅

8년
봄 정월, 이찬 김예·김현 등이 반역을 꾀하다가 처형당하였다.

---

7) 객성客星; 혜성처럼 일시적으로 나타나는 별
8) 태백太白; 오늘날 금성을 말한다.

夏六月

震皇龍寺塔

여름 6월
황룡사 탑에 벼락이 쳤다.

秋八月

重修朝元殿

가을 8월
조원전을 중수하였다.

九年

秋七月, 遣王子蘇判金胤等入唐謝恩 兼進奉馬二匹 麩金一百兩 銀二百兩牛黃十五兩 人蔘一百斤 大花魚牙錦一十匹 小花魚牙錦一十匹 朝霞錦二十匹四十升 白氎布四十匹三十升 紵衫段四十匹 四尺五寸頭髮百五十兩 三尺五寸頭髮三百兩 金釵頭五色綦帶幷班胸各一十條 鷹金鏁鏇子幷紛鎝紅幍二十副 新樣鷹金鏁鏇子紛鎝五色幍三十副 鷹銀鏁鏇子紛鎝紅幍二十副 新樣鷹銀鏁鏇子紛鎝五色幍三十副 鷂子金鏁鏇子紛鎝紅幍二十副 新樣鷂子金鏁鏇子紛鎝五色幍三十副 鷂子銀鏁鏇子紛鎝紅幍二十副 新樣鷂子銀鏁鏇子紛鎝五色幍三十副 金花鷹鎝鈴子二百顆 金花鷂子鈴子二百顆 金鏤鷹尾筒五十雙 金鏤鷂子尾筒五十雙 銀鏤鷹尾筒五十雙 銀鏤鷂尾筒五十雙 繫鷹緋纈皮一百雙 繫鷂子緋纈皮一百雙 瑟瑟鈿金針筒三十具 金花銀針筒三十具 針一千五百 又遣學生李同等三人 隨進奉使金胤入唐習業 仍賜買書銀三百兩

9년

가을 7월, 왕자 소판 김윤 등을 당에 보내 감사를 표하고, 아울러 말 2 필·부금 1백 냥·은 2백 냥·우황 15냥·인삼 1백 근·대화어아금 10 필·소화어아금 10 필·조하금 20필 40승·무명 40필 30승·모시적삼 40필·넉자 5치 머리털 150냥과 석자 다섯치 머리털 3백 냥·금비녀·오색 댕기·반흉 각 10조·응금쇄선자병분삽홍도 20부·신양응금쇄선자·분삽오색도 30부·응은쇄선자·분삽홍도 20부·신양응은쇄선자·분삽오색도 30부·요자금쇄선자·분삽홍도 20부·양요자금쇄선자·분삽오색도 30부·신요자은쇄선자·분삽홍도 20부·신양요자은쇄선자·분삽오색도 30부·금화응삽령자 2백 과·금화요자령자 2백 과·금루응미통 50 쌍·금루요자미통 50 쌍·은루응미통 50 쌍·은루요자미통 50 쌍·계응비힐피 1백 쌍·계요자비힐피 1백 쌍·슬슬전금침통 30 구·금화은침통 30 구·바늘 1천5백개를 바쳤다. 또한 학생 이동 등 세 사람으로 하여금 진봉사 김윤을 따라 당에 가서 글을 배우게 하고, 책값으로 은 3백 냥을 주었다.

十年

春二月, 遣沙湌金因 入唐宿衛

10년

봄 2월, 사찬 김인을 파견하여 당唐에 숙위를 하게 하였다.

夏四月

京都地震

여름 4월

경도京都에 지진이 발생했다.

五月

王妃卒

5월

왕비가 죽었다.

秋七月

大水

가을 7월
홍수가 났다.

冬

無雪 國人多疫

겨울
눈이 내리지 않았다. 백성들이 전염병에 많이 걸렸다.

十一年

春正月, 王命有司 改造皇龍寺塔

二月, 重修月上樓

11년
봄 정월, 왕이 해당부서에 명하여 황룡사 탑을 개조하게 하였다.
2월, 월상루月上樓를 중수重修하였다.

十二年

春正月, 親祀神宮

12년
봄 2월, 왕이 친히 신궁神宮에 제사지냈다.

夏四月

京師地震

여름 4월
경사京師에 지진이 발생했다.

秋八月

國內州郡 蝗害穀

가을 8월
국내의 주군州郡에 메뚜기 떼가 기승을 부려 곡식을 해쳤다.

十三年
春, 民饑且疫 王發使賑救
秋九月, 皇龍寺塔成 九層高二十二丈

13년
봄, 백성들이 굶주리고 또한 전염병이 돌았으므로, 왕이 사람을 보내 백성들을 진휼하여 구제하였다.
가을 9월, 황룡사 탑이 낙성되었는데, 9층으로 높이가 스물 두 장이었다.

十四年
春正月, 上大等金正卒 以侍中魏珍爲上大等 藺興爲侍中

14년
봄 정월, 상대등 김정이 죽으니, 시중 위진을 상대등, 인흥을 시중으로 임명하였다.

夏四月
唐僖宗降使宣諭

여름 4월
당 희종僖宗이 사신을 내려 보내 공문을 전했다.[宣諭]

五月
伊飡近宗謀逆犯闕 出禁軍擊破之 近宗與其黨夜出城 遣獲之車裂

5월
이찬 근종이 모의하고 반역하여 궁궐을 침범하므로, 금군이 나가 이들을 격파하였다. 근종이 그의 무리들과 함께 밤에 성 밖으로 도주하였으나 추격 체포하여 수레에 묶어 찢어 죽였다.

추구월
秋九月

중수월정당 최치원재당등과
重修月正堂 崔致遠在唐登科

가을 9월
월정당을 중수하였다. 최치원이 당唐에서 과거에 급제하였다.

십오년
十五年

춘이월, 경도급국동지진 성패우동 이십일내멸
春二月, 京都及國東地震 星孛于東 二十日乃滅

15년
봄 2월, 경도京都와 동쪽 지방에 지진이 발생했다. 성패星孛[9]가 동쪽에 나타났다가 20일 만에 없어졌다.

하오월
夏五月

용견왕궁정 수유운무사합비거
龍見王宮井 須臾雲霧四合飛去

여름 5월
용이 왕궁의 우물에 나타났는데, 잠시 후 구름과 안개가 사방에서 모여 들면서 날아갔다.

추칠월
秋七月

팔일, 왕몽 시왈경문
八日, 王夢 諡曰景文

가을 7월
8일, 왕이 훙서했다. 시호를 경문景文이라 하였다.

9) 성패星孛; 꼬리가 없는 혜성을 말한다.

景文王(경문왕)

861~875 재위기간 14년

○ 경문왕 二年 八月 기사에는 '入唐使阿湌富良等一行人溺沒'이란 기록이 있다. 당에 갔던 아찬 부량 등의 일행이 익사하였다는 것이다. 신라는 줄곧 황하黃河를 거슬러 올라가 당唐에 조공을 하였는데 이러한 사실을 이 기사를 통하여 다시 한 번 확인할 수 있다.

○ 경문왕 四年 二月 기사에는 '王幸感恩寺望海'라는 기록이 있다. 이를 감은사에 행차하여 망제望祭를 올렸다는 것인데, 이렇게 해석하는데 이론異論이 없다. 망제望祭란 타향에 있는 사람이 조상의 무덤이 있는 고향 쪽을 향하여 올리는 제사를 말한다.

망제望祭에 관한 삼국사기 기록을 보면 최초의 기록은 미추왕 때이다. 미추왕 三年 二月 기사에는 '東巡幸望海'란 기록이 있다. 미추왕이 동쪽지방을 순행하여 망제를 올렸다는 것이다. 이어 혜공왕 十二年 正月 기사에도 '幸感恩寺望海'란 기록이 있다. 혜공왕이 감은사에 행차하여 망제를 올린 것이다.

그런데 삼국사기 기록은 망제望祭를 표현하면서 굳이 망해望海라는 단어를 일관되게 고집하는 것일까?

원성왕 二年 四月 기사 당 德宗의 詔書의 내용 중 '永作藩臣 以寧海裔'라는 기록에 신라 스스로를 가리켜 해예海裔라고 하고 있고 성덕왕 三十五年 六月 기사 중 당으로부터 浿江 以南을 받은 것에 대한 사례의 글에서도 신라 스스로를 가리켜 해예海裔라고 하고 있다. 앞서 설명한 바와 같이 신라와 당은 같은 흉노족 내지는 선비족 출신으로 같은 조상의 제사를 모시는 후예後裔들이며, 양국의 왕가는 본계本系와 지계支系의 관계에 있었다. 따라서 신라는 지계支系의 의미로 스스로를 강 또는 바다 끝에 있다고 하여 해예海裔라고 불렀던 것이다.

망제望祭를 망해望海라고 표현한 것 역시 같은 이치이다. 그런데 여기서의 海는 황하黃河를 의미한다. 고대인들은 황하의 하류를 황해로 지칭하여 오늘날 황해와 구분하지 아니하였다.

그렇다면, 경문왕 四年 二月 기사 '王幸感恩寺望海'는 경문왕이 감은사에 행차하여 황하 상류 조상 땅을 향하여 망제望祭를 올렸다고 해석된다. 감은사가 그 부근에 있었음은 물론이다.

○ 경문왕 五年 四月 기사에 '冊立王爲開府儀同三司檢校太尉 持節大都督 雞林州諸軍事上柱國新羅王'라는 기록이 있다. 책명으로 왕을 세워 개부의동삼사開府儀同三司 검교태위檢校太尉 지절持節 대도독계림주제군사大都督鷄林州諸軍事 상주국上柱國 신라왕新羅王으로 삼았다.

문성왕이 마지막으로 영해군사寧海軍使라는 직책을 수여받았고, 헌안왕 때에는 작호를 받는 기록이 없으며 이어 경문왕에 이르러 대도독계림주제군사大都督鷄林州諸軍事의 작호를 받았다는 사정을 종합적으로 검토하면, 기술한 바와 같이 신라는 문성왕 이후 경문왕에 이르러서는 영해寧海 지역, 즉 하북성河北省 동부 지역의 지배권을 상실했던 것으로 보인다.

㊾ 憲康王(헌강왕)

875~886 재위기간 11년

憲康王立 諱晸 景文王之太子 母文懿王后 妃懿明夫人 王性聰敏 愛看書 目所一覽 皆誦於口 卽位 拜伊飡魏弘爲上大等 大阿飡乂謙爲侍中 大赦內外殊死已下

헌강왕이 왕위에 오르니, 이름은 정晸으로 경문왕의 태자요, 어머니는 문의왕후이며, 왕비는 의명부인이다. 왕은 성정性情이 총명하고 명민하였으며 책 보는 것을 좋아하였는데, 눈으로 한 번 본 것은 모두 입으로 외웠다.

즉위하자 이찬 위홍魏弘에게 벼슬을 내려 상대등으로 삼고, 대아찬 예겸을 시중으로 삼았다. 대규모 사면을 단행하여 중앙과 지방에서 사형수 이하의 죄수들을 풀어주었다.

二年

春二月, 皇龍寺齋僧 設百高座講經 王親幸聽之

2년

봄 2월, 황룡사에서 승려들에게 음식을 대접하고, 백고좌를 열어 불경을 강론하였는데, 왕이 친히 가서 그것을 들었다

秋七月

遣使入唐貢方物

가을 7월

사신을 당唐에 보내 방물方物을 바쳤다.

三年

春正月, 我太祖大王生於松岳郡

3년

봄 정월, 우리 태조대왕太祖大王이 송악군松岳郡에서 태어났다.

四年

夏四月, 唐僖宗降使 冊封王爲使持節開府儀同三司檢校太尉大都督

雞林州諸軍事新羅王

4년

여름 4월, 당 희종이 사신을 내려 보내 왕을 책봉하여 사지절使持節 개부의동삼사開府儀同三司 검교태위檢校太尉 대도독계림주제군사大都督鷄林州諸軍事 상주국上柱國 신라왕新羅王으로 하였다.

秋七月

遣使朝唐 聞黃巢賊起 乃止

가을 7월

사신을 당唐에 파견하여 조공하려다, 황소黃巢의 난이 일어났다는 소식을 듣고 중지했다

八月

日本國使至 王引見於朝元殿

8월

일본국日本國 사신이 도착하니, 왕이 조원전朝元殿으로 불러 접견하였다.

五年

春二月, 幸國學 命博士已下講論

5년

봄 2월, 왕이 국학에 행차하여 박사 이하 사람들에게 명하여 강론을 하게 하였다.

三月

巡幸國東州郡 有不知所從來四人 詣駕前歌舞 形容可駭 衣巾詭異

時人謂之山海精靈 古記謂王卽位元年事

3월

왕이 동쪽의 주군州郡을 순행하였는데, 어디서 왔는지 알 수 없는 사람 넷이 왕의 수레 앞에 와서 노래를 부르고 춤을 추었다. 그 모습이 놀랍고 차림새가 괴이하여, 당시 사람들이 그들을 일컬어 산과 바다의 정령이라고 하였다. '고기古記'에는 즉위 원년의 일로 기록되어 있다.

夏六月

一吉湌信弘叛 伏誅

여름 6월,

일길찬 신홍이 반역하다가 사형을 당하였다.

冬十月

御遵禮門觀射

겨울 10월

왕이 준례문에 행차하여 활쏘기를 지켜보았다.

十一月

獵穴城原

11월

왕이 혈성穴城 벌에서 사냥을 하였다.

六年

春二月, 太白犯月 侍中乂謙退 伊湌敏恭爲侍中

6년

봄 2월, 태백太白[10]이 달을 범하였다. 시중 예겸이 퇴직하고 이찬 민공이 시중이 되었다.

10) 태백太白; 오늘날 금성을 말한다.

秋八月

熊州進嘉禾

가을 8월

웅주熊州에서 (품종이) 좋은 벼를 바쳐 왔다.

九月

九日, 王與左右登月上樓四望 京都民屋相屬 歌吹連聲 王顧謂侍中敏恭曰 孤聞今之民間 覆屋以瓦不以茅 炊飯以炭不以薪 有是耶 敏恭對曰 臣亦嘗聞之如此 因奏曰 上卽位以來 陰陽和 風雨順 歲有年 民足食 邊境謐靜 市井歡娛 此聖德之所致也 王欣然曰 此卿等輔佐之力也 朕何德焉

9월

9일, 왕이 좌우의 신하들과 월상루에 올라가 사방을 바라보니, 경도京都에 민가가 가득하고, 노래 가락이 연이어 들렸다. 왕이 돌아보며 시중 민공에게 말했다.

"내가 듣건대 지금 민간에서는 짚이 아닌 기와로 지붕을 덮고, 나무가 아닌 숯으로 밥을 짓는다 하니 과연 사실인가?"

민공이 답하여 말하였다.

"신臣도 일찍이 그와 같이 들었나이다."

이어 아뢰었다.

"왕께서 즉위하신 이래로 음양이 조화를 이루고, 바람과 비가 순조로워서 해마다 풍년이 들고, 백성들은 먹을 것이 풍족하며, 변경은 조용하고 시정은 즐거우니, 이것은 왕의 어진 덕에 의하여 이루어진 것입니다."

왕이 기뻐하며 말했다.

"이것은 경卿 등의 보좌 덕분이지 짐에게 무슨 덕이 있겠는가?"

七年

春三月, 燕羣臣於臨海殿 酒酣 上鼓琴 左右各進歌詞 極歡而罷

7년

봄 3월, 왕이 임해전에서 여러 신하들에게 연회를 베풀었다. 술자리가 무르익자 왕은 거문고를 타고, 좌우 신하들은 각각 가사를 지어 올리면서 마음껏 즐기다가 끝마쳤다.

八年

夏四月, 日本國王遣使 進黃金三百兩明珠一十箇

冬十二月, 枯彌縣女 一産三男

8년

여름 4월, 일본국日本國 왕이 사신을 파견하여, 황금 3백 냥과 야명주 10 개를 보냈다.

겨울 12월, 고미현 여자가 한꺼번에 아들 셋을 낳았다.

九年

春二月 王幸三郎寺 命文臣 各賦詩一首

9년

봄 2월, 왕이 삼랑사三郎寺에 행차하여, 문신들에게 명하여 시 한 수씩을 짓게 하였다.

十一年

春二月 虎入宮庭

11년

봄 2월, 호랑이가 궁궐 정원에 들어 왔다.

三月

崔致遠還

3월

최치원이 돌아왔다.

冬十月

壬子, 太白晝見 遣使入唐 賀破黃巢賊

겨울 10월

임자일, 태백太白[11]이 낮에 나타났다. 당에 사신을 파견하여 황소黃巢의 난을 평정한 것을 축하하였다.

십 이 년
十二年

춘 북진주 적국인입진 이편목괘수이귀 수취이헌 기목서십오자운
春, 北鎭奏 狄國人入鎭 以片木掛樹而歸 遂取以獻 其木書十五字云

보로국여흑수국인 공향신라국화통
寶露國與黑水國人 共向新羅國和通

12년

봄, 북진北鎭에서 '적국狄國 사람이 진鎭에 들어와 판자 조각을 나무에 걸어 놓고 돌아갔다.'고 아뢰고, 그것을 가져다 바쳤다. 그 판자 조각에는 열다섯 글자가 쓰여 있었으니, '보로국露國國과 흑수국黑水國 사람들이 모두 신라국과 화친하고 통교하고자 한다.'는 것이었다.

하 육 월
夏六月

왕불예 사국내옥수 우어황룡사설백고좌강경
王不豫 赦國內獄囚 又於皇龍寺設百高座講經

여름 6월

왕이 병환이 깊어, 국내의 죄수들을 석방하였고, 또한 황룡사에서 백고좌를 열어 불경을 강론하였다.

추 칠 월
秋七月

오일 훙 시왈헌강 장보제사동남
五日, 薨 謚曰憲康 葬菩提寺東南

가을 7월

5일, 왕이 훙서했다. 시호를 헌강憲康이라 하고, 보리사菩提寺 동남쪽에 장사지냈다.

---

11) 태백太白; 오늘날 금성을 말한다.

○ 헌강왕 十二年 봄 기사에는 '北鎭奏 狄國人入鎭 以片木掛樹而歸 遂取以獻 其木書十五字云 寶露國與黑水國人 共向新羅國和通'이라는 기록이 있다. 즉 북진北鎭에서 적국狄國 사람이 진鎭에 들어와 판자 조각을 나무에 걸어 놓고 돌아갔다고 아뢰고, 그것을 가져다 바쳤는데 그 판자 조각에는 열다섯 글자가 씌여 있었으니, 보로국露國國과 흑수국黑水國 사람들이 모두 신라국과 화친하고 통교하고자 한다는 것이다.

여기서 '北鎭'은 어느 지방인가? 이병도는 북진北鎭이 강원도 삼척 지방에 설치한 군진이라고 한다. 과연 그럴까? 삼국사기의 기록을 살펴보자.

지증왕 六年 二月 기사에는 '置悉直州 以異斯夫爲軍主'라는 기록이 있었다. 즉, 실직주悉直州를 설치하고 이사부異斯夫를 군주軍主로 삼았다는 것이다. 그런데 무열왕 五年 三月 기사에는 '以悉直爲北鎭'이라는 기록이 있다. 즉, 실직悉直을 북진北鎭으로 하였다는 것이니, 북진北鎭의 옛 행정구역 명칭名稱은 실직주悉直州이다. 소지왕과 지증왕 편에서 분석한 바와 같이 신라는 고구려 또는 말갈과는 니하泥河를 경계로 하고 그 이북에 살수薩水가 있었는데, 이 일대에 馬頭城・悉直城・泥河城, 比列城・狐鳴城, 母山城, 狐山城, 犬牙城, 牛山城 등이 있었으니, 신라는 북쪽으로 말갈과 북서쪽으로는 고구려와 경계를 맞대고 있었다고 할 것이고 이 일대가 바로 하슬라주何瑟羅州로서 미질부彌秩夫・과현戈峴・대령大領・장령長嶺・실직悉直 등의 지역을 포함하고 있었다.

파사왕 二十三年 八月 기사의 분석을 통하여 살펴보았듯이 음집벌국音汁伐國, 실직국悉直國, 압독국押督國은 하슬라주何瑟羅州에 속하는 실직悉直 지방과 그 인근에 있었다. 그런데 三國史記 三十四卷 雜志 第三 地理 二편에는 '溟州本高句麗河西良一作何瑟羅後屬新羅'라는 기록이 있다. 명주는 원래 고구려의 하서량河西良으로서 하슬라何瑟羅라고도 하는데 훗날 신라에 속하였다는 것이다. 결국 명주溟州는 하슬라주何瑟羅州로서, 신라의 북동쪽 경계인데 여기에 북진이 있었던 것이다.

다음으로 적국狄國에 대하여 살펴보자. 이병도는 함경도 안변 지방의 여진 부락이라고 한다. 과연 그럴까?

중국에서는 예부터 중원中原[12)]을 중심으로 하여, 동쪽 사람들은 활을 잘 쏜다는 의미로 동이東夷, 감숙성과 청해성 등 서쪽 사람들은 무기를 잘 다룬다는 의미로 서융西戎, 황하와 양자강 상이에 있는 회수淮水 이남은 온난하여 벌레가 많다는 의미로 남만南蠻, 북쪽 사람들은 고기를 불에 구워먹는다고 하여 북적北狄이라 불렀다.

그렇다면 북적北狄은 고대 섬서성・산서성・하북성 이북에서 살던 집단을 가리키는 것이고 이들 민족이 세운 나라가 적국狄國이라고 할 수 있다. 그렇다면 북적狄國에는 말갈이 포함된다.

12) 중원中原; 최근 의도적으로 하남성河南城 전부와 산동성 일부를 포함하는 것으로 그 의미를 확대하여 사용하기도 하지만, 협의로는 섬서성陝西城 동부에서부터 산서성山西省 남부와 하남성河南城 일부에 국한하여 사용된 말이다. 그런데 고대의 중원은 원래 관중평원을 지칭했던 말이었던 것으로 보인다.

여기서 말갈靺鞨에 대하여 좀 더 알아보자. 사실 여러 사서들은 말갈靺鞨의 위치에 대하여 직접적으로 기록하고 있다. 먼저, 삼국유사에는 '羅人云 北有靺鞨 南有倭人 西有百濟 是國之害也'라는 기록이 있다. 신라 사람들은 북쪽에는 말갈靺鞨이 있고 남쪽에는 왜인倭人이 있고, 서쪽에는 백제가 있으니 이것이 바로 나라의 해로움이 된다고 말했다는 것이다. 또 同書는 '又靺鞨地接阿瑟羅州'라고 기록한다. 또한 말갈靺鞨의 땅은 아슬라주阿瑟羅州에 연접되어 있다는 것이다. 한편, 同書는 '又東明記云 卒本城地連靺鞨'라는 기록이 있다. 동명기東明記에 따르면 졸본성卒本城이 말갈로 이어진다는 것이다.

구당서舊唐書 말갈靺鞨편에는, '靺鞨蓋肅愼之地. 中略. 東至於海. 西接突厥. 南界高麗.'라는 기록이 있다. 말갈은 숙신의 땅에 있는데 (중략) 동쪽으로는 바다에 이르고 서쪽으로는 돌궐과 접해 있으며 남쪽 경계에는 고구려가 있다는 것이다. 수서隋書 말갈靺鞨 편에는 '靺鞨在高麗之北'이라는 기록이 있으니 즉, 말갈은 고구려의 북쪽에 있다는 것이다.

특이한 것은 삼국사기 신라본기와 백제본기에서는 말갈靺鞨이 신라와 백제를 수없이 침략한 것으로 기록하는데 고구려본기에서는 말갈靺鞨이 고구려를 침공한 기록은 전혀 보이지 아니하고 오히려 고구려가 말갈군을 거느리거나 말갈군과 연합하는 내용의 기록만 찾을 수 있으니 마치 당군唐軍[13]이 한병漢兵, 번병蕃兵, 오병吳兵, 초병楚兵 등의 병사들로 구성된 것처럼 말갈은 고구려를 구성하는 하나의 부족 또는 지방으로 보는 것이 마땅하다.

그런데, 삼국유사는 통전通典을 인용하며, '渤海 本粟末靺鞨 至其酋祚榮立國 自號震旦 先天中 玄宗壬子 始去靺鞨號 專稱渤海'라고 하였다. 발해渤海는 본래 속말말갈粟末靺鞨로 그 추장酋長 조영祚榮에 이르러서 나라를 세우고 국호國號를 스스로 진단震旦이라고 하였는데, 선천先天 연간 현종 임자년에 비로소 말갈靺鞨이라는 명칭을 버리고 오로지 발해라고 일컬었다는 것이다.

그렇다면 속말말갈粟末靺鞨이 그 후 발해로 이어졌다는 점, 위 기록이 AD886년에 일어난 사건이라는 점, 기타 여러 가지 역사적 사실을 종합하여 검토할 때, 위 기사의 보로국露國國과 흑수국黑水國은 하북성河北省과 요녕성 부근 신라와의 접경 전경에 있었던 발해의 부속국가로 이해된다.

13) 당군唐軍; 한병漢兵, 번병蕃兵, 오병吳兵, 초병楚兵 등의 병사들로 구성되어 있었다.(高將軍之漢騎 李謹行之蕃兵 吳楚棹歌 幽幷惡少 四面雲合方舟而下 依險築戍闢地耕田 此王之膏肓也; 출처, 삼국사기 문무왕 十一年 七月 기사 '설인귀서')

50 定康王(정강왕)

886~887 재위기간 1년

定康王立 諱晃 王之第二子也

八月 拜伊飡俊興爲侍中 國西旱且荒

정강왕定康王이 왕위에 오르니, 이름은 황晃으로, 경문왕의 둘째 아들이다.

8월, 이찬 준흥俊興에게 벼슬을 내려 시중으로 삼았다. 서쪽 지방에 가뭄이 들어 황폐하였다.

二年

春正月 設百座於皇龍寺 親幸聽講 漢州伊飡金蕘叛 發兵誅之

2년

봄 정월, 황룡사에 백고좌를 열고 친히 왕이 행차하여 강론을 들었다. 한주漢州 이찬 김요金蕘가 반란하므로, 병사를 출동시켜 그를 처형하였다.

夏五月

王疾病 謂侍中俊興曰 孤之病革矣 必不復起 不幸無嗣子 然妹曼天資明銳 骨法似丈夫 卿等宜倣善德眞德古事立之可也

여름 5월

왕이 병들자 시중 준흥俊興에게 말했다.

"나의 병이 위독하니 다시 회복되지 못할 것이다. 불행히 뒤를 이을 자식은 없으나, 누이 동생 만曼은 천성이 똑똑하고 예리하며 체격이 장부와 같으니, 그대들은 선덕왕과 진덕왕의 옛 일을 본받아 그녀를 왕위에 세우는 것이 좋을 것이다."

秋七月

五日, 薨 諡曰定康 葬菩提寺東南

가을 7월

5일, 왕이 훙서했다. 시호를 정강定康이라 하고, 보리사菩提寺 동남쪽에 장사지냈다.

○ 정강왕 二年 正月 기사에 '漢州伊湌金蕘叛'라는 기록이 있다. 한주漢州 이찬 김요金蕘가 반란을 일으켰다는 것이다.

한주漢州의 위치를 비정하여 보자.

三國史記 三十四卷 雜志 第三 地理 一 편에는 '於故高句麗南界置三州 從西第一曰漢州 次東曰朔州 又次東曰溟州'라는 기록이 있다. 옛 고구려 남쪽 지역에 3주를 설치하였는데 서쪽으로부터 첫째를 한주漢州, 그 다음 동쪽을 삭주朔州, 그 다음 동쪽을 명주溟州라고 하였다는 것이다. 한편, 경덕왕 十六年 十二月 기사에는 '漢山州爲漢州'라는 기록이 있다. 한산주漢山州를 한주漢州로 하였다는 것이다.

이에 신라의 수도를 경주로 보는 국사편찬위원회는 한주漢州·삭주朔州·명주溟州를 차례로 경기도 광주, 강원도 춘천, 강원도 강릉 일대로 각각 비정하는데, 漢州의 위치에 대하여는 서울특별시 강동구를 그 중심지로 보거나 경기도 하남시를 그 중심지로 비정하는 견해 등 학설이 분분하다.

그러나 한주漢州의 옛 이름은 신주新州였고, 신주新州는 진흥왕이 백제로부터 빼앗은 지역으로서 산서성山西省 남부와 하남성河南省에 있었으니, 한주漢州는 산서성山西省 남부와 하남성河南省 일대에 걸쳐 있었을 것으로 비정된다는 점은 여러 차례 설명한 바와 같다.

더욱이 진성왕 편에서 후술하는 바와 같이 후기 신라의 수도 월성月城의 위치를 강소성江蘇省 무진현武進縣으로 비정하는 전제에서 三國史記 三十四卷 雜志 第三 地理 一 편의 '於故高句麗南界置三州 從西第一曰漢州 次東曰朔州 又次東曰溟州'라는 기록을 분석한다면, 옛 명칭인 신주新州의 위치를 기준으로 기림왕과 진흥왕 편의 삼국사기 기록을 분석하여 도출한 한주漢州의 위치 비정과 맥을 같이함을 알 수 있다.

㊿ 眞聖王(진성왕)

887~897 재위기간 10년

眞聖王立 諱曼 憲康王之女弟也

崔致遠文集第二卷謝追贈表云 臣坦言 伏奉制旨 追贈亡父臣凝爲太師 亡兄臣晸爲太傅 又納旌節表云 臣長兄國王晸以去光啓三年七月五日奄御聖代 臣姪男嶢生未周晬 臣仲兄晃權統藩垣 又未經朞月遠謝明時

以此言之景文王諱凝本紀則云膺廉 眞聖王諱坦本紀則云曼 又定康王晃以光啓三年薨本紀謂二年薨 皆不知孰是

大赦 復諸州郡一年租稅 設百座皇龍寺 親幸聽法

진성왕眞聖王이 왕위에 올랐다. 이름이 만曼으로, 헌강왕憲康王의 누이동생이다.

최치원 문집 제2권 사추증표謝追贈表에는 다음과 같이 전한다.

"신臣 탄坦은 말합니다. 삼가 하명을 받들어 돌아가신 아버지 응凝을 추증하여 태사太師로 하고, 돌아가신 오빠 정晸을 태부太傅로 하였습니다."

또 납정절표納旌節表에는 다음과 같이 전한다.

"신臣의 큰 오빠인 국왕 정晸이 지난 광계 3년 7월 5일에 갑자기 세상을 떠났으나, 신臣의 조카 요嶢는 태어난 지 아직 1년이 되지 않았으므로, 저의 둘째 오빠인 황晃이 임시로 나라를 다스리다가, 또한 1년을 넘기지 못하고 세상을 떠났습니다."

이를 보면 경문왕의 이름이 응凝인데, 본기에는 응렴膺廉이라 하였고, 진성왕의 이름이 탄坦인데, 본기에는 만曼이라 하였으며, 또한 정강왕 황晃은 광계光啓 3년에 죽었는데, 본기에는 2년에 죽은 것으로 되어 있으니, 모두 어느 것이 옳은지 알 수 없다.

죄수들을 크게 사면하고, 모든 주군州郡의 1년간의 조세를 면제하였다. 황룡사皇龍寺에 백고좌를 열고 친히 행차하여 설법을 들었다.

冬

無雪

겨울

눈이 내리지 않았다.

二年

春二月，少梁里石自行

2년

봄 2월, 소양리少梁里에서 돌이 저절로 움직였다.

王素與角干魏弘通 至是 常入內用事 仍命與大矩和尚 修集鄕歌 謂之三代目云 及魏弘卒 追謚爲惠成大王

此後 潛引少年美丈夫兩三人淫亂 仍授其人以要職 委以國政 由是佞倖肆志 貨賂公行 賞罰不公 紀綱壞弛

時有 無名子 欺謗時政 構辭榜於朝路 王命人搜索 不能得 或告王曰 此必文人不得志者所爲 殆是大耶州隱者巨仁耶 王命拘巨仁京獄 將刑之巨仁憤怨 書於獄壁曰 于公慟哭三年旱 鄒衍含悲五月霜 今我幽愁還似古 皇天無語但蒼蒼 其夕 忽雲霧震雷雨雹 王懼 出巨仁放歸

왕은 원래 각간 위홍과 간통하고 있었는데, 이때에 이르러서는 항상 궁중에 들여 일을 보게 하고 명하여 대구 화상과 함께 향가를 수집하게 하였다. 이를 삼대목이라고 불렀다. 위홍이 죽자 시호를 추증하여 혜성대왕惠成大王이라 하였다.

이후 몰래 젊은 미남자 두세 명을 불러들여 음란하게 지내고, 또 그들에게 요직을 수여하여 국정을 맡기니, 이로 말미암아 아첨하는 자들이 마음대로 하고 뇌물을 주는 일을 공공연하게 행하였으며, 상벌이 공평하지 못하여 기강이 문란해졌다.

이 때 누군가가 익명으로 시정을 비방하는 말을 만들어 관청 거리에 방을 붙였다. 왕이 명을 내려 수색케 하였으나 잡을 수 없었다. 누군가 왕에게 말하였다.

"이것은 필시 문인으로서 뜻을 펴지 못한 자의 소행이니, 아마도 대야주大耶州에 은둔해 있는 거인巨仁이 아닌가 생각합니다."

(이에) 왕이 명을 내려 거인巨仁을 체포하여 경도京都의 감옥에 가두고 벌을 주려 하였는데, 거인이 분하고 원통하여 감옥 벽에 글을 썼다.

"우공于公[14]이 통곡하니 3년이나 가물었고, 추연鄒衍[15]이 슬퍼하니 5월에도 서리

14) 우공于公; 우공于公은 한나라 때 사람으로 시어머니를 죽였다는 누명을 쓴 한 효부를 적극 변호하였으나 효부가 사형당하자 이에 통곡하였는데, 이 후 3년 동안 비가 오지 않았다. 그 후 신임 태수가 우공의 말을 따라 효부의 무덤에 제사를 지내주자 갑자기 큰 비가 내렸다고 한다.(출처; 한서)

15) 추연鄒衍; 추연鄒衍은 연나라 소왕의 스승이었는데 소왕이 죽고 혜왕이 등극하자 참소를 믿어 옥에 가두었다. 이에 추연이 하늘을 우러러 곡을 하자 그에 감응해 5월에 서리가 내렸다고 한다.(출처; 태평어람)

왔네. 지금 나의 깊은 시름, 옛 일과 같건만 하늘은 말없이 창창할 뿐인가?”

그날 저녁에 갑자기 구름과 안개가 덮이고 번개가 치며 우박이 내렸다. 왕이 이를 두려워하여 거인을 석방하여 돌려보냈다.

三月

戊戌, 朔 日有食之 王不豫 錄囚徒 赦殊死已下 許度僧六十人 王疾乃瘳

3월

무술 초하루에 일식이 일어났다. 왕이 병환이 드니, 죄수를 살펴 사형수 이하는 사면하고, 승려 60명에게 도첩을 주었다. 이에 왕의 병이 곧 나았다.

夏五月

旱

여름 5월

가뭄이 들었다.

三年

國內諸州郡不輸貢賦 府庫虛竭 國用窮乏 王發使督促 由是 所在盜賊蜂起

於是 元宗哀奴等據沙伐州叛 王命奈麻令奇捕捉 令奇望賊壘 畏不能進 村主祐連力戰死之 王下勅斬令奇 祐連子年十餘歲 嗣爲村主

3년

국내 여러 주군州郡에서 공납과 조세를 바치지 않아 창고가 비고, 나라 살림이 궁핍해지자 왕이 사람을 보내 독촉하였다. 이로 말미암아 곳곳에서 도적이 봉기하였다.

이 때, 원종元宗·애노哀奴 등이 사벌주沙伐州를 거점으로 반란을 일으켰다. 왕이 내마 영기令奇에게 명하여 체포하게 하였으나, 영기는 적의 성루를 바라보더니 두려운 마음에 진군하지 못하고, 촌주 우연祐連이 힘써 싸우다가 죽었다. 왕이 칙명을 내려 영기令奇를 참수하고, 우연祐連의 아들이 나이 10여세임에도 아버지의 뒤를 이어 촌주가 되게 하였다.

四年

春正月, 日暈五重 十五日 幸皇龍寺看燈

4년

봄 정월, 햇무리가 다섯 겹으로 나타났다. 15일에는 왕이 황룡사에 행차하여 연등 행사를 구경하였다.

五年

冬十月, 北原賊師梁吉遣其佐弓裔 領百餘騎 襲北原東部落 及溟州管內酒泉等十餘郡縣

5년

겨울 10월, 북원北原의 도적 수령 양길이 그의 부하 궁예弓裔를 보내 기병 백여 명을 이끌고 북원北原 동쪽 부락과 명주溟州 관내 주천酒泉 등 10여 군현郡縣을 기습하게 하였다.

六年

完山賊甄萱據州 自稱後百濟 武州東南郡縣降屬

6년

완산完山의 도적 견훤甄萱이 완산주完山州를 거점으로 후백제後百濟라고 자칭하였다. 무주武州 동남쪽의 군현이 그에게 투항하여 소속되었다.

七年

遣兵部侍郎金處誨 如唐納旌節 沒於海

7년

병부시랑 김처회를 파견하여 당唐에 정절旌節을 바치게 했는데, 바다에 빠져 익사하였다.

八年

春二月 崔致遠進時務一十餘條 王嘉納之 拜致遠爲阿湌

冬十月, 弓裔自北原入何瑟羅 衆至六百餘人 自稱將軍

8년

봄 2월, 최치원이 '시무 십여 조'를 바쳤다. 왕이 이를 기쁘게 받아들이고, 최치원에게 벼슬을 내려 아찬으로 삼았다.

겨울 10월, 궁예가 북원北原으로부터 하슬라何瑟羅에 들어왔다. 따르는 무리가 6백여 명에 달하니, 스스로를 장군將軍으로 칭하였다.

九年

秋八月, 弓裔擊取猪足狌川二郡 又破漢州管內夫若鐵圓等十餘郡縣

9년

가을 8월, 궁예가 저족군猪足郡과 성천군狌川郡을 공격하여 빼앗고, 또 한주漢州 관내의 부약군夫若郡과 철원군鐵圓郡 등 10여 군현郡縣을 격파하였다.

冬十月

立憲康王庶子嶢爲太子

겨울 10월

헌강왕憲康王의 서자 요嶢를 태자로 삼았다.

初

憲康王觀獵 行道傍見一女子 姿質佳麗 王心愛之 命後車載 到帷宮野合 卽有娠而生子 及長 體貌魁傑 名曰嶢

眞聖聞之 喚入內 以手撫其背曰 孤之兄弟姉妹骨法異於人 此兒背上兩骨隆起 眞憲康王之子也 仍命有司 備禮封崇

옛날

헌강왕이 사냥구경을 하다가, 도중에 우연히 한 여인을 보았는데, 자태가 아름다워

왕이 마음이 끌려 뒷수레에 태우고, 행궁에 데리고 와 야합野合하니, 바로 임신하여 아들을 낳았는데 장성하자 체격과 용모가 뛰어나 이름을 요嶢라고 하였다.

진성왕이 이 말을 듣고 궁에 불러들여, 손으로 그의 등을 어루만지면서 말했다.

"나의 형제자매의 골격은 다른 사람들과 다른데, 이 아이는 등에 두 뼈가 솟아 있으니, 진정 헌강왕의 아들이다."

이에 해당 부서에게 명하여 예를 갖추어 높이 봉하였다.

十年

賊起國西南 赤其袴以自異 人謂之赤袴賊 屠害州縣至京西部牟梁里 劫掠人家而去

10년

도적들이 서남쪽에서 봉기하었는데, 바지를 붉게 물들여 스스로를 구별하였기 때문에 사람들은 그들을 '적고적赤袴賊'이라고 불렀다. (그들은) 주현州縣을 도륙하여 해를 입히고, 경도京都의 서부 모량리牟梁里까지 와서 민가를 약탈하고 갔다.

十一年

夏六月，王謂左右曰 近年以來 百姓困窮 盜賊蜂起 此孤之不德也 避賢讓位 吾意決矣 禪位於太子嶢 於是，遣使入唐表奏曰

11년

여름 6월, 왕이 좌우 신하들에게 말했다.

"근년 이래로 백성이 곤궁하고, 도적이 봉기하니, 이는 내가 덕이 없기 때문이다. (그리하여) 숨어 있는 어진 자에게 왕위를 넘겨주기로 나의 뜻이 결정되었노라."

(이에) 태자 요에게 선위하고, 사신을 파견하여 당에 표문을 올려 말했다.

臣某言 居義仲之官 非臣素分 守延陵之節 是臣良圖 以臣姪男嶢 是臣亡兄晸息 年將志學 器可興宗 不假外求 爰從內擧 近已俾權藩寄 用靖國災

신臣 아무개는 아룁니다. 희중義仲[16]의 직을 맡는 것은 저의 본분이 아니며, 연릉延

16) 희중義仲; 희중義仲은 우이를 다스렸던 사람이다.(출처; 상서)

陵[17]을 지키는 것이 신臣에게 맞는 방도입니다. 신臣의 조카 요는 죽은 오빠 정晸 자식으로 나이가 열댓 살이 되었고, 자질이 가히 종실을 일으킬만하므로, 인재를 밖에서 구하지 않고 안에서 선택하여, 근일에 이미 나라 일을 임시로 맡겨 국가의 재난을 수습하고 있습니다.

동십이월
冬十二月

을사 왕홍어북궁 시왈진성 장우황산
乙巳 王薨於北宮 諡曰眞聖 葬于黃山

겨울 12월
을사, 왕이 북궁北宮에서 홍서했다. 시호를 진성이라 하고 황산黃山에 장사지냈다.

17) 연릉延陵; 연릉延陵은 춘추시대 강소성江蘇省 무진현武進縣을 일컫던 말이다.(출처; 사기)

○ 진성왕 十一年 六月 기사에는 진성여왕이 唐에 올린 표문이 기록되어 있다. 여기서 진성여왕은 '居羲仲之官 非臣素分 守延陵之節 是臣良圖'라고 하였다. 즉, 희중羲仲의 직을 맡는 것은 저의 본분이 아니며, 연릉을 지키는 것이 신臣에게 맞는 방도라는 것이다.

'상서'에 따르면, 희중羲仲은 우이嵎夷를 다스렸던 인물이다.(分命羲仲 宅嵎夷 日暘谷) 그런데 당이 백제를 정벌할 때 무열왕이 맡았던 직책이 우이도행군총관嵎夷道行軍摠管이다. '사기'에 따르면, 우이嵎夷는 곧 청주青州라고 하였다.(嵎夷, 青州也) 청주青州는 서진시대 산동성山東省 일대에 설치된 주명州名이니, 우이嵎夷는 곧 옛 백제의 영토이다.

다음으로 연릉延陵은 어디인가? 사마천의 사기는 강소성江蘇省 무진현武進縣을 춘추전국시대 연릉延陵이라고 기록한다. 국사편찬위원회 역시 이를 차용한다.

진성왕의 국서는 진성왕 자신의 능력이 부족하여 연릉延陵 정도 맡으면 몰라도 우이嵎夷까지 다스리기는 벅차다는 뜻으로 해석된다. 그런데, 당시 시대적 배경을 살펴보면 민란이 도처에서 일어나고 신라가 극도의 혼란에 빠져 바야흐로 후삼국시대로 접어들고 있던 때였으며, 특히 완산주의 견훤은 후백제를 표방하며 그 세력이 날로 강성해지고 있었다.

그렇다면, 진성왕의 국서는 강소성江蘇省 일대는 원래 신라의 영토요 산동성山東省 지방은 옛 백제의 영토인데 이 당시 견훤 등이 봉기하니 자신의 능력이 부족하여 진압할 수 없다거나 산동성 지역에 대한 지배권을 상실하였다는 의미로 해석된다.

그런데, 삼국사기 신라본기 기록상 소지왕 이후 후기 신라의 수도는 줄곧 월성月城이었다. 그렇다면 위 기록상 연릉延陵은 곧 월성月城을 가리키는 것이고, 그렇다면, 월성月城은 강소성江蘇省 무진현武進縣에 있었던 것으로 비정된다.

혁거세왕	파사왕	자비왕	소지왕
금성金城	월성月城	명활성明活城	월성月城

○ 그런데 신문왕 九年 閏九月 기사에 '築西原京城 王欲移都達句伐 未果'라는 기록이 있었다. 서원경성西原京城을 쌓고, 달구벌達句伐로 도읍을 옮기려 하였으나 실현되지 못했다는 것이다. 기록을 통하여 후기 신라의 수도는 대체로 월성月城이었다는 점, 민애왕이 서원경西原京에 머물다 달구벌達句伐 전투에서 패하여 죽임을 당하였다는 점, 서원경이 달구벌 일대에 있었다는 점 등을 확인할 수 있다.

○ 진성왕 三年 기사에는 '元宗哀奴等據沙伐州叛'라는 기록이 있다. 원종·애노 등이 사벌주沙伐州를 거점으로 반란을 일으켰다는 것이다. 여기서 사벌주沙伐州는 어디인가? 먼저 삼국사기의 기록을 검토하여 보자.

유례왕 十年 二月 기사에는 '改築沙道城 移沙伐州豪民八十餘家'라는 기록이 있다.

(왜적의 침략이 빈번하여) 사도성沙道城을 개축하고, 사벌주沙伐州의 호민豪民 80여 가를 옮겨 살도록 하였다는 것이다. 또한, 경덕왕 十六年 十二月 기사에는 '改沙伐州爲尙州 領州一郡十縣三十'라는 기록이 있다. 사벌주沙伐州를 상주尙州로 하고, 10군 30현을 관할하게 하였다는 것이다. 한편, 삼국사기 地理 편에는 '本國界內置三州 王城東北當唐恩浦路曰尙州 王城南曰良州 西曰康州'라는 기록이 있다. 본국本國 경내界內에 3개의 주州를 설치하였으니, 왕성 동북쪽의 당은포唐恩浦 방면을 상주尙州라 하고, 왕성 남쪽을 양주良州라 하고, 서쪽을 강주康州라 하였다는 것이다.

신라의 수도가 경주에 있다는 국사편찬위원회는 삼국사기 기록상의 상주尙州가 경상북도 상주라고 한다.

그러나 경상북도 상주는 경주의 동북쪽이 아닌 서북쪽에 위치한다. 삼국사기 地理 편에는 왕성 동북쪽의 당은포唐恩浦 방면을 상주尙州라 하였으니 경주를 신라의 수도 금성으로 본다면 상주는 경주의 동북쪽 공유수면에 있었어야 한다. 월성月城의 위치를 강소성江蘇省 무진현武進縣으로 비정한다면, 상주尙州는 강소성江蘇省 동북쪽 해안에 위치했었을 것으로 비정된다. 어쨌든, 오늘날 경북 상주에 해당하는 지역에서 당시 원종·애노 등이 반란을 일으켰다는 것은 역사적 사실이 아니다.

○ 진성왕 때는 역사적으로 후삼국시대로 접어든 시기이다. 먼저 진성왕 때 후고구려의 성장과정을 살펴보면 다음과 같다.

891. 10.	양길의 명으로 궁예弓裔가 북원北原 동쪽 부락과 명주溟州 관내 주천酒泉 등 10여 군현郡縣을 기습하였다.
894. 10.	궁예가 북원北原으로부터 하슬라何瑟羅에 들어왔다.
895. 8.	궁예가 저족군猪足郡과 성천군狌川郡을 공격하여 빼앗고, 또 한주漢州 관내의 부약군夫若郡과 철원군鐵圓郡 등 10여 군현郡縣을 격파하였다.

여기서 명주나 하슬라에 대하여는 여러 차례 설명한바 있으니, 북원北原·주천酒泉과 저족군猪足郡·성천군狌川郡과 부약군夫若郡·철원군鐵圓郡에 대하여 설명하기로 한다.

삼국사기 지리 편에 따르면, 저족군猪足郡과 성천군狌川郡은 우수주牛首州에 속하는 군현郡縣이다. 우수주牛首州는 선덕왕 6년에 설치했다가 경덕왕이 이를 삭주로 개칭하였다. 다음으로 부약군夫若郡과 철원군鐵圓郡은 한주漢州 관내管內이다.

여기서 국사편찬위원회는 북원北原을 강원도 원주시로 비정하고, 주천酒泉을 강원도 영월군 주천면酒泉面으로 비정한다. 또한 국사편찬위원회는 저족군猪足郡을 현재의 강원도 인제군 인제읍 일대로, 성천군狌川郡을 강원도 화천군 화천읍으로 비정한다. 또한, 국사편찬위원회는 부약군夫若郡을 강원도 철원군 김화읍 일대로 추정하고, 철원군鐵圓郡을 강원도 철원군 철원읍으로 비정한다. 이 견해에 따르면, 원주에서 일어난 양길梁吉과 궁예弓裔의 무리가 영월을 점령하고, 강릉에 입성한 후 이듬해, 인제와 화천을 점령하고 철원을 차지하였다는 결론에 이르게 된다.

삼국사기의 기록을 살펴보자. 三國史記 三十四卷 雜志 第三 地理 一 편에는 '於故

高句麗南界置三州 從西第一曰漢州 次東曰朔州 又次東曰溟州'라는 기록이 있다. 옛 고구려 남쪽 지역에 3주를 설치하였는데 서쪽으로부터 첫째를 한주漢州, 그 다음 동쪽을 삭주朔州, 그 다음 동쪽을 명주溟州라고 하였다는 것이다. 한편, 경덕왕 十六年 十二月 기사에는 '漢山州爲漢州'라는 기록이 있다. 한산주漢山州를 한주漢州로 하였다는 것이다.

국사편찬위원회는 한주漢州・삭주朔州・명주溟州를 차례로 경기도 광주, 강원도 춘천, 강원도 강릉 일대로 각각 비정하고 있는데 이러한 견해는 다음과 같은 점에서 잘못된 것이다.

첫째, 국사편찬위원회의 견해대로 주천酒泉을 강원도 영월군 주천면酒泉面으로 비정한다면 주천酒泉은 삭주朔州에 속해야 한다. 그러나 진성왕 五年 十月 기사는 분명 주천酒泉이 명주溟州 관내라고 밝히고 있다.

둘째, 국사편찬위원회는 오늘날 인제와 화천을 삭주朔州에 포함시키면서도, 철원을 한주에 포함시키고 있다. 그러나 이러한 견해는 저족군猪足郡을 현재의 강원도 인제군 인제읍 일대로 비정하고, 성천군狌川郡을 강원도 화천군 화천읍으로 비정하고, 부약군夫若郡을 강원도 철원군 김화읍 일대로 무리하게 추정한 결과일 뿐이다.

○ 진성왕 때 북쪽에서 궁예가 세력을 떨치고 나라의 기틀을 쌓아가는 동안 서쪽에서는 견훤이 후백제를 건국하였다.

진성왕 六年 기사에는 '完山賊甄萱據州 自稱後百濟 武州東南郡縣降屬'이라는 기록이 있다. 완산完山의 도적 견훤이 완산주完山州를 거점으로 후백제라고 자칭하였는데 무주武州 동남쪽의 군현이 그에게 투항하여 소속되었다는 것이다.

여기서 국사편찬위원회는 완산주를 전주, 무주를 광주로 비정한다.

그런데, 진성왕 十一年 十二月 기사에는 '王薨於北宮 諡曰眞聖 葬于黃山'이라는 기록이 있다. 왕이 북궁北宮에서 훙서하니 시호를 진성眞聖이라하고 황산黃山에 장사를 지냈다는 것이다.

황산벌을 논산으로 비정하는 종래의 견해에 따르면 이 당시 신라의 영토는 경주를 중심으로 한 경상도 일대로 이미 축소되었는데 굳이 진성여왕의 시신을 견훤의 영토가 된 논산 부근에 장사지냈다는 것은 논리적으로 모순이다. 그래서 아마도 황산을 양산으로 주장하는 견해가 등장하기도 한 것이리라. 그러나 울산도 아니고 경산도 아니고 굳이 양산이 바로 황산이라는 근거는 없어 보인다.

본서는 황산을 오늘날 학반산鶴伴山으로 비정한 바 있으니 이곳에 진성여왕의 무덤이 있을 것이며 그 산 아래에는 계백장군이 오늘날 치박시淄博市 림치구臨淄区와 치천구淄川区 일대를 흐르던 소청하小清河(Xiǎoqīng Hé)에 배수진을 치고 필사적으로 항전하였으니, 계백과 5천 결사대의 유해가 옛 소청하小清河(Xiǎoqīng Hé) 자리에 함께 묻혔으리라.

三國史記 十二卷
新羅本紀 第十二

52 孝恭王(효공왕)

897~912 재위기간 15년

효공왕립 휘요 헌강왕지서자 모김씨 대사 증문무백관작일급
孝恭王立 諱嶢 憲康王之庶子 母金氏 大赦 增文武百官爵一級

효공왕孝恭王이 왕위에 올랐다. 이름은 요嶢로 헌강왕의 서자이고, 어머니는 김씨이다. 대규모 사면을 단행하고, 문무백관의 관작을 한 등급씩 올려 주었다.

이년
二年

춘정월 존모김씨위의명왕태후 이서불한준흥위상대등 아찬계강위시중
春正月 尊母金氏爲義明王太后 以舒弗邯俊興爲上大等 阿湌繼康爲侍中

추칠월 궁예취패서도급한산주관내삼십여성 수도어송악군
秋七月, 弓裔取浿西道及漢山州管內三十餘城 遂都於松岳郡

2년

봄 정월, 어머니 김씨를 추존하여 의명왕태후로 하였다. 서불한舒弗邯[1] 준흥을 상대등으로 삼고, 아찬 계강을 시중으로 삼았다.

가을 7월, 궁예가 패수浿水 서쪽 방면까지 이르러 한산주 관내의 30여 성을 빼앗고, 마침내 송악군松岳郡에 도읍을 정하였다.

삼년
三年

춘삼월 납이찬예겸지여위비
春三月, 納伊湌乂謙之女爲妃

추칠월 북원적수양길기궁예이기 여국원등십여성주모공지 진군어비뇌성하 양길병궤주
秋七月, 北原賊帥梁吉忌弓裔貳己 與國原等十餘城主謨攻之 進軍於非惱城下 梁吉兵潰走

---

1) 서불한舒弗邯; 1급 이벌찬을 일컫는 말이다. 이벌찬은 그 외에도 이벌간伊罰干・우벌찬于伐湌・각간角干・각찬角粲・서발한舒發翰 등으로 불렸다.

3년

봄 3월, 이찬 예겸의 딸을 맞아 비로 삼았다.

가을 7월, 북원의 도적 수령 양길은, 궁예가 자기를 배신할 것을 두려워하여, 국원 등 10여 성주들과 함께 그를 공격하기로 계획하고, 비뇌성非惱城 아래까지 진군하였으나, 양길의 병력이 궤멸되어 도주하였다.

四年

冬十月, 國原菁州槐壤賊帥淸吉莘萱等 擧城投於弓裔

4년

겨울 10월, 국원·청주·괴양의 도적 수령 청길과 신훤 등이 성을 궁예에게 갖다 바치고 투항하였다.

五年

弓裔稱王

秋八月,後百濟王甄萱攻大耶城不下 移軍錦城之南 奪掠沿邊部落而歸

5년

궁예가 왕을 칭하였다.

가을 8월, 후백제왕 견훤이 대야성을 공격하였으나 함락하지 못하고, 금성錦城 남쪽으로 군사를 옮기면서 부근의 부락을 약탈하고 돌아갔다.

六年

春三月, 降霜 以大阿飡孝宗爲侍中

6년

봄 3월, 서리가 내렸다. 대아찬 효종을 시중으로 삼았다.

七年

弓裔欲移都 到鐵圓斧壤周覽山水

7년

궁예가 도읍을 옮기고자 하여, 철원鐵圓과 부양斧壤에 와서 산수를 둘러보았다.

八年

弓裔設百官 依新羅制 所制官號 雖因羅制 殿多有異者 國號摩震 年號武泰 元年浿西道十餘州縣降於弓裔

8년

궁예弓裔가 백관을 두니, 신라의 제도를 따랐다. 제정된 관호官號는 비록 신라의 제도에 기인하지만 전각殿閣) 이름은 많이 달랐다. 국호를 마진摩震, 연호를 무태武泰 원년이라 하였다.

무태武泰 원년 패수浿水 서쪽 방면의 10여 주현이 궁예에게 투항하였다.

九年

春三月, 星隕如雨

9년

봄 2월, 별이 비처럼 떨어졌다.

夏四月

降霜

여름 4월

서리가 내렸다.

秋七月

弓裔移都於鐵圓

가을 7월

궁예가 도읍을 철원鐵圓으로 옮겼다.

八月

弓裔行兵 侵奪我邊邑 以至竹嶺東北 王聞疆埸日削 甚患 然力不能禦 命諸城主 愼勿出戰 堅壁固守

8월

궁예가 병력 움직여 우리의 변방을 침탈하니 죽령竹嶺 동북 지역까지 이르렀다. 왕은 강역이 나날이 줄어든다는 말을 듣고 심히 우려하였으나, 막을 능력이 없으므로 모든 성주들에게 명하여 함부로 나가서 싸우지 말고, 견고히 성벽을 고수하도록 하였다.

十年

春正月, 以波珍飡金成爲上大等

10년

봄 정월, 파진찬 김성을 상대등으로 삼았다.

三月

前入唐及第金文蔚 官至工部員外郞沂王府諮議叅軍 充冊命使而還

3월

전에 입당하여 급제한 김문울이 관직이 공부원외랑工部員外郞 기왕부沂王府 자의참군諮議叅軍에 올랐다가, 책명사가 되어 돌아왔다.

自夏四月至五月

不雨

여름 4월부터 5월까지

비가 내리지 않았다.

十一年

春夏, 無雨 一善郡以南十餘城 盡爲甄萱所取

11년

봄·여름, 비가 내리지 않았다. 일선군一善郡 이남 10여 성을 전부 견훤에게 빼앗겼다.

十二年

春二月, 星孛于東

12년
봄 2월, 성패星孛[2)]가 동쪽에 나타났다.

三月
隕霜

3월
서리가 내렸다.

夏四月
雨雹

여름 4월
우박이 내렸다.

十三年
夏六月, 弓裔命將領兵船) 降珍島郡 又破皐夷島城

13년
여름 6월, 궁예가 장수들에게 명하여 병선을 이끌게 하니, 진도군珍島郡을 굴복시키고, 또 고이도성皐夷島城을 격파하였다.

十四年
甄萱躬率步騎三千 圍羅州城經旬不解 弓裔發水軍襲擊之 引軍而退

14년
견훤이 몸소 보병과 기병 3천을 인솔하고 나주성羅州城을 포위하여 열흘이 경과하도록 풀지 않았는데, 궁예가 수군을 출동시켜 그를 습격하니, 군사를 이끌고 후퇴하였다.

2) 성패星孛; 꼬리가 없는 혜성을 말한다.

십 오 년
十五年

춘 정 월 병 술 삭 일 유 식 지 왕 폐 어 천 첩 불 휼 정 사 대 신 은 영 간 불 종
春正月, 丙戌 朔 日有食之 王嬖於賤妾 不恤政事 大臣殷影諫不從

영 집 기 첩 살 지
影執其妾殺之

궁 예 개 국 호 태 봉 년 호 수 덕 만 세
弓裔改國號泰封 年號水德萬歲

15년

봄 정월, 병술 초하루에 일식이 일어났다. 왕이 천한 첩을 총애하니 정사를 돌보지 아니하여 대신 은영이 충간하여도 듣지 않았다. 은영은 그 첩을 잡아 죽여 버렸다.

궁예가 국호를 고쳐 태봉泰封으로 하고, 연호를 수덕만세水德萬歲라 하였다.

십 육 년
十六年

하 사 월 왕 홍 시 왈 효 공 장 우 사 자 사 북
夏四月, 王薨 諡曰孝恭 葬于師子寺北

16년

여름 4월, 왕이 훙서했다. 시호를 효공孝恭이라 하고, 사자사師子寺 북쪽에 장사지냈다.

○ 궁예弓裔의 행적에 관하여 살펴보자.

진성왕 때, 궁예弓裔는 북원北原의 도적 수령 양길梁吉의 부하로, 북원北原 동쪽 부락과 명주溟州 관내 주천酒泉 등 10여 군현郡縣을 점령하고, 하슬라何瑟羅에 입성한 후 저족군猪足郡과 성천군狌川郡을 공격하여 빼앗고, 한주漢州 관내의 부약군夫若郡과 철원군鐵圓郡을 차지하였다.

효공왕편의 기록을 살펴보면 다음과 같다.

898. 7.	궁예가 패수浿水 서쪽 방면까지 이르러 한산주 관내의 30여 성을 빼앗고, 마침내 송악군松岳郡에 도읍을 정하였다.
900. 10.	국원·청주·괴양의 도적 수령 청길과 신훤 등이 성을 갖다 바치고 투항하였다.
901.	궁예가 왕을 칭하였다.
903.	궁예가 도읍을 옮기고자 하여, 철원鐵圓과 부양斧壤에 와서 산수를 둘러보았다.
904.	패수浿水 서쪽 방면의 10여 주현이 궁예에게 투항하였다.
905. 7.	궁예가 도읍을 철원鐵圓으로 옮겼다.
905. 8.	궁예가 병력을 움직여 침탈하여 죽령竹嶺 동북 지역까지 이르렀다.
909. 6.	병선을 이끌고, 진도군珍島郡을 굴복시키고, 또 고이도성皐夷島城을 격파하였다.
910.	견훤이 나주성羅州城을 포위하는 사이, 궁예가 수군을 출동시켜 그를 습격하였다.
911. 1.	궁예가 국호를 고쳐 태봉泰封으로 하였다.

○ 효공왕 二年 七月 기사에는 '弓裔取浿西道及漢山州管內三十餘城 遂都於松岳郡'이라는 기록이 있다. 궁예가 패수浿水 서쪽 지방까지 이르러 한산주 관내의 30여 성을 빼앗고, 마침내 송악군松岳郡에 도읍을 정하였다는 것이다. 八年 기사에도 '浿西道十餘州縣降於弓裔'라는 기록이 있다. 패수浿水 서쪽 방면의 10여 주현이 궁예에게 투항하였다는 것이다.

국사편찬위원회는 '패수浿水 서쪽 방면'을 예성강 서쪽 지역, 즉 현재의 황해도 서부 지방으로 비정한다. 그러나 예성강은 동쪽에서 서쪽으로 흐르므로, 패서浿西는 서해 바다 한가운데가 되니 일단 동 위원회의 견해를 잘못이 있다.

패수浿水 또는 패하浿河는 고대 고조선[東夷]의 강역이었고, 발해의 영토가 미쳤던 곳이었으며, 발해가 강성해지자 당이 신라에게 그 以南 지역을 주어 완충지대로 삼게 하였던 역사적 기록이 엄존한다. 또한 기록에 따르면, 패수浿水는 서쪽에서 동쪽으로 흘러 바다로 들어간다. 또한, 기술한 바와 같이 한주漢州는 곧 한산주漢山州로 그 옛 이름이 신주新州였고, 신주新州는 진흥왕이 성왕으로부터 빼앗은 지역에 설치한 것이고 그 인근에 패수가 있었으니, 한산주漢山州는 산서성山西省 남부와 하남성河南省

일대에 걸친 행정구역이며, 패강浿江 또는 패수浿水는 산서성山西省 남부 및 하남성 일대에 있었을 것으로 비정된다.

○ 효공왕 四年 十月 기사에는 '國原菁州槐壤賊帥淸吉莘萱等 擧城投於弓裔'라는 기록이 있다. 국원·청주·괴양의 도적 수령 청길·신훤 등이 성을 궁예弓裔에게 갖다 바치고 투항하였다는 것이다.

주목할 것은 청주菁州라는 지명이다. 경덕왕 十六年 十二月에 청주菁州를 강주康州로 개칭하였으니 청주菁州는 강주康州의 옛 지명이다. 국사편찬위원회는 강주康州를 경상남도 진주라고 비정하였다. 그렇다면, 진성왕 때 원주에서 일어난 양길梁吉과 궁예弓裔의 무리가 영월을 점령하고, 강릉에 입성한 후 이듬해, 인제와 화천을 점령하고 철원을 차지하였는데, 진성왕 때 이르러 황해도를 점령하고 도읍을 개성으로 옮긴 궁예가 경기도와 충청도를 생략하고 갑자기 경상남도 진주를 점령했다는 것이 되는데 이는 앞뒤가 맞지 않는다.

이에 국원國原과 괴양槐壤이 충북 청주시 부근이라고 주장하고, 청주菁州는 현재의 경남 진주시이고 청천靑川은 현재의 경북 김천시인데, 당시 궁예세력이 이들 지역에까지는 미치지 않았으며 궁예에게 투항한 성이 현재의 충북 청주시 부근인 국원國原과 괴양槐壤이었다는 점 등에서 '菁州' 혹은 '靑川'으로 표기된 문헌은 '靑州'의 오기로 봄이 타당하다는 견해[3]가 등장하는가 하면, 이병도는 고려사를 근거로 아예 궁예가 왕건을 보내 광주廣州·충주忠州·청주靑州·당성唐城:남양南陽·괴양槐壤 등을 쳐서 평정한 것이라 주장한다.[4]

그러나 이러한 견해 역시 이미 정해진 결론을 향하여 꿰맞추기식 주장을 하는 것일 뿐이다. 후삼국시대 초기에는 견훤의 후백제가 후고구려 못지않게 강력했었다는 것은 공지의 사실이다. 그렇다면 궁예가 황해도에서 경기도 충청도 경상도를 유린하는 동안 전주를 중심으로 거대한 세력을 형성했던 견훤은 무엇을 했다는 것인가?

본서는 소성왕 편에서 여러 가지 역사적 사실을 종합하여 청주菁州의 위치를 강소성 서쪽 일대로 비정한 바 있다.

○ 효공왕 七年 기사에는 '弓裔欲移都 到鐵圓斧壤周覽山水'라는 기록이 있다. 궁예가 도읍을 옮기고자 하여, 철원鐵圓과 부양斧壤에 와서 산수를 둘러보았다는 것이다. 九年 七月 기사에도 '弓裔移都於鐵圓'이라는 기록이 있다. 궁예가 도읍을 철원鐵圓으로 옮겼다는 것이다. 그렇다면, 효공왕 七年 기사의 철원鐵圓 역시 강원도 철원군鐵原郡으로 볼 수 없는 것이다.

○ 효공왕 十三年 六月 기사에는 '弓裔命將領兵船 降珍島郡'이란 기록이 있다. 궁예가 장수들에게 명하여 병선을 이끌고 진도군을 굴복시켰다는 것이다. 여기서 국사편찬위원회는 珍島郡을 현재의 전남 진도군 고군면古郡面으로 비정한다.

그러나 후고구려 건국 초기 후백제 및 신라와 치열한 각축전을 벌이는 후고구려 입장

3) 출처; 김갑동, ≪고려 건국기의 청주세력과 왕건≫, ≪한국사연구≫ 48, 1985 | ≪나말려초의 호족과 사회변동연구≫, 1997, 28쪽 | 정구복 외, ≪역주 삼국사기≫ 3 주석편(상), 한국정신문화연구원, 365쪽)

4) 출처; 이병도, ≪역주 삼국사기≫ 상, 을유문화사, 1996, 306쪽)

에서 삼국의 접경지역이거나 전략적 요충지가 아닌 전남 진도군 고군면古郡面에 대규모 수군을 파견했다는 것은 군사전략적 관점을 떠나 상식적으로도 납득이 가지 않는다. 특히 궁예가 정한 도읍인 철원鐵圓을 강원도 철원군鐵原郡으로 해석하는 견지에서는 이러한 대규모 수군의 운용 자체가 어이없다. 궁예가 오늘날 강원도 철원군鐵原郡에 도읍을 정하고 군사작전을 펼쳤다면, 육로를 통하여 바로 경상북도를 침공함으로써 신라를 압박하거나 충청도를 거쳐 전주를 바로 타격함으로써 후백제를 공략하는 것이 전략적으로 훨씬 수월하고 효과적이었을 것이다.

○ 효공왕 十年 三月 기사에는 '前入唐及第金文蔚 官至工部員外郎沂王府諮議叅軍 充册命使而還'이라는 기록이 있다. 전에 입당하여 급제한 김문울이 관직이 공부원외랑工部員外郎 기왕부沂王府 자의참군諮議叅軍에 올랐는데, 책명사가 되어 돌아왔다는 것이다.

이 기록은 唐과의 마지막 외교 기록이다. 唐이 황소의 난을 계기로 약화되다가 효공왕 11년인 AD 907년 절도사 주전충에게 멸망당했기 때문이다.

⑮ 神德王(신덕왕)

912~917 재위기간 5년

神德王立 姓朴氏 諱景暉 阿達羅王遠孫 父乂兼 一云銳謙 事定康大
王爲大阿飡 母貞和夫人 妃金氏 憲康大王之女
孝恭王薨 無子 爲國人推戴 卽位

신덕왕神德王이 왕위에 오르니, 성은 박씨이며, 이름은 경휘景暉로, 아달라왕의 먼 후손이다. 아버지는 예겸乂兼(銳謙이라고도 한다.)으로 정강대왕을 섬겨 대아찬이 되었고, 어머니는 정화부인이며, 왕비는 김씨로 헌강대왕의 딸이다.

효공왕이 홍서하였는데 아들이 없자, 백성들에게 추대되어 즉위하게 되었다.

元年
五月, 追尊考爲宣聖大王 母爲貞和太后 妃爲義成王后 立子昇英爲
王太子 拜伊飡繼康爲上大等

원년 5월

선친을 추존하여 선성대왕으로 하고, 어머니를 정화 태후로 하였다. 왕비를 의성왕후라 하고, 아들 승영을 세워 왕태자로 삼았다. (또한) 이찬 계강에게 벼슬을 내려 상대등으로 삼았다.

二年
夏四月, 隕霜地震

2년

여름 4월, 서리가 내리고, 지진이 일어났다.

三年
春三月, 隕霜 弓裔改水德萬歲爲政開元年

3년

봄 3월, 서리가 내렸다. 궁예가 수덕만세를 정개政開로 고쳐 원년으로 하였다.

四年

夏四月, 槧浦水與東海水相擊 浪高二十丈許 三日而止

4년

여름 6월, 참포槧浦의 물과 동해의 물이 맞부딪쳐서, 물결 높이가 20장 가량 솟았다가, 3일째 그쳤다.

五年

秋八月, 甄萱攻大耶城 不克

冬十月, 地震聲如雷

5년

가을 8월, 견훤이 대야성大耶城을 공격하였으나 이기지 못했다.

겨울 10월, 지진이 일어났는데 소리가 우레와 같았다.

六年

春正月, 太白犯月

秋七月, 王薨 諡曰神德 葬于竹城

6년

봄 정월, 태백太白[5]이 달을 가렸다.

가을 7월, 왕이 훙서하였다. 시호를 신덕神德이라 하고, 죽성竹城에 장사지냈다.

---

5) 태백太白; 오늘날 금성을 말한다.

분석 53 神德王(신덕왕)

912~917 재위기간 5년

○ 신덕왕 즉위 기사에 '神德王立 姓朴氏 諱景暉 阿達羅王遠孫'라는 기록이 있다. 신덕왕이 왕위에 올랐는데, 성은 박씨요 이름은 경휘라 하니, 아달라왕의 후손이라는 것이다. 아달라왕은 초기 신라의 마지막 박씨왕으로 기록된 왕이다.

그런데 내물왕 편에서 기술한 바와 같이 박·석·김 씨는 서로 인척姻戚 사이인데 신라는 줄곧 근친혼 내지는 족내혼을 골간으로 하여 왕실의 혈족 중에서 인척을 삼았으니 혈족이 곧 인척이고 인척이 곧 혈족이다. 따라서 신덕왕이 아달라왕의 먼 후손이라는 것 외에 신덕왕의 즉위로 신라의 왕통에 있어 무슨 변화가 있다고 평가되지 않는다.

○ 신덕왕 五年 八月 기사에는 '甄萱攻大耶城 不克'이라는 기사가 있다. 견훤이 대야성을 공격하였으나 이기지 못했다는 것이다. 한편, 진성왕 六年 기사에는 '完山賊甄萱據州 自稱後百濟 武州東南郡縣降屬'는 기록이 있었다. 완산의 도적 견훤이 완산주完山州를 거점으로 후백제라고 자칭하였는데 무주 동남쪽의 군현이 그에게 투항하여 소속되었다는 것이다.

정리하면, 견훤의 거점은 完山이고 원래 완산주完山州는 대야주大耶州라 불리기도 했다. 좀 더 자세히 분석하여 보자

진흥왕 十六年 正月 기사에 '置完山州於比斯伐'이라는 기록이 있다. 비사벌에 완산주를 신설하였다는 것이다. 직전해인 十四年 七月 백제의 동북면을 빼앗아 新州를 설치하였는데(取百濟東北鄙 置新州), 이듬해 백제의 성왕을 죽이고 完山州를 설치한 것이니 新州와 完山州는 진흥왕이 백제로부터 발취한 지역이라 할 수 있다.

진흥왕 二十六年 九月 기사에는 '廢完山州 置大耶州'라는 기록이 있다. 완산주를 폐하고 대야주를 설치하였다는 것이다. 완산은 구도시, 대야는 부근에 새로 조성한 신도시 정도로 해석된다. 그리하여 주명州名이 완산주에서 대야주로 바뀌었다.

선덕왕 十一年 八月 기사에는 '百濟將軍允忠領兵攻拔大耶城 都督伊湌品釋舍知竹竹龍石等死之'라는 기록이 있다. 백제 장군 윤충이 병사를 이끌고 대야성을 공격하여 빼앗았는데 도독인 이찬 품석과 사지 죽죽·용석 등이 죽었다는 것이다. 무왕이 성왕의 복수를 하고 실지失地를 회복하였는데 지역의 중심이 대야에서 다시 완산으로 이동하였을 것이다.

그런데 이 사건으로 사위 품석과 함께 딸을 잃은 김춘추는 백제에 뼈에 사무치는 원한을 갖게 되었고 이것이 백제를 패망시키기 위해 김춘추가 동분서주한 계기가 되었다. 드디어 김춘추는 즉위하여 백제를 멸망시키고 무열왕 八年 五月 九日 압독주를 대야로 옮겼다.(移押督州於大耶) 즉, 무열왕이 백제를 멸망시킨 후 행정구역과 직제를 크게 개편하며 대야에 압독주를 설치한 것이니 지역의 중심이 완산에서 대야로 또 다시 이동한 것이다.

결론적으로 신주, 완산주, 대야성, 무주 등은 지역적으로 거의 같거나 거리상 아주 가까운 지역이으로 볼 수 있다. 특히 완산은 곧 대야이며 이곳이 견훤이 일어난 곳 즉, 후백제의 핵심 강역이라 할 수 있다.

따라서, 국사편찬위위원회의 견해와 같이 완산은 전라북도 전주, 대야성은 경상남도 합천으로 비정한다면, 이는 삼국사기의 기록에 크게 배치된다고 아니할 수 없다.

54 景明王(경명왕)

917~924 재위기간 7년

景明王立 諱昇英 神德王之太子 母義成王后

경명왕景明王이 왕위에 오르니 이름은 승영昇英으로 신덕왕의 태자이고, 어머니는 의성왕후이다.

元年

八月, 拜王弟伊湌魏膺爲上大等 大阿湌裕廉爲侍中

원년

8월, 왕의 아우 이찬 위응魏膺에게 벼슬을 내려 상대등으로 삼고, 대아찬 유렴裕廉을 시중으로 삼았다.

二年

春二月, 一吉湌玄昇叛 伏誅

2년

봄 2월, 일길찬 현승이 반역하다가 처형되었다.

夏六月

弓裔麾下人心忽變 推戴太祖 弓裔出奔 爲下所殺 太祖卽位 稱元

여름 6월

궁예의 부하들이 갑자기 변심하여 태조를 추대하고, 궁예는 쫓겨나 달아나다가 부하에게 피살되었다. 태조가 즉위하여 연호를 정하여 원년으로 하였다.

秋七月

尙州賊帥阿玆盖 遣使降於太祖

가을 7월

상주尙州의 도적 수령 아자개가 사신을 파견하여 태조에게 항복하였다.

三年

四天王寺塑像所執弓弦自絶 壁畵狗子有聲 若吠者 以上大等金成爲角飡 侍中彦邕爲沙飡 我太祖移都松岳郡

3년

사천왕사四天王寺의 소상塑像이 잡고 있던 활줄이 저절로 끊어지고, 벽화 속의 개가 소리를 내었는데, 마치 짖는 것 같았다.

상대등 김성을 각찬으로 하고, 시중 언옹을 사찬으로 삼았다. 우리 태조가 도읍을 송악군松岳郡으로 옮겼다.

四年

春正月, 王與太祖交聘修好

4년

봄 정월, 왕이 태조와 사신을 교환하고 우호관계를 맺었다.

二月

康州將軍閏雄降於太祖

2월

강주康州 장군 윤웅閏雄이 태조에게 항복하였다.

冬十月

後百濟主甄萱率步騎一萬 攻陷大耶城 進軍於進禮 王遣阿飡金律求援於太祖 太祖命將出師救之 萱聞乃去

겨울 10월

후백제 주군主君 견훤이 보병과 기병 1만을 인솔하고, 대야성大耶城을 공격하여 함락하고, 진례進禮로 진군하였다.

왕이 아찬 김율을 파견하여 태조에게 보내 원군을 구하였다. 태조가 장수에게 명하여 군대를 출동시켜 구원하게 하니, 견훤이 이를 듣고 물러갔다.

五年

春正月, 金律告王曰 臣往年奉使高麗 麗王問臣曰 聞新羅有三寶 所謂丈六尊像九層塔幷聖帶也 像塔猶存 不知聖帶今猶在耶 臣不能答

王聞之 問羣臣曰 聖帶是何寶物耶 無能知者

時有皇龍寺僧年過九十者曰 予嘗聞之 寶帶是眞平大王所服也 歷代傳之 藏在南庫 王遂令開庫 不能得見 乃以別日齋祭然後見之 其帶粧以金玉 甚長 非常人所可束也

5년

봄 정월, 김율金律이 왕에게 고하며 말했다.

"신臣이 지난해 고려에 사신으로 갔을 때, 고려왕이 신臣에게 묻기를 '신라에는 세 가지 보물이 있다고 들었는데, 이른바 장육존상과 9층탑과 성대聖帶이니, 불상과 탑은 지금도 있다고 들었지만, 성대聖帶는 지금도 있는지는 모르겠구나.'라고 하여 신臣이 답할 수 없었나이다."

왕이 이 말을 듣고 여러 신하들에게 물었다.

"성대聖帶란 어떠한 보물인가?"

그러나 이를 아는 자가 없었다. 이 때 황룡사에 나이 90세를 넘은 스님이 말하였다

"내가 일찍이 듣기에는 보대寶帶는 진평대왕이 사용하던 것인데, 대대로 전해지면서 남쪽 창고에 보관되어 있다고 합니다."

왕이 즉시 창고를 열었으나 발견되지 않았다. 이에 날을 따로 정하여 제를 올리고 난 뒤에야 발견되었다. 그 띠는 금과 옥으로 장식되었고 매우 길어서 보통 사람은 맬 수가 없었다.

論曰

古者坐明堂執傳國璽 列九鼎 其若帝王之盛事者也 而韓公論之曰 歸天人之心 興太平之基 決非三器之所能也 竪三器而爲重者 其誇者之詞耶

況此新羅所謂三寶 亦出於人爲之侈而已 爲國家何須此耶

孟子曰 諸侯之寶三 土地人民政事 楚書曰 楚國無以爲寶 惟善以爲寶 若此者行之 於內足以善一國 推之於外足以澤四海 又何外物之足云哉

太祖聞羅人之說而問之耳 非以爲可尚者也

논하여 말한다.

옛날 명당明堂에 앉아서 이어받은 옥새를 쥐고, 아홉 개의 솥을 진열하는 것, 그것이 마치 제왕의 성대한 일인 것처럼 하였다. 그러나 한유韓愈가 논하여 말하기를 하늘과 백성들의 마음을 모으고, 태평성세의 기반을 일으키는 것이야말로 결코 세 가지 물건이 할 수 있는 일이 아니라고 하였으니, 비루한 세 가지 물건을 소중하다고 한 것은, 그것을 과장하는 자의 말이 아니겠는가? 하물며 신라의 세 가지 보물이라고 하는 것 또한 인위적인 사치로부터 나왔을 뿐이니, 국가를 나스림에 있어서 어찌 필수적인 것이라 하겠는가?

'맹자'에 이르기를 제후의 보배가 세 가지이니, 토지·백성·정치이며, '초서'에 이르기를 초楚에는 보물이랄 것이 없고, 오직 선善을 보배라고 하였으니, 만약 이것을 행한다면, 안으로는 족히 한 나라를 선하게 할 것이며 나아가 밖으로는 족히 사해를 풍요롭게 할 것이니, 또 어떤 다른 물건이 필요하다 하겠는가?

태조는 신라 사람들의 말을 듣고 그냥 물었을 뿐이며, 숭상할만한 것으로 여긴 것이 아니었다.

二月

靺鞨別部達姑衆 來寇北邊 時太祖將堅權鎭朔州 率騎擊大破之 匹馬不還 王喜遣使移書 謝於太祖

2월

말갈靺鞨의 일파인 달고의 무리가 쳐들어와 북쪽 변경을 약탈하였다. 이 때 태조의 장수 견권이 삭주에 주둔하고 있다가, 기병을 인솔하여 공격하여 그들을 대파하니, 한 필의 말도 돌아가지 못하였다. 왕이 기뻐하며 사신을 파견하여 서신을 보내고 태조에게 사례하였다.

夏四月

京都大風拔樹

여름 4월

경도京都에 큰 바람이 불어 나무가 뽑혔다.

秋八月

蝗旱

가을 8월
메뚜기 떼가 생기고 가뭄이 들었다.

六年

春正月, 下枝城將軍元逢溟州將軍順式降於太祖 太祖念其歸順 以元逢本城爲順州 賜順式姓曰王

是月, 眞寶城將軍洪述降於太祖

6년

봄 정월, 하지성 장군 원봉元逢과 명주溟州 장군 순식順式이 태조에게 항복하였다. 태조는 그들의 귀순을 기념하여 원봉의 본 성을 순주順州라 하였으며, 순식에게 성姓을 내려 왕씨로 하였다.

이 달, 진보성眞寶城 장군 홍술이 태조에게 항복하였다.

七年

秋七月, 命旨城將軍城達京山府將軍良文等降於太祖 王遣倉部侍郞金樂錄事叅軍金幼卿 朝後唐貢方物 莊宗賜物有差

7년

가을 7월, 왕이 지성 장군 성달과 경산부 장군 양문 등에게 명하여 태조에게 항복하게 하였다.

왕이 창부 시랑 김낙과 녹사 참군 김유경을 파견하여 후당後唐에 입조하고 방물을 바쳤다. 장종莊宗이 직급에 따라 물품을 하사하였다.

八年

春正月, 遣使入後唐朝貢 泉州節度使王逢規 亦遣使貢方物

8년

봄 정월, 사신을 파견하여 후당後唐에 조공하였다. 천주泉州 절도사 왕봉규 역시 후당後唐에 사신을 파견하여 방물을 바쳤다.

夏六月

遣朝散大夫倉部侍郎金岳 入後唐朝貢 莊宗授朝議大夫試衛尉卿

여름 6월

왕이 조산대부 창부시랑 김악을 파견하여 입당 조공하니, 장종莊宗이 조의대부시위위경의 관직을 주었다.

秋八月

王薨 謚曰景明 葬于黃福寺北 太祖遣使弔祭

가을 8월

왕이 홍서하니, 시호를 경명景明이라 하고, 황복사黃福寺 북쪽에 장사지냈다. 태조가 사신을 파견하여 조문하고 제를 올렸다.

○ 경명왕 六年 正月 기사에 '下枝城將軍元逢溟州將軍順式降於太祖'라는 기록이 있다. 하지성下枝城 장군 원봉元逢과 명주溟州 장군 순식順式이 태조에게 항복하였다는 것이다. 명주溟州에 대한 마지막 기록이다.

여기서 명주溟州에 관한 삼국사기 신라본기의 기록을 정리하여 보자.

남해왕 十六年 二月 기사에 '北溟人耕田 得濊王印 獻之'라는 기록이 있었다. 북명北溟 사람이 밭을 갈다가 예왕의 인장을 습득하여 왕에게 바쳤다는 것이다. 진성왕 五年 十月 기사에는 '北原賊師梁吉遣其佐弓裔 領百餘騎 襲北原東部落 及溟州管內酒泉等十餘郡縣'이라는 기록이 있었다. 북원의 도적 수령 양길이 그의 부하 궁예를 보내 기병 백여 명을 이끌고 북원 동쪽 부락과 명주溟州 관내 주천 등 10여 군현을 기습하게 하였다는 것이다.

이번에는 삼국사기 지리편을 살펴보자.

三國史記 三十四卷 雜志 第三 地理 一편에는 '於故高句麗南界置三州 從西第一曰漢州 次東曰朔州 又次東曰溟州'라는 기록이 있다. 이전의 고구려 남쪽 지역에 3주를 설치하였는데 서쪽으로부터 첫째를 한주, 그 다음 동쪽을 삭주, 그 다음 동쪽을 명주溟州라고 하였다는 것이다. 三國史記 三十四卷 雜志 第三 地理 二편에는 '溟州本高句麗河西良一作何瑟羅後屬新羅'라는 기록이 있다. 명주는 원래 고구려의 하서량河西良으로 하슬라何瑟羅라고도 한다. 훗날 신라에 속하였다는 것이다. 또한 가탐賈耽의 고금군국지古今郡國志를 인용하며 '今新羅北界溟州蓋濊之古國'라고 하였다. 즉, 지금 신라의 북부 경계에 있는 명주는 대부분이 예濊의 옛 나라라는 것이다.

삼국사기에 따르면 명주溟州는 신라의 동북방에 있었는데, 이곳을 터전으로 옛 예국濊國이 있었고, 그 후 신라 말에는 후고구려를 세운 궁예 세력의 주요 근거지였다. 결국 순식順式이 이 지역을 고려 태조에게 바친 것이다.

○ 경명왕 五年 二月 기사에는 '靺鞨別部達姑衆 來寇北邊 時太祖將堅權鎭朔州 率騎擊大破之'라는 기록이 있다. 말갈靺鞨의 일파인 달고의 무리가 쳐들어와 북쪽 변경을 약탈하였는데 이 때 태조의 장수 견권이 삭주朔州에 주둔하고 있다가, 기병을 인솔하여 공격하여 그들을 대파하였다는 것이다.

기술한 바와 같이 三國史記 三十四卷 雜志 第三 地理 一 편에는 '於故高句麗南界置三州 從西第一曰漢州 次東曰朔州 又次東曰溟州'라는 기록이 있다. 이전의 고구려 남쪽 지역에 3주를 설치하였는데 서쪽으로부터 첫째를 한주漢州, 그 다음 동쪽을 삭주朔州, 그 다음 동쪽을 명주溟州라고 하였다는 것이다.

국사편찬위원회는 신라의 수도인 금성이 경상북도 경주에 있었고, 삭주朔州는 강원도 춘천에 있었다는 입장이며 나아가 후백제가 전라북도 전주에 있었고, 황해도와 강원도 일대에는 고려가 있었다고 한다. 동위원회의 견해에 따르면, 말갈靺鞨이 고려의 영토를 정면 돌파하여 신라의 북쪽 변경을 약탈한 것으로 해석된다. 상식적으로 납득이 가지 않는 결론이라 할 수 있다. 결국 동위원회의 견해대로라면 경명왕 五年 二月 기사는 전혀 해석이 되지 아니한다.

위 기사를 통하여 말갈과 신라 및 고려가 삭주朔州를 중심으로 국경을 맞대고 있었음을 알 수 있다. 본서는 이미 삼국사기, 삼국유사, 구당서의 기록을 토대로 속말말갈粟末靺鞨이 하북성河北省과 요녕성 및 그 이북에 있었던 것으로 비정한 바 있다. 여러 가지 역사적 사실을 종합할 때 삭주朔州는 하북성河北省 일대에 걸쳐 있었을 것으로 비정된다.

유리왕 十七年 九月 기사에서도 '貊國渠帥以兵要曲河西敗之 王喜 與貊國結好'라는 기록이 있었다. 맥국貊國의 왕[渠帥]이 병사를 동원하여 곡하曲河 서쪽에서 요격하여 화려華麗・불내不耐를 물리치니 왕이 기뻐하여 맥국貊國과 우호관계를 맺었다는 것이었다.

본서는 화려華麗와 불내不耐가 낙랑의 잔여세력이라는 점 등을 근거로 맥국貊國이 산서성山西省을 중심으로 하북성河北省 일대에 세력을 미쳤던 나라로 보았으며 삼국사기 고구려본기 유리왕 三十一年 기사를 근거로 맥貊은 문맥상 고구려를 가리키는 것임에 틀림이 없다고 하였다.[6)]

그런데 삼국유사는 삼국사三國史를 인용하며 '春州古牛首州古貊國 又或云今朔州是貊國 或平壤城爲貊國'라고 기록한다. 이를 해석하면 "춘주春州는 옛날의 우수주牛首州인데 곧 옛날의 맥국麥麴이며, 또 혹은 지금의 삭주朔州가 바로 맥국貊國이며 혹은 평양성平壤城이 맥국이라는 것이다.

유리왕 十七年 九月 기사의 해석을 통한 맥국貊國의 위치비정과 경명왕 五年 二月 기사의 해석을 통한 삭주朔州의 위치 비정은 일맥상통한다고 할 수 있다.

○ 경명왕 七年 七月 기사에는 '王遣倉部侍郎金樂錄事衆軍金幼卿 朝後唐貢方物 莊宗賜物有差'이란 기록이 있다. 왕이 창부 시랑 김낙과 녹사 참군 김유경을 파견하여 후당後唐[7)]에 입조하고 방물을 바치니 장종莊宗이 물품을 하사하였다는 것이다. 八年 正月 기사에도 '遣使入後唐朝貢'이란 기록이 있다. 사신을 파견하여 후당에 조공하였다는 것이다. 同年 六月 기사에도 '遣朝散大夫倉部侍郎金岳 入後唐朝貢'이란 기록이 있다. 조산대부 창부시랑 김악을 파견하여 입당 조공하였다는 것이다.

당唐이 황소의 난을 계기로 약화되자, 효공왕 11년인 AD 907년 절도사 주전충이 唐을 멸하고 후량을 세웠다. 그러나 唐의 후예들은 항전을 계속하여 경명왕 7년인 AD 923년 위주魏州에서 후당後唐을 건국한 후 그 해 장종莊宗 이존욱李存勖이 후량을 멸하니, 마침내 후당後唐의 왕실 일족들은 고향인 낙양으로 금의환향 하였다. 그러나 후당後唐은 다른 나라로부터 조공을 받을 만큼 그리 강성한 나라도 아니었다. 실제 AD 936년 후진後晉에 의해 멸망당했으니 後唐은 존속기간이 10여년에 불과하다. 견훤이 세운 후백제後百濟[8)]만 해도 존속기간이 40년이 넘는다. 후당은 나라라고 인정해 주기도 민망하다. 그런데 1000년 역사를 자랑하는 신라가 왜 굳이 후당後唐에 조공한 것일까?

6) 출처; 정희철, 삼국사기주해 고구려본기 분석2 유리왕 참조

7) 후당後唐; 923년~936년

8) 후백제後百濟; 892년 936년

그것은 후당後唐의 왕실 역시 당唐과 마찬가지로 흉노 계열의 선비족이었기 때문이다. 신라 왕실은 흉노 계열의 선비족으로 소위 해예海裔이기 때문에, 본계本系인 당唐과 이를 이은 후당後唐의 왕실에 입조入朝하여 방물을 바쳐왔던 것이다. 신라가 당唐과 후당後唐에 행한 연이은 조공은 祭祀的 성격을 가진 것으로서 조선이 명에 행한 事大的 의미의 조공과는 그 본질이 다르다고 할 수 있다.

이후 신라가 고려에 나라를 귀부하지 않고 그 사직이 유지되었더라면, 후진後晉(936년~946년)에게도 조공을 하였을 것이다. 후진後晉의 왕실 역시 신라 왕실과 같은 혈통이었기 때문이다.

55 景哀王(경애왕)

924~927 재위기간 8년

景哀王立 諱魏膺 景明王同母弟也

경애왕景哀王이 왕위에 올랐다. 이름은 위응魏膺으로 경명왕景明王의 동복아우이다.

元年

九月, 遣使聘於太祖

冬十月, 親祀神宮 大赦

원년

9월, 사신을 파견하여 태조太祖를 예방하였다.

겨울 10월, 친히 신궁神宮에 제사지내고, 크게 사면을 단행하였다.

二年

冬十月, 高鬱府將軍能文 投於太祖 勞諭還之 以其城迫近新羅王都故也

十一月, 後百濟主甄萱以姪眞虎質於高麗 王聞之 使謂太祖曰 甄萱反覆多詐 不可知親 太祖然之

2년

겨울 10월, 고울부高鬱府 장군 능문能文이 태조에게 투항하였으나, 그를 위로하고 타일러서 돌려보냈다. 그 성이 신라의 왕도王都와 가까웠기 때문이었다.

11월, 후백제 군주 견훤이 조카 진호를 고려에 인질로 보냈다. 왕이 이를 듣고 사신을 파견하여 태조에게 말했다.

"견훤甄萱은 변덕스럽고 사술이 많으니, 화친하면 안 됩니다."

태조도 그렇게 생각하였다.

三年

夏四月, 眞虎暴死 萱謂高麗人故殺 怒擧兵 進軍於熊津 太祖命諸城堅壁不出 王遣使曰 甄萱違盟擧兵 天必不祐 若大王奮一鼓之威 甄萱必自破矣 太祖謂使者曰 吾非畏萱 俟惡盈而自僵耳

3년

여름 4월, 진호가 갑자기 죽었다. 견훤은 고려 사람들이 고의로 죽였다고 생각하고 노하여 거병하고, 웅진熊津까지 진군하였다. 태조가 여러 성에 명하여 성벽을 굳게 지키고 나가 싸우지 않도록 하였다.

(이어) 왕이 사신을 보내 말했다.

“견훤은 약정을 위반하여 거병하였으므로 하늘이 결코 돕지 않을 것입니다. 만약 대왕이 진격하여 약간의 위풍을 떨친다면 견훤은 반드시 스스로 무너질 것입니다.”

(이에) 태조가 사신에게 말했다.

“내가 견훤甄萱을 두려워하는 것이 아니라, 그의 악업이 차고 넘쳐서 스스로 쓰러지기를 기다릴 뿐이다.”

四年

春正月 太祖親征百濟 王出兵助之

4년

봄 정월, 태조太祖가 친히 백제를 정벌하자, 왕이 출병하여 그를 도왔다.

二月

遣兵部侍郎張芬等 入後唐朝貢 唐授張芬檢校工部尙書 副使兵部郎中朴術洪 兼御史中丞 判官倉部員外郎李忠式 兼侍御史

2월

병부시랑 장분 등을 후당後唐에 보내 조공하였다. 후당後唐에서는 장분張芬에게 검교공부상서를 수여하고, 부사 병부낭중 박술홍은 어사중승을 겸하게 하고, 판관 창부원외랑 이충식은 시어사를 겸하게 하였다.

三月

皇龍寺塔搖動北傾 太祖親破近巖城 唐明宗以權知康州事王逢規爲懷化大將軍

3월

황룡사 탑이 흔들리더니 북쪽으로 기울었다. 태조가 친히 근암성近巖城을 격파하였다. 후당 명종이 권지강주사 왕봉규王逢規를 회화대장군懷化大將軍으로 삼았다.

夏四月

知康州事王逢規遣使林彦 入後唐朝貢 明宗召對中興殿賜物 康州所管突山等四鄉 歸於太祖

여름 4월

지강주사知康州事 왕봉규王逢規가 사사 임언林彦을 후당後唐에 보내 조공하였다. 명종이 불러 중흥전에서 접견하고 물품을 주었다. 강주康州 소관의 돌산突山 등 네 고을이 태조에게 귀순하였다.

秋九月

甄萱侵我軍於高鬱府 王請救於太祖 命將出勁兵一萬往救

甄萱以救兵未至 以冬十一月 掩入王京 王與妃嬪宗戚 遊鮑石亭宴娛 不覺賊兵至 倉猝不知所爲 王與妃奔入後宮 宗戚及公卿大夫士女四散 奔走逃竄 其爲賊所虜者 無貴賤皆駭汗匍匐 乞爲奴僕而不免 萱又縱其兵 剽掠公私財物略盡 入處宮闕 乃命左右索王 王與妃妾數人在後宮 拘致軍中 逼令王自盡 强淫王妃 縱其下亂其妃妾 乃立王之族弟權知國事 是爲敬順王

가을 9월,

견훤甄萱이 고울부高鬱府에서 아군을 공격하자 왕이 태조에게 구원을 요청하니, 명을 내려 바로 경병 1만 명을 내보내 구원하게 하였다.

(그러나) 견훤甄萱은 구원병이 아직 도착하지 아니한 겨울 11월에 왕경王京을 불시에 기습하였다. (이 때) 왕은 왕비 및 후궁과 친척들을 데리고 포석정鮑石亭에서 연회를 베풀며 놀고 있어 적병이 오는 것을 모르고 있었으므로 갑자기 어찌할 줄을 몰랐다. 왕은 왕비와 함께 후궁으로 뛰어 들어가고, 친척과 공경대부 및 사녀들은 사방으로 흩어져 달아나 숨었다. 적에게 붙잡힌 자들은 귀천을 가릴 것 없이 모두 놀라고 진땀을 흘리며 땅에 엎드려 노복이 되겠다고 빌었으나 화를 면하지 못했다.

견훤甄萱은 또한 병사들을 풀어 공·사의 재물을 거의 모두 빼앗아 궁궐에 올라 좌우에 명을 내려 왕을 찾게 하였다. 왕은 왕비와 첩 몇을 데리고 후궁에 있다가 군영으로 잡혀 가니, 왕을 핍박하여 자살하게 하고, 왕비를 강간하고, 그의 부하들에게는 비첩들을 강간하게 하였다.

그리고 왕의 먼 친척 동생을 세워 임시로 국사를 맡기니, 이 사람이 경순왕敬順王이다.

분석 55 景哀王(경애왕) 924~927 재위기간 8년

○ 경애왕 元年 十月 기사에 '親祀神宮'이라는 기록이 있다. 친히 신궁神宮에 제사지냈다는 것이다. 기술한 바와 같이 삼국사기 본기에 따르면 소지왕 九年 二月 시조가 처음 탄생한 신궁神宮을 내을에 설치하였다고 하고, 삼국사기 제사 편에는 지증왕이 시조의 탄생지인 내을奈乙에 신궁神宮을 창립하여 제사를 지냈다고 하였으니, 소지왕 내지는 지증왕 때에 이르러 신라의 시조를 중심으로 박씨, 석씨의 시조를 포함하고 기타 신라에 편입된 왕족이나 공신들을 합사하여 봉제한 것이다.

경애왕 元年 十月 기사는 삼국사기 제사에 관한 신라본기의 마지막 기록이다.

○ 경애왕 四年 三月 기사에는 '唐明宗以權知康州事王逢規爲懷化大將軍'이라는 기록이 있다. 후당 명종이 권지강주사 왕봉규를 회화 대장군으로 삼았다는 것이다. 경애왕 四年 四月 기사에 '知康州事王逢規遣使林彦'이라는 기록이 있다. 지강주사知康州事 왕봉규王逢規가 사자 임언林彦을 후당後唐에 보내 조공하였다는 것이다. 경애왕 同年 同月 기사에 '康州所管突山等四鄕 歸於太祖'라는 기록이 있다. 강주康州 소관의 돌산 등 네 고을이 태조에게 귀순하였다는 것이다.

지강주사知康州事 왕봉규王逢規는 누구인가? 고려사에는 임언林彦을 후당後唐에 보낸 것은 왕건으로 기록되어 있으니, 왕봉규가 곧 왕건이라고 해석된다. 중국의 기록에는 신라 사신 임언이 왔다고 기록되어 있으니 후당後唐에서는 신라와 고려를 특별히 구분하지 아니하였음을 알 수 있다.[9)]

위 기록을 통하여 강주康州가 이미 고려에 복속되었고 이를 후당後唐이 인정하였다는 것을 알 수 있다. 강주康州는 후당後唐과의 관계에서 중요한 의미를 갖는 지역으로 지리적으로는 적어도 당시 고려와 신라의 경계로서 고려・신라 양국과 후당後唐의 접경에 있었을 것으로 보인다.

○ 한편, 삼국사기 地理 편에는 '本國界內置三州 王城東北當唐恩浦路曰尙州 王城南曰良州 西曰康州'라는 기록이 있다. 본국本國 경내界內에 3개의 주州를 설치하였으니, 왕성 동북쪽의 당은포唐恩浦 방면을 상주尙州라 하고, 왕성 남쪽을 양주良州라 하고, 서쪽을 강주康州라 하였다는 것이다. 진성왕 편에서 후기 신라의 수도의 위치를 강소성江蘇省 무진현武進縣으로 비정한 바 있다. 그렇다면 강주康州는 강소성 서쪽 일대에 있었을 것으로 비정된다.

○ 四年 九月 기사에는 '甄萱以救兵未至 以冬十一月 掩入王京 王與妃嬪宗戚 遊鮑石亭宴娛 不覺賊兵至'라는 기록이 있다. 견훤은 구원병이 아직 도착하지 아니한 겨울 11월에 왕경王京을 불시에 기습하였는데, 왕은 왕비 및 후궁과 친척들을 데리고 포석정鮑石亭에서 야외 연회를 베풀며 놀고 있어 적병이 오는 것을 모르고 있었다는 것이다.

9) 출처; '신오대사' 권6 명종(明宗) 천성 2년 3월

1934년 일제는 경주 포석정을 사적 1호로 지정했다. 신라가 경상북도 경주에 있었다고 못을 박은 것이다.

그런데, 음력 11월이면 양력으로 12월 말 경으로 1년 중 가장 추운 때이다. 이 때 경애왕은 야외에서 연회를 벌이고 있었다. 한반도 북위 35° 39′~ 36° 04′ 지역에서 어찌 이것이 가능한 일이겠는가?

포석정이 위락시설인지 종교시설인지 아니면 군사시설이든지 간에, 명확한 것은 이 당시 경애왕은 경상북도 경주에 있지 않았으며 따라서 견훤이 기습한 곳 역시 경상북도 경주가 아니라는 사실이다.

56 敬順王(경순왕)

927~935 재위기간 8년

敬順王立 諱傅 文聖大王之裔孫 孝宗伊飡之子也 母桂娥太后 爲甄萱所擧卽位

擧前王屍 殯於西堂 與羣下慟哭 上謚曰景哀 葬南山蟹目嶺 太祖遣使弔祭

경순왕이 왕위에 오르니, 이름이 부傅로, 문성대왕의 후손이며, 이찬 효종의 아들이요, 어머니는 계아태후인데, 견훤이 세워서 왕위에 올랐다.

전왕의 시체를 거두어 서당西堂에 안치하고 여러 신하들과 함께 통곡하였다. 시호를 올려 경애라 하고, 남산 해목령蟹目嶺에 장사지냈다. 태조가 사신을 파견하여 조문하고 제祭를 올렸다.

元年

十一月, 追尊考爲神興大王 母爲王太后

十二月, 甄萱侵大木郡 燒盡田野積聚

원년

11월, 아버지를 추존하여 신흥대왕으로 하고, 어머니를 왕태후로 하였다.

12월, 견훤이 대목군大木郡에 침입하여, 들판에 있던 노적가리를 태워 버렸다.

二年

春正月, 高麗將金相與草八城賊興宗戰 不克死之

2년

봄 정월, 고려 장수 김상金相이 초팔성草八城 도적 흥종興宗과 싸우다가 이기지 못하고 죽었다.

夏五月

康州將軍有文 降於甄萱

여름 5월

강주康州 장군 유문이 견훤에게 항복하였다.

六月

地震

6월

지진이 발생했다.

秋八月

甄萱命將軍官昕築城於陽山 太祖命命旨城將軍王忠 率兵擊走之 甄萱進屯於大耶城下 分遣軍士 芟取大木郡禾稼

가을 8월

견훤이 장군 관흔을 명하여 양산陽山에 성을 쌓게 하자, 태조가 명지성命旨城의 장군 왕충에게 명하여 병사를 인솔하여 격퇴하고 쫓아내게 하였다.

견훤이 진군하여 대야성 아래에 주둔하면서, 군사들을 나누어 보내 대목군大木郡에서 여물지도 아니한 벼를 베어 갔다.

冬十月

甄萱攻陷武谷城

겨울 10월

견훤이 무곡성武谷城을 공격하여 함락하였다.

三年

夏六月, 天竺國三藏摩睺羅抵高麗

3년

여름 6월, 천축국天竺國의 삼장마후라가 고려에 왔다.

秋七月

甄萱攻義成府城 高麗將洪述出戰 不克死之 順州將軍元逢降於甄萱 太祖聞之怒 然以元逢前功宥之 但改順州爲縣

가을 7월

견훤이 의성부義成府의 성을 공격하였다. 고려 장수 홍술이 출전하였으나 이기지 못하고 죽었다. 순주順州 장군 원봉이 견훤에게 항복하였다. 태조가 이 소식을 듣고 노하였으나, 원봉元逢의 지난 공功을 감안하여 용서하고, 다만 순주順州를 고쳐 현縣으로 하였다.

冬十月

甄萱圍加恩縣 不克而歸

겨울 10월

견훤이 가은현加恩縣을 포위했다가 이기지 못하고 돌아갔다.

四年

春正月, 載巖城將軍善弼降高麗 太祖厚禮待之 稱爲尙父 初太祖將通好新羅 善弼引導之 至是降也 念其有功且老 故寵褒之

4년

봄 정월, 재암성載巖城 장군 선필善弼이 고려에 투항하였다. 태조가 그를 후하게 대우하고 이른바 상보尙父로 삼았다. 이전에 태조가 신라와 우호관계를 맺으려 할 때 선필善弼이 그를 인도하였는데, 이때에 이르러 투항해오니 그의 공로와 나이를 참작하여 이에 은총을 베풀고 그를 기린 것이다.

正月

太祖與甄萱戰古昌郡甁山之下大捷 殺虜甚衆 其永安河曲直明松生等三十餘郡縣 相次降於太祖

정월

태조가 고창군 병산甁山 아래에서 견훤과 싸워 큰 승리를 거두니, 죽이거나 사로잡은 자가 매우 많았다. 영안永安·하곡河曲·직명直明·송생松生 등 30여 군현이 차례로 태조에게 투항하였다.

二月

太祖遣使告捷 王報聘兼請相會

2월,

태조가 사신을 파견하여 승첩을 알려왔다. 왕이 보답으로 사신을 보내고 아울러 회담을 요청하였다.

秋九月

國東沿海州郡部落 盡降於太祖

가을 9월,

동쪽 연해沿海 주군州郡의 부락이 모두 태조에게 투항하였다.

五年

春二月, 太祖率五十餘騎 至京畿通謁 王與百官郊迎入宮 相對曲盡情禮 置宴於臨海殿

5년

봄 2월, 태조가 기병 50여 기騎를 인솔하고 경기京畿에 와서 만나기를 통지하였다. 왕은 백관들과 함께 교외에서 영접하여 입궁하니, 서로 마주하며 마음과 예를 다하고, 임해전臨海殿에서 연회를 베풀었다.

酒酣 王言曰 吾以不天 寖致禍亂 甄萱恣行不義 喪我國家 何痛如之 因泫然涕泣 左右無不鳴咽 太祖亦流涕慰藉 因留數旬廻駕 王送至穴城 以堂弟裕廉爲質隨駕焉 太祖麾下軍士肅正 不犯秋毫 都人士女相慶曰 昔甄氏之來也 如逢豺虎 今王公之至也 如見父母

술자리가 무르익자 왕이 말했다.

“내가 하늘의 도움을 얻지 못하니, 점차 환란을 불러들여 견훤이 방자하게도 불의를 행하고 나의 나라를 망치고 있도다. 어떠한 아픔이 이와 같을 것인가?”

이에 눈물을 흘리고 우니 좌우에서 목이 메어 울지 않는 자가 없었다.

태조 역시 눈물을 흘리면서 위로하고 이로 인하여 수십 일이나 체류하다가 돌아가게 되었으니, 왕이 혈성穴城까지 나가서 송별하고, 종제 유렴을 볼모로 삼아 태조를 따라가게 하였다.

태조의 군사들의 기강이 엄정하여, 군율을 위반하는 일이 추호도 없었으니, 경도京都에 사는 남녀가 서로 기뻐하며 말하였다.

“옛날 견훤이 왔을 때는 마치 승냥이나 호랑이를 만난 것 같았는데, 이제 왕공이 도착하니, 마치 부모를 만난 것 같다.”

秋八月

太祖遣使 遺王以錦彩鞍馬 幷賜羣僚將士布帛有差

가을 8월

태조가 사신을 파견하여 왕에게 비단과 안장을 갖춘 말을 보내고, 아울러 여러 관료와 장병들에게도 식위에 따라 베와 비단을 하사하였다.

六年

春正月, 地震

夏四月, 遣使執事侍郎金昢 副使司賓卿李儒 入唐朝貢

6년

봄 정월, 지진이 발생했다.

여름 4월, 사신으로 집사시랑 김불, 부사로 사빈경 이유를 파견하여 후당에 조공하였다.

七年

唐明宗遣使高麗錫命

7년

후당 명종明宗이 고려高麗에 사신을 파견하여 책명을 주었다.

八年

秋九月, 老人星見 運州界三十餘郡縣降於太祖

8년

가을 9월, 노인성老人星이 나타났다. 운주運州에 속하는 30여 군현이 태조에게 투항하였다.

九年

冬十月, 王以四方土地盡爲他有 國弱勢孤不能自安 乃與羣下謀擧土

降太祖

9년

겨울 10월, 왕은 사방의 국토가 모두 없어져 다른 나라에 속하고 세력이 약화되어 고립되었으므로, 스스로 안정될 수 없다고 판단하고, 여러 신하들과 함께 태조에게 영토를 바쳐 투항할 것을 논의하였다.

十月

羣臣之議 或以爲可 或以爲不可

王子曰 國之存亡 必有天命 只合與忠臣義士 收合民心自固力盡而後

已 豈宜以一千年社稷 一旦輕以與人

王曰 孤危若此勢不能全 旣不能强又不能弱 至使無辜之民 肝腦塗地

吾所不能忍也 乃使侍郎金封休 賫書請降於太祖

王子哭泣辭王 徑歸皆骨山 倚巖爲屋 麻衣草食 以終其身

여러 신하들이 의논하였으나, 옳다는 사람도 있었고, 불가하다는 사람도 있었다. (이때) 왕자가 말했다.

"나라의 존망은 필시 천명이 있는 것이니 다만 충신·의사들과 함께 민심을 수습하여, 스스로 지키는데 힘을 다하여야 할 것입니다. 어찌 1천년 사직을 하루아침에 경솔히 남에게 준단 말입니까?"

(이에) 왕이 말했다.

"고립되고 위태로운 상황이 이와 같아서는 나라를 보전할 수 없다. 강하지도 못하면서 약하지 않다하여 무고한 백성들의 간과 뇌로 땅을 도배하게 되는 것은, 나로서는 차마 견딜 수 없는 것이다."

이에 시랑 김봉휴로 하여금 편지를 보내 태조에게 투항을 청하였다.

왕자는 통곡하면서 왕에게 하직하고는 곧바로 개골산으로 들어가, 바위에 기대어 잠을 자고 삼베를 입고 초식을 하며 일생을 마쳤다.

十一月

太祖受王書 送大相王鐵等迎之 王率百寮 發自王都 歸于太祖 香車寶馬連亘三十餘里 道路塡咽 觀者如堵 太祖出郊迎勞 賜宮東甲第一區 以長女樂浪公主妻之

11월

태조가 왕의 서신을 받고, 대상 왕철 등을 보내 왕을 영접하게 하였다.

왕이 백관을 인솔하고 왕도王都를 출발하여 태조에게 가는데, 향나무 수레와 구슬로 장식한 말이 30여리에 이이지며 도로를 꽉 채우고, 구경꾼은 울타리를 두른 것 같았다. 태조가 교외에 나와서 왕을 영접하여 위로하고, 왕궁 동쪽 가장 좋은 구역을 주고, 맏딸 낙랑공주를 아내로 삼게 하였다.

十二月

封爲正承公 位在太子之上 給祿一千石 侍從員將 皆錄用之 改新羅爲慶州 以爲公之食邑

12월

(왕을) 봉하여 정승공으로 삼고, 태자보다 높은 지위에 두었으며, 녹봉으로 1천 석을 주고, 시종하던 관원과 장수들을 모두 등용하였다. (또한) 신라新羅를 개칭하여 경주慶州라 하고, 공의 식읍으로 삼았다.

初新羅之降也

太祖甚喜 旣待之以厚禮 使告曰 今王以國與寡人 其爲賜大矣 願結昏於宗室 以永甥舅之好

答曰 我伯父億廉匝干知大耶郡事 其女子德容雙美 非是無以備內政
太祖遂取之生子 是顯宗之考 追封爲安宗 至景宗獻和大王 聘正承公
女納爲王妃 仍封正承公爲尚父令

처음 신라가 투항하였을 때, 태조가 매우 기뻐하여 그를 후한 예로 대우하였고, 사신을 보내 알렸다.

"이제 왕이 과인寡人에게 나라를 주었으니, 실로 은혜가 크다고 할 것입니다. 원컨대 종실과 결혼하여, 영원히 좋은 인척관계를 맺고자 합니다."

왕이 답하여 말하였다.

"나의 백부 잡간 억렴億廉이 지대야군사知大耶郡事로 있는데, 그의 딸이 심성과 용모가 모두 훌륭하니, 이것 외에는 내정內政을 갖출 수 없습니다."

태조가 드디어 그를 받아들여 아들을 낳으니 이가 현종의 아버지로서, 후에 안종으로 봉해지게 되었다. 경종 헌화대왕 때에 이르러서는 정승공의 딸을 맞아 왕비로 삼으니, 이에 정승공을 봉하여 상보령尙父令으로 하였다.

公至大宋興國四年戊寅薨 諡曰敬順 一云孝哀
國人自始祖至此 分爲三大 自初至眞德二十八王 謂之上代 自武烈至
惠恭八王 謂之中代 自宣德至敬順二十王 謂之下代云

공이 송宋 흥국興國[10] 4년 무인에 홍서하니, 시호를 경순敬順이라 하였다. 효애孝哀라고도 한다.

사람들이 시조로부터 이에 이르기까지를 3대로 구분하니, 초대부터 진덕왕까지 28왕을 상대라 하고, 무열왕으로부터 혜공왕까지 8왕을 중대라 하고, 선덕왕으로부터 경순왕까지 20왕을 하대라고 하였다.

論曰
新羅朴氏昔氏皆自卵生 金氏從天入金櫝而降 或云乘金車 此尤詭怪
不可信 然世俗相傳 爲之實事
政和中 我朝遣尚書李資諒 入宋朝貢 臣富軾以文翰之任輔行 詣佑神
館見一堂設女仙像

10) 홍국(興國); 송宋 태종(太宗) 때 사용된 연호이다.(976년 12월~984년 10월)

館伴學士王黼曰 此貴國之神 公等知之乎 遂言曰 古有帝室之女 不夫而孕 爲人所疑 乃泛海抵辰韓生子 爲海東始主 帝女爲地仙 長在仙桃山 此其像也

臣又見大宋國信使王襄 祭東神聖母文 有娠賢肇邦之句 乃知東神則仙桃山神聖者也 然而不知其子王於何時 今但原厥初

在上者 其爲己也儉 其爲人也寬 其設官也略 其行事也簡 以至誠事中國 梯航朝聘之使相續不絶 常遣子弟造朝而宿衛入學而講習 于以襲聖賢之風化 革鴻荒之俗 爲禮義之邦 又憑王師之威靈 平百濟高句麗 取其地郡縣之 可謂盛矣

而奉浮屠之法 不知其弊 至使閭里比其塔廟 齊民逃於緇褐 兵農侵小而國家日衰 則幾何其不亂且亡也哉 於是時也 景哀加之以荒樂 與宮人左右 出遊鮑石亭 置酒燕衎 不知甄萱之至 與夫門外韓擒虎 樓頭張麗華無以異矣

若敬順之歸命太祖 雖非獲已亦可嘉矣 向약力戰守死 以抗王師 至於力屈勢窮 則必覆其宗族 害及于無辜之民 而乃不待告命 封府庫 籍郡縣以歸之 其有功於朝廷 有德於生民甚大 昔錢氏以吳越入宋 蘇子瞻謂之忠臣 今新羅功德 過於彼遠矣

我太祖妃嬪衆多 其子孫亦繁衍 而顯宗自新羅外孫 卽寶位 此後繼統者 皆其子孫 豈非陰德之報者歟

논하여 말한다.

신라의 박씨와 석씨는 모두 알에서 태어났으며, 김씨는 하늘로부터 금궤에 담겨 하강하였거나 혹은 금수레를 타고 왔다고 하니, 이것은 더욱 괴이하여 믿을 수 없다. 그러나 세속에서는 이것이 대대로 전해져 실제 사실로 되어 있다.

정화政和[11] 연간에 우리 조정이 상서 이자량을 파견하여 송宋에 조공할 때 신臣 부식이 외교문서의 임무를 맡아 보좌하여 가게 되었는데, 우신관佑神館에 당도하여 안채

11) 정화政和; 송宋 휘종(徽宗) 연간에 사용된 연호이다.(1111년~1117년)

에 걸려 있는 선녀의 화상을 보았다.

관반학사館伴學士 왕보가 말했다.

"이것은 귀국의 신인데 공들은 이를 아는가?"

(그는) 이어서 말했다.

"옛날에 어떤 제왕의 딸이 있었는데, 남편 없이 잉태하자 남들에게 의심을 받게 되었다. 그녀는 곧 바다를 건너 진한으로 가서 아들을 낳았는데, 이 사람이 해동의 첫 임금이 되었고, 제왕의 딸은 땅의 신선이 되어, 영원히 선도산에 살게 되었으니, 이것이 그녀의 화상이다."

신臣이 또한 송宋 사신 왕양이 지은 동신성모 제문에 어진 사람을 낳아 나라를 시작하였다는 글귀가 있어, 이 동방의 신이 곧 선도산의 신성神聖인 것을 알게 되었다. 그러나 그 아들이 언제 왕 노릇을 하였는지는 알 수 없고, 이제 다만 시초를 찾아 본 것이다.

(신라의) 왕위에 오른 자들은, 자신은 검소하고 남에게는 관대하며, 관직은 간략히 두고 일 처리는 간명하게 하였다. 지성으로 중국中國을 섬기어, 산을 넘고 물을 건너 조빙朝聘 사신이 대를 이어 끊이지 않았고, 상시 자제들을 보내 조정에 나아가 숙위하게 하고 국학에 입학하여 강습을 받았으니, 이로써 성현의 풍속을 물려받아 미개하고 거칠던 풍속을 바꾸고 예의禮義의 나라가 되었다. 또한 최강의 군대의 위엄과 영험함에 기대어 백제와 고구려를 평정하고 그 지역을 얻어 군현으로 만들었으니, 가히 성대盛代라고 할 수 있다.

그러나 신라는 불가의 법을 받들면서, 그 폐해를 알지 못하여 마을마다 탑과 절이 들어서기에 이르고, 백성들이 도피하여 승복을 입으니 병사와 농민이 점점 줄어들어 국가는 날로 쇠약하게 되었다. 어찌 혼란하지 않고 멸망하지 않겠는가? 이러한 때에 경애왕은 나아가 향락을 탐닉하여 궁인과 신하와 더불어 포석정에 나가 놀면서 주연을 열고 즐기면서 견훤이 당도한 것도 알지 못하였으니, (陳의 후주가) 문 밖에 한금호韓擒虎[12]가 온 것을 모르고 누각 위에서 장여화張麗華[13]를 데리고 놀다가 화를 당하였던 것과 다를 바 없는 것이다.

그 후 경순왕이 태조에게 귀순한 것은 비록 부득이한 일이기는 하지만 또한 가상한 일이었다. 그 당시에 만약 힘을 다하여 결사항전 하였더라면, 힘이 떨어지고 세가 다하여 필시 그의 일족이 멸망하고, 해가 무고한 백성들에게도 미쳤을 것이다. 그러나 고명告命을 기다리지 않고, 나라의 창고를 봉하고, 군현을 기록하여 태조에게 귀의하였으니, 조정에 세운 공과 백성에게 입힌 덕이 심대하다 할 것이다. 옛날 전씨錢氏[14]가 오월吳越[15]을 가지고 송宋에 들어간 것을 두고, 소자첨은 그를 충신이라고 하였는데, 지금 신라의 공덕은 그보다도 훨씬 더 훌륭한 것이다.

---

12) 한금호(韓擒虎); 수隨의 문제(文帝) 때의 장군이다. 수隨 문제(文帝)의 명을 받아 정예 기병 500명을 이끌고 금릉(金陵)의 궁성으로 쳐들어가 진陳의 후주(後主)인 숙보(叔寶)를 사로잡고 진陳을 평정하였다.

13) 장여화(張麗華); 진陳의 후주(後主)인 숙보(叔寶)의 비로 한금호에 의해 사로잡혀 참수되었다.

14) 전씨錢氏; 오월吳越의 다섯 번째 군주인 전숙錢俶 가리킨다.

15) 오월吳越; 당말 송초에 중원에서 할거하던 10국 중의 하나이다. 전유錢鏐가 건국했다.

우리 태조는 비빈이 많았고, 그의 자손들 역시 번성하였는데, 현종은 신라의 외손으로서 보위에 오르게 되었고, 이후 승계자들이 모두 그의 자손이니, 어찌 음덕의 보답이 아니겠는가?

○ 경순왕 二年 五月 기사에는 '康州將軍有文 降於甄萱'이라는 기록이 있다. 강주康州 장군 유문이 견훤에게 항복하였다는 것이다.

강주康州의 위치와 관련하여 경애왕 편에서, 三國史記 三十四卷 雜志 第三 地理一 편 '本國界內置三州'에 관한 기록과 진성왕 편에서 후기 신라의 수도의 위치를 강소성江蘇省 무진현武進縣으로 비정한 것을 근거로 강주康州가 강소성江蘇省 서쪽 일대에 있었을 것으로 비정한 바 있다.

○ 경순왕 三年 七月 기사에는 '順州將軍元逢降於甄萱'이라는 기록이 있다. 순주順州 장군 원봉이 견훤에게 항복하였다는 것이다. 국사편찬위원회는 순주順州가 현재의 경북 안동시 풍산면豊山面 일대라는 입장이다.

그러나 순주順州는 당唐의 지방행정구역 명칭이다.(다만, 당이 이를 실효적으로 지배하였던 것으로 보이지는 않는다.) 요사遼史에는 '宋王曾上契丹事曰 : 出燕京北門, 至望京館° 五十裏至順州'라는 기록이 있다. 송왕宋王이 일찍이 거란에 보고한 바에 따르면, 연경燕京 북문北門을 나가면 망경관에 도착하고, 50리 더 가면 순주順州에 도달한다는 것이다. 즉 순주順州가 북경 북쪽 50리 지점에 위치한다는 것이다.

한편, 박지원의 열하일기熱河日記 8월 5일에서 8월 9일까지의 기사는 연경燕京으로부터 그 동북쪽 열하熱河[16]에 이르는 여정을 적고 있는데, 이에 따르면, 수隋의 개황開皇[17] 연간에 말갈靺鞨이 고구려에 패하자 그 부장部將 돌지계突地稽가 팔부八部를 이끌고 부여성扶餘城으로부터 귀순歸順하였으므로, 이를 받아들여 새로이 순주順州를 두었으니, 당태종唐太宗 때에는 오류성五柳城을 순주順州의 치소治所로 하고 돌리가한突利可汗[18]을 우위대장군右衛大將軍으로 삼아서 순주順州를 도독都督하게 하였으며, 개원開元[19] 때에는 탄한주彈汗州를 두었고, 천보天寶[20] 이후로는 귀화현歸化縣이라 고쳤으며, 후당後唐 장종莊宗 때 주덕위周德威가 유수광劉守光을 쳐서 순주順州를 점령하였다고 한다.

그렇다면, 위 기록을 검토하건대, 순주順州는 하북성河北省 동북부 일대로서 북경시와 승덕시承德市 사이를 말하는 것으로, 오늘날 북경시北京市 순의顺义가 이에 해당하는 것으로 보인다.

○ 八年 九月 기사에는 '運州界三十餘郡縣降於太祖'라는 기록이 있다. 운주運州에 속하는 30여 군현이 태조에게 투항하였다는 것이다. 국사편찬위원회는 운주運州가 현재의 충남 홍성 지방이라는 입장이다.

그러나 신라의 지방조직을 자세히 기술하고 있는 삼국사기 어느 곳에도 운주運州에

16) 열하熱河; 오늘날 승덕承德(청더)市이다. 하북성河北省 동북부에 위치하며, 북경으로부터 250km의 거리에 있다.

17) 개황開; 수문제隋文帝의 연호

18) 돌리가한突利可汗; 동돌궐東突厥의 우두머리

19) 개원開元; 당현종唐玄宗의 연호

20) 천보天寶; 당현종唐玄宗의 연호

관한 언급이 없다. 그런데 삼국유사에 '淸泰元年甲午 萱聞太祖屯運州 未詳 遂簡甲士蓐食而至'라는 기록이 있다. 청태淸泰 원년元年 갑오에 견훤은 태조가 운주運州(자세히 알 수 없다.)에 주둔해 있다는 말을 듣고 갑옷 입은 군사를 뽑아 서둘러 가게 하였다는 것이다. 同書는 이어 '未及營壘 將軍黔弼以勁騎擊之 斬獲三千餘級'라고 기록한다. 즉, 미처 영채에 이르기 전에 장군將軍 유금필庾黔弼이 경기병勁奇兵으로 공격하여 3,000여 명의 목을 베었다는 것이다. 이어 '態津以北三十餘城 聞風自降'라는 기록이 있다. 웅진熊津 이북以北의 30여 성이 소문을 듣고 스스로 항복하였다는 것이다.

운주運州에 대하여 김부식은 언급조차 하지 못했고, 일연은 알 수 없다[未詳]고 하였지만, 삼국유사의 기록을 검토하건대, 운주運州는 웅진熊津 바로 이북以北에 있었던 것으로 보인다.

그런데 무열왕 七年 三月 기사 '唐高宗命左武衛大將軍蘇定方 爲神丘道行軍大摠管'이라는 기록과 '勑王爲嵎夷道行軍摠管'이라는 기록에 따르면, 소정방을 신구神丘도행군대총관으로 삼고 (무열)왕을 우이嵎夷도행군총관으로 삼았는데, 삼국사기 37권에 '都督府一十三縣 嵎夷縣 神丘縣 尹城縣 本悅己 麟德縣 本古良夫里'이라는 기록을 보건대, 우이嵎夷와 신구神丘는 웅진도독부熊津都督府 13현縣 중의 하나였다. 여기서 신구神丘는 오늘날 하남성河南省 낙양 일대를 일컫는 말이고, 우이嵎夷는 사기에 따르면 우이嵎夷는 청주靑州이고(嵎夷, 靑州也)[21] 청주靑州는 서진시대 산동성山東省 일대에 설치된 주명州名이니 웅진도독부는 하남성과 산동성 일대를 관할하고 있었던 것으로 비정된다.

웅진도독부의 도독부가 있었던 웅진은 하남성과 산동성의 경계부근에 있었을 것으로 보이는데, 그렇다면, 운주運州는 산동성・산서성・하북성의 접경 부근에 있었던 것으로 비정된다.

○ 김부식은 경순왕 편 마지막 논평에서 신라의 발전의 원인을 평가하며 '以至誠事中國 梯航朝聘之使相續不絕 常遣子弟造朝而宿衛入學而講習 于以襲聖賢之風化革鴻荒之俗 爲禮義之邦 '라고 하였다. 즉, 지성으로 중국을 섬기어, 산을 넘고 물을 건너 조빙朝聘 사신이 대를 이어 끊이지 않았고, 상시 자제들을 보내 조정에 나아가 숙위하게 하고 국학에 입학하여 강습을 받았으니, 이로써 성현의 풍속을 물려받아 미개하고 거칠던 풍속을 바꾸고, 예의禮義의 나라가 되었다는 것이다.

그러나 이러한 평가는 몇 가지 사실에 대한 김부식의 무지에서 비롯된 것이다.

첫째는 중국中國의 개념이다. 오늘날 중국中國은 중화민국에서 유래된 개념으로 현재는 중국대륙을 차지하고 있는 중화인민공화국을 의미하는 말로 사용된다. (물론 일부 중국인들이 세계의 중심인 것처럼 자부심을 가지고 있기도 하지만 이는 논할 바 없다.) 그러나 원래 중국中國이란 말은 중원中原[22]에 위치한 나라 정도의 의미였다. 그런데

21) 출처; 사기(新校本史記/本紀/卷一 五帝本紀第一/帝堯)

22) 중원中原; 최근 의도적으로 하남성河南城 전부와 산동성 일부를 포함하는 것으로 그 의미를 확대하여 사용하기도 하지만, 협의로는 섬서성陝西城 동부에서부터 산서성山西省 남부와 하남성河南城 일부에 국한하여 사용된 말이다. 그런데 고대의 중원은 원래 관중평원을 지칭했던 말이었던 것으로 보인다.

효성왕 편에서 언급한 바와 같이 이 역시 의미가 확대된 개념이다. 고대 중국이라는 말은 관중지방 또는 한중지방을 차지한 나라를 뜻하였으니, 결국 섬서성 일대를 차지한 나라라는 뜻으로 사용된 말이다. 그런데, 김부식은 삼국사기에서 주로 당唐을 지칭하는 대명사代名詞로 중국中國이라는 단어를 사용하면서, '中'이라는 글자의 의미를 과장하여 마치 중국中國이라는 특정한 G1이 존재하였던 것처럼 기술하고 있다. 그러나 중국中國은 고유명사가 아니며 그렇게 거창한 뜻을 함유하고 있던 단어도 아니었다.

둘째는 조공朝貢 또는 조빙朝聘의 개념이다. 신라 왕실이 흉노 계열의 선비족으로 소위 해예海裔이기 때문에, 본계本系인 唐 왕실에 입조入朝하여 방물方物을 바쳐왔던 것으로 신라가 당唐에 행한 조공은 事大的 의미의 조공이 아니라 祭祀的 성격을 가진 것임은 이미 설명한 바와 같다.

셋째, 김부식은 신라가 당의 영향을 받아 비로소 예의禮義의 나라가 된 것으로 알고 있다. 그러나 이미 춘추전국시대에 공자는 동방의 예의지국禮儀之國에서 살고 싶다고 하였다. 또한, 효성왕 二年 二月 기사에 '帝謂璹曰 新羅號爲君子之國 頗知書記有類中國'이라는 기록이 있다. 당 현종이 형숙에게 신라는 군자지국君子之國이라고 불리는데, 책과 글을 잘 알아 중국中國과 비슷하다고 말했다는 것이다. 그렇다면 신라는 이미 예의지국禮儀之國 또는 군자지국君子之國으로 널리 불려오고 있었던 것으로 보인다.

결론적으로 예의지국禮儀之國 또는 군자지국君子之國 신라는 조상에 대하여 봉제奉祭하고 본계本系에 대한 예를 다한 것이지 차이나[支那]에 이른바 사대事大한 것이 아니었다.

삼국사기(신라본기)

2017년 1월 25일 인쇄
2017년 1월 30일 발행

저 자	원문 **김부식** 주해 **정희철**
발행인	황 영 하
발행처	도서출판 명진
주 소	서울시 노원구 월계동 469-35
전 화	462-3257
팩 스	462-9428
등 록	2006년 11월 22일 제25100-2012-51호
E-mail	mjbooks1@naver.com
ISBN	978-89-6651-193-8

정가 43,000원